The Avenue - the approach to the Village from the Main Gates

TISSINGTON VILLAGE

The beauty of Tissington, as with many an English village, is the result of evolution. No planner designed it; no bureaucrat decided how and where the houses were to be built. The village grew in that effortless and instinctive way that villages did before the Industrial Revolution began to change the face of England.

There are wide green spaces, and the houses, scattered about, are unintentional and unself-conscious architectural gems. The by-road to Tissington is flanked by a lodge and large stone gate-piers and is lined by an avenue of limes. These trees were planted in 1970 by the late Sir John FitzHerbert to take over from the Victorian avenue that had to be taken down in 1991/92 as a result of rot and decay.

Opposite: Hands Well

The Old Vicarage

Church House and the main road through the village

Instead of this road, more like a private drive than a public thoroughfare, approaching a nobleman's solitary seat as one might expect, it leads to (as one writer has put it)'....a picture of exquisite beauty' – the village of Tissington. Another approach to the village passses from the east through a shallow ford or water-splash where a white post indicates the depth. However, once in the village the most striking building is the Hall, a splendid mansion that is unique amongst country houses in that it stands in the midst of the village, central to community life.

The long low mansion is the seventeenth century home of the FitzHerbert family. Presently the ninth Baronet Sir Richard FitzHerbert (who inherited the Title and Estate in 1989) lives there with his wife Caroline (they were married in Gloucestershire in 1993) and their young family. The FitzHerberts built the house and have lived here for the best part of five centuries, adding not only to the size of the Hall but also to the Estate domains throughout those years. The family funerary monuments crowd the small churchyard which can be seen from the Hall to the north of the Church.

Standing in this oasis of peace, as yet spared from the curses of modern progress, it is difficult to believe that it was once a battleground, for during the Civil War there was a skirmish here between royalists and parliamentarians. The FitzHerberts were for Church and King. Colonel FitzHerbert garrisoned the Hall for the Royalist cause, and the family were lucky that their home was not destroyed.

Ascension Day is Tissington's one great event in the year when thousands of tourists and local people come from near and far to witness the well-dressing and this ancient ceremony is described on page 14.

The Manor of Tissington, which lies in the Hundred of Wirksworth, was given by the Conqueror to the de Ferrers family and it later passed to the Savage family whose male heirs failed in 1259. One of the co-heiresses married a Meynell and then by descent the Manor passed to the families of Clinton and Francis. Robert Francis, in the first half of the fifteenth century, had a daughter Cicely who was his heiress. It was she who married Nicholas FitzHerbert sometime in the 1460s and thus brought Tissington, along with other manors, into that family with whom it has remained ever since, so that although the FitzHerberts have owned the estate for over five centuries, their forbears in the female line held it for generations before that.

The FitzHerberts have kept Tissington beautiful and have lived quietly as worthy but unspectacular country squires as century succeeded century. The baronetcy was conferred in 1784 on William FitzHerbert, a barrister, who was Recorder of Derby. His brother, Alleyne Fitzherbert, was a distinguished diplomat and peacemaker and was created Lord St. Helens. The title died with him (he was a bachelor) in 1839.

The school was built in the Elizabethan style in the year of Queen Victoria's accession at the expense of Miss Elizabeth FitzHerbert.

In 1895 the village had a grocer, a shopkeeper, a shoemaker, a butcher, a blacksmith, a wheelwright and joiner, a stonemason, a carrier and a Mrs. J. J. Murray who kept lodgings. It seems that in those days the village was almost completely self-contained.

However the village in 1998 also boasts a similar number of businesses but of a different emphasis. The Old School has been turned back into an educational establishment by Lady FitzHerbert in 1995 as the **Tissington**

The Old School is now a kindergarten

The relaxed atmosphere of the Old Coach House Restaurant

Kindergarten providing pre-school education for the $2\frac{1}{2}$ to 5 year olds; the old kitchen gardens for the Hall were transformed in 1991 into the **Tissington Nursery** by a couple to propagate and sell shrubs and flowers; the old slaughter-house (no longer licensed to kill) has been converted in 1994 into a butchery and cold store for the locally based **Lower Hurst Farm Butchery**; the old joiners shop now houses a local lady's **(Linda Cartledge)** curtains and

The Old Coach House Restaurant

soft furnishings business; an outhouse at School House has been converted into the new **Village Post Office** since 1996; and Sir Richard opened the **Old Coach House Tearooms** in September 1997 in the buildings opposite the Church that had previously housed carriages and cars. So although these new businesses are a direct result of the evolution of Tissington, they all contribute like those in 1895 to the local economy and employment.

Tissington, on account of its unique beauty attracts many thousands of sightseers every year not only from this country but from all over the world: With the opening of Tissington Hall from June 1998 on selected days it will attract even more, yet it should not be forgotten that

Above: cottages opposite the village pond

Left: the Village Hall

the village is the home and workplace to 150 people, many of whom were born and bred in the Village like their ancestors before them.

With the face of England changing for the worse every day and with landscape and buildings destroyed to satisfy Man's needs and greeds, Tissington remains unchanged to please the eye, to excite the imagination and to remind us of what England once was. Long may it so remain.

Above: the north end of the village

Right: The Foot

ST. MARY'S, TISSINGTON

The main road through the village, passing the Hall, falls gently with broad green margins and accompanied by the clear stream, sparkling in the sunshine, to the foot of the churchyard. Here, beneath the churchyard wall, it divides, turning right round the graciously-proportioned former vicarage in mellow stone, which looks over the green to the church, and left past the school and the village pond.

The path to the church climbs steeply from the road and, passing through the gateway, winds through the shade of six great yew trees to the South door.

Already, glimpsed through these gnarled and ancient yews, it is obvious that much of interest lies ahead. A massive square tower, speaking of Norman solidity; heavy buttresses of a somewhat later period; a small, typically Norman, window in the wall of the tower. The square wall of the nave, surmounted by a parapet, is pierced by windows of different periods and by a relatively modern porch.

It is this porch which shields one of the treasures of Tissington - the fine Norman doorway. The semi-circular arch encloses an interesting tympanum believed to be early Norman and very well preserved for its age. The quaintly grotesque figures with which it is adorned include at each side a full-length figure with arms akimbo and a geometrical pattern in the centre. No one seems to know just who the figures represent or whether they, or the pattern have religious significance, but there is a resemblance to the tympanum not so very far away at Parwich and the other one at Hognaston, although both these have more figures than the one at Tissington.

The 11th century font

Both side pillars of the doorway show a considerable amount of wear, commonly attributed to arrow sharpening. No doubt the stone pillars would be very convenient for this purpose and it is known that, especially following the ravages of the Black Death, archery practice on Sunday afternoons was very much encouraged.

Entering the church proper, I was surprised by its *compactness*. The plain white walls beneath the dark timbers of the roof fill the nave with the reflected light from the windows of the south wall and the small clerestory windows, giving an even spread of daylight throughout the church. The feature most immediately striking is the simple symmetry of the Norman chancel arch, from the stone facings of which the plaster was cleaned within recent years but a symmetry to some extent disturbed by the encroachment on the north side of the elaborate Renaissance memorial to Francis and John FitzHerbert which reaches almost to the roof and detracts considerably from the solid simplicity of the Norman architecture. Framed in this unadorned archway is the raised chancel with its simple altar and the strong colour of the stained glass of the east window.

To the north is an aisle obviously of fairly recent origin (1854). No amount of copying the Norman style, somewhat reminiscent of Durham Cathedral, would ever disguise the fact.

There was at one time a gallery between the porch and the internal wall of the tower at the west end. That explains the otherwise unnecessary additional window in the south wall. The gallery was entered by an external staircase, of which the two lowest steps can still be seen, and, internally, the doorway with its iron hinge pins is still visible though the entrance is now a window.

A closer examination of the nave gives us a clue which helps to explain many things. On the south side of the chancel arch is what used to be a double-decker pulpit approached by a steep short flight of steps, but what is now a single pulpit with a priest's stall below. Pulpit and stall face across the nave to what is obviously the family pew beneath the ornate memorial already mentioned. Little or nothing of the altar could be seen from the family pew, but in those days, little or nothing took place there and it is evident that it was the practice to pray with and preach at, the family, while the congregation looked on.

This then, was the chapel to the Hall. Not the Hall we know nowadays, but a former building marked only by a grassy mound visible beneath the windows of the north aisle.

The impression of intimacy, the impression of a family chapel, is heightened from the chancel. Here, from the eminence provided by a considerable raising of the floor level, the church takes on a homely atmosphere. The length of the nave seems foreshortened - while from the pulpit itself the whole congregation must seem to be gathered at one's feet.

17th century monument to John and Francis FitzHerbert and their wives

Over the chancel arch is a massive and expert reproduction of the Royal Arms on canvas. From the initials 'GR' they are generally believed to be those of George I. There is only one funeral hatchment in the church. It is opposite the south door and relates to Alleyne FitzHerbert who, after a distingtuished diplomatic career at the courts of St. Petersburg, Paris, Madrid and Brussels, for example, was raised to the peerage as Baron St. Helens, but who died unmarried in 1839.

However, the focal point of St. Mary's for the antiquarian must be the font. Cylindrical in shape and standing on a square plinth, it is ornamented on the outside by curious incised figures. Although much worn it is still possible to make out crudely and almost humorously drawn figures of men and beasts. The representation of the *Agnus Dei* - the Lamb of God - shows a marked similarity to that depicted on the tympani at Hognaston and Parwich, although the latter is much more expertly drawn. The beasts, too, are much more primitive than those in the other two churches. One, apparently without hind legs and with a tail curling round itself is shown in the act of devouring a man and could, possibly, be a conception of the story of Jonah and the whale. Another, somewhat similar, beast is drawn biting its own tail while two human figures, male and female stand by apparently unconcerned. A bird, a dove or an eagle, is shown flying away.

By comparison the memorials to the family in the chancel, though some are older, are of less interest,

Above: the Norman doorway and carved tympanum

Left: the pulpit and priest's stall

Below: the Nave looking east

pictorially. The Manor of Tissington, formerly held by the Meynells of Meynell Langley, came to the FitzHerbert family by female succession. Ralph Meynell's daughter, Joan, conveyed the moiety of the estate to her second husband, Sir Thomas Clynton. Their daughter, Anne, married Robert Francis of Foremark and by the marriage of *their* daughter, Cicely, to Nicholas Fitz-Herbert, second son of John FitzHerbert of Somersal, one half of the Manor came into the hands of the FitzHerberts. The

other moiety was purchased in the reign of Elizabeth by Francis FitzHerbert, thus securing the Manor for the family.

Robert, the eldest son of Nicholas and Cicely, is commemorated in a small brass on the south wall of the chancel, the oldest memorial in the church. Divided into two, it displays the arms of Robert; his two wives; Nicholas FitzHerbert; Robert, son of Nicholas; and George, grandson of Nicholas.

Other noteworthy memorials in the chancel are the one to the right of the altar, dedicated to William FitzHerbert, and believed to be the work of Grinling Gibbons or, at least, his staff; and on the opposite wall a bust of Mrs. Martha FitzHerbert by Francis Bord.

From an antiquarian point of view one of the features of the sanctuary is the Communion Rail, variously credited to the Jacobean period or earlier. Comparison with the turned pillars of the Bradbourne memorial in Ashbourne church, suggest the rails may be the work of the Roileys of Burton and date from between 1570 and 1580.

The principal memorial to the FitzHerbert family, if only by its intrusion on the Norman architecture of the church, demands closer inspection for, whatever we may think of the way it dominates the nave, it is expertly executed and a most interesting example of the costume of the time. In a semi-circular arch in the upper half of the monument is depicted John FitzHerbert and his wife Elizabeth, facing one another in a kneeling posture, with a tablet inscribed to Sir John between them. Lady FitzHerbert was the daughter of Sir Anthony FitzHerbert of Norbury, a different branch, and the arms of the two are combined on the memorial. She died in 1630.

In the lower half of the memorial, in a similar kneeling posture, Francis FitzHerbert faces his two wives - Elizabeth, daughter of John Bullock, the mother of John in the upper storey, and Jane, the daughter of Hugh Armstrong. Francis, who lived to the ripe old age (for the time) of eighty, died in 1619.

Above: the Noah's Ark window - an attractive excample of Victorian stained glass

Right: the Chancel showing the 16th century communion rail

Below: the Hall gate with ironwork by Robert Bakewell

TISSINGTON HALL

Although the FitzHerberts and their predecessors in the female line have held the Manor of Tissington from a very early period, the house itself dates from Jacobean times and is a particularly splendid specimen of its period with fine gates wrought by Derbyshire's own celebrated smith, Robert Bakewell.

The façade is plain with upright mullion windows and a projecting porch with the front door surmounted by the arms of the FitzHerberts carved in stone. The West Front was re-faced in the eighteenth century in a rather severe classical style with a projecting central bay and open arcading on the ground floor. The latest work is an addition built on in 1900 designed by the Edwardian architect Arnold Mitchell, to house a library and billiard room. Mitchell followed the Elizabethan custom of using plasterwork as wall decoration. The large and comfortable library has books almost to the ceiling but over the fireplace is a long ornamental plaster frieze.

Arnold Mitchell was called in by the fifth baronet in the 1890s to restore the house and introduce a

Above: the long entrance front of Tissington Hall

few modern conveniences. There was, for instance, no plumbing and hot water was heated by fire in a large copper which was then decanted into various vessels and conveyed to bedrooms. Very little oak panelling was visible. It had been covered up and during the restoration it was discovered that no less than twenty rooms had original Jacobean oak panelling. All this was revealed and restored so that today the oak panelling is one of the most striking features of the house. The ornately carved staircase is particularly notable.

Like most old English houses, Tissington Hall bears the stamp of centuries other than the one in which it was originally built. So far we have mentioned the early eighteenth century west front and the twentieth century additions, but the eighteenth century also saw the birth of the Gothick taste and the prevailing fashion was adopted by the then squire of Tissington in the 1750s. Relics of this can be seen in the magnificent entrance hall - the largest and most impressive room in the building. The panelling in this room was built at this time in the form of intersecting arches topped with a deep dado with Gothick arch motifs in plaster. The windows, too, reflect this taste made popular largely by Horace Walpole and his famous house, Strawberry Hill. The Dining Room also has this handsome decoration.

A particularly splendid feature of the Entrance Hall is the elaborate Gothick chimneypiece and overmantel in Hopton stone.

The East or Entrance Front of the house faces broadly onto the main village street - an unusual arrangement, as most country houses were built to face away from their villages. The West or Garden Front opens out into terraced gardens and in all directions there are beautiful views.

The furniture at Tissington is of many periods, notably from the era when the house was built but there are also pieces in the Gothick style. The house contains the accumulation of many finely made things which old families tend to collect over the years, especially if they have remained in one spot for many generations.

A word should be said about the FitzHerberts and the Fitzherberts. The former branch of the family

The Coat of Arms to celebrate the marriage of William FitzHerbert to Rachel Bagshaw, 1709

with the capital H (who are the ones at Tissington) profess the established faith, while other branches without the capital 'H' have stuck to the 'Old Faith' - Roman Catholicism. There were Fitzherberts at Somersal Herbert, Swynnerton and Norbury. Norbury is now a property of the National Trust and tenanted by the Wright family who have FitzHerbert connexions.

The Fitzherberts hold one peerage - the barony of Stafford, the present Lord Stafford being the head of the Fitzherbert family. The title came to them by a marriage which took place in 1858 between Basil Fitzherbert and a sister of the 11th Baron Stafford. The title passed to their son who succeeded as 12th Baron.

From 1998 Tissington Hall is open to the public on various days each year. These dates will be advertised both nationally and locally but will mainly be in the months of June and July. In order to show the Hall effectively it is necessary that visitors go on guided tours. However the ten-acre gardens will also be open on these days and here there is no restriction on numbers. It should be noted that disabled access to the Hall and grounds is limited. Sir Richard will provide leaflets on request each year about opening times and all enquiries should be sent to The Estate Office, Tissington Hall, Ashbourne Derbyshire DE6 1RA.

Below: the west front of Tissington Hall and part of the gardens

THE TISSINGTON TRAIL

The closure of thousands of miles of railway lines in this country irreversibly changed the face of the landscape. It brought countless problems, one of the least important being the fate of many leagues of track snaking over the landscape and although in aggregate amounting to hundreds of acres, in practice of little use because of the narrowness of the strip.

The Tissington Trail shows one way of utilising these awkward parcels of land which flooded the market in the wake of the closures. The Peak Park Planning Board bought some twelve miles of track, from Mapleton Tunnel to Hartington Station. With the land, amounting to about 150 acres, came old station buildings, railway cottages, a signal box and 34 bridges. The line had been closed for some time and Nature had taken over. Hooligans and souvenir hunters had done their worst to the buildings.

It all had to be cleared up and this was a titanic task. Many volunteers, including schoolchildren, took part in the tidying up process. Bridges and station buildings had to be demolished and scrub cleared from the track. The signal box at Hartington Station was retained, restored and is now visited by railway enthusiasts.

Although many people think the Tissington Trail starts in the village, it does not. It runs between Ashbourne in the south and Hurdlow, near Monyash at the northern end. Tissington is just one of the stops on the way.

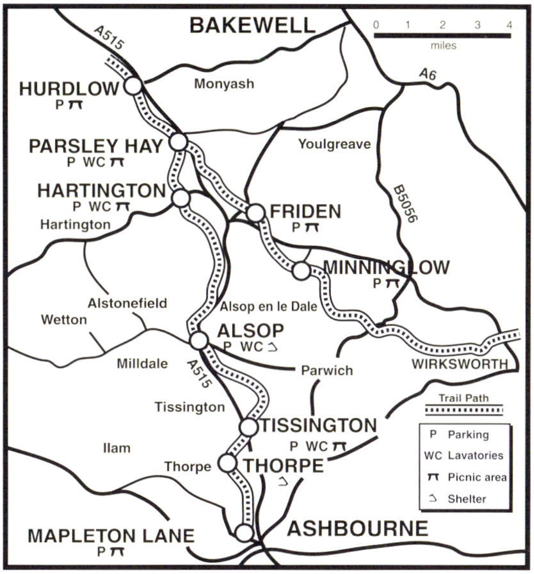

Further lengths of track were subsequently purchased by the Peak Planning Board and the Derbyshire County Council. It should be noted that at busy times of the year it is necessary for the Peak District National Park Authority to charge for parking at their car parks on the Trail.

The main object of the Trail is to provide an unspoiled route through matchless countryside and away from the scourge of the motor car which the closing down of these very railway lines has done so much to aggravate.

The Trail is a fine scenic route through contrasting types of countryside, providing facilities for car parking, picnicking, cycling, long and short walks, pony trekking and nature study.

With the trail as a central spine, work began on sign-posting walking and pony trekking routes, using selected rights of way in the vicinity, which are designed to provide routes to adjoining places of interest and circuit routes of varying lengths from each of the car parks. Yellow markers indicate a walking route and red markers indicate a walking and pony trekking route. Provision of further facilities alongside the Trail, includes paddocks, camping sites, car parks, picnic sites and lavatories.

The removal of the rails and sleepers left an unconsolidated limestone ballast which formed a scar across the countryside and a difficult walking surface. These problems were overcome by grading the ballast, covering with 12,000 tons of quarry overburden spread to a depth of four inches, rolling and seeding with grass in the Spring of 1969.

This project to transform the ballast surface of a disused railway line into a pleasant grassy track turned out to be unsuccessful, hence its present surface.

Tree planting, using species such as common ash, common alder, cordate lime, wych elm, gean, birch and some sycamore has been carried out at the car park sites, and more planting using native ash seed has taken place on conspicuous embankments across the bleaker limestone plateau.

The old railway line itself was constructed for the London and North Western Railway Company by the engineer Francis Stephenson and was opened in August 1899. The major engineering features were the Coldeaton Cutting, (SK. 160574), 3 miles long and 60' deep, and the now demolished seven arch viaduct, (SK. 175473), near Mapleton Lane, Ashbourne. Designed to double track width, but only operated as a single track line, the railway provided local services for passengers and freight (mainly limestone and milk), together with excursion trains for tourists from the Midlands and the North East. Regular passenger services ceased in November 1954, excursions continued until October 1963 when the line was closed from Ashbourne to Hartington, and finally the section from Hartington to Parsley Hay closed in September 1967 - the end of an era.

WELL-DRESSING

In well-dressing which goes on from year to year in several Derbyshire villages and elsewhere in the country, we have an almost unbroken custom dating from very early times. It is probable that wells were decked with votive offerings before Caesar's visit. It was all part of pagan ritual to appease water gods and the spirits of wells. Throughout history these rituals have taken place in one way or another. At worst they involved human sacrifice, at best, when later adopted by the Christian Church, they represent a spirit of piety and thanksgiving and a feeling of fellowship as everyone gets together to enjoy the artistry which modern well-dressing has engendered.

Tissington is known as the mother place of well-dressing and the annual event, on Ascension Day, draws large crowds. Some say it started during the Black Death in the 14th century when the inhabitants of the village escaped because of the purity of the water which issued from the five wells. By way of thanksgiving, the wells have been dressed ever since, though not in unbroken annual succession.

Yew Tree Well

There have been long lapses. The dating of well-dressing here to the Black Death may well be true, but it is equally likely that the practice had been going on for centuries before that. In any case these wells have never been known to dry up, even in the severest of droughts.

According to an old report, in 1615, '. . . no rayne fell upon the earth from the 25th day of March to the second day of May, and then there was but one shower. Two more fell between then and the 4th day of August, so that the greatest part of the land was burnt up . . .' In spite of this drought, the wells at Tissington never failed to supply their life-giving water. Small wonder the inhabitants were grateful and showed it by this beautiful custom.

The dressing of wells takes the form of creating elaborate tableaux ornamented with some biblical or topographical scene depicted in terms of thousands of flower petals. It is a skilful art and the results are startlingly beautiful. A fuller record of well-dressing at Tissington and at all the other traditional places for this ancient custom in Derbyshire can be found in Roy Christian's book *Well-Dressing in Derbyshire.*

The Tissington Well-Dressings, are estimated to attract 50,000 visitors each year in the week that the wells are dressed. It is important that these large numbers are managed effectively so that everyone can enjoy their visit to the village. The growing publicity that Tissington now generates means that the well-dressing ceremony will survive for many years to come.

Above: The Well Dressing procession leaving the church

Below left: Lady Olga Maitland admires Hands Well with Sir Richard FitzHerbert and the High Sheriff, Mr Richard Perkins
Below right: Hands Well

THE ESTATE

The Tissington Estate encompasses 95% of the Village and is made up of 2,400 acres, 40 cottages, 13 farms and various other lettings. Sir Richard's policy is very much to retain the community feel and, wherever possible, let vacant cottages to members of long-standing local families. However Sir Richard realises that the Estate has to evolve and adapt to the demands of the new Millennium. It is a tricky task and the balance between the beautiful scenery and wonderful landscape with a modern way of life is always at the forefront of his thinking. Further information can be obtained by writing to The Estate Office, Tissington Hall, Ashbourne, Derbyshire DE6 1RA.

Acknowledgements: The photography throughout is by Roy Deeley except the Village Hall on page 4 which is by Frank Rodgers, the well-dressing photographs on pages 14 and 15 by Barry Hyde and the procession on page 15 by Jeremy Beckett. The picture of the Tissington Trail and the map of this are by courtesy of the Peak Park Planning Board. The text (apart from chapter on the church by the late Eric Sample), is by Robert Innes-Smith, with additions by Sir Richard FitzHerbert Bt. Map drawn by D. G. Mackay based upon the Ordnance Survey Map with the sanction of the Controller of H.M. Stationery Office.

Published by Derbyshire Countryside Ltd.,
Heritage House, Lodge Lane, Derby. DE1 3HE.
Tel: 01332-347087

ISBN 0 85100 065 7

Yorgun Mayıs Kısrakları

YORGUN MAYIS KISRAKLARI

Yazan: Yılmaz Karakoyunlu

1. baskı / ağustos 2004
4. baskı / eylül 2004 / ISBN 975-293-232-0
Bu kitabın 4. baskısı 2 000 adet yapılmıştır.

Kitaba katkılarından dolayı Radikal gazetesine teşekkür ederiz.

Kapak tasarımı: Ayşe Çelem Design
Baskı: Altan Matbaacılık / Yüzyıl Mahallesi
Matbaacılar Sitesi 222/A Bağcılar - İSTANBUL

Doğan Kitapçılık AŞ Hürriyet Medya Towers, 34544 Güneşli-İSTANBUL
Tel. (212) 677 06 20 - 677 07 39 Faks (212) 677 07 49

Yorgun Mayıs Kısrakları

Yılmaz Karakoyunlu

DK DOĞAN KİTAP

Bu kitap, içinde adı geçen hiç kimsenin özgeçmişi değildir; sadece romanıdır...

Bu romanın yazılmasında hatıralarını benimle cömertçe paylaşan sayın Ayhan Aydan, Aydın Menderes, Münevver Menderes, Dr. Adnan Menderes ile sevgili dostum Celal Erdenir'e teşekkür ederim.

Elli yıllık birlikteliğimizin ışığı, her suçumuzun bağışlayıcısı, çocuklarımın anası, eşim, başımın tâcı, cânımın cânânı efendim, Altan Hanım'a... Şükranla ellerini öperim...

Prolog

Vakit, gecenin yarısını geçmiş sabaha hazırlanıyordu. İlk ışıkla birlikte yeni bir bahar başlayacaktı. Thales'in öğrencileri ağlamak için sıraya dizildiler. En yüreklisi, henüz kırkına varmış yorgun bakışlı bir köleydi. Çardağın gölgesinden sıyrıldı; denize uzanan geniş ovaların başladığı tepeye yürüdü. Buğday tarlaları ilk filizlerini vermeye başlamıştı. Asmaların kokusu, yeşilliğin dokusuna işlemiş, sanki, bu yorgun kölenin omuzlarına asılmıştı. Derin bir nefes aldı; önce gözyaşlarını bıraktı; sonra, sözlerini tanımladı. Sözleri nâfile telaşların çığlığıydı:

– Thales'in sakalları kıvrım kıvrım ve gürdür; tıpkı Meandros gibi...

Thales'in sakalları düz ve seyrekti. Büyük Meandros Irmağı'nın serin ve hovarda akışını bilenler bu benzetmeye güldüler. Meandros, uzandığı yatağın hakkını veren şen kahkahalı bir kadına benzerdi. Cömertliğiyle bereketli toprakları sulayarak hasretli bekleyişleri sevindirir, ama, hiçbir kıvrımında dinlenip, serinlenecek sabır ve hoşgörüyü göstermezdi.

Meandros bencildi...

Meandros bitkindi...

Meandros bulanıktı...

O geceyi izleyenler, Thales'in bir daha bu tepelere dönmeyeceğine inandılar. Thales, hiçbir kaderin kendi değerini kavrayacak kadar güçlü ve hazırlıklı olmadığını söylemiş ve izleyenlerin şaşkın bakışları arasından sıyrılıp uzaklaşmıştı. Gökyüzü, hüzünlüydü. Şafak serindi. Meydan tenhâydı. Thales'in adamları bir araya geldiler. Herkes birbirine bakıp bir anlam çıkarmaya çalışıyordu. Endişeli bekleyişlerin kubbesi henüz pembeleşmişti. Beyaza döndüğü zaman bütün eller kubbeye yükselecek ve en yaşlı köle ortalığı süpürüp, Thales'in gidişini soracaktı. Sabahın duaları henüz tamamlanmamıştı. Eski bir dilencinin sabırsız sesi duyuldu:

– On yedi yıldır çığlık atmıyorum... Thales ve Meandros, yaşamın buzlu soğuğundan ayrılıyorlar; artık kendimi bir celladın ayakları altına atmaya hazırım.

Çocuk denecek kadar nârin bir kız yaklaştı, eski dilencinin kubbeye uzanan elini tutmak için ayak parmaklarının ucunda yükseldi ve ürkek bir merakla fısıldadı:

– Zaman neden bize gözdağı veriyor?

Öğrencileri, çardak sohbetinin devamlıları, Likyalı güzel kadınlar, iri memeli zenci köleler, seviyesiz dilenciler, kimsesi kalmamış küçük kızlar Thales'in korktuğunu sandılar. Kâhinler, kimsenin fark etmediği bir büyük gerçeği gördüğünü söylüyorlardı. Güyâ Thales, bu gerçekten ürkmüş, kolay yoldan kaçmayı düşünmüştü. Bu, rastlanılmamış şey değildi. Zaman zaman Thales, başkalarını hayrete düşüren iddialı anlatımlarla, geometriye hâkim bir kudretin dünyayı yönettiğini söyler ve doğa olaylarının şaşırtıcı etkilerini, bu varlığın kanıtı olarak değerlendirirdi. Zaman zaman da mâsum ve çâresiz bir hayatın dumanlarını, şıngırtılı buhurdanlıklarla tepelerden ovalara dağıtan kudretin cefalarını çektirirdi.

Thales, yüzyıllar sonrasının gerçeklerini her gün yaşanan bir ibret çizgisi gibi anlatıyordu. Bu anlatışta, gerçeğini ispatlamak için, birilerinin canını yakan inkâr ve intikamın sabrı vardı. Sözlerinde ikna edici yumuşaklıkla, sert iddianın isteksiz karışımı hissedilirdi. Sanki güçlü bir elle gökyüzünü zemine çeker, huzur kubbesinin yeryüzüne inişindeki o saltanatlı boyun eğişi seyretmekten zevk alırdı. Bu zevkin doruklarındayken biraz duraksamış, sözlerini tamamlamadan çardağın gölgesinden ayrılıp, güneşin ışıklarına karışmıştı. Gemi ustalarının istirahata çekildiği dağ evlerinden birinde dinleneceği ve sâkin gecenin rengine dalıp dertlerinden arınacağı söyleniyordu.

Thales yorgundu; belki de tükenmişti. Yeniden doğuşun hazlarını ve gücünü kazanmadıkça bir daha dönmesini bekleyen de olmayacaktı. Böyle keyifsiz bir dönüşle başkalarını rahatsız etmeye Thales'in bile hakkı olamaz deniyordu.

Yaşlı dilenci, küçük kızı kucağına aldı ve daha ileriyi görebileceğini sandığı kadar havaya kaldırıp uyardı:

– Bak bakalım!.. Bu masal gecesi nasıl gelecek?

Küçük kızın gözlerinde masal dekorunun arzulu fakat ürkek bakışları dolaştı. Aklından geçenleri sıralasa, herkesin kendini deli sanacağı korkusuna kapıldı. Kayıtsız bir sevecenlikle aklından geçenleri sıraladı:

– Her şey, her yere kadar usta bir şairin işidir. Thales şairi kendi yaratır ve diyeceklerini ona söyletir. Sanki zamansız sâra nöbetine tutulmuş kedersiz bir hıçkırık gibi...

Umulmadık bir anda asmaların gölgesinde Thales göründü. İhtişam üzerine kurulmuş rüyayı çâre üretmeyen sevimsiz bir toyluk mâcerası gibi elinin tersiyle itmiş ve dönmüştü.

Thales, eski Thales'ti: sadece gözlerindeki düşünce derinliği kaybolmuş, yerine gençliğinin hakkını verdiği bir kadın bakışının çapkınlığı gelmişti. Bu bakışları, bir süre kirpiklerinin gölgesinde dinlendirmiş, kendisine arka çıkacak kadar güçlendiğini fark ettiği gün dönmeye karar vermişti.

Görenler şaşırdılar. Omuzlarında eski şalının yerinde yeller esiyordu. Yenisinde kahverengi süslerle, yaldızlı püsküllerin kucaklaştığı işlemeler vardı. Elinde, gemi ustalarının dağ evlerinde kullandıkları kalın yapraklı yelpazelerden taşıyordu. Ayakları yine çıplaktı. Topukları hayret verecek sertlikte nasırlaşmıştı. Avuçları yorulmuş ve su toplamıştı. Yakından bakanlar, beceriksiz kaldığı bir maharetin sahibinden özür dileyen boyun büküklüğünü fark ettiler. Uzak denizlere açılacak gemicilerin yanında bir süre çalışmış, keserle yontmak istediği kütüklerin hiçbirine istediği biçimi verememenin acısıyla kendini ayıplamıştı.

Hiçbir şey olmamış gibi çardağın gölgesine yürüdü. Her zaman oturup tartışmaları yönlendirdiği eşiğe geldi. Çardağın gerisinde tapınağın mermer sütunları uzanıyordu. Geniş basamaklarda heyecan uyandıran cariyeler ile sıra bekleyen köleler uzanmışlardı. Salkımların mayhoş lezzeti sevinçli bir sonbahar tesellisi kadar güzel kokular yayıyordu.

Alesta bakışlı bir cariye koşup Thales'in terliklerini getirdi. Thales yürüyüp geçti yanından. Çardağın gölgesinde yürüdü; sütunların başladığı eşiğe gelince olanca gücüyle bağırdı:

– Atölyenin çalışması henüz sona ermedi. Kimdir bu vakitsiz dinlenmenin kabahatlisi?

Tekrar çardağa döndü. Asmalar artık eski serinliği vermiyordu. Ovadan esen rüzgâr, sararmış yaprakların üzerinde gezinirken temiz bir şarap kokusu taşıyor ve dinlenmek istediği her menzilde bir sarhoşluk dalgası bırakarak kayboluyordu. Meandros'un kıvrımlarında bu sâkin tabiatlı adamın yarattığı heyecanlardan iz kalmamıştı.

Thales, asmanın altına oturdu. Akşam serinliği çökmeye başlamış, ancak günün sıcaklığında kavrulan çardağa istenen gölgeleri henüz düşürememişti. İri memeli zenciler, dâvetkâr cariyeler, geometri ve felsefe öğrenmeye gelmiş Likyalı parlak delikanlılar boğucu sıcağın etkisinde kendilerinden geçmişlerdi. Thales sesini yükseltti:

– Toplanın!..

Her zaman kullandığı âsâsını aradı. Bıraktığı yerde olmadığını gördü. Bereketli toprağın iliklerine işleyen maharetle kullanıp şekiller çizdiği sopayı bulamamamın hırçınlığıyla bağırmak istiyordu. Gerçeğin özündeki değeri kavramak isteyen zihnin her koşulda kendisine öğretilecekler için hazırlıklı olması gerektiğini söylüyordu. Yavan bir duygusallıkla, kördüğümleri, çelişkileri, eleştirilerini ve zamansız yaşanan sancıları anlattığı günlerini hatırladı. Yine böyle boğucu yaz ikindilerinde bu asmaların altında insanlara tâlihlerini yazabilecekleri bir dünya lisanı olduğunu uzun uzun anlatmış ve arkasından eklemişti:

– Her şey sadece tâlihin yâverliğinde insana yaklaşmaz; onu kendinize yakınlaştıracak gücü yaratın.

Günlerdir yakaladığı gerçeği talebelerine aktarmak için istediği fırsat kapıyı çalmış, kelimelerin en mükemmel terkibi bu gerçeği aktaracak olgunluğa erişmişti. Bu fırsatı kaçırmaya niyetli değildi. Ders verdiği sopayı bulamayınca hırçınlığını artırdı. Sonra bu kadar sertleşmeye hakkı olmadığını düşündü. Çâresizliğin kimseyi asıl emelinden uzak tutmaya hakkı olmaması gerektiğini söyledi. Sonra eteğini toplayarak çıplak bacaklarını uzattı. Sonra terliklerini getiren cariyeyi yanına çağırıp, eteklerini kaldırmasını istedi. Bacakları bütün çıplaklığını gösterinceye kadar bekledi. Bacaklarını kendi bacaklarının üzerine koymasını istedi. Bir süre bu garip manzarayı seyrettikten sonra çevresindekilere seslendi:

– İki doğrunun kesiştiği yer neresi olursa olsun, oluşan ters açılar birbirine eşittirler.

Cariyenin elini tutup ayağa kalkmasına yardım etti. Gözlerinde içten pazarlıklı bir sabır gizleniyordu. Zihninde bu son teoremin bir kader gibi birilerinin yaşamına yön veren umulmadık tersliklerle ortaya çıkacağının hissedişleri vardı.

Geriye dönüp baktı. Herkes dağılmıştı. Çardağın altında sadece eteğini kaldırttığı cariye bekliyordu. Yanına doğru yürüdü; kolunu omzuna koyup kucaklar gibi kendine çekti. Birlikte ovanın başladığı yere doğru yürüdüler. Tapınağın eteklerinde köleler tohumları serpmek için sıra halinde dizilmişler komut bekliyorlardı.

Thales, cariyenin elinden tutarak sanki koşar adımlarla kölelerin olduğu yere geldi. Meandros gür bir iştahla akıyordu. Dağlardan topladığı sularda denize duyulan hasretin sabrı köpürmüştü. Thales önce uzun uzun cariyenin yüzüne, sonra Meandros'un gür sularına baktı. İkisinin de yatağında bereketli vuslat arzusu canlanmıştı. İkisinin de teninde ümitsizlik ve teselli ihtimallerinin heyecansızlığı görülüyordu:

– Kadere kesikli çizgi diyenler yanılıyorlar. O dümdüz bir ovadır...

Sonra yorgun bakışlı köleyi yanına çağırdı. Her şeyi önceden sezen idrâk tehdidiyle kulağına fısıldadı:

– Yanılıyorsun!.. Thales'in sakalları kıvrım kıvrım değildir. Meandros'tur insanın kaderini kıvrım kıvrım ören...

Torbasında ekilmeye hazır tohumlardan bir avuç alıp cariyeye doğru yürüdü:

– Savur bunları boşluğa!.. Gücü olanlar, mutlaka düşecekleri bereketli bir toprak bulur...

Cariye önce duraksadı. Sonra Thales'in sözlerindeki kehânet dolu tahriki fark etti ve avucundakini olanca hızıyla boşluğa savurdu:

– Gücü olanlar için!..

Dünya durgundu. Bütün güçler, bir an için imkân ve yeteneklerinden sıyrılmış ve çâresiz bırakılmış gibi takatsiz düşmüştü. Tek kıpırtı, tek ses, hatta küçük bir meltem hissi bile yoktu. Tohumlar kasırgaya tutulmuş gibi gökyüzünde kayboldular. Sanki her şey kendini istediği yere kavuşturan gücün varlığını yakalamış gibi mutluydu. Tohumlar gökyüzünü döllemeye cesaret edecek kadar kendilerini güçlü ve cesur sanıyordu.

Sonra içlerinde biri gökyüzünün gizli eleğinden nasılsa geçip toprağa düştü. Cariye ile Thales birbirlerine baktılar.

Önce cariye güldü, sonra yaşı henüz kırka varmış yorgun çehreli köle...

Thales ikisinin de ellerini tutup ovaya yürüdü. Başı gökyüzüne dönüktü. Sesini biraz yükseltti:

– Tohum toprağın hakkıdır...

Cariye koşup henüz sürülmüş topraktan bir avuç alıp Thales'e uzattı:

– Bereket fazla sabırlı değil galiba?

Thales yorgun kölenin elini bıraktı.

– Haydi bakalım!.. Göster şu Thales'ın kıvrım kıvrım dediğin sakallarını...

Yorgun köle toprağı aldı, avucunun içinde çukurlaştırdı. Sonra cariyenin hüzünlü gözlerine bakıp uzattı:

– Sula bunları...

Cariyenin gözleri kuruydu; birden arzuyla ıslandı ve bir iki damla düştü. Köle ellerini kapatıncaya kadar bir yeşil filiz yükseldi. Yavaşça cariyeye yaklaştı. Avuçlarını bu arzulu kadının bacaklarının arasına yerleştirdi. Kendine yasak edilmiş soylu cariyenin önünde o yeşil filizi öptü. Sesinde varlığına güvenen erkeğin gururu vardı:

– Toprak hem kendisinin, hem bizim ustamızdır...

Elindeki bereketi göstermek için Thales'e doğru koşmak istedi...

Thales mutluydu: Meandros Irmağı'nı aşmış, denize ulaşmıştı... Önünde sadece, su vardı. Geriye dönmedi bile. Kendinden emindi ve sesinde bu güvenin hüküm cümlesi yükseliyordu:

– Her tohum, yeşereceği toprağı mutlaka bulur...

Birinci bölüm

Hicretlerin bakıyyesi hicranlı duygular,
Mahzun hudutların ötesinde akan sular,
Gönlünde hep o zanla berâber çoğaldı.
Bildim nedir, ufuktaki sonsuzluğun tadı...

Yahya Kemal

Anladım hayatmış mâzinin adı
Yıllara karışan her şey ses verir
Hasretle doludur geçmişin yâdı
Mâzinin elemi bile tatlıdır.

Nâzım Hikmet

Felaketin haberi çabuk duyuldu. Rum eşkıya yağmurlu bir gece pusuyu kurmuş ve evine dönen Tireli Hacı Ali Paşa'nın göğsüne bütün namluların kurşunlarını boşaltmıştı. Nefesini çabuk verdi. Sultan Hamid'in Aydın jandarmasına ot, saman, erzak sağlayarak nam kazanan Tireli Ali, hizmetleri karşılığında paşalıkla taltif edilmiş ve bölgedeki bütün köylülerin hesap vereceği bir tahsildarlık görevine getirilmişti. O artık Sultan Hamid'in eliydi, koluydu, gözüydü, kulağıydı...

Tireli Hacı Ali Paşa, Sultan Hamid'e kafa tutan azılı eşkıyanın karşısında, padişah haklarını korumanın bedelini halktan en yüksek şekilde tahsil ediyordu. Büyük servetin sahibiydi. Nâmından korkmayan kalmamıştı. Tire'nin bereketli ovalarından Aydın'ın mavi kıpırtılı sahillerine uzanan geniş tarlaların tapusu elindeydi. Bir gün arazilerin üzerinde çevresindeki herkesi kıskandıracak bir saltanatı süreceğinin lezzetli hayallerini kurar; sonra, bu sessiz sedasız yaşanan rüyanın ibretli tefsiriyle ailesini kucaklardı. Tireli Ali Paşa kadınlara düşkünlüğü kadar oğullarına da düşkündü. Sadık, Refik, Şükrü, bu geniş ve zengin toprakların ovaların, bağların, bahçelerin üstesinden gelecek disiplin ve tecrübe içinde yetiştirilmişlerdi. Tireli Ali Paşa'nın ille de iki gözüm dediği Tevhide en küçükleriydi. Nârin ve duygulu yapısında, olanları uzaktan seyreden tahammüllü bir kadın nezaketi hemen dikkat çekerdi. Sesini ancak muhatabının duyacağı tonda kullanır, üç yiğit ağabeyinin gürültülü ve kaba lisanının arasında hiç farkına varılmayan bir sükûnetle soruları cevaplardı.

Mahallenin kızları "Tevhide âşık" diyorlardı. Kimi sevdiği bilinmezdi. Gördüğünde kendi dünyasına zenginlik katacağına inandığı bir adamı, hemen içine sindirmiş, rüyalarında ve günün sevdâlı hayallerinde bu uzak âşığın her hücresini, sanki kendisi yaratmış gibi hangi anlama geldiğini bildiği bir masal gibi sadece kendine anlatmıştı. Mahalle kızları haklıydı. Tevhide âşıktı. Tevhide'nin duyguları zengin ama yorgundu. Tevhide'nin düşüncelerinde sadece bir tek kişinin saltanatı hüküm sürerdi: Kâtipzâde İbrahim Ethem Efendi...

Haberi Tevhide'ye verdiklerinde önünde bağdaş kuran Ali Adnan'ın saçlarını tarıyordu. Kulağına fısıldanın ölüm haberinin telaşıyla Adnan'ı ürkütmek istemediğinden acıyı içine gömmüş, nefes bile almadan bu acının yüreğini dağlayacağı her hücrede gezinmesine tahammüllü bir kabul göstermişti. Adnan'ın sezmemesi için özenle saçlarının taranmasını bitirdi. Yanaklarına şefkatli bir öpücük koydu. Çenesini tutup yüzünü kendine yaklaştırdı. Gözlerindeki melûl bakışın hüznüyle duygulanıp sarıldı. Alnını öptü ve tekrar çenesini tutarak yüzünü tekrar kendisine yaklaştırdı ve bir anne vasiyeti gibi sevginin tarifini verdi:

– Şefkatle sevmeyi sakın aklından çıkarma...

Önce ne yapacağını şaşırdı. Nefesini tuttu. Ruhunun derinliklerinde istediği sükûnete kavuştuğunu anlayınca gözlerinde biriken yaşları bıraktı. Çığlıksız bir ıstırap şelalesi yanaklarından süzülüyordu.

Karşıyaka Beyler Sokağı'ndaki evin sessizliği birkaç dakika sürmüş, Tevhide hemen toplanarak çocuklarının geçimini sağlayacak miras üzerindeki hakkının korunması için Fıtnat Hanım'ın yanına koşmuştu.

– Babamı vurmuşlar. Yüreğimin yangınını kimseye anlatamam. Ama, telaş içinde hakkımın kaybolmasına da müsaade etmem. Bana yardım et!

Fıtnat Hanım durumu biliyordu. Tireli Hacı Ali Paşa'nın serveti dillere destandı. Gözlerin görebildiği bütün topraklar Tireli'nindi. Tevhide haklıydı; ağabeyleri mirasın tamamına sahip çıkarak Adnan'ın ve Melike'nin haklarına el koyabilirlerdi. Bu ihtimalin acısıyla kavranıyor ancak üstesinden gelecek gücü kendinde bulamıyordu. Çelimsizdi... Kocası İbrahim Ethem Efendi de, hiçbir zaman Tevhide'yi bir büyük mirasın vârisi gibi görmemiş, daha evliliğinin ilk gününde bu büyük servete sırası geldiğinde ağabeylerinin hoyratça el koyacağına inanmıştı. Tevhide'nin korkusu da buydu. İşte o kader günü gelmişti. Bir büyüğünün müdahalesiyle haklarının korunacağına inanıyordu:

– Oğluma da, kızıma da sizden başka bakacak kimsem yok...

Fıtnat Hanım, Tevhide'yi kucakladı. Bu zayıf ve hastalıklı kadının fazla ömrü olmadığını biliyor ve üzüntüsünü içine atıyordu:

– Endişelenme! Haklarınıza hiç kimsenin elini sürdürmem...

Elinden tutup odasına götürdü. Geleceğinin güven içinde olduğunu anlatan sözlerinde kuşkuya yer vermeyen bir kesinlik ve ciddiyet seziliyordu:

– Bana önceden haber vermişlerdi. Endişeleneceğini biliyordum. Avukat Fevzi Bey'e haber gönderdim. Haklarının korunması için gerekeni yapıyor...

Tevhide'nin yüreğine suların serpildiğini fark etti. Artık güven içinde genç bir kadının sevinçli gözlerini seyrediyordu. O gözlerin içine baktı. Çenesini avuçladı.

– Baban ölmeden önce mirasını paylaştırmış. İki gözümün iki bebeği var; birinde Adnan, diğerinde Melike var demiş...

Güzel sözlerin Tevhide'yi mutlu edeceği düşüncesinde değildi. Her şeyi sıraya koyan bir terbiye ciddiyetinde büyümüştü. Sözün sırasına riayetin, en önemli ikna yöntemi olduğunu biliyordu. Gençliğinden bugününe kadar hayatının övünülecek nesi varsa, hepsini bu disiplinli düşünme ve anlatma terbiyesine borçlu olduğunu biliyordu. Tevhide'nin duymak istediği şeyi dillendirdi:

– Paşa baban Çakırbeyli Çiftliği'ni sana bırakmış. Zannederim makul sayılacak miktarda da nakit ayırmış... Bir de Aydın'daki evi sana vermişler...

Tevhide'nin yüreğine su serpildi. Örselenmiş her kadının ruhunda filizlenen kuşkuculuk Tevhide'nin endişeli karakterinde köklü yer edinmişti. Fıtnat Hanım'ın söylediklerinin doğru olduğunu bildiği halde bir kere daha sormak ve öğrendiklerinin kendisine tekrar edilmesini istiyordu:

– Babamın bana mal bıraktığı doğru demek?

Fıtnat Hanım güldü. Gelinini kucakladı. Gözündeki yaşı sildi. Nemli yanağına bir şefkat öpücüğü kondurdu.

– Çok mal bıraktığı doğru... Tevhidem benim...

Sonra ekledi:

– Cenazeyi kaldırmışlar; ama yedisinde okunacak mevlide yetiştiririm seni... Dönerken bir gece Aydın'a uğra... Evini gör, içine gir. Hizmetçilerini çağır. Merdivenin başına çık. Onlar eşikte beklesinler. Merdivenin üst başına vardığında ağır ağır geri dön ve emret; "Yarına sofralar kurun, ağamın misafirleri gelecek, kusur istemem..." de.

Tevhide şaşkınlık içindeydi. Hayalini bile kuramayacağı şeyleri sanki hayatının sıradan bir gününü yaşıyormuş gibi anlatan Fıtnat Hanım'a hayrandı. Eğildi elini öptü.

– Anacığım!

Fıtnat Hanım söyleyeceklerini tamamlamadan böyle teslimlere itibar edecek birisi değildi:

– Babanın taziyesi için Aydın'da kal ve gelenleri karşıla... Unutma, sen Tireli Hacı Ali Paşa'nın kızısın ve onun mirasına sahip çıkacak cesaret ve ahlâkın sahibisin... İnsan, gücünü ilk günden göstermelidir...

* * *

Aydın!..

Sükûn ve endişenin çelişkisinde bir nâra!

Dağlardan inen gür suların serinliği ve hırçın güneşin terlettiği ovalar.

Cesur ve âdil kabadayılığın cepkenli yiğitleri...

Belde hançer, sırtta cura...

Keyifle vatan toprağına diz vuran efeler...

Tevhide, Aydın'daki evin kendisine verildiğini duyunca çok sevinmişti. Adnan'ı bu evde doğurmuştu. Adını koyarken babasına şükran duaları etmiş ve yanı başında kendisini gururla seyreden İbrahim Ethem Efendi'ye dönüp fısıldamıştı:

– Ebe kadın, ezanı babası okusun diyor...

İbrahim Ethem Efendi kulağına eğilip ezan okudu ve Tevhide'nin duyacağı tonda niyetini fısıldadı:

– Babanın hakkını ver. Adını Ali koyalım.

Sonra ekledi:

– Adını Ali Adnan koyduk!

Tevhide, çok uzaklarda kalmış bir hatıranın böyle acılı bir günde canlanıp gözlerinin önüne gelmesini mutlu bir başlangıç olarak görüyor ve seviniyordu. Bu sevinç bildiği gerçeği inkâr ettirmeyecek kadar dürüst ve hazırlıklıydı. Fıtnat Hanım'ın ellerine sarıldı:

– Hepimiz gerçeği biliyoruz. Hepimiz aynı derdin pençesindeyiz. Çâresi olmayan bir kaderin bekleyişinde tükenip gideceğiz. Ben de, kızım da... Bir tek Adnanım kalacak. Ne olur esirgeme hiçbir şeyi ondan.

Diz çöktü. Fıtnat Hanım'ın ellerini öptü.

– Melike'nin fazla günü kalmadı... Adnan sana emanettir...

* * *

Selânik!..

Yüzyıllarca önce Artemis Tapınağı'na bir yıldırım düşmüş, her yeri yakıp, her şeyi kül etmişti. Memfisli, Efesli, Makedonyalı, Yunanlı, Trakyalı, Tesalyalı, Persli kâhinler, korku ve mutluluğun çelişkisini aynı anda yaşadılar. Umutlar ve kuşkular, tek bir kehânette birleşmişti. Hepsi bir ağızdan, şimşeğin döllediği bir büyük tanrının dünyaya geldiğini haykırdılar... Yepyeni bir kent, insanlığın kaderini belirleyecek kudretle yaratılıyordu. Bu kent, hayranlığın ve hayretin doruklarında insanoğlunu şaşkına çeviren mâcera lezzetini yaşatacaktı.

Apollon'un kehânetine göre kraliçe Olimpias, evlendikleri gece Kral Filippos'la sevişmeden önce bir büyük şimşek çakmış ve Zeus olanca gücüyle Olimpias'ın bacaklarının arasından girerek bereketli rahmine bir ilâhî ışığın dölünü bırakmıştı... Bu döl, cennetten yağan ateşti...

Celile Hanım, Selânik limanına girerken gemidekilerin sevinçli çığlıklarını, cennetten yağan ateşin sulara değdiği cızırtıya benzetti. Hayalindeki cennetin ateşler yağdırmasını biçimlendirmeye çalışıyordu. Kral Filippos, karısını döllerken kürek kemiklerinin arasından geçip, yüreğinde iktidar şeytanlıklarını yoğuran şimşeği düşündü. Bu şimşek, iri memeli, geniş deltalı bir Tesalyalı'nın mahrem ikrâmını mühürlemişti.

Filippos gerdek gecesi, Olimpias'la doyuncaya kadar sevişmiş ve bedenindeki bütün gücü karısına boşaltmıştı. Tam uyumak üzereyken bir melek gelmiş ve Filippos'u karısıyla yeniden sevişmeye yönlendirmişti. Filippos meleğin kendisine verdiği kudretle Olimpias'ın rahmini mühürlemişti... Bu mühür ancak bir tanrı doğarsa bozulacaktı.

Işık, sanat, kudret ve saadet tanrısı Apollo'nun kehânetine göre İskender, ejder haline dönüşmüş Mısır tanrısı Ammon ile Makedonya kraliçesi Olimpias'ın Memfis sarayında yaşadıkları sevdâ gecesinin ürünüydü. Kral Filippos, bu zinayı hem zevk, hem de merakla anahtar deliğinden seyrettiği için Mısır tanrısı Ammon, Makedonyalı Filippos'un gözlerinden birini kör etmişti. Ammon, Zeus'un şimşeğinden daha güçlü yıldırımlarla dünyaya kendi gücünü temsil edecek bir dölün müjdesini vermişti... Bu döl Thessaloniki'ydi...

Celile Hanım, bu zarif kadının adını taşıyan bu kentte yeni bir hayatın lezzetini sürmeye geliyordu.

Thessaloniki!

Selânik!

Bir farklı terbiyeden, bir değişik anlayışa geçişin zahmetleri bu şehirde başlayacak ve belki de bu şehirde hayatın hiç bilinmeyen dehlizlerinde yeni bir ömür lezzeti duyulacaktı. Bu lezzet, doğacak çocuğun verdiği gururla bütünleşip, belki de giderek sevimsizleşen evliliğinin çâresi olacaktı. Hikmet Bey'le evliliği, dengeleri takdir edilmemiş bir karar isabetsizliğiydi. Bu karar aceleyle alınmış ve hiçbir duygu ve lezzet yaratmamıştı. Kısa sürede sona ereceğini hissettiren tavırlarıyla Celile'yi zorluyordu. Acaba bu şehrin efsânesi ve güzellikleri içinde teselli bulabilir miydi? Bu soru kafasında yola çıktığı an belirmiş ve yol boyunca giderek sertleşen bir tereddüt çengeli gibi beynine asılmıştı. Celile, durumun farkındaydı; bu evlilik artık karşılıklı sevgi sebiliyle değil, bir tahammül çölünün azabı içinde yürüyebilirdi. Çâreyi karnında taşıdığı çocuğunun sevgisinde bulması gerektiğini döllendiği gece anlamıştı. Bu çâreyi kimseye hissettirmeyen bir tahammüllü bekleyişle doğacağı güne kadar kendinden bile sakladığı olmuştu.

Nâzım'ı doğurduğu sabah, geminin limana girdiği ilk günü hatırladı. Olimpias'ın İskender'i doğururken dünyadaki bütün meleklerin ve şeytanların o gece sabaha kadar kendi kasıklarında hazla titrediğini düşünmüştü... Nâzım'ı doğururken hayalinin ne kadar isabetli bir tespit olduğunun hazzını duymuş ve sevinçli bir çığlıkla haykırmıştı: "Getirin Nâzım'ı kucağıma, hayranlığımı görmesini istiyorum..."

Bir annenin şefkatinden önce göstermek istediği hayranlığın gerisinde, şatafatlı bir paşa konağının itibarlı günleri vardı. Çevresindeki her şeyin mutlaka bir takdire bağlanması alışkanlığıyla Mehmed Nâzım Paşa öne çıkarılıyor, elini sürdüğü her konu, sanki onun sâyesinde hayat bulmuş gibi abartılı cümlelerle ödüllendiriliyordu. Yalnızlığını, sevdâdan yana hür ve cesur bir dünyanın nimetleri gibi değerlendiriyor, mesafelerin derinliğine metelik vermeyen saygılı bir tahammülle geçmişini sorguluyordu.

Bu evlilik neydi? Bir türlü ısınmadığı bu beraberliğin sürmesi neden isteniyordu? İçindeki sıkıntıları çevreye hissettirmeyen sabırlı nezaket, bir gün bütün gücüyle patlayıp ortalığı allak bullak edebilirdi. Celile yeniden kendini sorguladı. Bu evlilik neydi? Kimin için düşünülmüş, hangi çıkarın hesabında deftere yazılmıştı. Bütün bıkkınlığına rağmen geride bıraktığı günler neden canlılığını koruyordu?

Celile Hanım, paşa babasının öğütlerine ve telkinlerine rağmen evliliğini önemsemiyordu. Neyin nasıl gelişeceği konusunda hayatın akışını, tecrübe diye kendisine dayatılan telkinlerden daha sıcak ve saygıdeğer bulmuştu. Kayınpederi Mehmed Nâzım Paşa, konağın en geniş odasında her cuma akşamı dostlarını toplar ve bir ilâhî mâceraya yol alırdı. Bu toplantılara, paşanın yakın dostları, tarikat şeyhleri, Mevlevî ahlâkında yetişmiş dergâh arkadaşları devam ederlerdi. Bazısı fesli, bazısı sikkeli, bazısı takkeli misafirlerdi. Kış akşamlarında şömineli büyük salonda, yaz akşamları geniş bahçenin kameriyesinde toplanırlardı. Bu tasavvuf Meclisinde, tâ ihvânı sâfa müzakerelerinden beri bir türlü mânâ kazanamamış başlıklar tartışılırdı. Her başlık, Osmanlı idrâkinin yeni tanımlarıyla ele alınırdı. Sonra Fars dilinin zarafeti içinde her misafir, kendi şiir kabiliyetiyle yeni yazdığı gazelleri, kasideleri, rubaîleri okurdu. Celile Hanım bu toplantıların bir mânâ meclisi olduğunu düşünüyordu ama, gelenlerin kılık ve tavırları hiç de medenî bir İstanbul manzarası vermiyordu.

Haberin bahtiyarlığı konağın düzenini değiştirmiş, herkesin bu sevinçli tayini kutlamasına izin çıkmıştı. Celile Hanım bu bahtiyarlık sohbetini artık haremdeki küçük odasının penceresinden değil, kameriyenin yanındaki manolya ağacının gölgesinde dinleyecekti. Küçük odasından çıkmış, veda sohbetini dinlemek üzere bahçeye inmişti. Kayınpederi Mehmed Nâzım Paşa, Halep valiliğine tayin edilmiş olmanın verdiği memnuniyet içinde dostlarını dâvet etmiş ve bu ihtişamlı ayrılık toplantısında kendinden geçmişti. Artık Mevlevî âdabının ve tasavvuf idrâkinin kapıları kapatılmış, bu mistik sohbet meclisi, âdeta hürriyet mücadelesinin gizli teşkilat toplantısına dönmüştü.

Mehmed Nâzım Paşa, Sultan Hamid'in istibdadına başkaldırmış bir hürriyet mücahidiydi. "Vatan Kasîdesi"ni büyük heyecanlarla okuyor, her mısradaki mânâya uygun jestler ve mimiklerle şiirin etkisini artırmaya çalışıyordu. Celile Hanım kayınpederinin ihtiraslı hürriyet mücadelesini izlerken kocası Hikmet Bey, kendi keyfinin meclislerinde sükûnet arıyordu. Evlilik daha ilk günlerinde tadını kaçırmış, ama Osmanlı geleneği içinde bütün bu huzursuzluklar sîneye çekilen bir tahammül zahmetine dönmüştü. Celile Hanım, Hikmet Bey'in duygularını fazla önemsemiyordu. Gönlünün derinliklerini anlayan ve anlatan bir varlığın tesellisi içindeydi. Bu hislerin dalgınlığında birden irkildi. Mehmed Nâzım Paşa bütün hiddetiyle Sultan Abdülhamid'i suçluyordu; onu milletin başında bir istibdat eşkıyâsı gibi görüyordu.

Namık Kemal'in "Vatan Kasîdesi"ni yeniden okumaya başladı. Sıra en sevdiği beyte gelince ayağa kalktı ve göğsünü açtı. Olgun yaşın beyazlattığı kıllar paşa üniformasından dışarı fırlamış, sanki imparatorluğu kurtarmaya yemin etmiş mücahitler ordusu gibi dimdik kesilmişti. Yumruğunu olanca hızıyla bu ateşli bağra balyoz gibi indirdi:

Felek her türlü esbâbı cefâsın toplasın gelsin
Dönersem kahpeyim millet yolunda bir azimetten...

Yazısı güzel birisi "Vatan Kasîdesi"ni özenle çoğaltmıştı. Mehmed Nâzım Paşa çoğaltılan şiirleri sofrada bulunanlara gururla dağıtıyor, öte yandan ciddi bir endişe içinde hatırlatıyordu:

– Dikkat edin! Etraf hafiye dolu; başınıza iş gelmesin...

Sonra elindeki *İbret* gazetesinin bazı yazılarını yüksek sesle okumaya başladı. Sesi giderek cesaret kazanmıştı:

– Bunları ezberleyin! Bunlar hürriyetimizin âyetleridir.

Celile Hanım heyecana kapıldı. Bu toplantı duyulur veya bir duyuran olursa kabak sadece Mehmed Nâzım Paşa'nın başına patlamakla kalmaz, bütün aileyi felâkete sürüklerdi. Toplantı bittikten sonra Mehmed Nâzım Paşa'nın şiirleri ve *İbret* gazetesi nüshalarını telaşla bir minderin altına sakladığını gördü. Güldü... Açık olmaktan uzaklaşan bu mücadelenin nasıl olup da başarı göstereceğini düşündü. Yeniden güldü. Tereddüdünü umursadı ve zihnine yerleştirdi. Elini karnına koydu ve dua etti:

– Yarabbi! Oğlum, hürriyetin ve istiklâlin nefesiyle büyüsün...

Sonra olanlara hiç şahit olmamış gibi sessizce odasına yöneldi. Hikmet Bey'in ürkek davranışlarıyla bir türlü temin edemediği çalışma odasının önüne gelince durdu. Bahçeye açılan bu küçük odayı almak için, önünde kimsenin duramayacağı sanılan Mehmed Nâzım Paşa'nın karşısına çıkmış ve böyle bir oda talebinin geri çevrilmesine fırsat vermeyen tehdit dolu inandırıcılıkla bu odayı kendisi için hazırlatmıştı.

Mehmed Nâzım Paşa'nın gelişlerinde ev halkı konağın girişinde iki sıra halinde dizilir ve paşaya hoş geldiniz derdi. Paşa da güya hepsiyle yakından ilgilenirmiş gibi, bir dilekleri olup olmadığını sorardı. Sıra Celile'ye gelince, bu cesur gelin, ileri çıkmak ihtiyacını ve başını eğmek gereğini duymadan talebini belirtmişti:

– Selamlığın yanındaki küçük odayı istiyorum, efendim.

Konaktakiler şaşkınlık içinde kalmıştı. Mehmed Nâzım Paşa sülalesinin tarihinde görülmemiş bir talep, hiçbir tereddüt duyulmadan genç gelinin cesaretiyle ortaya konmuştu:

– Resim atölyesi olarak düzenleyeceğim...

Mehmed Nâzım Paşa şaşırmıştı ama, zaaf göstererek konak üzerindeki etkisinin kaybolmasını istemiyordu. Eğer Celile'yle bir hesaplaşması olacaksa bunu ileride yapabilirdi; şimdi söylenecek her sözün fayda getirmeyecek bir münakaşadan öteye geçmeyeceğini kavramıştı. Kendinden emin tavırla talebin karşılanmasını istedi.

– Salondaki piyanoyu da oraya taşıyın... Gelin hanım belki bize polkalar çalar...

Son cümle, Celile Hanım'a geçmişini hatırlatmak, biraz da alaya almaktı. Sülâlesinin dayandığı kökleri hatırlatan bu alaycı ifade için Celile Hanım alınganlık göstermemişti.

Celile Hanım birkaç hafta evvel yaşadığı bu alaycı manzaradan iz kalmamış gibi küçük odaya girdi. Nâzım Paşa'nın hediye ettiği resim malzemesi odaya yerleştirilmişti. Çalışmalarını kolayca sürdürmesi için resim sehpasının yanına çeşitli boyutlarda hazırlanmış tuvaller, boyalar, fırçalar, ıspatulalar, terebentinler hemen ulaşılacak şekilde yerleştirilmişti. Resim sehpasının önüne konulan taburenin yanındaki boşluk dikkat çekiyordu. Konağın iç düzeninden sorumlu kâhya kadın sert lisanla yanındakilere emretti:

– Buraya yuvarlak masayı yerleştirin!

Celile Hanım'ın oturması için konulan taburenin yanına genç hamilenin canı çektikçe yemek istediği şeylerin konacağı bir yuvarlak masa yerleştirilmişti. Kenarı dantelli, kolalı küçük peçeteler, gümüş taslar yanına konulmuş sabunlu el bezleri, billur sürahiler ve kadehler... Her sürahide rengârenk meyve şerbetleri belki de bu küçük odanın en güzel natürmortuydu.

Celile Hanım, kameriyenin altında izlemeye alıştığı Mevlevî âyinlerini hatırladı. Bugüne kadar mistik bir vecdin yaşandığı toplantı, her gece hürriyet arzusuyla bilenmiş mücahitler meclisine dönüyordu. Celile Hanım, hürriyeti varlığının en sağlam teminatı olarak öğrenmişti ve bu nâzik terbiyede yetişmişti. Bu akşam hiç ummadığı bir anda çocukluğunun o güzel sohbet toplantılarını hatırlatan üslupla hürriyet ve istiklâlden söz edilişini görmekten mutluydu. Sanki babası Enver Paşa'nın konağında Fransız İhtilâli'nin anekdotlarını dinliyormuş gibi mutlu olmuştu. Nedense bu akşam Jakobenlerin, Jirondenlerin sert münakaşa geleneği yanında Mevlevî idrâkinin huzur verici telkinlerini daha çok sevmişti. Böyle bir hatırlama ihtiyacıyla Neyzen Salih Niyazi Bey'in üflediği rast kârın aklında kalan nağmelerini gönlünün derinliklerinden bulup çıkardı. Piyanonun başına oturdu. Gözlerini kapadı. Nağmelerde asırlar öncesinin Yesevî hikmetleri ve Mevlevî zenginliği bir ortak huzur sesi gibi yükseliyordu. Parmaklar özenli ve saygılı dokunuşlarla bu muhteşem kârın seslerini Boğaz'ın bâki kubbesinde sâkin tabiatlı bir sedânın hoşluğuna bırakıyordu...

Celile Hanım sırtında bir serinlik hisseti. Kapı açılmış ve bahçeye bakan pencerenin açık kanadıyla küçük bir cereyan yaratmıştı. Celile Hanım hamileliğinin özeni içindeydi; pencereyi kapatmak üzere yürüdü. Geriye hiç bakmıyordu. Birinin sessizce gelip kapıyı açıp kendisini dinlemek istediğinden emindi. Pencereyi kapadı ve yine aynı sessizlikle gelip piyanonun başına geçti. Geniş taburenin ucuna ilişti. Yanına bir başkasının oturmasına izin verecek kadar yer bırakmıştı. Başını geriye bile çevirmeden eliyle taburenin boş yerine birkaç kez vurdu.

Teşrif ediniz paşa hazretleri! Berrak suda Hakk'ın tecellisini idrâk edelim...

Mehmed Nâzım Paşa şaşkınlık içindeydi. Genç gelinin değerini fark edememiş olmanın rahatsızlığını duydu. Piyano çalan, resim yapan bir gelini olmasından memnundu ama, millî ve dinî değerlere bigâne kaldığı dedikodularından tedirgindi. Üstelik oğlu Hikmet'i avucuna aldığına, hattâ bir erkeğin onurunu hiçe sayan teşhirle eve gelen herkesin yanında utandırdığına inanıyordu. Celile Hanım özenle tamamladığı otoportresini Tünel mağazalarında çerçeveletip konağa getirmiş, selamlığa çıkan merdivenlerin geniş duvarına asmıştı. Gelenler bu güzel kadının gülen çehresini seyredip hayranlığa dönüşen duygularla takdirlerini belirtince sanki evin mahremiyetine göz konmuş gibi rahatsız oluyordu.

Genç kadının her hareketini bu dedikodunun ispat süzgecinden geçiriyor, söylenenleri tam anlamıyla doğrulayacak bir işaret bulamıyordu. Dininden, milliyetinden uzak dedikodularla gözden düşürülmek istenen genç kadın, Mevlânâ'nın en sevdiği rubaîsinin hüküm cümlesini bir musiki lezzeti tattırır gibi okumuştu: "Berrak suda hakkın tecellisini idrâk etmek..."

Mehmed Nâzım Paşa rubaînin tamamını okumak istedi. Ancak şaşkınlığı, hemen her vesileyle dillendirdiği dört mısraın hatırlanmasını engelliyor, koskoca Mehmed Nâzım Paşa'yı gelininin karşısında mahcup düşürüyordu.

Celile Hanım tabureye oturmaya cesaret edemeyen Mehmed Nâzım Paşa'nın elini tuttu. Onu odanın bir kenarına sıkıştırılmış koltuğa götürdü. Oturuncaya kadar bekledi. Hafızasının kendisine oynadığı bu sevimsiz oyunu hiç yaşamamış gibi bir sohbet lezzetine çevirdi. Herkesin övünmek için Farsça okuduğu rubaînin Türkçe'sini bir ilâhî okur gibi Mehmed Nâzım Paşa'ya fısıldadı:

Ey can! Senin gönlünden benim gönlüme bir yol vardır.
Rûhûm bu yolu hep size açık tutmak için uyanıktır.
Çünkü gönlüm berrak bir su gibi gökyüzüne ayna tutar.
Bu sâf ve lekesiz gönülde Hakk'ın tecellisi vardır.

Mehmed Nâzım Paşa gelininin böyle hassas kalple iltifat edeceğine ihtimal vermemişti. Şaşkınlık içindeydi. Celile Hanım resim sehpasının yanına konulmuş sürahiyi alıp kayınpederine doğru yürüdü. Sormak ihtiyacının duymadan gül şerbetini billur kadehe doldurup sundu. Mehmed Nâzım Paşa'da yarattığı şaşkınlığı biraz daha sürdürmek istiyordu. Sonra hepsini bir küçük fiskeyle sonuçlandıracak ve yarattığı hayret ve hayranlığı unutulmayacak bir mâcera lezzetiyle bitirecekti. Sesine, asıl gerçeğin özüne vâkıf bir kadının mâceracı ruhunu da kattı:

– Genç kızlığımda babam Yunan epigramlarını okuturdu. Bu kitâbelerde yazılanları bugün bile ezbere bilirim. Bu epigramlarla, İslâm edebiyatında rubaîlerin çok büyük bağlılık içinde olduğunu söyler ve örneklerdi.

Mehmed Nâzım Paşa'da istediği etkiyi yaratmış olduğuna emindi. Bu güveni pekiştirmek kadar, Mehmed Nâzım Paşa'nın bilgi derinliğini ölçmek ihtiyacını bir arada değerlendirmek istedi:

– Babam! Yedi dil konuşurdu. Dilci Enver Paşa denmesinin sebebi budur.

Celile Hanım, baba evinde aldığı özel eğitimin kazandırdığı bilgi ve tecrübe zenginliğini hayranlık yaratan örneklerle aktarıyor ve sonunda istediği noktaya getirdiğine inanarak öldürücü darbeyi vurmak istiyordu. Bu darbenin tam zamanıydı:

– Felsefe de, tasavvuf da, insanlık da, eğer ülkede hürriyet varsa mânâ kazanır. Çünkü bu değerleri, ruhumuzun ve zihnimizin zenginlikleriyle bütünleştirip yeni bir mücadele ahlâkına ve azmine ancak hürriyet ve istiklâl içinde kavuşturabiliriz.

Mehmed Nâzım Paşa büyülenmiş gibiydi. Yıllardır bir araya geldiği tarikat arkadaşları sadece Mevlânâ'nın meşalesini ellerinde tutmuş ve bütün aydınlanmaları, sadece bu ışığın renginde, gölgesinde mânâ ve derinlik kazanmıştı. Uzun yıllar tesirinde kaldığı bir ince büyüyü parçalamak ister gibi güçlendi. Celile Hanım bu çırpınışına fırsat vermeyen kararlılık içinde söyleyeceklerini tamamladı:

– Bu mücadele ahlâkı bazen bir hikmet gibi derin düşüncelere, bazen bir hakikat gibi tartışmasız kabule, bazen bir irşât gibi ruh ve zihin zenginliğine, bazen bir sevdâ gibi, tükenmeyen nûr burçlarında görünür.

Celile, Mehmed Nâzım Paşa'ya yapılacak asıl iltifatın zamanı geldiğini anladı. Aklı ve rûhu yormayan bir açıklıkla bu iltifatı seslendirdi:

– Bu akşam bahçedeki konuşmalarınızı dinledim. Misafirlerinizin zihinlerini yoran fakat ruhlarını canlandıran hürriyet terbiyesini bu nûr burçlarına yerleştirdiniz. Hürriyeti bir imân gibi savundunuz. Bunların yasak şeyler olmasının korkusu hiç yoktu sözlerinizde. Ailenize mensup birisi olarak sizinle onur duydum, efendim...

Mehmed Nâzım Paşa hayatının gururunu yaşıyordu. Yavaşça kalktı. Resim sehpasının yanına kadar gidip bir kadeh aldı; billur sürahiden gül şerbeti koyup Celile'ye uzattı:

– Her sır kendi özünden doğar.

Celile istediği sonuca varmıştı. Mehmed Nâzım Paşa'nın bütün gece bu kısa sohbeti düşünüp umulmadık mânâlarla zenginleştireceğinden emindi. Şimdi kendi sahipliğinin gururunu sergilemek gerektiğini biliyordu.

– Haydi siz istirahat ediniz efendim! Ben Hikmet Bey'i beklemeliyim. Onun da eve gelişinde kendisini karşılayan bir yakını olduğunu bilmesi ne güzel şey değil mi?

Uzun süredir bir sfenks sessizliğiyle gelinini dinleyen Mehmed Nâzım Paşa kendisinden beklenmeyen heyecanla gürledi. Sanki bahçede Namık Kemal'in kasîdesini okuduğu heyecanlara yeniden kapılmış gibiydi. Hiçbir ihmali affetmeyeceği hiddetli sözlerinden anlaşılıyordu: bütün konağı ayağa kaldırır gibi gürledi. Bu gürleme gelinini onurlandırmanın aklına getirdiği ilk heyecanlı haykırıştı:

– Hazırlanın! Birazdan Hikmet Bey oğlumuz gelecek; hep birlikte onu karşılayacağız.

Celile elini karnına koydu. Doğacak oğlunun saçlarını okşuyor gibiydi. Mehmed Nâzım Paşa'nın duymasını sağlayacak tonda hükmünü verdi:

– Hürriyetin sırrına vâkıf olmadan, ne imân, ne aşk mânâ kazanamaz...

Celile hatıralarından sıyrılabildi. Konağın üst kat pencerelerinden Selânik limanı seyrediliyordu. Akşamın karanlığı çökmek üzereydi. Liman ışıkları erken yakılmış ve lacivert denizin üzerine düşen sarı pırıltılarda sanki bu limana has yeni bir mehtap yaratılmıştı.

Alışılmış düzen devam ediyordu. Birazdan kapı çalınacak, Hikmet Bey eve gelecek, önce tıraşını tazeleyip üstünü değiştirecek ve çok önemli bir toplantıya katılmak zorunda olduğunu söyleyerek Celile'nin güya gönlünü alacaktı. Ve gecenin yarısında eve neredeyse körkütük denilecek kadar sarhoş gelişleriyle Hikmet Bey, hem evliliğini hem küçük Nâzım'ı önemsemeyen bir aile reisi portresini sürdürecekti.

Celile kararını vermişti. İçinde su gibi, ateş gibi, dağ gibi birikmiş duygular bir gün mutlaka bir çâre bulup sükûnete kavuşacaktı. Bu sükûneti birden dillendirdi ve gür bir hüküm cümlesi gibi yükseltti:

– Bir rüzgâr gibi, gönlümce hür ve cesur dolaşmalıyım. Çiçeklerde yalnız benim hışırtım duyulmalı...

* * *

İttihat Terakki İdadîsi'nden ayrılıp yabancı okullara gönderilme kararı Ali Adnan Efendi'ye söylendiğinde önce sükûnetle dinlemiş, sonra izleyenleri şaşırtan bir hızlı dönüşle itirazlara başlamıştı. Sesi heyecanlı, hareketleri dengesizdi. Kimi muhatap aldığı ve ne amaçla neyi söylemek istediği kestirilemiyordu. Haksızlığa uğramış bir insanın medet arayan çığlıklarıyla önüne gelen herkese sarılıyordu:

– Bizi mutlu olduğumuz muhitten ayırıyorlar; yardımcı olun...

Bizi dediği genelleme, en yakın arkadaşıyla birlikte farklı okullara gönderilmesiydi. Ali Adnan Efendi Amerikan Koleji'ne, İbrahim Ethem Efendi ise İskoç Koleji'ne gönderiliyor ve eğitimlerini bu okullarda tamamlamaları isteniyordu. Karar aile meclisinde alınmıştı. Gerçekte bu karar, Ali Adnan ile İbrahim Ethem dostluğuna mesafe koymak ihtiyacından kaynaklanmıyordu. İttihat Terakki İdadîsi'ndeki eğitimin ileriki günlerde tehlikeli bir sebep teşkil edebileceği ailede saplantı haline gelmişti. Bu tehlikeli ihtimalin bertaraf edilmesi önem kazanmıştı.

Ali Adnan, son çâreyi dostu İbrahim Ethem'de arıyordu. Yaşlı gözlerle bakıyor ve hıçkırmamak için kendini zor dizginliyordu. İbrahim Ethem karardan rahatsız değildi; aksine, itibarlı bir okulda daha dikkatli ve derin bir eğitim alma şansını kullanmaktan mutluydu. Sıkıntısı Adnan'la yollarının ayrılması, eğitimlerinin farklı okullarda sürdürülmesiydi. Bu kararın kesin olması acısının tek nedeniydi. İkisinin de aynı okula devamı düşünülmüş, ancak bu girişimin sonuç vermeyeceği kendisine kesin bir dille hatırlatılmıştı. Artık gözyaşı dökmenin ve bu haksızlık vehmini böyle çığlık çığlığa ilan etmenin faydası olmayacaktı. Böyle taşkınlıklar göstermenin kabul görmüş itibarlarını sarsması ihtimali de vardı. Ali Adnan son bir çığlıkla istediği vurucu etkiyi yaratacağını düşünmüştü. Sesini yükseltti. İbrahim Ethem, yanında hemen yer almış bu çığlığın başka bir harekete dönüşmesini önlemek için Ali Adnan'ın önüne geçmişti. Haberi getiren muallim muavini böyle çığlıklara, böyle gözyaşlarına metelik verecek türden değildi. Hatta bu çığlıkların şımarık bir kararsızlık olduğunu düşünüyordu.

– Bu gece hazırlığınızı tamamlayın, yarın erkenden yola çıkacaksınız...

Sonra Ethem'e döndü:

– Mukayyet ol buna; bir çılgınlık yapmasın... Zamanla alışırsınız...

Ali Adnan boşandı. Koşarak yatakhaneye gitti, yatağına uzandı; hıçkırıklarının duyulmaması için başını yastığın altına soktu. Elini boşluğa doğru uzattı. İbrahim Ethem cebinden çıkardığı mendilini boşluktan medet uman avucuna yerleştirdi:

– İleri gitme!..

Ali Adnan çığlıklarına son verecek durumda değildi. Mendili bir top gibi yapıp ağzına tıkadı. Yetimlik duygusu, sahipsizlik endişesine dönmüş ve bu acılı durum bütün değerlerini etkilemişti. Kimsesiz kalmaktan korkuyordu. Mutlaka sığınacağı bir samimi sığınak ihtiyacındaydı. Çakırbeyli'de babaannesi, İzmir'de İbrahim Ethem bu sıcak kucağı her zaman Ali Adnan'a açmaktaydılar. Varlıklı ama çâresiz bir çocuğun yalnızlık duygusunda gizlenen tehlike bütün unsurlarıyla ortadaydı. Bu çığlık işte bu çâresizliğin durumunu ortaya koyuyordu.

– Ben yalnızım kardeşim; ben yalnızım Ethemciğim... Hayat boyunca yalnız ve kimsesiz...

İbrahim Ethem, boş saatlerde bir araya geldiği Adnan'ın sıkıntılı duygularını büyük sabırla dinler ve onu teselli edecek birkaç cümleyle rahatlatıp uykuya gitmesini sağlardı. Ali Adnan, annesini, babasını ve kardeşini kurban alan veremin bir gün gelip kendi ciğerlerine de çökeceği şüphesiyle titriyordu. Hayatının hiçbir safhasında güler yüzlü bir gelecek tesellisi görememiş ve kuşkuları vehim derecesine varmıştı. Romantik mizacının getirdiği şüphecilik, duygularını daima heyecan içinde tutuyor ve dikkat çekecek bir sükûnet içinde karar vermesini engelliyordu. Ana nedir bilmiyordu; baba nedir bilmiyordu... Ablasının hatırası küçük ve beyaz bir duman parçası gibi içinde titriyordu. Okuldaki kalabalık, bu kimsesizlik duygusunu kaldırmamış aksine artırmıştı. Bayramlarda çocuklarını görmeye gelen anneleri, babaları gördükçe gözleri yaşlanır ve kimsenin bu durumunu görmemesi için yatakhaneye koşar, orada hıçkırırdı... Mendille tıkadığı ağzında bu hıçkırıklar, bir inilti gibi etrafa yayılırdı.

Ethem, romantik duyguları olmayan, dengeli, kararlarında ısrarlı fakat ifadelerinde nâzik tavrıyla Adnan'ın gerçek anlamda koruyucusu olmuştu. Adnan şimdi yetimliğinin yanına, samimi bir dost kaybının acısını ekliyordu. Bu acıyı birine itiraf ederek rahatlamak istiyordu. Sâkinleşmiş görüntüyle başını yastığın altından çıkardı. Ağzındaki mendili hırsla tükürdü. Başı öne eğikti. Ethem'e sığındığı her yönüyle belli oluyordu. Sesine o çocuksu sükûneti kazandırmaya çalıştı:

– İçimdeki duyguları ben yerleştirmedim. Onun için de söküp atamıyorum. Hayatım boyunca beni esaret altında tutacağını biliyorum. Bu düğümlerin çözülebilirliğini de görmüyorum. Korkumun asıl sebebi bu... Hâlimden değil, çâresizliğimden perişanım...

Gecenin karanlığı yalnızlığını biraz daha örselemiş ve tatlı bir heyecan içinde başladığı okulun ilk günlerine götürmüştü. O gün kendini, en güçlü hissettiği duygularla donatmış ve oturup sabaha kadar gözyaşı dökmeyen hayallerle mutluluğunu süslemişti.

Adnan Bey, zihnindeki bütün acılı hatıraları canlı tutmaya meraklı bir heveskârlık içindeydi. Kararlılık gibi göstermek istediği durum, aslında unutmak istemediği derin ve ıstıraplı geçmişin acılarıydı. Hepsinde kendini geçmişine bağlayan sıcak bir bağ buluyor ve bu bağları güçlendireceğine inandığı o acılı hatıraları her defasında biraz daha koyulaşan sis bulutlarının içinden çekip çıkararak onlara yeniden can veriyordu. İbrahim Ethem'in hayata bakışındaki o hoyrat ve ısrarlı tavrını bir yandan kıskanırken bir yandan da küçümsüyordu. Sanki yaşamın hiçbir lezzetine tâlip değilmiş gibi sessiz ve ilgisiz kalmayı her koşulda becerebiliyordu. Adnan Bey'in içindeki kırık dökük hatıralardan nasıl kurtulacağını kestiremese bile zaman zaman müdahale ederek bir düzen içinde bir anlama kavuşturulmasını deniyordu:

– Hepimiz hayatımızın dağınık parçalarını toplayarak hayatın içinden ustaca geçebileceğimiz bir köprü yaratabiliriz.

Adnan Bey böyle sert hüküm cümlelerine alışık değildi. Ethem Bey'in birdenbire içindeki heyecanlarını bastıran mubassır edalı konuşmasından rahatsız oldu. Ruhu yeniden bir taşma mevsimine girmiş gibi heyecanlı ve huzursuzdu. Önce kendisini avutması sonra bunun huzurunu duyarak başkalarına ümit ve haz verecek yeni bir dünya tarifi yapması gerektiğini düşünüyordu. Bu taşmanın bir ânında bütün hatıraların mûnis ve bereketli bir cümbüşle kendisine istediği sevinçleri vereceğine inanmıştı.

Kompartımanın kapısı açıldı. İçeriye saygılı bir baş eğmesiyle olgunluğu hemen fark edilen birisi girdi. Evlerine döndükleri her halinde belli iki delikanlıya, hemen saadet kazandıran bir tevazuyla selamladı. Sesinde tecrübeli bir saygı ifadesi vardı:

– İyi yolculuklar efendim!

* * *

Müyesser Abla, mahallenin en içli kadınıydı. Şaşırtıcı şuh kahkahaların hemen arkasından yine şaşırtıcı hızla ciddileşir, işin gereğindeki sorumluluğu çevresine hissettirirdi. Sorumluluğun tarifinde Müyesser, zamanların, mekânların dilini konuşturan kadındı. Sorumluluğun yaşanarak anlaşılacak duygu olduğunu biliyordu. Mahallelinin bu kadından niye çekindiğini ilk bakışta anlamak imkânsızdı.

Sünnetçi Refik Usta, Müyesser Abla'dan korkmanın sebebini bulmuştu. Bu çekinmenin tek bir nedeni vardı. Ciddiyetle kahkaha arasında sürekli gidip gelen bir dişinin, ne zaman erkekleşeceğini kestirmek mümkün değildi. Celâllenip mahalle kabadayılarına taş çıkartan cesaretlerle olayların, kişilerin üzerine gider, bazen de hiç umulmadık anlarda bir küçük kızın safiyetiyle susup, hayranlık uyandırırdı.

Sünnetçi Refik Usta, bir hatıra kutsallaştırmasını andıran saygılı ifadelerle Müyesser Abla'nın gençliğinden söz açmıştı. İştirakiyun meclislerinde Müyesser'in yürekliliği dillere destandı. İzmir, Denizli, Manisa meclislerinde en ateşli İştirakiyuncuların bile nefes almadan dinledikleri Müyesser Abla ateşli bir lisanla heyecan yaratmak yerine akıllı uslu sözleriyle yeni görüşler getirirdi. İştirakiyuncuların İzmir toplantısında yaptığı konuşmayla, dinleyenleri şaşırtmıştı. Amele Şûraları Temsilcisi Salih Niyazi Bey, yanına gelen Müyesser Abla'yı ayakta karşılamış ve "Siz bütün söyleyeceklerimizi üç cümlede özetlediniz; hayranlık beni ancak bu kadar mutlu ve kıskançlık beni ancak bu kadar bedbaht edebilirdi..." demişti.

Müyesser Abla otuzunu geçmişti. Yüreğinde bir erkeğin adını daima sıcak tuttuğu söylenir, ama bu saklı sevdâ erkeğinin kim olduğu bir türlü bilinemezdi. Müyesser Abla'nın güzelliği dillere destandı; lâkin, hiç kimse cesaret edip Müyesser'e duygularını açamıyordu. Refik Usta'nın söylediklerinde gerçek payı sezilmekle beraber genellemenin ölçüsünü abarttığı da hissediliyordu. Çoğunun suskun kanaati, Sünnetçi Refik Usta'nın da bir zamanlar Müyesser'e tutkun olduğuydu. Refik Usta da içinden geçenleri Müyesser'e söyleyecek cesareti bulamadan o sevinçli duyguları ihtiyarlatmıştı.

Refik Usta, Müyesser Abla'yı ilk kez yakından ve sevimli yüzüyle yeğeninin sünnetinde görmüştü. Altın takmak için eğildiğinde göğüslerinin birleştiği yerdeki çizgiyi görmüş, denize dökülen gür ve serin ırmağın bu cılız kolunda sevdâya yakalanmış gibi titremişti. Müyesser Abla'nın teni kıvamı inceltilmiş tahin rengindeydi. Müyesser'i yakından tanıma fırsatı yoktu ama, kahvehane sohbetlerinde delikanlıların saygılı arzularını dillendiren yiğitliği hissediirdi.

Müyesser'in tutkunları vardı ve çoğu İştirakiyuncuydular... En gizli ama en tutkun âşığı, noter kâtibi Münip Bey'di. Köse, bön bakışlı yaşlı bir kuklaya benziyordu. Avurtları çökmüş, saçlarının şakaklara yakın bölümü dökülmüş ve ibiği düşmüş horoz gibi burnunun ucu kızarmıştı. Her konuştuğu insana bir fırsat yaratıp Müyesser'i övüyordu. Dudağında çapkın bir kadın hasreti titrerdi.

Münip Bey bir kere evlenmiş, kısa süre sonra ayrılmış, bir daha evlilikten söz açıldığında köpürecek kadar kahırlı mâcera geçirmişti. Sünnetçi Refik Usta, Münip Bey'i önemser, özellikle İştirakiyuncular arasındaki itibarı nedeniyle ona hatırlı adam muamelesi yaparak saygı gösterirdi. Bazen bu itibarı abartılı bir lisanla etrafa duyurmak ihtiyacını duyar ve herkesi şaşırtan bir iltifatla göz boyamaya çalışırdı. Herkes Münip Bey'i övmesine rağmen, Refik Usta'nın gözünün Müyesser'de olduğunu biliyordu. Kahvenin kalabalıklaştığı saatlerde işe biraz da cıvıklık katan bir iltifatla Müyesser'i ve Münip Bey'i birbirine lâyık görürdü. Gözlerini fıldır fıldır döndürerek, "Müyesser adam olsaydı Münip Bey'i reddetmezdi" derdi...

Sonra da şehvetin heyecan uyandıran imasıyla gülümserdi:

– Münip Bey'i ben sünnet ettim; aptal neyi kaçırdığının farkında değil...

* * *

Hikmet Bey, akşam serinliği çıkmadan eve geldi. Bu alışılmış bir dönüş saati değildi. Evdekiler telaşa düştüler. Hikmet Bey'in vakitsiz rahatsızlığı evinin düzenini altüst edebilirdi. Uzun süredir mide şikâyetleriyle bazen etrafı velveleye verirdi ama, böyle erken saatte eve gelip hemen yatağa uzanması dikkat çekmişti.

Belli ki bu akşam bir yere çıkmayacak ve muhtemelen geceyi evde geçirecekti. Hizmetliler yine de tedbirli davranmış, Hikmet Bey'in banyo suyunu ısıtmışlar, temiz iç çamaşırı ile ütülenmiş elbiselerini gardıroba yerleştirmişlerdi.

Uzun süredir ayrı odalardaydılar. Celile Hanım, kocasının odasına eski bir dost evini ziyaret eder gibi giriyordu. Kapıyı yavaşça tıkladıktan sonra hiç cevap beklemeden usulca içeri girdi:

– Neyiniz var? Erken gelişinizle telaşa kapıldık. Umarım rahatsızlığınız yoktur.

Hikmet Bey, uzandığı yataktan doğruldu. Gelene saygılı olduğunu belirten incelikle bir süre ayakta bekledi. Selânik limanını en geniş açıdan gören pencerenin yanındaki koltuğa Celile'yi oturttu. Yanındaki küçük iskemleye ilişti:

– Duyduklarım hoşuma gitmiyor. Bir sürü insan içindeyim ama kime güvenileceğini kestirebilmiş değilim. Hepsi istibdadın hafiyesi gibi. Hepsinde insanı hayrete düşüren dostluk ve samimiyet iddiası var ama, güvenilebilir tek örnek hareket gösteremiyorlar. Korkuyorum Celile, korkuyorum...

Celile, Hikmet Bey'in durumunu anladı. Tıpkı, babası Mehmed Nâzım Paşa gibi Hikmet Bey de bir ara hürriyet ve istiklâlden yana görünmek istemiş, cesareti elvermediği için çabucak bu işlerden elini eteğini çekmişti. Hürriyet mücadelesinin hızlandığı Selânik'te yeniden eski heveslere kapılmış olabilirdi. Ancak Celile, kocasını bu mücadelenin disiplininde ve ahlâkında görmüyor, Mehmed Nâzım Paşa'ya verdiği sözü hatırlayarak acı duyuyordu.

Işıklı bir liman manzarasına bakarak yeniden gerilere dönmeye niyetli değildi. Kocası Hikmet Bey'in hodkâm anlayışla bir heveslenip, bir caydığı hürriyet mücadelesini değerlendirdi. Mehmed Nâzım Paşa, hürriyet mücadelesini haysiyet meselesi yapacak kadar ciddiyet ve ısrar içinde sürdürmüştü. Ya Hikmet!..

Bakışlarını Selânik limanından alıp, yeniden Kandilli sahillerindeki aşıboyalı kâgir konağın şenlikli bahçesine döndürmek istedi. Hatıralarını tazelemek, kaybettiği aile saadetini yeniden kazanabileceği umutlarını heveslendiriyordu. Mehmed Nâzım Paşa'nın hatıraları Celile'inin düşüncelerinde ve duygularında daima sıcak, saygılı ve hürdü. Mehmed Nâzım Paşa'nın Halep valiliğine tayin edilmesi aslında evde buruk bir sevinç yaratmıştı. Konağın mensupları Boğaz keyfinin alışkanlığından kopmak istemiyorlardı. Her cuma akşamı yapılan âyinlerin müdavimleri, bu tayinle önemli bir mânevî saltanatın sona ereceğini fark etmişlerdi. Bu boşluğu dolduracak yeni bir kapı bulana kadar zahmetli günler geçireceklerinin sıkıntısı yüzlerine yansımıştı. Kaşlar düşük, gözler melûl, sesler kısık, arzular sönüktü.

Mehmed Nâzım Paşa, uzun süredir doğrudan hükmünün geçeceği bir göreve tâlipti. Halep valiliği için eşini dostunu araya koymuş, padişahın iznini nihayet alabilmişti. Hakkındaki söylentilerin yalan olduğuna sonunda inandırılan padişah, Mehmed Nâzım Paşa'nın Halep'e gönderilmesini onaylamıştı. Paşanın henüz bilgisi yoktu, ama, bu tayinde etkili olan kişi, Celile Hanım'ın babası Enver Paşa'ydı. Padişahın eşref saatinde kendisine böyle bir tayinin isabetli olacağını söylemişti:

– Halep sâkin bir vilayetinizdir efendim; Rumeli gibi oynak ve asabi değildir. Endişenize mahal yoktur. Hem anlatılanlara kulak asmayınız! O toplantılar bir Mevlevî âyinidir. Sazendeler, hanendeler, semâzenler meclisinde hürriyet için isyan değil, teslimiyet için ibâdet yapılır...

Son cümle Sultan Abdülhamid'i ikna etmiş ve Halep valiliğine tayini kararlaştırılmıştı.

Yazın sıcak günleriydi. Bu mevsimde Halep'e taşınmak bütün konak halkı için katlanması imkânsız eziyet olmuştu. Eylülle birlikte hazırlıklara başlanıp yola çıkılması en uygun olanıydı. Bâbıâli'den böyle bir izin bile alınmıştı. Mehmed Nâzım Paşa bu rahatlığı duymuş, ev halkını da rahatlatmıştı.

Bu rahatlık içinde konak halkı günlük yaşamını sürdürüyordu. O sabah yine tantanalı bir merasimle Mehmed Nâzım Paşa uğurlanmış, daha sonra Celile Hanım, hayır dualarla Hikmet Bey'i işine yollamıştı. Konağın girişinde sessizlik vardı. Bahçıvanlar tarhların arasına dağılmıştı. Aşçılar mutfakta akşam âyini için yemek hazırlıklarına başlamışlardı. Hizmetçiler ve halayıklar odaların temizliğiyle meşguldüler. Uşakların kimisi çarşıya çıkmış, kimileri de kameriyenin düzeniyle ilgileniyorlardı.

Celile Hanım atölyesine yürüdü. Perdeleri çekti; ışık bütün sıcaklığıyla içerdeydi. Bahçeye bakan kapıyı açıp odanın havalandırılmasını istedi. Bahçe yeni sulanmıştı. Ayakkabılarını çıkarıp ıslak çimenler üzerinde yürümek, baba evindeki gibi Fransız çocuk şarkıları söyleyerek gezinmek istedi. Bir ara, terbiyesini üstlenen Fransız matmazelin öğrettiği gibi perende atmak arzusu duydu. Kendi haline baktı ve güldü. Sık sık yaptığı gibi yine elini karnına koydu ve fısıldadı:

– Sana mutlaka perende atmayı öğreteceğim. Çevik, güçlü ve dengeli olmanın en güzel örneği perende atmaktır. İnsanın acıya tahammülünü terbiye eder.

Celile Hanım bahçenin derinliklerine doğru yürürken, sokağın köşesinde gizlenen üç faytondan hafiyelerin hızla konağın etrafını sardığını ve bahçeye girerek baskın yapmayı planladıklarını fark etti. Olanca hızıyla Mehmed Nâzım Paşanın gizlediği eşyanın bulunduğu odaya koştu. "Vatan Kasîdesi"nin nüshalarıyla *İbret* gazetesinin kupürlerini konulduğu yerden aldı. Büyük aynalı konsolu açtı; torbalardan eline ilk gelene yasak belgeleri hızla doldurmaya başladı. Sonra bir kat yukarı çıkıp Mehmed Nâzım Paşa'nın çalışma odasındaki tabancasını alarak cebine yerleştirdi. Aşağı inip yatak odasına girdi. Üzerinde kocasının bile görmediği kadar dâvetkâr bir gecelikle yatağına uzandı.

Hizmetçiler çığlık çığlığa bir yandan öbür yana koşuşuyorlardı. Konağın her yanında şuursuz bir gel git yaşanmaktaydı. Uşaklar bahçenin en hücra köşesine toplanmış, neredeyse hapsedilmişlerdi. Hafiyeler etrafı telâşa vermişler, her yeri korku salan bir hiddetle arıyorlardı. Bütün konsollar açılmış, içindekiler dışarıya gelişigüzel atılmaya başlanmıştı. Minderler, koltuk altları, elbise dolapları, yüklükler aranıyordu.

Hafiyeler konağın en mahrem odasına daldılar. Burası Mehmed Nâzım Paşa'nın gerdeğe girdiği odaydı. Oğlu Hikmet bu odada doğmuştu. Eşi nefesini bu odada vermişti. Bu oda konağın âdeta can damarıydı. Bu odanın mahremiyeti kaybolursa, bütün konak, damarları kesilmiş gibi bir anda kanını boşaltıp yok olabilirdi.

Hafiyeler içeriye daldıklarında, şaşkınlık içinde durdular. Şimdiye kadar girdikleri her odada görmeye alıştıkları halayık çığlıkları yerini bu odada sanki bir ibadet sessizliğine bırakmıştı. Celile Hanım, yatağından çıkmış, görenleri büyüleyecek kadar güzel ve genç haliyle elindeki silahı hafiyelere doğrultmuştu. Geceyarısı baskınlarının bu pişkin ziyaretçileri hayatlarında ilk defa böyle bir manzarayla karşılaşıyorlardı. Kıpırdayacak halleri bile yoktu.

Celile Hanım hiçbir şey söylemeden elindeki silahı tavana yöneltti ve tetiğe dokundu. Mehmed Nâzım Paşa'nın ihtiyat tesellisi dediği tabanca, görevini yerine getirmişti. Etraf gürültüyle sarsıldı. Hafiyeler pabucun pahalı olduğunu anlamışlar, ancak, yanlış bir hareketle istenmeyen sonuçların doğabileceği endişesine kapılmışlardı. Celile Hanım artık durdurulamazdı:

– Utanmazlar! Reziller ordusu! Bir Müslüman kadının yatak odasına girme cesaretini kim verdi size? Kimdir bu terbiyesizliğin müsebbibi?

Tabancayı bu kere hafiyelerin başı olduğu anlaşılan kişiye yöneltti. Namlu hedefini tam seçmişti. Celile'nin gözleri elâydı ve eğer bir küçük hareket olursa hiç kıpırdamadan bütün kurşunları elebaşının üzerine boşaltacaktı. Hafiyelere son bir hatırlatma için gürledi:

– Şimdi def olup gidiniz! Sizi gönderenlere deyiniz ki, iffetli bir Osmanlı kadını, pespâye bir iradenin sahibine teessüflerini bildiriyor.

Ve tetik bir kere daha düştü. Celile Hanım yeniden gürledi:

– Siz de bu haysiyetsiz hizmetin ayıbıyla utanın!

Celile Hanım, hafiyelerin arayıp da bir türlü bulamadığı "Vatan Kasîdesi"nin en uygun mısraını okuyarak gidişlerinin hükmünü noktaladı:

Köpektir zevk alan sayyâdı bi insâfa hizmetten.

Hatıraların sıcaklığında rahatladı. Hikmet Bey'in yanına döndü. Kendinden geçmiş gibi limanı seyrediyordu. Liman henüz durgunlaşmıştı. Bütün gece yağmur yağmış, sert fırtınanın hırçın dalgaları sahili bütün hiddetiyle vurmuştu. Gecenin yarısında Hikmet Bey'in hıçkırıklarını duymuş, fakat kendi dünyasında teselli arayan bu adamı rahatlatmak gereği duymadan odasına çekilmişti. Şimdi Hikmet Bey, dün geceden daha bitkin bir çöküşle yanındaydı. Elinden tutup koltuğa oturttu:

– Endişelerinizi paylaşmak isterdim. Lâkin kendinizi yormayın, bana karşı hiçbir şeyi anlatmak mecburiyetiniz olmamalıdır.

Hikmet Bey eksiğinin farkındaydı. Karanlıkta çâresiz, kılavuzsuz kalmış gibiydi. Selânik Feneri sönmüştü. Kumsalda kimseler yoktu. Hikmet Bey, bütün değerlerini çarçur etmiş bir mağrur dev gibi çökmüştü. Tasalar içinde körleştirilmiş gibi elleri boşlukta dokunacak bir yol gösterici arıyordu:

– Artık Selânik'te kalmamız imkânsız. Duydum ki bizi hücra bir yere göndereceklermiş. Kuytulardan korkarım. Küçük kasabalarda çıldırırım...

Celile Hanım, tayin sebebini sormak gereğini bile duymadı. Mehmed Nâzım Paşa'nın Halep'teki valiliği takdir görmüştü. Belki Halep'e bir uygun görevle tayinleri için padişahtan rica için babasını kullanabilirdi. Ama küçük Nâzım'ın, bu defa Mehmed Nâzım Paşa'nın terbiyesinde zorlanması ihtimali vardı. Bunu göze alamazdı. Asıl sorumluluğunun kocasını yüreklendirmek olduğunu düşündü. Hikmet Bey'in koluna girdi. Sevinçle sefere çıkan kaptanların yüreklendirildiği şarkıları söyleyen hasretli sahil kadınları gibi duygulu bir lisanla kulağına fısıldadı:

– Korku asla sana mutluluk getirmez. Cesur ol. Ve bana sarıl...

Hikmet Bey'in ayakta duracak gücü yoktu. Hikmet Bey liyakatinin üstünde bir görev verilerek gönderildiği Selânik'ten uzaklaştırılıyordu. Celile'nin lezzetli hayalleri Selânik limanının kasvetli ufkunda kayboldu:

– Endişe etmeyiniz, İstanbul'a dönüyoruz... Eşyaları toplarım.

Hikmet Bey'i dirseğinden tutup odasına yönlendirdi. Koridor ince uzun bir boru gibiydi. Hikmet Bey'in sevinçli adımlarla yürüyüşünü seyretti.

Limana bakan pencereye yanaştı. Paslı çapalar üzerine oturmuş bir balıkçı dulu gibi sabırlı bekleyişlerle tekrar hatıralarına daldı. Denizde gece lacivertti... Celile'nin saçları bir heyecanlı akis gibi sulara yansımıştı. Yarın eşyanın toplanması gerekiyordu. İlk kez yola çıkışın zahmetini yüklenmiyordu. Selânik'e gelirken de Hikmet Bey'in umursamaz tavırlarını görmezlikten gelmiş ve evdeki hizmetkârlara rağmen eşyayı kendisi toplamıştı. Gözlerini yumdu. Bir tayin rüyası seyreder gibiydi.

Mehmed Nâzım Paşa'nın, Halep'e yollanışı konağın üzüntülerini, teşhir tepsisi gibi komşuların gözü önüne sermişti. Evin eşyası denkler halinde uzun yolculuğa hazırlanmıştı. Hamallar, denklenmiş eşyayı miskin atların çektiği arabalara yerleştiriyordu. Haydarpaşa'ya kadar bir korkulu kaçış gibi yaşanacak bu serüvenin, sonraki merhalelerinde kim bilir kimlerin bir yeni mâcerayla hayata bakışları değişecek, kim bilir kimler, bu yeni hayatın girdaplarına sürüklenecekti?

Halep, Osmanlı paşalarının büyük iştahla göz diktikleri valiliklerin başında geliyordu, Abdülhamid, Mehmed Nâzım Paşa'yı Halep'e vali tayin ederken, sadece, hürriyet meraklısı bir âsi validen kurtulmakla kalmıyor, o bölgenin medenî hayatına Osmanlı kültür ve sanatının seçkin bir simasını göndermenin tesellisini de yaşıyordu. Üç bin yıllık geçmişi olan bu iddialı şehrin dokusunda, Hititlerin, Mitannilerin, Mısırlıların medeniyeti kadar, Roma ve Bizans egemenliğinin bıraktığı Batılı kültür ve medeniyet izleri vardı. İslâm dünyasının zenginlikleriyle donanmış bu büyük vilayetin imparatorluk dünyasındaki kilit önemi, vali tayinlerinde çok hassas olunmasını gerektiriyordu.

Mehmed Nâzım Paşa'nın yola çıkacağı gün, Celile Hanım eşyanın özenle toplanmasına nezaret ediyordu. Denkler tamamlanınca atölyesine yürüdü. Sıra bu özel eşyanın toplanıp paketlenmesine gelmişti. Önce selamlığın girişindeki tablosunun indirilmesini istedi. Kurşunî çerçeve Celile Hanım'ın gözlerindeki o sevinçli pırıltıyı âdeta hüzünlü bir gölge gibi kucaklamıştı. Bu sevinç şimdi vakitsiz ayrılığın heyecanlarında kaybolmaya başlamıştı.

Atölyesine girdi. Tuvalde bir natürmortun gerçekten canlanmak isteyen eşyası duruyordu. Bir gümüş tabaka, bir kehribar ağızlık, bir abanoz kitap açacağı, bronz saplı lambaderin ışığı altında yarım kalan bölümlerinin boyanmasını bekliyordu. Bahçeye bakan pencereyi açtı. Hafif bir ikindi serinliği odayı doldurdu. Tabureye oturdu. Yarım kalmış natürmortun detayları bir araya gelmiş, yeni bir görünüm kazanmışlardı. Öksüz bırakılmış mahalle çocukları gibi ne zaman ağlayacaklarına karar vermek için toplanmış gibiydiler.

Celile Hanım sırtında bir serinlik hissetti. Anlaşılan yine birisi sessizce atölyenin kapısını açmış ve genç hamilenin üşümesine yol açacak bir cereyan yaratmıştı. Celile kendinden emindi. Tıpkı ilk örneğinde olduğu gibi seslendi.

– Lütfen teşrif ediniz paşa hazretleri, renkler de sesler gibi dost nefesini tanırlar.

Mehmed Nâzım Paşa, gelinine yaklaştı. Celile'yi bir hakikat dünyasında ailenin üzerine kanat germiş aşk ve imân perisi gibi görüyordu. Sesindeki şükranı gizlemeye çalışıyordu:

– Celile! Aileme sahip çık... Sen varsın ya, gözüm arkada kalmayacak.

Celile Hanım natürmortun bütün öğelerini bir araya getirdi. Gümüş tabakayı, kehribar ağızlığı, abanoz kitap açacağını bir sedef kutuya yerleştirdi.

– Eminim tâlihleri yâver gidecek ve bir gün yarım kalan bu tabloyu sizin huzurunuzda tamamlayacağım.

Celile Hanım eğilip Mehmed Nâzım Paşa'nın elini öpmek istedi. Paşa hızla geri çekti:

– Asıl eli öpülecek sensin. Hikmet'e göz kulak ol. O sensiz önünü göremeyebilir. İyi insandır, ama sorumluluğunu fark edecek vasfı yok.

Mehmed Nâzım Paşa, sözlerinin son cümlesine geldiğini fark etti. Ötesindeki her söz, bu büyülü veda sahnesini sevimsizleştirebilirdi. Gelinini kucakladı ve alnına bir baba öpücüğü kondurdu:

Sizi çok özleyeceğim kızım!

– Ben de paşam!

Celile, selamlık duvarından indirdiği portresini Mehmed Nâzım Paşa'ya uzattı. Bu portreyi boyarken aynadaki aksini seyreden gururundan hiçbir şey eksilmemişti. O sarı kıvrımlı saçlar, gecenin dinç mavilerinde coşan serin gözler, pembe bakışlı tebessümün davetkâr dudakları, bir altın çerçevede hapsedilmiş gibi bekliyorlardı. Mehmed Nâzım Paşa'nın elinde birden özgürlüklerine kavuşmuş gibi uçuşmuşlar; geriye renklerin, ışıkların, gölgelerin terkibinde bir temiz ruh gibi Celile'nin sevgisini bırakmışlardı. Bu sevgi, Celile'nin gözlerinde gururdu. Sözlerinin içtenliğini belirtmek için daha da yaklaştı:

– Endişe etmeyiniz paşam; ben aileme sahip çıkan bir terbiyeden geliyorum.

İkinci bölüm

Gelmek'çün ikinci bir hayâta,
Bir gün dönmüş olsa âhiretten:
Her rûh açılıp da kâinâta,
Keyfince semâda bulsa mesken...

Yahya Kemal

Ne içli bir dua, ne içten bir âh,
Uyuyor serviler altında dergâh!..
Kaç kere gönlünü dinledi bu yer.
Tek tük kandillerde yorgun alevler
Titriyor gecenin sert rüzgârıyla.
Gecenin sanki sönen yıldızlarıyla
Gölgeli dergâhın dolmuş içine...
Bir inilti, bir ses... Bu yalvarış ne?

Nâzım Hikmet

Adnan Bey, bir kâbûs gırtlağını sıkmış gibi heyecanlı, açıkçası korkarak uyandı. Zifirî karanlık içindeydi, Bir ışık arıyordu. Bu ışık onu bütün dertlerinden kurtarabileceği tek çâre gibi görünmüştü. Kalın perdeleri açtı. Balkon penceresini aralayıp serin bir hava ve ışık aradı. Çakırbeyli Çiftliği, sessizliğin içinde sâkin tabiatıyla insanları koynuna davet eden cilveli bir kadın gibiydi. Bu cilve, ışıklı gölgeli bir eylül gibi gözlerinin önünde uzanıp gidiyordu.

Adnan Bey, evin balkonunda bir süre bu dâvetkâr manzarayı seyretti. Üşüdüğünü hissedince içeri girdi. Balkonun yanındaki koltuğa oturup dışarıyı seyretti. Gözleri kan çanağıydı. Yaşlar boşalmak için bütün hazırlığını yapmış, kirpiklerinin ucunda birikmişti. Gözkapaklarını bir kere kapaması yeterli olacaktı. Adnan Bey inatçıydı. Ağladığını, hele hıçkırıklara boğularak kendinden geçercesine bir ıstırap içinde kıvrandığını kimsenin görmesini, duymasını, bilmesini istemiyordu. Adnan Bey, gecenin yarısında uykudan uyanıp, kendisini aydınlığın peşinde çığlık çığlığa koşturan kâbûsun tesirini bir türlü üzerinden atamıyordu. Yapayalnızlığın korkusuna kapılmıştı. Artık hakikaten kimsesiz kaldığına inanmıştı. Rüyasında sahip olduğu bütün imkân ve değerleri bir bir kaybettiğini görüyor ve elinden alınan bu değerlerin asla bir daha kazanılmayacak kadar uzaklara gittiğini hissediyordu.

Gün ışıyıncaya kadar balkon penceresinin önünden ayrılmadı. Güneş Çakırbeyli'nin üzerine ağır ağır uzanıyordu. Bir hantal efenin dağdan inişi gibi yavaş ve yorgundu. Bu yorgun gün ışığını seyretti. İçinde, gecenin bütün sıkıntılarını üstünden atabileceği bir aydınlığın hasreti vardı. Bu hasret, yıllardır endişesini hissettiği ağır sonuca yakın olduğunu hatırlatıyordu. Bir küçük teselli haberi istediği sıcak ve samimi sükûneti geri getirebilirdi.

Gözlerini kapattı. Kâbûs yeniden başladı. Etrafında bir zifirî karanlık belirdi. Fıtnat Hanım da veremin pençesindeydi. Annesi gibi, babası gibi, Melike gibi bütün sevdiklerini yok eden bu amansız felaket, şimdi en sevdiği insanı pençesine almıştı.

Gözlerini açtı: Çakırbeyli güneş altında pırıl pırıldı...

İçinde zifirî gecenin acısı vardı.

* * *

Agâh Kemal Bey, yorgun olduğu gerekçesiyle Şefik Esad Bey'in teklifini reddetti. Eski dostlarından, ailesinden aldığı mektuplardan söz ediyor, "Evde kalıp cevap yazacağım" diyordu. Pek metelik vermediği dostlarını nedense meraktan kurtarmak telâşına kapılmış görüntüsündeydi. Şefik Esad kestirip attı:

– Zannederim insan içine çıkmaktan korkuyorsun!

Agâh Kemal Bey ummadığı ikaz karşısında rahatsız oldu. Bu ikaz öyle sîneye çekilecek cinsten değildi. Mutlaka, ya sert bir cevapla ikazın sahibini azarlamalı ya da dâvet edildiği mecliste sahip olduğu kabiliyeti ve malûmatı sergileyerek çevrede merak edilen etkinliğini sağlamalıydı. Şefik Esad Bey, Agâh Kemal'in bu tercihlerine fırsat vermeden niyetini açıkladı. Dostunu İstanbul'un edebiyat muhitleriyle tanıştırmak, on yıl Paris'te siyaset ve tarih derinliği kazanmış bu Üsküplü'yü lâyık olduğu yere oturtmak istiyordu. Hele Fransız şiirindeki bilgi ve tecrübesi İstanbul şair ve ediplerine parmak ısırtabilirdi:

– Geldiğinden beri ya buradasın ya da Şevket'in yalısında... İstanbul Divanyolu ile Kandilli'den ibaret değildir!

Agâh Kemal Bey hayatının tamamını bu iki zengin evinde geçirmekten sıkılmış değildi. Aksine kendisine gösterilen itibardan memnundu. Çevresinde toplananlar hoşlandığı türden insanlardı, Onlarla birlikte olmaktan mutluydu. Güzel ve genç İstanbul kadınlarının Fransız hayranlığı içinde dinlemek istedikleri şiirleri okumak hoşuna gidiyordu. Şefik Esad Bey bu sohbetlerden bir şey çıkmayacağını fark etmiş ve yeni bir sohbet âhengi yaratılması gerektiğini düşünmüştü. Bu fırsat, Agâh Kemal'in ayakucundaydı. Küçük bir hareket o tıknaz gövdeyi bir edebiyat ve şiir cennetinin kapısına getirecekti. Sesine biraz da emredici mânâ kazandırmaya çalıştı:

– Hazırlan azizim! Fırsat kapıdayken bu tembelliğe müsaade etmem.

Agâh Kemal Bey, kendisine hatırlatılmak istenen tembellikten çok, iki kapı arasında gidip gelen bir parazit muamelesi yapılmasından rahatsız oldu. Şefik Esad'ın Divanyolu'ndaki konağı ile Kıbrıslı Şevket'in Kandilli'deki yalısı gerçekten Agâh Kemal Bey'in mutlu olduğu iki edebiyat ve iltifat sığınağıydı. Aradığı huzuru buralarda buluyor, çevresindeki genç ve yetenekli Türk şair ve edebiyatçılarıyla sohbet ederek özlediği zevki tadıyordu.

Biraz da vicdan muhasebesi yapmaya başladı. Gerçi bu hayat tarzı, ekmek elden su gölden mutluluğu veriyordu ama, nereye kadar devam edebilirdi? Kimsenin kendisinden hesap sorduğu yoktu. Yediği önüne, yemediği ardına konulmuştu. Herkes Agâh Kemal Bey'in sevdiği ve istediği yemekleri hazırlıyor, içkiler, tatlılar, meyvelerle sabahlara uzanan sohbet sofraları kuruyorlardı. Agâh Kemal Bey, bu iltifatlı zengin sofralarından şikâyetçi değildi. "Üstat hoşlanıyor" gerekçesiyle Fransız şarapları sofradan eksik edilmiyordu. Hele Şefik Esad'ın sofrası istediği bütün lezzetleri sunan bir saltanat mutfağıydı. Geldiği ilk gün kendisini evladı gibi kucaklayıp ailenin en itibarlı misafir odasını veren Şefik Esad'ın annesinin ilgi ve şefkatini hiç unutmuyordu. Bu ikramın eğer bir şükran duygusu varsa, bu duygu şimdi Şefik Esad'a gösterilmeliydi. Sözleri ağır olsa bile bu ikazı anlayışla karşılamalı ve hiç itiraz etmeden bu akşamki toplantıya katılmalıydı. Tam havaya uygun bir cevap vermek üzereydi ki, Şefik Esad can alıcı hükmünü ortaya koydu:

– Bu akşamdan itibaren artık Agâh Kemal tarihe karışır...

Agâh Kemal Bey Paris'e gidince Ahmed Agâh ismini bırakmış, mektuplarını, şiirlerini, hatta resmî yazışmalarını bile Agâh Kemal adıyla imzalamıştı. İstanbul'a dönünce isminin daha etkili ve akılda kalıcı bir lezzetle hatırlanmasını istiyordu. Şefik Esad'la tartışmış, eski dostunu yeni isminin akılda kalıcı âhengine ikna etmişti. Dostlarını nâzik bir lisanla uyarmış, bundan böyle kendisine "Agâh Kemal" yerine "Yahya Kemal" demelerini istemişti.

Şefik Esad'ın tarihe karışacak dediği Agâh Kemal, geride kalmış on yıl boyunca iddialı şairin edebî ve medenî hüviyetiydi. Şefik Esad'ın ısrarı boşuna değildi; bu gece İstanbul'un itibarlı edebiyatçılarını bir araya getirmiş ve Yahya Kemal'le tanışmalarını sağlamıştı. Ayrıca bir küçük hatırlatmada bulunuyordu:

– Yakup Kadri'ye iyi bak! "İyi bak" diyorum; "Dikkat et" demiyorum... Başlangıçta soğuk adamdır. Severse, iyi sever. Güvenirse, iyi dost olur. Sevdiği, güvendiği adama da iyi bakar...

Sonra ekledi:

– Refik Halit'e dikkat et! Müstehzi ve kurnazdır...

Bu toplantının niçin tertip edildiğini kimse bilmiyordu. Şefik Esad'ın ricasıyla Kıbrıslı Şevket, yalısında bir akşam yemeği düzenlemiş ve Yahya Kemal Bey'in İstanbul edebî muhitlerine takdim edilmesi için fırsat hazırlamıştı. Kıbrıslı Şevket bu işlerin tecrübelisiydi ve ne zaman, nerede, kimi, nasıl, kimlere takdim edeceğini iyi biliyordu. Bu gecenin artık İstanbul muhitlerinde uzun süre konuşulacağından emindi.

Kıbrıslı Şevket yeniden takdim etti:

– Sizi daha önce Tünel'de tanıştırmıştım. Şimdi tekrarlıyorum. Yahya Kemal Bey ve Yakup Kadri Bey...

Kıbrıslı Şevket, Yahya Kemal'in yurda döndüğü ilk günlerde, Tünel'de Yakup Kadri'yle karşılaşmış ve yanındaki genç adamı tanıştırmıştı:

– Yakup ! Öp bakalım büyük edebiyat üstadının elini...

Adını söylemek lüzumunu bile duymadan Yahya Kemal Bey'in koluna girerek uzaklaşmıştı.

Yakup Kadri karşısında duran adamın, ilk karşılaştığında edindiği izlenimlerden hiçbir fark taşımadığını gördü. Bu adamın manzarasında on yılını Quartier Latin'de geçirmiş bir şair tarifinden iz yoktu. Burun deliklerinin bittiği yerden başlayıp âdeta bir şelâle bereketiyle etli dudaklarının üzerine düşmüşçesine büyümüş bıyıklarını çekiştirip duruyordu. Tombul vücudu, karpuz kadar iri ve yuvarlak başının tam ortasına âdeta tutkalla yapıştırılmış takke görüntüsündeki kumral saçlarıyla Quartier Latin bohemlerinden çok Halep'ten, Şam'dan gelmiş bir taşralı tüccar manzarası taşıyordu.

Bu Şarklı adamın dilinden, İttihat Terakki'nin ya da Hürriyet ve İtilâf'ın siyaset dedikodularını dinlemek, Yakup Kadri'nin sabrını taşırmış ve erken kalkmak istediğini söylemişti. Bu tombul taşralının dağarcığında Fransız şiirinin imrenilecek tek mısraını bulmanın imkânsızlığına inanmıştı. Sesinde titreyen bir heyecan, sözlerinde kendini tekrar eden çâresiz siyaset ihtimallerinin tartışması vardı. Sofradaki genç hanımların bu yeni gelmiş Paris şöhretli şairin etrafında dönmelerine anlam veremiyordu. Fikir ve edebiyat bahislerinden çok, taşra ticaretinin kurnazlıklarını sorsalar, belki daha ikna edici cevap alabileceklerine inanıyordu.

Birden Yahya Kemal'in genç hanımların ısrarını kıramayarak ayağa kalktığını gördü. Üsküp lehçesinin kendine has seslerini bırakarak Hugo'dan, Baudelaire'den, Verlaine'den şiirler okumaya başladı. Sanki Paris'i, İstanbul şairlerinin, ediplerinin ayağına getirmişti. Siyaset tartışırken İttihatçı hayranı gibi Merkezi Umumî'ye iltifat yağdıran adam gitmiş, yerine Osmanlı dilinin "mîri kelâm" dediği hoşsohbet bir İstanbul efendisi gelmişti.

Yahya Kemal, açıldıkça açılıyordu. Coşkun bir âhenk selinin dalgalarıyla dinleyenlerin ruhunu taşıracak noktayı aşmıştı. Fransız şiirinden divân devlerinin kasîdelerine, gazellerine geçti. Yakup Kadri şaşkınlık içindeydi; "Aman yarabbi bu nasıl bir hafıza, bu nasıl bir şiir ve edebiyat okyanusu" hayretiyle büyülenmişti. Yahya Kemal'i arzuyla dinliyordu. Şiirleri, hiçbir kelimesini unutmadan, mısraların, beyitlerin mânâsına ve musikisine uygun olarak ezbere okuyordu. Şimdi sıra Fuzuli'ye, Bâki'ye, Nedim'e gelmişti. Beş yüz yıllık şiirin bileşkesini bir tarih ve edebiyat imbiğinden damıtarak dinleyenlere sunan bu adamı dinlemek, Yakup Kadri'nin yıllardır hasret kaldığı şeydi. Yahya Kemal Bey, Bâki'nin, muhteşem "Süleyman Mersiyesi"ni okurken mistik dünyanın değerleriyle büyülüyor, Nedim'in şiirlerine geçerek Sâdâbat akşamlarının lezzetini veriyordu.

Sonra kendi şiirlerinden örnekler okumaya başladı. Yakup Kadri tamamen şaşkındı. Karşısında sanki Lâle Devri'nden çıkıp gelmiş bir İstanbul şairi vardı. Neredeyse kendini, Nedim'le sohbet edecek kadar yakınında hissediyordu. Yahya Kemal'in şiirlerinden Nedim'i hayal ettiren bir hatıra hissi duydu.

Bu iddialı şiir akşamında Yahya Kemal, yorulmak bilmeyen bir heyecanla çevreyi etkisi altına almıştı. Dinleyenlerde yeni bir sohbet iştahı uyandırarak işi tadında bırakmak istedi. Yakup Kadri'nin yanına oturdu. Bıraktığı tesirin farkındaydı. Tesirinin her fırsatta bir iltifat gibi hatırlanmasından mutluydu. Söyleyeceklerini aktarıp izin almak isteyen kararlılık içindeydi:

– Yakışıksız bir manzarada karşılaştık sizinle; Şevket'in densizliği diyebilirsiniz yahut benim tâlihsizliğim...

Eğilip kulağına fısıldadı:

– Birbirimizi yakından tanımalıyız. İkimiz de fırsat yaratmak için gayret etmeliyiz.

Yakup Kadri, eline geçen fırsatı iyi kullanmak istiyordu. "Elini öp" dedikleri adama istediği sıfatla hitap ederek gönül almak istedi:

– Üstat! Ben dar bir zümrenin ezberi için yazılmış klasik şiiri değil, halkın idrâki için yazılmış lirik ve mistik şiirleri severim. Gazellerden, kasîdelerden çok, mânilerden, koşmalardan hoşlanırım...

Yahya Kemal Bey, saatlere varan şiir ziyafetinin arkasından Yakup Kadri'nin sanki bu fırtına hiç esmemiş gibi davranmasına şaşırmıştı. Bir başka bahsin açılmasını düşündü. Etkisini artırmak için biraz yüklenmenin faydalı olacağına inanıyordu.

– Bizim tasavvuf edebiyatımızda Eflatun'u görürsünüz. Bu tesir, divan şiirinin rubaîlerinde bile çok sınırlıdır. Ama, Karacaoğlan'ın, Gevherî'nin lirik, Köroğlu'nun epik şiirlerine bakınız, aradığınız lezzeti ancak bunlarda bulabilirsiniz.

Yahya Kemal hafifçe güldü:

– Eğer tasavvufta Eflatun tesiri arıyorsanız, önce Harâbî'ye bakacaksınız... Sonra Eşrefoğlu'na... Aradığınız diyalektik hükmü ve emsali onlarda bulursunuz... Divandaki "mey" ve "cânân" yerine, halkın şiirinde "dem" ve "can" sadece onların şiirinde vardır. Bunlar mânâda semâvî, lisanda müsâvi değerlerdir...

Kasîdeleri, gazelleri bir yana bırakmıştı. Yakup Kadri'yi seyrediyordu. Alnının kırışları arasına sıkıştırılmış bir rubaî okur gibi mırıldandı:

Daha Allah ile cihan yok iken
Biz onu var edip ilân eyledik.
Hakk'a hiçbir lâyık mekân yok iken
Hânemize aldık, mihmân eyledik.

Yakup Kadri'nin şaşkınlıktan kurtulmasına izin vermek istemedi. O hafif tebessüm, bir ciddi siteme dönüştü:

– Belki bir gün sizi bu bahsin deryâsında gezdiririm.

Ve intikamını aldı. Son cümlesinde kendisine gösterilen eğreti itibarın iadesi vardı:

– Bu deryâda ayıbın ve kibrin yeri yoktur, üstat !..

* * *

Kâhya, sabah kahvesini getiren küçük kızın tertipli hareketinde sıcak duygular dolaştığını hissetmiş, eğer bu kızın kulağını zamanında bükmezse istenmeyen sonuçların doğabileceği endişesine kapılmıştı. Kahveyi Adnan Bey'in önündeki küçük sehpaya koydular. Yanına bir kristal bardağın yarısına kadar doldurulmuş serin suyu bıraktılar. Evin bahçeye açılan büyük verandasına kurulmuş kahvaltı masası çeşit çeşit reçeller, peynirler, zeytinlerle donatılmıştı. Küçük bir semaver önceden kaynatılmış, Adnan Bey'in keyifle içtiği çaylar için masanın köşesine konulmuştu. Adnan Bey iştahsızdı ve önüne kurulan zengin sofraya bakmadan sadece küçük bir ricada bulunmuştu:

– Bana sâde bir kahve getirin, yeter!

Kâhya yanaştı:

– Avukat Fevzi Bey, Aydın'daymış. Sizi ziyarete geliyormuş... Birazdan burada olur.

Avukat Fevzi Bey, Tireli Hacı Ali Paşa'nın öldürülmesinden sonra ailenin haklarını korumak için Fıtnat Hanım'ın hizmetinden yararlandığı aile dostuydu. Adnan Bey böyle bir ziyaretin mutlaka önemli bir sebebi olacağını düşünmüş, dün geceki kâbûsun gerçek olabileceği endişesine kapılmıştı

Avukat Fevzi Bey'i getiren otomobil evin önünde durdu. Hasır şapkası elindeydi. Şapkasını kaldırıp kendisini karşılayanları selamladı ve Adnan Bey'in olduğu verandaya yürüdü. Adnan Bey ayağa kalkmış, kendisini bekliyordu. Saygılı adımlarla merdivenlerin başına kadar yürüyüp elini uzattı:

– Hoş geldiniz efendim!

Fevzi Bey, yüz hatlarından hiçbir şeyin okunamayacağı kadar sâkin ve sabırlı bir çehrenin sahibiydi. Dakikalarca seyredilse, ne yüzünde ne gözlerinde içinden nelerin geçtiğini aksettirecek tek bir iz bulunmazdı. Çevrenin kendisini dikkatle izlemesinden de rahatsız olmuyordu. Gösterilen yere oturdu. Semaverin ilk demini Fevzi Bey için bardağa boşalttılar. Küçük Ayşe, temiz bir peçeteyi ve özenle yıkanıp kurutulmuş çatal bıçağı Fevzi Bey'in önüne koydu:

– Ekmeklerinizi kızartıyorum. Şimdi getiririm efendim!..

Fevzi Bey, başıyla hiçbir şey istemediğini işaret etti. Gözleri küçük kızın gözlerine takıldı. Şerbetli bir kayısıyı andıran teninin en duygulu yerine iki mavi boncuk yerleştirilmişti. Bir nazar boncuğunun sarısı, beyazı bu zengin mavinin derinliğinde teselli arayan mağlup duygularla gülüyordu. Teslime hazırdı. Sevinçli bir zevkle seyretti. Başını çevirdi, Çakırbeyli'nin uçsuz bucaksız ovalarını kucaklayan bahçelerde yeşillerin sabrı tükenmişti. Dallar turuncu ve sarının hasretiyle boyunlarını bükmeye başlamıştı. Ağaçlar sonbahara hazırlanıyordu.

Adnan Bey, Fevzi Bey'in geliş sebebini merak etti. Böyle sâkin duruşunda üzücü bir şeyin olmayacağı tesellisini aradı. Daha fazla sabırlı davranmak istemiyordu. Kâhyaya sofranın kaldırılması için seslendi:

– Toplayın sofrayı. Misafirimizin söyleyecekleri vardır herhalde...

Ayşe elindeki tepsiye özenle tabakları yerleştiriyor; çatalları bıçakları bir yana koyuyor; reçellerle, peynir tabaklarının birbirinden uzak durmasına itina gösteren bir dikkat içinde görevinin yapıyordu. Fevzi Bey'in önündeki çay bardağını alırken Adnan Bey bileğinden tuttu:

– Bırakınız onu!

Fevzi Bey, Adnan Bey'in eline baktı. Bir mücevheri okşar gibi özenli davranışlarla Ayşe'ye dokunmuştu. Sesinde bu teşhisin içtenliği vardı. Bu içtenliği Adnan Bey'e hissettirmek istedi:

– Kalsın kızım!

Baş başa kalacakları âna kadar bekledi. Veranda bir garip yalnızlığa bürünmüş gibiydi. İstediği sükûnetin sağlandığına emin oldu ve gözlerini Adnan Bey'in gözlerine dikti. Endişeli ruhun bütün hisleri bu iki göz çukurunda toplanmıştı. Lafı uzatmaya niyetli değildi:

– Başınız sağ olsun Adnan Bey.

Adnan Bey artık hiçbir tesellinin kâr etmeyeceği körkuyunun içindeydi. Dün gecenin ağır kâbûsu şimdi önüne sürülmüştü. Ayağa kalktı, yüzünü evin kapısına doğru çevirdi. Yürümek istiyor, ayakları hareket etmiyordu. Geriye dönüp bir şeyler söylemek ve misafirine gösterilmesi gerekli itina ve saygıyı hissettirmek istiyordu. Gücünün bittiği noktayı çabuk kestiren bir alışkanlığı vardı. İleriye gitmesine gerek olmadan, duygularının tesirinde yaşanması gereken acıları hemen toplayıp ağırlığı altında kalmak istiyordu. Yine bu duyguların seline kapılmıştı. Birinin yakasından tutup kendisini çekmesi gerekiyordu. Avukat Fevzi Bey'den böyle bir şey beklemiyordu. Bulunduğu yerde çökebilirdi. Çevresinde tutunacak hiçbir şey yoktu. Yıkılmak üzere olduğunu hissetti. Çakırbeyli Çiftliği sanki bir rüzgâr fırıldağı gibi gözlerinin önünde dönüyordu. Birden kendisine sarılan bir sıcaklık hissetti. Ayşe, durumu kavramış ve kimlerin ne olduğuna bakmadan, nasıl değerlendireceklerini önemsemeden Adnan Bey'e sarılmıştı:

– Size yardım edeyim, efendim!

Adnan Bey, bu nazlı dokunuşla istediği bütün güce kavuşmuş gibi rahatladı. Geri döndü:

– Nasıl olmuş?

Fıtnat Hanım, veremin ağır pençesindeydi ve vücudunun dayanamayacağı noktaya gelmişti. Çınar yapraklarının meydanlarda telaşsız sallanışlarla güzelliğini hissettiren bir İstanbul sabahında Fıtnat Hanım, son kez hıçkırmış, ipek mendilini kızıla boyayan nefesiyle hayata veda etmişti. Şahin Paşa Oteli'nin bütün katlarında bir ıstırap çığlığı yükselmişçesine odaların ışıkları yanmış, perdeler aralanıp pencereler açılmış ve serin teşrin rüzgârıyla Fıtnat

Hanım, Adnan'ı yalnız bırakmanın haksızlığına boyun eğmişti.

Fevzi Bey, fazla bilginin teselli değil hüzün vereceğini yılların tecrübesiyle öğrenmişti. Soruyu üstelemedi:

– Takdiri ilâhînin tecellisi önemlidir, biçimi değil... Yapabileceğimiz hiçbir şey yok. Gerekenlerin tamamı yapılmıştır. Gözünüz geride kalmasın...

Fevzi Bey'in otomobili Çakırbeyli'den uzaklaşırken geride derin bir ıstırap bırakmıştı. Adnan Bey, Fıtnat Hanım'ın kaybından sonra, hayatına yön verecek bir sevgi ve saygı dünyasının nasıl kurabileceğini kestiremiyordu.

Odasına çekildi. Kâbûsun bütün şiddetiyle hissedildiği yatağı toplanmıştı. Ayşe, odanın her yanını temizlemiş, yatağını bir gerdek lezzetinin sonrasına benzer duygularla düzeltmiş, yastıkları hafifçe kapatıp, karyolanın başucu ahşabına dayamıştı. Yorganın ucunu kıvırmış, tertemiz çarşafların görünmesini sağlamıştı. Odanın tekrar, o zifirî karanlığa gömülmesi için, sanki görünmeyen bir el perdeleri kapatmış ve hüzünlü bir dünyaya geri dönüşün kapısını aralamıştı.

Adnan Bey, bu kapıdan içeri girdi. Kendini tutacak gücü kalmamıştı. Yatağa kapandı; olanca hızıyla hıçkırıklarını yükseltti. Sesinin duyulmasını istemiyordu. Başını beyaz yastıkların yumuşaklığına gömdü. Bir eliyle de sert yatağı yumrukluyordu.

Geriye dönüp hatıralarını tâzelemek istese bile tutunabileceği kimsesizliğini biliyor ve böyle çâresiz ve mahrum bir hayatı yaşadığına esef ediyordu. Hayatında hiç kimsenin izi yoktu. Zaman zaman, annesinin, arada bir de kız kardeşinin silik hatlarıyla çehrelerini hatırlayıp teselli arıyordu. Bugün bu tesellilerin hiçbiri yoktu. Simsiyah bir dünyanın içindeydi. Elini tutacak birinin yokluğunu hiç bu kadar acı ve ağır bir yük gibi hissetmemişti.

Birden içinin aydınlandığını sandı. Başını yastıktan kaldırıp etrafına baktı. Değişen bir şey yoktu. Karanlık dört koldan kendisini sarmalamış, kıpırdamasına izin vermeyen sertlikle olduğu yere mıhlamıştı. Çevresindeki karanlık ile içindeki aydınlığın çelişkisinde çıldıracak gibiydi.

Kapının hafifçe aralandığını fark etti. Ayşe küçük bir gümüş tepsinin içinde bir bardak su getirmiş ve yavaşça sehpanın üzerine koymuştu.

– Başınız sağ olsun efendim! Bu haber hepimizin ölümü oldu...

Adnan Bey, istenmeyen bir suçun üzerinde yakalanmış gibi titredi. Sığınabileceği liman yoktu. Ayşe'nin ellerini tuttu. Yanaklarına götürdü:

– Bu yaşlarda ömrümün bütün değerleri tükendi. Bunu kimsenin anlaması mümkün değil...

Adnan Bey'in, "mümkün değil" dediği şey, iç dünyasının zenginliğiydi. Başkalarında marazî denebilecek kadar ürkütücü romantik duygular, Adnan Bey'in hayatında bir sevdâ mâcerası gibi yaşanırdı. Bunun farkındaydı ve böyle görülmesini istemiyordu. Zaman zaman hoyrat davranışlarının derinliğinde böyle izlenimler yaratmanın korkusundan kurtuluş isteği fark edilirdi.

Ayşe'nin getirdiği suyu içti. Kendine geldi ve gerçeğini biriyle paylaşmak isteği duydu:

– Hicranla tutuşmuş gibiyim. Sahilini dolaştığım denizlerin engini bile kör bir kuyu gibi ürkütücü.

* * *

Müyesser Abla, Safinaz'ın düğününde sahneye çıkıp şarkı söyledi. Safinaz, Taşköprülü bir kabzımalın kızıydı. Kimsesi yoktu. Babasını bir meyhane sohbetinde kanlısı Tosyalı Besim, üç bıçak darbesiyle öldürmüştü. Sebebini kimse bilmedi. Tosyalı da, "Aramızda kan hesabı vardı" diyerek cezasına razı oldu. Birkaç yıl yattıktan sonra çıkacağına emindi. Cumhuriyet'in ilanıyla birlikte af çıkacağı söylenmişti. Bu fırsat kaçırılamazdı ve Tosyalı fırsatı ganimet bilip, tırtıllı hançeri önce kasıklarına vurmuş, "Aldım hesabımı Taşköprülü" diyerek ikinci darbe için kalbini hedeflemişti.

Safinaz fazla ağlamadı. Babasının her gece bu uysal kızı dövdüğü söylenirdi. Hattâ, kurtuluş gibi "Oh beeee !" dediğini bile işitenler olmuştu... Safinaz'ı bir çeltik işçisine verdiler. Öyle halli vakitli değildi; debdebeli bir düğün yapmak yerine, evlerini döşemeyi daha uygun bulmuşlardı. Müyesser ortaya atılmış, "Safinaz yâdigârımdır, düğününü ben yapacağım" diyerek öne çıkmıştı.

Bey Camii'nin köşesindeki büyük kahveyi kiraladılar. Mahalleli bütün imkânlarıyla o köhne kahveyi dayayıp döşedi. Her köşe, her evin çeyizlik halılarıyla süslendi. Herkes, kendi kızını gelin ediyormuş gibi mutlu ve mâhirdi. Un kurabiyeleri, vişne şerbetleri, ekşisi az limonatalar, bol soğanlı kolbörekleri, ağdalı incir reçelleri komşu evlerin mutfaklarında hazırlanmıştı. Münip Bey olayları yukarıdan izliyor ve "Gerçek iştirakiyunculuk bu işte; emekte nasıl birleştikse, şenliği de birlikte yaşayacağız" diye çevresine ortak hareket ahlâkını anlatıyordu. Noter kâtibi Münip Bey, dedesi Siyâmi Bey'in yâdigârı maun masayı getirtmişti. Gelinle damat, bu masada yan yana oturacaktı. Kapıda asılı "Emek Kahvehanesi" tabelasının üzerine bir lüks lambası konulmuş, meydana bakan bina ışıl ışıl aydınlatılmıştı. Karşı kaldırımdaki Hilâli Ahmer Cemiyeti'nin ışıkları da yakılmış, böylece karanlık sokağa dikkat çeken bir aydınlık getirilmişti.

O gece, mahallelinin unutamayacağı bir düğün yapıldı. Trakyalı sazcılar, bütün hünerlerini döktürdüler. Edirneli klarnetçi, Rumeli havalarından gönül okşayan nağmeler dinletiyordu. Tahsin'in udunda, Manastır'ın, Serez'in, Üsküp'ün, Dırama'nın sevinçli baharları sesleniyordu. Müyesser Abla şarkı söylüyordu. En usta işi şarkıları, usul hatasına düşmeden okuyor, şarkının nakarat ve meyan dönüşlerinde sazların icrasına renk katacak bir muhabbet gösterisiyle yüzünü dinleyenlere dönüyordu.

Müyesser Abla, kalçalarıyla daha güzeldi. Elinde, bir kırmızı rugan çanta tutuyordu. Aynı renkte rugan pabuçlar giymişti. Çizgili ipek siyah çorapları o tahin koyusu tenine zarif bir esmerlik katmış ve seyredenlerin hayal gücünü kışkırtan ışıklı bakışlar getirmişti. Bu bakış, hâlâ âfet denilen Müyesser'ın hiç yıpranmadan ebediyete götürecek güzellikle ödüllendirilmiş olduğunu kanıtlıyordu.

Sesinde bir eski sevdâ ve vuslat çırpınışı fark ediliyordu. Gözlerini, hüzünlü arayışın saadet tesellisi sarmıştı. Günün itibardaki şarkısı, gecenin âhengine denk düşmüştü:

Zaman olur ki anın haclei visâlinde,
Bir inzivâ ve o cânânı bivefâ bulurum.
Zaman olur ki gözümden kaçan hayalinde,
Hayatı ruhuma müşfik bir âşina bulurum...

Bu şarkıda bir gelin odası, bir vuslat tarifi kadar, bir muhabbet iptilasının müşfik şükranı anlatılıyordu. Hüseynîye geçiş taksimini Edirneli yaptı. Müyesser Abla taksimi beğenmiş olacak ki, "Aferin kerata; bir öpücüğü hak ettin..." diye yüreklendirmişti.

Müyesser Abla nekes kadındı, bu öpücüğü hiç vermedi.

Sesi, muzip bir çocuğun şefkatli gülüşleri gibi sevimli ve cesurdu. Elindeki kırmızı rugan çantayı sallayarak, "Ben hatıralara sadakati olan kadınım" dedi.

Müyesser Abla, Sünnetçi Refik'e yaklaşıp sorumluluklarını hatırlattı:

– Vakit geldi...

Bu kez sesindeki muzip çocuk şefkatinin yerini, olgun bir kadının vefa ve kadirşinaslık saygısı almıştı. Edirneli klarnetçiye yanaştı. Hak ettiği öpücükten daha duygulu bir ödülle sözünü yerine getirdi.

– Seni yirmi beş yıldır dinlerim Edirneli... Benim düğünümde Refik Talat'ın hicaz peşrevini çalacaksın...

* * *

Yakup Kadri Bey kıl prangaydı. Rugan pabuçları üzerindeki tozluklarını düzeltti. Aynada kendine bir kere daha baktı. Parmak uçlarını ıslatıp kaşlarını düzeltti. Boyunbağını gömlek yakasının tam ortasına yerleştirmek için epey uğraştı. Ceketinin ensesine tam oturması için birkaç kez dik durup eğildi. Her seferinde istediği ölçüde enseye oturmayan ceket yakasını düzeltmek için aynadaki aksine bile sertleşti. Düğmelerini hırsla ilikliyor, istediği düzgünlüğü bulamayınca, aynı hırsla çözüp yeniden ilikliyordu. Bütün gayretine rağmen ceketinin yakasının enseye tam oturmayışı neredeyse Yakup Kadri'yi zıvanadan çıkaracaktı. Bunları yaparken göz ucuyla Yahya Kemal Bey'in aynadaki aksini gözlüyordu. Belli ki üstat, bu akşam yalnız kalışın sıkıntısını neyle gidereceğinin düşüncesindeydi. Aslında kendisinin de dâvet edilebileceği ihtimalini düşünerek giyinmiş, hazır bekliyordu. Bir küçük "buyur" sözüyle hemen yola çıkabilirdi.

Yakup Kadri Bey beğendiği Fransız şarabından bir şişeyi masanın üzerine koymuş, eğer üstat biraz daha demlenmek isterse zorlanmasın diye bir şişe de konsolun üzerine bırakmıştı.

Yahya Kemal Bey, zaman zaman Yakup Kadri Bey'i uzun fayton kafileleriyle almaya gelen hanımların ve beylerin nâzik birkaç selam ve hatır sormasından sonra, âdeta bir ibadet sessizliği içinde ayrılmalarını biraz kıskançlık, biraz da merakla izliyordu. Yakup Kadri, devam ettiği dergâhta kazanılmış vasıflı bir terbiye mürşidinin tavırlarıyla hemen fark ediliyordu. Dergâh dönüşlerinde şımarıklıkları gemleniyor, yeni ve cesur duyguların heyecanları tâzeleniyordu. Her dönüşünde karşısında kendine güvenen, neşesi yerine gelmiş, bilgi ve tecrübesini başkalarıyla paylaşmaya hazırlıklı bir cömert Yakup Kadri buluyordu. Bu sevimli Yakup Kadri'de, Fransız okullarında yetiştirilmiş varlıklı aile çocuklarının züppeliği yoktu, ama insanı inim inim inletecek bir inatçılık kök salmıştı. Belki de Yakup Kadri'yi başkalarından hemen ayıran önemli fark buydu.

Yakup Kadri Bey, bu gecenin özel bir önem taşıdığını biliyor, ancak, Yahya Kemal Bey'in kendi dünyasında kendini dinlemeye ihtiyacı olduğu düşüncesiyle yalnız bırakmak istiyordu. Birden irkildi. Nâdir rastlanan böyle bir geceyi Yahya Kemal'in izlemesini arzuladı. Daha önce de böyle duygular içinde olmuş, fakat Yahya Kemal Bey'in bir Bektaşî tekkesinden zevk alıp almayacağı tereddüdünü geçirmişti. Hattâ, bazı tekke dönüşlerinde Yahya Kemal'i, bir geniş koltuğa oturmuş, sigara dumanlarıyla odanın görünmezliği içinde Buda sessizliğiyle beklediğine şahit olmuştu. Yakup Kadri Bey, bu dönüşlerde hep aynı manzarayla karşılaşıyordu. Yazmakta olduğu *Nur Baba* romanının müsveddelerini itinayla okuyan Yahya Kemal Bey, Yakup Kadri döndüğünde hiçbir şey olmamış gibi roman müsveddelerini çalışma masasına bırakıp yatak odasına gidiyordu.

Yakup Kadri Bey bu kere güleç yüzle döndü:

– Haydi üstat! Bu gece roman müsveddesi yok. Birlikte gidelim. Seni mesut edecek bir iki şey buluruz. En azından güzel kadınların sohbetleri gönül gözümüzü açar...

Yahya Kemal Bey teklife karşı tavır takınmadı. Ayağa kalktı. Yakup Kadri'nin yanına yürüdü. Gözler birbirleriyle aynanın aksinde buluştu. Yahya Kemal Bey'in sesinde hem şükran, hem istihza vardı:

– Teşekkür ederim! Ben.hazırım, şeyh efendi hazretleri...

Arkasından ekledi:

– Yeleğin sıkışmış: bu halde ceketin enseye oturması imkânsız.

Sert hareketle ceketin yakasını geri çekip, yeleği düzeltti ve aynı sertlikle ceketi Yakup Kadri'nin ensesine oturttu:

– Teferruatı fark etmek her babayiğidin işi değildir...

Kapıda uzun bir fayton kuyruğu vardı.

Üçüncü bölüm

Vatanda korkulu rü'yâ içindeyiz, gerçek!
Fakat bu çok süremez mutlaka şafak sökecek.
Ateş ve kanla siler, bir gün, ordumuz lekeyi,
Bu, insan oğluna şeyn olan, Mütâreke'yi...

Yahya Kemal

Yıkılan bir yurdun harabesinde
Öten baykuşları dinlemedin sen
Zafer günlerinin zevki var sende
Mâzinin yâdıyla inlemedin sen...

Nâzım Hikmet

Küçük çocuklar limanın sâkin sularında sektirme yarışına başlamışlardı. En çok sektiren diğerlerinin en düzgün taşlarından üçer tanesini seçip ödül olarak alacaktı. Limana yanaştıklarında korktular. Gemiler demir atmış, askerler rıhtıma çıkmaya başlamışlardı. Kılıç şakırtıları ve tüfek sesleri etrafta korku yaratmış, herkes hayretli bakışlarla nelerin olup bittiğini anlamaya çalışıyordu. Küçücük yüreklerine gelecek günlerin sıkıntılı mâcerası bir kötü haber karanlığı gibi yerleşmişti. Hepsi yan yana dizildiler ve hep birlikte başlayarak taşlarını birbiri ardına durgun sularda sektirmeye başladılar. Atılan her taş, sanki ülkeyi işgale gelmiş Yunan donanmasına gönderilen bir torpido kadar vatan yüklü, sevgi yüklüydü. Çocukların küçücük ruhlarında bu sektirme taşlarının büyük donanmayı batıracağı umut, heyecan ve tesellisi vardı. Bütün taşlar bitince geri döndüler her biri kendi evinin yolunu tutan hızlı adımlarla koşuşmaya başladılar.

* * *

Küçük Cami'nin müezzini şerefeye çıkarken bir el silahı göğsüne dayadı:

– Önce bir kasap havası oyna sonra, ikindiyi sonra okursun...

Mahallenin sergerde Rum kopillerinden biri işgalin getirdiği cesaret ve fırsat içinde caminin yaşlı imamını, hayrat hademesini ve müezzinini kendince aşağılıyordu. İçkiliydi. Ağzında yayvanlaşan iğreti bir Türkçe'yle tehditlerini artırıyor ve yerine getirilmezse tetiğe dokunacağını söylüyordu. Yaşlı imam ve hayrat hademesi, böyle bir günde densiz birinin tehdidine karşı koyup yakışıksız durumun çıkmasını önlemek için alttan alan üslupla Rum delikanlıyı teskine çalışıyorlardı. Müezzin genç ve güçlüydü. Caminin küçük avlusunda sadece elindeki silaha güvenen bu kopili bir kenara sıkıştırıp hakkından gelebilirdi ama, yaşlıların endişeli bakışları karşısında tereddüt geçirmiş ve bir süre beklemeyi uygun bulmuştu. Konak Meydanı bir cehennemi andırıyordu. Yunan ordusu işgal kuvvetlerini indirmiş, gözü dönmüş müstevli önüne geleni tehdit eden bir hırsla herkesi korkutmaya başlamıştı. Akşamüzerine doğru, Hasan Tahsin'in ilk kurşunu attığını söyleyenler, düşman askerlerinin daha da azdığını ve tehdidin giderek arttığını anlatıyorlardı. Küçük bir mescit imamının tehdit altında tutulması ve müezzinin meyhane oyunlarıyla aşağılanması bu işgal kuvvetlerinin kazandırdığı cesaretti.

Rum delikanlının giderek artırdığı baskı ve hakaretler genç müezzini bezdirmişti. Birden üzerine atlayıp elindeki silahı düşürünce, hemen belinden yakaladığı gibi yere vurmuş ve bir tekmeyle direnişini kırmıştı. Ayağının tabanıyla suratına basıyordu. Sert ve yumurta topuk, gırtlağını nefes alamayacak kadar hiddetli bir ağırlıkla sıkıyordu. Sıra şimdi bu adamı bir yere taşıyıp hapsetmeye gelmişti. Avludaki şadırvanın yanına doğru sürükledi. Musluklardan birini açıp başını altına koydu ve uzun süre ıslattı. Biraz önce silahıyla göz korkutmanın cesaretinde sesini yükselten Rum delikanlı, soğuk suyun tesiriyle biraz ayılmış ve pabucun pahalı olduğunu hemen fark etmişti. Yaşlı imam ile hayret hademesinin varlığından cesaret alıp müezzine kendisini bırakmasını, yoksa işlerin daha kötü olacağını söylüyordu.

İmam efendi yaklaştı, yakasından tuttu. Hırsla yüzüne tükürdü:

– Daha kötüsü nedir ki ulan? Daha kötü ne yapabilirsin ki?

Kendinden umulmayan bir güçle adamı kaldırdı ve yere vurdu:

– Def ol şimdi...

Rum delikanlı düşürdüğü silahını almak için eğildiğinde elinin üzerinde ağır bir baskı hissetti. Genç müezzin ayağıyla Rum delikanlının parmaklarını ezmiş ve silahı almasına müsaade etmemişti. Uzanıp silahı aldı ve daha sert sesle haykırdı:

– Def ol!

Hayıflanmış delikanlı duygularıyla sözünü tamamladı:

– Baban da, annen de, ne efendi insanlardır. Onların yüzü suyu hürmetine bırakıyorum seni...

Sonra yakasından tutup doğru caminin içine soktu ve kendi

silahını alnına dayadı:

– Haydi bakalım! Hu çekip dönmeye başla...

* * *

Naciye Hanım, telgrafı okumak için köşkün bahçesine çıktı. Serin bir mayıs ikindisiydi. İzmir bir hengâmenin içinde kıvranıyordu. Yunan'ın bir iki gün içinde İzmir'i işgal edeceği dedikodusu yayılmış, bütün Karşıyaka korkulu bekleyişle evine kapanmıştı. İngilizlerin büyük bir kuvvetle limana geleceği ve Ege'de düzeni sağlayacağı beklentisi yayılmış ve doğrusu Yunan'ın geleceği ihtimali karşısında bu rivayet çok tatmin edici bir çâre gibi görünüp kabul edilmişti. Vali İzzet Bey'in sabahın erken saatlerinde çağrılıp, Yunan ordusunun İzmir'i işgal edeceği tebliğ edilince, bütün yürekler tedirgin olmuştu.

İzmir işgal altındaydı. Yarından itibaren işgal ordusunun öbek öbek Ege'nin her köşesine yayılacağı, illeri, ilçeleri, köyleri basarak talan edeceği dedikodusu yayılmıştı. Bu dedikodunun büyük bölümü, Yunan işgali karşısında bir çatışma çıkarsa işlerinin bozulacağı endişesine kapılan işbirlikçilerinin yaydığı sinsi tehditlerdi. Böyle bir tehditle Egelilerin sineceği ve herhangi bir asabiyet ânında işgalcilere karşı direnişe geçmelerinin önleneceği zehabındaydılar. Güney Ege'de İtalyan ordusu ilerlemekteydi. İşgal ordularının hangi bölgeleri elleri altında tutacakları konusunda kesinleşmiş bir sınır haritası olmadığı için elini çabuk tutan Ege'nin en bereketli topraklarını eline geçirmiş olacaktı. Aydın bilhassa önem taşıyordu. Bir yanda bereketli Menderes Ovası eski Yunan medeniyetinin düşünce ve sanat merkezi olarak asıl sahibinin eline geçecek, öte yandan dünyanın yedi akıllı adamından birincisi olan Thales'in yaşadığı topraklar bu felsefenin yaratıcılarının eline geçecekti.

Yunan işgal ordusunun büyük hayali buydu. Bu yüzden elini çabuk tutuyor, bu topraklara sahip olmak için bir direnişle karşılaşmanın getirdiği gecikmeyi göze alamıyordu. İlk emir en ağır biçimiyle verilmişti: Aydın'a doğru yürünecek ve geçilen yerler yakılıp yıkılacaktı.

İstanbul telaşa kapılmış, Ege'nin nasıl bir zulüm altında inleyeceği önceden kestirilmişti. Yunun işgalinin geciktirilip, İngiliz ordusunun koruyucu görev üstlenmesi konusunda İngiliz komiserini ikna imkânı elden kaçırılmıştı.

Telgrafın anlamı açıktı. Halide Edip, Teâlîi Nisvan Cemiyeti'nin kurucusu olarak İzmir'de Evliya Bey'in küçük kızı Naciye Hanım'ı İstanbul'da yapılacak büyük mitinge katılmak için davet ediyordu. Son cümlesi her şeyi özetlemekteydi:

> Vatanın bağrına düşman hançerini dayadı. Kara bahtlı anneler biziz... Sultanahmet'te miting var. Cemiyeti ve nisvânı haberdar et. Mutlaka bekliyorum...

Naciye Hanım, hızlı adımlarla köşke döndü. Beyazlı, kırmızılı, morlu rengârenk çiçekler, demir parmaklıklardan sokağa taşmış evin mahremiyetini koruyan bir bahçe duvarı oluşturmuştu. Köşkün merdivenlerini hızla çıktı. Yukarıda duygulu bir genç kızın becerikli ellerinde çalınan piyanodan incesaz nağmeleri dökülüyordu:

> Cânım gibi sevdikçe seni gönlüm ey âfet!

Naciye Hanım, köşkün girişini hızla geçti, doğru odasına çıktı. Üst katın geniş salonunda Güzin geniş kemerli pencerenin açıldığı İzmir sahillerindeki akşam vaktinin o sarı kırmızı renk cümbüşünü tuvaline aktarıyordu. Eliyle yanına çağırdı. Sonra sesini yükseltti:

– Berin! Hemen aşağı gel...

Piyano sustu. Genç kız meraklı adımlarla Naciye Hanım'ın odasına yöneldi. İki genç kız kapıda annelerinin söyleyeceklerini bekliyorlardı. Naciye Hanım elindeki mektubu Berin' e uzattı:

– Yüksek sesle oku, Güzin de duysun...

Biraz evvel piyano tuşlarında hicranlı nağmeleri seslendiren Berin, telgrafın hüzünlü haberiyle sarsıldı. Güzin titreyen sesle sordu:

– Yapmamızı istedikleri nedir?

Naciye Hanım giyinmeye başlamıştı. Bir yandan küçük valizi doldururken öte yandan yapılacakları söylüyordu:

– Ben İstanbul'a gidiyorum. Yarın İzmir'e in. Teâlî Nisvan Cemiyeti'ne git ve bu mektubu bütün üyelerin okumasını sağla... Sonra Türk Ocağı'na uğra ve haberi herkese ver...

Geriye döndü. Berin'e yanaştı:

– Sen de evimize göz kulak ol... Her ailede evin düzenini kuran biri vardır. Gözlerinde bu sorumluluğun idrâki var...

Üç kadın birbirlerini kucakladı.

* * *

Adnan Bey Çakırbeyli'ye dönmeye niyetli değildi. İzmir'in sıkıntılı yıllarını atlatmış, senelerce illerin, ilçelerin çâresiz mahrumiyetinde yaşayıp kendini olgunlaştırmıştı. Bir gün hak ettiği mevkilerin kapılarının bir bir açılıp kendisini dâvet edeceklerine inanıyordu. Tâlih kısrağı bir kere ovaya salınmıştı. Yelelerindeki o inanılmaz gücü rüzgâra vermiş ve olanca hızıyla enginlere uzanan bir ilâhî yolun sütunları arasında koşuyordu. Thales'in "Sonsuzluğun idrâk edileceği büyük ilhâmın kapısı" dediği Meandros Irmağı, şimdi bu bereketli ovaları sulayan Menderes Irmağı'na dönmüştü. Adnan Bey, ilk toprak terbiyesini Çakırbeyli Çiftliği'nin pamuk tarlalarını sularken almıştı. Serin eylül akşamları ırmağın kenarındaki söğütlüğün gölgelerine gelip hayal kurduğu günlerin sıcaklığı içini sarıyordu.

Adnan Bey, delikanlılık günlerinin heyecanlarına dönen bir hatıra sığınağı içindeydi. Yorgun atların gerisindeki pulluğun toprağı ikiye ayırışını ilgiyle izlemişti. O günü, iliklerine işlemiş bir hayranlık hissiyle hatırlıyordu. Toprağı gebe bırakmanın zevkini tatmış gibi mutlu ve gururluydu. Her gün kendini yeni bir denemeye hazırlıklı tutmak için içindeki terbiyeyi olgunlaştırıyor ve her gece bu toprakların bereketine şükür dualarıyla hayallerinin kapısını kapatıyordu.

Önünde zevk ve iktidar dolu bir yol vardı. Bu yoldan yürüyebilirdi. Aslında kimseye sezdirmediği içekapanıklığıyla bu yolu yürümeye başlamıştı. Hiçbir vicdan azabı ya da sorumluluk duygusu taşımaksızın bu iktidara yürümek için cesaret yetmiyordu. İnsanın sahip olduğu bütün iyi ya da kötü duyguların, cesur veya içten pazarlıklı düşüncelerin bir yeni terkiple ortaya çıkıp "Buradayım!" demesi gerekiyordu.

Şimdi sıkıntılı yıllardı.

Mustafa Kemal Paşa'nın Samsun'a çıktığı, Amasya'da hürriyet ve istiklâl tâmimi yayınladığı dedikoduları dolaşıyordu ama, hiç kimsenin gerçekte ne olup bittiğinden haberi yoktu. Bazı serin yaz akşamlarında Menderes Irmağı'nın kenarına gidip söğüt ağaçlarının altında Ethem'le sohbetlerini koyulaştırıyor, ama çâresiz kalışın kahrını paylaşarak dönüyorlardı.

Ayvalık'tan Nazilli'ye uzanan toprakları Yunan işgal etmişti. Menderes Irmağı iki işgalci devletin sınırını belirlemiş ve Çakırbeyli Çiftliği İtalyan işgal alanı içinde kalmıştı. Kuşadası ve Çine İtalyanların elindeydi ve kuş uçurmuyorlardı. Baltaköy Köprüsü'nün iki başında iki düşman bayrağı dalgalanıyordu. Reddi İlhak cemiyetlerinde Yunan işgaline karşı bir direniş başlatılmak istenmiş, daha sonra bu direnişin pek fayda getirmeyeceği anlaşıldığından vazgeçilmişti. Sadece Çakırbeyli değil, bütün Aydın, bütün Ege sahipsizdi.

Haziranın sonuydu ama Menderes hâlâ bahar günlerinin tâze

heyecanıyla gür akıyordu. Adnan Bey suların taşlara vuruşunda bir sabır musikisinin sesini duymuş gibi mutlu oluyordu. Bazen bir eski zeybek nağmesi mırıldanır, bazen de sessizliğin dalgın hayallerindeki sihre kapılıp kendini büyülerdi. Önceki gece hiç uyumamış ve bir çâre bulmanın zevkiyle uyanmıştı. Şimdi bu çâreyi dillendirecekti. Birden aklından geçeni seslendirdi:

– Adını Ay-Yıldız Çetesi koydum Ethem!..

Ethem Bey irkildi. Ne çetesi kurulmuştu? Kimlerle kurulmuştu? Bu soruların cevabını hemen birkaç saniye içinde öğrenip şaşkınlık içinde kaldı. Adnan Bey, birkaç günden beri kafasını işgal eden endişeli gidişin içindeki yerini kavramış ve mücadele kadrosunu bile seçmişti.

– Şimdilik üç kişiyiz. Sen, ben ve Selâmi...

Ethem, Selâmi ismini duyunca rahatladı:

– Desene komutanımız da belli oldu...

Selâmi topçu üsteğmeniydi. Adnan'ın uzaktan akrabasıydı. Böylece iki yedek subay ve bir muvazzaf çetenin ilk mücahitleri oldular. Silah kuşanıp ilk baskın için göreve hazırlandıkları gece, her ikisi de hayatlarındaki en büyük mutluluğu yaşamışlardı.

Ovada kısraklar hiç yorulmamış gibi dörtnala, dört yana koşuyorlardı. Çakırbeyli'nin kuzeyinde Demirci Mehmed Efe'nin, güneyinde Yörük Ali Efe'nin kızanları hâkimdi. Çakırbeyli'nin kısraklarının sürüldüğü ovanın güneyine ve kuzeyine İtalyanların bisikletli birlikleri yerleştirilmişti. Her akşamüstü bu birliğin subayları ve askerleri bisikletlerine binerek Menderes Irmağı'nın güney kısmını teftiş ediyorlardı.

Ethem bu hatıraya sıcak bir heyecan kattı:

– İlk baskına gittiğimiz geceyi hatırlıyor musun?

Adnan Bey, baskın gecelerinin ilkini hayatının en önemli gururu gibi değerlendirirdi. Filistin Cephesi'ne gönderildiği sırada hazırlıklarını tamamlamış ve yola çıkmak üzereyken Aydın'a gelip bölgede ilk milis teşkilatını kurduğunda vatan savunmasının gururu yüreğine dolmuş ve memleketin hür havasını teneffüs etmenin yeminiyle ilk cesaretini göstermişti. Karapınar'da, Tellidede'de, İncirli'de gerçekleştirdikleri baskınlarla Çakırbeyli'nin hem adını duyurmuş, hem baba topraklarında yaşayanların güven içinde işlerine güçlerine dönmelerine fırsatı vermişti.

– Bu topraklar benim; o halde korumanın mesuliyeti de benim olacaktır...

Karapınar baskınının ertesinde İştirakiyuncular toplantısı yapılmış ve Müyesser'e görev verilmişti. Müyesser bir emanet kısrağın sırtında Çakırbeyli'ye gelmiş bir dinlenme ayranı bile içmeden İştirakiyuncuların iltifatını Adnan Bey'e haykırmıştı:

– Adnan Bey! Biliyor musun ki bu ovada servetini helâl ettiğim tek kişi sensin. Vatan için mesuliyetin, ailen için servetini sana helâl ettiriyor.

Müyesser, kısrağın yelesini tutup yönünü Aydın'a çevirmişti. İçinde söyleyecek bir esef cümlesi kalmıştı, onu da ovaya fısıldadı:

– Bir de kendini hayâsızsa düşmana teslim eden şu zâdegân artığına bak...

Adnan Bey Ay-Yıldız Çetesi'nin düşmana baskın verdiği gecelerde bu toprağı yakından tanımak fırsatı bulmuştu. Bu toprağın neresinde hüzün, neresinde haz olduğunu avucunun içi gibi biliyordu. Toprağa dayanarak en güçlü saltanatın sürülebileceğini öğrenmişti.

Ankara'nın Aydın'a vali olarak gönderdiği Osman Bey, makamını Söke'ye taşımış ve Ay-Yıldız Çetesi'nin elemanlarını göreve çağırmıştı. Adnan Bey'in yeni görevi Dalama Süvari Müzaheret Bölüğü kumandan yardımcılığıydı. Ethem Bey, Yenipazar Müzaheret Bölüğü'ne atanmıştı. Aralarına ilk defa uzun sayılacak bir mesafe giriyordu.

Adnan Bey, hatıralarının sıcaklığını kimseyle paylaşmaya razı değildi. Son birkaç cümleyle görüşmeyi bitirip yine toprağının başına dönmek istiyordu. Çakırbeyli'ye dönecek, sessizce odasına çıkacak ve aynanın karşısına geçip derin bir iki gurur nefesinden sonra, ciğerlerine doldurduğu havayı çocukluğunda öğrendiği marşın nağmeleriyle verecekti:

Bayrağımız şânımız
Hürriyet imânımız
Fedâ olsun cânımız
Kurtuldu vatanımız...

İstiklâl Madalyası'yla onurlandığı gece de yine böyle aynanın karşısına geçmiş ve gururlu nefeslerini içinde tutup yine aynı lezzetle fısıldarken avucunun içinde Çakırbeyli'nin o bereket dolu toprağını sıkarak kendine söz vermişti:

– Bu toprak bizden asıl hakkının verilmesini istiyor...

* * *

Dergâhın bahçeye en yakın köşesindeydiler. Dallardan beyaz akasyalar Celile Hanım'ın üzerinde eğilmiş, sanki köpükten gelen bir kadın güzelliği yaratmıştı. Uzaktan bakanlar Celile Hanım'ın başına gelinçiçekleri taktığını sanabilirlerdi. İçerideki törenin etkileyiciliği etkisini sürdürüyordu. Yahya Kemal Bey, şeyhin omzunu öperken zorlanmış, böylesine zahmetli törenlerin, dergâh felsefesindeki lezzetli sohbete gölge düşürdüğünü görmüştü. Karşısındaki güzel kadın ise törenin telaşını bir yana atmış, şeyhin önüne gelince âdeta reverans yapar gibi dizlerini hafifçe kırmış, şeyhin seviyesine kadar eğilerek omzunu öpmüştü. Bu, farklı bir tecrübenin değişik bir mekânda denenişi ve başarılışıydı. Yahya Kemal Bey bu küçük reveransın sahibinin kendisine doğru geldiğini gördü. Teşbihleri bol bir iltifat yerine asıl gerçeği söylemeyi tercih etti:

– Zarafetiniz, size öyle kolaylık sağladı ki hanımefendi, eğilirken çektiğim ıstırabı takdir edemezsiniz.

– Âyin boyunca sizi izledim; çok kibirli hâliniz vardı. Hep böyle misiniz?

– Nasıl?

– Gerçeği kavradığınızı fark ediyorum, ama bigâne kalışınızı anlamam mümkün değil...

Yahya Kemal ikircikli bir tavra büründü:

– Benden başka izlediğiniz de oldu mu?

– Yakup Kadri Bey! Her dâvet ettiği kişinin bu âyinden büyülenerek ayrılmasını ister. Bu benim ikinci gelişim. İlki sıradan bir törendi...

Yahya Kemal konuşma inisiyatifinin güzel kadının eline geçtiğini anlamış, ancak yeni bir sohbet bahsinin çok zor olacağını da görmüştü. Şikâyetçi bir kadının kendini muhatap alıp, sıkıldığı konuları teselli edecek birini aramasını hoş karşılayamazdı. Kadından hoşlanmıştı; ayrılmasını istemiyordu ama, bir teselli sohbeti için akla en son gelebilecek isim kendisiydi:

– Sıkılmanıza rağmen tekrar gelmek ihtiyacınızı anlamak da benim için mümkün değil.

Artık taraflar sohbetin karşılıklı direnişe dönebileceğini fark ettiler. Celile Hanım alttan aldı:

– Nevruz önemli bir gecedir. Böyle bir ihtişamı kaçıramazdım.

Yahya Kemal Bey'in koluna girip kendisini bahçeye doğru yönlendirdi:

– Biliyor musunuz bu gece dâvetli değildim. Sizin geleceğinizi düşündüm ve şartlarımı zorladım.

– Kimin canını yaktınız?

– Şefik Hüsnü'nün...

Yahya Kemal Bey irkildi. Geri çekilmek istedi. Celile Hanım koluna sarıldı ve kendine çekti. Yahya Kemal Bey hâlâ direniyordu ve araya mesafe koyabildi.

– Bırakın şu sevimsiz İştirakiyûncu'yu... Bir paşazâde keyfiyle komünistlik yapıyor...

Celile Hanım tekrar Yahya Kemal Bey'in koluna girdi, daha sıkıca sarıldı ve kalabalıktan uzaklaştırmaya çalıştı.

– Yunus okunurken durgunlaştınız. Şöhretinizle ters bir manzaranız vardı.

Yahya Kemal Bey suçüstü yakalanmış çocuk telaşıyla geriledi:

– Biliyor musunuz, o kadar insanın kendinden geçmiş gibi dinlediği ilâhîlerin, nefeslerin özünde hiç de âşikâr olmayan bir saadet özlemi vardır.

Celile Hanım hamurun kıvam kazandığını fark etti. Artık istediği biçimde yoğurabilirdi:

– Yunus'un dünyasında insanı mutlu eden bir teşebbüs göremezsiniz. O tespitlerini insan için yapar ama, öğüt verici değil, kader paylaşıcı gibi değerlendirir. Görüntüsü dostçadır; biraz derinleşmek isterseniz karşınıza zahmetli yollar çıkarır. Önceden kazandığınız tecrübeniz yoksa bu zahmetli yollar, insana bir ömür külfeti yükler. O külfete tahammülü olmayanlar boş bir hayal gayyasında yok olurlar. Âlemle bütünleşme hükümden çıkar, mâceraya döner.

Yahya Kemal Bey bu kadının böyle kendinden emin bir tarikat mensubu izlenimi yaratmaktan kaçışına şaşırdı. Hayata metelik vermeyen bir cesaret sergiliyordu. Bu cesareti kendisi de zaman zaman duymuş ve kazandığı bilgileri paylaşacak bir ehil kişi bulduğunda sohbetin anlam kazanabildiğini fark etmişti. Bu anlam, bu akşam bu kadının varlığında nasıl kazanılabilirdi? Yahya Kemal Bey zihninden böyle bir fırsatın yaratılmasını geçirirken Celile Hanım, şahdamarını yakaladı:

– Âlem, insanla mânâ kazanır. İnsan varlığını yüceltir ve onun için mücadele eder. Bu mücadele bir yüceliktir. Bir kişinin hamlığını değil, bütün insanlığın varlığını ihtişama götürür. İnsan ancak bu muhteşem âlemin parçası olmakla değer kazanır. Yücelip Allah'ın varlığında bütünleşmesi budur. Vahdetin vücuduna ancak bu yoldan varılabilir.

Celile Hanım sözünü tamamlamak için elindeki kadehten bir yudum aldı. Üzümün tadını hoyrat bir iştahla dili ile damağının arasında ezdi ve devam etti:

– Var olmanın ya da yok olmanın diyalektiğinde insanoğluna can çekiştiririz. İnsanın yaşamını insanca sürdürebilmesi için ölümlü sona tevekkül etmesi yetmez. Onun mücadelesine katlanacak tahammül ve cesaret de gerekir. İnsanoğlu ölümlüdür; ama, ölümlü oluşunu eğer sonsuzluğa ulaştırabilirse dost bahçesi dediğimiz bu dünyada bir cennet çadırı kurabilir.

Yahya Kemal Bey fırsatın avucuna düştüğünü fark etti. Parmaklarını kapatıp bu fırsatı kendine saklayabilirdi. Aslında böylesine bencil bir tavır, tabiatına da aykırı düşmezdi. Çok istemesine rağmen kendisine hâkim olamıyordu. Sohbetin koyuluğuna kapılmıştı. Her cümlede değerini yükselten bu kadınla âlem ve insan ittifakını paylaşmanın doğru olacağını düşündü. Söyleyeceği sözlerin gerisinde derin mânâlar olduğunu biliyordu. Eğer karşısındaki bu derinliği fark edemezse, sözlerindeki hikmet kaybolacağı gibi, bir daha birlikte olma arzusu da duyamayacaktı. Kendilerini uzaktan dinleyen Yakup Kadri'nin varlığı artık asıl tartışmaya girmesine engel değildi. Sorusu kısaydı:

– Âlemle insanın nasıl mânâ kazandığını hiç yaşadınız mı?

Köpürme zamanı Celile Hanım'a gelmişti. Hançeri doğrudan sapladı:

– Bunun yolu aşktır. Aşk, her şeyin ötesindeki arınmadır. Eksikliklerden kurtulur ve bütünleşiriz. Bu aşkla insan oluruz ve insanca doğrulara yöneliriz.

Yahya Kemal Bey'in elindeki boş kadehi aldı ve kendi kadehini uzattı:

– Bir yudum siz, bir yudum ben...

Yahya Kemal Bey'in içtiği kadehin kendine uzatılmasını beklemeden elinden aldı. Üstadın dudaklarının dediği yere kendi dudaklarını koydu ve kadehi boşalttı:

– Bir ümmî sevdâyla koca dünyaya hükmedebilmek kaç kişiye nasip olmuştur ki? Evliyalar, ermişler, dervişler, adı gizli kalmış nice ulular, hep aynı eziyetli yolda terbiye aramışlar.

Yahya Kemal Bey son cümleyi abartılı buldu. Böyle bir insan tarifini dürüst ve isabetli bulması mümkün görünmüyordu:

– Yunus'un ümmî olduğuna inanmam. Aksine, Rûmî gibi tasavvuf ehlinden terbiye gördüğüne eminim. Tasavvuf felsefesinden beslenir. Siz Yakup Kadri'nin öyle dudak büktüğü tariflere bakmayınız. Yunus idrâkinin kökleri tâ Eflatun'a uzanır. Tanrı ezelî ve ebedî varlığını idrâk ile âlemdeki mânâyı insanda arar. Vücudı mutlak dediğimiz ilâhî kudret budur. Âlemin hakikatini de, hayalini de bu ezelî ve ebedî güzellikte buluruz. Böylece âlem de, insan da Tanrı'nın ilâhî kudretinde bütünleşir.

Celile Hanım, Yakup Kadri'den dinlediği tasavvuf idrâkinden

çok farklı bir dünya değerini dinliyordu. Yahya Kemal Bey, yeni bir Yunus târifiyle sohbeti yönlendirdi:

– Bu bütünleşme öyle eklektik çâre değildir; diyalektiğin anlattığı terkip budur. Sizi bu terkibin yolunda görmekten memnun oldum. Bu terkip çok yüklü bir idrâki dâvet eder.

Yakup Kadri nefesini tutmuş Yahya Kemal Bey'in söylediklerini dinliyordu. Bu coşkunluk sadece bir tasavvuf terbiyesinin dillendirilmesi değil, nâdir güzelliğin nârin kadınına âdeta bir sevdâ sırrının verilişiydi. Karşısındakini etkilediğinin farkındaydı. Asıl sorun karşısındaki güzel kadını etkilemekten çıkmış, aksine bu güzel kadından etkilenme noktasına gelmişti. Belki de Yahya Kemal Bey, bir esaret kapısındaki titreyişi cesarete dönüşturup kaçmak fırsatı arıyordu.

Celile Hanım, Mehmed Nâzım Paşa'dan dinlediği Yunus sohbetlerinden aklında kalan cümleyi kendi inanışıyla özetledi:

– Bu idrâk, acıyla yoğrulmuş Anadolu insanının hayat tecrübesini bütün insanlığa örnek olacak kadar güzelleştirmiştir.

Yahya Kemal Bey başka şartlarda böyle bir tarife itiraz eder ve biraz da sinirli bir lisanla seviye hatırlatması yapabilirdi. Aksine bu akşam bütün tespitleri, bütün tenkitleri sanki kendi fikirlerinin özetiymiş gibi kabul ediyor, ama asıl söylenmesi gereken şeylerden de vazgeçmiyordu. Artık can alıcı noktaya parmak basabilirdi:

– Vücudı mutlak, hayalin ve hakikatin güzellikleriyle hüviyet değiştirir ve hüsni mutlak olur. İnsandaki bütün varlık ve yokluk, iyilik ve kötülük, doğruluk ve yalan, hakikat ve hayal Tanrı'ya ulaşabilmenin tek ve kesin yoludur. İşte sizin aradığınız şey bu hüsni mutlaktır.

Celile Hanım sözü tamamladı:

– İnsan yaşarken mutlaka sevmeli ve sevilmelidir. Eğer bu mecâzî aşkı tatmıyorsak, ilâhî aşka varmamız mümkün olmaz.

Birlikte dergâha doğru yürüdüler. Celile Hanım, Yakup Kadri'yi nâzikçe selamladı. Gözleri her zamankinden farklı gülüyordu. Dudağında tebessüm, ince bir çizgi gibi uzamış, yanağındaki gamzeyi derinleştirmişti. Yakup Kadri esefle başını iki yana salladı:

– Yarabbi! Ne olur korktuğumu başıma getirme...

Celile bir hayırlı temenni duymuş gibi mutluydu. Bunun acısını mutlaka Yahya Kemal Bey'e çektirmek istedi. Artık ayrılmak zamanı geldiğini anlamıştı. Kolundan çıktı:

– Sizi Yakup Kadri Bey'e emanet ediyorum.

Sonra, maruz kaldığı haksızlığı telâfi edecek fırsatı değerlendirdi:

– İştirakiyuncu dediğiniz Şefik Hüsnü'ye itibar ederim. Anadolu insanının acısı şimdi onun çığlıklarıyla yankılanıyor. Ve zannederim uzun süre bu çığlıklar memleketin ufuklarından eksik olmayacaktır. Cesur insanlardan çekinmeyiz. Sizi belki ürkütebilirler, ama asla aldatmazlar...

Yahya Kemal Bey'in cevap vermesine fırsat vermeden sözlerini tamamladı:

– Bunu fark etmeyişinize şimdilik esef etmiyorum...

Dergâha yöneldi. Cümle kapısını Yakup Kadri'nin silueti kaplamıştı. O gölgeye sürünmeden geçip gitmek imkânsızdı.

Yakup Kadri sertti. Celile'nin zihninde bir tereddüt yaratıp, kuşkulu zeminde istediği tertipleri kurabileceğini düşündü. Yahya Kemal'i ilk bakışta çarpıcı bir yıldız tesiri gibi değerlendiriyordu. Foyasını dökerse Celile'nin gözündeki itibarını sarsabileceğine inandı. Sözleri tertipli, heyecansız fakat bulanıktı:

– O Osmanlılık bahsinde açgözlü bir maziperestten ibarettir. Bağdaş kurmasını beceremeyen bir adam, bizi tasavvuf deryâsında boğmak istiyor.

Yahya Kemal Bey'in sözlerindeki Osmanlı varlığı, sağlam Türk milliyetçiliğinin tezahürüydü. Bu varlığı inançlı bir Müslüman tevazuuyla birleştirmişti. Celile'yi büyüleyen işte bu tevazuuydu. Yahya Kemal, Doğu ve Batı ikiliğini bir ortak medeniyet idrâkiyle bütünleştirmiş ve Celile'yi, rindâne bir hayatın tashih aynasında kucaklamıştı. Bu akis, Celile'nin yaşamak istediği asıl gerçekti. Yahya Kemal, Bektâşîlerin, Mevlevîlerin, Melâmîlerin, Halvetîlerin müsamaha terkibinde bir güzel kadın tasavvufu yaratmış ve tek kelimeyle özetlenen bir tarif lezzetine ulaşmıştı: cânân...

Erenköy baharının ilk tomurcuğu göründü. Sesinde sırdaşlığın arzulu bekleyişi vardı:

Cânân aramızda bir adındı!..

* * *

Meydan tamamen dolmuştu; iğne atılsa yere düşmeyecek bir mahşer yaşanıyordu. Sabahın çok erken saatlerinden itibaren İstanbullular Sultanahmet mitingi için meydanı doldurmaya gelmişlerdi. Genç bir Darülfünun öğrencisi, Naciye Hanım'a yol gösteriyordu. Kalabalığın içinde yol açmaya çalışıyor ve kalabalığa yumuşak bir lisanla ricada bulunuyordu:

"Naciye Hanım İzmir'den geldiler. Halide Edip'in misafiridirler."

Naciye Hanım yol boyunca hıçkıran kadınların sesiyle duygulanıyor ve kendisine misafir muamelesi yaparak yol açan genç kızları kucaklayıp bağrına basıyordu. Her biri bir Berin, bir Güzin'di... Sanki Karşıyaka'daki köşkün bahçesindeki leylakların altında resim yapan Güzin'i, piyano çalan Berin'i görüyormuş gibi mutlu oluyor ve evladını bağrına basmış bir anne mesuliyetiyle bu şefkatli manzaranın sürmesine gayret ediyordu.

Sultanahmet ve Ayasofya camilerinin minarelerine küçük siyah bayraklar asılmıştı. Minarelerin şerefelerine gür sesli müezzinler yerleştirilmişti. Devamlı tekbir getiriyorlardı. Civardaki evlerin pencereleri, balkonları, hatta damları insan kümeleriyle doluydu. Meydandaki asırlık ağaçların dallarında insanlar vardı ve her biri yapraklar gibi sallanıp duruyorlardı. Caddelerde adım atacak yer kalmamıştı. Darülfünun öğrencileri pankartlarda işgali lanetliyordu ve hepsinin elinde bayrak vardı.

Halide Edip kürsüye çıktı. Kürsünün dört yanı bayraklarla sarılmış ve üzerine bir siyah çelenk konmuştu. Halide Edip simsiyah giyinmişti. Başında bir krep eşarp vardı. Kaşlarının hemen üzerine kadar yüzünü örtüyordu. Eşarp saçlarının tümünü kavramış ve çenesinin altında düğümlenmişti. Halkın hıçkırıkları ilâhîlere karışmış, gözyaşlarının coştuğu bir hicranlı kabulle vatan istiklâlini haykırıyordu. Minarelerden yükselen tekbir, meydanı dolduran mahşerî kalabalığın hançeresinden tek bir ses gibi yükseliyordu:

– Allahuekber!

Halide Edip Hanım, İşgalci güçlere karşı direnişi örgütlemek amacıyla birçok aydının bir araya geldiği hareketin mutlaka vatan sathına yayılması için bu mitinglerin memleketin her köşesinde yapılmasını istiyordu. Halide Edip bir millî blok oluşturmuş ve Sabiha Sertel'in aracılığıyla Zekeriya Sertel'in yayımladığı *Büyük Mecmua* etrafında bir araya gelinmesini sağlamıştı. Burada düşüncelerin farklılığı bir yana bırakılmış, vatanın kurtarılması için bir araya gelişin önemi gerçekleştirilmişti. Osmanlı hanedanının destekçileri, köktendinciler, Turancılar, Batı hayranları, Amerikan mandasını isteyenler sanki bütün taleplerinden vazgeçmiş ve sadece işgal kuvvetlerine karşı birleşerek vatanın istiklali için bir araya gelmişlerdi. Hepsinin zihninde ve ruhunda işgal kuvvetlerine yönelik bir nefret birikmişti ve hepsinin ruhunda vatan istiklâlinin mücadele azmi ve kararlılığı vardı.

Halide Edip Hanım bu azim ve kararlılığı miting kürsüsünde bir millî yemin gibi halkına okuyor ve tasdik ettiriyordu:

– Milletimin istiklâlini elde edeceği güne kadar savaşacağım!

Naciye Hanım'ın göz çukurları ıslanmıştı. Dokunsalar iki büyük şelâle dağ başlarından ovalara uzanır gibi köpürüp akacaklardı. Genç bir kız yanına yaklaştı. Onun da gözleri ıslaktı. Sesi titriyordu:

– Kürsüdeki ulu kadın kimdir?

Naciye Hanım geri döndü. Karşısındaki çehrede Berin'in hatları canlanıyordu. Çenesinden tutup okşadı. Sesinde bir annenin gururlu şefkati vardı:

– Fransa'da Jeanne d'Arc ne ise, imparatorlukta Halide Edip odur...

* * *

Ethem Bey'in gelişi gecikince Adnan Bey huzursuz oldu. Konağın bütün katlarını, odalarını dolaşıyor, cümle kapısına her gelişinde heyecan ve telaşla açarak Ethem Bey'in kapıda olup olmadığını merak ediyordu. Konağın süslü ahşap sütunlarına omzunu dayıyor bir süre meydana bakan geniş verandanın serinliğinde dostunu bekliyordu. Dışarıda hava bunaltıcıydı. Ağır bir rutubet ve temmuz sıcağı nefes almayı güçleştiriyordu. Kapının gerisinde sevimli bir karartı belirdi. Evin hizmetleri için konağa gelen Ayşe, elindeki tepsiyi Adnan Bey'e uzattı.

– Size limonata yaptım. Kar kâselerinde buz gibi soğuttum.

Adnan Bey güldü. Geri dönüp Ayşe'nin elindeki limonatayı alıp birkaç serin yudum içti:

– İbrişim gibi bir kızsın Ayşe!.. Ona kar kâsesi değil, buz kâsesi denir...

Sonra bütün içtenliğiyle kızın gözlerindeki derinliğin mânâsını kavramaya çalıştı. Çocukça bir mavilik ne yaparsa yapsın, hiçbir şekil ve sıcaklığını değiştirmeden hep gülüyordu. Teninde sarı ile kırmızının karıştığı mevsim şeftalisinin dâvetkâr renkleri vardı.

Adnan Bey içeri girerken limonata bardağını vermemiş, bardağı almak için tepsiyi uzatan Ayşe'nin bileğini tutup içeri çekmişti. Merdiven başında bekliyorlardı. Birinin cesaret gösterip adımını ilk basamağa atıp yukarıya yönelmesi gerekiyordu. İkisi de durmuş sadece birbirlerine bakıyorlardı. Cesaret edenin tâlihi gülecekti.

Adnan Bey hülyalı bir suyla yıkanıyormuş gibi titredi. Bir elin sıcak ve şefkatli dokunuşları yüzünü, saçlarını okşuyor gibiydi. Gökyüzünün bitmez karanlıklarından bir beyaz bulut toprağa düşmüş, gelirken mavilerin en güzelini aşırıp bu kızın gözlerine yerleştirmişti. Şimdi bu mavilik yağmurlu günlerin ıslak hatıralarını tekrarlamış gibi nemlenmişti. Dudaklarının çizgisinde bir kızıl gül yan gelip uzanmıştı.

Adnan Bey gözlerini Ayşe'den ayırdı. Konağın tavanındaki o muhteşem ahşap işçiliğindeki desenlere, renklere çevirdi. Tavan ikiye ayrılmış ve duygularını dillendirecek kelimeler çeşitli biçimlerde yağmur gibi yağmaya başlamıştı. En sevdiği duyguları anlatan sözcükleri aradı. Onca lügat arasında bir cümle bütün içtenliğiyle gülüyordu. Uzanıp o tebessümü seçti:

– Bu kızın kirpiğinde bir teselli hissi var.

Bu duyduğu ikinci büyük teselli hissiydi. Birkaç gün önce hayatının en önemli kararlarından birini verdiğine inanıyor ve ilâhî bir takdirin lütfuyla bu hayırlı hizmetin vesilesi olmaktan gururlanıyordu. Adnan Bey, topraklarının önemli bölümünü çiftçilere dağıtmaya karar vermiş ve karşılığında sadece, çalışıp nafakalarını temin etmeleri için sabır ve tahammül göstermelerini istemişti. Toprak dağıtılanların hepsi bugüne kadar yarıcı olarak çalışmış kimselerdi. Toprağın mülkiyetini ve nimetini şimdiye kadar kavrayacakları tek tecrübeleri yoktu. Adnan Bey'in toprak dağıtacağı dedikodusu gelince esnaf arasında nifak tohumları ekilmiş ve Adnan Bey'in bu dağıtmayı laf olsun diye yaptığı ve mutlaka bir gün bu toprakları geri alacağı dedikodusu yayılmıştı. Hatta ileri gidip "Bir de geçmiş günlerin kirasını sizden isteyebilir!.." diye hiddetli bir manzara yaratmaya çalışmışlardı.

Adnan Bey, Ethem Bey'e bu kararını açıklamıştı. İlk fırsatta dağıtım işlemine başlanacaktı.

* * *

Noter kâtibi Münip Bey, sünnetçi Refik Usta, İştirakiyuncu esnaf, birkaç incir ırgatçısı, telaşla koşuşuyor, çarşının ortasında önüne geleni yardıma çağırıyordu:

– Yetişin efendiler! Müyesser'in tarlasını yakmışlar. Yunan, bahçeleri ateşe vermiş...

Aydın'da da işbirlikçiler vardı. İstirakiyuncuların işçi haklarına sahip çıkan onurlu tavırlarının bir gün kendi işletmelerinde başlarına bela olabileceğini kestirenler, Müyesser'in gözünü korkutmak ve bu telaş içinde Yunan baskısının tehdidini yayarak çıkarlarını sürdürmek niyetindeydiler.

"Müyesser'in tarlası" dedikleri oturduğu kira evinin bahçesiydi. Beş on incir ağacının oluşturduğu yeşilliğin arkasındaki otlar, bir nifakçının eliyle tutuşturulmuş, rüzgârın etkisiyle evi tehdit etmeye başlamıştı.

Haberi kimin uçurduğu bilinmiyordu. İncir bahçelerinin gedikli rençperleri haberi alınca, içlerinden birini çarşıya göndermiş, tanıdıkları en itibarlı kişi olarak noter kâtibi Münip Bey'i haberdar etmişlerdi.

Anayola çıktıklarında esnafın yolunu kestiler. Yangın henüz başlangıç safhasında söndürülmüştü. Ethem Bey Çakırbeyli'ye dönerken yangını görmüş, beraberindekilerle birlikte doğru eve giderek yangının söndürülmesine hem yardım etmiş, hem de civardaki incir işletmelerinin itfaiyelerine haber vermişti.

Ethem Bey, doğruca Müyesser'in yanına gitti.

– Geçmiş olsun! Çok üzüldük. Neyse ki fazla bir zarar yaratmadan söndürmek mümkün oldu.

Sonra çok nâzik bir lisanla fısıldadı:

– Bir şeye ihtiyacın var mı Müyesser?

İkisi de sustu. İkisi de birbirinin hukukunu kollamasını ve saygılı davranmasını bilen terbiyenin insanlarıydılar. Ethem Bey, Müyesser'i bir dağınıklığın içinde görmüş ve nasıl bir meziyet ve ısrar içinde o sevimsiz kalabalığı disiplinli bir hareket gücü haline getirdiğini hayranlıkla izlemişti. O başarılı manzara gözlerinin önünden gitmiyordu. Bir hatırlama hissinin mutluluğunu yeniden tadarken, bir iltifatın hakkını da teslim ediyordu:

– Bir tesanüt ahlâkı gibi hepimizin mücadelesinde senin mayan var Müyesser...

Müyesser Ethem Bey'e sarıldı. Bu şükran duygusundan çok bir dostu yakınında hissetmek sevinciydi:

– Adnan Bey'e hürmetlerimizi söyle. Gönderdiği altını düğün gecesi Safinaz'ın göğsüne taktım. İştirakiyuncuların hepsi bir ağızdan sevinç hurrası çektiler...

Yangını söndürmeye gelenler, topluca geri dönüyorlardı. Uzaktan İtalyan işgal kuvvetlerinin bisikletli birlikleri hızla Müyesser'in evine doğru yaklaşıyorlardı. Yangın haberini duymuşlar ve etrafa yayılacağı endişesiyle kendi itfaiyelerini göndermişlerdi.

Ethem Bey gidenlerden ayrılarak tekrar yangın yerine döndü. Müyesser'e sarıldı. Sesinde şükran fısıltısı vardı:

– Sana borcumuz büyük. Tellidede baskınında yaralanan delikanlıyı evinde saklamışsın. Henüz yatakta... Biraz daha iyileşsin, getirip elini öptüreceğim...

Müyesser eğilip Ethem Bey'in elini öptü.

– Ben senin ablanım amma, asıl öpülecek el işte bu...

O gece Taşyürek Osman Bey'in emriyle bir yeni baskın daha düzenlenmesi kararlaştırılmış ve Yenipazar Müzaheret Bölüğü Kumandan Yardımcısı Ethem Bey'in bu baskını yönetmesi emredilmişti. Dalama Müzaheret Bölüğü Kumandan Yardımcısı Adnan Bey ve arkadaşları Ethem Bey'in kuvvetlerine katılacak ve hiçbir kayıp vermeden Yunan birliklerini ve köylere baskın yapan eşkıyâ bölüğünü yok edeceklerdi.

Müyesser, Ethem Bey'i uyardı:

– Bu gece Kadir gecesi! Bizimkiler camide ibadeti uzatmasınlar... Evdekilerin başına bir iş gelmesin...

* * *

Yakup Kadri'nin korktuğu başına gelmişti; Yahya Kemal Bey Celile'ye tutkundu. Bu duygunun pekişmesini Yahya Kemal'in sevinçli heyecanlarında görüyor ve tesadüfün getirdiği fırsatlarda bir büyük sevdânın filizlendiğini fark ediyordu. Ada'ya yapılan bir kısa ziyaret sırasında Yahya Kemal Bey, Tahsin Nahid'in evinde Celile'yi görmüş ve heyecandan nefes alamaz hâle gelmişti. Bu tutkunluk bütün şiddetiyle her yerde kendini gösteriyor, hattâ giderek derinlik kazanıyordu. Bakışlarındaki ısrar, sözlerindeki yumuşak ve saygılı değerlendirmeler, hatırlı akşam davetlerinden ısrarla uzak kalışlar, yeni şiirler, bu tutkunluğun işaretleriydi. Yakup Kadri "Cânân aramızda bir adındı" mısraını okuyunca Bektaşî tekkesindeki hatıraları canlandı. Yahya Kemal Bey, Celile'yle ilk tanıştığı gece, bu güzellik karşısında etkilenmiş, ama bir aceminin telaşını göstermemişti. Yahya Kemal Bey ya Paris'te bu bahislerin gerçekten kurdu olmuş ya da duygularını ve düşüncelerini kendine saklayacak kadar hayret verici bir sırdaşlık terbiyesi almıştı.

Yakup Kadri Bey'in derdi sadece Yahya Kemal Bey değildi. Celile Hanım'ı da önemsiyordu. Özellikle Sanayii Nefise Mektebi'ndeki dostlarından işittiği kadarıyla Celile Enver Hanım'ı hem sanatta, hem edebiyatta pek yetişmiş bir kişi olmasından ötürü yakından tanımak arzusu duymuştu. Hele Celile Hanım'ın mahallesinde gürültü çıkaran Fransız askerlerini kovuşunu öğrendiği gün şaşkınlık içinde kalmıştı. Mahalle zabıtası bir yana İstanbul polis müdürünün bile bir Fransız askeri karşısında neredeyse korkudan titrediği işgal günlerinde Celile Hanım elinde tencere ve kepçesiyle bütün mahalleyi ayağa kaldırıp sarhoş Fransız askerlerinin gözünü korkutmuştu. Yakup Kadri'nin asıl hayreti, Celile Hanım'ın akıcı bir Fransızca'yla, askerlere, ahlâk dersi veren Voltaire'lerin, Rousseau'ların edebiyatından örnekler aktarıp, onları kendi lisanıyla edebe dâvet edişiydi. Celile Hanım'ın bu hareketi haftalarca İstanbul muhitlerinin biraz kıskançlık, biraz hayranlık dolu sohbet konusu olmuştu.

Bu kadın şimdi İstanbul'da fırtına gibi esen bir şairin etrafında giderek kutsallaşıyor ve maalesef hem Celile'yi, hem Yahya Kemal'i alışılmış sohbet muhitlerinden uzaklaştırıyordu. Yakup Kadri dürüst adamdı, bu tespitinde biraz da Yahya Kemal ve Celile tiryakiliğinden uzak kalışın kıskançlığının yattığını biliyordu. Evet! Korktuğu şey, Yakup Kadri'nin başına gelmiş ve Yahya Kemal Celile'ye vurulmuştu. Bunu uygun bir dille sahibine itirâf ettirmek istiyor ve bu itirâfın şahitliğiyle hem Yahya Kemal'de, hem Celile'de bir itibarlı mevkie sahip olmayı arzuluyordu. Arzuladığı fırsat önüne çıkabilir ve mutluluğun tâcını giyebilirdi. Acaba bu güzel kadın Yahya Kemal'de neredeyse bir iptila halini alan derbederliğe son verebilir miydi?

Akşam evde yalnız kalacaklardı. Yahya Kemal Bey uzun süredir Yakup Kadri'nin misafiriydi. Bu misafirlikten doğrusu ikisi de memnundu. Yakup Kadri, artık Yahya Kemal'in ne denli zengin bilgi ve tecrübe sahibi olduğunu her vesileyle görüyor ve mutlu oluyordu. Taşralı görüntüsünü henüz istediği ölçüde değiştirememiş, Üsküp lehçesini bir türlü dilinden söküp atamamıştı, ama, tartışılan konulardaki derinliği çevrenin takdir ve hayranlığını uyandırmıştı.

Evin işlerini gören Rum hizmetçi sofrayı kurmuş, verilen bütün emirleri yerine getirmiş ve evine dönmek istemişti. Yakup Kadri tereddüt geçirdi. Üsküplü belki sofranın ortasında kimsenin aklına gelmeyen bir şey isteyebilir ve isteği karşılanmayınca ya Tatavlalı bir kabadayı gibi diklenir ya da bir çocuk gibi küsüp köşesine çekilebilirdi. Velev ki uzak olsa dahi bu ihtimal Yakup Kadri'nin göze alacağı şey değildi. Hizmetçinin evde kalmasını istemişti:

– Bu akşam burada kalınız matmazel! Ben evinize münasip biriyle haber gönderirim.

Yakup Kadri'de artık tarifi iyi yapılmış bir Yahya Kemal kabulü vardı. Gerçi bütün söylediklerine, görüşlerine, eleştirilerine katılmıyordu ama, Üsküplü'nün tarih, edebiyat ve siyaset derinliğine hayran oluyordu. Dergâhta çok sıkıntılı zamanlar geçirdiğini gözlemiş, biraz da mutlu olmuştu. Gerçekten Yahya Kemal'in geleneksel dergâh üslubunda oturup konuşması mümkün değildi. Bağdaş kuramıyordu. Şeyhin önünde eğilip doğrulması bir işkence gibiydi. Ama, Üsküplü herkesi hayran bırakan bir tarih imbiğiydi. Edebî ve bediî denilen her bahsin deryâsında böyle bir mahareti daha önce kimsede görmemişti.

Yahya Kemal'e bu bahislerin de zevkli ve değerli olduğunu anlatması acaba gönül kırıcı olabilir mi diye düşündü. Daha birkaç hafta evvel sırf Celile'nin gözünden düşürmek için Yahya Kemal'e gelişigüzel yüklenen Yakup Kadri gitmiş, onu evinde misafir edecek kadar yakınlık duyan bir dost hayranlığı gelmişti. Sadece kendisi değil, çevresindekilerde de aynı sıcak duyguların çiçek açtığının farkındaydı. Bu adamın nesine hayran olunacağını kestirememişti ama, gıptaların hızla keskin bir kıskançlığa dönüştüğünü hissediyordu.

Bu kıskançlığı kendi lisanında anlatmasının kırgınlık yaratacağını fark etmiş, değişik bir yöntemin daha isabetli olabileceğini düşünmüştü. Yahya Kemal çevresindeki bütün edebiyat ve fikir dünyasının hayranlık kadar kıskançlığını da davet etmişti. Kıskananlar, Yahya Kemal için, "şiirsiz şair şöhreti" diye hırslarını dillendiriyorlardı.

Yakup Kadri bu bahsi açmanın zamanıdır diye düşündü. Yahya Kemal'i sürekli geçmişi özleyen ve kendini bu geçmişle sınırlayan birisi gibi görmüyordu. Ama hakkında varılan hüküm buydu. Herkes Yahya Kemal'i, fetihler döneminin özlemcisi gibi değerlendirmekteydi. Bir de Lâle Devri hayranlığını anlamaları mümkün olmamıştı. Bugünü beğenmeyen ve yarından ümidini kesen insanların tarihe dönmelerini anlayışla karşılayabilirdi, ama bunu Yahya Kemal'in yaptığı gibi sürekli bir düşünce disiplini gibi kullanması söz konusu olamazdı. Yadırganan buydu. Münasip lisanla anlatacağı şey buydu. Yakup Kadri düşündüklerini özetledi:

– Yarın için mesuliyet yükleneceğine, maziye kaçıp bugün için teselli arıyorsun.

Yahya Kemal sert lisanla hatırlatma ihtiyacını duydu:

– Yarına ümitle bakabilmek için tarihe şuurla bakmak gerekir. Böyle bir kabiliyetiniz yoksa, sadece nostaljinin ufûnetli dehlizinden geçersiniz...

Biraz daha sertleşebilirdi. Bu sertleşmenin Yakup Kadri'yi kaybetmeye dönüşmesi ihtimalinden rahatsız oldu. Söyleyeceklerinin hiddetini hafifletti; yine de istediği etkiyi yaratacak kızgınlık varlığını koruyordu.

– Sizde iflah olmaz bir tarih korkusu var. Bu korku, milleti bedbaht eden hakikatten kaçış duygusudur. Buna melâl değil, maskaralık denir...

Masadan kalktı, yatak odasından bir tomar kâğıdı getirip Yakup Kadri'nin önüne koydu. *Nur Baba* romanının düzeltilmiş son müsveddeleriydi. Bir romanın sancılı sayfalarını yazarının önüne koymak hoşuna gitmişti. Böylece kendisi için "şiirsiz şair şöhreti" diye gülenlerin intikamını Yakup Kadri'den almaktaydı:

– Tebrik ederim: pek beğendim... Al ve dikkatle oku; yazdıklarından öğreneceğin çok şey var...

Yakup Kadri'nin yüzüne bile bakmadı. Odasına çekilip dinlenmek istiyordu. Hiçbir zaman kendini olayların akışına bırakan hayalperestliğin içinde olmamıştı. Gerçekçiliğinin sertliğini biliyor ve bunu sık kullanmıyordu. Her kullanışında bir dostunu kaybettiğini görmüş ve üzülmüştü. Şimdi bu sertliğini Yakup Kadri'yi kaybetmek için değil, yeniden kazanmak için kullanacaktı: güçlü insanların olaylar karşısında boyun eğdikleri için değil, diklenebildikleri için ayakta kaldıklarını görmüştü. Bu gözlemini Yakup Kadri'ye hayran olduğu bir şeyhin terbiyesinde hatırlatmak istedi:

– Unutma! Nur Baba, olaylar karşısında mütevekkil değil, mütehâkkim olabildiği için müritlerine omuz öptürebiliyor...

* * *

Ethem Bey içeri girince Ayşe'yle karşılaştı. Akşamın henüz erken saatleri olmasına rağmen evde kimsenin yokluğundan endişeye kapıldı. Ayşe bu endişeli durumu hissetti ve Ethem Bey'i rahatlatmak gereğini duydu:

– Korkacak bir şey yok.

Ethem Bey hemen zihnini rahatlatacak soruyu sordu:

– Adnan nerede?

– Biraz dinlenmek istedi; yukarıdaki divanda uzanıyor. Sanırım uykuya daldı.

Bu saatler Adnan'ın uyku saatleri değildi. Adnan'ın bu saatte uyuması için hasta olması akla gelebilirdi. Bu endişeyi gidermek ihtiyacıyla bir başkasına sormak istedi:

– Kim var evde?

– Bizden başka kimse yok.

Ayşe'nin sesindeki aidiyet arzusu hemen fark ediliyordu. Ethem Bey arzuyu görmezlikten geldi. Başıyla işaret etti; gidip Adnan Bey'e geldiğini haber vermesini istedi. Alacakaranlıkla birlikte merdivenlerin iki başına ölgün ışıklı lambalar yerleştirilmiş, iniş ve çıkışlarda kolaylık sağlayacak aydınlık yaratılmıştı. Ayşe merdivenleri hızla çıktı. Adnan Bey'in odası aralıktı. Uykuya dalmış görüntüsü içindeydi. Çarşaf üzerinden sıyrılmış ve omuzları, göğüsleri bütün çıplaklığıyla ortaya çıkmıştı. Ayşe uzun süre seyretti. Sesini yükseltip uyandırmak yerine tenine dokunmayı ve küçük sarsmalarla uykudan uyandırmayı arzuladı. Yatağa yanaştı, Adnan Bey'in göğsüne küçük ellerini dokundu ve yavaşça gezindirmeye başladı. Tene dokunma arzusunun içinde uyandırdığı hazları bir kere daha boşaltıyormuş gibi titredi. Ethem Bey'in aşağıda beklediği aklına gelince hatıralarını ve hayallerini toplayıp Adnan Bey'i sarstı.

– Uyanın!.. Aşağıda Ethem Bey bekliyor. Ehemmiyetli bir konu varmış...

Adnan Bey uyandı. Ayşe'nin gözlerindeki sevinç ortaklığını seyretti ve ropdöşambrını giyip aşağı indi. Ethem Bey salonun bahçeye bakan penceresinin önündeki koltuğa oturmuştu. Adnan Bey'in geldiğini görünce ayağa kalktı:

– Sen bu saatlerde uyumazsın, hasta mısın?

– Biraz dinlenmek istedim o kadar... Endişe edecek bir husus yok.

Ethem Bey'in ehemmiyetli dediği husus, Ankara'nın gönderdiği vali Taşyürek Osman'ın Söke'de kendine bir makam bulması ve yönetimi buradan yapmayı kararlaştırmış olmasıydı. Kendisine destek veren bütün birlikleri birkaç gün içinde yapmayı planladığı bir büyük baskın için hazırlığa çağırıyordu. Ethem Bey eldeki bütün bilgileri Adnan Bey'e getirmiş ve Çakırbeyli'nin hazırlıklı olması gerektiği konusundaki özel emri Adnan Bey'e bizzat tebliğ etmek istemişti.

– Bir baskın planlanıyor. Bütün köylünün hazırlıklı olması istenmekte. Senin bu işi tereyağından kıl çeker gibi çözeceğine inanıyorlar.

Adnan Bey ehemmiyetli denen hususun ne olduğunu öğrenmişti ama, bu işin hakikaten istenen rahatlıkta sağlanması için köylülerin nasıl bir gerekçesi olmalıydı. Aydın Valisi Taşyürek Osman, emrinin tebliğini Ethem Bey'den istemişti ama, Çakırbeyli'nin ruhunu ne kadar biliyordu?

Adnan Bey hemen her sabah erken saatlerde en yağız kısrağın sırtına binip, kendisine ait olduğu söylenen o uçsuz bucaksız toprakları geziyor ve her gittiği yerde köylülerin saygısı ve ikramıyla karşılaşıyordu. Dağ gibi pamuk rençperlerinin karşısında kısrak sırtındaki bu genç ve ince yapılı delikanlının etkinliğini sağlayan güç neydi?

Bu topraklara dedesi Ali Paşa'nın mirası olarak sahip olması her şeyi çözmeye yeterli miydi? Sırf Ali Paşa'nın torunu olmak bu kadar çok insana istediği gibi emretme hakkı verebilir miydi? Geldiği günden beri bu ilişkiyi dikkatle izlemiş ve mutlak bir itaat gerekçesi bulabilecek hiçbir şey görememişti.

Akşam eve döndüğünde gördüğü manzara aylardır kafasındaki sorunu çözmeye yetmişti. Verandanın önündeki gül dalına yerleştirilmiş kenarı mor işlemeli tülbendi alıp tüfeğinin kabzasındaki tozu temizlemek isteyen kâhyanın üzerine kurşun gibi atılan genç kızı görmüş ve şaşkına dönmüştü. Adnan Bey dahil bütün Çakırbeyli'nin gözünü korkutan kâhyanın hiddetli şöhretini hiçe sayarak üzerine atlayıp elinden tülbendini kurtaran kızın sözleri soruna istenen açıklığı getirmişti:

– Bu benim malım, dokunamazsın...

Ayşe, tülbendini kâhyanın elinden kapmış, korkmadan karşısında dikilmişti. Sonra asıl vurucu cümleyi söyleyip uzaklaştı:

– Bir daha sakın elini sürme...

Adnan Bey mülkiyetin ne kadar önemli bir duygu olduğunu görmüş ve hükmünü vermişti. Vatan toprağı, vatan toprağıydı ama eninde sonunda birinin mülkiyetindeydi. Çakırbeyli Çiftliği'nin sınırlarını kimse bilmiyordu. Ali Efendi'nin uzanabildiği bütün sınırlar mülkiyetindeki topraklardı ve burada binlerce insan çalışıyor, ürünü getirip Ali Efendi'nin dizleri dibine boşaltıp göstereceği insaf ölçüsünde pay almayı bekliyordu. Yıllardan beri usul değişmemişti. Kâhyanın göz korkutan hiddeti, bu payın tayininde Ali Efendi'yi yönlendirmesiydi. Bu yüzden kimse kâhyayla ihtilafa düşmeyi istemiyor ve onun istediklerini yapmak gereğini duyuyordu. Adnan Bey çocukluğundan beri bu usulün sızıltısız işlediğini görmüş, bir mânâ verememişti. Küçük Ayşe'nin tülbendini kâhyanın elinden alırken gösterdiği cesaret mülkiyet duygusunun o küçük bedene yerleştirdiği büyük mücadele azmiydi. Taşyürek Osman Bey'in Çakırbeyli'den istediği şey, aslında Ayşe'nin gösterdiği azim ve cesaretti.

Adnan Bey, Ayşe'nin kirpiklerindeki teselli kadar iyi bakışların sükûnetini uzun uzun seyretmiş ve çenesinden tutup yüzünü kendine daha da yaklaştırmıştı. Başındaki tülbendi eliyle çıkardı ve bir lepiska demetini arzuyla avuçladı. Bir hasretin sükûnet buluşu gibi mutluydu ve gözlerinin içini bütün sıcaklığıyla güldürüp ekledi:

– Kâhyanın gözü bir senden korktu galiba...

Ayşe tülbendi çıkarması için Adnan Bey'e izin vermiş ama, boynundan, küçük göğüslerinin arasına uzanan kolye için utançlı bir ricayla kalmasını istemişti.

Ethem Bey, valinin emrini tebliğ etmiş, ama, Çakırbeyli Çiftliği'nden beklenen sayıda mücahidin nasıl derlenip toparlanacağı konusunda bir tereddüt geçirdiğini de Adnan Bey'e aktarmıştı:

– Bize çok güveniyor, lakin bu kadar adamı nasıl bulacağımızı kestiremiyorum.

Adnan Bey istifini bozmadı. Konuyla hiç ilgisi bulunmayan bir açıklamaya başladı. Bazen pencerenin önüne gelip geniş ovaya bakıyor, bazen dönüp evin tavanlarındaki süslerin güzelliğiyle şiir okur gibi sözlerine bir vezin ve kafiye lezzeti katıyordu. Bazen de hayal kurar gibi gözlerini bilinmeyen bir ufkun derinliğinde gezindirip, evin o zevkli tavan süslemelerinin arasına yerleştiriyordu:

– Ethemim! Günlerdir kafamı işgal eden bilmeceyi çözdüm. Artık sorumluluğumun sınırlarını ve mânâsını çok daha iyi biliyorum.

Ethem Bey'in koluna girip onu ovaya bakan pencerenin önüne getirdi. Ovanın uçsuz bucaksız enginliğini gösterdi.

– Bu çiftliği ve üzerinde yaşayan bütün insanların dostluğunu kazanmak için gözü görmeyen bir ninenin gergefte nakış işlemesi gibi bütün duygularımı işledim.

Ethem böyle bir girişin nasıl sonuçlanacağını bilmiyordu ama zihninden geçenler onu tedirgin etti. Eğer tahmin ettiği doğruysa, bu kadar hiddet ve baskıyla kazanılmış olan otorite nasıl sürdürülecekti. Bu topraklar efendinin topraklarıydı. O efendiyi Allah yaratmıştı ve o efendi köylülere fırsat vererek onların ayakta kalmasını sağlamıştı. Kâhyanın dediği gibi Allah efendiyi ve efendi de köylüyü yaratmıştı. Bu düzenin başka türlü yürümesi mümkün değildi. Bu toprakların sahibi Hacı Ali Efendi bile bir karış toprak yüzünden yağmurlu gecenin yarısında öldürülmüş ve taşkın Çine Çayı'nı aşıp katillerin peşine düşmek mümkün olmamıştı. Şimdi bir delikanlının biraz da hayalperest bir anda verdiği kararla bu yüzyıllık düzen değişecek miydi? Velev böyle bir karar verilmiş olsa bile bu karar uygulanacak mıydı? Yahut efendinin her verdiği kararın tartışılmazlığı bu kadar önemli bir meselede de uygulanacak mıydı?

Adnan Bey zihindeki bilmecenin çözümünü açıkladı:

– Topraklarımı köylüye dağıtacağım. Toprağa sahip olan artık bilecektir ki, vatan toprağı kendi malıdır. Vatan toprağını savunurken kendini savunmaktadır.

Büyükannesi Fıtnat Hanım'ın hemen her vesileyle kendisine toprak sahipliğinin en büyük güç olduğunu anlatan nasihatlerini hatırladı. Fıtnat Hanım Adnan'ın bu topraklarda beyliğinin süreceğine inanmış ve hayatın disiplinlerini bu topraklarda öğrenmesi için ailesinden aldığı dersleri aynen torununa aktarmıştı:

– Oğlum, sen bana ailenin tek yâdigârısın... Bu toprağı bu çiftliği sakın unutma... Git oku, öğren, yetiş; ama dön gel ve sür bu toprakların saltanatını... Bu toprağı ellerin eline, avucuna bırakma. Toprak nankör değildir. Ne ekersen sana onu fazlasıyla verir. Sen toprak beyisin ve toprak beyi olacaksın. Toprak adamı olmak ne büyük gururdur biliyor musun? Toprak adamı olduğunu sakın unutma!..

Ethem Bey bu kararın hangi sonuçları doğurabileceği konusunda Adnan Bey'ın bir muhasebesi olmadığına yemin edebilirdi. Duygusal arkadaşının birdenbire heveslenip bu toprakları dağıtacağı endişesine kapıldı. Toprak yoksa, Çakırbeyli'de hiçbir şey yok demektir. Toprak yoksa hiçbir sevgi ve şefkatin de olmayacağını biliyordu. Toprak yoksa, hiçbir otoritenin ve güvenin kalmayacağını da biliyordu. Toprak yoksa, sevginin ve saygının hükmü bile üç gün sürerdi. Şimdi bütün bu imkân ve nimetler nasıl olur da yorgun ciğerli bir delikanlının şairâne hayalleriyle gelişigüzel dağıtılabilirdi?

Adnan Bey'in bu noksanlıkları kestiremediği fikrindeydi ve biraz da asabi bir dille fikrini aktardı:

– Bu topraklar kaç yüz senedir senin ailene ait. Sanki hiç böyle bir şey olmamış gibi davranıp bu haklardan vazgeçemezsin. Bırakınız buna teşebbüs etmeyi, hayal etmenizi bile hayretle karşılıyorum.

Sesini daha da sertleştirebilirdi, ama yumuşak tonda konuşması Adnan Bey'i etkileyip fikrini yeniden gözden geçirmesini sağlayabilirdi. Ethem Bey bu tür deneyleri daha önce de yaşamış ve Adnan Bey'in nerelerde pes edeceğinin kıvamını iyi yakalamıştı. Ethem Bey'in zamana ihtiyacı vardı:

– Kapatalım bu bahsi!

– Hayır aksine daha da deşelim...

Ethem Bey'i alıp konağın en üst katına çıkardı. Kulenin bulunduğu yere getirdi. Etrafa bakıldığında uçsuz bucaksız ovanın her yanı rahatça görülüyordu. Eliyle güneyi gösterip doğuya kadar bir kavis çizdi:

– Bu topraklar benim mi?

– Evet!

Sonra kuzeyi gösterip yine geniş bir kavisle batıyı işaret etti:

– Bu topraklar da mı benim?

– Evet!

Adnan Bey sırtını topraklarına dayamış gibi kulenin en ucuna gitti ve sesini yükseltti:

– Şuna bak! Güneyinde İtalyanlar, kuzeyinde Yunanlılar... Doğusuyla batısıyla bütün topraklarım iki müstevlinin işgalinde... Ve sen bana kalkmış topraklarımın bolluğundan ve bereketinden söz edip iki yüz yıllık aile hâkimiyetinden söz ediyorsun...

Sesinin tonunu yükseltti. Böylece daha etkili bir görünüm kazanmaktan çok, kararlılığının ne kadar kesin olduğunu göstermek istedi:

– Taşyürek Osman bile bu toprakların savunması için bir yol bulamamış, tereddüt içinde âdeta yalvarır gibi seni araya sokmuş.

Ethem Bey'in böyle bir münakaşada sertleşmesi söz konusu değildi. Sabırla bekler, aradan zaman geçince Adnan'ın hayallerinin sulandığı bir zamanı yakalar ve verilmiş kararlarını değiştirtirdi. Münakaşayı büyütmenin anlamı yoktu. Biraz sabır her şeyi çözecekti. Adnan Bey, bu ihtimali de bertaraf etmek istedi:

– Yarın köylüler vatan toprağının Adnan Efendi toprağı değil, kendi toprakları olduğunu gördüklerinde o büyük mücadeleyi başlatmak mümkün olacaktır...

Adnan Bey, yavaş yavaş aşağı inmeye başladı. Kulenin helezonik merdivenini aydınlatmak için elinde küçük bir lamba tutuyordu. Bir ara sendelemiş ve lambanın gazı üzerine dökülmüştü. Ayşe merdiven başındaydı. Yüzünü yere eğmişti. Adnan Bey yanından geçerken başını kaldırdı. Tülbendini çıkarıp Adnan Bey'in gazla kirlenmiş eline sardı ve geri çekildi.

Adnan Bey hiçbir şey olmamış gibi tekrar salona döndü. Ethem Bey'i verandanın yanına getirdi. Ayşe'nin kurumak için tülbendini astığı gül dalını gösterdi.

– Biraz evvel bu küçük kız şu küçük bez parçasını savunmak için Çakırbeyli kâhyasının yakasına yapışmış, "Benim malıma el süremezsin!.." diye yeri göğü inletmişti. Şimdi gazyağına bulayacak kadar cömert... Her şey mülkiyet duygusunda kendini gösteriyor...

Geriye döndü, Ayşe'yle göz göze geldi.

Ayşe, evin delişmen kızıydı. Bütün Çakırbeyli'nin gözü onun üzerindeydi. Yukarıda iki kişilik sofra hazırlamış, bu ağır münakaşadan sonra tabağın birini sofradan kaldırmıştı.

Adnan Bey, kütüphaneye yürüdü. Camekânın kapağını açtı. Raftan indirdiği kitabı Ethem Bey'in önüne koydu.

– Çocukluğumda büyük hanım okurdu. Sonra bana okumasını

öğretti. Sonra hediye etti. Ve sonra bu kitabı hayatımızın en önemli düsturu olarak başımın her sıkıştığı anda okumamı vasiyet etti.

Adnan Bey Fıtnat Hanım'ın kendisine vasiyet ve hediye ettiği kitabı Ethem Bey'in önüne koydu. Ahmed Cevdet Paşa'nın *Kısası Enbiya*'sının ilk cildinin üzerindeki yazıyı okuması için kitabı çevirip ileri sürdü. Fıtnat Hanım'ın özenle yazdığı vasiyet cümlesi okunuyordu:

"Oğlum !.. Çiftçilik peygamberler sanatıdır. Hazreti Muhammed ile Hazreti İsa'nın dışında bütün peygamberler çiftçidirler. Hem de Hazreti Âdem'den başlayarak. İnsanları doğru yola getirmek için Peygamberimiz'e sapan değil, kılıç kullanmak emrolundu. Artık peygamber gelmeyecek. Sen de vakti gelince askerliğini yapacak, kılıcını kullanacaksın. Eh, ondan sonra doğru toprağına, doğru çiftliğine... Sen peygamber sanatına bak evladım, onu düşün..."

Fıtnat Hanım'ın vasiyeti Adnan Bey'i bağlamıştı ama işin asıl gerçeği kendi içinde yükselen adalet ahlâkıydı. Kararını vermişti ve asker olarak kılıcını kullanıyordu. Ethem Bey'in tam karşısına geçti, gözlerinin içine baktı ve sözlerindeki mânânın tam ölçülerde kavranacağına emin oldu. Sonra sesini yumuşattı:

– Ethemim ! Taşyürek Osman Bey'e söyle, yüreğini ferah tutsun. Çakırbeyli kadınıyla, çocuğuyla vatan topraklarını ölünceye kadar savunacaktır...

* * *

İşgalin ağırlığı ülkenin her köşesinde hissediliyordu. Acı, sıkıntı hattâ ölüm içinde bir imparatorluk, çâresizliğinin kahrını yaşamaktaydı. Cepheler felaket haberleriyle doluydu.

Hamidiye kruvazörü bir sonbahar serinliği içindeydi. Sular durgun, gönüller huzursuzdu. Herkesin yüreğinde fâniyi ölümsüz kılacak bir duanın sabırlı bekleyişi vardı. Bu duanın kabulünde kimseye minnet etmeyen gergin bir gurur gizleniyordu. Zulmete esir olmuş duygular, yerini gür suların aktığı pınarların yatağına uzatmıştı. Gece çökmüş, sisler dağılmış, sanki cennet ile cehennem kesin bir çizgiyle ayrılmış gibi iki kavgalı dağ başına dönmüştü.

Nâzım, güverteden seyrediyordu. Karanlıkta yakınlığı belli olamayan bir çizgi üzerinde tek tük parlayan ışıklar vardı. Bu aydınlık bir teselli vermiyor, aksine giderek koyulaşan gecenin içinde bütün çârelerin tükendiğini bildiren bir âkıbet tebliği gibi ağırlığını hissettiriyordu. Her yönüyle bir mütareke gecesi yaşanmaktaydı.

Nâzım, ne ümitli bir ışığın, ne bir teselli hissinin bulunmadığı karanlık ve kimsesiz sokakların sessizliğini görüyordu. Siyah gecelerden teselli arayan birkaç dostunu arıyormuş gibi yorgun hisler içindeydi. Çevresindekilerin yüreğinde hayata darılmış insanların teselli bekleyişi vardı. Hepsi hicranlı, hepsi yaslıydı. Hepsinin gamlı ruhunda nurları paslanmış ana hasreti boy vermişti. Koskoca imparatorluk artık, dört omuzda götürülen cemaatsiz bir cenaze gibiydi.

Nâzım, Celile'yi özlüyordu...

Celile, Nâzım'ın gözlerindeydi. Göklerde hasretli bekleyişin ışıkları vardı. Mehtap dumanlı ziyanın içinde uzayıp kısalıyor, yan yana dizilmiş kayıkları aydınlatıyordu. Celile'nin dalgın sularda sallanan akisleri, bir el lambasının ışığında yorgun bakışlı kadın gölgesi gibi mahzundu. Bu gölge boşluğu yırtan çığlıklarla ağlıyordu. Hıçkırıklar, viran koğuşların solgun benizli denizcilerini mutlu eden vuslat sesi gibi yerleşmişti.

Nâzım, yavaşça denize eğildi. Sulardaki aksin yüzü şimdi gülüyordu. Celile'yle hasret gideriyormuş gibi daha yaklaştı ve yavaşça fısıldadı:

– Şu yanan alnıma bir kere dokun, anne!..

Nâzım, annesini bir ilâhe gibi içten söylenen seslerde özlüyordu. Bu ilâhenin başında hâle, gözlerinde nur vardı. Bu nuru unutması imkânsızdı. Çocukluk günlerinin ilk hatırasındaki ışık buydu. Bugün bile en karanlık gecelerin kuytusunda bu ışık gelip onun boş muhayyilesine bütün varlığıyla oturuyordu.

Dedesi Nâzım Paşa'nın Mevlevî ahbaplarıyla yaptığı dergâh sohbetlerinde okunan şiirleri dinliyor ve benzer şiirleri çok daha anlaşılır bir lisanla yazacağının güveniyle gururlanıyordu.

İlk şiirlerini devrin iddialı şairinin takdir cümleleriyle övdüğünü annesinden dinlemiş ve gururlu bir mutluluk duymuştu. Bahriye Mektebi'ndeki hocası Yahya Kemal Bey'i ilk gördüğü gün, nimet kapısına gelmiş gibi bahtiyardı. Bu bahtiyarlığın sonuna kadar sürmesi için dua etmiş, çâre aramıştı. Daha sonra Yahya Kemal Bey'in ailenin yakın dostu olarak evlerine girip çıkması, her seferinde küçük şairin mısralarını okuyup değerlendirmesi, herkesin içine sinen bir saadet asrıydı. Yahya Kemal Bey, Nâzım'ın şiirlerini değerlendirmiş ve geleceğini belirleyecek hükmü, Celile'nin kulağına biraz bencil, biraz da mahrem bir lezzetle fısıldamıştı:

– Kadim şiirin kapılarından yepyeni bir ufka koşuyor, bu delikanlı...

Nâzım, Hamidiye kruvazörünün en genç subayıydı ve bu delikanlı subay annesini özlüyordu. Mütareke'nin acısı, bu özlemin teselli kadar iyi duygularını yok ediyordu.

Nâzım'ın canı yanıyordu. Canının yeniden yandığını hissetti. Yahya Kemal ile annesi arasında başlayan derin aşkın kabul edilebilir tarafı yoktu. Evine bir hoca olarak gelen Yahya Kemal Türk şiirinde ve düşünce hayatında itibarlı isim olarak ne kadar hürmet görürse görsün, onu bir baba gibi kabul etmesi imkânsızdı. Hikmet Bey'in sefahat iptilasını biliyordu. Hatta babasıyla arasında hatırlanacak samimiyette tek hatıra bile yaşanmamıştı. Her şeye rağmen Celile'ye el sürme hakkının bu sefahat düşkünü adama ait olduğunu düşünüyordu. Bu acılı aşk içinde hiçbir şey bunun aksini kabule zorlayamazdı. Nitekim zorlanmadı. Bir kış gecesi Yahya Kemal'in palto cebine koyduğu mektupla bu aşkın sona ermesini sağlamaya çalışmıştı:

"Hocam olarak girdiğiniz bu eve babam olarak girmenize asla müsaade edemem..."

Nâzım, yeniden sulara baktı. Gün ışımış, sahil silueti belirgin ışıklarla karşısına geçmişti. Bu ışıkların her birinde Celile vardı. Teninin ateşi, yüreğinin ateşi denizin dibine çökmüş binlerce yıllık definelerin kapağını açmak isteyen yakıcı bir hisle hayallerine hâkim olmuştu. Her şey Celile'ydi. Yeniden sulardaki aksine baktı. Bu akis, hâlâ o eski sıcak ve güleç haliyle Nâzım'ın özlemiydi. Yüzü gülüyordu. Yeniden Celile'yle hasret gideriyormuş gibi sulara daha yaklaştı ve daha gür sesle fısıldadı:

– Ümit gibi parla; ışığından mahrum etme...

Son sözleri, ıssız denizlere teselli veren sonsuz âlemlerin gümüşlü girdabından yardım dileniyordu. Billûr gecede mavi deniz, sevgiliden haber getiren selâmet yıldızı gibi geminin peri kızını güverteye çıkarmıştı. Celile artık, yıldızlar güzeli bir gemici kız gibi Hamidiye kruvazörünün güvertesindeydi. Nâzım, mutluğunu haykırarak herkesin fark edemeyeceği bir lezzeti coşturuyordu. Yıldızlar güzeli gemici kız artık her şeydi. Başka olan her şey yok olabilirdi:

– Coş ey deniz! Kudur, atıl, dalgalan... Geniş enginlerin bir mezar olsun...

Nâzım gözlerini kapadı. Sularda akisler kayboldu. Görünen karanın ışıkları ölgün tevekkülle yok oldular. Hiç bitmeyecek sanılan gecenin koynu karardı. Artık üstünde gökyüzü, altında deli deryâ varlığını yitirmişti.

Yıldızlar güzeli gemici kız, Nâzım'ın başını göğsüne yasladı. Yüreği şefkat soluyordu.

– Hazmış, acıymış fark etmiyor; cennet de, cehennem de senin koynunda...

Dördüncü bölüm

O güzel Ayşe'nin ak gerdanında
Daima parlardı üç dizi mercan.
Bunu takan derviş durup yanında;
Kopsun, dedi; günah işlediği an...

Uzun yıllar geçti, nihayet bir yıl
Bir günah işledi kaynayıp kanı!
Ayşe eski Ayşe; yalnız o kızıl
Mercanlar sarmıyor gerdanını...

Nâzım Hikmet

Bir yıldız aktı, gök ve deniz sarmaşır gibi.
Vuslatta ilk öpüşmeyi andırdı ansızın.
Birden kamaştı gözlerimiz baktık engine.
Hülyâlı mâvilikte bu âni parlayış,
Tek bir dakika sürmedi, kayboldu, sır gibi.

Yahya Kemal

Olayı Müyesser Abla'ya ulaştırdılar. Müyesser masanın başındaydı ve heyecanlarını dizginleyebildiği bir konuşma yapıyordu. Önüne konulan küçük kâğıdı okuduktan sonra hiçbir şey olmamış gibi konuşmasını sürdürdü:

– İştirakiyun felsefesi gözyaşı değildir. O bir ölçüdür. Zorlukların, varlıkların ölçüsüdür. Bu ölçünün kantarı ahlâk, okkası akıldır... İştirakiyun ihtiyaç, imkân ve fırsatın dengesidir; memleketin asıl gerçeği bilinmeden, çâresi üretilemez...

Biraz evvel okuduğu küçük mektubun verdiği asabiyetle sözlerini tamamladı:

– İstiklâl Savaşımız'ın içindeyiz. Kim bilir birkaç yıl sonra Cumhuriyetimiz'i de kurarız. Emperyalistleri sindirmek ilk görevimizdir. Toprağımız işgal edildi ama, vatan idrâkimiz ve cesaretimiz kırılamadı. Bu mesuliyet artık bütün hayatımızdır.

Kırmızı rugan çantasını sallayarak dinleyenleri selamladı ve hızla salonu terk edip Safinaz'ın evine koştu.

Sabahın ilk saatlerinde çeltik işçisi Safinaz'ı öldüresiye döverek kapının önüne koymuştu. "Utanmaz orospu, aile şerefimi iki paralık ettin" diyordu. Güya Safinaz kız çıkmamıştı. Herkes çeltikçiden yanaydı.

Müyesser kimsenin varlığını önemsemeden düğünde giydiği elbiseyi üzerinden attı. Türkiye Halk İştirakiyun Fırkası'nın açıldığı gün kendisine verilen elbiseyi giydi. Bu elbiseyi, Amele Şûrası'nda İzmir delegesi topçu Fuad Usta getirmiş, güzelliğine hayran olduğu bu yürekli kadının İştirakiyun felsefesindeki cesaretinin ödülü olarak sırtına koymuştu.

Müyesser hızlı adımlarla Safinaz'ın evine yaklaştı. Kapının önündeki karaltıyı görünce durakladı. Üzerine çektiği örtüyü hırsla kaldırıp attı. Safinaz'ın yüzü kan içindeydi ve bu kan, sahipsiz masûmiyetin gözyaşlarıyla karışmış kıvamsız bir kızıl halinde bacaklarının arasına doğru akmıştı.

Müyesser asabiyetini avucunda tutan kadındı. İstifini bozmadı. Yanındakileri çağırdı. Sesi sertti:

– Götürün bu kızı! Hiddetimi görmesini istemem...

Sonra bu sert sesi kendisi için yumuşattı:

– Bazı kadınlar doğuştan bekâretsiz gelirler dünyaya... Ben öyleyim...

* * *

Celile Hanım tablosuna ruh veren zenginliğin izleyenler tarafından fark edilmeyişinden rahatsız oldu. Onca özen ve dikkat içinde yaratmaya çalıştığı uyum sıcaklığı hiçbir izleyicinin dikkatini çekmiyordu. Fransız empresyonistlerini izlenmesi gereken bir resim tanrısı gibi görmüştü. Pissarro'nun, Degas'nın, Van Gogh'un tablolarını değerlendirmiş ve kendisi için örnek alınabilecek, korkusuzca üzerinden geçilebilecek bir sanat köprüsü inşa etmişti. Göz okşayıcı bütün güzellikleri fark ediyor, bunları herkesin hiç tartışmadan beğeneceğine inandığı bir kalıp içinde sunmanın yollarını arıyordu. Tablonun ufuk çizgisi üzerindeki boşluğunu küçük bir ıspatulanın imkânlarıyla bir maharete dönüştürüyordu. Sabahın ilk ışıkları altındaki İstanbul ağaçları tabloya âdeta bir yangın gibi kıpkızıl yansımıştı. Peyzajların gerisinde kurşunî bir hüzün vardı. Bahçelerin özenli bölümlerinde eflatun leylaklar, aralarına serpiştirilmiş beyaz leylaklara nispet eder gibi dikleniyorlardı.

Sararmaya yüz tutmuş çalışma kâğıtlarının üzerine, gelişigüzel çizilmiş İstanbul manzaraları yanında, evin eşyasını yansıtan natürmortlar konmuştu. Beyaz kartonların üzerinde sevdiği insanların yüz hatları vardı. Bunlardan belki her birinden, belki de tümünden yepyeni bir tablo çıkabilirdi. Celile Hanım bu tespitlerinin bütünleşeceği gerçek tablo için sabırsız değildi. Mutlakta istediği fırsat kapısı açılacak ve kendisi bu tâlihli yoldan geçerek eskizlerini tablolara dönüştürecekti. Bazen, gül çardaklarının altında dantel ören besleme kızların sabrı, bazen, bahçeyi bürümüş yabanî bitkilerin karmaşığında kendi varlığının isyanlarını görüyordu. Meyve bahçelerini her gezişinde, elma ağaçlarının bereketli dallarını, ceviz ağaçlarının ulaşılmaz yüksekliğini, göz okşayan çiçek tarhlarını en yakın dostları gibi bağrına basıyordu. Gelişigüzel çakılmış bahçe çitleri, kumlu yollar, yabanî otlar, karaçalılar bu peyzajların en can alıcı öğeleri gibiydi.

Celile Hanım, Nâzım'ın portresi için ilk tespitlerini yapıyordu. Küçük şairin gözlerindeki o isyankâr sabırsızlık şimdi annesinin karşısında sâkin bir sahil çocuğu rahatlığına dönüşmüştü. Celile Hanım oğlunun gözlerindeki maviliğe hayran bir heyecanla renklerin cümbüşünü arıyordu.

– Biliyor musun küçük şair! Arılar Pissarro'ya uzun uzun poz verirlermiş.

Küçük şair güldü. Annesinin şefkat dolu sesiyle yeniden bir poz almak istermiş gibi gerindi. Derin nefes aldı ve bir iltifat cümlesi gibi o derin nefesini boşalttı:

– Sisley'in de, Monet'nin de, Duret'nin de kendilerine poz veren hayvanları, bitkileri vardı. Hatta mavi damlı evleriyle küçük Fransız köyleri bile Pissarro'ya modellik etmişlerdi.

Celile Hanım şaşırdı. Oğlunun yüzündeki gençlik duygusu, bakışlarındaki canlılık, sesindeki güven veren güç, gözlerinde buz mavisi bir hayranlığa dönüşmüştü. Küçük şair annesini şaşkınlık veren bir hayranlıkla izliyordu. Teni çiçek açmış elma ağaçları gibi pembe beyazdı. Annesinin sormasına izin vermeden cümlesini tamamladı:

– Biliyor musunuz, gözleriniz bereketli bir kestane ormanına benziyor. Elânın bu kadar yoğun ve korkusuz çeşidini düşünememiştim. Sizi daima heyecan ve hayranlıkla izliyorum...

Celile Hanım eskizlere devam etmekten vazgeçti. Küçük şaire yaklaştı. Parmaklarıyla çenesine dokundu. Yüzünü kaldırdı. Oğlu için "mavi gözlü, alev saçlı delikanlı" derdi. Tanımlamasının ne kadar isabetli olduğunu görmüş bir kere daha sevinmişti.

– Seninle gururluyum küçük şair...

Annesinin duygulu, heyecanlı sözlerini duymaktan mutluydu ama, bu sözlerin başkalarına da aynı içtenlikle söylenebileceği ihtimalinin kıskacında kıvranıyordu. Nâzım, oturduğu yerden hızla kalktı.

– Sanırım dinlenmeye ihtiyacınız var. Misafirleriniz gelecekmiş: hazırlanın.

* * *

Budakların Mehmed köyün ortasına kadar güçlükle gelebildi. Adım atacak gücü kalmamıştı. Bütün gece içmiş, birlikte olduğu mahallelinin iğneli sözleriyle gerilmişti. İçki sofralarının küçük latifelerle başlayan şakalaşmaları zamanla gerilmiş ve Budakların Mehmed'i arkadaşları arasında hazmı güç bir durumla karşı karşıya bırakmıştı. Şerefe kaldırılan kadehler küçük gülücüklerle Mehmed'i aşağılıyordu. Adnan Bey'i hedef alan konuşmalar, mutlaka bir vesileyle dönüp dolaştırılarak Budakların gözü pek çocuğu Mehmed'e bağlanıyordu:

– Adnan Enişte nikâhı kıyar mı bilmeyiz ama, Ayşe'nin hakkını verdiği belli...

Ayşe, Adnan Bey'in evinde orta hizmeti görüyor ve delişmen haliyle dikkat çekiyordu. Evde kimsenin olmadığı zamanlarda Adnan Bey'in sohbetleriyle mutluydu. Henüz on altı yaşındaydı. Tabiat cömert davranmış, Ayşe'yi bir kızın mutlu olacağı bütün nimetlerle donatmıştı. Gözlerdeki sâkin maviyi coşturan fırtınalar saçlarda bir harman sonu bereketi yaratır ve seyredenleri bir limanın dalgın sularında dinlendirirdi.

Adnan Bey bu limanın kumsallarında dolaşmış, sabah serinliğinin gönül coşturan heyecanlarına hasretli bir sevdâzede gibi sükûnet aramıştı.

Akşamın alacakaranlığı çökmüştü. Birden ses yükseldi:

– Adnan Bey! Adnan Bey!

Liman alabora oldu. Yüksek tonda yankılanan bir sarhoş sesi sahildeki bütün güzel duyguları alıp götürdü.

Adnan Bey verandaya çıkıp sesin sahibini sâkinleşmeye davet etmek istiyordu. Kapıya doğru giderken, Ayşe hızla önüne geçti:

– Çıkmayınız efendim!

Adnan Bey kapıyı açmış ve verandaya doğru birkaç adım atmıştı ki, Ayşe olanca hızıyla önüne geçti ve bir siyah çığlıkla çöktü.

Budakların Mehmed, Adnan Bey'in dışarı çıktığını sanarak tetiğe basmış ve küçük bir ışığın ucundan fırlayan kurşun Adnan Bey'i korumak isteyen Ayşe'nin sevdâlı küçük yüreğini paramparça etmişti.

Ayşe'nin çığlığı yoktu. Yeri göğü inleten bir canhıraş feryatla ortalığı velveleye de vermemişti. Adnan Bey'in kucağına çöktü. Elini tutup öptü:

– Başımın tâcı efendim; Çakırbeylim...

* * *

Celile Hanım, Yahya Kemal'in annesine olan hayranlığını, bazen şükran duygusu, bazen erişilmez sevdâ heyecanıyla yüklü bir aşk titreyişine benzetiyordu. Bütün cesaretini topladı:

– Bana Nakiye Hanım'ı anlatır mısın?

Yahya Kemal Bey, bir hafızanın doruklaşabileceği kudreti tek bir çerçeveye oturtup, renklerin, ışıkların ustası bu güzel kadına nasıl anlatacaktı? şık olduğu kadının yüz hatlarına anne sevgisinin portresini çizmek öyle sanıldığı kadar kolay mıydı?

– Biliyor musun Celile! Üç beş habis ve seviyesiz yobazın korkusuyla Nakiye Hanım fotoğraf çektirememiştir. Onun bir resmi, hayatımın en büyük yâdigârı olurdu. İslâm tesettürünün en acımasız uygulandığı bir muhitin terbiyesinde büyüdüğü için tek sûret bırakmadan göçüp gitti.

Celile Hanım, Cumhuriyet kadınının onurlu itikadında yelelenmiş aslan gibi başını Yahya Kemal Bey'in dizlerine koydu. Sonra ellerini tutup saçlarının kumral baharına bıraktı. Yahya Kemal Bey, bu zengin varlığın tellerini beş parmağının tarağından geçirirken bir hatıra hüznüyle yorgundu. Gözlerinde özlemin üç beş damla nemi kadar, iftiharın sevinçli pınarları bağdaş kurmuştu. Buğulu bir pencereden cesaretsiz baharın ilk ışıklarını seyreder gibi boşluğa baktı. Sanki annesinin isteyip de bir türlü çektiremediği o küçük fotoğraf gözlerinin önünde canlanıyordu.

Celile'nin çenesini tutup yüzünü kendine çevirdi. Burun ile alnının birleştiği yerde alışılmışın dışında bir düzlük vardı. Bu pürüzsüz manzara, kalın başlayıp göz çukurlarının üstünü kapladıkça incelen iki kaşla çevrilmişti. Kirpiklerinde tabiatın çizdiği koyu bir gölge vardı. Gözler gerçekten bir parsın gözlerini andıran elâyla parlıyordu. Burnu dümdüz aşağı iniyor, hiçbir çıkıntısı girintisi olmayan bir geometrik düzgünlük içinde dudaklarının üzerinde son buluyordu. Burun delikleri hafifçe kulakmemelerine doğru meyletmişti. Burun delikleri ile dudakları arasında çukur, bir güzellik vuslatını andırıyordu.

Yahya Kemal Bey annesinin yüz hatlarında da benzer özellikleri böyle huzurlu bir hayranlıkla seyrettiği günleri hatırlıyordu. Tek tek insanı büyüleyen şaşırtıcı güzelliklerin bir insan yüzünde böyle bir muhteşem terkibe dönüşmesini gururla seyrediyordu. Celile'nin yüz hatları her biri tek başına bir güzelliği doruklaştıran özelliklerle mükemmeldi. Bu hatlar yepyeni bir terkiple Celile'nin çehresinde muhteşem bir güzellik tarifi yaratmıştı.

Yahya Kemal Bey bir ara sustu. Acı hatıraların hislerini elinin tersiyle bir yana itmek istiyor; ancak beceremeyişinin telaşıyla titriyordu. Bir ömrün en keskin hüküm cümlesini verir gibi, bu portrenin son fırça darbesini vurdu:

– Annem veremdi... Babamın merhametsiz kalple yaptıklarına dayanması mümkün değildi. Çeyizlik eşyasını hamal sırtında bitpazarına yıktırıp, haraç mezat sattırdığı gün yatağa düştü. Akıbeti önceden fark etmek maharetini ve ıstırabını o gün fark ettim.

Yahya Kemal Bey, en sevdiği kadının geçmişteki ıstıraplı hatırasını şimdi en sevdiği kadına aktarırken derin bir ıstırap içinde olduğunu gizlemeye çalışıyordu. Gözlerinin akı daha da genişlemiş ve gözbebekleri bu beyaz boşluğun içinde âdeta yok denecek kadar küçülmüştü. Bu gözler eğer kapaklarını tek bir kere kırpacak olsa yaşlar kirpiklerinden boşanıp gür bir hicran yağmuru gibi yağacaktı. Celile Hanım üstelemek istemedi. Yahya Kemal ıstırabın sebebini tek cümlede özetledi:

– Nakiye Hanım veremdi... Annesini veremden kaybeden her insanın ıstırabı benim yüreğimi dağlar. Sanki aramızda bir ilâhî takdir hicranıyla onları kendime yakın hissederim.

Celile Hanım bu hatıraların giderek Yahya Kemal Bey'i rahatsız edecek seviyeye geldiğini gördü. Küçük bir merakla başlattığı Nakiye Hanım'ı tanıma arzusu, şimdi çocukluk günlerinin korkunç hesaplaşmasına dönüşmüştü. Bu hatıralarıyla Yahya Kemal Bey âdeta babasından, teyzelerinden ve büyükannesinden, Nakiye Hanım'a yaptıkları haksızlıkların hesabını sormaya başlıyordu. Çok uzun yıllar geçmiş olmasına rağmen bu derin ve ıstıraplı çizgilerin birden kalınlaşarak geleceğin alınyazıları gibi yer etmesine tahammülü yoktu.

Yahya Kemal Bey, Celile Hanım'ın zihninden geçenleri fark etti. O da bu acılı hatıraların yâdına veda etmek ve bir daha dönmemek arzusuyla Celile'ye yaklaştı. Gözlerinde hem arzulu bir kadının sevdâlı titreyişleri, hem de anne şefkatinin sarıp sarmalamak istediği evlat sevgisi vardı.

Celile Hanım, Yahya Kemal Bey'in tombul, küt parmaklı ellerini tuttu, ikisini bir araya getirdi. Eğilip bir şükran busesi koydu; sonra salonun ucundaki aralık kapının gölgelerine doğru yöneltti:

– Haydi! Olgunluğunun sevdâlı saltanatını sür...

Yahya Kemal güldü. Bu kez o Celile Hanım'ın ince parmaklı ellerini tuttu, ikisini bir araya getirdi. O da eğilip bir şükran busesi koydu:

– Biliyor musunuz Celile, hayatımın kaybolan ahengini şiirde bulacağımı biliyordum. Bulduğuma tam emin olduğum anda seni görmekten ayrıca mesudum. Aksi halde seninle başlayan bir şiirde âhenkten çok velvele bekleyebilirdim.

* * *

Adnan Bey, Alaybey'deki evlerinin bahçesinde oturmuş geçmiş günlerin tatlı acı hatıralarını dinlendiriyordu. Ayşe'nin vuruluşu ve gözlerinin önünde can verişini bir türlü aklından çıkaramıyordu. Aydın şimdi uzak bir hatıra gibi hafızasından silinip gitmek üzereydi. Bütün direnmesine rağmen hatıralar, bir kaplan çevikliğiyle zihninde dolaşmakta, en sıcağından en tatlısına, en soğuğundan en acısına kadar bütün yaşananları bir dönme dolap gibi çevirmekteydi.

Aydın'a döndükleri ilk gece Kâhya Memişoğlu'nun yüzlerine hayretle bakışı dimağında öylesine yer etmişti ki hiçbir hatıra onu silip atacak kadar güçlenememişti. Ethem ile Adnan'ı yan yana getirmiş, sonra biraz garip kaçan bir tavırla aralarına girmiş ve Ethem'e sırtını dönerek Adnan'a kabadayılığını hissettiren yüksek tonlu bir "hoş geldin" demişti. Memişoğlu Mehmed kâhyalığı Budaklı Osman'dan alırken sadece bir çiftliğin yönetimini değil, ağa olmanın ahlâkındaki bütün değerlerin ve cesaretlerin hesabını sorma hakkını da almıştı. Şimdi bu hakkı ilk uygulayacağı ağa karşısındaydı. Ağa dediği cılız bir delikanlıydı. Nefesindeki titreyiş hissediliyordu. Nârindi, inceydi; belli ki incehastalık geçirmiş bir ailenin özenle büyütülmüş evladıydı. Biraz örselense sönüverecekmiş gibi nahif görüntüsüyle hüzün yaratıyordu.

Memişoğlu Mehmed, görmüş geçirmiş bir tavrın erbabıydı. Ağalığın edebini yakından görmüş, benimsemiş ve hakkını vermişti. Biraz üzerine gidilince "Ben ağalığı Çakır Ali'den öğrendim" deyip böbürlenirdi. Kurnazdı. Babacan tavırlarının gerisinde, gözlerini dikkatle karşısındakinin üzerinde tutar, bir tür baskı kurduğunun lezzetini tadınca babacan tavırlarla gönül almaya başlardı. Hesabını bilen, çıkarının geldiği kapıyı açık tutan iştahlı bir bekleyişi vardı. Yirmi yıldan beri Çakırbeyli Çiftliği Memişoğlu Mehmed'den soruluyordu. Kâtipzâde İbrahim Ethem Efendi öldükten sonra Fıtnat Hanım, çiftliği Memişoğlu'na emanet ederken gözünü korkutmayı da ihmal etmemişti:

– Hakkını korursun bilirim; gözün açıktır. Biraz da tamahın vardır; ama, Adnan'ın hakkını korumayı sakın ihmal etme.

Çakırbeyli yirmi yıldır ağasızdı. Yirmi yıl içinde çiftliği Memişoğlu keyfine göre yönetmiş; ama Fıtnat Hanım'ın vasiyetini hiç aklından çıkarmamıştı. Adnan'ı ağalık keyfini birlikte süreceği bir dostu, bir evladı gibi beklediği görülürdü. Kâtipzâde İbrahim Ethem Efendi, sâkin, hatta nârin yapılıydı. Okumuşluğu yazmışlığı iyiydi ama, ağa olacak hiddette adam değildi. Tireli Ali Paşa'nın çiftliğe geldiği günleri hatırlıyordu. Kâhya Çakır Ali'nin yanında büyümüştü. Tireli'yi görünce içinde bir heyecan kabarmış, böyle bir ağaya yakın olmanın heyecanını hissetmiş, fakat bu duygunun farkına varılmasından korkmuştu.

Adnan Bey'i biraz nârin biri gibi görmüş, hayallerinin yıkıldığı endişesiyle eziklik hissine kapılmıştı. Memişoğlu ağlamaklı bir sesle kendi vicdanında hayalleriyle gerçeklerini mukayese etmiş ve sorumluluk duygusunun ağır basacağı hissiyle vardığı sonucu kendine saklamıştı. "Bu zayıf çocuktan nasıl ağa olur ki ?.." diye hayıflanıyordu.

Geçirdiği son hastalık Adnan Bey'i çok hırpalamıştı. Henüz yirmisine varmış bir delikanlıydı ama kilo kaybetmiş ve ince uzun bir söğüt dalına dönmüştü. Kırk kilo ya vardı, ya yoktu... Ne yapacağını şaşırmış, ellerini ovuşturarak odanın ortasında bir destek aramanın telaşıyla sallanır hale gelmişti. Nasıl oturulup kalkılacağını bile bilmiyordu. Yağmurlu bir ikindi vakti dallarda kıvranan ıslak ve ürkek serçelerin heyecan ve sabırsızlığı içindeydi.

Ağanın çiftliğe gelişiyle birlikte köylüler de huzursuz olmuştu. Yıllardır kimsenin hesabını sormadıkları bir rahatlık içinde ekip biçiyor ve kazanıyorlardı. Tireli Ali Paşa'nın kızı Tevhide'ye bıraktığı toprakları işlemek bir süre sonra köylülerde bu toprakların kendi malları olduğu hissini uyandırmış ve bu his yıllar içinde pekişmişti. Şimdi yıllar sonra bir genç gelip bu toprakların kendisine ait olduğunu söyleyip kurulu düzeni bozacak görünüyordu. Köylü bu endişeyi açıkça dillendirmemişti ama, içten içe bu muhasebede kendi servetini koruyacak gücü kazanmış ve fitne kazanını kaynatmıştı. Köylü akşamları kahvede toplanıp Çakırbeyli'nin güzelim ovalarına, bağlarına bahçelerine bakıp hayıflanıyordu. İçlerinde en cesuru düşündüklerini dillendirdi:

– Ne yani, bu çitleri o mu dikti? Bu ağaçlara o mu su verdi? Bu bağları o mu belledi? Bunlar bizim alnımızın terleri...

Memişoğlu kararsızdı. Eğer Adnan Bey'de ağalık istidadı görürse, Tireli Ali Paşa'nın haklarına sahip çıkacak ve Adnan Bey'den yana tavır koyacaktı. İşte o zaman kâhyalığın ne demek olduğunu hem bu çelimsiz delikanlıya, hem de el âlemin malına göz dikip kafa tutmaya kalkan köylüye gösterecekti. Memişoğlu Mehmed güldü, "her ikisinin de hadlerinin bildirilmeye ihtiyacı var anlaşılan"...

Adnan Bey kendisiyle görüşmek isteyen köylüleri evin büyük salonunda kabul etmeyi düşünmüş, gerekli hazırlığın yapılmasını istemişti. Memişoğlu Mehmed şaşırdı. Sesini biraz sertleştirmek istedi:

– İcat çıkarmayın ağam! Köylü milletinin ağa evinde oturduğu nerede görülmüştür? Köy odasını hazırlattım. Babanız rahmetli nedense hiç oturmadı. Dedeniz Ali Paşa her geldiğinde köylüsünü orada azarlardı.

"Azarlamak" sözü Adnan Bey'i rahatsız etti. Bu hiddetli hatırlatmanın biraz da ağanın kendi gözünü korkutma hesabına dayandığı belli oluyordu. Adnan Bey üstelemedi.

Memişoğlu üstelemeye devam etti:

– Ağa suç işlemiş gibi oturmaz. Sünepeden ders alacak köylü yoktur. Gözlerini korkutacaksın... Gece karısının koynunda rahat uyuyan köylüden ağasına hayır gelmez. Korku yüreklerinde olmalı...

Konağın bütün duvarlarını seyretti. Hepsinde bir hatıra canlanır gibi sevinçli ve biraz da meraklıydı. Geçmişi yâd eden tavrındaki sayfa hemen fark ediliyordu:

– Ben bu konakta bir dakika dahi oturmadım. Oturmak ne demek, bağdaş bile kurmadım. Köylü kısmı nasıl olur da gelip bu konakta oturup sizinle ahkâm tartışır, âdâp tartışır; görülmüş şey midir bu?

Adnan Bey'e yanaştı. Sesini biraz daha gürleştirmek istediği belli oluyordu. Ethem Bey'i hiç adam yerine koymuyor ve çiftliğin hesabının sorulacağı tek adamın kendisi olduğunu bu sâkin tabiatlı, kendinden emin adama da öğretmek istiyordu.

– Duvarlara mavzerleri dizdirdim. Çifteler boy boy asıldı duvarlara. Tam ortalarına Ali Paşa'nın Tire'den gönderdiği mushafı astım. Önüne masa koydurdum. Sonra dedenin oturduğu koltuğu koydum arkasına...

Adnan Bey'e tam yaklaştı. Sırtını Ethem Bey'e döndü ve sesinin en üst perdesinde gürledi:

– Sen o koltuğa oturacaksın. Silahını belinden çıkarıp masanın üzerine koyacaksın. Namlu, tam karşında oturanı hedef alacak... Bu köyde herkes tetiğin çabuk düştüğünü bilir.

Geriye döndü, kapıya doğru yürüdü. Tam salonun ortasına gelince hızla döndü. Elindeki kamçıyı çizmesinde olanca hızıyla şaklattı. Bu hiddetli ses salonun duvarlarında yankılandı. Sözlerini tamamlamış olduğunu hissettiren bu hareketin sonunda görevini yerine getirmiş olmanın huzuruyla çıkıp gitmek istiyordu. İlk adımını attığı anda konağın duvarları âdeta titredi. İnsanları şaşkına çeviren bir hiddet yankılandı.

Adnan Bey ayağa kalkmış ve gücünün son haddinde bu diklenme meraklısı kâhyaya haddini bildirmişti:

– Memişoğlu! Bir daha huzurumda kırbacını çizmende şaklatırsan bil ki, ağalığın edebini sana çok ağır ödetirim...

Sonra yavaşça yerine oturdu. Sesini hafifletti:

– Şimdi söyle köylüye, yarın cumadan sonra köy odasına gelsinler...

* * *

Küreklerin âheste çekildiği bir mehtap akşamıydı. Hayâle dalan suyun gümüşî sükûneti nâdir görülen bir huzurun hazlarıyla doluydu. Baharın göğsünde, uykuya dalmış âlemin uyanacağı endişesi vardı. Yahya Kemal Bey, bir ömrü tamamlayacak bütün hazları bir yana bırakıp bu ilâhî manzaranın devam etmesini istedi. Çubuklu sahillerinde, ürkek birkaç Müslüman evinin sönük ışıkları denizin sessizliğine uzanmış ürkek mum alevleriyle titreşiyordu.

Yahya Kemal Bey, "Çubuklu Gazeli"nin her mısraında bir başka lezzetin vaat ettiği ihtişamı yaşamış, sonra âşıkâne bir tevekkülle kendini sabrın kollarına atmıştı. Her şeyin bir gün bu güzel kadının dünyasında doruklaşacağına ve arzuladığı vuslatın tadına varacağını hissetmişti. Şimdi yıllardır beklenen bu haz dolu kavuşma önündeydi; kapıyı aralayıp girmesi yeterli olacaktı. Celile'nin gözlerindeki dâvetkâr sessizlik, uzun süredir hayal ettiği vuslatın lezzetini müjdeliyordu. Böyle bir güzelliği yıllar yılı arzulamış olmasından dolayı heyecanlıydı. Duygularını vicdanında yüceltiyor, sonra sâkin bir kasîde beyti gibi hayranlık duyduğu kadının takdirlerine sunuyordu. Bu bir iftihar çığlığıydı. "Göztepe Gazeli"nin mısraları bir sebil serinliği gibi dudaklarından döküldü:

Varsın hurûşi kahrına had bilmesin felek
Yoktur hudûdu bizdeki sabr ü tahammülün...

Akşamın alacakaranlığıydı. Meşin bir berjer koltuğa oturmuş bir yandan kendisine ikram edilen kahveyi yudumluyor, öte yandan Celile Hanım'ın uzattığı küçük defteri okuyordu. Bronz abajurun sızdığı ışık altında saçlar altın sarısına dönüşmüş bir küreye benziyordu. Kendisinin Celile için söylediği zor zamanlı akşam güneşi, şimdi kendisinin keskin bakışlı manzaralarını simgelemekteydi. Gözleri keskin, bakışları haşindi. Işıkların, renklerin aralarına saklanmış bir gizli gücü bulup çıkarmaya meraklı ve kararlıydı. Bu karar vazgeçilmez ısrara dönüşmüştü. Bir yeni musiki duymakta olduğunu fark etti. Bu yeni musikinin seslerindeki yabancılığı hazmetmeye çalışıyordu.

Celile Hanım yanına yaklaştı. Abajur ışıkları önüne bir eflatun perde çekilmiş gibi Yahya Kemal Bey'in altın sarısı saçları koyulaştı. Olgun ve sabırlı bir şefkatin çizgilerine dönüştü. Celile Hanım'ın eflatun gölgesi giderek büyümüş ve odanın içindeki bütün eşyayı esir almıştı. Kimsenin kıpırdamaya ne niyeti, ne gücü vardı. Yahya Kemal Bey sık sık tadına varmak istediği bu zevkli esaretin pençesinde olmasına rağmen bu gece değişik duygularla donanmış gibi sert ve kararlı bir tavır içindeydi. Celile Hanım, avucunda tuttuğu erkeğin her düşüncede, her duyguda bencilleşen niteliklerinin böylesine sıyrılmış manzarasını hiç görmemişti. Yahya Kemal Bey bu akşam bir başkaydı. Celile Hanım bu manzaraya dokunmaktan ürkmüş, ancak oğlunun şiirlerine olan duyarlılığı ile Yahya Kemal Bey'in takdir adâletini karşılaştırmak istemişti.

– Beğendiniz mi?

Yahya Kemal Bey soruyu bekliyormuş gibi hazırlıklı ve rahattı. Aynı kararlılıkla cevapladı:

– Bir tâne de sen oku...

Yahya Kemal Bey eflâtun gölgenin üzerinden kalktığını ve yeniden altın sarısı saç demetinin ışıklarına kavuştuğunu fark etti. Artık bu odayı aydınlatacak kaynağın kendisi olduğunu anlamıştı. Bunun dışındaki ihtimalleri söküp karanlığın içine attı. Şimdi önünde iki şey vardı: ışık ve gölge...

Yahya Kemal Bey için ışık bir hâl değil, bir karakterdi... Sanki yeniden bir gazel beyti tanzim eder gibi, kavramın niteliklerini farklılaştıran bütün kelimeleri göz önüne getirdi. Ziya, nur, şavk, parıltı...

Hepsinin özünde bir gerçek vardı; o gerçek, çevresindeki sıcaklığın kaynağıydı. Duygulu bir insanın sahip olduğu bütün hararet, bir ruh akkoru gibi yoğunlaşıp sevginin ışığına dönüşüyordu. Bu ışık mutluluk, sevinç, biraz da dişi bir şeytanlık gibi sevdiği kadının gözlerindeki parıltıya haz veriyordu. Bu aydınlıkta insanın bencil duygularının lezzeti kadar çevreyi aydınlatan duygu ve düşünce zenginliğinin onurlu kılavuzluğu vardı. Bu sabırsız kılavuz, bazen bir erkeğin dünyasında sihir taşıyan bir değnek, bazen ebediyetin yolunu gösterecek kadar iddialı ve dâvetkâr meşale oluyordu. Yahya Kemal Bey, ışığın iki etkisinden de memnundu. Birden ürktü: bu ışığın sevimsiz bir müdahaleyle gölgeye dönüşebileceğinin endişesini hissetti. Saydam olmayan bütün engellerin bir araya gelip bu mükemmel eflatun manzaranın yarattığı sıcak turuncuları, sâkin mavileri, sabırlı yeşilleri, kaltak sarıları, kahırlı siyahları, berrak beyazları yok edeceği korkusuna kapıldı. Işığın hücrelerine sarıldı. Gölgede kalmaya tahammülü yoktu. İçinde bulunduğu şartlara hâkim olmak istedi. Zamanı kaybetmeye dayanamazdı. Teklifine yeni bir hüviyet kazandırarak tekrarladı:

– Uzunca bir şiir seç: sen ve şiir muhteşem bir lezzet terkibi oluyorsunuz...

Celile Hanım yavaşça Yahya Kemal Bey'e yaklaştı. Koltuğun kolluğuna oturdu. Artık Yahya Kemal Bey'in dünyasında ışık ve gölge karşıtlığının umut ya da endişe veren ihtimalleri yok olmuştu. Boşluk bütünüyle bir Celile ihtişâmıyla doldu. Mısralar sanki kulaklarına değil, gözbebeklerine, teninin derinliklerine, hayal ve hakikat dünyasının hücrelerine işliyordu. Yahya Kemal Bey, Celile Hanım'ın seslendirdiği Nâzım'ın yeni şiirlerini dikkatle dinliyordu. Bir zamanlar hece vezninin hâkim disiplininde kelimeleri âdeta, avucunun içinde lüleci hamuru gibi yoğuran delikanlı şair, şimdi duygularının başkaldıran heyecanlarını özgür dizelerle seslendiriyordu...

Nâzım'ı uzun süredir gözlüyor, tavırlarından, sözlerinden, düşüncelerinden ve bir türlü etkisinden kurtulamadığı kıskançlıktan bir delikanlı sureti çıkarmak için zorlanıyordu. Neredeyse bir yılı bulan bu biraz sinsi, biraz kurnaz, biraz da cömert ilişkinin hüküm cümlesini özetledi. Turuncu ışıklar ve eflâtun gölge karşı karşıyaydı. Yahya Kemal Bey ışığı seçti; gölgeye döndü:

– Bu çocuğun şairliğine hayran olmamak elde değil. Hepimiz hafızamızdan mısralar, beyitler okuyoruz. Unutmayınız, bizim şiir terbiyemizde zengin ve güçlü bir hafızanın izleri vardır ve aranmıştır. Halbuki, Nâzım'a bakıyorum, böyle zengin ve güçlü bir hafızaya metelik vermeyen engin bir hayal gücü görüyorum. Bizim divân mazmunlarından medet arayan telâşımız yok; o üç kelimeyle bir koca kasîde mânâsını hülasa edebiliyor.

Bu teşhisini Celile Hanım'a söylerken amaçlı bir iltifatın karşı lezzetini bekleyen sabırsızlığı da hissediliyordu. Celile Hanım işin farkındaydı. Bir küçük sitemle şairin kurnazlığını yakalamak istedi:

– Değerli şairim takdirinizi bile bir kedinin gırtlağını sıkar gibi söylüyorsunuz... Sesinizde iltifata azar katan hoyratlık var...

Yahya Kemal Bey böyle karşı çıkmalara alışık değildi. Her sözünde daima bir keramet aranmış tarikat şeyhi gibi iltifatlı tasdikler beklerken, bırakınız terslenmeyi, yadırganmayacak bir sitem bile seviyesiz azarlanma gibi derin ve acı etkiler bırakmıştı. Yahya Kemal Bey'in ışığı kaybolmuş, mor gölge odayı zifirî bir karanlığa dönüştürmüştü.

Celile Hanım iki erkeği de yakından tanımanın avantajlarını kullanıp bir uzlaşma ortamı yaratmak istiyordu; ama Yahya Kemal Bey'in giderek asabileşmeye başlayan tavrını sâkinleştirirken, Nâzım'ın haklarını ziyan etmeye de gönlü râzı değildi. Yahya Kemal Bey birkaç saniye önceki sitemin etkisinden henüz kendini kurtaramamışken Celile Hanım kulağına fısıldadı:

– Değerli şairim! Biliniz ki, "Çubuklu Gazeli"niz nasıl ruhumun dehlizlerinde yankılanıyorsa, şu okuduğunuz şiiriyle Nâzım da sizin açtığınız o dehlizlerin duvarlarına bir Byron, bir Lamartine portresinin delikanlılığını çiziyor.

Yahya Kemal Bey'in ruhunda her yer hâlâ tenhâydı. Odanın her köşesi ışıksızlığın sıkıntısında öfkeli, fakat çâresizdi. Mor gölge giderek biçim değiştiriyor ve sanki Yahya Kemal Bey'in bütün ışıklarını emen bir habis hücre gibi ışığa dönüşüyordu.

Evet! Artık ışık, Celile'ydi...

Celile Hanım kendi sözleriyle kendisini büyülemişti. Yıllar önce Mehmed Nâzım Paşa'nın konağında geçirdiği ilk hamilelik günlerinin hatırasıyla canlandı.

Nâzım Paşa Konağı'nın selamlığına bitişik oda bu tâze gelinin resim çalışmaları için yeniden düzenlenmişti. Bahçeye bakan oda boydan boya ışık içindeydi. Kapı açıldığında konağın hareminden, selamlığından sıkılanlar, sanki zincirleri boşalmış dârüşşifâ mecnunları gibi, tabiatın şefkat ve merhametine kavuşuyorlardı. Bahçe onları hemen kucaklamaya ve fırsatların bütün zenginliğini sunmaya hazırdı. Odanın geniş cephesi, tavandan tabana kadar iri pencerelerle donatılmış bir ışık cennetini andırıyordu. Konağın bahçesine özenle dikilmiş menekşeler, camgüzelleri, şebboylar, lâleler, sümbüller ve hele o iri güller, bu ışık cümbüşüne her mevsim bir başka peyzaj hazzı veriyordu. Baygın kokulu iğde ağaçları ve bahçe duvarında tırmanan sarmaşıklar bu cümbüşün gümüşî çerçevesini örmüştü.

Celile Hanım, henüz evlendiği günlerde bile gelin geldiği aileden ilgi görmemişti. Kocasının âdeta korkudan titrediği babası Mehmed Nâzım Paşa'nın, Celile'ye nasıl davranacağı endişesi yeni evlileri korkuya sevk etmişti. Hikmet Bey, babasının takınacağı tavırlar konusunda genç karısını önceden uyarmayı düşünmüş, aklınca tedbir almak isterken bir endişeli bekleyiş gerginliği yaratmıştı. Yalıya geldikleri akşam Mehmed Nâzım Paşa sûretâ elini öptürmüş, bir hatır sormak ihtiyacı duymadan, bir ömür boyu süreceği anlaşılan mesafenin sınırını belirlemişti.

– Hamilesiniz, istirahata ihtiyacınız var. Dinlenin... Kocanızın Selânik'e tayinini bugün imzalattım. Bir an önce yola çıkınız; sonra hamilelikte zor olur...

Celile Hanım böyle bir lisana alışık değildi. Mehmed Nâzım Paşa'nın neden sertleştiğini anlamamış, ama bu kabadayı Osmanlı valisini mutlaka yola getirmesi gerektiğini ilk görüşmede kavramıştı. Mehmed Nâzım Paşa'nın uygun lisanla gelin haşlamasına karşılık, Celile Hanım bir münasip zamanda karşı tavır içinde şahsiyetinin korunmasını sağlayacak ve kendisine gösterilmesi gerekli hürmeti mutlaka hatırlatacaktı. Ciddi bir aile terbiyesi içinde büyütülmüş olması, bu hatırlatma hiddetini belki nezaket tavrına dönüştürebilirdi; ama hiç kuşku yok ki muhtevası, babası Enver Paşa'nın ısrarla öğrettiği kesin lisan şiddetiyle yüklü olacaktı. Annesi Leyla Hanım, genç bir Osmanlı kızının şahsiyetini korumak noktasında ne kadar hassas davranması gerektiğini daha çocukluğunda öğretmişti. Kadının bir tevekkül içinde haremde âdeta hapis hayatı yaşaması istenirken Enver Paşa, kızı Celile'nin dik başlı ve küstah bir kadın şımarıklılığı içinde değil, ancak haklarını savunacak cesaret ve iddiada yetişmesi için çok dikkatli davranmıştı. Celile, bu terbiyenin kazandırdığı güçlü savunma duygusuyla zamanını beklemeye hem hazırlıklı, hem arzuluydu. Bu iddialı Osmanlı güzelinin terbiyesinde Alman ırkının inatçılığı kadar, Polonya saraylarının muhafaza taburlarındaki sabır ciddiyeti vardı.

Celile'nin baştan başa ışık kesildiği anda Yahya Kemal Bey, gölgesinde kaldığı kadının bütün ıstıraplarını bir çığlık gibi feryada dönüştürmeye hazırlandığını fark etti. Bu manzarayı kuşkuyla izledi. Delikanlı Nâzım'ın mısraları annesinin dilinde bir alev sıcaklığıyla dökülmüş ve Yahya Kemal Bey'i heyecana sevk etmişti. Birden tereddüt geçirdi; acaba Celile, kendi şiirlerini de tıpkı oğlunun şiirleri gibi böylesine duygulu bir dünyanın ufuklarında dolaştırıp, bir sevgi limanına götürecek içtenlikle mi okuyordu? Kıskançlığın ateşini boğazında hisseti. Söylemek istedikleri bir türlü yol bulup sese dönüşemiyordu. Sonunda patladı:

– Bu hayranlık eğer bir iptilaya dönüşürse Celile bil ki, Nâzım'ın şairliği senin şefkatli iltifatınla şahsiyet kazanamaz... Ben buna takdir değil, tezyif gözüyle bakarım. Bir şairi, varlığında tüketecek en büyük tehlike, sevdiği insanların haksız ve ölçüsüz iltifatlarıdır.

Celile alacakaranlığın verdiği samimi sohbetin ölçüsünde bir tereddüt geçirdi. İkisi de istenmeyen bir mecrâda birbirlerini yoracak kadar gerginleşmişlerdi. Zevkin hızla kırgınlığa dönüşeceği ihtimâli bütün yönleriyle ortadaydı. Yahya Kemal Bey'den böyle manzaraları sükûnete götürecek olgunluk ve müsamaha beklenemezdi. Celile işin sorumlusu gibi görünerek durumu hafifletmek istedi. Yahya Kemal Bey'in koluna girerek salona yönlendirdi. Şöhretli İstanbul şairinin genç bir şiir heveslisini böylesine iltifat ve kıskançlık çıkmazında değerlendireceğine ihtimal vermemişti. Şimdiye kadar endişe etmediği hususlar gerçekleşmesi muhtemel olaylar gibi önüne çıkıyordu.

Birlikte salona geçtiler. Hikmet Bey bu seviyeli ilişkiden kuşkulanmış ve asabileşmişti. Bu asabiyetin bir yanlışlığa neden olmaması için Yahya Kemal Bey'in bu saatten sonra evde kalmaması uygun olurdu. Celile bunu söyleyebilecek cesaretteydi:

– Değerli şairim! Beni nasıl mesut ettiğinizi anlatamam. Sevginizi yakından görmekle onurluyum. Varlığından gurur duyduğum oğluma bir hoca şefkatiyle yaklaşmanız size tutkunluğumun ne kadar haklı sebeplere dayandığını bir kere daha gösterdi.

Başını Yahya Kemal Bey'in omzuna koydu; gözlerini yumdu. Ölçüyü kaçırmanın telaşıyla irkildi; Yahya Kemal Bey'in tam karşısına geçerek cepheden hücuma geçmiş kumandan edasıyla sevgili şairine baktı. Bakışlarında parsın elâ gözleri hırçınlaşıyordu. Bu gözlerde şimdi, ateşle suyun ilk temasındaki cızırtılı buhar vardı. Kirpiklerini örtse, bu buhar buz gibi bir zeminde yağmur gibi düşebilirdi. Gücünü gözden geçirdi ve ağlamasına fırsat vermeyecek ciddiyeti yeniden kazanarak Yahya Kemal Bey'i yüreklendirdi:

– Bu gece beni ihya ettiniz değerli şairim!

Yahya Kemal Bey, bir gazel beyti tanzim eder gibi mutluydu. Sonsuzluğun lezzetlerini hissettiren duygular içindeydi. Yavaşça eğilip Celile'nin sedef alnına bir küçük öpücük kondurdu. Divân şiirinin mısralarını, beyitlerini, kıtalarını ezbere bilen dev şair, nâdir yaşanan bu sevgi ânını doruklaştıracak kelime bulmakta zorluk çekiyordu. Biraz evvel Celile'den dinlediği mısraların etkisiyle duygulanıp, sevdiği kadının hisleriyle bütünleşiyordu. Bunu bir lezzetin kutsallaştırılması kadar güzel buluyordu. Nâzım'ın mısraını sanki kendi yazmış gibi gururlu bir sesle okudu:

Sevenlerin alnını ölüm eğmez...

Celile neredeyse teslim olacaktı. Kendini toparlamak amacıyla oğlunun mısralarındaki limana sığındı. Sesi titriyordu. Biraz evvel okuduğu şiirin rengiyle aydınlandı. Ölüm artık bir korku olmaktan çıkmış, beklenen bir akıbet heyecanına dönüşmüştü. Ömrünün küllenmiş hicrânlarını dillendirdi:

Fânilerin gezdiği yorgun sâhillere in;
Ve de ki: Sevenlerin alnını ölüm eğmez.
Atılın dalgalara beklerken sizi adem;
Elli yıllık ömrümüz hicrâna bile değmez...

* * *

Adnan Bey, konağın balkonundan Çakırbeyli'yi seyrediyordu. Gecenin karanlığında bir karartının yaklaştığını gördü. Kendinden emin adımlarla geliyordu. Art niyetli birinin gecenin bu saatinde böyle emin tavırlı adımlarla yürümesi düşünülemezdi. Kim olduğunu çıkaramadı. Biraz daha yaklaşmasını bekledi. Yine kim olduğunu anlamayınca sesini yükseltti:

– Kimsin sen?

Ses tanıdık geldi. Memişoğlu gecenin yarasında eve yaklaşıyordu. Adnan Bey önce tereddüt etti. Sabahki sert çıkışının Memişoğlu'nu yola getirdiğini görmüştü. Böyle bir asabiyetle eve gelebileceği ihtimalini hiç aklından geçirmedi. Bir işi kıvamında bırakmak kimsede kırgınlık yaratmazdı. Aşağı indi ve kapıyı kendisi açtı. Işığı yaktı.

– Gel kâhya! İçeri gir.

Kâhya içeri girince eğildi, öpmek için Adnan Bey'in ellerine sarıldı. Adnan Bey olanca hızıyla geri çekince Memişoğlu bir kere daha sarıldı.

– Büyüklük gösterip öptürmüyorsun. Evinde bu âlicenaplığı anlarım; köylünün yanında sakın bunu bana yapma... Gücümü küçültürsün; bırak öpeyim...

Memişoğlu'nun yüzüne baktı. Gözleri nemliydi. Böyle küçük şeylerden duygulanan birinden bu kadar sert tabiatlı bir çiftlik kâhyasının nasıl çıktığına hayret etti:

– Sen benden de nahifsin be kâhya!..

Memişoğlu araya mesafe koydu. Geri geri kapıya doğru yürüdü. Yeteri kadar saygı mesafesi kazandığına kanaat getirince gelişindeki sebebi açıkladı. Sesi gerçekten mağlup ve ağlamaklıydı:

– Yunan İzmir'i işgal etmiş... Hasan Tahsin'i vurmuşlar...

Adnan Bey daldığı sıkıntılı hatıralardan kendini kurtarıp balkona çıktı. Yolun köşesini dönünce, Berin'in evini görecekti. Çocukluk günlerinin bütün sıcak ve heyecanlı hayallerinde hep Berin vardı. Saçını çektiği, sonra hüzünlenip arkasından koşarak özür dilediği Berin...

Bazı günler evlerinin bahçe duvarına oturur, içerden gelen acemi piyano seslerini dinlerdi. Berin yakışıklı bir İtalyan'dan piyano dersleri almaktaydı ve uzayıp giden çalışma saatleri Adnan'ın genç ve kıpırtılı yüreğinde nice kıskançlık fırtınaları estirirdi.

Bahçeden çıkıp Berinlerin evine doğru yürüdü. İşgal altında İzmir bir cehennemdi...

Berin'in evine gelince durdu. Daha ileri gedemedi. Budakların Mehmed'in kurşunuyla al kanlar içinde kucağına düşen Ayşe gözlerinin önüne geldi. "Başımın tâcı efendim" diyen sesindeki titreyişle duruldu. Kendi kendini bir vicdan muhasebesinden geçirdi. "Şimdi sırası değil" deyip yürüdü gitti...

Beşinci bölüm

Her gün daha dalgın görürdüm onu
Bu ıssız beldenin sokaklarında
En acı gülüşün sezdim yolunu
İri gözlerinin nemli akında

Bir gün bakmıştım da gittiği yere
Kimdir diye sordum ben geçenlere
Dediler bu şair küskündür şehre
Mersiye dolaşır dudaklarında...

Nâzım Hikmet
"Şair - Yahya Kemal", 1919

Bu hazin yolcuların en küçüğü
Bir zaman baktı o vîran kuyuya.
Ve neden sonra gümüş bir yüzüğü
Parmağından sıyırıp attı suya.

Yahya Kemal
"Mehlika Sultan",
Kendi Gök Kubbemiz

Yahya Kemal Bey'in Paris hatıralarını dinlemeye meraklananlar çevresini sarmışlardı. Sayıları giderek artıyordu. Büyük bölümü, üstadın şöhreti nedeniyle etrafında bulunmak isteyenlerdi. Bu istek, İstanbul'da itibarlı muhitlere girip çıkanlar arasında yer almak arzusuydu. Kadınlı erkekli geniş bir kitle, anlatılanları büyük dikkatle izleyen insanlar izlenimi veriyordu. Yahya Kemal Bey, çevresindekilerin pek azının gerçek anlamda Paris hatıratı merakında olduğunun farkındaydı. Bir bölümü, şairin olgunlaşmasını sağlayan edebî muhiti tanımak değil, işin şöhretinde olmak arzusuyla gelmişti. Yahya Kemal Bey hatıralarını işte bu kadronun beklentileri doğrultusunda seçiyor ve aktarırken ne kendi zevkine, ne de dinleyenlerin merakına fazla önem veriyordu. Önem verdiği tek varlık Celile'ydi. Onun ilgisini çekecek şeyler söylemek noktasına gelince hatıraların derinliğinden sıyrılıp, günün gerçeğinde bir Celile portresi çizmeye hevesleniyordu. Kelimeler birer renk, ışık, gölge heveskârlığına bürünüp usta maharetiyle hasretli heyecanlar yaratıyordu. Her renk, her ışık, her gölge âdeta bir fırçaydı... Tuvale her dokunuşunda yeni bir Celile portresi çizen kelimeler, teşbihlerle, istiarelerle coşan bir edebî hüviyet kazanmaktaydı. Celile'nin bulunduğu vakitlerde hatıralarını sırf Celile'nin kendisini daha iyi tanımasına imkân verecek olaylar etrafında yoğunlaştırıyordu:

– Paris'e kaçtığımda delikanlıydım. Ne şehrin büyüsü beni etkilemiş, ne de muhteşem denilen bohem dünyasının çekiciliği değer kazanmıştı. Paris'i seviyordum ve hatırını kırmamaya itina ediyordum.

Celile Hanım, son cümleyi çok sevmişti. Bir kentin hatırını kır-

tı. Alatini Köşkü'nün bahçe duvarlarına oturup bir süre geleni geçeni seyrettikten sonra karşı parkın kestane ve iğde ağaçlarının arasındaki kızıl topraklı patikalarında Nâzım'ı gezdirirdi. Özenle düzenlenmiş bu cennet bahçenin ağaçlarında bahar sabahları insanı ilk nefeste büyüleyen baygın bir iğde kokusu duyulurdu. Bir kentin hatırını saymanın değerli bir dostluk tavrı gibi cesaret ve sabır gerektirdiğini o günlerde fark etmiş, fakat bu kadar güzel bir tanımlama getirememişti. Yıllardır aradığı deyimi bulmanın mutluluğuyla hayran olduğu şairi dinliyordu. Yahya Kemal Bey Celile'nin gözlerinde kendisini sevindiren bir heyecan olduğunu gördü. Hatıralarına kaldığı yerden başladı:

– Vapurda tanıştığım Etyen, çat pat Türkçe konuşabilen sevimli bir Ermeni'ydi; Eyfel Kulesi'ne gitmemizi istemişti. Eyfel'e çıkarsam, bu şehri sonuna kadar kendime soğuk fakat katlanması zorunlu, şımarık bir amcazade gibi görecektim. İçimdeki hisler böyle gelişiyordu. Yanılmamışım... Eyfel'in üst katındaki lokantadan Paris'i seyrederken, hatırşinas bir şehri değil, intizam içinde insanları telaşa sevk eden hodkâmlık görmüştüm. Bu seyir, sevimsiz bir heyecanın zevksizliğini hissettiriyordu... Sonraları bu hissedişi zaman içinde edepsiz bir duygu gibi taşımaktansa, her şeye boş verip değerli bir hatıra gibi sevmeye çalıştım... Bugün bile hislerimin o günkü tezatları için kendimi ayıplarım.

Yahya Kemal Bey'e göre Paris, egoistti. Her tavrında sadece kendini düşünen ve kendi duygularını önemseyen bir bencillik iddiası vardı. Her insanın ispatlamak istediği iddiaları kolayca buluyor ve karşısındakini bu yönüyle etkisi altına alabiliyordu. Politik gelişmeler yanında kültürel akımlar ve toplumsal çalkantılar bu etkinin derecesini artırıyor, insanın en derinlikli duygularına nüfuz eden güçleri kazanıyordu. Kişisel özgürlüğünü her şeyin üstünde tutmak isteyenlerin böyle soylu bir kent iddiasında ne kadar dayanıklı olabileceklerini hep merak etmişti. Bu merakına bir ölçü vermek zorunda olduğunu da biliyordu. Dinleyenlerin ilgilenebilecekleri konularla sınırlı kalmak istemesi bu merakın derinliklerine inmeye fırsat vermiyordu:

– Paris'in bariz karakterini, tarihinden, coğrafyasından, mimârîsinden, kültüründen, sosyolojisinden aldığını söyleyenlerin hiçbirini inandırıcı bulmuyordum. Doğrusu buna inanmak için kendimi zorladım da... Ama, hiçbiri bana bu iddiaların doğru olduğunu söyletecek kadar samimi ve isabetli gelmemişti... Sonunda aradığımı buldum; Paris, sanatçı bahtiyarlığının dağ başları gibi, hür, cesur ve hafifmeşrepti... Ben bu üç vasfını birlikte sevdim...

Yahya Kemal Bey, Paris'e geldiğinin birkaç gün sonrasında şehrin kendisini yorduğunu fark etti. Özgürlük adına ağır disiplin kurallarının arandığı bir sinsi tavır keyfîliğinde olduğunu anlamıştı. Paris, direniyordu. Şöhreti gittikçe yıpranan ve saygısını giderek kaybeden bir çapkın kadın gibi gözden düşmemeye çalışmaktaydı. İlk kez bir kente karşı acıma duygusuyla irkilebileceğini hissetmişti. Bu kent, bazen en edepli ânında her şeyi yıkmaya kararlı bir derebeyi gibi küstahlaşıyor; bazen pis kokulu nefesi, uzamış sakalları, lime lime kılığıyla avuç açan dilenciler gibi diz çöküp yalvarıyordu. Yahya Kemal Bey bu hatıraların dehlizinden geçerken ne derebeyi korkusu, ne dilenci tiksintisi hissetmeden sözlerini sürdürdü:

– Geç fark ettim ama, işin doğrusunu buldum. Bu şehir, sanıldığının aksine sadece ihtilâller kültürüyle şahsiyet kazanmış değildi. Utançlı bir mâceranın geçmişini gizlemek seviyesizliğini de göstermiyordu. Sanatın ve kültürün hür ve olgun değerleriyle ayıbını örtmeye muvaffak olmuştu. Sosyalist çeşnili bu şehir bir muamma değildi; lâkin ben zorlandım. Çözdüğüm gün ışıklı bir cenneti andıran heyecan içinde kendimi ayıpladım. Çünkü elime geçen fırsatı değerlendirecek mahareti henüz kazanamamıştım. Tâlihimin bir gün mutlaka bana yâr olacağını hissediyordum.

Celile Hanım hâlâ kendini, bir kentin hatırını kırmamaya özen gösteren sorumluluk içinde tutuyordu. Yahya Kemal Bey'in anlattıklarından kendine mutlaka bir pay çıkarmaya niyetliydi. Sabırla bu duyguların anlatılacağı ânı bekliyordu. Bu sabır, ağır bir kâbus halini alıncaya kadar bekledi. Yahya Kemal Bey'in hatıralarında artık duygular, sevgiler, heyecanlar, umutlar yok olmuştu. Hatıralara mânâ ve saadet katan canla cânân kaybolmuş, bu ışıltılı peyzajın tuvalinde, mubassır edasıyla konuşan haşin ve irikıyım bir adam sûreti belirmişti. Bu sûrette Yahya Kemal Bey'in hiçbir duygusunu bulmak mümkün değildi. Gazellerin, kasîdelerin, şarkıların, rubaîlerin o sevdâlı edebiyat iklimi, sosyalist ve ateist mücadelenin kaba lisanına esir düşmüştü. Celile Hanım bu lisana vâkıftı ama, bu kadronun yanında tartışılmasını uygun bulmamıştı. Yahya Kemal Bey'in Paris yıllarındaki sosyalist merakını biliyordu. Sokak gösterilerinin en önde giden biraz da çığırtkan tavrıyla hemen dikkat çeken gençlik duygularının zamanla ciddi bir sosyalist olgunluğa dönüştüğünü de biliyordu. Bu hatıraların, birkaç paralı İstanbul eşrâfının önünde teşhirinden rahatsız olmuştu.

Celile Hanım'ın kendini bu sıkıntılı hatıra akşamından sıyırması mümkün değildi. O da gençlik yıllarında Paris'in heyecanlarına kendini kaptırmış, ancak dikkatli ve özenli bir direnişle Paris'in yanlışlıklarına kapılmaktan kendini kurtarmıştı. Şimdi o hatıralar canlanıyordu. Hiç kuşku yok ki, Celile Hanım hatıralarını anlatmaya başlasa, Yahya Kemal'in etrafını saran hanımlardan çok daha geniş bir erkek ordusuna çevresinde bağdaş kurdurabilirdi.

Sevimli bir temmuz gecesiydi. İhtilâlin yıldönümünü kutlayanlar sokaklara dökülmüşlerdi. Heyecan ve gurur içinde özgürlüğe kavuşmuş bir ulusun insanları olmanın onurunu tadıyorlardı. Dünyanın dört bucağından gelmişlerdi ve büyük ihtilâlin getirdiklerini kendi varlıklarının temel değerleri gibi görüp, aynı gurur içinde Parisli oluyorlardı. Celile de içindeki özgürlüğün, insana duyulan saygının, haysiyetli adam mücadelesinin köklerinde bu değerler olduğunu biliyor sanki kendini bir Parisli hissediyordu.

O gece Quartier Latin'deki d'Arcure kahvesinde bir süre bir Türk'e rastlayacağı ümidiyle oturmuş; daha sonra Parisli sokak ressamlarının tablolarını sergiledikleri meydanları dolaşmıştı. Bu ressamlar dünyanın çeşitli ülkelerinden gelmiş kabiliyetli sanatçılardı. Hepsinin dünyasında bir Rubens, bir Renoir olma hayali vardı. Paris'ten hatıra almak isteyenlere Paris sokaklarını yansıtan tablolar satıyorlardı. Hattâ aynı sokağı birkaç kez boyamış ressamlara bile rastlamak mümkündü.

Celile Hanım oturduğu sokağı tabloların birinde görmüş ve heyecanlanmıştı. Artık Paris'i güzel, ressamı da âşina buluyordu. Ressam, tek kollu bir Çinli'ydi. Sol kolu, dirseğinden kopmuştu. Yaşamın hiçbir sıkıntısına aldırmayan cesaret içindeydi ve bunu sergilemekten zevk aldığı belliydi. Karşısına oturttuğu Zaireli fahişenin portresini yapıyordu. Önceden boyadığı tabloları parkın demirlerine asmış, görülmelerini temin için duvarın üzerine iki lüks lambası yerleştirmişti. Lüks lambalarının ışığı altında Zaireli fahişenin bembeyaz dişleri, kahverengi tenine itinayla dizilmiş inciler gibiydi. Ressamının göremediği bu incelik fark edilmenin tadıyla damağında duruyordu. Çinli ressamın gözleri şımarık çocuk salyaları gibi ıslaktı.

Bir tabloda kendine ait bir şey görmenin mutluluğunu yaşıyordu. Bunu yaratıcısıyla paylaşmak istedi. Önce sokağına bir sıfat bulmayı düşündü. Buldukları sevimli gelmedi. Bu kez bulunduğu sokağın hakkını vermek istedi. Bu sokak, bir tenha meydana açılıyordu. İki yana dizili evlerin yüzlerinde edepli bir kadın tebessümünü hatırlatan sevimlilik vardı. Celile Hanım bu çekiciliğe kendini kaptırmış, kimseye sezdirmeyen sessiz adımlarla o tenha meydana gelmişti. Ortada bir büyük ağaç vardı; üzerinde lacivert geceyi tedirgin eden hırslı fakat gayreti yorulmuş ölgün ampullerin yorgunluğu görülüyordu. Hepsinin sıcak göbeklerinde bir yere uzanıp dinlenmek isteyen bitkin bir tahammül acısı vardı. Celile Hanım, tenhalığın bir sabır lezzeti olduğunu o gün fark etmişti.

Yahya Kemal Bey'e baktı. Artık anarşist mâceranın yükünü omuzlarından atmış, yeniden derin ve saygılı edebî iklimine dönmüştü. Delikanlılığında yazdığı şiirlerden mısralar okuyordu. Bazen mısralar, bazen beyitler, bazen kıtalar halinde gelen duyguların köpürmüş hiddetine kapılıyordu. Şiirler birbirini sâkin sahillere vuran dalgalar gibi izliyordu...

Celile Hanım, birden Yahya Kemal Bey'in bu tenha sokağı böyle arzuyla kucaklayışını kıskandığına hükmetti. Durup dururken, sosyalizmin tariflerinden sıyrılıp, kasîde mazmunlarına dönüşünün gerisinde mutlaka Yahya Kemal Bey'i zorlayan bir şeyler olmalıydı. Çevresindeki kadınların ve erkeklerin hiçbirinde bu âni dönüşün mahiyetini kavrayacak duyarlılık yoktu. Bir ara Celile Hanım bakışlarını Yahya Kemal Bey'in gözlerinde yoğunlaştırdı. Elâ gözleri keskinleşmişti. Yahya Kemal Bey üzerindeki sorgulayıcı bakışları hissedip gözlerini Celile'ye çevirdi. Celile Hanım artık istediği kaleyi fethetmişti. Kendi içine döndü. Çinli ressamın tablosunda her şey tamamlanmış, sadece, Zaireli fahişenin gözleri kalmıştı. Yaslandığı yerden uzanıp Zaireli fahişenin gözlerindeki ışığı söndürdü. Nihayet kendisiyle baş başaydı. Bu duyguları Yahya Kemal Bey'in bile kavramasının mümkün olmadığını düşünüyordu. Uzaktan uzağa hasretli bir bekleyişle kıvranacağı yerde, duygularını sevdiği adama söylemeyi düşündü. Yaklaştı, çevredekilerin hiçbirini umursamadı; kulağına fısıldadı:

– Ben meydanda saklıyım; sen tenhâda âşikâr...

* * *

Müyesser'in doğuştan bâkire olduğu en çok Müyesser'i güldürdü.

Müyesser dürüst kadındı. Hatıralarının pervasız lezzetlerini kendine saklamayı bilmiş, başkalarının bu sırlara yönelen meraklarını aynı pervasızlıkla tepelemişti. Müyesser gözünü kırpmadan, ucuz şehvetlere kapılmadan, bilerek, isteyerek kendini sevdiği adamın duygularına ortak etmişti.

İştirakiyunculuğun ilk günlerindeydi. Mustafa Suphi ile Ethem Nejat'ın Trabzon açıklarında öldürülmesi üzerine Amele Şûrası'nın merkez toplantısı için İzmir'e gitmiş ve Topçu Fuad'ı orada tanımıştı.

Fuad'a neden "Topçu" denildiğini bilmiyordu. Sormak gereğini de duymamıştı. Bu adamın gözlerinde kendini rahatça teslim edeceği güvenli bir arkadaş sıcaklığı vardı. Sanki beyaz bahçe duvarlarının önüne dikilmiş erguvan ağaçlarının çiçek açması gibiydi. Kuşlar kanat çırparak çiçeklerin etrafından dolaşıyor, sonra öbek öbek dört yöne kaçışıyorlardı. Bazıları fundalık tepelere, bazıları ıssız kumsallara konmak için telaşlıydılar. Müyesser nereden geldiği belli olmayan bir büyüye kapılmış gibiydi. Melûl bir bahar kokusunun saçlarına asıldığını hissediyordu. Çocukluk günlerinin bahtiyarlığıyla ısınmaya başlamıştı.

Çocukluğu Çine'de geçmişti. Babası Tapu'da hademeydi. Bir Bayram sabahı böğrüne saplanan acıyla yere yıkılmış, bir daha o nahif adamı kaldırmak mümkün olmamıştı. Sonra annesinin evlendiği yaşlı adamı sevinçle hatırladı. Emekli bir öğretmendi. Daha ilk geceden itibaren Müyesser'i bir talebe gibi görmüş, her fırsatta, her sorduğunun cevabını vermişti. Sanki İttihat Terakki Mektebi'nin bütün sınıfları bir sihirle Aydın'dan kaldırılıp, Çine Çayı'nın kenarına getirilmişti. Aynı sihir, bu koca mektebi, Tapucu Hayri Efendi'nin dul bıraktığı Resmiye'nin küçük bahçesine kurmuştu.

Geçmişinin güzellikleriyle sevinçliydi. Büyüdüğü bahçenin seyrek dikilmiş incir ağaçlarının serinliği içini doldurdu. Dallarda küçük meyveler sütlenmeye başlamıştı. Bir büyük kaderi mayalıyor gibi hırslıydılar.

Şûra toplantısı bitince Müyesser, Topçu Fuad'la kordon boyunu yürümüş, üç beş kinâyeli cümlenin dışında her sözü kendini kucaklayan bir erkek sıcaklığında sevmişti. Bu adamda farkına varılmayan bir kuyunun derinliği vardı.

Müyesser hayat tecrübesinin çelikleştirdiği güvenle bu kuyuya yürüdü. Herkesin düşeceği endişesine kapıldığı yerde, çıkrığından çektiği birkaç kova suyu ateş gibi yanan bağrına döküp serinledi.

Topçu Fuad'ın evi, körfezi tepeden seyrediyordu. Üst katın odası büyük, yüksek tavanlı ve sıcaktı. Yaz boyunca güneş bu odanın penceresinden girip, taş duvarlara yaslanmış ve hatırı sayılır bir iz bırakmıştı.

Topçu Fuad, çarşafı Müyesser'in sırtına sardı. Kendisi hâlâ çıplaktı ve terliydi. Balkona çıktılar. Gözlerden uzak bir lacivert sessizlik içinde denizin küçük kıpırtılarını seyrediyorlardı. Dalgalar aylak ve isteksizdi. Ağustosböcekleri çığırtkan ve çileli titreşimlerle uzaklaşıyorlardı. Sabahın erken saatlerine az kalmıştı. Biraz sonra güneş doğacak, lacivert kubbenin derinliğinde önce kızıl sonra sapsarı bir ışık etrafı aydınlatacaktı.

Güneş karşı evlerin duvarlarına bir kızıl dostlukla dayanmıştı. Muğla taşından yapılmış kemerlerin küçük gölgelerinde zahmetli bir yılın bereketiyle mevsim sebzeleri kurumaya bırakılmıştı. Ahşap kepenklerin menteşelerinde demirci ustalığının yüzlerce güzel örneğini seyretti. Kepenklerin boyaları dökülmüş, menevişli menteşeler pas tutmuştu. Kiminde bir ejderha başı, kiminde küçük bir karanfil tomurcuğu, kiminde bir küçük üzüm salkımı kepenklerin iki kanadını birleştiriyordu. Bu kepenklerin sarıya, maviye, beyaza boyanmış hallerini hayal etti. Beyaz cepheli evler sanki bir palete sıkılmış boyalar gibi tâze ve dâvetkâr kokuyordu. Müyesser'in hayali bütün menteşeleri zeytin yeşiline boyadı. Çine'deki evin panjurları zeytin yeşiliydi ve daima gülerdi. Menteşeleri Fuad'a gösterdi:

– Şunlara bak! İki kanadı birleştirmek için ne ağır bir zahmete tâlip olmuşlar. Sanki bir vuslat lezzeti var...

Evet!.. Müyesser'in gözlerinde can vardı, cânân vardı. O gece ten ateş, yürek ateş, zihin ateşti...

Tıpkı üvey babası gibi, bu kez de Fuad, sanki Darülfünun'u İstanbul'un göbeğinden söküp bu sıcak gerdek gecesinin çarşafına koymuştu. Fuad varlıklı bir Rumeli çocuğuydu. Selânik'te hukuk okumuş, Paris'te olgunlaşmış ve memlekete dönünce İştirakiyun önderlerinin safında yer almıştı. İştirakiyun Fırkası'nın Osmanlı topraklarında kurulmuş ilk Marksist hareket olduğunu söylüyordu. Bu cereyan, hem milletin, hem cumhuriyetin hayrınadır diyordu.

Müyesser "cumhuriyet" adını Fuad'ın ağzından duydu. Çine Çayı kenarında yürürken üvey babasının anlattıklarının genel tarifi demek ki cumhuriyetti.

Müyesser'in saçları dağınıktı. Pencerenin açık kanadını örten tül, küçük rüzgârlarla sallanıyor, her sallanışta ölgün ışıklara karışmış bir serinlik odayı dolduruyordu.

İştirakiyun Fırkası kapatılmış, yöneticilerinin çoğu tutuklanmış ve hareketin gırtlağı sıkılmak istenmişti. Daha sonra yeniden aynı heyecan ve yeni hüviyetlerle oluşan partilere rağmen, kendilerini hâlâ İştirakiyuncu olarak adlandırıp gururlanıyorlardı. İsimlerini değiştirmeye niyetli değillerdi.

Fuad giyinmişti, yola çıkmaya hazırdı. Müyesser'in elini tuttu.

– Beni tanımadın ama anladın. Millî Mücadele'de topçuydum.

Adımın önündeki itibar buradan geliyor...

Müyesser'i kucakladı. Bakışlarında mavi bir bahtiyarlık çağlıyordu. Birkaç damlayı eliyle sildi:

– Gökyüzü gözlerinde yıkanıyor Müyesser!

Gözlerini öptü ve bir cinnete doğru koşar adım yürüdü gitti.

* * *

Naciye Hanım o gece hatırlı misafirlerin geleceğini söylemiş ve hazırlıklar yapılmasını istemişti. Güzin artık yetişmiş, gelinlik kız olmuştu. İzmir'in hatırlı eşrafı, yüksek memurları Evliyazâde ailesinin bu güzel kızına tâliptiler. Güzin büyük salona açılan küçük odalardan birinde genç bir Levanten ressamdan resim dersleri alıyordu. Odasını kendisine âdeta bir sırdaş gibi görüyor, izni olmadan giren herkese karşı bu odayı kalesini savunan bir kumandan gibi koruyordu. Çerçevelenmiş, boyanmaya hazır tuvaller, fırçalar, ıspatulalar, boyalar Güzin'in "saltanatgâhım" dediği çalışma odasının demirbaşlarıydı. Küçük bir köşeye yerleştirilmiş divana bazen uzanır ve kendisini empresyonist ustaların hayran olduğu bir XIX. yüzyıl güzeli olarak hayal ederdi.

Güzin gerçekten bir ressamın mutlaka portresini boyamak istediği bir güzelliğin sahibiydi. O gece yapılan nişanla başı bağlanacaktı.

Adnan Bey Alaybey'deki evin bahçesinden çıkıp Karşıyaka sahilini dolaşırken birden durdu. Karşı kaldırımda yürüyen güzellik Berin'di... Uzun uzun seyretti. Berin'i seyrettiği ilk günlerini hatırladı. Mayıs sonunda Karşıyaka evlerinin bütün pencereleri açılırdı. Ilıktan sıcağa kayan mayıs ikindilerinin hissettirdiği mayhoş bir lezzet vardı. Pencerelerden kendini sokağa vurmaya meraklanmış gizli hisler fark edilirdi. Karşıyaka caddesindeki dükkânların yüzlerinde daima saygılı ve dâvetkâr bir tebessüm vardı. Sahil bahçesinin yanındaki küçük evin demirlerine yaslanmış manolya ağacının kokusu bütün caddeyi doldururdu. Bu baygın yeşilin yaprakları geride kalmış ağaçların hafif cilveli yeşillerini edebe davet eden mubassır edasıyla seyrederdi. Yeşilin yeşili korkuttuğu, edebe davet ettiği tek yer, Karşıyaka kordonundaki bahçelerin başı boş bırakılmış, biraz külhanbeyi büyütülmüş bahçeleriydi. Akşamüstleri tablalarını başlarına yerleştirdikleri sert ve yuvarlak bezin üzerine koyan seyyar esnaf, köşe başlarında satışa başlarlardı. Tatlıcılar, macuncular, kuruyemişçiler yüksek sesle geldiklerini bildiren nağmeli şarkılarını okurlardı. Mayısın ikindilerinde erken batan güneş ıstırabı yaşanırdı. Bahçelerin gerisine yerleştirilmiş iddialı fakat sabırlı yeşiller birdenbire batan güneşin kızıllığından utanıp morarmış bir yüz gibi şaraplık üzümlerine rengine bürünürdü.

Adnan Bey, bu hatıraları tâzelemek gereğini duyan ruhunun derinliklerinde daha nice güzel izler olduğunu biliyordu. Bir gün bu hazlar bir hengâmeli kıpırdayışla çığlıklara dönecek ve hüngür hüngür ağlayan sevdâlı erkek sesiyle haykırılacaktı.

Önce diklenip sonra boyun büken nisan lâleleri; mayıs başında açılışını hicranlı şarkılara benzettiği hercaîmenekşeleri; pembesi, mavisi, beyazıyla kokulu sümbülleri hatırladı. Hepsinde bir aşina çehrenin sıcaklığını duyardı.

Bazı akşamüstleri Eşrefpaşa Çingenelerinin iri sepetlere yerleştirdikleri çiçekleri yayvan ağızla sattıklarını hatırladı. Bir gün iri gözlü bir esmer güzeli gençliğinin heyecanlarını hissettiren yakınlık içinde küçük bir hatırlatmada bulunmuştu:

– Biliyor musun, Karşıyaka manolyaları yazı beklemeye tahammül edemez; gözlerini mayısta açarlar...

Adnan Bey'in gözleri mayısta açan manolyaların ıslak ve şerbetli kokusunda uzun uzun gezinir, bahçelerin giriş kapıları iki taraflı ekilmiş yasemin kokularıyla karışıp bir çapkın kaçışla uzaklaşırlardı.

Berin gözden kayboluncaya kadar seyretti. Sonra kendi sırrını kendine itiraf etti:

– Ben baharı bu kızın nefesinde hep püfür püfür yaşadım...

* * *

Safinaz'ın elleri titriyordu. Müyesser Abla ellerini tutup kendi beline doladı. Bütün şefkatiyle sarıldı. Gözpınarlarından öptü. Kirpikler sırılsıklamdı.

– Sen benim yâdigârımsın. Ben buradayken kimse sana dokunamaz.

Safinaz'ın içi ağlıyordu. Müyesser hiç duygulanmadı. Sesinde sertlik yoktu ama, kararlılığı hissedilmekteydi. Safinaz diz çöktü. Başını Müyesser'in karnına dayadı. Hıçkırıyor, sözleri anlaşılmıyordu. Müyesser koltukaltlarından tutup kaldırmak istedi:

– Benden gizlediğin bir şeyin yok, değil mi?

Safinaz hıçkırıklarını kesti. Kırılmış bir gururla affedilmek değil, hakkının teslim edilmesini istiyordu. Pencerenin önüne dizilmiş bembeyaz sabun kalıplarından birini alıp Müyesser'in ayakucunda diz çöktü. Odaya mis gibi zeytinyağı kokusu yayıldı. Bu sabunları Müyesser'le birlikte yapmışlar ve çeşitli şekillerde kalıplara döküp gönül alıcı biçimler yaratmışlardı. Safinaz'ın elinde yürek biçiminde bir kalıp duruyordu. Sabunu öpüp, Müyesser'in ayakucuna bıraktı. Ayağa kalktı:

– Ben bundan bile daha temizim...

Müyesser rahatlamıştı. Safinaz'ı banyoya soktu. Ayakucuna bırakılan sabun kalıbını uzattı. Bir koca kazan su ısıtmış, buharı banyoyu hamam sıcaklığına dönüştürmüştü.

– Her yerini yıka... Bu pislik üzerir de kalmasın...

Safinaz düşlerin, sevinçlerin böyle hüsranlı bir sıygaya dönüşmesinden tedirgin değildi. Müyesser Abla'sını seviyordu. Bir prensesin nehir kenarında yıkanışını andıran soyluluk içinde ilk tas suyu başından aşağı döktü. Tabiatın bütün çeşmeleri coşmuştu.

– Suç benim değil Abla!..

Bembeyaz sabun hâlâ elindeydi. Bir saflığı teslim etmenin güvenini duymak istedi. Bir tas su daha döküldü. Sabun kalıbını götürüp merdiven basamaklarının ucuna bıraktı. Islak bir fısıltıyla gururlandı:

– Tosyalı kıpırtısız bir adammış...

* * *

Berlin Sefiri Hakkı Paşa'nın İstanbul'a gelişi hemen duyulmuş ve Ada'nın huzurunu kaçırmıştı. Hakkı Paşa Celile'nin uzaktan akrabasıydı ve çocuk yıllarında yakın arkadaşlık içinde oldukları söyleniyordu.

Yahya Kemal Bey'in hicret etmek istediği mazi ağır bir ayıp gibi omuzlarına çöktü. Dışarıda, bardakların boşandığı yağmur şiddetini artırmış, daha da hızlanan rüzgârla karışıp bir kırbaç gibi, Yahya Kemal'in sığınmaya hazırlandığı geçmişi gözlerinin önünde dövüyordu... Ağır bir kıskançlık girdabına düştüğünü fark etti. Duyguları, evhamlı bir âşığın heyecanlarını bile aşacak kadar ileri gitmiş ve yepyeni bir vehim tarifiyle gelip kalbine oturmuştu. Duygularında doğrusu istenirse hemen iltifat görecek bir samimi heyecan yoktu. Belli ki hissettiklerini kelimelere dökmekten kaçınıyor, duygularındaki yoğunluk kontrol edilemez noktaya varınca mısralara dönüşüyordu.

Yakup Kadri'nin dedikleri doğruydu ama, Celile, her zaman bu tariflere uymuyordu. Yakup Kadri önceleri karşı geldiği bu tutkulu ilişkiyi şimdi özendiren sözlerin ve tavırların sahibi olmuştu.

Celile'yi, Yahya Kemal Bey'in derbeder hayatında bir dönüm noktası gibi görüyor ve eğer içten pazarlıklı çapkın şairin gönül eğlendirme merakları bir çekidüzene kavuşursa Celile'nin iyi bir eş olacağına inanıyordu. Yahya Kemal gibi iddialı ve bencil birini çekip çevirecek kadın bulmak neredeyse imkânsız görünüyordu. Celile, bir tâlih kapısı açmıştı ama, bu kapıdan geçmeye cesaret edecek insan sanıldığı kadar göz doyurucu olamıyordu. Yahya Kemal uçarı gönül muhabbetinin merakları içinde ruh krizleri ve kıskançlık tutkularıyla herkesin uzak olmak istediği bir kuruntulu adam haline gelmişti. Bu vehimli muhayyile belki de gerçekle hiç ilgisi olmayan münasebetlerin varlığını yaratıyor, sonra kendi hayal dünyasında yaratılanları hayatın asıl gerçekleri gibi değerlendirip hem kendisini, hem Celile'yi perişan ediyordu. Celile'yi âdeta fettan tavırlarıyla alışılmış ihanetlerin seviyesiz mümessili gibi gösteriyordu. Bu kuruntunun döküldüğü mısralar zalimdi:

Kirpikleri süzgün o ihânet dolu gözler;
Dikkatle bakarken bile bir fırsatı özler...

Celile fırsatçı mıydı?

Yahya Kemal Bey, Celile'nin Nişantaşı'ndaki evini düzenlemek, temizliği yaptırmak için İstanbul'a indiği akşamlarda nasıl bir yalnızlık humması içinde çırpındığını hatırladı. İskeleye kadar birlikte yürüyor, sevgilisini yerleştirdikten sonra, vapur gözden kayboluncaya kadar arkasından bir sevdâ hasretiyle bakakalıyordu. Bu üzüntülü uğurlamaların arkasından sallanan mendiller ve ağlamaklı gözlerle Ada sanki birdenbire ıssızlığın içine gömülüp, yok oluyordu. Celile, Yahya Kemal'in ellerini tuttu; gözlerine bakarak duygularını aktardı:

– Ellerim ve kalbim hep sizinle kalıyor. Siz yoksanız kolu kanadı kırık bir kumru kadar sahipsizim...

Hakkı Paşa'nın her gelişinde dostları bir suare düzenlemekte ve İstanbul'un gözde erkekleri ve kadınları bu fırsat içinde kendilerini sevdiklerine beğendirme telaşını yaşamaktaydılar. Yahya Kemal Bey, pastanenin bambu sandalyelerinden birine kaykılmış, hafif hafif bozmaya niyetlenmiş havayı seyrediyordu. Şimdilik sâkin görünen bulutların birden alabora olup, şiddetli bir fırtına ve rüzgâra dönüşmesi işten değildi. Kahvesini içip yola çıkmaya hazırlanıyordu ki, bitişik masadaki sesle irkildi. İstanbul terbiyesinde gün görmüş Ada sâkinlerinin bu kadar yüksek sesle konuşmaları alışılmış şeylerden değildi. Yahya Kemal Bey'in o vehimli muhayyilesi artık ufuklarını sonuna kadar açmıştı. Bu kadınların kendi aralarında konuştuklarını Yahya Kemal'e duyurmak istedikleri şeklinde yorumladı. Tecrübeli bir Nişantaşı dilberi, bu akşam Hakkı Paşa şerefine verilecek suareye bütün Nişantaşılı ailelerin davet edildiğini söylüyordu. Yahya Kemal Bey en hassas yerinden vurulmuşa döndü. Günlerden beri Celile'nin mutlaka İstanbul'a inmek istemesinin sebebi bu suare olmalıydı. Birden kendisini her yönüyle aldatılmış hissetti.

Çılgına dönmüş gibi olanca hızıyla iskeleye koştu. Kendisini İstanbul'a götürecek bir tekne arıyordu. Beklenen olmuş, o sâkin duruşlu güz akşamının hafif esintisi bir azgın fırtınaya dönmüştü. Yağmur şiddetini artırıyor ve dalgalar denizin altını üstüne getiriyordu. Böyle havalarda denize açılmaya en tecrübeli balıkçıların bile cesareti yetmezdi.

Yahya Kemal cebindeki bütün parasını bir avucunun içine sıkıştırdı ve sandalcıların sığındıkları küçük çayhanenin kapısından içeri girdi; avucunu açtı:

– İstediğiniz fiyatı veririm; ölüm döşeğinde hastam var...

Sandalcılar birbirlerine baktılar. Bu havada cesaret göstereni yoktu. Sandalcılar reisi, Ada'nın itibarlı müşterisini böyle perişan yalvarır halde görmeyi hiç düşünmemişti. Burnundan kıl aldırmayan şairin âdeta diz çökmüş gibi yalvarıp yardım istemesi pek etkili olmayabilirdi. Ama, "Ölüm döşeğinde hastam var" sözü bütün sandalcıların sırtını titretmişti. Sandalcılar reisinin işaret ettiği orta yaşlı birisi sandalına doğru yürüdü. Denize açılmaya hazırlandı ve seslendi:

– Acele edin, deniz giderek daha da bozacak...

Yahya Kemal Bey dehşet içindeydi Celile'nin Hakkı Paşa'nın suaresinde olabileceği ihtimaliyle kavruluyordu. Hızla sandala atladı. Birkaç kürek sonra, artık dönüşü olmayan bir belalı mâcera başlıyordu. Dalgalarla birlikte sandal yükselip alçalıyor ve neredeyse batma noktasına geliyordu. Sandalcı ilk küfrünü savurdu.

– Dönüp yüzüme bakmayacak bir adam için hayatın bütün tehlikelerini göze alıyorum.

Sesini daha yükseltti. Bu kere Yahya Kemal Bey'i doğrudan hedef almıştı:

– Değer mi be adam?..

Yahya Kemal'e göre her şeye değerdi. Celile'nin kendisini aldatıp, hiç haber vermeksizin Hakkı Paşa'nın davetine katılması, hain bir tıynetin başkaldırmasıydı ve iblis kadar müstehzi tavırla bu ihaneti işliyordu.

Maltepe sahilleri görünmüştü. Sandalın iskeleye yanaşması, daha da tehlikeliydi. Her an alabora olabilirlerdi. Sahildeki kayıkçılar, azgın denizin ortasında bir yanıp bir sönen küçük lambanın ışığını görmüş ve felaketli bir durum olduğu endişesine kapılıp sahile koşmuşlardı. Birkaçı kalın bir iki halat atıp sandalın açılmasını önlemeye çalıştılar. İri yapılı birisi sandala atılan halatı tutup olanca gücüyle çekti ve sahile yanaştırdı. Yahya Kemal Bey'e çıkışır gibi sordu:

– Aklınızı mı bozdunuz; insan bu havada açılır mı?

Hiç kimsenin telaşı Yahya Kemal Bey'in umurunda değildi. Artık ayağı karaya değmişti. Şimdi Celile'yi suç üstünde yakalama imkânı artmış görünüyordu. Bu imkânın giderek artan bir hızla yaklaşmasını bir yandan haklı bir baskın onuru, öte yandan ağır bir kıskançlık ıstırabı gibi hissetmekteydi.

Maltepe'deki bütün kahveleri tek tek dolaşıp bir araba istiyordu. Aldığı bütün cevaplara rağmen şansını sonuna kadar denemekte ısrarlıydı. Sonunda şansının tükendiğini fark etti. Tren yoluna çıktı ve rayları takip ederek Bostancı'ya kadar koşmaya başladı. Mahalle karakolunun ışıklarını görünce bir nefes aldı. "Ölüm döşeğinde hastam var" mazeretinin ne kadar etkili olduğunu görmüştü. Aynı gerekçeyi bu kere karakol komiserine karşı kullanmaya karar vermişti. Doğru komiserin odasına girdi. Dilinde tek cümle vardı:

– Ağır hastam var; bana bir araba bulunuz...

Bostancı, Kadıköy, Üsküdar...

Gecenin yarısında arabanın tekerleri zor dönüyordu. Atlarda takat kalmamıştı. İri bir meşine sarılmış arabacı, sadece dizginleri bırakmış, kendini bir kadere terk etmiş gibiydi. Varacakları menzili bile unutmuştu. Yahya Kemal Bey'in bütün hiddetli telkinlerine rağmen atlara tek bir kırbaç dahi vurmuyordu. Tek kırbaç bu yaşlı atları çökertebilirdi.

Boğaz nispeten sâkindi. Daha paragöz bir sandalcı Yahya Kemal Bey'i Beşiktaş'a götürmeyi kabul etti. Artık Nişantaşı eliyle uzansa dokunabileceği kadar yakın görünüyordu.

Eliyle dokundu...

Apartmanın bütün ışıkları sönüktü. Hiç cevap çıkmıyordu. Bir kere daha pencereye dokundu. Sesini yükselterek apartman kapıcısını uyandırdı. Her ikisinin de yüzünde şaşkınlık vardı. Yahya Kemal Bey sinirliydi. Bencilliğinin yine esiri olmuş, gecenin geç vaktinde adamı uyandırdığı yetmiyormuş gibi, uyumuş olmasını kabahat sayarak azarlamaya başlamıştı.

– Bu saatte uyunur mu efendi?

Kapıcı Yahya Kemal Bey'i tanıdı. Ama kapıldığı endişeden kurtaracak birkaç cümle beklerken sert bir dille azarlanmasını hazmedemedi.

– Bu saatte uyandırılır mı?

Yahya Kemal Bey yelkenlerin suya nasıl indiğini biliyordu. Üstelemedi.

– Benimki evde mi?

– Kapıyı hep ben açarım. Çıksaydı görürdüm.

– Emin misin?

– Elbette!

Yahya Kemal Bey'in bu sözlerle tatmin olması mümkün değildi. Kapıcıyı yeniden zorladı. Gönül almak için cebinden bir demet para daha çıkardı:

– Çık bir bak bakalım, evde mi?

Kapıcı ürkek adımlarla yukarı çıktı. Ve geri döndüğünde artık hâkim sesin kendinde olduğunu fark etmişti.

– Hiç çıkmamış, şu anda uyuyormuş; üstelik biraz da rahatsızmış...

Dünyalar artık Yahya Kemal'indi...

Arabacının meyhanesine doğru yürüdü... Yağmuru, fırtınayı unutmuş, rahat bir gönülle bu sabahçı meyhanesinden içeri adımını atmıştı...

Yahya Kemal Bey iki kişilik bir yalnızlığın tam ortasıydı; hangi kefede ağır basacağını biliyor ama beceremiyordu...

Arabacı meyhanesinin en temiz kadehini önüne koydular. Tezgâhın arkasındaki kadın, müşteriden anlardı. Gelenin önemli biri olduğunu girişinden, sandalyeye oturuşundan anlamıştı. Temiz peşkirlerden birini uzattı:

– Kurulanın! Bu havalar adamı berbat eder...

Sonra sofrasını donatmaya başladı. Tepsidekileri boşaltınca sordu:

– İstediğiniz bir şey var mı?

– Hayır!

Bu kısa konuşma ikisini de aynı anda şaşkınlığa yöneltti. Kadın erken davranıp sordu:

– Dilin Üsküplü! Kimlerdensin?

Yahya Kemal Bey, Celile'yle ilgili endişelerinden kurtulunca eski bencilliğine dönmüş, kendisine itibar eden kadını önemseyip cevap vermek yerine isteklerini bir bir sıralamaya başlamıştı. Kadın istifini bozmadan tekrarladı:

– Kimlerdensiniz dedim.

– Nişli İbrahim Bey'i tanıyor musun?

Tek bir cümleyle her şey sonuçlanmaya başladı. Kadının gözlerindeki sevgi derin bir saygıya dönüştü. Uzun süredir adını duyduğu hemşerisini böyle pejmürde bir kıyafet içinde görünce durumuna üzüldü:

– Demek paşa kızının âşık olduğu şair sensin...

Kaldığı yerden işine devam etti. Küçük tabaklara yerleştirilmiş mezeleri tertipli biçimde masaya koyuyordu. Feleğin çemberinden geçmişti ve kılı kırk yaran bir vicdan muhasebesiyle değerlendiriyordu. Bu Üsküplü beyzadenin aşkı bütün Nişantaşı'nda dillere destandı. Kaderin âlicenap cilvesi, herkesin merakla isminden söz ettiği Üsküplü'nün yolunu gecenin yarısında kendi meyhanesine düşürmüştü. Bu aşkın derinliğini bilmiyor ama şairin gözlerindeki sevinçli yorgunluktan anlıyordu. Büyük kıskançlık artık yerini büyük hasrete bırakmıştı. Kıskançlığın derin bir özlemle karıştığı ruhun derinliklerini yoğurmak kolaydı. Böyle ünlü bir hemşerisini hiçbir kadının üzmeye hakkı olmadığını düşünüyordu. Bu duygularını abartılı özendirmelerle söylemek yerine samimi bir nasihate dönüştürdü:

– Hiçbir kadın sana itibarda kusur edemez. Edeni olursa haşla, bağır, azarla... Sen bir beyzâdesin. Üsküp'te aileni tanırız. Vardar Köprüsü'nden Eski Çarşı'ya giden yolun ucundaki köfteci babamdı. Arnavut Köfteci derlerdi... Köprünün mazgal boşluğunda annem köfteleri ıslatır, ben sıraya dizerdim. Köprünün üstüne çıkıp karşı yakaya geçtiğim zaman nasıl gururlandığımı anlatamam.

Yahya Kemal Bey başka zamanlarda olsa belki ilgi gösterip dinleyeceği hemşerisini fazla önemsemedi. Aklı hâlâ Celile'deydi. Meyhaneci kadın fısıldadı:

– Her insanın hayatı, aslında kendisini öğrenmeye götüren bir yoldur. Korkarsak, kendimizin cahili oluruz. Böbürlenirsek kendimizi ezeriz. Kıskanırsak kendimizi tüketiriz.

Yahya Kemal Bey, çocukluğunda Nana'sının yaptığı yemeklerin lezzetini bulmuş ve çok sevinmişti. Büyük bir iştahla yiyor, önüne konulan her kadehi deviriyordu.

Sabahın ışıkları belirmişti. Masanın üzerine bir demet para bırakıp dükkândan çıktı. Tam kapıyı kapatacakken geri döndü ve tezgâhın arkasındaki kadına seslendi:

– Seni kıskandım. Hiçbir gün Vardar mazgallarında oynamama izin vermediler... Senin beyzadelik dediğinin aslında ne ağır bir yük olduğunu bilemezsin...

Karşı kaldırıma geçti. Celile Hanım'ın kapıcısı apartmanın önünü süpürmüş bekliyordu. Yahya Kemal Bey'in içeri girmesi için kapıyı ardına kadar açtı. Merdivenleri büyük bir hızla çıkıp zile dokundu.

Ağır maun kapı yavaşça açıldı. Artık karşısında sadece Celile vardı. Şaşkın hatta korkulu bakışlarla bu âni ziyaretin sebebini merak ediyordu. Sormaya cesaret edemedi. Aklından geçen ihtimallerin en gerçeğini, en iyi Celile biliyordu. Şaşkınlığını bir yana attı ve sabah yataktan çıkmış üryan kıyafetiyle üstü başı toz toprak içindeki sevgilisini kucakladı. Tenin sıcaklığında hasret vardı. Bir sabah vuslatının lezzetini hiç tatmamıştı ve bu fırsatı kaçırmaya niyetli değildi. Başkaldırmış bütün arzularını dizginlemeye ihtiyaç duymadı. Üzengiyi sağrısına vurdu; o arzuyla Yahya Kemal Bey'e sarıldı:

– Kanatları kırık kumrunuza can verdiniz, efendim!..

Üsküplü köfteci komşu apartmanın perdelerinin kapatıldığını gördü. Uzak, hep uzak bir semti hatırlar gibi hevesliydi. Dudaklarından bir karanfil tarlası döküldü ortaya; çevresindeki gülleri, sümbülleri aradı ve sonra yalnızlığının verdiği sevinçli gururu dillendirdi:

– Kim bilir bir uykuyu cânânla beraber uyumak ne güzeldir...

* * *

Gece İştirakiyuncular toplantısı vardı. Kulaktan kulağa fısıldanan haberde önce Safinaz'ın düğününe gidilecek, sonra tek tek sezdirmeden ayrılıp Münip Bey'in evinde toplanacaklardı. Herkes nereye gittiğini kimseye söylemeyecek, Münip Bey'in zor duruma düşmesine fırsat verilmeyecekti. Şefik Hüsnü Bey'in gönderdiği söylenen uzun ve etraflı mektup anlatılacaktı. Söylenenlere göre Şefik Hüsnü Bey İştirakiyunculuğun memleket için büyük önem taşıdığını anlatmış ve bütün İştirakiyun meclislerinde bu mektubun okunmasını istemişti. Münip Bey, Şefik Hüsnü Bey'in mektubundan notlar almış, ustayı âdeta nefes bile alınmayan sessizlik ve sabır içinde okuyup, hayran kalmıştı.

* * *

Asıl vuslat heyecanı Nâzım'ın dünyasındaydı. Celile'ye yeniden kavuşmak, eski günlerini süsleyen ana oğul sohbetlerine dalmak istiyordu. Celile'nin yaşamına renk ve mânâ katan tek varlığı yok edebilecek olgunluk ve etkinlik olmadığını görüyor, bu durumu sabırlı bir muhakemeyle hazmedemiyordu. Bu tahammül, vakti geldiğinde mutlaka alınacak bir intikam kararlılığını emzirmekteydi. Karşısında iki hayranlık kaynağı vardı: Celile ve İstanbul şairi... Birini seçmek zorunda kalışını bir şair tâlihsizliği gibi yorumluyor, ancak düzeleceği güne kadar bu hicrana tahammül etmesi gerektiğini anlıyordu. Eğer tâlihin yâver dostluğu yüzüne gülebilseydi bu iki hayranlığı ayrı ayrı en değerli iki varlığı gibi yüceltebilirdi.

Gemi güvertesinde Celile'nin akseden yüzündeki hayranlığı kutsayan mısralarını yazdığı akşam, bütün dünya bu güzel kadının gösterdiği büyük sevgi ve şefkatin kubbesini örüyordu. Sonra, aynı heyecan içinde Yahya Kemal'in şiir dünyasındaki ihtişamını hayranlıkla yeniden mısralara döküyor ve İstanbul şairini, şehre küsmüş bir âşina çehrede seyrediyordu. Bu âşina çehrenin dudaklarında bir mersiye dolaştığını görmüştü.

* * *

Haftalar sonra yeniden Celile'yi görmek ne mutlu bir duyguydu... Yahya Kemal Bey'in gözlerinde hasret, mısralara dökülmüş şenlikli bir şarkı sevincine benziyordu. Yeniden Celile'nin duygularını kontrol edebileceği günlere dönmek istedi. Bu günlerin hatırasında daima saygı ve itibar görmüş bir üstat lezzeti vardı ve Yahya Kemal Bey her seferinde bu lezzeti tatmak için çok şeyi feda etmeye hazır beklemişti.

Celile Hanım da duygularını kontrol edebileceği bir güce kavuşmak istiyordu. Kendini bir hicranlı sevdâya kaptırmış gibi dizginlenemez duygular içinde hissetmekteydi. Yahya Kemal Bey'in aşırı kıskançlık içinde hemen herkesi telaşa verdiği günlerde ailesi ve yakınları bu aşkın böyle bir seyir içinde gelişmesini doğru bulmadıklarını söylüyorlardı. Gerçekten Yahya Kemal Bey çılgınlar gibi davranmış, kendisine, yaşına ve toplumda kabul görmüş seviyesiyle bağdaşması mümkün olmayan tavırlarla hem kendini, hem Celile'yi çevresine mahcup etmişti. Bu mahcubiyeti sineye çekip hiç olmamış gibi davranabilirdi; ama bu sevdânın böyle hüsran yaratan örneklerle gelişmesi ihtimali Celile'yi korkutmaya başlamıştı. Tek başına kaldığında, ne bir şey okuyabiliyor, ne resim yapabiliyor, ne de üç beş ahbap sohbetinde vakit geçirebiliyordu. Nâzım'ı bile ihmal etmekte olduğunu çok geç fark etti.

Nâzım da, annesinin sıkıntılı bir mâcera dehlizinden geçtiğini fark etmiş ve gönlünün kırıldığını görmüştü. İlgisizliğin gerisindeki tek isim Yahya Kemal'di. Yeni şiirlerini itinayla temize çekip, Celile Hanım'ın hemen fark edebileceği yerlere bırakıyor, bunların ayrıntısını tartışma arzularını belli eden hafif sırnaşmalara rağmen Celile Hanım'dan bir cevap alamıyordu. Nâzım da gerilmişti. Celile Hanım'ın dünyasındaki yerinin giderek birileri tarafından doldurulmuş olduğunu en belirgin biçimiyle fark etmeye başlamıştı. Hemen sert ve sonuçlandırıcı bir davranışla tavır takınmaya başlasa, Celile Hanım'ın incinip küseceği endişesiyle kendini dizginliyordu. Bu sevdânın sacayakları birbirlerinden habersiz ve bağımsız birbirlerine karşı tavır almaya başlamışlardı.

Celile Hanım çözümü kendi elinde görüyordu. Bu hayatındaki ilk çözümsüzlük değildi. Paşazâde Hikmet Bey'le evliliklerinin ilk aylarında kocasının ihmalkârlığını giderecek hiçbir meşgale bulamamış ve hüsrâna uğramıştı. Bu hüsrânın tek tesellisi, karnındaki çocuktu. Onu bütün imkânlarıyla donatılmış mükemmellikte hayal ediyor ve o hayalleri bazen küçük mektup cümlelerine sığdırıyor, bazen büyük boyutlu tuvallerin iddialı tablolarına dönüştürüyordu. Hepsindeki tek gerçek Nâzım'dı...

Şimdi o küçük mektup cümlelerinde gizlenen sevdâ, yine büyük boyutlu tuvallerin iddialı tablolarıyla kendini tekrar ediyordu. Değişen tek şey, tuvaldeki suretti... Galiba Nâzım'ın yerini Yahya Kemal Bey almıştı...

Hayır, hayır!.. Galiba değil; muhakkaktı...

Celile Hanım'ın zihnindeki sûret, her gün yeni ve güleç bir çehreyle görünüp varlığını hissettirdikten sonra, birden karanlık içinde kaybolup derin bir hasret duygusu yaratmaktaydı. Celile, sessizlik ve yalnızlık diye ikiye böldüğü duygu dünyasını tek bir kelimede özetlemişti: tenhâ...

Tenhâ, Celile'nin hayatında iyi şeylerdi. Güzelliklerinin zemininde daima şükranla hatırladığı bir tenhâ âlem vardı. Son beraberliğinde Yahya Kemal Bey de tenhânın çizgilerini tek tek belirlemiş ve sığınılacak bir yeni mekân tarifi gibi ortaya koymuştu. Palazlanmış İstanbul eşrafının, aydın görünüşlü insanlar manzarası kazanmak için Yahya Kemal Bey'e sığındıklarında, anlattığı Paris hatıralarında bu tenhâ hâlini çok iyi kavramıştı. O geceyi hatırladı. Cesaretini toplamış, başkalarının elde edebileceği farklı izlenimlerin yükünü omuzlayıp Yahya Kemal Bey'in kulağına fısıldamıştı:

– Ben meydanda saklıyım; sen tenhâda âşikâr...

Celile Hanım bu sözün bütün gerçeği yansıttığına inanıyordu. Çevresinde yüzlerce hayran ve ilgili insan olmasına rağmen duygularını, düşüncelerini bilen, kavrayan, anlayan kimse yoktu. Çoğu kere ailesinin bile bu duygulara, düşüncelere bigâne kaldığını görüyor, üzüntüsünü içine atarak kendinden emin tavrını sürdürüyordu. Böylesine bir yorgunluğa katlanmak sanıldığı kadar kolay değildi. Ama, büyük bir aşkın içinde olan insanların zaaf göstermeye hakları olmadığını düşünüp teselli buluyordu. Nâzım bile kendini heyecanlı ve tehlikeli siyasî serüvenlere kaptırmış, annesine göstermesi gereken ilgi ve sıcaklığı biraz gevşetip biraz soğutmuştu.

Celile yalnızdı... Bir civcivli meydanda saklanmış gibi yalnızdı...

Yahya Kemal Bey'in, bir tenhâda âşikâr olduğunu düşünüyordu... O herkesin gözünün önündeydi... Yahya Kemal Bey egoistti... Kendi varlığı dışındaki mihraka itibar edilmesine tahammül edemediği gibi, bir başkasının kendi mihrakı dışında olmasına da tahammül edemiyordu. Bu sert ve inatçı bencilliğin en fazla yaraladığı kişi Celile'ydi... Yahya Kemal Bey'in mutlaka bir gün, elinden tutup içindeki sıkıntılı değerleri tahlil edip bir çözüme ulaştıracağını bekliyordu; lâkin tâlihin yâverliğini beklediği günlerin geleceği yoktu...

Celile'nin ilk tenhâsı Paris'te başlamıştı. Paris'teki kısa süreli günlerine döndü. Bu şehir, tenhâda âşikâr olanla, meydanda saklananın el ele gezebildikleri bir hayal içindeydi. Bu hayal Celie'yi iri bir mangalın korları altında kızdırılmış demir gibi sarıyordu. Bu ateş yumağı, dokunulduğu anda insanı başka dünyaların büyüsünde rahatlatacak ilâhî takdir gibi görünüyordu. Yeniden Yahya Kemal Bey'in Paris tarifi aklına geldi. Gönlünün avlusunda şadırvanlar kurulmuş gibi serinledi...

Bu şadırvanın musluklarından birine uzandı. Avuçlarındaki serinlik, sanki çocukluğunda besleme kızların zorla içirdiği soğuk sütün yağlı kokusu gibi damağında donmuş, sabırsızlık ağrısına dönüşmüştü.

Sabırsızlık ağrısı, bir emelin peşini kovalamaktan korkmuş gibi utançlı duygular vermişti. Kendini yeniden Nâzım'ın gözlerini seyreder gibi aynaların maviliğine döndürmeyi düşündü. İçi, belli ki dışının cennetini kilitliyordu. Saçlarını okşadı. Ayna, kızıl bir şafağın gölgesine bürünmüştü.

Paris'te vakit, böyle bir kızıllığın şafağındaydı. Tek kollu ressam, Zaireli fahişenin portresini bitirmiş, dudaklarının ucuna bir savruk gülüş iliştirmişti. Kadın, portresindeki savruk gülüşü pek beğenmiş olacak ki, çirkin kahkahasına seviyeli bir tebessüm kazandırmaya çalıştı. Bu fahişenin gözlerinde bir âşina sabrın kuşu çırpınıyordu. Bu kuşun kanatlarına, Matisse'in, Seurat'nın, Van Gogh'un tablolarını hissettiren empresyonist ışıklar yerleştirilmişti. Tanrı'nın, bilginler ve filozoflar yerine, şairlerin yanında olduğunu söyleyen Gauguin'in gözlemlerini haklı çıkaran çapkınlık üslubunu seyretti.

Portre tamamlanmıştı. İfadenin parlaklığı ve kusursuzluğu Celile'yi etkilemişti. Hatların derinliğinde, efsâneleri hatırlatan tahrik kurnazlığı seziyordu. Bu tahrik birden dudaklarının zincirini çözdü; baskıların hiddetinden kurtulmuşçasına boy verdi. Bir büyük mâcera lezzeti gibi içten, kararlı ve hatırşinâstı...

Bu mâcerayla ürperdi. Nâzım'la arasında çiçekli bir uçurum başlıyordu... Bu mâcerada, fotoğraf makinesinden tek gözle gördüğümüz, ama perspektifini hemen algıladığımız zengin ve derinlikli peyzajın sükûneti vardı.

O derinlikli peyzajın yerini bir iddialı portreyle değiştirdi. Savruk gülüşlü fahişenin gözlerini, saman demetlerini andıran haziran sarısına boyadı... Dudaklarında gelincik tarlalarının ipe çekilmiş kızıllığı duruyordu. Kirpiklerinde, siyahla kahverenginin kavga ettiği bir karanlık çiziliydi. Tılsımın ne olduğunu saklayan bu karanlık çizgi, gecenin yarısında diz çökmüştü. Meydana açılan tenhâlıkta herkesin gizlediği bir âşikâr heyecan vardı.

Sokağın köşesinde barok mimarînin doruklaştığı süslemelerle heyecan veren çeşmeye yanaştı. Yalağın büyük taşlığına yaslanmış her yönüyle renk ve şekil sentezi yaratmış bir yaşlı kadın duruyordu. Zaireli fahişe dudaklarındaki o savruk gülüşü katlayıp, tertipli ve tutumlu bir kasaba dulu gibi özenle bohçaladı. Çeşmenin yanına kadar hayret veren bir ciddiyetle yürüdü. Yaşlı kadının boynunda asılı akordeonu alıp Portekiz balıkçılarının dönüş türkülerini andıran bir ıstıraplı vuslat bahsi açtı. Sesinde, yaşlı kadının hayal ettiği manzarayı kucaklayan konukseverlik ışıldıyordu. Celile, dudaklarının ucuna gelmiş bir şehnaz şarkıda kendini kantara vurdu. Bu kantarın dirhemi nazdı. Göz maviydi, yanak aldı, dudak güldü... Hangi mevsim rastlarsanız rastlayınız Celile'nin gözlerindeki mevsim yazdı...

Gecenin karanlığı koyulaşıyordu. Kirpiklerin gölgesindeki sabırlı siyahlar elânın izlerini bir köşeye itip karanlığın hükümrânlığını kurmuştu. Bu simsiyah gecenin gözbebekleri beyazdı. Sanki insanı ömrün bir yanından alıp öbür yayına götürüyormuş gibi hırçındı. Güzel olan her şeyin bitip çirkinleştiği bir zamanı yakasından tutup çeşme başına getirmişti. Bütün avuçlar yorgun ve açıktı...

Celile Hanım hatıralarında kahırlı bir sitem varmış gibi sustu. Zaireli fahişenin telâşına üzülmüştü. Gönül alıcı birkaç cümleyle bu sıkıntılı durumdan kurtulmak istiyordu. Zaireli fahişenin gözlerinde bir liman vardı. Oraya sığınmayı düşündü. Cesareti kalmamıştı. Zaireli fahişe durumu fark etti. Yeniden o savruk gülüşü bohçasından çıkarıp dudağının ucuna yerleştirdi. Celile'yi bileğinden tutup tenhâ yolun köşesine kaçırmak istiyordu. Sesinde kendini haksız gören, bir hayranlık sitemi gizliydi:

– "Güzel kadınlar sevimsizleşemezler..."

Sokağın öteki ucu tren istasyonuydu. Gecenin yarısıydı ve kimsesiz bir denizcinin barınağı gibi yosunluydu ve balık kokuyordu. Koşup herkesi uyandırmak isteyen yaramaz çocuklar gibi kampanaya asıldı, bütün hırçınlığıyla vurmaya başladı.

Bu kampanada akşam, kahırla çöküyordu. Ömrün köhne vaktinin kanatlarını ayırdı. Kubbenin zemîne vurduğu yerde devler, cüceye dönüyordu. Gökyüzünün o mâvi aynalarının kırıldığını gördü.

Gökyüzü artık siyahtı. Aynaların sırları dökülmüş, gerçeği yansıtan dürüstlükten eser kalmamıştı. Gözlerindeki heyecanın yok olup gideceği kuşkusuna kapıldı. İçinde bir turuncu heyecan filizleniyordu. Kendini yalnız bırakıp cesur bencilliğine döneceği ihtimalini görüyordu. Yüz hatlarında kendi için en doğrunun kendinde olduğunu ispatlamak isteyen kabadayı kibri vardı.

Birden gözlerinin içini güldürdü. Çocukluğunda annesinden dinlediği bir kürdilihicazkâr şarkının bileğini tuttu. Dudaklarında vakitli bir sonbaharın narları şerbetlenmişti. Erken açmış ayva çiçeklerinin sarılığında sabırlıydı...

Bileğini tuttuğu kürdilihicazkârı bıraktı. Bakışlarında sevmediği bir hırçınlığın hasadı vardı. Bereketli başaklar tanelerini döküp rahatlıyorlardı. İçlerinden en irilerini avuçlayıp gökyüzüne saçtı. Gözleri nemleniyordu. Umut ve sevgiyi birlikte büyüten o yorgun güzellik kendini özlemekteydi. Bir sadakat yemini gibi dayanaklıydı. Kararlılıkla üzerine yürüdü. Lezzetin kısa rüyasını birlikte görmüş gibi terliydi. Çâresiz ve mutsuz bir avuntu hissiyle doluydu. Bir akrebin titreyişini andırıyordu. Esaretinin başladığını fark ediyordu ki gözlerinde bu kez sabırlı bekleyişlerin elâsı renklendi.

Celile, en tehlikeli anlarda bile göz korkusu veremeyecek bir rahatlığın portrelerinde değişiyordu. Kırıldığını söylediği o mavi aynalarda kendini seyredip bu tâze heyecanı yeniden yaşatacak kadar güven vericiydi. Aynaya yaklaştığı an birden heyecana kapıldı. Kulağını memesinden tutmuş telaşla bir şeyler arıyordu. Aynada yüzünün değiştiğini, kızıl sakallarıyla Van Gogh'a benzemeye başladığını gördü. Usturayla kulağını kesmeye hazırlanmış gibi korkutucuydu. Kendi eline yapıştı. Hemen kahkahayı koyuverdi:

– "Korkma!.. Bu küçük kulak memesini bir ustura keskinliğine kaptıracak kadar cesur değilim; ama Tahitili küçük kızlar gibi kırmızı güllerle süslenmiş bir portremin yapılmasını isterdim."

Birden, dudak ucuna savruk gülüşün yerleştirildiği portreyi ressamda unuttuğunu fark etti. İkinci kahkahanın sesini daha gür yükseltti. Yerçekimi yok olmuş, nehir tersine akmaya başlamıştı. Sevmenin kadranında zihin hayale dalmış, hasret yüklü zamanın akrepleri uyanmıştı. Belli ki, ölmekle yaşamanın sınırları zorlanıyordu.

Ressamın bulunduğu parka doğru koştu. Gecenin yarısıydı. Serinlik çıkmıştı. Ressam yoktu. Ressamlar yoktu... Park yoktu. Tuvaller, paletler, fırçalar, terebentinler, vernikler yoktu... Boyalar cümbüşlü bir dans akşamının fora edilmiş etekleri gibi çevreye dağılmışlardı. Her birisi kendi özünün güzelliğini bir başkasının mahremiyetinde saklamak ister gibi bir görünmez paletin ahşabında karışmış ve yeni bir yüz güzelliği gibi gökyüzüne asılmıştı.

Büyük serüven zevki veren bu tatlı akşam bitmek üzereydi. Işığa verilen önem kaybolmuş, gölgelerin kuytusunda gizlenen eflatun kelebekler cesaret bulup yollara dökülmüştü. Her acemide hoş görmeye çalıştığımız bu kırık kanatlı akşam, sanki küçük bir "püf" sesiyle koca bir orman yangınına dönmüştü. Gönlünün asmalarından biri kol atmış gibi uzandı. Eflatun kelebek gelip yüreğinin ortasındaki o kızgın demirin koruna kondu. Artık asıl gerçek kaybolmuş, yalan bir dünya gelmişti. O büyük yangın dört yandan çevresini sarmış gibi bastırıyordu. Köksüz, dalsız, gövdesiz bir sonbahar alev alevdi... Bir yılan gelmiş ve sevmenin tuzsuz teninde kabuğunu değiştiriyordu.

Gözlerinde insanı susturan tespit ihtişamı vardı. Cézanne'ın natürmortlarını hatırlatan bin renkli gökyüzünü seyrediyordu. Başını öne eğdi. Şafak, isteksiz bir ıstırabın tanıklığında teslim oluyordu. İçindeki son cümleyi hafızasına emanet bıraktı:

– "Geleceğim sert bir siyahla örtülü..."

Uyandı. Artık hatıralarını o karanlık gecenin sırlarında değil, bir âşikâr meydan ortasında yaşayacaktı. Bu hayallerin yüzlerce rengi vardı. Beyazları Nâzım'a verdi. Sonra Yahya Kemal Bey'le coşkunluk veren bir ipeğin rengini aradı. Elindeki eflatun kelebeği gösterdi. Sonra Van Gogh'un kulağındaki turuncu kanı uzattı... Sonra ikisini karıştırdı. Ispatulanın her ezişinde ortaya binlerce renk çıkıyordu. Hangisinin ucuna parmağını değdirse, bir koca tablo tamamlanmış gibi çerçeveleniyordu.

Hayatı bir izlenimci algıdan, bir vakitsiz şehvete dönüştüren morların hırsına kapılacağı korkusu sırtını titretiyordu. Bir akrep dolaşmış gibi uyandı.

– "Şunu tut" diyen sesi duydu. Sonra her şey kayboldu.

Önce dudaklardaki o savruk gülüşü kaybetti. Sonra turuncu kulak kanının kirlettiği usturayı... Sonra o tenhâ meydanı, sonra barok çeşmenin yalak taşında akordeon çalan Portekizli kadını, tek kollu ressamı, Zaireli fahişeyi...

Her taraf bomboştu. Omuzlarına taşıyamadığı bir ağırlık çökmüştü. Kolları bütün gücünü kaybetti. "Tut şunu" dediği şeyin parmaklarının arasından kayıp gittiğini fark etti. Tenhâ meydanın taşları üzerinde bir dostluk yâdigârı kalmış gibi gülüşler vardı.

Tek kollu ressamın boyadığı Zaireli fahişenin portresi sabahın ilk ışıklarında aydınlanıyordu. İstediği beyazları vermişti. Hepsi, eflatun renkli kelebeğin kanatlarında gezinmiş ve süt beyazından pembe beyaz bir ten güzelliği çıkmıştı.

O savruk gülüşün yerinde şimdi kıpkızıl bir kor parçası duruyordu. Avuçlamak istedi; canının yandığını gören olmadı. Gökyüzünde korların yağmurları başlamıştı. Gölgeler, güneşlerin sırlarında saklanmışlardı. Kara gözlü bulutlar saklambaç oynayan çocukları gibi annelerinin eteklerine gizlenmişlerdi. Bütün evlerin perdeleri sonuna kadar çekilmişti. Marsilya kiremitli damların üzerinde çapkınlığa çıkmış kedilerin iniltileri vardı. Birisine "Merhaba" dedi.

Celile hatıralarında yalnızdı. Nâzım yoktu. Yahya Kemal yoktu... Hiç döllenmemiş kısrakların hırsıyla altın huylu doruklara yürüdü. Yelelerinde, bütünlüğün çizgisini lime lime doğrayan keskin ustura gezinmişti.

Gözlerini açtı. Ucu tenhalara açılan rüya bitmişti. "Sevmek sorumluluktur; özlemek bu sorumluluğu hatırlatan disiplindir" diyordu. Bu sözü ilk okuduğunda ne kadar etkilenmiş, dakikalarca bu sorumluluğu idrâk etmenin ibadetini yaşamıştı. Nâzım'ın Bahriye Mektebi'nden gönderdiği ilk mektubun hasret cümlesiydi. Mektupları okuyan nöbetçi subayı bu tanımlamayı çok beğenmiş olacak ki, cümlenin altını çizmiş ve yanına dikkat çeken kocaman bir asteriks koymuştu: "Sevmek sorumluluktur..."

Yahya Kemal Bey dakikalar boyunca sessizce Celile'yi seyretmiş ve hayranlığını giderek artıran duygularla yüklenmişti. Celile sanki hûşû içinde bir gazelin mısralarında geziniyordu. Artık gazelin tamamlandığına kanaat getirdi. Güldü; sesinde hayranlık ve sitem arası pek kolay anlaşılmayan bir hasret belirdi:

– Haydi Celile !.. Yazdığın bütün mısraları oku... Gözlerinde mefâîlün mefâîlün fâilün var...

Altıncı bölüm

Bir leke sürmedi o gururuna,
Böyle senelerce aşkı uğruna
Durup dinlenmeden döktü kanını
Bütün bir cihanın dört bir yanını
Kulaktan kulağa dolaştı adı,
Bir efsâne oldu aşkının yâdı...

Nâzım Hikmet

Bir emel gurbetinin yoktur ucu;
Dâima yollar uzar, kalp üzülür;
Ömrü oldukça yürür her yolcu,
Varmadan menzile bir yerde ölür...

Yahya Kemal

Yahya Kemal Bey, Teşkilatı Mahsusa hafiyelerinin ziyaretinden işkillenmişti. Neyi öğrenmek için geleceklerini bilmiyordu; ama kendisini üzecek gelişmelerin yaşanacağını hissetmişti. Ziyaretçinin kimse tarafından görünmesini istemediği için buluşmanın gece vakti olmasını talep etmiş, bu talebi Teşkilat tarafından anlayışla karşılanmıştı.

Söylenen saatte ziyaretçinin geldiğini Yahya Kemal Bey'e bildirdiler. Çok vesveseli birisi sayılmazdı ama, tehlikeli günlerin yaşandığı da ihmal edilemezdi. Evhamlı olduğu konular ve kişiler vardı. Geçmişinin bütün sırları biliniyordu. Şimdi kimler, hangi gerekçeyle kendisini tedirgin edecek konulara dönüp bu sıkıntılı günleri yaratmaktaydı.

Gelen kısa boylu, şişman birisiydi. Onun da dilinde Üsküp lehçesini andıran şeddeli titreyişler dikkat çekiyordu. Görünüşü saf bir hayrat hademesine benziyordu. Yahya Kemal Bey'e biraz da hemşeri hukukunda yaklaşmış gibi davranıyor ve daha işin başında şairin güvenini kazanmak istiyordu. Celile Hanım'la olan aşkının dillere destan olmasının önemini uzun uzadıya anlatıyor ve şairin tek bir hareket göstermeyişinden rahatsız oluyordu. Feleğin çemberinden geçmiş hafiyenin tecrübeleri zorlanmaktaydı. Yahya Kemal Bey âdeta sfenks gibi oturduğu yerde duruyor, hafiyenin anlattıklarından tek kelime kaçırmamak için bütün dikkat ve gayretini sarf ediyordu.

İşin özeti, Teşkilatı Mahsusa Yahya Kemal Bey'i büyük aşkının kendisine tehlikeler getirebileceği konusunda ikaz ediyordu. Hafiyenin gerekçeleri açıktı ve ısrarlı biçimde aynı kelimelerle tekrarlanıyordu. Celile Hanım, Mehmed Nâzım Paşa'nın geliniydi. Ve Mehmed Nâzım Paşa, İngiliz Muhipleri Cemiyeti'nin başkanıydı.

Üstelik Celile Hanım, bu cemiyetin tellâllığını yapan Said Molla'yla endişe verici ilişkiler içindeydi. Ayrıca oğlu Nâzım Hikmet şiirlerinin bazılarını İngiliz Muhiplerinin gazetesi *Alemdar*'da yayımlayarak sanki ailenin geleneğini sürdürmekteydi. *Alemdar* gazetesi Millî Mücadele'ye karşıydı ve Millîcileri vatanın hainleri gibi görüyordu.

Yahya Kemal Bey anlatılanların ispatlanabilir şeyler olduğunun farkındaydı. Ama basit bir akrabalığın, âdeta Millî Mücadele'ye karşıymış gibi gösterilmesini gülünç buluyordu. Said Molla'dan hoşlanmıyordu. Mehmed Nâzım Paşa'yı ise kendi hayatında önemsenecek bir yere oturtmamıştı. Şimdi bu saçma ihbarı ciddiye alıp delicesine sevdiği kadından uzaklaşmasını kim kendisinden isteyebilirdi.

Yahya Kemal Bey, hâlâ tek kelimeyle hafiyeye neden böyle bir ikaza gerek duyduklarını sormamıştı. Sormaya da niyetli görünmüyordu. Başından geçen benzer bir hadisenin ne kadar hazin ve acı dolu günler yaşattığını biliyordu. *İkdam* gazetesindeki bir yazısı üzerine Yakub Cemil'le ilişkisi olabileceği düşünülmüş ve şaire çok sıkıntılı günler yaşatılmıştı. Yahya Kemal Bey Teşkilatı Mahsusa'nın Osmanlı hayatındaki yerini ve önemini yakından tanımıştı. Bu teşkilat şimdi Celile'yle ilişkilerini dikkatle gözden geçirmesini söylüyordu. İşin gerçeği, Teşkilat, Yahya Kemal Bey'in Celile'den uzaklaşmasının kendisi için iyi olacağını söylemiş ve kararı kendisine bırakmıştı.

Yahya Kemal Bey'in ağzından tek bir cümle döküldü:

– İyiliğiniz için teşekkür ederim.

* * *

Çine Çayı hırçın akardı. Vakitli vakitsiz köpürüp coşar, bazen zıvanadan çıktığı olurdu. Ama, hırsını içinde gizler, ahali uykuya çekildikten sonra başını taşlara vurarak bereketli ovanın ortasında süzülüp giderdi. Sabah uyananlar Çine Çayı'nın gece hırçınlığıyla dönümlerce toprağı alıp götürdüğünü görürlerdi. Bereketin böylesine ihmalkâr biçimde denize sürüklendiğini görenler Çine Çayı'nı zalim bir kadın gibi görüp yaklaşmaktan ürkerlerdi. Üvey babası okul dönüşlerindeki sohbetlerinde Çine Çayı'nı örnek gösterir; "Kimse senin köpürdüğünü görmesin Müyesserim; sâkin insanın korkuttuğu göze uyku girmez" derdi.

Müyesser sâkin kadındı.

Bahçenin dört köşesine yerleştirilmiş lüks lambalarının ışığında bir bahtiyar sükûnet vardı. Safinaz, incir işçisi Bilâl'le evleniyordu. Düğünün atölye bahçesinde yapılmasını Ahilya Efendi istetmiş, "Bilâl oğlum gibidir; kızını bana emanet et Müyesser Hanım" diyerek kırılmayacağına emin olduğu bir taleple işi bitirmişti.

Ahilya Efendi, Giritli'ydi. Dedesi, dedesinin dedesi, karısının dedesi hep Girit'ten göçüp gelmişler, Ege'nin küçük kasabalarına yerleştirilmişlerdi. Ahilya Çineli'ydi. Bu küçük kasabada doğmuş, büyümüş, işini bu bereketli topraklarda kurmuş, geliştirmişti. Bölgenin en büyük incir işleme atölyesinin sahibiydi. Yanında çeşitli kasabalardan gelmiş işçileri çalıştırır, hepsinin hakkını korumasını bilirdi. Çalışanların çoğu İştirakiyuncuydular. İlk Amele Şûrası için Müyesser işçilerle konuşmak için geldiğinde Ahilya, hem işçilerini göndermiş, hem de "Ben de gelip dinlemek isterim; dünyada olup bitenden uzak kalmak istemem" demişti.

Nikâhı, Çineli imam kıydı. Gözlerinin içi gülüyordu. Safinaz'ın saçları özenle taranmış, iki yandan sarkan örgülerin ucuna gelin tellerinden fiyonklar yapılmıştı. Müyesser Abla, annesinin kendisine düğününde giyersin diye diktirdiği elbiseyi yüklükten indirmiş ve Safinaz'a giydirmişti. Elbisenin göğüs kısmı altın sırmayla süslüydü. Üçeteğin üzerine giyilen çuha cepkenin üzerine sümbüller, menekşeler, laleler işlenmiş, iri göğüslerinin üzerine birer buket çiçek deseni yerleştirilmişti. Başındaki hotoz mercan taşlarıyla süslenmiş, karanfil oyalı krep baş örtüsüyle donatılmıştı. Safinaz, karanfiller, menekşeler, güller, laleler içinde bir bahar sabahıydı. Sarı çediğin üzerine pembe mineler işlenmişti. Uçkurunun önüne hayat ağacının bereket motifleri konmuştu. Bu göz alıcı şekiller, evliliğin bereketli olacağının ilk umudunu haykırıyordu.

Bilâl, Ahilya Efendi'nin diktirdiği damatlık içindeydi. Boyunbağının üzerinde altından işlenmiş bir ay-yıldız vardı. İzmir'den getirtilen rugan pabuçlar dar geldiği için arkasına basması istenmişti. Bilâl ayakkabının güzelliğine kıyamamış, gerdek döşeğinin altına saklamış; Madam Despina'nın getirdiği terlikleri giymişti.

Bahçe dört koldan çevrilmişti. Ortada büyük bir atölye, ileride yan yana dizilmiş depolar vardı. Çamlık denilen yerin önünde Ahilya Efendi'nin konağı inşa edilmişti. Üç beş basamakla çıkılan geniş eşiğin iki yanına iki dorik sütun konulmuştu. Basamakların önünde bir geniş havuz vardı ve fıskıyesinden yükselen damlalar hafif meltemle birlikte misafirlerin üzerine sıçrıyordu.

Konağın iki yanından bahçeye girenler sevinçli bir musikiyle düğünü şenlendirdi. Edirneli klarnetçi belediye bandosundaki arkadaşlarıyla sözleşip Müyesser'i mutlu edeceklerine inandıkları için düğüne gelmişlerdi. Sazların ahenginde gönül coşturan zeybek vardı. Bilâl, Safinaz'ın elini tutup Müyesser'in yanına geldi. Gözlerindeki mutluluk paylaşılmaya hazırdı. Müyesser, Safinaz'ın mürüvvetini görmekten sevinçliydi ama çevreye hiçbir şey belli etmemeye çalışıyordu. Bilal eğilip Müyesser'in elini öptü:

– Haydi anacığım! Birlikte oynayalım.

Müyesser ayağa kalktı.

Müyesserle birlikte herkes ayağa kalktı. Ahilya'nın elini tuttu. Birlikte ortaya yürüdüler. Safinaz ile Bilâl yanlarındaydı. Dağ gibi dört zeybek, dört koldan bahçenin bereketli toprağına diz vurdular...

Madam Despina içerden getirdiği udu Ahilya'ya uzattı:

– Haydi! Birlikte çalın...

Ahilya ile Edirneli göz göze geldiler; aynı anda şarkıya başladılar:

Katreyiz âlemde lâkin dilde deryâ olmuşuz...

Erzurumlu İbrahim Hakkı Efendi'nin fâilâtünleri, Ahilya Efendi'nin dizlerinde müsemmen usulünün düm tekleriyle vuruluyordu...

Ahilya'nın gözlerinde iki damla yaş vardı. Müyesser yanındaki Madam Despina'ya döndü:

– Ahilya ağlayacak galiba, baksana sesi bile nemli.

Madam Despina altta kalacak cinsten değildi:

– Ahilya vefalı adamdır. Onun damlalarında millete saygımızın, vatana şükranımızın arzları vardır...

* * *

Gecenin yarısıydı. Yahya Kemal Bey uyuyamıyordu. İngiliz Muhipleri Cemiyeti, uzun süre imparatorluk üzerinde vesayet kurmuş İngiltere'nin çıkarlarını koruyan bir ihanet kadrosuydu. Bir yandan İttihatçı avına çıkmış, öte yandan Yunan ordusunun Anadolu içlerine yayılmasını sağlayacak tertipler almıştı. Osmanlı Devleti'nin can çekiştiği günlerde İngiliz lirasıyla İngiliz çıkarlarını savunan Türkler tarafından kurulmuştu. Cemiyet, biri Osmanlı ve Müslüman, diğeri İngiliz ve Hıristiyan iki kişinin yönetimindeydi. Said Molla ile Papaz Frew el ele vermişler, imparatorluğu İngilizlerin emellerine âlet etmeye uğraşıyorlardı. Tek hedefleri vardı: Millî Mücadele'yi çâresiz bırakacak her yolu denemek...

Celile işte bu Said Molla'yla ahbaptı. Mehmed Nâzım Paşa bu cemiyetin başkanıydı. Celile bu paşanın geliniydi. Kimse kocası Hikmet Bey'i ciddiye almamış, ancak Celile Hanım Türk edebiyat muhitlerinde ve sanatkârlar arasındaki yeri ve önemi itibariyle üzerinde mutlaka durulması gerekli bir hedef olarak seçilmişti.

Nâzım'ın cebine koyduğu mektubu hatırladı. Bu mektubu aldığı gün nasıl bir çırpınmayla duygularını sıygaya çektiğini hatırladı. O mektubu gizlediği yerden alıp yeniden okumak istedi. Nâzım bu mektubunu Yahya Kemal Bey'in palto cebine koymuş ve sert bir lisanla durumunu hatırlatmıştı:

"Hocam olarak girdiğiniz bu eve babam olarak giremezsiniz..."

Mektuplarını koyduğu kutunun içinde başka mektuplar da vardı. Celile'nin kendisine gönderdiği küçük el notlarını bile büyük özen içinde saklıyor ve tarih sırasına koyulmuş şekliyle muhafaza ediyordu. Bu mektupları zaman zaman yeniden okuyor ve her seferinde aynı heyecanları yaşıyor, aynı lezzetlerle duygulanıyordu. Hele bir tanesini, ne zaman bir ilham kısırlığı hissetse, mutlaka okuyup zorluklarını giderdiği bir edebiyat sığınağı gibi görüyordu.

Gerçekten Celile Hanım, Yahya Kemal'le kuracağı yuvanın hayaliyle her şeyden elini eteğini çekmiş, ailesini ve çocuklarını ihmal pahasına bütün vaktini Yahya Kemal'i mutlu edecek şeylerin gerçekleşmesine tahsis etmişti. Yahya Kemal gibi büyük bir şairin İstanbul'un neresinde oturmayı arzulayacağını tahmin etmek bile başlı başına hadise olmuştu. İstanbul şairi acaba nereyi severdi? Nasıl bir konak olmalıydı? Duvarların rengi, mobilyaların stili, perdeler, halılar tek tek düşünülüyor ve hiçbirinin en ufak ayrıntıda üstadı rahatsız edecek zaafa düşmemesine özen gösteriliyordu.

Evlenmelerinin artık eşiğine gelinmişti. Celile, bütün günlerini şairi mutlu edecek şeyleri sağlamakla geçiriyordu; ama, Yahya Kemal Bey'de bu bahsi hızlandıracak ne bir tavır, ne bir söz, hatta tek bir imâ dahi yoktu. Yakup Kadri, bir süre sonra, Yahya Kemal'in Celile'ye olan aşkının bir korkunun pençesinde yıpranmakta olduğunu fark etmiş ve bu aşkın hüsranlı geleceğini etrafa anlatmakta beis görmemişti. Yakup Kadri, sesini biraz da yükselterek kesin hükmünü vermişti:

– Yahya Kemal, bu kadar dile düşmüş bir kadınla evlenecek cesarete sahip değildir. "Etraf ne der" endişesiyle hayatının aşkından vazgeçecek kadar hodkâmdır.

Gerçekten bütün işlemler tamamlanmış, iş, sadece Yahya Kemal Bey'in evlenmesine bir engel bulunmadığına dair nüfus memurluğundan bir vesikanın getirilmesine kalmıştı. Bunu bildiren küçük bir notu Yahya Kemal Bey'e göndermiş ve altını bir kadının bir erkeğe sunabileceği sıfatların en kutsalıyla imzalamıştı: "Karıcığın..."

Bugün pazar; belki gelirsin diye üç vapurunu pencerede bekledim. Gelmedin mahzun oldum.

Verdiğin konferansa gelmedim; kalabalıktır memnun olmazsın diye; fakat aklım hep sendeydi...

Çok çok göreceğim geldi; beni niye aramadın, sana gücendim canımın içi, pek göreceğim geldi...

Ben o günden beri, yani salı gününden beri evdeyim, dikiş dikiyorum. Evimiz için çalışıyorum.

Sen ne yapıyorsun, benim artık tahammüle, sabra mecalim kalmadı.

Nikâh için annem seni görmek istiyor. Behice Hanım'a gidecek seni bulduracak. Sen ne zaman ararsa evde bulunursun zannediyor. Bize sen gel, mektubu alır almaz bize gel...

Benim nikâh muamelem oldu. Şimdi senin evlenmeye engelin olmadığını belirten bir kâğıt istenmiş. Annem sana söyler. Bir kere nikâh olsa bize misafir gelirsin, oturur konuşuruz. Odamız sıcacık, soğuklar oldukça hep seni düşünüyorum. Sana arzu ettiğim gibi ne zaman bir yuva yapacağım. Canımın içi pek çok göreceğim geldi, hemen gel...

Binlerce güzel gözlerinden öperim...

Karıcığın,
Celile...

Yahya Kemal Bey, hatıraların sıkıntısına tahammül gösterecek birisi değildi. Beklemediği anlarda omuzlarına konan en küçük sıkıntıyı bile taşıyacak durumu yoktu. Sanki o koca gövde kaybolup, yerini hafif ve dayanaksız bir kuş tüyü alıyordu. Sevmek, sevgisinde aşırı ölçülere kapılmak, insanlar içindi. Başkalarını bu sevginin etrafında rahatsız edecek tavırlara büründüğü zamanlarını bile affedilebilir buluyor, kendi duygu ve düşüncelerine toz kondurmuyordu. Mesele, Celile'yi böyle derinden ve denetlenemez arzularla sevmesiydi.

Yakup Kadri haksız değildi; Celile, Yahya Kemal'in derbeder hayatında mutlu bir dönüm noktası olmuştu. Duygular, düşünceler, bütün güzel ve huzur verici kalıplarından çıkıp, acıların, kıskançlıkların, kuruntuların kahredici ruh krizlerine dönmüştü. Sevgilerin lezzetiyle çevrelediği Celile için, şimdi, yeni bir acı daha omuzlarına yükleniyordu. Sabah gelen Teşkilatı Mahsusa hafiyesi, işi küçük Nâzım'a kadar genişletmişti.

Nâzım'ın şiirlerini, *Alemdar* gazetesinde, *Ümid* mecmuasında yayımlaması bile Yahya Kemal'in gözünü korkutmak için kullanılmıştı. *Alemdar*, Millîcilere karşıydı; *Ümid* ise, Damat Ferid'in kontrolündeydi. Hafiyenin anlattıkları çocukça şeylerdi. Belli ki marazî bir ruh, edebiyat meraklısı genç bir şairin dünyasını karartacak her fırsatı kullanarak Celile'yi ve Nâzım'ı zorluyordu. Bu ipe sapa gelmez sözlerin hiçbirine itibar edilemezdi.

Nâzım'ın ve Celile'nin Millîcilere karşı olduğunu gösterebilecek tek bir örnek bile bulmak mümkün değildi. Aksine Celile, Ziya Gökalp Türkçülüğü ile Dr. Nâzım Osmanlıcılığının sevdâlı idrâk terkibiydi. Celile bu terbiyeyi, İttihat Terakki düşünceleri henüz cemiyetleşmeden önce Selânik'te almıştı. O terbiyenin iddialı adamlarını babasının yanında görmüş, çoğunu yakından tanımış ve hattâ hepsinde sevimli bir Osmanlı erkeğinin kadına saygılı davranış ciddiyetindeki gizli arzuyu sezmişti. Nasıl oluyor da cemiyetleşen İttihat Terakki şimdi bu onurlu vatan idrâkini zorluyordu?

Bu idrâk zorlaması, bugün Yahya Kemal Bey'in yakasına yapışmıştı. Sevdiği kadını terk etmesi için, âdeta bir girdaba itiliyordu. Quartier Latin kahvelerinde tanıdığı bir genç Fransız şairin söyledikleri kulaklarında çınladı. Aradan yıllar geçmesine rağmen genç şairin sözündeki gerçeği kabul etmiş, ama, bencil bir tebessümle önem vermiyormuş gibi geçiştirmişti... Fransız şair, sarhoşluğunun ilk ayılma ânında Yahya Kemal Bey'e yayvan bir dille hitap etmişti:

– Agâh!.. İyi bir şair ayrıntıları mutlaka gözlemelidir. Teşbihteki ihtişama değil, mânâdaki isabete itibar et...

Daha sonra bu sözleri neşeli bir sofra sohbetinde Abdullah Cevdet'ten işitmiş ve bütün neşesini kaçırmıştı. Abdullah Cevdet'in sesi sadece kızgın değil, aynı zamanda alaycıydı. Abdullah Cevdet, Yahya Kemal'in teşbihlerindeki ayrıntıyı, tespitlerinde de görmeyi beklediklerini söylüyor, sonra genç şaire bir takvim veriyordu:

– Henüz geçsin; vaktin var. Unutma bu bir hayat disiplinidir...

Yahya Kemal'in hâneberduş olduğu söyleniyordu. Muntazam bir hayata elverişli olmadığı dillerdeydi. Tertipli bir aile hayatına razı olacak tahammülü yoktu. Nerede akşam, orda sabah teklifsizliğini bir hayat tarzı haline getirmişti. Sorumluluktan uzak kalmanın her fırsatını sonuna kadar kullanmakta tereddüt etmiyordu.

Yahya Kemal Bey, bu ayrıntıyı gözden kaçırmamıştı; sadece böylesi işine geldiği için kimsenin üzerine gelmesine fırsat vermeyen sertlik içinde bütün suçlamaları baştan önlemişti.

Teşbihlerin, istiarelerin bolluğuna aldanıp Yahya Kemal'i iflah olmaz bir romantik sananlar yanılıyorlardı. Yahya Kemal, yaşadığı hayata aldanmadan bakabilen bir realistti. Ve hayatın bütün hakikati karşısındaydı.

Her insanın hayatındaki gerçekler gibi, Yahya Kemal Bey de, geçmişine kaçıp, sıkıntılı anları için gerekçeler yaratabilirdi. Açıkçası Yahya Kemal, kendini Celile'nin elinde rehin alınmış hissediyordu... Sorun buydu; bu sorundan kurtulmak gerekirdi. Başarabilirse kurtulabilirdi. Bu kurtuluşun mâcerası için gerekli tek gücü vardı: bencilliği...

Yahya Kemal Bey bu bencilliğine güvenmiş ve Celile'yi yüzüstü bırakıp terk etmişti...

* * *

Sabah ezanıydı...

Müyesser'in evinde ışık vardı. Ürkerek uyandı. Tekin olmayan günlerdeydi. Aşağı inmeye hazırlandı. Sofada tertipli davranışın küçük gürültüleri duyuluyordu. Temkinli adımlarla merdivenlerden inmeye başladı. Birden ışıklar yandı. Safinaz elindeki kahve tepsisiyle merdiven başında bekliyordu. Düğün gecesinin en erken saatinde gelmişti. Gözleri sevinçli bir haber gibi ışıl ışıldı:

– Sabah kahvesi getirdim abla!..

Müyesser, onurla Safinaz'a sarıldı. Nice yılların İştirakiyuncusu, lezzetli bir iftihar sabahında sanki diz çöküyordu. Kıvançlı gözlerini ıslatmıştı. Sarsılarak ağlamaya başladı. Safinaz'ın gözleri kupkuruydu. Geçmiş günlerde öylesine çok ağlamıştı ki, sanki gözpınarlarından dökülecek tek damla kalmamıştı. Ayağa kalktı. Bir gururu nasıl dillendireceğini Müyesser'den öğrenmişti. Giderken merdiven basamağına bıraktığı beyaz sabun kalıbını aldı; Müyesser'e uzattı:

– Bilâl kıpırtılı adamdır, abla...

* * *

İnsanın içine serinlik veren bir pembeyle evin cephesini boyamışlar ve kemerlerin, kapı kenarlarının ve pencere çerçevelerinin tamamını kızıla çalan bir kahverenginin koyuluğunu yerleştirmişlerdi. Macar ustaların aylar süren özenli çalışmaları tamamlanmış ve Çakırbeyli Çiftliği'nde Adnan Bey'in yaşayacağı ev tamamlanmıştı.

Kapıda üç kurbanı yan yana dizdiler. Bembeyaz önlükleriyle kasaplar keskin bıçaklarını çektiler. Tekbirler altında evin toprağına kurban kanı döküldü.

Adnan Bey, tertipli adımlarla evin eşiğine geldi. Kapıyı ardına kadar açtılar. Adnan Bey içeri girdi ve aile büyüklerinin ruhuna fâtiha okudu. Dışarı çıktı ve sevdiği insanların arasına karıştı.

Müyesser'in gözleri gülüyordu. Adnan Bey'e yanaştı:

– Hayırlı olsun Adnan Bey! Artık evlenmenin vakti geldi...

Ilık bir ağustos sabahıydı; Ankara tedirgindi. İstanbul tedirgindi. İzmir, Bursa, Konya, Denizli tedirgindi. Türkiye tedirgindi...

Aydın da tedirgindi...

Çakırbeyli Çiftliği, geceyi huzursuz geçirmiş, sabahın ilk saatlerinde korkulu bir dünyaya uyanacağı endişesiyle herkes tedirgin beklemişti. Şafağa kadar bu huzursuzluk kentin tenine işlemiş, insanlar hüzünlü bir bekleyişle rakkas gibi salınıp durmuştu. Aydın'ın tedirginliği, Ankara'nın tedirginliğiydi. Kel Ali, Gâzi'ye kıymaya kararlı cânileri İzmir'de astıktan sonra, İttihatçıların hesabını görmek için Ankara'ya gitmişti. Günlerdir süren duruşmalar sonuçlanmış, İstiklâl Mahkemesi kararını vermişti. Güneşin doğuşuyla birlikte eski Maliye bakanı Mehmed Cavid Bey, Doktor Nâzım, eski Bayındırlık bakanı Nâil ve sergerde İttihatçı Hilmi Bey asılacaktı. Bu karar, Cumhuriyet'in âkıbetini tayin edecek kader hükmü olarak tanıtılmıştı.

Şehir Kulübü'nün bahçesi, çok erken saatlerden itibaren Aydın eşrafının akınına uğramıştı. Herkes hüzünlü infazın haberini bekliyordu. Geniş gövdeli ağaçların gölgelerine yerleştirilmiş hasır koltuklar tamamen dolmuş, arıların toplandığı incir ağaçlarının altına serilen halılarda bile oturacak yer kalmamıştı. Şerbetli incirlerin kokusunda bu kahırlı bekleyişin sıkıntısı vardı...

Adnan Bey telaşla gelmiş, hatırı sayılarak kendisine teklif edilen ilk koltuğa oturmuştu. Çineli hocanın, sesinde dostça bir dâvet vardı:

– Buyur Çakırbeylim! Şöyle otur. Ben şu iskemleye ilişirim.

Anadolu terbiyesinin inceliklerini hazmetmiş hocanın nâzik davetinde hemen fark edilen bir hayranlık hissediliyordu. Adnan Bey başını sallayarak hem teklif edilen sabah kahvesine, hem koltuğa teşekkür etti. Gözlerinde sabırsız bir endişe ile kükremeye hazır asabiyetin pususu vardı.

Kendisinden yaşça büyük hocanın böyle hatır sayarak koltuğunu verip küçük bir iskemleye razı olmasından duygulanmıştı. Aslında bencil olduğunu biliyor ve böyle iltifatlara fazla itibar etmiyordu. Her hizmeti, her koşulda hakkının teslim edilmesi gibi görüyor ve sudan bir teşekkürle geçiştiriyordu. Bu defa farklı davrandı; hocaya bir iki iltifat cümlesiyle gönül alıcı şeyler söyledi... Sonra asıl konuya girip Çineli hocayı iskandil etmek istedi.

– Çineliler ne diyor bu işe hocam? Acıyor mu, kızıyor mu? Sevineni olduğunu sanmıyorum.

Çineli'nin sesinde temkinli davranışın kurnazlığı seziliyordu. Ege ahlâkında terbiye görmüştü; sabrı tavrıyla dikkat çekmekteydi. Öyle ilk adımda açık verecek türden değildi. Hayranlık duyduğu Çakırbeyli'nin gerçek duygularını henüz kestirememişti. Acaba üzgün müydü; acıyor muydu, kızıyor muydu? Bunları tam cevaplayacak gözlemleri olmasa bile Çakırbeyli'nin bu işe sevinmediği yüzünden belliydi. Bu soruya cevap verirken bu tahlilin derinliğini dikkate alması ve ona uygun şeyler söylemesi gerektiğini düşündü:

– Hayat bu Çakırbeylim! Anadolu duygusunu, düşüncesini hemen belli etmez. Bekletip, sindirmeye meraklıdır; ama haklısın, bu işe sevinmediğini ben de biliyorum...

Adnan Bey, bu temkinli konuşan hocanın aslında, çok akıcı dille memleket meselelerini cuma hutbelerinde dile getirdiğini görmüş ve bu yaşlı adamın öyle denildiği gibi sıradan bir kasaba imamı olmadığını anlamıştı. Kelimeleri, kavramın bütün değerlerini aktaracak şekilde en uygun yerinde en etkileyici kıvamda kullanıyordu. Hattâ fırka meclisinde konuşan iddialı bir Dersaadet mebusunun sözlerine müdahale ederek herkesin dikkatini çekmişti:

– Hatip efendi! Hatip efendi! Tenakûz ile tezat farklı şeylerdir. Hitabetinizdeki mânâ kayboluyor...

Sonunda haber geldi. Hüküm infaz edilmiş ve Cumhuriyet kurtulmuştu. Haberi getiren polis memuru, bekleyenlerin mutlaka sevineceklerini varsayarak pişkin bir tellâl havasıyla bağırdı:

– Dört kellenin dördü de sallanmış. Hâinleri asmışlar!..

Çineli'nin yüzü gerildi, sözü esirgemenin sırası değildi. Sesini sertleştirdi:

– Ayıptır efendi, ayıp!.. Milletin hicrânından utan...

Sonra irkildi. "Etrafı karıştırmanın âlemi yok" diye düşündü. Aydın eşrafı, tüccarı, memuru, çiftlik ağaları dağılmaya başlamışlardı. Adnan Bey'e yanaştı:

– Biliyor musun Çakırbeylim, sana baktıkça aklından geçenleri gözlerinden okuyorum.

Adnan Bey'in gözlerinde henüz farkına varılmamış bir hırçınlığın fırtınası vardı. Bu fırtına birden eserse etrafı altüst edebilirdi. Hoca efendi temkinli davranışın gerekli olduğu günlerin farkındaydı ve hayranlık duyduğu bu genç çiftlik ağasına kanat geriyordu. İçindeki sıkıntılı iklimi değiştirip, kendini de ayıplayan bir vicdan muhasebesine girdi:

– Onlar için sen yakınma Çakırbeylim... Bu onların hayat tarzıdır...

Adnan Bey, düşüncelerinin hemen kavranmış olduğunu gördü. Gözlerinde mutluluk vardı. Anlaşılmış olmaktan memnundu. Dört vatan evlâdının yağlı ipte sallandırılışını Cumhuriyet'in bekası gibi gören mahkemeden utanmıştı. Yaranma duygusuyla çığırtanlık yapan bir sorumsuzluk belli ki Ankara'da kol gezmekteydi. Hoca efendi de bu duyguyu kavramış ve Adnan Bey'i rahatlatmak istemişti:

– Mağfiretin, siyasete itibarı yoktur.

Adnan Bey, böyle kesin bir teşhisle düşündüklerini kavrayan gün görmüş Çineli'yi sevmeye başladı. Ona hayatın "âlem" ve "ahret" idrâkini tartışan bir siyaset bahsi açması gerektiğini düşündü.

– Biliyor musun hocam! Hayatın bir âsûde ritmi, bir de istisnaî tarafı vardır. Sıradan insanlar, o âsûde ritmine uyarak yaşarlar; istisnaî tarafını, yâni, hayatın bir de görünmeyen arka yüzü olduğunu fark edemezler.

Adnan Bey, hoca efendinin istediği kıvama gelebileceğini fark etti. Artık söyleyeceklerinin dozunu artırabilirdi:

– Sıradan insan mutluluğu tanımaz; sadece keyiflenmeyi bilir. Mutluluk, bedel ödenerek yaşanabilen duygudur.

Hoca efendi, minberde vaaz ettiği günlerin havasına döndü. Karşısındaki cemaati, istediği düşüncenin etrafında topluyor ve küçümsenen insanların yaşamını istediği yönde biçimlendiriyor, biraz da renk katıyordu. Adnan Bey'in dediği doğruydu. Hayatın bir asûde ritmi, bir de arka yüzündeki istisnaî heyecanı vardı. Bu heyecan, ahretin sükûnetine kadar insanı hayata bağlayan âlemdeki tahammülün tarifiydi. Şimdi bu tarifle Adnan Bey'in üzerine yürümek istedi:

– Sevgili Çakırbeylim! Hayatı âlemin hiddetiyle değil, biraz da ahretin sükûnetinde düşün; belki de ömür dediğin...

Adnan Bey cümlenin tamamlanmasını beklemeden cevapladı. Mistik terbiyenin seviyeli mümessiline bir dünyevî hatırlatma lezzeti tattırmak istiyordu:

– Hoca efendi! Ne ahretin sükûneti, ne âlemin hiddeti gidenleri getirmiyor. Hiçbir şey artık gözümü korkutmuyor... Siyasette yol, bazen ölüme kadar uzanır...

Hoca efendi güldü. Sakalını sıvazladı. Gözü korkmayan adam olmanın sadece şöhretli bir ağa imtiyazı olmadığını hatırlatan ifadeyle tartışmaya nokta koydu:

– Sevgili Çakırbeylim! İmam olduğuma bakıp aldanma, ben ahretin değil, bu âlemin adamıyım. Haydi eyvallah!..

Kapıya doğru yürürken Adnan Bey söylediklerinden rahatsız oldu. Gönül alıcı bir iki sözle hocayı durdurmak istedi:

– Gel hocam! Telaşlanma; ahret bize henüz çok uzak.

Hoca efendi güldü:

– Haklısın Çakırbeylim! Lâkin, âsûde hayat ile inzivayı karıştırma...

Adnan Bey irkildi. Kendisini âdeta miskinler tekkesinin mensubu gören hoca efendinin sözlerini ağır buldu. Hayatın hem âsûde ritmini, hem istisnaî lezzetini yaşamış olmanın rahatlığı içindeydi. Hoca efendinin sözlerini haksız verilmiş karar hiddetiyle reddetti:

– Hayır! Bunlar doğru değil...

Hoca efendinin biraz da alaycı dille söylediği gibi, inzivada olduğu söylenemezdi. Çakırbeyli'de âsûde bir hayatın hakkını veriyor, ama, için için patlamaya hazır bir volkan gibi kendini yetiştiriyordu. Cumhuriyet henüz üç yaşındaydı. Emekleme yıllarını tamamladığında Adnan Bey, Çakırbeyli ağası olarak olgunlaşmış deney ve yetenekleriyle siyasetin dağdağalı hayatına tâlip olacaktı. Bu maya içinde vardı. "Hayır bunlar vatan haini değildir" derken, bu sabah asılan dört insanın vatana hizmet ettiği yılların muhasebesini yaparak verdiği hükmü haykırıyordu. Bu sefer daha cesur bir sesle tekrarladı:

– Hayır! Bunlar doğru değil...

Doğru olmayan neydi? Adnan Bey hangi gerçeğin sırdaşlığında söylenenlerin doğru olmadığını haykıracaktı.

Mustafa Kemal'in canına kasteden üç beş gözü dönmüş katilin suikastıyla, bu sabah asılan dört İttihatçı'nın aynı tertip içinde olduklarını düşünmek Adnan Bey'in içine sindirebildiği hüküm olamazdı.

26 ağustos gece sabaha karşı, darağacına çıkarılan dört İttihatçı'nın, memleketini, milletini seven vatanperverler olduğuna inanmıştı. Hiçbir hüküm bu inancını değiştiremezdi. Elbette ki, insan olarak hataları olabilirdi. Ama vatan haini olduklarına kimse inanmazdı. "Gâzi bile vatan haini olduklarına inanmaz"

diye içinden geçirdi. Bunu bir teselli gibi söylemek istemiş, sonra sadece kendi içinde sükûnet arayan sabrıyla susup saklı tutmuştu.

Cebeci hapishanesinin önünde âdeta bir hiddet teşhiri gibi gerçekleştirilen infaz, Adnan Bey'in beklediği Cumhuriyet bekası olamazdı. Doktor Nâzım'ın Selânik Belediye Hastanesi'nde karşılaştığı bir fahişenin ölüm ânında söylediği sözleri hatırladı. Güzel yosma, karantinanın kuytu köşesinde hayata veda ederken, Doktor Nâzım'ın kulağına fısıldamıştı:

– Bir insanın mesut ölmesi ile müsterih ölmesi farklı şeydir, doktor!

Adnan Bey, bu sözün gerçeğinde mükemmel bir Doktor Nâzım tarifi bulmuştu. Bu Doktor Nâzım artık yoktu. Ebediyetin koyununda müsterih olduğuna inanıyordu. Onu ilk tanıdığı günleri hatırladı. Uzak bir akraba saygısı içinde tanımış ve hayran olmuştu. Doktor Nâzım, İttihat Terakki'nin rûhuydu, bedeniydi, zihniydi. Bütün heyecanlar, bütün ümitler Doktor Nâzım'ın tavrına ve kararına göre değerlendiriliyor, İstanbul'un her hareketi Nâzım'ın yorumlarına göre biçimlendiriliyordu. Doktor Nâzım, Vardar Ovası'nın, İzmir'deki mümessiliydi.

Adnan Bey, Doktor Nâzım'ı İzmir'de, İttihat Terakki Lisesi'ne gittiği yıllarda tanımıştı. "Tütüncü Yakub" adıyla kendini gizleyen bu iddialı İttihatçı, İzmir'in bir kenar mahallesinde her hareketi hadise olan dev adam hüviyeti kazanmıştı. Görünüşü belki biraz kaba, tavırları sinirli, kılığı pejmürde, düşüncelerinde inatçıydı, ama, vatanperverliği tartışılmayacak kadar sağlam ve seviyeliydi. İlk gördüğü gün verdiği hükmü hiç değiştirmemişti. Doktor Nâzım'da ne kibirden, ne tevazûdan söz etmek mümkün değildi. O, sadece doğru bildiğinin arkasından koşan yürekli bir mücadeleciydi. Demir gibi sağlam bir seciyesi olduğuna yemin edebilirdi.

Adnan Bey gençlik hatıralarının tâzeliğinde heyecanlanmış ve bir haksızlık işlendiğine hükmetmişti. İzmir'in serin akşamlarında bir küçük kahvenin tahta sandalyelerine oturup Ethem'le tartıştıkları geceler, her ikisinin de rûhunda ve zihninde bir vatan coğrafyası yaratılmıştı. Adnan Bey daha sonraki yıllarda bu uzak akrabanın mâcerasını âdeta bir derviş tevekkülüyle dinlemiş ve sağlam bir vatan kültürü kazanmıştı. Adnan Bey, Türkçülüğü savunduğu akşamlarda, Doktor Nâzım'ın terbiyesinde yetişen aile büyüklerinin inatçı bir Osmanlı savunuculuğuna büründüklerini görmüştü. Kim ne derse desin Doktor Nâzım, dürüst, disiplinli, cesur ve mantıklı bir Osmanlı aydınıydı. Böyle bir karakterin, vatanı kurtaran Gâzi'ye suikast yapması düşünülemezdi.

Adnan Bey, hatıralarını başka yöne çevirdi. İttihat Terakki Lisesi'ndeki talebelik yıllarında şöhretini duyduğu Cavid Bey'in de Gâzi'ye karşı suikast hazırlayıcısı olacağına ihtimal vermiyordu.

Düşüncelerini birisine haykırması gerekiyordu. Hoca efendiyi aradı. Anadolu terbiyesinin olgunlaştırdığı imam, bahçenin en kuytu köşesinde gümüş tabakasını açmış keyifle sigara sarıyordu. Adnan Bey, duyduğu sözlerden rahatsız oldu. Hoca efendi, biraz evvel kendisine söylediği hükümlerden vazgeçmiş, sanki bir fetva veriyormuş gibi, Nâzım'ı ve Cavid'i suçluyordu. Adnan Bey'i görünce durakladı. Ama tavrındaki pişkinliği gizlemek yerine daha sevimsiz bir manzara içinde teklifte bulundu:

– Buyurun Çakırbeylim! Herkese sizin ne kadar vatansever olduğunuzu anlatıyordum.

Adnan Bey irkildi ve sözlerini tamamladı:

– Biliyor musun hocam! Sen ne ahretin, ne âlemin nimetlerine rıza gösterecek sabırda değilsin... Sabır, seviyeli adamların hâlidir.

Yıllardır Aydın'da görülmemiş bir rüzgâr çıktı; bahçenin tentelerini altüst etti. Sonra şimşekler çaktı; sonra yağmurlar boşandı. Kulüp bahçesindekiler çil yavrusu gibi dağıldılar.

* * *

Müyesser sabahın en erken saatinde uyanmış, hazırlıklarını tamamlamıştı. Alınan habere göre, Topçu Fuad ve arkadaşları, Balıkesir üzerinden İzmir'e geleceklerdi. Aydın'a gelip gelmeyeceği henüz belli değildi; ama, bir özlemin Fuad'ı kavurduğu, Müyesser'in kulağına fısıldanmıştı:

– Fuad'ın hasreti bereketlidir...

Müyesser bu bereketin bir gün yüzüne güleceğinin hasretini duymuş, sonra sabırlı kadın kararlılığıyla mücadelenin sonuna kadar hiçbir şeyin sızmaması için kendini zincirlemişti. Zengin toprak sahipleri, palazlanmış kurnaz esnaf, taşrada hanedanlık ilan etmiş varlıklı eşraf ve bu kadronun talebini vazife telâkki eden memuriyet ahlâkındaki zaaf, bir gün mutlaka yıkılacaktı. Fuad'ı bu ordunun başkumandanı gibi görüyordu. Topçu Fuad, hiç kimsenin şüphesi olmasın ki, ilk fırsatta bu düzenin ahlâksızlığını topa tutacak ve yerle bir edecekti.

Zanaatın ve ticaretin kurumsallaştırdığı şehir ekonomisinde

henüz insan idrâkinin terbiyesi yoktu. Sabırla beklenen işte bu terbiyeydi.

* * *

Adnan Bey, aynı akşam hoca efendiyle karşılaştı. Artık eski itibarında olmayan birine ne yapılması gerekiyorsa öyle davranacak ve bu kez, bu gün görmüş sandığı Çineli imamı görmezlikten gelecekti. Başını çevirip yürüdü. Hoca efendi işin farkındaydı. Tehlikenin sezildiği yerde, olduğundan farklı görünmeyi bir meslek terbiyesi olarak almış ve bu tavrının asıl karakterini yansıtan gerçek değer olmadığını Adnan Bey'e anlatmak istemişti:

– Görmezlikten gelme Çakırbeylim! Benimle senin hayat terbiyeni bir sayman doğru olmaz. Üstelik âdil de değildir. Sen her hükmünde isabet olduğuna inandırılmış bir iltifat ve itibar evladısın. Ben ayakta kalmak için adamına göre iltifat etmek zorundayım. Sende insanların karakterleri mânâ taşıyor. Ben de her karakter farklı ihtimalle tehdide dönüşüyor.

Adnan Bey'e biraz daha yanaştı. Sesinde alttan alan kurnazlık vardı:

– Bu kadar böbürlenme Çakırbeylim! Herkesin nabzına göre şerbet vermek ahlâksızlık değildir. Tedbirli olmanın zararını görmedim.

Adnan Bey'in bu açıklamaya itibarı yoktu; hoca efendiyi haksız da bulmuyordu. Kötü günler yaşanıyordu. Böyle belirsizlikler içinde insanlar asıl tavırlarından sıyrılıp, ihtiyaç duyulan davranışlarla kimsenin kızgınlığını çekmeden sâkin günlere kadar ayakta kalabilirlerdi. Bu yüzden hoca efendiyi bağışlıyor; ama, İttihatçı hesaplaşmasının darağacına çektiği siyasetçileri unutamıyordu. Bunların hesabını soracak kadar ünlü ve hazırlıklı da değildi. Cesaretin tek başına yetmediğini görmüş ve bu eksikliğin acısını derinden duymuştu. Derin bir esef içinde konuşmuş ve sözleriyle çok kişiyi tedirgin etmişti. Yine de asılanların arkasından iyi sözlerle hayranlık belirten birkaç kişinin çıkmasını beklemişti. Bunu bu pişkin kasaba imamına aktarıp rahatlamak istedi. Sesi sertti:

– Sen bu sabah asılanları tanır mısın? Ne kıratta adamlar olduğunu bilir misin? Bunu kavramaya cesaretin var mı?

Bu cümlede bir soru merakı değil, bir azarlama asabiyeti vardı. Çineli imam hiç alınganlık göstermedi. Aksine biraz ileri gidip belki de evsafının daha iyi tanınması için fırsat saydı:

– Çakırbeylim seni iyi tanıyorum! Dostların kadar çekemeyenlerin de var... Seni biraz da onlardan dinledim. Asılanları iyi bilirim. Benim de içimde bir zamanlar İttihatçılık hevesi vardı. Baktım ki, evsafım bu iddiaya uygun değil; kendime daha sâkin bir üslup seçtim.

Adnan Bey, bir insanın bu kadar çok ve karşıt fikir içinde hepsine birden nasıl olup da itibar gösterdiğini hayretle karşılıyor, ancak sorup vakit kaybetmek istemiyordu. Hoca efendi, Adnan Bey'in aklından bu sualin geçtiğini hissedip, sorulmasına hâcet görmeden cevaplamak ihtiyacı duymuştu:

– Biliyor musun Çakırbeylim! Şu koca Aydın'da İştirakiyuncuların felsefesini benim kadar kavramış birini bulamazsın. Oturup bu işin aslını anlatsam, bir sürü Aydın eşrafı kendisini koyu bir cehaletin girdabında bulur.

Çineli giderek derinliğini açıyordu. Sözlerinde zaman zaman nezaketi aşan ifadeler olsa bile temas ettiği her konuda hazırlıklı olduğu izlenimini yaratıyordu:

– Şaşırma Çakırbeylim! Ben Şefik Hüsnü'yle vicdan ve menfaat münakaşası yapmış adamım... Buna Aydın'da kimse cesaret edemedi...

Adnan Bey'i böylesine etkileyebileceğine ihtimal vermemişti. Şimdi istediği noktaya yaklaştığını görüyordu. Eğer Çakırbeyli'nin bütün sorularına cevap verecek sabrı gösterirse bir daha karşılıklı münakaşa imkânı bulamayacağını da hissetmişti. Sert bir hükümle işi bitirmek istedi:

– Sende her şeyi tarihin imbiğinde damıtmak merakı var. Bu İttihatçıların üslûbu. Cumhuriyet bu üslûba itibar etmez. Etseydi bugünlere gelemezdik.

Hüzünlü bir manzara içinde sesine içli bir titreyiş kattı. Kelimeler artık o mahzun heyecanları korku haline dönüştürmüştü.

– Bu sabah asılanların macerâsı bu imbiğin doğru damıtmadığını gösteriyor. İttihatçı kafasıyla cumhuriyet yönetilemeyeceğini ben cemaatimin rûhundan çıkardım.

Adnan Bey, hoca efendinin böylesine tutarlı bir tahlil süzgecinden geçmiş olmasını hayretle izledi. Gerçekten de İttihat Terakki Lisesi'nde her şeyi tarihin süzgecinden geçiren bir tahlil metodunu tanımış, doğrusu bu, pek de sevmişti. Bu üslûp, olanları tevekkülle karşılamak yerine, sıygaya çekmek cesareti kazandırıyordu. Yine de bu çok bilmiş kasaba imamını köşeye sıkıştırmayı kararlaştırdı:

– Asılmaları mı gerekirdi?

Adnan Bey'in sorusu, günün heyecanıyla akla gelen sıradan bir meraktı. İşin derinliğinde bir farklı gerçek gizlenmişti. Kasaba imamı diye küçümsediği hoca efendi, siyasetin her bahsinde geçerli bir teşhis ve tahlil meziyeti taşıyordu:

– Bak Çakırbeylim! İzmir'de cânileri astık. Bu sabah da İttihatçıları... Belki kızgınsın; fakat âdil olmaya bak... Bu vicdanı kaybedersen, hiçbir fikrinde hürmet görmen mümkün olmaz.

Sonra işin en insanî gördüğü yanını ortaya çıkarıp Adnan Bey'i itiraz edemeyeceği bir yere getirmek istedi.

– Nihayet Gâzi de insan... Bir insanın kendini savunmasını suç sayan itikat olmaz... Siyaset bu... Kimin başına kimin ne iş getireceği bilinmez...

Adnan Bey sesini yükseltti. Bu tavrında biraz da göz korkutucu şahsiyet kazanma arzusu vardı:

– Geç karşıma şöyle! Otur ve sonuna kadar beni dinle... "Bitti" deyinceye kadar da ağzını açma...

Çineli gösterilen yere oturdu. Sonuna kadar ağzını açmamaya kararlıydı. Sonunda Çakırbeyli'yi istediği kıvama getireceğini hissediyordu. Tabakasını açtı, etrafa mis gibi ince kıyılmış tütün kokusu yayıldı. Bitlis'in, Muş'un avuç içi kadar küçük tarlalarında özenle yetiştirilmiş, göz nuruyla kıyılmış tütünü ince kâğıda itinayla sarmaya başladı. Gözleri Adnan Bey'in gözlerindeydi. Çakırbeyli, karşısındakini tam ölçemediği için sesinin tonunu ve kelimelerin hiddetini ayarlamakta zorlanıyordu. Ne ölçüde sertleşeceği konusunda da rahat değildi. Ölçüyü kaçırırsa, bu kasaba imamının hiddetle cevap verip bütün münasebetlerini bozması ihtimali vardı. Alttan alırsa bu adamı bir daha dizginleyemeyeceği endişesine kapılmıştı. Orta yolu tutturmaya karar verdi:

– Bir sürü şey biliyorsun; ama tutarlılığını kurmakta zorlanıyorsun. Bir fikir serbest bir zeminde söylenebilirse fikirdir. Zemin sağlam ve dürüst değilse her fikrin suça dönüştürülmesi zor olmaz. Yaranmaya meraklı bir kadronun mevcudiyeti her fikri suç sayabileceği gibi, yüceltip göklere de çıkarabilir. Senin anlamadığın bu işte...

Sözlerinin burasında durdu. Karşısındakinin kavradığı gerçek, acaba sadece kendisinin "Saadet duydum" dediği bencilliği miydi? İzmir duruşmaları sonunda cânilerin asıldığı haberini duyunca memnun olmuş, ama hiddetin bununla yetinmeyeceğini de kestirmişti:

– Asıl câniler asıldığında derin bir saadet duygusuyla Cumhuriyet'in ebediyetine dua ettim. Ama bu sabah yüreğime dört haşin hançer saplandı. O yağlı ipi sanki kendi boynumda hissettim. Nefeslerinin kesilişini sanki kendi nefesimin kesilişi gibi gırtlağımda hissettim. Şimdi sen kalkmışsın bana İttihatçı ile Cumhuriyetçi nasihatinde gevezelik ediyorsun...

Hoca efendi, Adnan Bey'den daha derinlikli bir vaaz bekliyordu. Biraz şaşırdı. Gözlerinde sadece günlük kızgınlığın tahrik ettiği heyecanları görmüş ama, fikrinden vazgeçmemişti. Söyleyip söylememekte tereddüt geçirdiği konuyu şimdi açıklayabilirdi:

– Yanılıyorsun Çakırbeylim! Bu sabah asılanlara senden fazla üzüldüm. Doktor Nâzım'ı iyi tanırdım. Hilmi Bey'i de, Nail Bey'i de... Müşerref olmadığım tek kişi Cavid Bey'di. Kibirli adamdı. Yakınlaşmak istemedim. Ama hepsi İttihatçı'ydı... Cumhuriyetçiliğin faziletini kavramak onlara yük geliyordu. Ne Gâzi'ye ısınabildiler, ne Cumhuriyet'e... Bütün mesele budur.

Adnan Bey sabah sorduğu soruyu tekrarladı:

– Asılmaları mı gerekirdi?

Hoca efendi konuşmanın seyrini değiştirmek gerektiğini anladı. Çakırbeyli öylesine sinirlenmişti ki, başka bir izah tarzını kabul etmesi imkânsızdı.

– Değerli Çakırbeylim! Cumhuriyet çok kişiyi astı. İttihatçıları astı. İtilafçıları astı. Çerkez'i astı. Kuvaiyecilerden bile astı. Gâzi'nin silah arkadaşlarını astı. Sarıklı yobazları astı. Şeriatçıları astı. Nakşîleri astı. Ama dikkat et, tek bir sosyalisti asmadı. Bu bir tesadüf olamaz...

Çineli sustu. Sözlerinin Adnan Bey üzerindeki tesirini görmek istedi. Belli ki genç adamı şaşırtmıştı. Bunu bir üstünlük kazanmak ihtiyacıyla değil, fikirlerinin iyi anlaşılması için yapmıştı. Kaldığı yerden devam etmeden önce Çakırbeyli'yi biraz daha hazırlamak istedi:

– Bu asılanların hepsi Cumhuriyet'in karşıtlarıydılar. Cumhuriyet'in inkılâplarına karşıydılar. Ama Gâzi akıllı adamdı. Sosyalizmin Cumhuriyet'in hedeflerine aykırı olmadığını biliyordu. Hattâ Cumhuriyet'in ruhunda yeri olduğunu biliyordu. Hiçbir sosyaliste dokunmayışı bundandır. Haddinden fazla cezalandırılmış tek bir sosyalist gösterebilir misin?

Adnan Bey'in gösterebileceği örnek yoktu. Gerçekten, Çineli imamın dediği gibi, Cumhuriyet'in bekası için çok sayıda insan asılmıştı ama, haddinden fazla cezalandırılmış ve [illegible] alınmış tek sosyalist yoktu.

Çineli, Adnan Bey'in istediği kıvama geldiğini fark etti. Bir iki vurucu cümleyle bu gecenin perdesini kapatmak istedi:

– Bütün isyanlara bak Çakırbeylim. Hepsinde irtica zihniyetinin hortlaması vardır. Hepsi bir siyasetin âleti olarak başkaldırmıştır. Cumhuriyet'in başındaki en büyük belâ budur. Dua edelim ki bu sabah her şey bitmiş olsun...

Adnan Bey ayağa kalktı. Hoca efendiye saygısızlık etmek istemiyordu ama oturduğu yerde kalmayı tercih etti. Belki Çakırbeyli, bu kasaba imamına bir seviye farkı hissettirmek istemiş olabilirdi. Hoca efendi gözü korkacak adam değildi:

– Telaşa kapıl Çakırbeylim, telaşa kapıl... Sen bu Cumhuriyet'e çok lazımsın... Bilesin ki ileride bu irtica belâsı bu Cumhuriyet'i çok, ama çok hırpalayacaktır.

Ayağa kalkarken saygılı davranışın inceliklerini sergiledi. Adnan Bey'e yol verdi. Bir gururun heyecanlarını nasıl taşıyacağını bilen terbiyesini gösterdi:

– Seni tanımanın gururunu bırakacak çoluğum yok, çocuğum yok... Bir hatırayı sahibinde zenginleştiren şey, evlâd ü ayaldir. Sakın nesilsiz bir hayata itibar etme Çakırbeylim. Evlen; çoluğa çocuğa karış...

Kapıya doğru yürüdü. Birkaç adım attıktan sonra durdu; vestiyer aynasında kendini seyretti. Kelle kulak yerinde bir adamın aksiyle gülüyordu. Gözlerindeki tebessümden mutlu oldu. Aynadaki sûretini selamladı:

– Çok şükür ki, merhametli ve sabırlı bir Tanrı'nın kullarıyız...

* * *

İştirakiyun Şûrası gamlıydı. Sünnetçi Refik zaman kaybetmeden acı haberi verdi.

Önceki gece Feriköy Mezarlığı'na giden yolun tenhâsında bir habis el, tetiği üç kere düşürmüş ve Topçu Fuad'a kıymıştı. Fuad, Piyâlepaşa Amele Şûrası'ndan çıkmış evine dönüyormuş. Sabahın erken saatinde Balıkesir'e, oradan İzmir'e gidecekmiş... Seneler senesi hiç kuşkuya kapılmadan geçtiği yollarda bir hain tertibin kurulacağına ihtimal vermemiş, "Kendini kolla" diyen yakınlarına övünerek, "Burası benim mahallem, bu mahallenin terbiyesinde kimse anayı evladından ayırmaz" diyormuş.

Biri bu terbiyeye karşı gelmiş ve Fuad'ı annesinden ayırmıştı.

Müyesser renk vermedi. Sadece gözünün yaşını boşalttı. Yanaklarına akan üç beş damla çene kemiğinden kayarak boynuna, oradan da göğüslerine uzandı. Tuzlu serinlik bir hasretin artık ebediyen bittiğini hatırlatıyordu.

* * *

Çakırbeyli'de en zifirî karanlıkta bile insana bir ışığın yandığı huzurunu veren garip bir aydınlık vardır. Adnan Bey, konağın balkonundan çiftliğin uzayıp giden bağlarını, bahçelerini, ovalarını seyrediyordu. Birden kapı çalındı. Köylüler toplanmış ve sessizce ağanın evine gelmişlerdi. Koskoca kalabalıktan tek ses çıkmıyordu. Adnan Bey huzursuz oldu. Aşağı indi, kapıyı kendisi açtı. Çiftliğin hatırı sayılanları kapıdaydı. En yaşlısı ileriye çıkıp başını eğdi:

– Başın sağ olsun ağam! Memişoğlu Mehmed rahmete kavuştu.

Kâhya köy odasının akşam sohbetinde birden fenalaşmış ve kalbini tutarak "Biraz su" diyebilmişti. Gerisini getirememiş, boylu boyunca uzanmıştı. Ağzındaki kehribar ağızlık düşmüş, veda etmeden giden kırk yıllık dostuna küsmüş gibi boynunu bükmüştü. Yeleğinin iç cebinden Gâzi'nin resmini çıkardılar. Aydın'a gittiğinde Adnan Bey'den getirmesini rica etmiş ve aldığı gece evinde iki rekât namaz kılıp şükranları için dua etmişti. Söylediklerine göre, bu sabah Ankara'da asılanların Gâzi'nin canına kıymalarını bir türlü affetmemiş ve hüngür hüngür ağlamıştı.

* * *

Feriköy'ün dar sokaklarında Fuad'ın kanı üç gün konuşuldu. Hatimini Piyâlepaşa Camii'nin imamları indirdiler. Helvası sıcak ve bol tarçınlıydı. Annesinin Selânikli Rum komşuları pişirmiş, kapı kapı dağıtmışlardı. Siyah tülbentleri başlarını tamamen örtmüştü. Başörtülerinin ucuna çengelliiğneyle küçük kekik torbaları iliştirilmişti. Hafif rüzgâr, sanki Feriköy sokaklarını Şardağı'nın serin havasını andıran kekik tarlasına çevirmişti. Bu rüzgâr, mezarlık servilerinin arasından geçip Kasımpaşa, Haliç, Fatih semalarındaki bulutlara karışacaktı. Bu bulutlar yarın Selânik limanına yağmur damlalarıyla inecekti. Selânik, yarın acılı bir katedral zangocunun asıldığı çanlarda mahzunlaşacak ve Hamidiye Camii'nin müezzini salâ verecekti. Esnaf dükkânlarını kapatacaktı.

Piyâlepaşa minarelerinde müezzinler en hüzünlü sesleriyle salâ verdiler. Hafızlar tekbir getiriyordu. Mahalleli huşû içindeydi.

Cenazesini Rençper Şûrası'nın delikanlıları kaldırdı. Çoğu tersane işçileriydiler. Hepsinin anası, karısı, kaynanası camideydi. Tabut omuzlanırken kadınlar, tülbentlerini musalla taşının üzerine bıraktı. Bu beyazlık, safiyeti simgeleyen tennureler gibi cemaatin yüreğinde dönmeye başladı. Topçu Fuad, semâzenlerin arasından geçerek Allah katına yürümüştü.

Gelen haberde hiçbir ayrıntı yoktu. Söylenenlerin hepsi Sünnetçi Refik'in hayalhanesindeki Fuat'ın tarifiydi. Refik, "İştirakiyuncu sıradan bir ölümle göçüp gitmez; mutlaka hayran olunacak bir mâcerası vardır" düşüncesindeydi. Bu akşam bu vedâın mâcerasını anlatmıştı.

Müyesser hançeri kırk yerinden yemiş gibi acılıydı. Bu hicranlı haberle ayakta kalması mümkün değildi. En küçük bir fire, Topçu Fuad'ın hatırasına saygısızlık olurdu. Hatırlı bir şûra ustasının ölüm haberini hüzünle dinlemiş, içindeki kara bahtlı manzaranın görünmesine izin vermemişti. Saygı duruşunda elini havaya kaldırdı ve kendi yüreğini sıkıyormuş gibi bileğinin bütün gücünü bir noktada topladı. Bu noktada, Topçu Fuad'ın gözlerindeki mavi heyecan kilitlenmişti. O heyecanı birlikte kavradıkları gecenin hatıraları birden boşandı. Müyesser'in sesi kendi içinde çınladı:

– Allahım! Sınamak için niye hep beni seçiyorsun?

Yolun başında Çineli imam bekliyordu. Müyesser'e yaklaştı. O da acılı haberi almıştı. İmamın da zihninde bir İştirakiyuncu tarifi vardı. Bu tarifi dillendirecek tek kişi tanıyordu. O şimdi karşısındaydı:

– Gül biraz Müyesser! Bunca keder, bunca gözyaşı dinsin...

Güneş batmış, zamanlar, mekânlar yok olmuştu. Gök kubbe, meyûs bir mavinin içindeydi. Tende can kalmamış, yorgun ve mecalsiz bir çöküş başlamıştı. Artık ne söz, ne dua, Müyesser'i yaşadığı elemden çekip çıkaramazdı. Çineli imam halden anlayan adamdı. Nerede ne söyleyeceği bilirdi:

– Safinaz'ın bir oğlu oldu. Kulağına ezan okudum.

Sonra halden anlayanların dudağına yakışan küçük bir tebessümle ekledi:

– Müyesser "Çocuğun adını Fuad koysunlar" diyor, dedim...

Yedinci bölüm

Her günüm mis gibi dünya kokan bir kavun dilimi
senin sâyende.
Bütün yemişler elime güneştenmişim gibi uzanıyor
senin sâyende.
Senin sâyende yalnız umutlardan alıyorum balımı.

Nâzım Hikmet

Şûh Şirin'ler yüzünden dağ delen Ferhâd'lar
Aslıhan'lardan yanan Âşık Kerem'ler görmüşüz...

Yahya Kemal

Adnan Bey kararını vermişti; ilk fırsatta aklına geleni uygulamaya koyacaktı. Kimsenin kendisine yardımcı olacağına ihtimal vermiyordu. Berin Hanım'ı gidip annesinden isteyecekti. Berin'i çocukluk günlerinden hatırlıyordu. Her yaz başı, tantanalı bir uğurlama merasimiyle Çakırbeyli Çiftliği'nden ayrılıp İzmir'e Alaybey Mahallesi'nin o şenlikli yaz evine giderlerdi. Fıtnat Hanım akşamüstlerinin serinliği çıkmadan önce Adnan'la evin balkonunda oturur gelen geçeni seyrederdi. Alaybey semtinin sâkinleri bu sevimli akşam gezintilerini sanki hatırlı bir misafiri bekler gibi heyecanlanır, bir hasret tesellisi ve bir kavuşma saadeti gibi yaşarlardı. Mahalle sâkinlerinin her gün kendini tekrar eden bu keyifli gezintilere Adnan Bey "Alaybey sohbetleri" adını vermişti. Çocukluğundan beri bu gezintilerin kendi üzerinde bıraktığı duygulu ve etkili izler vardı. Henüz delikanlılığa adım attığı yıllarda, Fıtnat Hanım'ın yönlendirmesiyle spor dersleri verilen kulübe yazılmış, orada yelken, yüzme ve tenis dersleri almıştı. Kulübe gidiş ve gelişlerin kolay olması için Fıtnat Hanım'ın hediye ettiği bisikletin sevinciyle dünyaları avucuna sıkıştırmış gibi mutlu olmuştu. Bisikleti dikkatli sürmesi için Fıtnat Hanım'ın endişeli uyarısı hâlâ kulaklarındaydı:

– Gözünü yoldan ayırma! İnsanın uyanıklığı önce kendi canı içindir...

Adnan Bey gözünü yoldan ayırıyordu. Bisikletle kordon boyunu bir baştan bir başa dolaşırken, insanların yürüyüşlerinden, hallerinden, tavırlarından hangi mesleklerde olduklarını tahmin etmeye çalışır; doktorların, avukatların özellikle tercih ettikleri Karşıyaka sahillerinde, İzmir'in aydınlık insanlarını tanımaya özen gösterirdi. Evliyazâde Refik Bey'in kız kardeşi Naciye Hanım'ın

Karşıyaka sahilinde yürüyüşe çıktığı akşamları iple çekerdi. Naciye Hanım'ın sahil gezintileri, hengâmeli bir karşılama merasimi gibiydi. Naciye Hanım, palmiye ağaçlarının süslediği geniş kaldırımda ailesiyle birlikte yürür ve hepsinin göz önünde olmasına özen gösterirdi. Bakışlarında insanları tertipli davranışlara yönelten bir mubassır disiplini hissedilirdi. Kızları Güzin ve Berin'i iki yanına alır, önünde oğlu Samim'le kordon boyunu bir uçtan bir uca yürür ve her defasında karşılaştığı dostlarıyla selamlaşır, bazılarıyla biraz da dertleşirdi. Bazen de bir sahil pastanesinde oturur, keyifle akşam dondurması yerdi. Böyle zamanlarda Adnan Bey bisikletinin üzerinde yavaşça yaklaşır, fark edilmeyen bir sessizlik içinde gelip Berin'in ve Güzin'in saçlarını çekip kaçardı. Önceleri küçük çığlıklarla bu sebepsiz dokunuşa itiraz eden Berin, zamanla Adnan Bey'in saç çekmelerindeki hoşluğa kendini kaptırmış ve âdeta bekler hâle gelmişti. İlk dokunuşlarda biraz da göz korkutucu olmak ihtiyacıyla Adnan Bey'i tehdit etmiş ve "Bir daha yaparsan Refik Dayım'a söylerim" diye uyarmıştı.

Refik Bey, Karşıyakalıların gözbebeğiydi. "Ehli keyif Refik" diye bilinirdi. Evliyazâde ailesinin en büyük çocuğuydu. Babadan kalan servetinin hemen tamamına yakın kısmını İzmir'in eğlence muhitlerinde dostlarıyla harcamış, artık kız kardeşi Naciye Hanım'dan gizli gizli borç taleplerinde bulunmaya başlamıştı. Refik Bey her rastladığında, Adnan'ı özendiren cümlelerle davet ediyor ve Berin'e yaptığı şakaların ciddiyet kazanacak bir duyguya dönüştüğünü hissettiriyordu.

Adnan Bey'in, küçük Berin'e duygularını ilk fark eden Refik Bey'di; bu konuyu sırası geldiğinde Naciye'ye çıtlatacak ve bu delikanlının sık sık eve davet edilmesinin isabetli olacağını söyleyecekti. Adnan Bey'in delikanlılık heyecanlarını fark edenlerden biri de Fıtnat Hanım'dı. O da Adnan Bey'in içindeki samimi duyguların nasıl biçimlendiğini görüyor ve hayırlı bir kısmetin heyecanlı bekleyişi içinde Evliyazâde ailesine damat olmasını istiyordu.

Evliyazâdeler, İzmir'in itibarlı ailesiydi. Evliyazâde Hacı Mehmed Efendi, İzmir'de belediye reisliği yapmış itibarlı ve tahsilli bir eşraf çocuğuydu. Ailenin bütün fertlerinin iyi eğitim almaları için gereken özen gösterilmiş, çocukların yetişmelerini sağlayacak bütün fırsatlar yaratılmıştı. Refik Bey'in mirasyedi tabiatına karşılık Naciye Hanım tutumlu bir ev kadını olarak dikkat çekmişti. Naciye Hanım, İzmir'in adı geçtiğinde hemen saygı duyulan hatırlı hemşerisiydi. *Serveti Fünûn*'da memleket meseleleri üzerinde ve edebî cereyanlar hakkında yazılar yazıyor, İzmir aydınları arasında adından sıkça bahsedilen saygın mevkiin hakkını veriyordu. Ailenin terbiyesi Naciye Hanım'ın disiplini altındaydı.

Adnan Bey, Berin'in çocukluğunu günbegün izlemiş, onun sessiz tavrında insana güven ve cesaret veren bir vâdi sessizliği fark etmişti. Bu gizli dâvet hissi zaman zaman canlanıp, Adnan Bey'i heyecanlandırmıştı. Artık bu heyecan hissini bastırmak gerektiğini düşünüyordu.

Ağustosun en sıcak günleriydi... Adnan Bey, Çeşme'de yapılan toplantıdan çıkmış Aydın'a dönmeye hazırlanıyordu. Bir gece Narlıdere'de asker arkadaşının evinde kalacak, Karşıyaka'ya geçip, birkaç gün dinlendikten sonra Aydın'a dönecekti. Birden kendisini derin bir kuyuya itilmiş hissetti. Etraf karanlıktı. Nereye dokunsa kafasını taşlara vuruyormuş gibi hissediyordu. Heyecan içindeydi. Ummadığı anda uzun süredir hayalini kurduğu bir beklenmeyen durumla karşılaşmanın getirdiği şaşkınlık omuzlarına çökmüştü. Bu derin kuyunun dört yanından üzerine gelen baskılarıyla sarsıldığını fark etti. Hemen kendini toplayıp, cesaretle yukarıya doğru sıçrarsa, bu kuyudan kurtulup ışıklı dünyaya yeniden dönebilirdi. Bu gücü gösterdi ve olduğu yerden keyifli bir seyirle geçenleri seyretti.

Artık Çeşme sahilinde değil, sanki yeniden Karşıyaka kordonunda geziniyormuş gibi sevinçli duygularına sahip çıkmıştı. Karşı kaldırımda Naciye Hanım, yanında Berin'le yürümekteydi. Adnan Bey, hasretli gözlerle uzun uzun seyretti. Kendisinin mutlaka fark edileceğini ve Naciye Hanım tarafından davet edilip hâl hatır sorulacağını bekliyordu. Beklediklerinin hiçbirisi gerçekleşmedi. Aradan çok uzun yıllar geçmiş, dünün çocuk denen Berin'i delişmen, zarif endamlı, hoş bakışlı bir genç kız olmuştu. Naciye Hanım, hâlâ o yukardan bakan iddialı tavrını sürdürüyordu. Burnunun dikine giden inatçı tavrıyla yürümekte ve kimseyle ilgilenmemekteydi. Dünün bisiklet üstünde Karşıyaka kordon boyunu gezen ve küçük kızların saçını çeken Adnan'dan eser yoktu.

Naciye Hanım sahil gezintisini tamamlamış ve Râsim Palas Oteli'nin bahçesinde kurulmuş akşamüstü masalarından birine oturup kızıyla sakızlı muhallebi ısmarlamıştı. Adnan Bey yaklaşmayı uygun bulmadı. Ertesi günü bekleyecek ve gidip Naciye Hanım'dan kızını isteyecekti.

Narlıdere'ye gitmekten vazgeçti. Tekrar kaldığı otele döndü. Yatağa uzandı. Hayal dünyasının derinliğinde onurlu bir aile tahliliyle kendini tarttı. Adnan Bey, Kâtipzâde İbrahim Ethem Efendi'nin oğluydu. Okumuş yazmış bir aile geleneği vardı. Namusuyla para kazanan bir Çineli ailenin çocuğuydu. Annesi Tevhide Hanım görgülü ve varlıklı bir ailenin kızıydı. Tireli Ali Paşa'nın "gözümün nuru" dediği ve oğullarının hışmından koruduğu tek kızıydı. Tevhide Hanım, ağabeylerinin çiftlik yaşamındaki sert ve kırıcı tavırlarını hiddetle gözler ve onların yaptıkları karşısında sanki bütün suç kendisininmiş gibi utanç duyardı.

Adnan Bey, Çakırbeyli Çiftliği'ni dedesi Tireli Ali Paşa'dan miras olarak almış ve toprakların hakkını veren ciddiyet içinde işe sarılmıştı. O günlerin hor görülen toprakları bugün, Aydın ve havalisinin hayranlıkla izlediği çiftliklerdi. Berin'i bu çiftliğe gelin getirecekti. Çiftliğin girişinde geniş bir bahçe içinde büyük bir köşk yaptırmıştı. Macar ustaların aylarca uğraşıp kılı kırk yararcasına bitirdikleri konağın içinin süslenmesinde de yine Macar ustaların Avrupaî zevkleri vardı. O yıllarda yapılan bütün evlerin güney köşelerine birer sekizgen kule oturtuluyordu. Evin tavanının kaplanması için Amerika'dan bej kumaşlar getirtilmiş, yapıştırıldıktan sonra kenarlarına meşeden oyma kartonpiyerler konmuştu. Duvarlar çağla rengi kumaşla kaplanmıştı. Pencereler kare şeklinde küçük tutulmuş, ancak günün her saatinde evin aydınlanmasını sağlayacak şekilde yerleştirilmişti. Mermer bir sütun etrafında dönen merdivenlerle üst kata çıkılıyordu. Merdiven kenarlarındaki ferforjede, çeşitli biçimlerde güller işlenmişti. Mermer basamaklarda duvarın rengine uygun koyulukta damarlar vardı.

Adnan Bey'in kararı kesindi. Berin Hanım bu evin gelini olacaktı. Abdi Ağa'nın "Beyim artık bu eve gelin lazım. Hele bir gelin hanım gelsin ona, çingenpilavını kendi elimle yapacağım diyordu. Sonra oturup bol çökelekli, bol soğanlı, maydanozlu, dereotlu salatanın nasıl yapılacağını anlatıyordu.

Adnan Bey güldü. Berin'in gelin geldiği gün Abdi Ağa'ya çingenpilavı yaptıracağına karar verdi:

– Abdi Ağa hayatında soğana el sürmemiş adamdır. Kim bilir nasıl bir eziyet çekecek... Bütün Çakırbeyli esnafı bu manzarayı görüp kırk yıllık birikmiş hırslarını dinlendirecekler...

* * *

Adnan Bey sabahın erken saatinde Râsim Palas Oteli'nden içeri girip Naciye Hanım'ı sordu:

– Naciye Hanım'ın müsait olduğu bir saatte kendilerini ziyaret etmek istiyorum. Adım Ali Adnan; Çakırbeyli Çiftliği'nden... Karşıyakalı Fıtnat Hanım'ın torunuyum...

Râsim Palas resepsiyon müdürü nâzik şekilde cevapladı:

– Adnan Beyefendi! Naciye Hanım ile kerimesi Berin Hanım bu sabah çok erken saatte Karşıyaka'daki evlerine döndüler... Zannederim İstanbul'a geçecekler. Elinizi çabuk tutun...

Adnan Bey teşekkür edip ayrıldı. Artık hayallerinin tümü, Karşıyaka kordonuna kilitlenmişti. Hemen yola çıktı. Delikanlılığını geçirdiği ev, bıraktığı gibi duruyordu. Karşıyaka kordonunda cirit attığı bisikleti, boynu bükük şekilde merdiven altına yerleştirilmişti. Fıtnat Hanım'ın kendisine aldığı ipek gömlekler, mongol pijamalar, kenarları kırmızı biyeli, lacivert kaşmir ropdöşambrlar, iri bahar dallarıyla süslü ipek fularlar, isminin baş harfleri işlenmiş mendiller sanki kutularından henüz çıkarılmış gibi tertemiz ve ütülü duruyordu.

Adnan Bey önce Refik Bey'in aracılığını kullanmak istemiş, ancak mirasyedi Refik, kardeşine olan borçları nedeniyle görünmek istemediği için böyle bir aracılık görevinden kolayca sıyrılıp kayıplara karışmıştı. Artık ok yaydan çıkmıştı ve geriye dönüş yoktu. İkindi okunurken Evliyazâde Naciye Hanım'ın konağının bahçe kapısını açıp içeri girdi. Çakıl patikaların iki yanına dikilmiş gülleri, menekşeleri, camgüzellerini, peygamberçiçeklerini seyretmekten zevk aldı. Konağın cümle kapısına gelmişti. İki yanından yumuşak kavislerle yukarı yükselen geniş tabanlı sekiz merdiven bir büyük mermer eşiğe açılıyordu. Demir kapı gök mavisine boyanmıştı. Bembeyaz duvarın üzerinde pencerelerin, kepenklerin, kapıların mavi rengi öylesine huzurlu bir ahenk yaratmıştı ki Adnan Bey içeri girerken hiçbir heyecanının kalmadığını, bu beyaz ve mavi cümbüşünde istediği sükûnu bularak rahatladığını fark etti.

Kapının tokmağına dokundu. Uzun süre bekledi. Bir daha dokundu. Yine bekledi. Vakitsiz ve habersiz gelmiş bir misafirin karşılaşabileceği bütün ihtimallerin başına geleceğini biliyor, yine de herhangi bir heyecan ve endişeye kapılmıyordu. Kararını vermişti. Vazgeçmesi için hiçbir sebep görmüyor ve düşünemiyordu.

Kapı açıldı. Evin emektarı ilk bakışta sevinçle karşıladı:

– Sen Adnan'sın; Fıtnat Hanım'ın Adnan'ı...

Emektar, hangi amaçla gelindiğinin farkında olmayışın rahatlığıyla misafirini hâlâ o çocukluk günlerinin Adnan'ı gibi görüyordu. Gönül alıcı bir iki şey bile söylemeyi ihmal etmedi:

– Büyümüş, koca adam olmuşsun...

Sonra durumu fark etmiş ve Adnan Bey'i içeri almıştı:

– Gir içeri.

Adnan Bey galiba telaşa kapılıyordu. Uzun süre bu sâkin tavrını sürdüremeyebilirdi:

– Naciye Hanım'ı görmeye geldim. Müsait bir zamanında kendisiyle görüşmek istiyorum.

Evin emektarı şaşırmıştı. Sebep soracak kadar yüz göz olmak istemiyordu. Naciye Hanım'ın böyle habersiz ziyaretlerden hoşlanmadığını bildiği için duraksıyor, ama Fıtnat Hanım'ın yâdigârı Adnan'ın kapı önünde bekletilmesini istemiyordu. Hanımının eşref saatini arayan tecrübeli kâhya gibi davrandı. Artık ziyaretin sebebini önsezileriyle anlamış ve evin erkeğine hürmet etmesi gereken dili kullanmaya başlamıştı:

– Adnan Bey siz şöyle istirahat buyurun, ben Naciye Hanım'ı bir yoklayayım. Eğer bugün müsait değilse endişeye kapılmayın...

Adnan Bey'i giriş holünün en itibarlı köşesine götürüp Naciye Hanım'ın misafirlerini beklerken kullandığı koltuğa oturttu.

– Endişelenmeyin!..

Emektar kadın yukarı çıktı. Evin içinde derin bir sessizlik vardı. Giriş holünün biraz ilerisinde Güzin'in resim dersleri aldığı küçük oda görünüyordu. Tuvallerde çeşitli resimlere başlanmış ama tamamlanmamıştı. Natürmortlar, peyzajlar sıralarının gelmesini bekliyorlardı. Bir köşede Berin'in portresi duruyordu. Odanın belki de en tamamlanmış resmiydi. Hâlâ sehpadaki yerini koruyordu. Berin Hanım'ın saçları sağdan ikiye ayrılmış, kısa kalan kısmı günün modasına uygun biçimde omuzlarının üzerine dökülmüştü. Yüzünün hatları bütünüyle tuvale aksettirilmişti. Berin buydu işte. Adnan Bey oturduğu koltuktan kalkıp resme yanaştı. Bir süre seyretti. Bitmiş denilen resmin iki eksiği vardı. Birisi dudaklarının hemen ucuna konulması gereken haşarı kız tebessümü, diğeri gözlerinin derinliğine yerleştirilmesi şart olan aydınlık bakışın meşalesi...

Adnan Bey resmin bu iki eksiğinin yakında tamamlanacağına inanıyordu.

– Çakırbeyli'ye gelin gelsin; hem tebessüm yerini alacak, hem meşale...

Evin emektarı merdiven başında göründü. Sevinçli telaşlar içindeydi. Doğru Adnan Bey'in yanına geldi:

– Birazdan aşağı iniyor...

Naciye Hanım saltanatlı kadındı. Özenle üstünü değiştirmiş, çok hatırlı bir misafir ağırlar gibi giyinip aşağı inmişti. Adnan Bey'in yanına gelmiş ve birkaç dakika önceye kadar misafirinin oturduğu koltuğuna oturup, hatır sormuştu:

– Nasılsınız? Sizi en son Fıtnat Hanım'ın mevlidinde görmüştüm. Hiç değişmemişsiniz.

Adnan Bey teşekkür etti. Bu sözün arkasından neyin geleceğini tahmin edememek sıkıntısını yaşıyordu. Tek bir hata bütün sonuçları altüst edebilir ve her şeyi bir daha telafisi imkânsız sıkıntılara sokabilirdi. Bir süre Naciye Hanım'ın istediği gibi konuşmasının ve açıkçası rahatlamasının uygun olacağını düşündü ve sustu:

– Yaşlandıkça değişmeyen insanları hep önemli kimseler olarak görürüm. Yıllar, onların hayatında ihtiyarlık değil, bir olgunluk nimeti gibi birikir.

Naciye Hanım iltifatı şahsîleştirdi:

– Sizde bu teşhisin değerleri var.

Adnan Bey bu iltifatı hiç unutmayacağına yemin etti. "Beni gururumla karşılayan ve değerlendiren bir kadının hayatımdaki yerini hep o ilk ve yüksek değeriyle muhafaza edeceğim" diye yemin etti. Hemen asıl konuya girdi:

– Kim olduğumu biliyorsunuz. Ailelerimiz pek fazla hususiyet içinde olamadılar. Hepsini çok genç yaşlarımda kaybettim. Kimsem yok...

Bir süre durdu. Naciye Hanım'ın hatlarında nasıl izler bıraktığını görmek istedi. Naciye renk vermeyen kadındı. Adnan Bey devam etti:

– Sizden Berin'i istemeye geldim. Gönderecek kimsem yok. Aracılar koymayı da hürmetsizlik saydım. Tek başıma gelişim bundandır.

Naciye Hanım, istifini bozmadı. Kendine güvenen insanları seviyordu. Temposunu koruyarak konuşmasını sürdürdü:

– Ailelerinize lâyık olacağınızdan eminim. Ancak Berin'in kararını almadan size cevap vermem yakışıksız olur. Aradan çok uzun yıllar geçti. Kendisiyle konuşmam lazım...

Adnan Bey ziyaretin uzamasının anlamı olmadığını gördü. Nâzik bir vedayla ayrılmak istedi. Naciye Hanım misafirini kapıya kadar yolculadı. Vedalaşma sırasında olgun ve yakışıklı bir bey bahçe kapısından içeri girmiş ve cümle kapısına yaklaşmıştı. Naciye Hanım bu iki erkeği tanıştırdı.

– Çakırbeyli Çiftliği'nin sahibi Adnan Bey...

Sonra dönüp gelen beyi takdim etti:

– Millet Mektepleri hurûfat muallimi Mahmut Nedim Bey. Kendisi hukuk mektebini bu yıl tamamladılar...

Adnan Bey kapıdan çıktı. Karşıyaka kordonuna doğru yürüdü. Hava hafif serin ve esintiliydi. Mahmut Nedim Bey'i düşündü. Millet Mektepleri'nde yeni alfabeyi öğreten genç muallimlerden biriydi. Üstelik hukuk tahsil etmişti. Her ailenin göz koyacağı damat adaylarından biri olarak cazipti. Adnan Bey güldü.

Gâzi Hazretleri, harf inkılâbını tamamlamış ve bütün genç kadınların yeni harfleri öğrenmesi için mahallelerde mektepler açmıştı. Naciye Hanım ve kızları yabancı mekteplerde okudukları için Latin harflerini tanıyorlar, ama bunların yazılışıyla Türkçe'nin nasıl biçimlendirileceğini tam sökemiyorlardı. Naciye Hanım, bu konuda hiçbir hatâya düşülmesini istememiş ve ehliyetli hocaların bilgi ve tecrübelerden yararlanmayı kararlaştırmıştı. Aile fertleri arasında ayrım göstermeden kızlarını bu mekteplerde yeni harfleri öğrenmeye göndermiş ve belli zamanlarda bir öğretmenin kendisine yardımcı olması için evinde ders almaya karar vermişti.

Kordon boyunun elektrik direklerine mahalle mekteplerini tanıtan afişler asılıydı. Birini üzerinde yeni harfleri öğrenen genç bir kadın resmi vardı. Çocuğuyla birlikte yeni alfabenin üzerine eğilmiş yeni harfleri öğreniyordu. Kordonun çeşitli yerlerine asılan afişlerde Arap harfleriyle yazılmış "gel", "gül", "kel" sözcüklerinin aynı yazılış biçimini gösteriyor ve yeni Türk harflerinin kolaylıklarını anlatıyordu.

Adnan Bey geçen faytonlardan birini çevirdi. Hızla atladı. Sesini gürleştirdi:

– Alaybey!..

Alaybey aslında üç adımlık mesafeydi. Faytoncu atlarını dizginledi. Başlarını geldiği yönün aksine çevirdi ve kırbacını şaklattı. Adnan Bey, dönüş sırasında bindiği faytonun körüklerine yeni harflerle ilgili afişlerin asıldığını gördü. Mutlu oldu. Sordu:

– Nasıl, Latin harflerini öğrenebildin mi?

Faytoncu şenlikli bir sesle güldü. Kırbacını şaklattı:

– Yakışır mı beyim size; bunlar yeni Türk alfabesi; Gâzi Hazretleri böyle söyledi.

Sonra "a"dan başlayıp "z"ye doğru bütün alfabeyi tek tek saymaya başladı:

– Eve döndüğümde her akşam hanım beni imtihan ediyor...

Sonra Adnan Bey'e döndü:

– Peki sen biliyor musun bey?

Adnan Bey elindeki kâğıda cebinden çıkardığı dolmakalemle yazmaya başladı. Yeni harflerle "Berin" yazarken elini serbest bırakmış ve birkaç kez üst üste aynı kelimeyi yazmıştı... Berin, Berin, Berin, Berin!..

* * *

Refik Bey, Adnan Bey'i aramış ve kendisiyle bir mühim meseleyi görüşmek istediklerini söylemişti. Cuma günü akşamına doğru görüşmeyi teklif ediyordu.

– Naciye Hanım ailenin büyüğü olarak bu görüşmeyi benim yapmamı istedi. Sizi Ali Galip Pastanesi'nde bekliyorum...

Adnan Bey söylenen saatte Ali Galip Pastanesi'nden içeri girdiğinde kendisini Samim karşıladı. Samim, Evliyazâde ailesinin üzerine titrediği veliahdıydı ve bu güleç çehreyi önceden hayal meyal hatırlıyordu. Mirasyedi Refik Bey, ailenin böyle meselelerinde haber tebliğ eden büyüğü gibi değerlendiriliyor, ama damat olacak şahsın hâl ve tavrının gözlenmesi için yanına mutlaka Samim ekleniyordu. Samim, Berin'in birkaç yaş büyük abisiydi ve ailenin tek erkek evladıydı.

Refik Bey, Adnan Bey'e gelişi için teşekkür ettikten sonra kısaca varılan kararı aktardı:

– Naciye Hanım ziyaretinizden memnun olmuşlar. Sizi ve ailenizi çok itibarlı ve muhterem insanlar olarak takdir ediyorlar. Berin'le de görüşmüşler. Ancak Berin'in de sizinle ilgili fikrini belirtmesini istediler...

Refik Bey'in âdeta ezberlenmiş gibi hiç nefes almadan söyledikleri üzerine Adnan Bey durumu kavradı. Ali Galip Pastanesi'ndeki buluşma bir çeşit damadın seyri için seçilmiş küçük kurnazlıktı. Berin Hanım bir yerlerde gizlice oturacak ve Adnan Bey'i görecekti. Böylece aradan geçen uzun yıllar sonrasında, saçını çeken Adnan'ın şimdi ne hâle geldiğini izleyecekti. Adnan Bey oturduğu masadan kalkıp etrafına baktı. Köşe masanın tam karşısında asmakatın merdiven sahanlığındaki masada Berin oturuyor ve pastasını yiyordu. Adnan Bey kimseden izin istemeden doğruca merdivenlere yöneldi. Üç beş basamağı bir kerede hızla çıkıp Berin'in yanına geldi:

– Nasılsın?

Hiçbir açıklama yapmasına izin vermeden elini tuttu:

– Haydi aşağı inelim. Hep birlikte olmamız daha iyi...

Berin Hanım ile Adnan Bey birlikte aşağı indiler. Refik Bey ve Samim ayağa kalkmış Berin ve Adnan Bey'i bekliyorlardı. Adnan Bey, oturması için koltuğu çekti ve yardım etti.

– Anneniz kararın verilmesi için sizin temayülünüzü öğrenmek istemiş.

Berin cevap vermedi. Ama gözleri Adnan Bey'in üzerindeydi. Refik Bey ve Samim oldukça uzun süren sessizlikten ne yapacaklarını şaşırdılar. Refik Bey tecrübeliydi. Samimi kolundan dürterek uyardı:

– Durum anlaşılıyor; kalkalım...

Durumun anlaşılırlığı yoktu. Hep birlikte kalkıp gideceklerinin sanıldığı yerde Berin kıpırdamadı. Samim'e doğru sesini yükseltti:

– Siz gidebilirsiniz. Ben dondurmamı Adnan Bey'le beraber bitireceğim.

* * *

Çine Çayı azmıştı. Haftalardır devam eden yağmurlar Çine Çayı'nı âdeta kontrol edilemez hâle getirmişti. Sular taşkındı. Düne kadar atların dizkapaklarına yükselen sular birden taşmış ve geçit vermeyecek kadar yükselmişti. Normal zamanlarda suyun durulması beklenir ve çayın uysallaşmasından sonra geçişler sağlanırdı. Bu kere işin niteliği değişikti. Çakırbeyli'ye gelin geliyordu. Berin Hanım Karşıyaka'da kıyılan nikâhtan sonra kendisine hazırlanan çeyiz sandıklarını bir yana bırakmış sadece, piyanosunun çiftliğe getirilmesini ısrarla rica etmişti. Adnan Bey'in yeni piyano almak önerisini nâzik dille geri çevirmiş, ve hatıralarına sahip çıkan olgun kadın ısrarı göstermişti:

– Musiki hatıraları farklıdır. Duygularla gelişir ve yerleşir; onu hangi zeminde kazandınızsa bu zeminde korumanız gerekir. Hatıralarda eşyanın önemi buradadır.

Adnan Bey, piyanonun denklenip gönderilmeye hazır hâle getirilmesi için İzmirli dostlarının yardımını rica etmiş ve çok özenli bir seyahat sonrasında Berin Hanım'ın piyanosu Çine Çayı'nın sahiline kadar getirilmişti. Piyanonun azgın sulardan geçirilmesi imkânsız görünüyordu. Piyanoyu bir sala yerleştirmişler, geniş salın dört tarafını kalın halatlarla bağlayıp dört tarafını da çayın iki yakasındaki güçlü ellere teslim etmişlerdi. Önce yukarı taraftan salın urganları serbest bırakılıp çayın yarısına kadar gelmesi sağlanacak, sonra bileği kuvvetli hamallar yavaş yavaş salı sahile çekerek piyanoyu karşıya geçireceklerdi. Derenin derinliği hakkında fikirleri yoktu. Hamalların cesareti kırılmıştı. Niyetsizlikleri yüzlerinden belli oluyordu.

Adnan Bey herkesi şaşırtan bir şey yaptı. Çiftliğinin en yağız kısrağını getirtti. Hızla üzerine binip Çine Çayı'na sürdü. Atın gösterdiği yolu en kestirme güvenli yol olarak belirleyip piyanonun o yoldan karşıya geçirilmesini sağlayacaktı. Beyaz kısrak azgın sulara karşı önceleri kendini korudu. Suların ortasına gelince kısrağın gemini çekti ve sendeledi. Hayvan bütün acısına rağmen süvarisini korumak için büyük gayret gösteriyor suların baskısına direniyordu. Birden kısrağın başının öne düştüğü ve kendini toparlamakta zorluk çektiği görüldü.

Abdi Ağa olanca hızıyla çayın kenarına koşup Adnan Bey'e bağırdı:

– Atın yularını bırak ağam! Yuları bırak... Yuları bırak...

Adnan Bey, Abdi Ağa'nın söylediklerini duymuyordu. Kısrağı geri döndürmek imkânsızdı. İleriye doğru gidiş artık çâre değildi. Çayın ortasında kısılıp kalmıştı. Abdi Ağa sesini duyuramayınca bütün hızıyla dereye doğru koştu ve kendini sulara bırakmak istedi. Yarı beline kadar suya girip neredeyse sele kapılmak üzereydi. Hâlâ bağırıyordu:

– Yuları bırak Adnan! Atın ayağı yere değmiyor; atın ayağı yere değmiyor.

Güçlü iki hamal koşup Abdi Ağa'yı sulara kapılmaktan çekip çıkardılar. Kıyıya çekilmişti ama bağırmaya devam ediyordu:

– Yuları bırak; atın ayağı yere değmiyor...

Adnan Bey yuları bıraktı. Kısrağın başı sulara doğru uzandı ve vücudunu dengeledi. Yüzmeye başladı. Adnan Bey uzatılan halatı yakalamış ama salın nereden geçirileceğini gösterse bile herkesin cesareti kırılmıştı. Karşı kıyıya çıktığında Abdi Ağa koşup Adnan Bey'e sarıldı:

– Sağır mıydın be ağam!..

Abdi Ağa'nın, İngiliz kumaşından yapılmış süvari ceketinin yarısı sırılsıklamdı. Aynı kumaştan yapılmış kasket o telaş sırasında başından düşmüş ve sulara kapılıp gitmişti. Kurtarmak için bastonunu kullanmak istemiş, bu kez suların ağır baskısında bastonunu da elden kaçırmıştı. Abdi Ağa kendini çıplak hissediyordu. Büyük mendilini çıkarıp başının üstüne koydu. İskoç ceketin altındaki lacivert lastikotinden yapılmış potur, suya girince simsiyah buruşuk bir bohçaya dönmüştü. Çizmelerinin içine sular dolmuştu. Bu haline kendi de gülmeye başladı.

Olayları uzaktan seyreden Berin Hanım Abdi Ağa'ya yanaştı:

– Geçmiş olsun Abdi Ağa...

Sesi ağlamaklıydı:

– Ağanın önünde rezil olduk, büyük gelin...

Evde başka gelin yoktu. Abdi Ağa "büyük gelin" derken, sadece Berin Hanım'ın itibarını yükselten bir sıfat seçiyor ve duyan herkesin evin hâkiminin bu genç kadın olduğunu çevresine anlatmak istiyordu. Abdi Ağa'nın gösterdiği hürmet, sadece çiftliğin hizmetkârlarını değil, bütün Çakırbeyli kasabasını nasıl hareket etmesi gerektiği konusunda terbiye ediyordu. Artık Berin Hanım'ın çiftlikteki unvanı belli olmuştu: büyük gelin...

Birlikte yürüdüler. Uzaktan Ethem Bey'in yaklaştığını gördü. Ethem Bey, Çakırbeyli'nin en yağız atlarından birinin üzerindeydi. Lejyonerler gibi mantar şapkayı başına geçirmiş, meşin kordonu çenesinin altında bağlamıştı. Golf pantolon giymiş ve eline ucu kelebeklere benzeyen küçük bir meşinle biçimlendirilmiş sert bir hezaren kırbaç almıştı. Kırbacı çizmesine vurarak yaklaşıyordu. Abdi Ağa, hiç istifini bozmadan yürümeye devam etti. Nezaket gösterip Ethem Bey'i beklemek isteyen Berin Hanım'ı uyardı:

– Yoz ağa geliyor büyük gelin; uyanık ol...

Abdi Ağa, Ethem Bey'in, Adnan Bey üzerindeki tesirinden hiç hoşlanmamış ve daha ilk günden beri tavırlı davranmaya başlamıştı. Adnan Bey'e "has ağa", Ethem Bey'e "yoz ağa" yakıştırması yapmış ve bu sıfatları hemen her yerde kullanmaya başlamıştı. Çakırbeyli'de Adnan ve Ethem beyler artık bu tasnifle anılıyorlardı.

Ethem Bey ayrıldıktan sonra Abdi Ağa, Berin Hanım'ın yanına tekrar yanaştı:

– İnatlaşma büyük gelin. Yarın sular durulur... Bu âlet her neyse yarın geçiririz... Sen evde konacağı yeri göster yetişir...

Berin Hanım güldü. Abdi Ağa'yı sevmişti. Onu sevindirecek bir cevapla gönül almak istedi. Bu gönül alışta evin asıl sahibinin kim olduğunu anlatmak istemişti:

– Has ağa da aynı şeyi söylüyor Abdi Ağa...

* * *

Berin Hanım'ın Çakırbeyli'de ilk bayramıydı. Sabah evin erkeğini namaza göndermiş ve köşkün bahçesinde dizilmiş koçların kesilmesi için çağrılan kasaplara kahvaltı hazırlayıp getirmişti. Adnan Bey, namazı köy mescidinde kılmış ve Çakırbeyli esnafıyla yan yana saf tutmuştu. Abdi Ağa arkasında dağ gibi bir kalkan oluşturmuştu. Budakların Mehmed'in Ayşe'yi vurmasından sonra Abdi Ağa hep böyle bir koruma çemberi kurmaya meraklanmıştı. Namazdan sonra mescidin önünde durmuş ve bütün cemaatle tek tek bayramlaşıp birbirleriyle helâlleşmişti. Köşke doğru yürüyorlardı. Abdi Ağa birden şaşırtıcı bir şekilde izin istedi:

– Bana müsaade ağam, seninki geliyor...

Abdi Ağa'nın "seninki" dediği Ethem Bey'di. Adnan Bey bu müdahaleden rahatsız oldu. Ethem Bey ile Abdi Ağa'nın birbirlerine karşı takındıkları tavırdan rahatsızdı. Bu iki insanının birbirini sevmemesi için sebep göremiyordu. Böyle bir çatışmanın kendilerine de, Çakırbeyli'ye de faydası dokunmayacaktı. Sesini sertleştirdi:

– Bayram sabahında ihtilaf çıkarma Abdi Ağa; doğru eve gidiyoruz.

Berin Hanım, kasaplar kahvaltısını tamamladıktan sonra hepsini sıraya dizmişti ve kapıda evin erkeğini bekliyordu. Adnan Bey gelince kendisini kucakladı ve bayramını tebrik etti. Sonra diğerlerinin bayramlarını kutladı.

Ziyaretçilerin karınlarını doyurmak için, kavurma yapılacak ocaklar ateşlenmiş, tabaklar, kaşıklar köşkün bahçesindeki büyük tahta masaya dizilmişti.

Adnan Bey gelince ilk kurbanın boynuna bıçağı vurdular. Sonra eve girildi. Berin Hanım elinde paketle bekliyordu. Gelince Abdi Ağa'ya yaklaştı:

– Her zaman gönlümüzü hoş ettin Abdi Ağa... Sana küçük bir hediyemiz var. Kabul et ve bizi sevindir.

Adnan Bey uzaktan seyrediyordu. Berin Hanım hediye paketini verince Abdi Ağa ne yapacağını şaşırdı. Adnan Bey üsteledi:

– Aç bakalım!

Abdi Ağa paketi açtığında siperliği meşinle kaplanmış sekiz köşeli bir kasket ve ucu gümüşle işlenmiş bir hezaren bastonla karşılaştı. Abdi Ağa'nın gözleri seyredilmeye değerdi. O dağ gibi adam küçülmüş, âdeta ufak bir sincap gibi büzülmüştü. Çocukça sevinç göz çukurlarını nemle doldurmuştu. Dokunsalar boşanacaktı. Berin Hanım merakla izliyordu. Abdi Ağa'nın bu hediyelerden mutlu olup olmayacağını uzun süre düşünmüş, sonunda kendisine bir kasket ile bir baston hediye etmeyi en isabetli karar olarak tercih etmişti.

Abdi Ağa kasketi başına koydu. Tıpatıp uyduğunu görünce daha da mutlu oldu. Önce Adnan Bey'in yanına gidip kucaklaştı. Sonra Berin Hanım'a yaklaştı. Önünde saygıyla durdu:

– Sağ ol büyük gelin... Hayatımda çok hediye aldım, ama böyle onurlu armağan veren kimsem olmamıştı. Sen bu çiftliğin büyük gelini olmaya her zaman lâyıksın...

Kasket şimdiye kadar giydiklerinden çok farklıydı. Sekiz köşesi vardı. Ve çok itinalı bir işçilikle dikilmişti. Kasketin kenarlarını saymaya başladı. Bu kadar çok kenar görünce şaşırmış gibi oldu. Tekrar saymaya başlayınca Adnan Bey müdahale etti:

– Tıpkı bizim kule gibi; tam sekiz köşeli...

Adnan Bey evin kulesine çıktı. Abdi Ağa da peşinden geliyordu. Dürbünle biraz etrafı seyretti. Sonra Abdi Ağa'ya uzattı. Abdi Ağa ilk defa dürbün kullanıyordu. Küçük merceklerin ucundan o ulaşılmaz denilen uçsuz bucaksız toprakların âdeta dokunacakmış kadar yakına gelişine hayret etti. Dürbünü Çakırbeyli kasabasına çevirdi. Biraz önce namaz kıldıkları mescidi, nargile içtiği çınar altını, bayram tıraşı için sıraya girdiği berber dükkânını, telaşla dolanıp duran köylüleri seyretti.

Adnan Bey şaşırtıcı bir sözle Abdi Ağa'yı silkeledi:

– Buradan yabandomuzu vurabiliriz... Birer iyi tüfek almalıyız.

Abdi Ağa bu teklife şaştı. Sözünü esirgemedi:

– Ağa adamsın! Ağaya buradan topraklarını seyretmek keyfi yaraşır. Bırak domuzları adamların vursunlar... Sen belindeki tabancayı sadece düşmanın için çıkarırsın...

Sekizinci bölüm

Sızlatır bâzı saatler dayanılmaz bir acı,
Kökü toprakta kalıp kendi kesilmiş ağacı.

Yahya Kemal Beyatlı

Gözlerimiz yaşlıydı, gönüllerimiz mahzun;
Memleketten konuştuk, hepimiz uzun uzun.

Nâzım Hikmet

Ali Fethi Bey'in gelişiyle her şeyin değişeceğini sananlar, heyecanlarını kaybettiler. Cesaretleri birden yok oluverdi. Tedbirli bekleyişin uygun olacağını düşünenler öne çıktı. Gelişinden, gidişinden nem kapılacak kadar ürkektiler. Önce havanın koklanmasına ve takınılacak tavrın buna göre belirlenmesi gerektiğine inanıyorlardı. Halkın ne yapacağını kestirmek zordu. Küçük ve sevimli heyecanların yaratacağı bir basit yanlışlık, koskoca kenti tehlikeli mâceralara atabilirdi. İlk bakışta ne olacağını fark eden keskin sezişler yoktu; ama, Konak Meydanı'nda olayların nasıl gelişeceğini kestirmenin imkânsızlığı da biliniyordu. Her kuşkulu bekleyiş, bir edepsiz hareket ihtimaline dönüşebilirdi.

Bazıları Ali Fethi Bey'in, İsmet Paşa'dan daha eski ve yakın bir arkadaşlık hukukuyla tercih edildiğini söylüyorlardı. Mustafa Kemal, Ali Fethi'yi boşuna seçmemişti. Serbest Fırka'nın kurulmasıyla artık İsmet Paşa saltanatının sona ereceği ve Mustafa Kemal'in kendi etrafında güvenilir yeni bir kadro oluşturacağı söyleniyordu. Şartlar değişmiş, hiç vazgeçilmez sanılanların tâlihi dönmüştü. Gün artık Ali Fethi Bey için ışıyacaktı.

Sabahın erken saatlerinde insanlar meydana gelmeye başladılar. Civar illerin, ilçelerin ve köylerin siyasete meraklı çehreleri sanki kırk yıllık dostmuş gibi birbirlerini muhabbetle selamlayıp, birlikte başlatacakları yeni mücadelenin hazzını duymaya çalışıyorlardı. Seslerinde, sanki ufuklara yaslanmış efelerin ağdalı narası patlatılmıştı. Hepsinin düşüncelerinde dikkat çeken bir saygı daveti vardı.

Yaşlı bir Çineli, Çanakkale'de omuz omuza savaştığı Germencikli'yi görünce sarıldı:

-- Ali Fethi'yi tanıyor musun?

– Hayır !..

– Cumhuriyet'in Atçalı'sı diyorlar...

– Duydum.

Ali Fethi Bey Serbest Fırka'yı kurmak için İzmir'e geliyordu.

İzmir, Bursa, Balıkesir, Manisa, Aydın, Denizli Ali Fethi'yi artık kurtarıcı gibi görmeye başlamıştı. Gelişinden önce ününü abartan hikâyeler üretilmiş ve her şey bu genç adamın heyecan ve kararlılığına bağlanmıştı. Herkes, İsmet Paşa zulmünün kolunu kıracak bileğin bulunduğu tesellisini yaşıyordu.

Cumhuriyet'in Atçalı'sı denince akarsular durmuştu. Aydınlılara hiç kimse Atçalı benzetmesi kadar saygı duyulacak heyecanlar ve teslimiyet hissi veremezdi. Atçalı denince gelenin hikâyesi efsâneleşir, bir ilâhî kudretin âlemde hak ve adâlet dağıtan terazisine dönerdi.

Kimine göre Atçalı, Zaloğlu Rüstem'di. Kimine göre, Zülkarneyn, kimine göre, dağları delen Ferhat'tı.

Çineli üsteledi:

– Biz Çanakkale'deyken, o Şark Cephesi'ndeymiş... Şark'ın Mustafa Kemal'i diyorlarmış.

Germencikli geride kalacak gibi değildi. Ali Fethi'nin mâceralarını Atçalı'nın mâceralarıyla özdeşleştirip, bu abartıda payı olmasını istiyordu:

– Kaynım, yanında çarpışmış; "Göreydin enişte, vallahi Atçalı'dan da yiğitti" diyor...

Germencikli'nin geride kalmış kimsesi yoktu. "Kaynım" dediği de hayaldi... Atçalı hikâyesi, hırslı hayallerinin avunduğu bir mâcera heyecanıydı. Akşam kahveye çıktığında Çanakkale'den söz bile edemiyordu. İnsanlar sıkıntı içinde kıvranmışlar, geçimlerinin giderek kötüleşmesi karşısında hiçbir iftiharın karın doyurmadığını fark etmişlerdi. Ali Fethi, eğer İzmir'e bir bereket getirecek kadar makbul adamsa, ne olursa olsun ona, peşinden gidilecek kurtarıcı olarak bakılmalıydı.

Meydanın kalabalıklaşması uzun sürmedi. Dört bir yandan gelenler, Ali Fethi'yi görüp köylerine götürecekleri bir hatıra hissi kazanmak istiyorlardı.

Güneş şiddetli yüzünü gösteriyordu.

Ali Fethi Bey bir ikaz cümlesiyle uyardı:

– Conker! Biliyor musun bu gün sana çok iş düşecek... Keşke sabahleyin bir iki yumurta içseydin...

Fethi Bey, Serbest Fırka'yı anlatmak için günlerdir miting meydanlarında dil dökmüş, bu arada biraz üşütmüş ve sesi tamamen kısılmıştı. Nuri Conker'in yeri göğü inleten gür sesine güveniyor ve gezisinin en önemli merhalesi olan İzmir konuşmasında çok etkili izler bırakmayı amaçlıyordu.

Fethi Bey partiyi kurduğu günü hatırladı; millî şair Mehmet Emin Bey yanına yaklaşmış ve Türklüğüyle övündüğünü anlatan manzumelerine yeni mısralar ekleyen şair böbürlenmesiyle sesini yükseltmişti:

– Reis bey, reis bey!.. Halk uzun laftan hoşlanmaz; partinin adına gel kısaca "Serbest Fırka" deyiver. Benim şiirlerime bak, üç mısrada on bin yıllık Türklüğün şehnâmesini söylüyorum...

Meydan lebâlep dolmuştu. Balkonlarda, damlarda kadınlı, erkekli, çocuklu heyecan salkımları görülüyordu. İzmir'de sadece akşamları üç beş varlıklı aile salonunu aydınlatacak kadar elektrik üretiliyordu. Ali Fethi'nin konuşması için alışılmışın dışında elektrik üretilip mikrofonlara verilmesi mümkün değildi. Meydanın ortasında hitabet kürsüsü konmuş ve kürsünün dört köşesine dört büyük münadi kürsüsü yerleştirilmişti. Bu kürsülere sesi gür tellallar yerleştirilecekti. Ali Fethi hitabet kürsüsünde ne söylüyorsa, münadi kürsülerine yerleştirilecek gür sesli tellallar aynı cümleyi tekrarlayarak konuşmanın herkes tarafından duyulmasını sağlayacaktı.

Akşamüzeri Ali Fethi Bey'in otomobili göründü. Kürsüye çıkarken yorgun olduğu anlaşılıyordu. Arkasında Gâzi'nin kız kardeşi Makbule ile çocukluk arkadaşı Nuri Conker vardı.

Ali Fethi konuşmasına başlayınca Conker hatibin sözlerini en gür sesiyle tekrarladı. Meydanın dört köşesine yerleştirilen münadi kürsüsündeki tellallar bu konuşmayı çevresindekilerin duymasını sağlamak için tekrarladılar. Deniz kıyısında toplanmış kadınların meydana girmesine izin vermemişler ve orada âdeta göz hapsine alınmışlardı. Günlerdir dinlemeye hazırlandıkları Ali Fethi'nin sesini bile duyamamak sıkıntısı kadınları harekete geçirdi. Müyesser bütün ruhuyla öfkeliydi; ama soğukkanlı bir cesaretle ortaya fırladı. En yakın münadi kürsüsünün üzerine çıktı, tellalın elindeki teneke megafonu kaparak deniz kenarındaki kadınlara doğru Ali Fethi'nin sözlerini tekrarladı:

– Kadınlarımız, tıpkı istiklâl mücadelemizdeki gibi, siyaset mücadelemizde de omuz omuza bizimle savaşacaklardır... Vatan kurtarmanın gururu gibi, Cumhuriyet'in ebediyetini de birlikte yaşayacağız...

Ortalık birdenbire karıştı. Nereden geldiği kestirilemeyen bir ses, herkesi susturdu. Kahırlı bir ses çığlık çığlığa bağırıyordu:

– Kurtar bizi bunlardan Atçalı...

Ses etkisini gösterdi, kalabalığın çeşitli yerlerinden aynı sesler yükselmeye başladı. Herkes birdenbire sıkıntılarını birleştirmiş ve mevcut hükûmeti şikâyete başlamışlardı. Bir süre sonra İsmet Paşa'ya yönelik şikâyetler daha da hızlanarak Cumhuriyet'ten şikâyet noktasına dönüştü.

Müyesser elindeki megafonla bağırıyordu:

– Susunuz efendiler! Cumhuriyet'e dil uzatmayınız...

Konuşmayı duyurmak istediği kadınlara döndü, sesini olanca gücüyle yükseltti: Müyesser'in el işaretiyle bütün kadınlar hep bir ağızdan Muallim İsmail Hakkı Bey'in, Gâzi Hazretleri için bestelemiş olduğu mahur marşı okumaya başladılar. Bir yandan çığlıklar halinde Cumhuriyet'e ve Gâzi'ye kafa tutanların sesi yükseliyor, öte yandan bu sesi bastırmak için kadınların bulunduğu yerden marşlar söyleniyordu.

Ali Fethi kürsüden inmedi. Bu telaşlı havanın sükûnet bulacağını ve kaldığı yerden konuşmasına devam edeceğini düşünüyordu. Böyle bir havada konuşmaya devam etmesi, istenmeyen durumların doğmasına yol açabilirdi. Akşamın serin rüzgârıyla birlikte Makbule Hanım uyardı:

– Serinlik artıyor. Rahatsızsınız, biraz istirahata çekiliniz...

Ali Fethi Bey kürsüden inmiş kendisini misafir kalacağı eve götürecek otomobile yaklaşmıştı. Gözleri kalabalığın üzerindeydi. Kürsüden sözlerini tekrarlayan kadını arıyordu. O kadındaki heyecan ve sabrı hayranlıkla izlemişti. Eğer herkes bu kadının vatanperverliği kadar görev sorumluluğu üstlenirse Cumhuriyet'in ebediyete kadar payidar olacağı tartışılamazdı. Otomobile binerken kendisini korumakla görevli hafiyeye döndü:

– Bu kadının kim olduğunu öğrenin...

Nice tehlikeli mâceraların içinde pişmiş yaşlı hafiye, sır verir gibi Ali Fethi Bey'in kulağına fısıldadı:

– Çineli Müyesser! Ona herkes "İştirakiyuncu" der...

* * *

Adnan Bey, Berin Hanım'ı Çeşme'de Râsim Palas Oteli'ne bırakmış ve tek bir kahve dahi içmeden Konak Meydanı'na dönmüştü. Büyük özen ve dikkat içinde Ali Fethi Bey'i dinlemiş ve söylediklerinin Cumhuriyet gerçeğindeki yerini tartmıştı. Cumhuriyet'in ilk başvekili sanki Terakkiperver Fırka'nın mâcerasını yeniden yaşamaya zorlanmış gibi iğreti bir heyecan içindeydi.

Cumhuriyetçiliği milliyetçi ve laik bir disiplinin iki koldan saran muhabbetiyle tarif ediyor, ötesinde dikkat çekecek bir şey söylemiyordu. Kürsüde söyledikleri ile şimdi anlattıkları arasında önemli bir fark yoktu ama çok ciddi bir eksiklik olduğu belirgindi. Belki Ali Fethi Bey'in kendisi bile bu eksikliğin farkında değildi. Gâzi Hazretleri kendisini Yalova'ya çağırmış ve yeni bir parti kurarak genç Cumhuriyet'e demokrasi getirmeyi arzuladığını söylemişti. Ali Fethi Bey, Paris büyükelçisi olarak Avrupa'daki yeni düşünce ve siyaset akımlarını yakından tanımak fırsatı bulmuştu; ama, bu teşhis, Cumhuriyet'i bu fırsatların yeşereceği bereketli bahçe haline getirememişti. Gâzi'nin verdiği talimat ve garantiyi yeterli görmüş ve bu işe girişmişti. Bu talimat ve garanti bir eski dost hatırının sayılmasıydı. Bu hatırşinaslığın birdenbire bir siyasî mesuliyet hükmüne dönüşmesi mümkün değildi.

Sıkıntı büyüktü. Liberal düşünceler için Cumhuriyet, henüz hazırlıklı görünmüyordu. İsmet Paşa devletçi bir ekonomiyle memleketin ihya edileceğini her fırsatta söylüyor, şehir şehir gezerek devletçi ekonominin nimetlerini anlatıyordu. Büyük dünya buhranı sonunda Cumhuriyet'in sanayileşmesi ve kalkınma sadece devlet kaynaklarına dayandırılacaktı. Böyle bir anlayışın karşısına mahiyeti tam kavranmamış bir liberalliğin ne derece etkili olacağı iyi hesaplanmış görünmüyordu. Gâzi'nin teminatı ve desteği olduğu için Serbest Fırka'ya karşı doğrudan hücum etmek cesaret isterdi. Şimdilik kimsede bu cesaret görülmüyordu. Kimse Gâzi'nin emirlerine karşı gelemezdi.

İsmet Paşa, hırslı fakat temkinli lisan kullanıyor, ancak her fırsatta Serbest Fırka'nın fikirlerini alaşağı etmekten geri kalmıyordu. Serbest Cumhuriyet Fırkası'nın güzide temsilcileri için "liberaller" deyip geçmişti. İsmet Paşa'nın bütün korkusu yakında yapılacak belediye seçimlerinde Serbest Fırkacıların başarı göstermesiydi. Bu ihtimal bütün neşesini kaçırmıştı. Adnan Bey'in, Ali Fethi Bey'le yaptığı konuşmada ilk kavradığı nokta buydu. İsmet Paşa seçimden korkmuş ve partiye cephe almıştı. Gâzi Hazretleri desteğini ne kadar daha sürdüreceğini belirtmemişti.

Ali Fethi Bey, İzmir mitinginden sonra Manisa'ya geçmiş ve miting alanını dolduranlara Gazı Hazretleri'nin selam ve desteğini söyleyince miting alanı sevinç çığlıklarıyla çınlamıştı. Ertesi gün aynı şey Aydın mitinginde yaşanmış, halk Ali Fethi Bey'in yanında Adnan Bey'i görünce mutlulukla Serbest Fırka'ya büyük destek vermişti.

Ali Fethi Bey'in teklifi açıktı. Adnan Bey'in Aydın'da Serbest

Fırka'yı kurup teşkilatlandırmasını istiyordu. Anlattıklarının bir siyasî mücadele için inandırıcı hattâ heyecanlandırıcı bir tarafı yoktu. Ama, halkın galeyana gelmiş sıcaklığıyla Ali Fethi Bey'i bağrına basması bu siyasî hareketin eğer önüne engel çıkarılmazsa hemen kabul göreceğini gösteriyordu.

Ali Fethi Bey, nâzik bir lisanla Adnan Bey'e sordu:

– Kabul mü Adnan Beyefendi?

Adnan Bey, aynı nezaketle cevapladı:

– Hayırlı olsun efendim...

Ali Fethi Bey, bu haberin herkes tarafından bilinmesini istiyordu. Dışarıya çıkıp ne olup bittiğini merak edenlere sonucu belirtmenin isabetli olacağını düşündü.

– Halkı fazla bekletmeyelim...

Birlikte aşağı indiler. Halk önce kararın ne olduğunu öğrenip işlerine geliyorsa alkışlamayı düşünmüş olacak ki hiç ses çıkarmadan bütün Serbest Fırkacıların bir araya gelmesini bekledi. Hepsi yaz sıcağına rağmen takım elbiseler içindeydi; ellerinde şapkaları vardı. Fethi Bey koyu kahverengi çizgili bir elbise içindeydi, aynı renkli şapkasıyla halkı selamladı. Adnan Bey, Ali Fethi Bey'in sağında duruyordu. Bembeyaz tiril tiril bir elbise içindeydi. Saçlarını tamamen geriye taramış, iri ve geniş alnının ortaya çıkmasına fırsat vermişti. Şapkasını elinde tutuyordu. Beyaz ve lacivert çizgili kravatı, iri yakalı gömleğinin tam ortasında bir yelkenlinin denize açılışı gibi sallanıyordu. Adnan Bey, fotoğraf çekilinceye kadar kravatını tutmak ihtiyacını duymuştu.

Ali Fethi Bey, kararı tebliğ etti ve alkış koptu...

Adnan Bey, artık Serbest Fırka'nın Aydın il başkanıydı. Bu sevincini ailesiyle paylaşmak istedi.

Çeşme'ye dönüp Berin Hanım ve küçük Yüksel'i Râsim Palas Oteli'nden alıp Karşıyaka'daki eve getirecek kendisi de birkaç gün Fethi Bey'in refakatinde bölgeyi dolaşıp Aydın'a dönecekti.

* * *

Hikmet Bey yorgun argın evine gelmiş, bebeklikten henüz çıkmış ikizlerini kucaklayıp akşam keyfini çıkarıyordu. Gözleri hüzün içindeydi. Süreyyâ Sineması'ndaki muhasebe memurluğu görevini sürdürürken bir yandan pek fazla anlamadığı hesap işlerinin sorumluluğunda yorgun, öte yandan geçim sıkıntısının yarattığı ağırlık altında mahcuptu. Geçim sıkıntısıyla kıvranan Nâzım ile Samiye'nin de varlığı dar evdeki huzursuzluğu artırıyordu. Her gece karısının başının etini yiyen hoyrat ikazlarıyla ruhunun dehlizlerinde yıkılmıştı.

Yolda gelirken bunları düşünmüş ve tâlihsiz bir hayatın derinliklerinde nasıl kaybolup gittiğinin muhasebesinde hep kendisini suçlu bulmuştu. Celile kendisi için bir nimetti. Eğer böyle güçlü bir kadının disiplini altında istenenleri yerine getirseydi şimdi varlıklı bir aile reisi olarak bütün çocuklarını etrafında toplar geçmiş günlerin lezzetlerini yâd eden hatırlı bir paşazâde huzuru duyabilirdi. Her akşam eve getirilecek üç beş lokma nafakanın temini için katlandıklarını içine atıyor ve hiç ıstırap çekmemiş bir adam çehresi takınmak için kendi içinde kendi yüzünü kendine karşı boyuyordu. Yorgundu. Mahzundu. En ağırı da mahcuptu. Celile'ye mahcuptu. Nâzım'a mahcuptu. Samiye'ye mahcuptu. Yeni karısına, küçük ikizlerine mahcuptu. Aynaya her bakışında kendisinden hesap sorulacağı endişesiyle gözlerini aşağıya indirir ve suçluluğun ağır korkusu altında ezik duran yüreğine katlanılması ağır acılar yüklerdi.

Henüz otuzuna varmamış Nâzım'ın heyecanları, Samiye'yle olan fiskoslu sohbetleri ve meraklı akşam bekleyişleri Paşazâde Hikmet Bey'in zaten sağlam olmayan sinirlerini germiş ve dokunulsa ağlayacak hâle getirmişti.

Nâzım'ın bir dula gönül verdiğini duymuştu. Erenköylü Mehmet Ali Paşa'nın gelini diyorlardı. Oğlu Vedat Örfî'yle genç yaşta evlendirilmiş, iki çocuk olduktan sonra geçimsizliğin getirdiği ağır baskı altında epey örselenmişti. Pirâye güzeldi. Pirâye gençti. Pirâye bu yorgun evlilik terbiyesinde pişmişti. Olgun ve sabırlıydı.

Nâzım'ın kendisine tutulduğunu ilk anda anlamıştı. Uzun yıllar iyi yetişmiş bir kocanın koynunda hor görülüp, bir yana bırakılmış bir kadının, içli ve sağlam bir aşkı ilk gösterildiği anda kavramaması düşünülemezdi. Düne kadar "Devrimci şair, aşk şiirlerine imza atmaz" böbürlenmesiyle çevresindeki kadınlara metelik vermediği söylenen Nâzım, şimdi şiirlerin en aşk dolusunu Pirâye'ye yazıyordu. Bir keresinde öylesine coşmuş ve kendinden geçmişti ki, "Bizim de bir çift sözümüz var aşka dair" deyip, duygularının içtenliğini mısralara dökmüştü. Her dize, ruhundaki iniş çıkışları yansıtan samimiyetle bir şiir disiplininin dengesinde birleşmiş ve duyguların, hazların mükemmelini yaratmıştı.

Pirâye henüz evliydi. Kocasının Paris'ten ne zaman dönüp, karısını ne zaman isteyeceğini kestiren yoktu. Nâzım ise işin boş vermişliğini ilk gün anlamış ve Pirâye'nin kime ait olduğunun önemsenecek bir engel olmadığını söylemişti. Nâzım için Pirâye, başında güneşler esen altın gözlü çocuktu. Burnunun dibinden gelip geçen koca yaz boyunca avaz avaz çığlıklar atıp bir demet mor menekşe getiremediğinin acısını anlatıyor, sonra içten bir boyun büküklüğüyle mazeretini söylüyordu:

– Ne halt edek! Dostların karnı açtı, kıydık menekşe parasına...

Pirâye de işin farkındaydı. Böyle bir adama kapılmanın kendisini yeniden ıstıraplı günlere götüreceğini kestirmişti. İki çocuğu vardı. İkisi de bakıma ve şefkate muhtaçtı. Henüz yirmi beşine varmamıştı. Güzeldi ve bereketliydi. Küçük bir burjuva evliliği yapacak, "bahçesinde ebrulî hanımelleri açan" kutu gibi bir evde çocuklarıyla mutlu yaşayacaktı. Böyle ülküsü ve evsafıyla son derece etkili bir şaire kapılmamanın imkânsızlığını da görmüştü. Nâzım, onun avuçlarını tutmuş ve içindeki aşkı hiçbir kötü ihtimale fırsat vermeyen açıklık içinde söylemişti:

– Seni seviyorum Pirâye!.. Avuçlarımda camdan bir şey gibi kalbimi sıkıp, parmaklarımı kanatarak, kırasıya seviyorum, çıldırasıya seviyorum...

Pirâye iki gerçeğin tesirinde şaşkındı. Ailesi, üzerinde ciddi baskı kurmuş; işsiz güçsüz bir adamın evliliğinde hayatının ziyan olacağı telkinlerinden bunalmıştı. Annesi sert bir lisanla durumunu kendisine hatırlatmış ve bu ilişkiye son vermesini istemişti.

– Hâlâ evli bir kadınsın ve kocanın haysiyetine gölge düşürecek ahlâksızlığın içinde olamazsın. Adı dillere düşmüş âkıbetsiz bir komünistin peşine takılmak ailemize yakışmaz...

Annesinin hatırlatmasında ciddi gerçek payları vardı. Düne kadar liberal ekonominin Cumhuriyet için felaket olduğunu söyleyip Gâzi Hazretleri'ni Serbest Fırka'yı kapatmaya mecbur eden Cumhuriyet Halk Fırkası'nın devletçi kadrosu şimdi, Nâzım'ı sosyalist görüşlerin sahibi olmakla suçluyor ve dik başlı bu doğrucu şaire henüz palazlanmadığı bir zamanda darbe vurmak istiyordu. Tuzak inceden inceye hazırlanmaya başlanmıştı bile... Nâzım'ı sınıf edebiyatı yapmakla suçluyor ve bir zümrenin başka zümreler üzerinde hâkimiyet kurmasına yeltenmekle itham ediyorlardı. Belli ki Cumhuriyet Halk Fırkası, Nâzım'ın suyunu ısıtmaya niyetliydi...

Celile Hanım, ince önsezileriyle oğlunun başına gelebilecekleri görmüş ve bir küçük anne nasihatini şefkatle kulağına fısıldamıştı:

– Cumhuriyet henüz kendi siyasetçisini yetiştirmedi. Olanlar İttihatçı mirasıdır. Kıskançtırlar; dün sevdiğini bugün düşmanına teslim ederler. Güçlen ve uyanık ol!..

Nâzım böyle bir nasihatin içtenliğine inanmış ve annesinin "nazar boncuğum" dediği mavi gözlerini öperek sarılmıştı.

– Sen de uyanık ol anne, sen de...

İstanbul'un nâdir gördüğü bir beyaz geceydi. Günlerdir yağan kar her yeri tutmuştu. Celile sıcak sevgilerin yaşandığı bir karlı akşam hatırasıyla teselli aramış ve çok uzaklardan gelen mısralarda bu teselliyi bulmuştu. Şimdi gerilere dönüp bir korkak âşık hatırasına saygıyla eğilemezdi. Ama mısraların ağzından dökülmesine mâni olamadı.

Yahya Kemal Bey, Varşova'da âlemin beyaza gömüldüğü bir akşam, Tanburî Cemil Bey'i dinlediği eski plakta ağdalı bir İstanbul özlemi duymuş ve hatıralarının bencilliğinde kendisine teselli aramıştı. Bin yıl sürecek zannedilen kar sesinin tesirindeydi. Bir kuytu manastırın gamlı dualarından etkilenmiş, erganun ahenginin yayıldığı Islav kederinden zevk almamıştı. Zihni Varşova'dan çok uzakta, Tanburî Cemil Bey'in çaldığı plaktaki İstanbul ufkundaydı:

Birdenbire mes'udum işitmek hevesiyle,
Gönlüm dolu İstanbul'un en tatlı sesiyle...

Celile Hanım, şiirin en hassas beytinde kendinden bir pay bulmuş ve gururlanmıştı... Sonra güldü, "Çocukça bir duygu işte" deyivermişti... Şairin kendini hissettiği körfez, Kandilli'ydi, Çubuklu'ydu, İstinye'ydi, Bebek'ti...

Ve körfez Celile'nin gözlerinde mavi, sesinde şakraktı:

Sandım ki uzaklaştı yağan kar ve karanlık;
Uykumda bütün bir gece körfezdeyim artık....

Serbest Fırka başkanlığına getirilme kararı o kadar âni olmuş ve ailede şaşkınlık yaratmıştı ki, Berin Hanım son derece sıkıntılı bir hisle İzmir'e, annesinin evine dönmek istedi. İlk çocuğu henüz iki aylıktı. Yaz sıcaklarında böyle uzun bir seyahate tahammül edemeyebilirdi. Kundaktaki Yüksel'i bakıcısına emanet edip aşağı indi. Râsim Palas Oteli'nin antetli kâğıtlarından birine duygularını yazdı; acele telgraf olarak Çakırbeyli'ye çekilmesini istedi:

Efendim!
Bize söz vermiştiniz. Siyasetten uzak duracaktık...
Çiftliğimizdeki saadet bizi her zaman ihyâ eder.
Fırsat elimizdeyken bu bahtiyarlığı ailenizden esirgemeyiniz.
Lütfen efendim!
Şükran ve dualarımızla ellerinizi öperiz...

Berin ve Yüksel

Bu kısa telgrafta her şeyi özetlediğine inanmıştı. Siyasetin ailesine felâket getirdiğini çok derinden yaşamış ve o acıların bu saadet dolu yeni yuvaya sıçramaması için dualar etmişti. Doktor Nâzım'ın kendisini savunması için izin verilmeden ipte sallandırılışı Evliyazâde ailesinin en hicranlı hatırasıydı. Sonuç ortadaydı ve Adnan Bey, yeni kurulan Serbest Fırka'nın Aydın ili başkanlığına getirilmişti.

Adnan Bey'le evlendikleri gün kendisinden istenenlerin hepsini tartışmasız kabul etmiş ve bugüne kadar sözünde tek aksamaya meydan veren ihmali olmamıştı. Adnan Bey, evliliğinin şartlarını işin başında açıkça ortaya koymuş ve Naciye Hanım'ı da buna şahit etmişti:

– Yılın yedi sekiz ayı pamuk ekimi ve hasadı için Çakırbeyli'den ayrılamam. Sen de ayrılamazsın. Geri kalan dört ay içinde ne istersen yaparız. İmkânlarımın elverdiği her şeyi yaparız. İstanbul'a gittiğimizde Tokatlıyan'da kalırız. Sonra Ada'ya geçeriz; Yazın Râsim Palas'ta kalır Çeşme serinliği alırız.

Sonunda sözü, her şeyin dönüp dolaşacağı asıl merkeze getirdi:

– Yuvamız burasıdır. Biz Çakırbeyli'nin insanlarıyız; burada doğar, burada ölürüz... Bizim kaderimiz bu topraklardır...

Naciye Hanım, dinlediklerinin ciddiyetini korumuş ama Adnan Bey'in bir çiftlik sınırları içinde ömür sürmeye devam edeceğine ihtimal vermemişti. Serbest Fırka başkanlığına getirilişinde, Berin'in böyle telaşlı bir asabiyetle siyasete bulaşmasının şikâyetini haksız bulmuş, aile reisi olmanın verdiği hak ve otoriteyi kullanarak hafifçe azarlamıştı:

– Dikkat et! Mayası olan adamların hamuru teknede kalmaz; taşarlar... Böyle devam edersen benim tanıdığım Adnan Bey seni boşar!

* * *

Serbest Fırka'nın ilk toplantısı yapıldı. Adnan Bey, toplantının kısa süreceğini ve hemen faaliyete başlayacaklarını söylüyordu. İlçelere gidilecek, Cumhuriyet'e sâdık liberal ve laik savaşçılar aranacaktı. Masrafın Ankara'dan gönderileceği söylenmişti. Adnan Bey, fırkacı arkadaşlarına bunu bir müjde gibi vermek istemiyordu. Ama, parasız hiçbir şey yapılmayacağını da biliyordu. Serbest Fırka'nın kimseye yük olmayacağını söyleyerek kurucuları özendirmeyi düşündü:

– Masraflarımız için Ankara yardımcı olacak... Gâzi Hazretleri, Ali Fethi Bey'e söz vermişler...

Gerilerden bir ses yükseldi:

– Olmayacak işin peşindesin Çakırbeylim.

Sesin sahibi oturduğu yerden kalktı. Devam etmesi için artık sebep kalmamış gibi salonu terk edip aşağı indi. Çakırbeyli'nin hatırını saymış, ayıp olmasın diye davetine uyup dinlemeye gelmişti.

Serbest Fırka'yı kurmaya gelenler aşağıdaydı. Nazilli'den, Yatağan'dan, Söke'den, Germencik'ten, Çine'den gelenler kahvehanenin tentesine sığınmış gölgeleniyorlardı. Ağustos sıcağına dayanmak mümkün değildi. Kahvehane çardağının önüne iri bir küp yerleştirilmiş, yanına bir iki bakır tas konmuştu. Salkımlar henüz koruktular. Su içenler bakır tasların yanındaki tepsiye birkaç kuruş bırakıyorlardı. Küpün üzeri açıktı; rüzgârla havalanan tozlar gelip küpün üzerine çörekleniyordu. Yaşlı kadın elinden tuttuğu torununa bir tas su içirdi. Sonra bayram için aldığı tülbendini heybesinden çıkarıp su küpünün üzerini örttü.

Şaşkın bakışlarla kendisini seyredenlere işin gerçeğini söyledi:

– Bu çorbada benim de tuzum olsun!..

Adnan Bey toplantı salonundan çıktı; şehir kulübüne doğru yürüdü. Yolun ucunda dikkat çeken kalabalık vardı. Oraya yöneldi. Biraz evvel "Olmayacak işlerin peşindesin" diyen kadın konuşuyordu. Kalabalığa yaklaştı. Dinleyenler ikiye ayrılıp Adnan Bey'e yol açtılar. Kadın bütün ciddiyetiyle devletçi politikaların memleketin tek kurtuluş yolu olduğunu anlatıyordu. "Üç beş zenginin keyfi için devletin peşkeş çekilmesine liberal iktisat denemez" diyordu Sanki, Topçu Fuad kürsüye kurulmuş ve bir iktisat ahlâkının disiplinini anlatır gibiydi. Hitap ettiklerinin hepsi, incir işçileri, inşaat ameleleriydi. Çoğunu şûra toplantılarından, rençper meclislerinden tanıyordu.

Çakırbeyli'yle göz göze geldiler. Artık hatır için değil, haklı olduğuna inandığı şeyler için sorumluluk aldığını göstermek istedi. Çakırbeyli'nin gözlerinin içine bakarak sesini yükseltti:

– İtibarınız ve hizmetiniz servete değil, millete olsun, efendiler!..

Adnan Bey, konuşmanın sonuna kadar istifini bozmadı. Amelelerin, rençperlerin arasından kürsüye yaklaştı. Hatibin inişine kadar bekledi. Sonra mendilini çıkarıp uzattı:

– Kurulanınız! Çok terlediniz...

Çevre şaşkınlık içindeydi. Adnan Bey daha yüksek sesle kafasındakini ortaya koydu:

– Gel Serbest Fırka'yı Çine'de sen kur Müyesser Hanım!

– Benim siyasette mezhebim sizinkinden çok farklı!

Adnan Bey, kararlılığını sürdürdü:

– Beni senin mezhebin değil, vatanperverliğin büyülüyor...

Birlikte çardağa yürüdüler. Salkımların altında bir küçük masanın iki yanına iki sandalye konuldu. Kırmızı, beyaz, mavi küçük karelerin desenleştirdiği bir temiz örtü yayıp üzerine kül tablası bıraktılar. Adnan Bey cebinden sigarasını çıkardı. Müyesser içmiyordu. Adnan Bey de içmedi. Müyesser'in Çine'de, Aydın'da, İzmir'de ne kadar önemli biri olduğunu biliyordu ama, derinliğini ölçmek fırsatı olmamıştı. Heyecanlı ve hevesli biri gibi görüp biraz kendi mezhebinde eğitmek merakına kapıldı.

Adnan Bey, Serbest Fırka'nın liberal oluşunun memlekete zararı olmayacağını uzun uzun anlatmaya çalıştı. Kullandığı mantık, verdiği örnekler, getirdiği tekliflerin hepsinde tutarlı ve inandırıcı bir siyaset disiplini hâkimdi. Bu kadar akıcı ve inandırıcı bir lisan karşısında muhatabının etkilenmemesi düşünülemezdi. Müyesser anlatılanları dikkat ve ciddiyet içinde dinliyordu. Yüz hatlarından, bakışlarından, nefes alışından hangi tesirlere kapıldığını anlamak imkânsızdı. Adnan Bey'in konuşmasını tamamladığına kani olunca, masadaki sigara paketini uzattı ve çakmağı yaktı. Artık karşısındaki Çakırbeyli değil, herkesin saygı duyduğu Serbest Fırka Aydın Reisi Adnan Bey'di.

– Değerli reisim, şimdi bir sigara yakın...

Adnan Bey, sigarasını yakarken Müyesser gözlerini Çakırbeyli'nin gözlerine dikti. Neler olup bittiğini orada gizlenmiş duygulardan çıkarmak istedi. Adnan Bey'in gözleri tecrübeliydi, bir iki yumuşak üslup içinde gevşemeye hiç niyeti yoktu. Müyesser'in gözlerinde de gevşeyecek bir takatsizlikten söz edilemezdi. Kaldığı yerden devam etti:

– Değerli reisim, anlattıklarınızın hepsine vâkıfım! Yaz tatillerinde babam beni Madranbaba Dağı'nın eteklerine götürür ve her gün bana memleketin ahvâlini anlatırdı. Çok şeyi ondan öğrendim. Namuslu, cesur ve Müslüman bir İştirakiyuncu'ydu. Eylülle birlikte Ahibaba Camii'nin kütüphanesine girer, eksiklerimi tamamlardık.

Adnan Bey, bu girişin ardında çok önemli bir noktaya geleceğini hissetti ve hiçbir tavır takınmadan Müyesser'i dinlemeye koyuldu:

– İştirakiyunculuğun vatana sâdık olduğunu biliyorum. Cumhuriyet'e sahip çıkacak cesaret ve gayretlerini de biliyorum. Serbestçilerin de vatana, Cumhuriyet'e sahip fedailer olduğundan şüphem yok. Siyasette mezhep farklılığı millete ihanet değildir... Sen yoluna, ben yoluma Adnan Bey...

Müyesser ile Adnan Bey yakın yaşların insanlarıydılar. Aynı

kentin, aynı iklimin çocuklarıydılar. Servetlerinin farklı oluşu, eğitimlerini farklılaştırmamıştı. Müyesser iyi yetişmiş bir Cumhuriyetçi'ydi. Adnan Bey'i ikna edecek sağlam bir gerekçe bulmak zorunda olduğunu anlamış, vurucu açıklamayı en sona saklamıştı. Şimdi bu açıklamanın zamanıydı.

Birden Müyesser'in gözleri nemlendi. Anlatacaklarının tamamını Topçu Fuad'dan dinlemiş ve etkilenmişti:

– Değerli reisim! Nasıl ki Serbest Fırka'nın kuruluşunu Gâzi Hazretleri emretmişlerse, Türkiye Komünist Fırkası'nın kuruluşunu da Gâzi Hazretleri emretmişlerdi. Onun da arkasında durmuş, maddî destek vaat etmişlerdi. Sonuç ortada. Onun ömrü üç ay sürdü. Terakkiperver Fırka da aynı kadere mahkûm edildi.

Sonra sesindeki kesin havayı yumuşattı. Karşısındakini kıracak bir ses tonu olmasını istemiyordu:

– Serbest Fırka'nın ömrü de en çok üç ay sürer...

Adnan Bey, böyle bir sonuca ulaşılacağına hiç ihtimal vermemişti. Müyesser'i galiba biraz küçümsemiş, Çineli kızın ne kadar olgun bir siyaset tecrübesinden geçtiğini ilk bakışta kavrayamamıştı. İnandırıcı olmak ihtiyacını sürdürüyordu. Son ve vurucu bir darbeyle Müyesser'i ikna etmek istedi. Müyesser'in ikna olduğu yerde Serbest Fırka'nın kolayca serpilip gelişeceğinin hesabını yapıyordu. Lisanına büyüleyici mânâ katmak istedi:

– Serbest Fırka'yı kuranlar, Cumhuriyet'in sâdık ve gayretli evlatlarıdırlar. Hepsi memleketin en iyi mekteplerinde yetişmişlerdir.

Müyesser bir sigara daha ikram etti. Yine çakmağı yaktı. Adnan Bey'in ilk nefesi soluyup dumanı verişine kadar çakmağı yanık tuttu. Dumanla beraber söndürdü ve hükmünü verdi:

– Memlekete yön verecek siyasetin ahlâkı, hukuk ve mülkiye mekteplerinin tedrisatından değil, halkın arasından alınır...

Adnan Bey'in zihnine bir şarapnel saplanmıştı. Yol boyunca Müyesser'in söylediklerini düşündü. Gerçekten ilk komünist fırkası Gâzi'nin emriyle kurulmuştu. Kurucularının hepsi Meclis'in hatırlı isimleriydi ve Gâzi'nin yakınlarıydı. İsmet Paşa, Mareşal Çakmak, Ali Fuat, Kâzım Karabekir, Refet Bele, Mahmut Esat, Tevfik Rüştü, Gâzi'nin görev verdiği komünist fırkacılardı. Gâzi'nin kendisi bile üye olmuş ve Komünist Fırka'nın itibarını yükseltmek istemişti. Amaç, Anadolu'yu Batı kapitalizminin sömürü zincirinden kurtarmaktı. Bu fikrin savunucuları, İslam dinini sosyalizmin esası olarak gösterip etkinlik kazanmak istemişlerdi.

Müyesser haklıydı; Gâzi Hazretleri'nin emriyle kurulan Komünist Fırka, üç ay sonra yine Gâzi Hazretleri'nin emriyle varlığına son vermişti. Aynı durumun Serbest Fırka'nın başına gelmemesi için ikna edici bir sebep görünmüyordu. Kabul görmüş düşüncelerini gözden geçirmesi gerektiğine inandı. Artık zihninde Serbest Fırka'nın âkıbeti değil, Müyesser'in sözleri vardı. Müyesser gerçeği söylemişti: "Memlekete yön verecek siyasetin ahlâkı, hukuk ve mülkiye mekteplerinin tedrisatından değil, ancak halkın arasından alınabilirdi..."

Adnan Bey kendine söz verdi. Bu sözü unutmayacak ve bir gün mutlaka iradesini halktan alacağı bir siyasetin içinde olacaktı.

* * *

Nâzım açtı, açıktı...

Pirâye henüz, Vedat Örfi'den ayrılmamıştı. Namuslu bir İstanbul kızının dürüst ve sert tavrı içinde kendisine yönelen aşkın sınırlarını iyi çizmişti. Vapur iskelesinde Nâzım'ı görmüş, gözlerindeki mavinin sevdâlı bir eflatun gibi gelip kendisini kucaklayışını özlemişti. Adımlarını hızlandırdı:

– Nâzım!

Nâzım'ın dilinden dökülen artık bir ses, bir isim değildi... Pirâye, Nâzım'ın içindeki bütün süslerdi... "Ruhumun temizliğinden, tenimin aklığına kadar her hücremin tezyinatı sensin Pirâye" diyordu...

Nâzım işsizdi. Hikmet Bey'in, Süreyyâ Sineması muhasebe müdürlüğünden aldığı üç beş kuruşla evini zar zor geçindirdiğini biliyor ve baba evinde sığıntı gibi yaşamanın ruhunda ne derin azaplar yarattığının hesabını bir türlü veremiyordu.

Pirâye'yi görünce içinde bahar açmış gibi sevindi. Gözlerinde İstanbul eylüllerinin serinliği vardı. Saçlar, bir haşarı ikindi melteminin elinde sağa sola savrulan dağınıklığın hürriyetini tadıyordu. Nâzım, Pirâye'yi omuzundan tutup kendine çekti:

– Gel biraz yürüyelim!

Pirâye tedirgindi. Duygularının köpürdüğü akşamlarda Nâzım hayalinin nasıl bir arzuyla gelip bedenini kucakladığını biliyordu. Sert kolları, yumuşak elleri vardı. Bir cevizin budağını, incitmeden çıkaran maharetle tenine dokunuyor ve gönlünün kapısına dudaklarındaki tebessümle menteşeler çakıyordu. "Ben açar ben kapatırım bu dehlizin derinliğini Pirâye" diyordu. Böyle bir adamın kollarında bir iskele yürüyüşü dünyaya bedeldi. Pirâye o bedelin zevkini tattı:

– Seni nasıl özlediğimi bilemezsin.

Nâzım bu hasretin derinliğini biliyordu. Uzun süre aşk şiiri yazmamış, duyguların böyle bir mengenede sıkışmasını istememişti. Aşk bahsinde kendini hırçın ve bencil hissediyordu. Şimdi bu bencillik yok olmuş, yerini, birini sürekli özleyen ve isteyen duyguların cesareti ve boyun eğikliği almıştı. Bazen diklenip bütün duygularını en cesur lisanla haykırıyor, bazen bu kadar dik kafalı bir aşkın kendisi için sıkıntılı bir dünya yaratacağı korkusuna kapılıyordu. Bir keresinde duygularının disiplinini biriyle paylaşmak ve Pirâye'nin gözlerine bakıp açılmak istemişti. O gün vakitsiz duyguların telaşında yorgundu. Şimdi olgunlaşmış bir sevgiyi dillendirebilirdi. Dönüp Pirâye'nin yüzünü avuçladı. Gözlerinin içine baktı ve boşandı:

– Seni tanıyana kadar hiç sevdâ şiiri yazmamıştım. "Yürek" kelimesini bile kullanmazdım. "Yürek" kelimesi şuurun değil, duygunun sembolü olarak beni sarmazdı. Ben şimdi seni yüreğime sarıyorum Pirâye!..

Nâzım parasızdı...

Aylardır iş aramış, nihayet birkaç dostunun aracılığıyla *Halk Dostu* gazetesinde "Sarı Murat" takma adıyla fıkralar yazarak birkaç kuruş kazanmaya başlamıştı. Eve ekmek götüren erkeğin nasıl bir hürmetle karşılandığını, baba evinde görmüştü. Evine ekmek götürmek istiyordu. Fıkra, makale, şiir, roman, piyes, masal; yazılacak ne varsa hepsini yazmak ve karşılığında nafakasını çıkarmak istiyordu. Bir insan ruhundaki yaratıcılığın böylesine bir mecburiyet içinde terbiye edilmesinden şikâyetçiydi ama, yapabileceği başka şey yoktu.

Celile'nin "Uyanık ol" dediği şey herhalde buydu. CHF'nin işgüzarları Nâzım için kendilerine dönüp geleceğine inandıkları en çirkin yöntemi kullanmışlar ve iş verebilecek bütün kapıların yüzüne kapanmasını sağlayacak baskıları kurmuşlardı.

Pirâye hüzünlü bir veda için izin istedi:

– Geç kalıyorum. Vaktinde yetişmem lazım. Mehmet kaç gündür keyifsiz...

Nâzım, yeniden Pirâye'nin yüzünü avuçladı. Derin duygularını kirpiklerinin içinden damla damla akıttı:

– Dudaklarını, buğusu üstünde nemli bir yemiş gibi uzat bana...

* * *

Ziraat Bankası'nın köşesinde siper almış birkaç gölge birdenbire kaybolmuş ve etrafı harlı bir kızıllık almıştı. Macar ustaların özenle tamamladığı yeni binada Ziraat Bankası faaliyete geçecekti. Herkes sevinçle açılış töreninin hayalini kuruyordu. Harlı kızıllık hükûmet konağının bulunduğu yerden gelmekteydi. Çığlıklar etrafı sardı. Birilerinin hükûmet konağına bomba koyduğu ve binanın yandığı söyleniyordu. Ramazanpâşa Camii'nde yatsıyı kılanlar telaşla dışarı fırladılar. Madran Oteli'nin müşterileri yangını görmüş ve çevreyi uyarmıştı. Hep birlikte İstasyon Caddesi'nde bekleyen otomobillerin yanına doğru koştular. Arabalara binenler yangını söndürmeye yöneldiler. Serbest Fırka binasının yakınındaki yangın sebepsiz bir telaş gibi geçiştirilmek istendi. Adnan Bey hemen yangın yerine koşmuş ve gerekli tedbirleri almıştı.

Yanına genç bir polis yanaştı:

– Siz biraz uzakta durunuz efendim! Üzerinize bir şey sıçratmasınlar...

Adnan Bey, ummadığı bir konuşmayla irkildi. Şehrin göbeğinde nasıl çıktığı belli olmayan bir yangın hükûmet konağından şehir merkezine doğru hızla yayılırken genç bir polisin böyle bir hatırlatma yapmasını çok yadırgadı. Açıkça sorup kesin bir cevap almasının mümkün olmadığını da biliyordu. Genç polis, Adnan Bey'in etrafında dolaşıyor ve muhtemel bir tehlikeye karşı korur gibi yanından ayrılmıyordu. Yüzünde taşınması zor bir yükü omuzlamış insanların huzursuzluğu vardı.

Adnan Bey sert dille sordu:

– Sıkıntın ne senin?

Genç polisin sıkıntısı geç vakit gelen telgraf haberiydi. Serbest Fırka'nın kapatılacağı ve herhangi bir hadise çıkmaması için gerekli bütün tedbirlerin alınması isteniyordu. Ankara, gönderdiği talimatın altına küçük bir not daha eklemişti. Serbest Fırkacıların izlenmesini ve bu karar karşısında herhangi bir taşkınlık yapmalarının önlenmesini ve bu amaçla yakın tâkibe alınmasını istiyordu.

Genç polis giderek saygısını artırıyor ve bir şükran borcunun edasındaki samimiyeti hissettirmeye çalışıyordu:

– Bu akşam müdüriyette konuşuluyordu. Telgraf gelmiş; Gâzi Hazretleri Serbest Fırka'yı kapatıyormuş. Size bir zarar gelmesin diye beni görevlendirdiler.

Adnan Bey işin gerçeğini biliyordu. Aydın sokaklarında günlerdir dolaştırılan dedikodu nihayet gerçekleştirilmekteydi. Cumhuriyet Halk Fırkacıları, İsmet Paşa'nın baskısına dayanamayarak Gâzi Hazretleri'nin Serbest Fırka'yı kapatacağını söylüyorlardı. Belli ki, Serbest Fırka da, tıpkı Terakkiperver Fırka gibi kısa süre sonra kurucusunun emriyle kapatılacak ve Türk siyaseti, yeniden tek parti disiplininde her şeyi kabule mecbur edilecekti. Adnan Bey, yüreğindeki duyguların heyecanını bastırmakta zorlanmaktaydı.

İşin gerçeği, Serbest Fırka'nın sonu gelmişti. Ali Fethi Bey, Gâzi Hazretleri'yle görüşmüş ve aldığı direktifle İçişleri Bakanlığı'na müracaat ederek Serbest Fırka'nın kendini feshettiğini açıklamıştı.

Müyesser'i hatırladı. Bu partinin en çok üç aylık ömrü olduğunu söylemiş ve Adnan Bey'i siyaset tercihlerinde ilk uyaran olmuştu. Hatta ileri gitmiş, bir de örnek vermişti:

– Gâzi Hazretleri kendisinin de üye olduğu Komünist Parti'yi kurdu ama üç ay sonra da hiddetlenip kendisi kapattı. Serbest Fırka'da da böyle bir heveskârlık sezmekteyim.

Müyesser'in dediği çıkmıştı. İzmir mitingden sonra Serbest Fırka'nın üzerine yüklenileceğini görmüş ve tedbirli olunmasını uygun bir dille tavsiye etmişti. İzmir ve Manisa mitingleri halkın büyük ilgisini çekmişti, ama, taşkınlıkları kontrol etmek mümkün olmamıştı. Olaylarda iki kişi ölmüş, çok sayıda iştirakçi ağır yaralanmıştı. Henüz kurulalı bir ay olmamasına rağmen halkın büyük sevgi ve ilgisi Serbest Fırka etrafında Cumhuriyet'in siyasetini biçimlendirmeye yönelmişti. İzmir mitinginden sonra Cumhuriyet Halk Fırkası'nın binalarının taşlanması hatta yakılmaya teşebbüs edilmesi büyük kızgınlık yaratmıştı. Gâzi Hazretleri'nin köpürdüğü söyleniyordu.

* * *

Gâzi Hazretleri, Serbest Fırka konusunda İsmet Paşa'nın baskılarını ciddiye almıştı. Serbest Fırka hiçbir zaman bir iktidar alternatifi olarak düşünülmemiş, sadece muhalefet yapması planlanmıştı; ama, belediye seçimlerinde görülen sonuçlar, Serbest Fırka'nın ilk genel seçimlerde bir iktidar partisi olacağını ortaya koymuştu. Bu sonuçların endişesi içinde İsmet Paşa, Gâzi'ye açıkça ne tavır takınacaksa şimdi göstermesini, aksi halde işin işten geçmiş olacağını söylemişti. Sözleri sertti:

– Biz iktidar teşnesi değiliz; ama siz de Terakkiperver tecrübesinde teselli aramayınız...

İsmet Paşa bu sözleriyle Gâzi'ye karşı tavır koyuyordu. Ali Fethi Bey'in tercih edildiği izlenimi içinde siyasetini yeniden gözden geçireceğini bile ifade etmiş, neredeyse ya ben, ya o noktasına gelmişti.

Ali Fethi Bey'in Paris'ten çağrılması ve Serbest Fırka'nın başına getirilmesi siyaseten etkili bir nokta olsa bile, fiilî olarak siyasetin zemininden uzaktı. Gâzi Hazretleri, Ali Fethi Bey'in Meclis'e girerek Serbest Fırka'yı Meclis içinde de teşkilatlandırmasını düşünmüştü. İlk fırsatta bu fikrini hayata geçirecekti.

Beklediği gün gelmiş ve Ali Fethi Bey'in Gümüşhane milletvekili olarak Meclis'e girmesini sağlamıştı. Bütçe görüşmeleriyle birlikte, farklı düşünceler ve değerler Meclis kürsüsünde, siyaset sohbetlerinde tartışılabilecekti. Gâzi Hazretleri, Serbest Fırka lideri Ali Fethi Bey'in konuşmasını ve İsmet Paşa'nın cevaplarını dinlemek üzere Meclis görüşmelerini izlemeyi bile planlamış ve bu sürpriz ziyaretinin milletvekilleri tarafından nasıl karşılanacağının hayalini kurmuştu.

Çankaya'da sofra kurulmuş ve Gâzi Hazretleri Türkiye Cumhuriyeti'nin yeni durumunu tartışmak için arkadaşlarını davet etmişti. Sofranın kurulduğu salonun penceresinden bahçeyi izliyordu. Hiç beklemediği bir haberi kendisine ulaştırdılar. Küçük pusulayı itinayla okudu. Masanın başına oturdu. Pusulayı rakı bardağının yanına koydu. Soğutulmuş kadehten bir yudum aldı. Tadına varan sabır ve lezzetle içti. Pusulayı tekrar okudu. Avucunda buruşturdu. Gelmesi beklenen İsmet Paşa'nın oturacağı karşı koltuğun önündeki boş tabağa fırlattı.

Gâzi Hazretleri'nin, Ali Fethi Bey'i Gümüşhane milletvekili olarak Meclis'e girmesini sağlaması İsmet Paşa'yı yormuştu. Böyle bir tercihi açıkça kendisine karşı cephe alma olarak yorumlamış ve başvekillikten istifa etmişti. Tek cümlelik istifa mektubunun Gâzi Hazretleri'ne aktarmak istediği mânâ açıktı. "Al beğendiğin adamı tepe tepe kullan, canın nerede çekiyorsa orada kullan" diyordu. Bu kabadayılığın nâzik ifadesi de açıktı; "Siyasetinizi uygulayacak yakınınızı seçmekte serbestsiniz" demeye getiriyordu.

Gâzi Hazretleri haberi getirene döndü. Sert lisanla hatırlattı:

– Sofrayı dağıtınız ve İsmet Paşa'yı hemen buraya çağırınız!

* * *

Abdi Ağa Aydın'a adam göndermek ve Adnan Bey'i çağırmak istiyordu. Küçük Yüksel'in ateşi çıkmış ve evdekileri korkutmuştu. Berin Hanım tedbirli ve dayanıklıydı; ama etrafındakileri çocuğun hastalığından ürkmüşler, eğer bir şey olursa Adnan Bey'in başlarına neler getireceğinin telaşına kapılmışlardı. Berin Hanım ev hizmetini görenlerin hepsinin yüreğine su serpti:

– Endişe etmeyin, birazdan rahatlar...

Biraz denilen zaman hemen gelip geçmiş ve Yüksel'in ateşi düşmemişti. Giderek huzursuz bir hal alıyordu. Berin Hanım da endişe etmeye başlamıştı. Herkesin davranışını anlayışla karşılıyor, ama, Abdi Ağa'nın böyle telaşlı kıvranışlar içinde emir bekleyen halini anlamıyordu. Çakırbeyli'ye gelirken, Çine Çayı'nın azgın sularına pervasızca atılıp ağasını kurtarmaya çalışan yiğit adam, sanki ufalmış, avuç içine sığacak kadar küçük bir topak haline gelmişti. Kapının kenarında sırtını duvara dayamış bekliyordu. Yorgunluğu gözlerinden okunuyordu. Takatinin tükendiğinin farkındaydı; ama, hiçbir sızıltıya meydan vermeyecek şekilde direniyordu. Kendini topladı ve saatlerdir suskun duran adam ilk kez mırıldanır gibi konuştu:

– Büyük gelin! Şehirden bir hekim çağıralım... Ben bir koşu gider alır gelirim...

Berin Hanım yanına yaklaştı. Abdi Ağa'nın gözlerindeki ıstırabı gördü. Akşamın karanlığı çökmüş, Çakırbeyli'nin hovarda ışıkları yavaş yavaş sökmeye başlamıştı. Bu saatte, Aydın'a atlı çıkarmak akıl alacak iş değildi. Jandarma telefonuyla Adnan Bey'in bulunabileceği bütün yerler aranmış, hiçbirinden ses çıkmamıştı. Berin Hanım, son günlerdeki sıkıntısıyla Adnan Bey'in siyasette zorlandığını hissediyor, ama, üzerine varamıyordu. Annesinin öğüdü kulaklarında çınlıyordu. "Mayası olan adam hamur teknesinde durmaz, taşar" sözünü bir hayat düsturu gibi benimsemişti.

Abdi Ağa'nın böyle süklüm püklüm, çâresiz bekleyişinden de rahatsızdı. Koskoca adam her şeyi bırakmış, küçük bir çocuğun ateşi için evin kapısında nöbete durmuştu. Aydın'ın kasım rüzgârları ağırdı. Fırtınaya dönmese bile insanın iliklerine işleyen bir ıslaklıkla gelip herkesi titretirdi.

Abdi Ağa titriyordu. Berin Hanım bütün gücünü toplayıp Abdi Ağa'ya yaklaştı. Elinden tutup şöminenin yanındaki büyük koltuğa doğru götürmek istedi. Adnan Bey'in kış akşamlarında oturup kitap okuduğu ya da Berin Hanım'la sohbet ettiği koltuk, alev alev yanan gürgen kütüklerinin karşısında bir hamam sıcaklığına bürünmüştü. Abdi Ağa'nın bu koltukta biraz dinlenmesini ve ısınmasını istiyordu:

– Yorgunsun! Gel şöyle otur.

Abdi Ağa irkildi. Şükranlı bir sesle alttan aldı:

– Kâhya kısmına ağa evinde oturmak yakışmaz.

Berin Hanım kendini topladı. O da sesine alttan alan bir hoşgörü kazandırmıştı:

– Abdi Ağam! Sen kâhyamız değil, ailemizin büyüğüsün...

Abdi Ağa gibi o da sırtını duvara dayadı. Gözlerini örttü ve yalvardı:

– Yarabbi!.. Esirge bizi...

Sonra hayallerinin en güzeline daldı. Adnan Beyle dolaştığı Çeşme sahillerini göz önüne getirdi. Râsim Palas bahçesinde dondurma yedikleri akşamüstlerinin o tatlı ve heyecanlı sıcaklığını özledi. Adnan Bey, bazen bir şimşek gibi iniyor ve bazen bir duman gibi dağılıp gidiyordu. Utanır gibiydi, ama içinden geçeni seslendirdi:

– Adnanım! N'olur hızlan biraz!

* * *

İsmet Paşa, Çankaya Köşkü'ne geldiğinde Gâzi Hazretleri yemeğini bitirmiş, kahvesini içiyordu. İsmet Paşa'ya teklifte bulundu:

– Yemek yemiş miydiniz?

– Evet!

– Öyleyse kahveleri birlikte içelim...

İsmet Paşa'nın kahvesi önüne kondu ve kapılar kapandı. Gâzi Hazretli sâkin lisanla konuşmaya başladı:

– Kurmaylar telaşa kapılırlarsa tedbir alamazlar. Siyasetçiler de öyle... Sizdeki telaşı anlamıyorum; Cumhuriyet'i birlikte ilan ettik. Buna sahip çıkacak en hak sahibi iki isim vardır: sen ve ben... Cumhuriyet'in kadro işi olduğunu söyleyen sendin. Şimdi beni yalnız mı bırakmak istiyorsun?

İsmet Paşa, istifasını geri almaya niyetli değildi. Bunu bir şahsiyet meselesi haline getirmişti. Gâzi Hazretleri'nin böyle sâkin duruşunu Serbest Fırka'nın desteği gibi yorumlayanlar giderek derinlik kazanmıştı. Bir hafta sonra yapılacak belediye seçimlerinde bu durumun istenmeyen sonuçlar getirmesi beklenebilirdi. Bu nedenle istifasını geri alması, belediye seçimlerinde İsmet Paşa'yı ve Cumhuriyet Halk Fırkası'nı güç durumda bırakabilirdi. Gâzi Hazretleri duruma hâkim olmak istedi:

– İstifanı kabul ettim ve seni yeniden başvekil olarak görevlendiriyorum.

İsmet Paşa duraksadı. Hiç ummuyordu. Dudaklarında bir tebessüm belirdi. Bunca yıllık kurmaylık tecrübesine rağmen böyle bir talimat alabileceğini belli ki hiç düşünmemişti. Şaşkınlığını gizlemek yerine, bu garip manzarayı Gâzi Hazretleri'nin seyrine sunmuştu. İsmet Paşa, kurmay ile kumandan farkının iyi bir örneğini yakalamıştı. Gâzi'yle göz göze geldiler. Bazen sessizlik, her şeyi en iyi anlatan ifade oluyordu.

Dördüncü kere başvekilliğe getirilen İsmet Paşa'nın görevi tamamlanıyor ve yine beşinci kere başvekil olarak görevlendirilerek yeni hükûmeti kurmaya memur ediliyordu. Gâzi Hazretleri belli ki İsmet Paşa için çâre üretmek istiyordu. Ancak bu görevlendirme Serbest Fırka'ya karşı tavrının değiştiği ya da desteğinin kalktığını ifade eden bir karar göstergesi değildi. Gâzi Hazretleri kesip attı:

– Eğer hükûmeti kurmaktan kaçarsan, Çankaya'yı bırakır, Meclis'e dönerim. Başvekilliği bizzat deruhte ederim. Cumhuriyet'e tek başıma yeniden başlarım.

Gâzi'nin sözlerindeki tehdit açıktı. En yakın arkadaşını demokrasiyi yalnız bırakmakla suçluyordu. Halbuki, İsmet Paşa'nın şahsî meseleleri elinin tersiyle ittiği çok olayını görmüş ve böyle bir kadronun lideri olmaktan mutlu olmuştu. Bunu da belirtmek istedi:

– Tek parti başvekilliği kolaydır. Serbest Fırka seçimlere girecek ve demokrasi tecrübesi kazanacaktır. Kendini bundan sonra bu üslûptaki siyasete hazırla paşa!..

* * *

Kapı alışılmışın dışında bir hiddetle ve sürekli çalınıyordu. Abdi Ağa elini tabancasına attı. Kılıfını açtı. Silahı çıkarıp beline sarılı kuşağın içinde emin ve kolay bir yere yerleştirdi. Kapıyı açtı.

Çakırbeyli komşu karakolunun genç jandarma eri telaşlıydı ve sevinçli bir haberi verirken memnundu. Onun da gözlerinde şimdi köyünde anasının koynunda uyuyan aynı yaşta bir oğlu vardı:

– Ağaya ulaştık! Hekimi almış yanına geliyormuş...

Eğilip Berin Hanım'ın elini öptü:

– Üzülme anacığım! Hepimiz böyle düşe kalka büyüdük...

Dokuzuncu bölüm

Güller dedim bu bahçede mutlak siyâh açar,
Suskun kalan dudakları yalnız bir âh açar.

Yahya Kemal

Konuşurken köpürdü korkunç bir ejder gibi,
Uçurumun başında dönenler gibi.
Baktı: Bütün varlığı bir dağ gibi yanıyor,
Aklı bir bulut gibi boşlukta sallanıyor...

Nâzım Hikmet

Gecenin yarısı olmuştu. Gâzi Hazretleri Moda sahillerindeki eğlenceli karşılama merasiminden sevinçli duygularla ayrılmış ve istirahatı için hazırlanmış bulunan Dolmabahçe Sarayı'na gelmişti. Sohbetinden hoşlandığı yâranı etrafını sarmış, Osmanlı muhabbet meclislerini andıran telaş ve yarış içinde kendisini kutsayan iltifata başlamışlardı. Gâzi çoğunu dinlemiyordu. Aklı hâlâ Moda koyundaki o şehrâyînli musiki ziyafetindeydi. Denizkızı Eftalya meşaleli kayıkların çektiği bir salın üzerinde Moda koyuna girmiş ve halkın alkışlarıyla karşılanmıştı. Lacivert denizin sularında meşalelerin yarattığı bir ince uzun mehtap hissi vardı. Gâzi Hazretleri. Tarzı Nevin vapurunun güvertesinden bu eğlenceyi seyrediyordu. Salın etrafını çeviren sandallara İstanbul'un saz üstatları yerleştirilmişti. Hepsi bir ibadet disiplini içinde sazlarını çalıyorlardı. Gâzi Hazretleri Denizkızı Eftalya'nın Moda sahillerinde çok sevdiği şarkıyı söylemesi için polis müdürlüğünün harekete geçmesini istemişti. Emri, hemen yerine getirilmiş ve Denizkızı Eftalya Gâzi'nin istediği şarkıyı okumaya başlamıştı:

Gel ey denizin nazlı kızı, nûşi şarap et...

Vapurun güvertesinde iki kişinin rahatça oturacağı genişlikte bir salıncak kurulmuş, önüne bir yuvarlak masa yerleştirilmişti. Gâzi'nin oturduğu yere yakın bir köşe sehpasının üzerine iyi soğutulmuş bir kadeh rakı koydular. Yanındaki küçük tabağın çukurunda taze kavrulmuş leblebi vardı. Gâzi, hâlâ kulaklarında çınlayan şarkının nakaratını tekrar ediyordu:

Çık sâhile, gel sineye bir âlemi âb et...

Gâzi Hazretleri, şarkının meyanını söylemekte zorlanacağını fark edip, nakaratıyla yetindi. Kendisini alkışlamak telaşına kapılmış çevresini ibretle seyretti. Bu şarkının neresinde rastlanılmamış bir başarısı vardı ki çevresindekiler kendisini yücelten alkışlara boğmuşlardı. Hayatın bir muhasebesi vardı ve Gâzi Hazretleri yakın çevresi denilen kadronun yerli yersiz her vesileyle kendisine iltifat yağdırmalarından rahatsız olmuştu. Selânik'te çocukluk günlerinin getirdiği geniş ufuklu dünya görüşünün ilk hayallerinde bile, böyle şatafatlı bir ahbap meclisinin olabileceğine ihtimal vermemişti. Hayat kendisini umulmadık hız ve heyecan içinde bir yerden bir başka yere sürüklemiş, her safhasında yeni heyecanlar ve sorumluluklar duyduğu görevlerin zahmet ve saadetinde terbiye etmişti. Herkesin sükûnet bulduğunu sandığı anda, içine işlemiş bir mısraı dillendirdi:

Rüzgâr kanatlı atlılar gibi geçti hayat...

Sofrada sessizlik oldu. Gâzi'nin böyle bir mısrayla sofranın sohbetine nasıl bir yön vermek istediği anlaşılmaya çalışıldı. Gâzi'nin öyle her vesileyle her konuda, her şeyi her istediği zaman değiştirme hakkı olduğu herkes tarafından kabul edilmişti. Ancak bu mısrayla ne demek istediği açık değildi. Oysa Gâzi Hazretleri, kendi yaşamını biçimlendiren kudretin kendisine lütfunun ne kadar zengin ve âlicenap olduğunu bilmiş ve bir esef cümlesi sanılan mısrada şükranlarını dile getirmek istemişti. Aynı lezzeti bir daha tatmak istedi ve mısraı tekrarladı:

Rüzgâr kanatlı atlılar gibi geçti hayat...

Gâzi Hazretleri geri döndü, yâverine küçük bir baş işaretiyle istediğini söyledi. Sarayın toplantı salonunun köşesine küçük bir gramofon yerleştirmişlerdi. Yâver usulca elindeki plağı gramofona koydu ve kolu çevirip iğneyi plağın üzerine itinayla bıraktı.

Ses artık "salkımsöğüt"ündü.

Nâzım, *Resimli Ay* mecmuasında Türk şiiriyle ilgili görüşlerini açıklıyor, geçmiş dönem üstatlarının şiirlerini eleştiren yazılarıyla dikkat çekiyor, aynı anda geniş bir husumet ağının örülmesine sebep oluyordu. Artık ünü alışılmış edebiyat meclisinin sınırlarını aşmıştı. Sonunda iki şiiri kendi sesinden Columbia şirketi tarafından plağa alınmıştı. Diyalektik materyalizmin şairi, şimdi bir plak sesi bile olsa, Gâzi'nin sofrasındaydı. Beş Hececilerin itibar topladığı dönemde Nâzım'ın şiirleri, farklı ses rengi ve iç ahengiyle arkadaşlarından ayrı bir yere konmuştu. Nâzım'ın en iyi şairimiz olduğunu ileri sürüp Gâzi Hazretleri'nin iltifatına göz koymuş olanlar, Nâzım'ın yüceltilmesinde yarışa girmişlerdi.

Gâzi Hazretleri maldan anlıyordu. Çevresindeki şairlere döndü:

– Bu şair, sizlere benzemiyor beyler... Bunda farklı bir tat var...

Sofrada sessizlik oldu. Gâzi Hazretleri, ilk defa bir şairi farklı bir tadın sahibi olarak yorumluyor ve sözlerine samimi bir iltifatın içten değerlerini yerleştiriyordu. Gecenin sabaha döndüğü saatlerdi. Gâzi Hazretleri şairi tanımak ve şiirlerini plak cızırtılarından değil, Boğaz'a bakan pencerelerin yanında kendi sesinden dinlemek istiyordu. Kararlılıkla yâverine döndü:

– Nâzım Bey'i davet ediniz...

Gâzi'nin talimatı, Kadıköy polis merkezine telefonla aktarılmış, konunun çok önemli ve ciddi olduğu ve bu işin mutlaka sonuçlandırılması istenmişti. Tecrübeli iki "taharri memuru", Nâzım'ın evine gönderilmiş, etrafı işkillendirmeyecek bir dikkat ve ısrar içinde kapı çalınıp, Nâzım uykudan uyandırılmıştı. Bu saatte beklenmeyen bir ziyaretin kapıya dayanması, Nâzım'ı telaşa vermişti. Bu telaşla afallayan Nâzım, ihtiyatla kapıya yanaşıp sormuş ve aldığı cevapla bir kere daha afallamıştı. Mustafa Kemal kendisini Dolmabahçe Sarayı'nda bekliyordu...

Tecrübeli taharri, emrin büyük yerden geldiğini söylemiş ve genç adamın huzurda zor duruma düşmesine gönlü razı olmadığından babacan bir uyarıyla dikkatini çekmişti:

– Belki aklında yoktur, şiirlerini de yanına al...

Nâzım, yirmili yaşların sonunda böyle bir davetle şaşkındı. Eğer böyle bir iltifatı sürekli kendi çevresinde canlı tutabilirse hayatının sonraki safhalarında istenen rahatlığı sağlayabilirdi. Ama delikanlı heyecanları ile vardığı hükümler farklıydı. İtibarlı bir işret sofrasında şiir okumaya davet edilmesini kendi için önemsenecek bir iltifat saymamış, aksine, rahatsız olmuştu. Babası yaşındaki tecrübeli taharriyi şaşırtacak bir ciddiyet içinde sesini sertleştirdi:

– Bak oğlum! Gâzi Paşa'ya benden selam söyle, ben Denizkızı Eftalya değilim...

Kapıyı hızla kapattı. Yatağı hâlâ sıcaktı. Başını yastığa koydu. Gözleri zevkli bir hayalin odağında masmaviydi... Bir hayırlı temenni heyecanıyla fısıldadı:

– Kim bilir Gâzi'nin gözleri de şimdi hangi hayalin zevkli odağında masmavidir...

* * *

Kürsüdeki konuşmacı, Gümüşhane Milletvekili Ali Fethi Bey'di. Serbest Fırka lideri olarak İsmet Paşa tarafından kurulan yeni hükûmetin politikasını eleştiriyordu.

İsmet Paşa, yeni hükûmeti aynı gün kurmuş ve kabinenin önemli bölümünü değiştirmişti. Belediye seçimlerine giderken kendi direktiflerini tartışmaya açmayacak bir kadro tercih etmişti. Gâzi'yle ihtilafa düşmesi halinde Gâzi'nin direktiflerini yerine getirecek olan Adliye Vekili Mahmut Esat ve Nafıa Vekili Recep Peker'i kabine dışında bırakmıştı.

Ali Fethi Bey, kürsüde fırtına estiriyordu. Devletçi politikalarla memleketin ekonomisine güç kazandırmanın mümkün olmadığını anlatmış ve liberal anlayışla milletin ekonomiye katılması gerektiğini aktarmıştı. Hükûmet görüşmeleri çok ateşli tartışmalara sahne olmuş, ama İsmet Paşa istediğini elde etmişti. Eğer belediye seçimlerinde Serbest Fırka büyük başarı elde ederse, bu genel seçimlerde iktidar alternatifi olduğunu gösterecekti. Bu durumda Gâzi Hazretleri'nin Serbest Fırka'nın devamına müsaade etmesi düşünülemezdi. Bu fırsatı iyi kullanmalı ve Serbest Fırka'nın Türk siyasî hayatında önemli bir tecrübe kazandırdığını söyleyerek kimseyi kırmadan bu yarayı sarıp sarmalamalıydı.

Dediğini de yaptı.

İsmet Paşa, Gâzi Hazretleri'ni ziyaret etmiş ve dudaklarına pek de yakışmayan hafif bir istihza tebessümüyle ne yapması gerektiğini hatırlatmaya çalışmıştı:

– "Çocuğum" dediğiniz eserinize böyle bigâne kalışınızı anlamakta zorluk çekiyorum. Şefkat ve şiddet artık tasniflerini karıştırmış gibi...

İsmet Paşa'nın hiddeti, gizlemek istemesine rağmen sesinin titreyişinden hemen belli oluyordu. Serbest Fırka'nın hızla yurdun her köşesine yayılması ve itibar görmesi üzerine halk sokaklarda taşkınlıklara başlamış, Cumhuriyet Halk Fırkası'nın binalarını taşlamıştı. Valiler, polis müdürleri Gâzi Hazretleri'nin özel ilgi ve himayesinin bulunduğunu dikkate alarak hiç müdahale etmiyorlardı. Bu müsamaha yavaş yavaş yönetimde yerleşmeye ve İsmet Paşa'nın otoritesini sarsmaya başlamıştı. Serbest Fırka kendiliğinden önemini kaybetse bile, bu durum gelecekte İsmet Paşa'nın siyasî hâkimiyetini ciddi biçimde sarsabilirdi. Şimdiden tedbir alınması gerektiği açıktı ve İsmet Paşa bu tedbirin alınması için imkânların sonuna kadar zorlanması kararını vermişti. Dudaklarındaki o küçük istihza cümlesi bu mücadelenin ilk kurşunu gibi çıkmıştı.

Gâzi Hazretleri, durumu kavramış, özellikle, Meclis'te Cumhuriyet'in üslûbu hakkında yavaş yavaş bir kamplaşma başladığını görmüştü. Bunun bir çâresi olmalıydı ve bu çâreyi mutlaka bulacak ve uygulayacaktı.

Cumhuriyet Halk Fırkası'nın taşlanması üzerine Yunus Nadi'yi çağırmış ve *Cumhuriyet* gazetesinde kendisini muhatap alan bir mektup yayımlamasını istemişti. Varılan anlaşmaya göre, Yunus Nadi başmakalesinde Gâzi Hazretleri'ni tavır almaya davet edecek ve Gâzi Hazretleri de ertesi gün gazeteye gönderdiği bir açıklama mektubuyla Serbest Fırka hakkındaki fikirlerini açıklayacaktı. Plan uygulandı. Yunus Nadi Bey'in Gâzi'yi muhatap alan başmakalesi üzerine Gâzi Hazretleri başlangıçta ilan ettiği tarafsızlığını bozduğunu belirtti. Artık Serbest Fırka ile Cumhuriyet Halk Fırkası arasında tarafsız olmadığını belirtiyor, sadece Cumhuriyet Halk Fırkası'nı desteklediğini açıkça ifade ediyordu. Bu ifade aslında bütün valilere, polis müdürlerine ve askerî birliklere bir talimattı. Herhangi bir durumda Gâzi'nin tarafsızlığı var gerekçesiyle hata işlenmesini istemiyordu. Cumhuriyet Halk Fırkası'nın arkasında durduğunu çok açık biçimde ifade etmişti:

"Ben Cumhuriyet Halk Fırkası'nın umumî reisiyim. Cumhuriyet Halk Fırkası Anadolu'ya ilk ayak bastığım anda teşekkül edip benimle çalışan Anadolu ve Rumeli Müdafaai Hukuk Cemiyeti'nin çocuğudur. Bu teşekküle tarihen bağlıyım. Bu bağı çözmek için hiçbir sebep ve icap yoktur ve olamaz..."

* * *

Masanın üzerine kuru üzümler ve incirler dizilmişti. Özenle yapılmış kuru pastalar, kolbörekleri kayık tabaklar içinde yan yana duruyor ve etrafın iştahını kabartan bir sıcak sofra daveti yaratıyordu. Revani tepsisi masanın tam ortasındaydı. Ilık bir şerbet kokusu odanın içini doldurmuştu. Pırıl pırıl semaver, kapının yanındaki konsolun mermeri üzerine konulmuş, aynadan yansıyan aksinde olduğundan büyük görünen bir ihtişam kazanmıştı. Dumanı üzerindeydi. Bardaklar sıraya konulmuş, içlerine küçük gümüş kaşıklar yerleştirilmişti. Birazdan demlikten konacak çayın üzerine semaverin kaynayan suyu boşaltılacak ve eller sofraya uzanıp bu tertipli daveti bozacaklardı.

İştirakiyuncu Müyesser, sabahın erken saatinde Refik Usta'ya, Fuad Naci'nin sünnetini yaptırmış ve akşam da eşini dostunu toplayıp bu sevinçli günün birlikte kutlanmasını istemişti. Aklından geçirdiği neşeli bir İştirakiyun toplantısıydı. Serbest Fırka'nın kapatılma haberini duyunca üzülmüş ve şenlikli bir kutlama töreninden vazgeçip arkadaşlarıyla sohbet etmeyi yeğlemişti. Ahilya Efendi, Madam Despina, noter kâtibi Münip Bey, Refik Usta evin büyük salonunda toplanmışlardı. Edirneli klarnetçi gelmiş, evdeki nâzik manzarayı görünce klarnet kutusunu açmaya gerek duymamıştı.

Safinaz'ın gözlerinde gerçekten bir gurur vardı. Bekir'i sevginin, şefkatin, şükranın karıştığı sabırlı duygularla seyrediyor, kendisine böyle kıpırtılı bir adamı nasip ettiği için Allah'a şükrediyordu. Safinaz da kıpırtılı kadındı... Oğlunun erkekliğe adım attığı günde bahtiyar bir tâlihin dualarıyla Fuad Naci'yi öpmüş, dakikalarca dinmek bilmeyen bir gözyaşı seliyle o lepiska saçları, o mavi bakışların büyüsünü ıslatmıştı. Fuad Naci, Müyesser'in gözbebeğiydi. Fuad'ın sanki bütün izlerini taşıyormuş gibi mutlu ve iddialıydı. Çine İlkokulu'ndan İstanbul Darülfünunu'na kadar ilim veren her kubbeyi Topçu Fuad'ın hatırasından alıp, Fuad Naci'nin geleceğine taşıyor gibiydi. Kim ne derse desin, Türkiye'nin geleceğinde Fuad Naci'ler, eğer Topçu Fuad'ların ahlâk ve disiplininde bir sorumluluk yüklenmezlerse, Cumhuriyet'in geleceğinde bir siyah perdenin açılacağına inanıyordu.

Serbest Fırka'nın kapatılması Müyesser'i üzmüştü. Düne kadar yeni bir siyaset heyecanı ve güveni veren bu hareketin böyle çok kısa bir süre sonra kapatılması, Cumhuriyet'in siyaset planlamasında büyük eksiklik ve şahsîlik olduğunu gösteriyordu. Belli ki Cumhuriyet'in demokrasi için henüz gösterebileceği bir tahammül seviyesi teşekkül etmemişti. Gerçekten de Serbest Fırka'nın kuruluşu bir danışıklı dövüştü. Gâzi Hazretleri, Ali Fethi Bey ile İsmet Paşa'yı çağırmış, Serbest Fırka'nın kurulmasından sonra bu partiye kaç milletvekili verileceğine kadar ince hesaplarını ortaya dökmüştü. Gâzi Hazretleri, en yakın siyaset arkadaşlarını, ağzı laf yapan milletvekillerini ve kız kardeşini bile Serbest Fırka'nın kurucusu olarak belirlemiş, çocukluk yıllarını birlikte geçirdiği Nuri Conker'i, partinin genel sekreteri olarak seçmişti. Hattâ ileri gitmiş, Cumhuriyet Halk Fırkası'nın bütçesi kadar bir malî imkânın Serbest Fırka'ya tahsisi için İş Bankası'na bir açık çek imzalayıp Ali Fethi Bey'e uzatmıştı:

– Paran olmazsa İsmet'le başa çıkamazsın...

Gâzi Hazretleri, İsmet Paşa'yı da kontrol altında tutması gerektiğini biliyordu. İleride karşılaşılabilecek bütün anlaşmazlık ihtimallerini ikisinin önünde çözmeyi uygun bulmuş ve planını adım adım uygulamaya koymuştu. Cumhuriyet Halk Fırkası'ndan İsmet Paşa'nın seçeceği kırk milletvekili istifa edip Serbest Fırka'ya geçecekti. Bunların on beşini Gâzi Hazretleri önceden seçmiş ve listeyi İsmet Paşa'ya uzatmıştı:

– Ağaoğlu nizamnameyi yazmış; yarın kuruluş tamamlanınca bu kırk kişiyi çağır ve istifalarını al. Sakın kendilerine bir talimatta bulunup, tesir altına alma...

Serbest Fırka'nın fikir babalığını yapan Ahmet Ağaoğlu, Hamdullah Suphi'nin de Serbest Fırka'ya geçecek milletvekilleri arasında olmasını istemiş, Gâzi Hazretleri bu isteği, hemen fark edilen bir sertlikle reddetmişti:

– Ağaoğlu! Sen Hamdullah Suphi'yi değil, Türk Ocakları'nı istiyorsun...

Gâzi Hazretleri, varılan anlaşma çerçevesinin bozulmayacağına dair iki rakibin sözünü almış ve Ali Fethi Bey'i kapıya kadar yolculamıştı. Elini sıkarken kısık sesle yüreklendirdi:

– Rica ettim, İstanbul'da *Son Posta*, İzmir'de *Halkın Sesi* gazeteleri Serbest Fırka'yı ve seni destekleyecekler.

Müyesser bu gelişmeleri yakından izlemiş ve Gâzi Hazretleri'nin Serbest Fırka'nın kuruluşunda gösterdiği bu büyük yüreklendirme ve destekten sonra, bu kadar kısa süre içinde neden böyle sert bir vazgeçişle demokrasiyi rafa kaldırmak gereği duyduğunu tam kavrayamamıştı. Bazı gözlemleri ve hissedişleri vardı, ama, bunları gerçek bir siyaset zeminine oturtamıyordu. İçinde gözleri nemli bir hatıra tesellisiyle rahatlamak istedi:

– Ah Fuad ah!.. Sağ olsaydın, ne güzel tahliller getirirdin...

Sanki tam sırası gelmiş gibi noter kâtibi Münip Bey sordu:

– Hiç Adnan Bey'le görüştün mü? Sanırım sarsılmıştır...

Serbest Fırka'nın kapatılmasının ardından çok kişi yeniden tek parti siyasetinin hiddetli yönetimine boyun eğmişti. Adnan Bey'in Aydın'da yürekli siyasetçi olarak anılmasının sebebi buydu. Ali Fethi'nin kararını çok yanlış görmüş ve Serbest Fırka'ya reva görülen muamelenin haksızlığını haykırmıştı. Tabelayı bile yerinden indirtmemiş, daha sonra geceyarısı ansızın kimler tarafından indirildiği belli olmayan müdahalenin üzerine gidip huysuzluk yaratmak istememişti.

İştirakiyuncu Müyesser, haberi duyduğunda Adnan Bey'i ziyaret etmiş, bir teselli nezaketi kadar, gerçeğini öğrenmek ihtiyacını da tatmin etmek istemişti:

– Adnan Bey! Farkındayım, evsafın sabrını zorluyor; lakin asabiyete kapılma... Genç Cumhuriyet'in ara sıra delikanlılığı olur...

Adnan Bey, kapatılma kararlılığını ilk kez İzmir başkanı Dr. Ekrem Hayri Bey'den duymuş ve soruşturmak ihtiyacıyla Aydın Mebusu Reşit Galip Bey'i aramıştı. İstiklâl Mahkemesi'nin temkinli üyesi, hâlâ eski üslubunu sürdürüyor ve biraz da müstehzi bir ifadeyle duyulanları doğruluyordu:

– Duyduklarınız doğrudur; ama sakın esef etmeyiniz... Hizmetleriniz daima takdirle hatırlanacaktır. Henüz gençsiniz...

Adnan Bey, bu hitaptan irkilmiş, sanki sıradan bir siyaset perdesi kapatılıyormuş gibi bigâne kalışın sorumsuzluğunu ayıplamıştı. Hele "gençsiniz" sözündeki hatırlatmayı siyaset terbiyesi yönünden yersiz bulmuştu. Böyle bir hatırlatmayı yapmaya belki de hakkı olmayan ilk insanın Reşit Galip olduğunu düşünüyordu. Reşit Galip Bey, henüz otuzunu yeni doldurmuş iken İstiklâl Mahkemesi hâkimliğine seçilmiş ve dört İttihatçı'yı idama mahkûm etmişti. Birden gözlerinin önüne Cavid Bey, Doktor Nâzım, Hilmi Bey, Nail Bey gelmiş ve siyaset cilvesinin insanı ne zaman kimin eliyle vuracağının muhasebesini ortaya koymuştu. İştirakiyuncu Müyesser'in "Temkinli ol" öğüdünü kendi tecrübesiyle elden bırakmamış ve Reşit Galip Bey'e cevabını vermişti:

– Aziz doktorum! Gâzi Hazretleri'ne şükranlarımızı arz ediniz. Ancak, Cumhuriyet'in daha olgun bir yaşında demokrasiyi bir daha deneyeceğimizden kimsenin şüphesi olmamalıdır.

Adnan Bey, bu inancın sahibiydi. Tâlihin yâver pervânesi bir gün mutlaka bahtiyar günlerin rüzgârını ayaklarının ucuna getirecekti. Dr. Reşit Galip'e söylediklerini Müyesser'e de tekrarladı:

– Endişe etmiyorum; bir gün mutlaka bu demokrasiyi idrâk edeceğiz. Bu mücadeleyi birlikte vermeyi çok isterdim.

Müyesser Hanım, o gün Adnan Bey'le yaptığı görüşmeyi arkadaşlarına aktarmayı uygun bulmuştu. Aslında Serbest Fırka ile Cumhuriyetçi Halk Fırkası'nın ekonomik anlayışı ihtilafın konusu gibi görünüyorsa da buna inanmıyordu. Adnan Bey'in teşhisinde isabet vardı; ama, sebepsiz kapatılma kararının duygusallığı sözlerindeki isabeti gölgeleyecek noktaya varmıştı:

– Adnan Bey'in asabiyetini hoş görüyorum. Lâkin, fark etmek istemediği husus ortada... Serbest Fırka, Gâzi Hazretleri'nin "açtım" demesiyle açılmış, "kapattım" demesiyle kapatılmış bir siyaset basitliği değildir. Gerisinde sağlam bir iktisat teorisi yoktur ve asıl mesele budur.

İştirakiyuncu Müyesser'in işaret ettiği husus, Topçu Fuad'ın burjuva yaratmak konusunda söylediği çatışma kaçınılmazlığıyla ilgiliydi. Adnan Bey, millî burjuva yaratma konusunda, Serbest Fırka ile Cumhuriyetçi Fırka'nın önemli bir farklılık taşımadığı kanaatindeydi. Bu fikrini Müyesser Hanım'a anlatırken, kendini kapatılma sıkıntısından kurtarmaya çalışmıştı:

– Eğer millî burjuva yaratmak için siyasî kadroda irade samimiyeti varsa, liberalizm ile devletçilik birbirinin yerini alabilecek iki sistemdir.

İstirakiyuncu Müyesser, bu fikri kabul etmemiş ve ikazın nezaketini koruyarak hatırlatmıştı:

– Çakırbeylim! Aldatma kendini; devlet eliyle müteşebbis yaratılmaz... Devlet teşebbüsün kendisidir ve en doğrusudur...

Safinaz çayları tazelemiş, Müyesser'in dizleri dibindeki yerini almıştı. Kavrayamadığı konuların tartışılmasından sıkılmamış, aksine herkesin Müyesser'i hayranlıkla dinleyişinden kendine bir gurur payı çıkarmıştı. Bu gururu paylaşmak istiyordu, kapının kenarında duran Bekir'in yanına gitti. Yürekli incir rençperini, bileğinden tutup getirdi. Birlikte Müyesserin dizlerinin dibine çöktüler... Bekir, Safinaz'ın kulağına fısıldadı:

– Günü geldiğinde Fuad Naci bunların ne olduğunu anlayacak...

* * *

Berin Hanım kapıdaydı.

Abdi Ağa kapıdaydı.

İkisinin de ağzını bıçak açmıyordu. Serbest Fırka'nın kapatılma kararı Çakırbeyli'ye bomba gibi düşmüş ve herkes bu âni ve sevimsiz haberin şaşkınlığı içinde Adnan Bey'in hangi tavrı takınacağını merak etmeye başlamışlardı. Adnan Bey'in Aydın'dan yola çıktığı haberi gelince Abdi Ağa haberi koşarak Berin Hanım'a ulaştırmış ve haddini bilmenin örneğini vermişti:

– Sizler her zaman bizim başımızın tâcısınız...

Berin Hanım, Abdi Ağa'yı içeri almış, birlikte sekizgen kuleye çıkıp etrafı seyretmişlerdi. Ekim sonrası uçsuz bucaksız toprakların tazeliği heyecanlı bir gelin nefesi gibi buğuluydu. Uzakların sıcaklığı, yağmur damlalarının serinliği Çakırbeyli'ye has bir ılıklığın hazzıyla yüzlerini okşuyordu:

– Şu yeşilliğin bereketine bak!.. Hayatın lezzetini nasıl da içine sindirmiş; nasıl da cömert bir şefkat ve ısrarla kendini sunuyor...

Abdi Ağa, Berin Hanım'ın sıkıntısını anlıyordu. Adnan Bey'in Çakırbeyli'de çiftliğiyle meşgul olmasını ve siyasetten uzak durmasını istiyordu. Doktor Nâzım'ın idam edilmesi, Evliyazâde ailesinde siyasetten uzak kalınması için ağır bedelli bir ders olmuş ve telafi edilmesi imkânsız bir kayıp yaratarak herkesin yüreğine bir korku yerleştirmişti. Abdi Ağa bu acı hatırayı tazelemek istemiyordu ama, Adnan Bey'in durumunun da kavranması gerektiği konusunda kararlıydı.

– Bazı adamların ruhları geniştir. Dar kalıplara sığdırılamaz. Büyük gelin senin dualarını anlıyorum. Ama bağışla beni; Allah'ın takdiri, senin dualarından daha öndedir. Ağamın ruhu bu uçsuz bucaksız dediğin darlığa sığmaz...

Berin Hanım susuyordu. Abdi Ağa'nın söylediklerindeki gerçeği görmüş, ama iyi niyetli dualarının Allah katında kabul göreceğine de inanmıştı. Abdi Ağa küçük bir hatırlatma daha yaptı:

– Piyanonun Çine Çayı'ndan geçirilişi gözümün önünden gitmiyor. O kıratın suya sürülüşü aklıma geldikçe ölüyormuşum gibi korkuya kapılıyorum. O gün anladım ki ağamın ruhunu hiçbir kuvvet bir dar kalıba sokamaz...

Berin Hanım'a yaklaştı:

– Ben aşağı iniyorum. Çakırbeyli'de ağa kapıda karşılanır...

Adnan Bey kapıda göründü.

Abdi Ağa eline sarıldı. Berin Hanım cümle kapısını ardına kadar açmış, bir yuvanın sıcaklığını evin eşiğine kadar getirmişti:

– Her şey sizi bekliyor, efendim!.. Takdiriniz ne ise, kabulümüz odur...

Birkaç adım atınca, ekledi:

– Sofrамız hazır!

Adnan Bey'in sevdiği yemekler pişirilmiş, intizam içinde sofraya konulmuştu. Billur sürahinin içinde rakı ve yan yana iki kadeh, bereketli sofranın heyecan verici davetini uzatıyordu. Adnan Bey, sofraya doğru yürürken, birden durdu; piyanon yanına gelip, kapağını kaldırdı. Hiçbir şey kötü gitmemiş gibi gözlerinde sıcak ve mutlu bir tebessüm vardı:

– Haydi bana o şarkıyı çal!..

Adnan Bey, Berin Hanım'ın piyanonun başına oturmasını beklemeden istediği şarkıyı mırıldanmaya başladı:

Beyhûde değil nâle vü âhım; kederim var...

Berin Hanım Adnan Bey'in yanına geldi. Elini tuttu. Birlikte piyanoya doğru yürüdüler. Berin Hanım tabureye oturdu ve kendi tercihindeki nağmelerin mısralarında bir şükran duygusunu dillendirdi:

Sana ey cânımın cânı efendim!..

* * *

"Gâzi geliyor" sözüyle bütün Aydın ışıklandı. Her sokak sanki cennetti artık...

Gâzi Hazretleri önce Bey Camii'nin avlusunda biraz dinlenmiş, kendisine getirilen çayı içip karşılayanlarla sohbete başlamıştı. Şiddetli bir şubat soğuğu vardı. Demiryolu üzerindeki köprüde tütün satan esnafla yârenlik ediyordu. Gâzi Hazretleri Türk Ocağı binasını ziyaret ettikten sonra Aydın'dan ayrılacaklardı. Şehitler Abidesi'nin bulunduğu meydanda yapılan park çalışmalarını gezmiş, sokağın ortasında kış günü olmasına rağmen sallanarak gezinen develeri seyrederek mutlu olmuştu. Sıcak iklimlerin cefakâr hayvanları soğuk bir Aydın ikindisinde çıngıraklı bir tahammül içindeydiler. Parka açılan en geniş caddenin ucunda kuleli bir beyaz ev görünüyordu. İki katlı beyaz binanın kulesi de iki katlı olarak yapılmış ve ucuna dikilmiş bir büyük paratonerle kötü bir ihtimale göre korunması sağlanmıştı. Binanın kime ait olduğunu sordu.

Gâzi'nin sorduğu bina yeni tamamlanmıştı ve İbrahim Ethem Bey'e aitti. Park Sineması'nın önünden geçildiğinde meydanın genişliğine bakan binanın kuleli manzarası insanı büyüleyen bir güzellikle dikkat çekiyordu. Bu binanın ilhâmı, Adnan Bey'in Çakırbeyli Çiftliği'nde inşa ettirdiği yeni çiftlik evinden alınmıştı. Aynı günlerde inşaatı başlatılan bütün binaların köşelerine bir kule inşa ettirilmesi âdet olmuştu. Vali Konağı henüz bitmiş, kulenin kurşunları Gâzi'nin gelişine yetiştirilmek için ustalar gaz lambaları altında sabaha kadar çalışmışlardı.

Ethem Bey'in evindeki kule, Park Sineması'nın üç büyük kapılı cephesinin iki yanında inşa edilmiş kulelerle bilek güreştiren iddia içindeydi. Parkın güneyindeki sokağın girişindeki geniş bahçenin yuvarlak havuzunda çevreye serinlik püskürten fıskıye vardı.

Gâzi Hazretleri askerî mahfil binasının önünden geçerek demiryollarını gezdikten sonra kentten ayrılmak üzereydi. Yeni yapılan Vali Konağı'nda yemek hazırlandığı söylendi. Gâzi Hazretleri'nin böyle telaşlı biçimde Aydın'dan ayrılması hayret yaratmış ve özel bir sebebi olmadıkça bu acele gidişin söz konusu olmayacağı fısıldanıyordu. Valinin ısrarıyla Gâzi Hazretleri yemeğe kalmayı kabul etmiş ancak, sofranın kalabalık olmaması için ilgilileri uyarmıştı.

Sofra henüz hazır değildi. Vali Konağı'nın elektriği yoktu ve böyle soğuk bir günde Gâzi'ye verilecek yemeğin sıkıntılar yaratması muhtemeldi. Genç bir sanat okulu öğrencisi ileri fırlamış ve sanat okulundan Vali Konağı'na çekilecek elektrik hattıyla istenen aydınlatma ve ısıtmanın sağlanabileceğini söylemişti.

Büyük yangında tamamen yok olan Hükûmet Konağı, eskisinin temelleri üzerinde yeniden inşa edilmişti ve Gâzi Hazretleri yeni Hükûmet Konağı'nın önünden geçerken binanın geniş alnını göstermiş ve fısıldamıştı:

– Aydın Vilayet Konağı...

Gâzi Hazretleri birden karşısında duran genç adama baktı. Görüntüsünde dikkat çeken bir şey yoktu. Sâkin duruyor ama, söylemesi gereken konuyu hiçbir şekilde elden çıkarmayacağını belli ediyordu.

Adnan Bey, kendisini takdim etti:

– Ben CHF Aydın İl Başkanı Ali Adnan; partiyi teşriflerinizi bekliyordum. Uğramadan ayrılacağınızı söylediler. Buraya kadar geldim. Beni dinlemeden gitmemelisiniz...

Gâzi Hazretleri Adnan Bey'i de yemek salonuna davet edip ayaküstü birkaç cümlelik sohbetle sıra savmayı düşünmüştü. Adnan Bey çetin ceviz çıktı:

– Ben sohbete değil, zatı devletlerinize malumat arzına geldim. Sizi parti binasında bekliyorum.

Gâzi Hazretleri işi uzatmadı:

– Yemekten sonra kahveyi sizde içeceğim. Üç dört dakikalık bir zahmetim olacak...

Gâzi Hazretleri'nin neden böyle davrandığını anlamak mümkün değildi. Her gittiği ilin önce valisini ziyaret eder, sonra CHF binasına geçerek halkla sohbetini bu binada yapardı. Aydın'a gelişinde valiyi ziyaret emiş, herkesin CHF binasına gideceğini beklediği yerde Gâzi Hazretleri sanki böyle bir bina yokmuş gibi kentin sokaklarında ve parklarında dolaşmaya başlamıştı.

Adnan Bey, Gâzi Hazretleri'ne ne söyleyeceğini iyi biliyordu. Serbest Fırka'nın da ömrü üç ay sürmüş, Gâzi'nin emriyle kurulan parti yine Gâzi Hazretleri'nin emriyle kendini feshetmişti. Türkiye'nin demokrasi hareketi yeniden kesintiye uğramış ve yukarıdan verilen emirlerle kurulan partilerin ülkeye demokrasi getirmelerinin mümkün olmadığı artık anlaşılmıştı. Türkiye, gerçek bir demokrasi hareketini nasıl olgunlaştırabilirdi? Adnan Bey bu konuda görüşler geliştirmişti. Bunların anlatılması gerektiğine inanıyordu..

Adnan Bey, Serbest Fırka'nın kapatılmasından sonra Çakırbeyli'ye dönmüştü. Ancak kısa süre CHF'li eşraf ve memurlar kendisini ziyarete gelmiş ve CHF il başkanı olması için Adnan Bey'i iknaa çalışmışlardı. Henüz otuzunu tamamlamıştı. Serbest Fırka başkanı olarak partinin liberal ekonomi politikasını yaymak ve vatandaşları liberal ekonomiye alıştırmak için CHF'nin devletçi ekonomi politikasını ağır dille eleştirmiş ve dikkat çekmişti. Hatta İştirakiyuncu Müyesser bir ara, Adnan Bey'i uyarmak gereğini duymuştu:

– Adnan Bey! CHF sabrı, tahammülü olan parti değildir. Dikkat et!

Serbest Fırka'nın kapatılmasından sonra ortaya çıkan yeni durum Aydın'da siyasetin ehil ellerde değerlendirilmesi fikrini öne çıkarmış ve Adnan Bey'in Serbest Fırka için gösterdiği gayrete dikkat çekilmişti. Şimdi Serbest Fırka kapatıldığına göre bu genç adamın siyaset ateşini daha iyi değerlendirmek mümkün olabilirdi. Böyle düşünen siyasetçi çoktu. Adnan Bey'i CHF'de siyaset yapmaya davet etmeyi düşünenler harekete geçmişlerdi. Aydın eşrafının baskısı ağır gelmiş ve valinin de araya girmesiyle Adnan Bey CHF il başkanı olmuştu. Geçmişte yaptığı eleştirileri unutmuyor, ama bunların bir gün mutlaka siyaset sahnelerinde tartışılması gerektiğini her vesileyle söylüyordu. Gâzi Hazretleri'nin teşrifi bu görüşlerinin kendisine aktarılması için iyi bir fırsat olacaktı.

Gâzi Hazretleri yemek davetini reddedip kendisini parti merkezinde bekleyeceğini söyleyen gençten etkilenmiş ve validen ayrıntılı bilgiler almıştı. Vali Adnan Bey için dikkat çekecek şeyler söylemiş ve Gâzi'nin mutlu olacağı bir sırrı fısıldamıştı:

– Menemen katillerini Aydın'da ilk teşhir eden kendisidir.

Sonra Adnan Bey'in Kubilay'ın şehit edilmesinin ardından CHF binasında yaptığı konuşmanın metnini Gâzi Hazretleri'ne takdim etti.

– Adnan Bey'in bu konuşmasında heyecandan çok, önemli bir siyaset tahlili vardır, efendim...

Adnan Bey CHF binasındaki sohbet toplantılarında zaman zaman tarih tahlilleri yapıyor ve günün olaylarını tartışarak bir aydınlık zemin oluşturuyordu. Türkiye'nin rejim değişikliğinin önemine işaret eden konuşmasında bütün Aydın eşrafını şaşırtan şeyler söylemişti. Adnan Bey'e göre, dünya tarihinde rejim değişikliği gerçekleştirmiş devletler, zaman zaman tarihe dönerek mazilerini sorgulamalıydı. Bu sorgulamanın, yeni rejimin, eskisinin yakasına yapışan hesaplaşma kabadayılığı olmadığı, aksine tarihten ibret ve ilham alma terbiyesi ve cesareti olduğu belirtilmeliydi...

1699 Karlofça ve 1718 Pasarofça'dan sonra Osmanlı'daki çöküşün hızları ve etkilerini anlatıyor ve Lâle Devri'nin bir dönüm noktası olduğunu söylüyordu. Adnan Bey'e göre Lâle Devri ön tanzimat hareketiydi. Batılılaşma ve aydınlanma hareketimizin ilk adımını oluşturuyordu. Tarih yazıcılığında, şiirde, musikide, mimarîde, felsefede, bilimde, edebiyatta, sanatta, kültürde, teknikte en aydınlık örnekleri başlattığımız dönemi böyle başlattık diyordu...

Adnan Bey'e göre, Gâzi Hazretleri'nin işaret ettiği muasır medeniyet seviyesine bu yoldan gidilebilirdi. Çağdaş medeniyeti hedef alan gayretlere rağmen amaçlanan sonuçlara ulaşılamamıştı. Çünkü yenileşme hareketi bazı karanlık güçlerin husumetini çekmişti. Osmanlı'nın makûs tâlihindeki karanlık dehlizlerden birisi de, bu tertipçi kadronun hazırladığı isyandı. Sonunda bu kadro, Patrona Halil'i Arnavutluk sahillerinden İstanbul'a getirterek bir büyük aydınlanma hareketini tekrar karanlığa gömmüştü. Nevşehirli İbrahim Paşa'yı, Şair Nedim'i, Tanburî Mustafa Çavuş'u öldüren bu karanlık hareket, III. Selim'i yok eden Kabakçı Mustafa'ya uzanan bir fitne ve irtica ufûnetinin yuvasıydı. Bu iblis hareket şimdi de Cumhuriyet'in yakasına yapışmak istemişti.

Gâzi Hazretleri üç dört dakika dediği ayaküstü bir kahve sohbeti için kapıdan göründüğünde Adnan Bey bütün partili arkadaşlarıyla kendisini karşıladı. Gâzi Hazretleri'nin kahveyi nasıl içtiği biliniyordu. Kahvesi hazırlanmış ve oturduğu koltuğun yanındaki sehpaya konulmuştu. Gâzi Hazretleri kahvesine uzandı. Peş peşe birkaç yudumda bitirdi. Gerçekten telaşlı bir hali vardı ve hemen kalkıp gitmek ister gibiydi. Adnan Bey'in, Türkiye'nin meselelerine verdiği önemi üç dakika içinde anlatması mümkün değildi. Kısa bir girişle asıl söyleyeceklerinin başlığını belirler ve eğer bu konularla Gâzi'nin ilgisini çekebilirse asıl anlatmak istediklerini sıraya koyabilirdi:

– Size Aydın'ın meselelerini değil, dünya meseleleri içinde Türkiye'nin temas etmesi gereken hususları arz etmek istiyordum. Lakin bir kahve içimi kadar bir zamanda bu meseleleri Gâzi Hazretleri bile kolayca kavrayamazlar. Bunlar Cumhuriyet'in çetin meselelerdir; vakit ayırarak ve dikkat verilerek müzakere edilmelidir.

Sonra asıl vurucu cümleyi söyleyip Gâzi'yi etkilemek istedi:

– Cumhuriyet'te tahlil zaafı var, efendim...

Gâzi biraz sertleşir gibi oldu. Adnan Bey'in sözleri ilk bakışta kendisine hak kazandırıyor gibi görünmesine rağmen eğer derinliği yoksa zaman israfına dönüşebilirdi. "Cumhuriyet'in çetin meseleleri" sözü etkileyici bir başlık olabilirdi. Acaba nasıl bir hazırlık içindeydi? Cumhuriyet'in meseleleri gerçekten iyi kavranmış ve dünya meseleleri içindeki yeri isabetle değerlendirilmiş miydi? Gâzi Hazretleri bunu öğrenmek istedi:

– Cumhuriyet'i bir tesadüf gibi mi görüyorsunuz ki böyle bir tahlil zaafı hissetmektesiniz?

Adnan Bey, istediği zamanı koparabileceğini hissetti. Şimdi ölçüsü iyi ayarlanmış ikinci hamleyi yapması gerekiyordu:

– Hiçbir başarı efsânevî değildir. Büyük hamleler, daima akılcı olmayı gerektirir. Umutların ve hayallerin pürüzsüz başarıya ulaştığı her gayretin derinliğinde mutlaka bu söylediğim akıl ve dikkat vardır. Söz ettiğim tahlil, akıl ve dikkat bütünlüğünün bütün yurt sathına yayılmış olmasıdır.

Gâzi Hazretleri bu küçük cümleden istenen anlamı çıkarmıştı. İstifini bozmadı. Aynı sâkin tavrını sürdürdü:

– Bir kahve daha söyleyin ve hemen başlayınız. Kâfi vakti ayırıyorum. Siz de söylediğiniz gibi dikkatinizi kaybetmeyin...

* * *

Serbest Fırka'nın kapatılma kararı İsmet Paşa'yı memnun etmiş, muhalefet yaratma hevesinin kırılması, paşanın arzuladığı siyasî zemini yaratmıştı. En yakın tarihte seçimleri yaparak Meclis'in en az dört yıl daha kendi kontrolünde olmasını planlıyordu. En geç üç ay içinde bu işi nihayete bağlamak gerektiği fikrindeydi. Seçim kararı almış ve Dahiliye Vekili Şükrü Kaya'ya talimat vermişti.

– Kimsenin gözünün yaşına bakma! Sadece Gâzi Hazretleri'ne haber ver yeter. Olanı biteni bu defa senden öğrensin...

Şükrü Kaya, seçim kararının alındığını Gâzi Hazretleri'ne Ankara'da olmadığı bir günde duyurmanın daha uygun olacağını düşünmüş ve Aydın Valiliği'ne bir telsiz emriyle haberi sunmalarını istemişti. Bu küçük kurnazlığın Gâzi Hazretleri'ni sinirlendireceğini kestirmiş ve ilave bir haberle gönül alıcı olmak istemişti. Gönderdiği pusuladaki haber kısaydı:

– Kubilay'ı şehit edenler bugün idam edildiler. Milletimiz devrimlerinize sâdık, emirlerinize itaatkârdır. Hükûmet seçim kararı almıştır...

Şükrü Kaya, bir küçük kurnazlık daha düşünmüş, idamların infazı sırasında sehpadan düşüp, o telaş içinde kaçmayı başaran mahkûmdan söz etmemişti...

Haber pusulası, kendi şükranını arz eden samimiyet ve bağlılığının perçiniydi:

– Ellerinizi öperim, efendim!

* * *

Gâzi Hazretleri, Adnan Bey'den etkilenmişti. Adnan Bey, Cumhuriyet'in geleceği konusunda üç beş hamasî cümle yerine ekonomik hayatta alınması gerekli tedbirleri düşünmüş ve bir liste hazırlamıştı. Bunların günlük yaşantıda karşılaşılması muhtemel sonuçlarını ve sebebiyet verebileceği sosyal patlamaları da ele alıp değerlendirmişti.

Dünya ekonomik buhranının sonuçlarını ve Türkiye'ye etkilerini tahlil eden konuşmasında Cumhuriyet politikalarının ne olabileceğini anlatıyordu. Özellikle piyasada serbestçe belirlenen döviz kurlarının devletin kontrolü altına alınmasının son derece güç tehlikeler yaratacağını anlatmıştı. Osmanlı borçlarının taksit ödemeleri, demiryollarının devletleştirme taksitlerinin ödenmesi nedeniyle döviz talebinin artmasından ötürü kambiyo kontrolü sisteminin getirilmesi geçici bir çözüm olarak ilk günlerde etkili olmuşsa bile gelişen bir ekonomi için çok ciddi sorunlar yaratmaya başlamıştı. İthalatın kısılması, gümrük vergilerinin yükseltilmesi ve döviz fiyatının yüksek tutulması ülkede yapılması gerekli yatırımları kısıtlayabilirdi.

Adnan Bey, bu konuşmasından sonra Gâzi Hazretleri'nin yüzünde tebessüm yaratacak nüktesini yaptı:

– Karabekir Paşa Tasarruf Cemiyeti kurmuş; zatı âliniz de himayenize almışsınız. Tasarruf edebilmek için önce üretmek gerekir paşam. Üretimsiz tasarruf olmaz. Hükûmetin yatırım politikasıyla üretimi artıramayız.

Gâzi tebessümünü uzun süre yüzünde muhafaza etmedi. Adnan Bey'i dikkatle izlediğini belli etti:

– İsmet Paşa bunu duymasın. Partide kahve çay ikramını yasaklamıştı. Bana bir kahve daha söyleyiniz.

Vakit epey ilerlemişti. Adnan Bey neredeyse iki saati aşkın zamandan beri Gâzi Hazretleri'ne memleket meseleleri üzerindeki görüşlerini anlatıyordu. Amele cemiyetlerinin disiplin adı altında zorlanmasının doğru olmadığını söylüyor ve bu konuda eski İştirakiyuncuların tecrübelerinden yararlanmak gerektiğini aktarıyordu.

Gâzi Hazretleri bu konuda birden gerildi. Bu tartışmayı yanlış anlama ihtimallerini bertaraf etmek istiyordu:

– Bir iftihar geçmişinden, bir müphem geleceğe bakıyoruz. Bir tehlikeli eşikteyiz. Temkinli davranmaya ve her adımımızı dikkatle atmaya mecburuz.

Adnan Bey, bu ağır lisanı kendini muhatap alan özel bir kulak çekme olarak yorumlamadı. Aksine, üzerine gidip tartışılması gerekli bir Cumhuriyet disiplini gibi gördü. Düşünce hareketlerinin kısıtlanmasını, insanların düşündüklerini söyleyemez noktaya getirilmelerini doğru bulmadığını anlatmak istiyordu:

– İnsan varlığının en soylu değeri, düşünebilmek ve düşündüklerini paylaşmaktır. Bunu yapabildiğimiz takdirde yücelebiliriz. Boyunduruk altında tutulmuş düşünceleri değil, o boyunduruğu kabul eden insanların ne zavallı varlıklar olduğunu düşünelim. Siz, bize bu zavallılığın mücadelesini öğrettiniz.

Adnan Bey, Gâzi Hazretleri'nin nasıl bir tavır takınacağını görmek istedi. Ona göre sözlerinin akışını gözden geçirecek ve bir fırsat bulursa biraz da memleketin aydın evlatlarının desteklenmesine temas edecekti. Gâzi anlatılanlardan rahatsız olmamıştı. Cevap da vermedi. Sadece konuşmanın akışında bir aksama olmaması için eliyle "devam et" şeklinde işaret etti. Adnan Bey daha da cesaretlenmişti:

– Siyasette her an başımıza büyük felaketler geleceği korkusuyla kendimizi sınırlayamayız. O zaman cesaretimiz de kalmaz, niyetimiz de... Elimizde olmayan şeyleri elimizde olan imkânlarla değiştirirsek her şeyin üstesinden gelebiliriz.

Gâzi Hazretleri, giderek daha çok sevmeye başlamıştı. Son bir darbeyle Adnan Bey'i sarsmak, nereye kadar dayanıklı olduğunu ölçmek istedi. Sözlerine kendini beğenmiş bir adamı dinlemiş gibi biraz da uçuk tebessümlü mânâ katmıştı. Amacı Adnan Bey'i tahrik etmekti:

– Bir insanın sadece kendine bağlı olması halinde mesut olması mümkün değildir. Varlığının bütün değerlerini paylaşmalı ve güçlenmelidir. Cumhuriyetimiz için ben bu saadeti sizde görmek isterdim. Cesaretinizi görebileceğimiz neyiniz varsa arkadaşlarınızdan esirgemeyiniz.

Bu görüşmenin en can alıcı noktasına gelinmişti. Adnan Bey sıratın tam ortasındaydı. Eğer sıçrarsa karşıya geçecek ve artık bütün imtihanları kazanmış olacaktı:

– Bazılarının hayatındaki en büyük disiplin korkudur. Bunu bir ibadet gibi benimserler. Âlim veya câhil, zengin veya fakir olması fark etmez... Bu adamların ne cesaretinde mânâ, ne mâcerâsında fazilet vardır... Yalanacak bir çanak vermeniz yeterlidir...

Gâzi Hazretleri, Adnan Bey'i beğenmişti. Adnan Bey, düşüncelerinin haysiyetine sahip çıkıyor, karşısındakinin gücü ve şöhreti ne olursa olsun sözlerini esirgemiyordu. Bu delikanlıya biraz daha cesaret kazandırmak istedi:

– Türkiye Cumhuriyeti, insanlık idealinin maziden kaynaklanan iftiharlarını geleceğe taşıyan bir büyük kültür ve medeniyet âbidesi olarak tarih sahnesinde yerini alacaktır.

Adnan Bey taşı gediğine koyup görüşmeyi hoş bir manzarada kapatmak istiyordu:

– Memleketin gençlerine bakın, efendim. Cumhuriyet ihtilâlinin emanetçileri bu gençlerdir. Ediplerimize bakın, şairlerimize bakın, ressamlarımıza bakın, heykeltıraşlarımıza bakın.

Sonra da bir dikkat daha çekmek istedi:

– Siz Yakup Kadri'nin dediklerine bakmayın. Hiçbir ırkın gençleri savaşta saman ekmeği yedi diye bön bir nesil yaratmaz... Ege'de Millî Mücadele'nin genç nesli biziz.

Gâzi Hazretleri son bir kahve talebinde bulundu:

– Yanında su da getirsinler...

Adnan Bey, son aylarda edebiyatçılar arasındaki mücadeleden örnekler veriyor, Yakup Kadri, Hamdullah Suphi ile Nâzım Hikmet arasındaki edebî tartışmayı bir ciddi kültür hamlesinin başlangıcı görüyordu. Nâzım Hikmet'in *835 Satır* adlı kitabındaki yeni söyleyişin etkisini belirtmek istedi. Gâzi Hazretleri de böyle bir tartışmanın başlamasından memnundu. Edebiyatçıların, şairlerin yeni dünya görüşlerini ortaya koyan iddialarını sergilemelerinden mutluydu. Görüşmeyi sonuçlandırmak istedi. Küçük teşekkür cümleleri yerine doğrudan Adnan Bey'i muhatap alan hükümleri tercih etti:

– Sendeki ihtirası görmekten mutluyum. İhtiras bir tohumdur. Ama ona filiz verdiren güç, aşktır... Sende bu gücü de, bu aşkı da görüyorum. Gençliğin beni cesaretlendirdi. Cumhuriyetimiz'in her devirde emanetçileri gençlerimiz olacaktır.

Elini Adnan Bey'in omzuna koydu:

– "Cumhuriyet ihtilâli" sözünü sevdim. İhtilâlin mutlaka bir fikri kaynağı olması gerekir; ama, mutabık kalınmış bi[illegible] yoktur.

Halkın söylenen gerekçeye inanması yeterlidir. Çünkü ihtilâl, sonuç meselesidir. "Yeni bir düzen getireceğim" demesi yeterlidir. Başındakine güvenmesi yeterlidir.

Elini uzattı; ayrılıyordu:

– Unutma delikanlı, ideolojik sebeplerin siyasî neticelere ulaştırılması sadece malumat ve cesaretle olmaz. Siyaset, bir kadro işidir; sakın aklından çıkarma...

Arabasına binerken, tekrar Adnan Bey'e döndü:

– *835 Satır*'da arûz kadar sağlam bir yapı var... İnişler ve çıkışlar ne kadar sağlam mısralara bölünmüş. İhtirasın da, inkırazın da basamaklarını o mısralarda görebiliyorum.

Onuncu bölüm

Bir yaz günü yelkenleri sönmüş gemilerden,
Son boşluğu gördük güneşin battığı yerden.

Yahya Kemal

Gel ey imanlı gençlik, gel ey beklenen gençlik,
Gel ki Anadolu'da senin bükülmez, çelik
İmânına, azmine ümit bağlayanlar var...

Nâzım Hikmet

Ali Adnan Bey, Türkiye Cumhuriyeti'nin dördüncü dönem Aydın saylavı olarak yemin etmek üzere Ankara'ya gidiyordu. Evinin bütün hazırlıkları tamamlanmıştı. Çakırbeyli halkı meydanda toplanmış, düğün alayı sevinciyle kuleli köşkün önüne gelmiş, mutluluğunu belli etmek istemişti. İlk geldiği günlerde koca Çakırbeyli Çiftliği'ni nasıl idare edeceği tereddüdü yaşanan Adnan Bey, kısa sürede köylünün, esnafın, eşrafın dikkatini çeken bir ağa edası kazanmış ve bu sıfatın hakkını vermişti. Çine'de sıtma krizleri ve ateşi içinde hayatından ümit kesilen Adnan Bey yağız bir delikanlı olarak çiftliğinin bütün sorumluluklarını üstlenmişti. İtalyan doktor sıtmanın pençesindeki Adnan Bey için, Ethem Bey'e mahzun bir vedayla durumunu tebliğ etmişti:

– Tıp ilminin bana öğrettiği her şeyi yaptım. Bundan sonrası Allah'ın takdiridir. Tâlihi güler ve yaşarsa, bilin ki memleketiniz için bahtiyar bir devrin adamı olur. Krizler içinde sayıklarken söylediklerini bugün düşünmeye çalışsalar o şöhretli adamların kafatasları çatlar.

Adnan Bey'in çiftliğe dönüşündeki halsizlik hemen atılmış, yine eski sporcu haline dönmüştü. Şimdi genç ve sağlıklı bir delikanlı olarak Ankara'ya gidiyordu. Vedalaşmak için çiftlik odasına girdiğinde duvarlara asılmış mavzerleri, tabancaları gördü. Böyle bir manzara yıllardır özlenen ağa hasretinin tam köylünün istediği biçimde giderildiğini gösteriyordu. Hepsine teşekkür etti; kucaklaştı. Ethem Bey yanında duruyordu. Bu veda merasiminin bir anlamı da, eğer başları sıkışırsa başvuracakları kişinin kim olduğunu göstermekti.

Berin Hanım kuleli köşkün önünde bekliyordu. Küçük Yüksel bakıcısının kucağındaydı ve hayretli bakışlarla bu telaşlı kalabalığı izliyordu. Adnan Bey Berin Hanım'a sarıldı:

– Evimiz sana emanet.

Adnan Bey'i otomobile yerleştirdiler. Berin Hanım ardından bir tas su döktü. Sabahın erken saatiydi. Adnan Bey önce Aydın'da valiyi ve partiyi ziyaret edecek, sonra yolunu doğru Ankara'ya çevirecekti.

* * *

İstanbul, leylakları erken açtı.

Erenköy'ün kuytu bahçelerinde küçük, mor taneli çiçeklerin salkım salkım büyüyen dâvetkâr güzelliği herkesin içinde baharın ferah ve bahtiyar sevincini yaşatıyor, uzak bir sevgilinin hasretine serinlik veriyordu.

Aklında Pirâye vardı.

Pirâye dediği her şeyiydi...

Bazen "karıcığım", bazen "sevgilim", bazen "nişanlım", bazen "kızım", bazen "annem" dediği Pirâye... Küçük kutularda kestaneşekeri gönderip, merakla sorup soruşturduğu Pirâye...

Gecelerin kuytusunda korku olduğunu biliyordu. Bu kuytularda neredesin diye çığlık çığlığa aradığı Pirâye'ydi aklında olan... Korkulu kuytularda annesinden dinlediği bir mısraı hatırlıyor ve dakikalarca, defalarca tekrarlıyordu:

Sen nerdesin ey sevgili, yaz günleri nerde?

Bu mısra, bir zamanlar annesinin sevdâ sesiydi. Celile Hanım, Yahya Kemal'in hasretine bir vuslat cevabı verir gibi sevinçle okur ve arkasından Bebekli Udî Şekip Memduh Bey'in bestelediği nihavent şarkıyı dillendirirdi:

Gönlümle oturdum da hüzünlendim o yerde,
Sen nerdesin ey sevgili, yaz günleri nerde?

Nâzım aynaya baktı. Yüzünde sevinç vardı. Bu sevinçte Pirâye gülüyordu. Kendi gözünde Pirâye'nin gözlerini seyretti. Sesi de gülüyordu:

– Pirâye! Bugün 1 mayıs... Günlerden cuma...

Kapı çalındı. Nâzım lezzetli bir şarkı nakaratını diline dolamış, sürekli tekrarlayarak kapıya yöneldi, açtı. Kılığına kıyafetine âşina olduğu biri elindeki zarfı uzattı:

– Hâkim bey sizi bugün bekliyor. İfadenizi alacakmış...

Nâzım, tebligat zarfını açmadan masanın üzerine bıraktı. Önce Pirâye'yi şenlendirecek güzel sözleri aklından geçirdi. Beğendiklerini bir sıraya koydu. Tekrar aynanın karşısına geçti. Gözlerinin derininde yine Pirâye'nin gözlerini buldu. Bu kez Pirâye endişeli bakıyordu. Gözlerine, "Ne var, ne oldu Nâzım, dertlenmiş gibisin!" diyen bir samimi sorgulama hüznü çöreklenmişti.

Nâzım, bu hüznü görmemiş gibi davrandı. Gülüşlü bir hasretle, "Gözlerini öpüyorum Pirâye" deyip geri döndü. Masanın üzerindeki tebligatı aldı. Açtı, okudu...

Tebligat açıktı. Dahiliye vekilinin emriyle son yayımlanan kitaplarındaki şiirlerinde "Bir zümrenin başka zümreler üzerinde hâkimiyetini kurmak gayesiyle halkı suça teşvik ettiği" iddia edilmiş ve sıygaya çekilmesi istenmişti...

Nâzım pencereden baktı. Dışarıdaki güzel mayısı gördü. Bu sevincin kursağında kaldığına üzüldü:

– Aklımda Pirâye vardı, nerden geldin be adam!..

* * *

Ankara!..

Açık renkli bir kâbus!

Rekabetsiz bir hiyerarşi...

İdrâkine tam varılmamış bir kültür ve sınıf farkı...

Şiddetin, tesir ve mesuliyetteki kontrolsüz hissi...

Meclis kapısından içeri girdiler. Tevfik Rüştü Bey iki gün önceden Adnan Bey'i arayıp Meclis'e birlikte gitmeyi teklif etmişti. Adnan Bey'i ilk tanıdığında ilgiyle izlemiş, sözlerinin etkisinde kaldığını fark edip gözünü bu delikanlıdan ayırmamaya söz vermişti. Şimdi bu sorumluluk ahlâkında Adnan Bey'i Meclis'e götürüp bazı önemli kimselere takdim etmeyi görev sayıyordu. Tevfik Rüştü Bey, Berin Hanım'ın eniştesiydi. Teyzesi Makbule Hanım'la evlenmişti. Gâzi'nin güvendiği siyasetçiydi. Türkiye'nin dış politikasında disiplinli ve tertipli bir Tevfik Rüştü tavrı hissediliyordu.

Tevfik Rüştü Bey, Aydın saylavı seçilen Adnan Bey'in sabah kahvaltısı için Ankara Palas'a gelmesini istemiş, birlikte kahvaltıdan sonra Meclis'e gitmeyi önermişti. Sabah kahvaltısında Tevfik Bey, Meclis meselelerine temas etmiyor sadece, Aydın'da Berin Hanım ve İzmir'de Naciye Hanım'la ilgili sorularla vaktin geçmesini bekliyordu. Sanki memleket meselelerine vâkıf olmak ve bu meseleleri vukûfla konuşmak kıdemli milletvekillerinin ya da Gâzi'ye yakın siyasetçilerin hakkıymış gibi davranıyordu. Nikâh günü tanıdığı genç adamın bu konulara hangi yatkınlıkta olduğunu görmeyi merak ediyordu. Ancak, konuların tartışmasına girmek, tedbirli bir siyasetçinin hemen teşebbüs edeceği husus değildi. Kulağına fısıldanan iltifata değil, kendi takdirine itibar etmeyi severdi. Gâzi Hazretleri'nin Aydın'da Adnan Bey'le yaptığı sohbetin etkilerini duymuş, ama biraz abartıldığı hükmüne vararak bizzat kendisinin denemesi gerektiğine inanmıştı. Şimdi bu denemeyi yapıyor, sıradan sorularla karşısındakini kantara vuruyordu.

Adnan Bey birden farklı bir konuda tartışma açmayı düşündü. Tevfik Rüştü Bey'i sorumluluk alması gereken konuya çekmek istiyordu. Tevfik Rüştü Bey neredeyse İnönü hükûmetlerinin değişmeyen Dışişleri bakanıydı. Yeni hükûmetin kurulması görevinin yeniden İsmet Paşa'ya verileceği ve Tevfik Rüştü Bey'in bu kabinede de Dışişleri bakanlığı görevini koruyacağı bekleniyordu.

Bu konuda Tevfik Rüştü Bey'in bilgisiz olması düşünülemezdi. Gâzi Hazretleri iç politikadaki önemli kararların alınmasında dış politikaya olan etkilerinin tartışılması için mutlaka Tevfik Rüştü Bey'i çağırıp fikrini alıyordu. Bu konunun henüz parti içinde istenen ciddiyetle ele alınmamış olması muhtemeldi. Adnan Bey bu konuyu Aydın seyahati sırasında Gâzi Hazretleri'ne de açmış ve onun ilgisini çekmişti. Şimdi eline bir fırsat geçiyordu. Cumhuriyet aydınlarının Türkiye'nin geleceğini nasıl değerlendirdiklerini görmek istiyordu. Gâzi'nin milletvekilleri de acaba bu idrâki kazanmışlar mıydı? Tevfik Rüştü Bey bu idrâkin neresindeydi?

Adnan Bey bunun hesabını sorar gibiydi:

– Birkaç gün sonra partinin kurultayı var. Hislerim bana memleketin önemli meselelerinin tartışılması için hiçbir hazırlık yapılmadığını anlatıyor. Bunların sizi yakından ilgilendiren çok önemli tesirleri vardır.

Tevfik Rüştü Bey şaşırdı. Meclis'e gelen bu delikanlı durup dururken böyle meselelere neden el atmak ihtiyacını duymuştu? Kabinede meseleye vâkıf arkadaşlarının bu gibi meseleleri tartışıp gerekli kararları alacaklarına inanıyordu. Bu inancını dillendirdi:

– Bu meseleleri uluorta değil, kabine ciddiyetinde konuşuruz...

Adnan Bey bu azarı hak etmediğine inanıyordu. Tevfik Rüştü Bey yaşını başını almış bir aile büyüğüydü. Fakat Adnan Bey'in zihnindeki meselelere temas edecek üslûpta değildi. Bu üslûbun değişmesi için gerekli zamanı beklemek yerine bir hatırlatmayla hızlandırmayı düşündü:

– Bu kurultayda partimizin temel ilkeleri ilan edilecek. Adına da "Altıok" denecekmiş... Bu oklardan biri milliyetçiliğimiz, diğeri halkçılığımız olacakmış. Bunların hiçbiri ekonomiye çâre üretmez...

Derin bir nefes aldı. Şimdi sıra Adnan Bey'in maruz kaldığı haksız azarın cevabına gelmişti. Gerekirse son konuşma hakkını uzatabilirdi:

– Türkiye'nin en önemli meselesine Hariciyemiz'in böyle bigâne kalması, eğer tesadüfse, hemen tedbir almanız gerekir; yok eğer aksine bir durum varsa, o zaman Türkiye bu tâlihsizliğe lâyık değildir.

Adnan Bey kalkmak için derlenip toparlanmaya başladı. Tevfik Bey sükûnetini bozmadı. Yumuşak sesle müdahale etti:

– Henüz keyif kahvesini içmediniz. Berin Hanım en büyük zevkinizin bu olduğunu söylemişti.

Adnan Bey gülmeye başladı:

– Biliyor musunuz bu keyif kahvelerinin hayatımda önemli yeri vardır. Gâzi Hazretleri Aydın'a geldiklerinde benimle görüşmek istememişlerdi. Kendisini zorla partiye dâvet ettim. Dört dakikalık kahve teklifim, tam dört saatlik memleket müzakeresine dönüşmüştü. Bugün Aydın saylavı oluşum, o müzakerenin neticesidir. Sizinle de keyif kahvesi içerken umarım böyle önemli meselelere temas ederiz.

Tevfik Rüştü Bey sitemden alınmadı. Memleketin her meselesinin parti belgelerine yansımakla çözülemeyeceğini anlattı. Adnan Bey ufukları seyreden bir çocuk gibiydi. Tevfik Rüştü Bey'in sorgulayacağını sandığı vatanperverliğini özetlemek istedi. Tevfik Rüştü Bey adımını daha hızlı attı, tecrübesini göstermenin sırası geldiğine inandı:

– Zihninizdeki cenneti yazıyorsunuz. Yarın halkımız şol cennetin ırmaklarından hürriyeti ve refahı tadacaklar... Unutmayınız Adnan Bey; zihninizdeki büyük hazine başka, halka dağıtacağınız pay başka... Ölçüyü kaçırırsanız, ne hayaliniz kalır, ne halkınız...

Tevfik Bey toparlanmaya başladı. Aynı zamanda yapacaklarını da anlatıyordu:

– Bugün Gâzi Hazretleri üçüncü defa cumhurbaşkanı seçilecekler. Yeni hükûmet de bugün kurulur. Yarın ortalık durulur. Sizi bazı önemli milletvekilleriyle tanıştırmak istiyorum. Bundan sonraki hayatınızda evsafı yüksek insanlarla birlikte olunuz. İstikbâliniz bu nurla aydınlansın...

Ankara Palas'ın merdivenlerinden indiler. Caddenin iki yanına dizilmiş polisler selam durdular. Cumhuriyet'in saylavları yemin için Meclis'e yürüyorlardı. Çevredekiler alkışlamaya başladı. Adnan Bey alkışçılara dönüp güler yüzle selamlamak istedi. Tevfik Bey'in suratı asıktı. Küçücük gözleri o buğulu yuvarlak gözlüklerinin arkasından hayal meyal seçiliyordu. Tevfik Rüştü Bey, Adnan Bey'in gerçeğini gördüğüne inandı. Sesi netti:

– Başarının tadını çıkarmak yerine, gurur duymanın tadını çıkarmaya çalışıyorsun.

* * *

Adnan Bey yeminini tamamlamış, kürsüden inerek yerine oturmak üzere tecrübeli milletvekillerinin arasından geçiyordu. Gözler, bu delikanlının üzerindeydi. Meraklıydılar. Gâzi Hazretleri'nin, "Meclis'te görmek istiyorum" diye Recep Peker'i ikaz ettiği genç bu muydu?

Reşit Galip Bey, ablak çehresinin derinliğine gömülmüş gözlerinin pırıltısını gizleyerek süzüyordu. Serbest Fırka'nın kapatıldığına dair dedikoduların yayıldığı geceyarısında kendisini telefonla arayıp, âdeta hesap sorar gibi ne olup bittiğini merak eden ateşli delikanlıyı o da yakından görmenin telaşındaydı. Uzun süre beklemiş merakın bir endişeye dönmeden sonuçlanmış olmasından memnun görünüyordu. Adnan Bey'in, Aydın'da sık sık kendisi hakkında konuştuğunu duymuş, ancak ileriye gideceğine ihtimal vermediğinden üzerine düşmemişti. İşin doğrusu Adnan Bey, Mehmed Cavid ile Doktor Nâzım'ın idam kararında imzası olan Reşit Galip Bey'i kınayan konuşmalar yapmış ve bir mesuliyet hatırlatmasıyla kulağına gitmesini istediği şeyleri söylemişti:

– Reşit Galip Aydın mebusudur. İstiklâl Mahkemesi'nde aldığı kararın siyaset ahlâkındaki yerini gelip burada, Aydın meydanında seçmenine anlatması gerekir.

Reşit Galip, Adnan Bey'in listeye alınacağı dedikodusunu duyduğunda Recep Peker'le görüşmek istemiş, çıtlatmak istediklerinin hiçbirinin dinlenmediğini görünce yelkenleri suya indirmiş ve tevekkülle başını sallamıştı:

– Desenize Tevfik Rüştü'nün çekeceği var!..

Adnan Bey birden heyecanlandığını fark etti. Yahya Kemal, Yozgat saylavı olarak kürsüde yemin ediyordu:

"Vatan ve milletin saadet ve selâmetine ve milletin kayıtsız şartsız hâkimiyetine aykırı bir gaye gütmeyeceğime ve Cumhuriyet esaslarına sadakatten ayrılmayacağıma namusum üzerine söz veririm."

Bozulmamış Üsküp lehçesini sonuna kadar dinledi. Birkaç saniye sonra bu sevdâlı şair gövdesi yanından geçecekti.

Geçti de...

Berin Hanım'ın Karşıyaka sahillerinde, komşu büyüklerinden dinlediği büyük aşkın sahibi bu sevdâlı gövdeydi. Bakışından, duruşundan, nasıl olup da böyle büyük bir sevdâ yarattığını anlamak âdeta imkânsızdı. Gördüğü manzarayı Berin Hanım'a anlatıp hayalindeki sevdâ peyzajına gölge düşürmek istemiyordu. Adnan Bey, kendi düşündüklerine bir küçük kahkaha koyuverdi:

– Her şey beden mi be Adnan! Sen de ne çelimsizdin bir zamanlar...

* * *

Yahya Kemal'in yemin ettiği saatlerde Celile Hanım, İstanbul savcısının karşısında hesaba çekilen oğlunun âkıbetini merak ediyordu. Saatler önce içeriye alınmıştı. Dışarıya hiçbir şey sızmıyordu. Zaman zaman taharri kılıklı dediği türden insanlar yeni dosyalarla içeri girip savcının önüne koyuyorlardı. Belli ki amaçları Nâzım'ı bunaltmaktı.

Avukat İrfan Bey yanındaydı ve sâkin tavırlar içinde sonucu bekliyordu. Göstereceği en ufak telaş veya endişe belirtisi bu nahîf anne yüreğini en ince yerinden kanatabilirdi. Sıradan bir işlem yapılıyormuş gibi davranıyor, Celile Hanım'ın ruhunda bir sükûnet yaratmak istiyordu:

– Hiç endişe etmeyiniz! Bu tertibin altından bir şey çıkmaz...

* * *

Meclis ayaktaydı. Herkes saygı içinde Gâzi Hazretleri'ni alkışlıyordu. Ankara Saylavı Mustafa Kemal, Türkiye Cumhuriyeti'nin üçüncü kez cumhurbaşkanlığına seçilmişti ve yeminini bitirip Meclis'ten ayrılmak üzereydi.

Adnan Bey, bir rüyadan uyanır gibiydi. Çok değil tam üç ay evvel, soğuk bir şubat günü Aydın'da Gâzi Hazretleri'ni zorla partiye getirmiş ve kendisiyle tartışmıştı. Şimdi tam üç ay sonra Gâzi Hazretleri'nin tercih ve teveccühüyle Aydın saylavı olarak ayakta alkışlıyordu.

Yanında Reşit Galip Bey belirdi. Aralarında belki üç beş yaş farkı vardı, ama Reşit Galip üstün bir mevkiin hakkını talep eden lisanla konuşuyordu:

– Size Halk Fırkası'na katılmanızı teklif ettiğimde dudak bükmüştünüz... Şimdi bu fırkanın vekilisiniz... Kader ve siyaset birbirlerinin basamaklarını biraz cömert, biraz kurnaz, ama, her zaman açık yüreklilikle sıraya dizer. Siyaset dediğiniz basamaklar, sonunda iki kapılı bir eşiğe çıkar: cennet ve cehennem.

Reşit Galip Bey, gerilerde kalmış bir tartışmanın hatırasında kendini haklı görmek istiyor gibiydi. Serbest Fırka'nın kuruluş öncesinde Aydın'a gelmiş ve açık bulunan Cumhuriyet Halk Fırkası'nın başkanlığını Adnan Bey'e önermişti:

– Gençsiniz ve istidatlısınız. Aydın'da bu göreve tâlip yüzlerce insan arasında size teklif ediyorum, çünkü, bir cevheri hissediyorum. Kabul ediniz ve yeni bir istikbâl için yolumuzu çizelim.

Adnan Bey, bu teklifi samimi görmemiş ve üzerinde durulacak ciddiyet içinde değerlendirmemişti. Serbest Fırka kurulduğunda ne gariptir ki, Gâzi Hazretleri Reşit Galip'i de kadroya dahil etmiş ve kadere garip bir cilveli gülüşle bakmıştı.

Adnan Bey, Reşit Galip'in teklifinin kendi kaderinde bir değişiklik yaratacağına inanmıyordu. Serbest Fırka tecrübesi hayatında önemli derslerin alındığı bir dönemdi. Parti kapatıldıktan sonra Aydın'da yaşadıkları, siyasî olgunluğunun ilk sancılarıydı. Sonunda Aydın'da ciddi bir parti teşkilatı ihtiyacı duyulmuş ve Gâzi Hazretleri'nin emriyle Celal Bayar ve Vâsıf Çınar, Aydın'da Cumhuriyet Halk Fırkası'nı yeniden teşkilatlandırmak üzere görevlendirilmişlerdi. Vâsıf Çınar, Adnan Bey'in İttihat Terakki Lisesi'ndeki hocasıydı. Gözüne girdiği bir öğretmenin kendisini çağırmasına ilk anda hiçbir mânâ verememiş, sadece, ellerini öpüp duasını almak için gitmişti. Kapıdan içeri girdiğinde ayakta duran ve geleni baştan aşağı meraklı gözlerle süzen Celal Bey'le karşılaşmış ve etkilenmişti. Millî Mücadele'nin efsânevî Galip Hoca'sı karşısındaydı. Vâsıf Çınar'ın teklifini dinlemiş ve Adnan Bey'i Cumhuriyet Halk Fırkası Aydın reisliğine getirmek için çağırtmıştı. Konuyu dağıtmadan hemen teklifini yaptı:

– Geliniz ve fikirlerinizi Cumhuriyet Halk Fırkası içinde gerçekleştiriniz. Bazı şartlarınız vardır ve ileri sürmek isteyebilirsiniz. Sizi dinlerim. Yardımcı da olurum.

Adnan Bey'in şartları vardı. Hepsini tek tek sıralamış, söylediklerinin hiçbirine itiraz gelmediğini görünce bir tereddüt geçirmişti. Karşısındakiler ya kendisini çok ciddiye alıp her söylediğinin doğru ve yapılması gereken şeyler olduğuna inanmıştı ya da tamamen gözden silmişlerdi. Adnan Bey'in konuşması bitince elini uzattı:

– Gözümü arkada bırakmadınız, teşekkür ederim.

Adnan Bey, Reşit Galip Bey'in siteminden etkilenmemişti. Birbirlerine karşı bir şahsiyet mücadelesi içinde olacakları hissi hemen fark ediliyordu. İstiklâl Mahkemesi üyeliği süresince dikkat ve itibar toplayan Reşit Galip Bey'in siyasette önü açıktı. İsmet Paşa'nın kuracağı yeni kabinede Eğitim bakanlığına getirmesine neredeyse muhakkak gözüyle bakılıyordu. Reşit Galip de bu ihtimali çok yakından görmüş ve söylenenlere inanmıştı. Şimdi bu fırsatı genç meslektaşı üzerinde deneyebilir, bunu biraz da göz korkutucu bir silah gibi kullanabilirdi.

Adnan Bey bunu da hissetmiş, ancak saygısını bozmayan üslûpla bağımsızlığını korumaya hazırlıklı olduğunu fark ettirmeyi düşünmüştü. Reşit Galip ilginç adamdı. Konuştuğu kimsenin aklından geçenleri birkaç saniye öncesinden hemen hissediyor ve yerinde müdahalelerle hep üstün çıkmayı başarıyordu. Bu defa da tâlih kendisine gülmüş ve Adnan Bey'in söyleyeceklerini hissederek, ön müdahaleyle konuşmayı kendi lehine çevirmişti:

– Artık endişe etmeyiniz. Celal Bey sayesinde CHF'nin bütün Ege teşkilatı Serbest Fırkacıların eline geçti...

Reşit Galip, Adnan Bey'in vereceği cevabı beklemeden hızla yanından ayrıldı. Gâzi Hazretleri Meclis'ten ayrılmışlardı. Biraz sonra İsmet Paşa yeni kabineyi kurmak için odasına çekilecekti. Gerçi bakan yapılacakların davet edilip kendisine önceden haber verilmek gibi bir âdeti yoktu ama, yine de yakın bir yerde bulunmanın gerekliliğini düşündü.

Adnan Bey Meclis'i gezerken, haber geldi. Gâzi Hazretleri, Türkiye Cumhuriyeti'nin yedinci hükûmetini onaylamıştı. Böylece, İsmet Paşa altıncı kez başbakan olarak hükûmeti kuruyordu. Tevfik Rüştü Bey Hariciye, Şükrü Kaya Dahiliye vekilliğine getirilmişti. Maarif vekili olarak Bursa Milletvekili Esat Bey tercih edilmişti. Esat Bey, İsmet Paşa'nın askerlik günlerinden tanıdığı ve disiplinine pek güvendiği komutanıydı. Böyle bir görevi kendisine teslim ederken Gâzi Hazretleri'nin, Reşit Galip konusunda bir öneri ve ısrarda bulunmasını da önlemek istemişti. Esat Bey, Gâzi Hazretleri'nin de takdir ve iltifatını kazanmış komutan olarak, pek kolayca üstü çizilecek isim değildi.

Adnan Bey, Meclis hayatında ilk derslerinden birini almıştı. Siyasette yâver tâlih insan yüzünü her zaman güldürmüyordu.

* * *

İsmet Paşa kabinesi ilk toplantısını yapmış ve önceden hazırlanmış bulunan hükûmet programının Meclis'te okunması uygun bulunmuştu. Bakanların çoğunun okunacak hükûmet programı hakkında bilgisi yoktu. Herkes başvekilin vereceği talimatı bekliyordu. İsmet Paşa, doğrudan Şükrü Kaya'ya hitap ederek toplantının dağılmasını istedi:

– Şükrü Bey! Yapacaklarımız var. Hazırlığınız tamamsa bitişik odaya geçelim.

Bitişik odaya geçtiler. Başvekil kapının önünde durup Adliye vekiline seslendi:

– Yusuf Kemal Bey arzu ederseniz siz de teşrif ediniz.

İçeriye girildiğinde Şükrü Bey'e sitem eden bir lisanla sordu:

– İhmal gösteriyorsunuz! Ne kadar yakından ilgilendiğimi bildiğiniz halde gelişmeleri izlemiyor ve bana aktarmıyorsunuz.

Adliye vekilinin rahatsızlığı yüzünden belli oluyordu. Başvekilin kendi görev alanına giren bir konunun gelişmelerini Dahiliye vekilinden sormasına rahatsız olmuştu. Kapıya doğru yürüdü. İsmet Paşa durumu kavramış kabinenin daha ilk gününde yakışıksız bir manzara yaratılmasını istememişti. Dahiliye vekilini uyardı:

– Şükrü Bey! Siz de hemen sorun soruşturun ve neticeyi bildirin...

Dışarıya çıktıklarında Yusuf Kemal Bey, Şükrü Kaya'nın yolunu kesip ne olup bittiğinin hesabını sormak istedi. Şükrü Kaya durumu kavramış ve yersiz bir münakaşayı önlemek istemişti:

– Hocam! Siz sakın üzerinize alınmayın... Gâzi Hazretleri'nin seçtiği Dahiliye vekilleri ikinci başbakan gibidirler...

İsmet Paşa'nın, Şükrü Kaya'dan gelişmelerini öğrenmesini istediği konu, Nâzım Hikmet'in duruşmasıydı.

Savcı iddianameyi hazırlamış ve mahkemeye sevk etmişti. Duruşma salonu tamamen dolmuştu. Gazeteciler fırsatı kaçırmıyorlardı. Her hareketin gerisinde özel anlam çıkarılabilecek bir ilişki olup olmadığının merakındaydılar. Nâzım kendinden emin adımlarla salonu boydan boya yürümüş çevresindeki insanların gösterdiği samimiyete gülen gözlerinin maviliğini uzatmıştı. Saçları alnından itibaren sahile peş peşe vuran dalgalar gibi üst üste gelmiş ve giderek yükselip tek bir dalga tepesine dönüşmüştü. Küçük yakalı frenkgömleği neredeyse bütün boynunu kaplamıştı. Kahverengi bir elbise giymişti. Tek düğmeyle önünde iliklenen yakaları, kruvaze ceketinin kolları tam bileğinin üzerinde bitiyordu. Kol ağızları hafif dardı ve gömlek manşetlerinin görünmesine izin vermiyordu. Geniş aralıklı koyu çizgilerin arasına tahin renginde küçük puanlar yerleştirilmiş kumaşı kalındı. Pantolonu bıçak gibi ütülenmişti. Açık renk şapkasını duruşma salonuna kadar elinde tutmuş, sonra masanın üzerine bırakmıştı. Yanında avukatı İrfan Emin Bey oturuyordu.

Küçük mahkeme salonu üniversite öğrencileri, genç şairler, şapkalı bayanlarla tıklım tıklım doluydu. Savcı iddianamesini okuduktan sonra yargıcın söz vermesine kadar kıpırdamaksızın ayakta bekledi. Söyleyeceklerinin sırası geldiğinde Nâzım artık coşmuştu:

– İddianamede beş altı noktada suçlama var. Bunların başında benim komünist olduğumu söylemem geliyor ve suç sayılıyor. Evet, ben komünistim...

Salonda çıt çıkmıyordu. Herkesin, en yakınına bile fısıldarken korkudan ödünün koptuğu kelimeyi, Nâzım büyük bir cesaretle telaffuz etmiş, insanların şaşırmasına sebep olsa bile kendi gerçeğini hiç değiştirmeden açıklamıştı:

– Evet! Komünist şairim ve daha esaslı komünist olmaya çalışıyorum. Teşkilatı Esasiye Kanunu mucibince ben komünist şair olmakla cürüm işlemiş olmam. Komünistlik bir tarzı telakkidir. Diğer iktisadî ve siyasî meslekler nasıl cürüm değilse, komünist mefkûresi de cürüm değildir. Benim bir sınıf halkı diğeri aleyhine tahrik ettiğim iddiası söz konusu değildir.

Nâzım, istediği vurucu etkiyi işin başında sağlamıştı. Şimdi kendisini savunurken şiirlerindeki mânâyı tam olarak aktarması ve yanlış bir anlamayı önlemesi gerekiyordu. Şiirlerini tek tek ele alıp yazılış amaçlarını açıklıyordu. Kendinden emindi ve biraz da alaycı tavır takındı:

– Beni ülkemin savcıları değil, emperyalist Batı'nın sömürgeci devletleri mahkemeye vermelidirler. Ben halkımın içindeki sıkıntıyı anlatan şairim.

Elindeki dergilerden altlarını çizdiği rakamları ve ifadeleri okuyor ve mahkemenin dikkatini çekiyordu:

– Bunlar Ticaret Odası'nın tespitleridir. Onların sayılarla söylediklerini ben kelimelerle söylüyorum.

Vurucu cümlesini tamamladı ve sustu:

– Halkımın durumundan söz etmek suç ise, önce ekonomi bilimini ortadan kaldırmak gerekir. Benim şiirimde sadece halkım var... Beraatimi isterim.

* * *

Tevfik Rüştü sordu:

– Recep Bey'in konuşmasını nasıl buldun?

Adnan Bey sevinçli bir haber tebliğ eder gibiydi:

– Nâzım Hikmet beraat etmiş...

– Biliyor musun Ankara Palas'ta size biraz haksızlık ettim. Recep Bey'in konuşmasından rahatsız oldum. Gâzi'nin Cumhuriyeti'nde hedef bu değildir. Sanki Recep Bey kendine göre bir cumhuriyet tarifi veriyordu.

Esef ettiğini gösteren bir asabiyetle başını salladı:

– Üstelik de itibar gördü...

Cumhuriyet Halk Fırkası'nın üçüncü kurultayı, aylardan beri büyük ve önemli meselelerin ele alınacağı siyaset zemini olarak takdim ediliyordu. Erkene alınan seçimlerin öncesinde bu konu bilhassa değerlendirilmiş ve Türkiye yeni bir geleceğin ilkelerine hazırlıklı hâle getirilmişti. Tevfik Rüştü Bey'in deyimiyle dağ fare doğurmuştu.

Altıok'un resmîleştirilmiş parti ilkesi olarak ilan edilmesinin dışında üçüncü kurultay hiçbir özellik taşımıyordu. Serbest Fırka'nın ekonomi politikasına karşı geliştirilmiş alternatifi yoktu. Sadece seçimler sırasında Gâzi Hazretleri memleketi gezerken Meclis'in muhalefetsiz kalmasını istememiş ve yirmi kişilik bir kadronun bağımsız milletvekillerine tahsisini sağlamıştı. Çok değil beş ay evvel Meclis kürsüsünde İsmet Paşa hükûmetini lime lime eden konuşmasıyla Fethi Bey'in eleştirilerinden eser yoktu. Fethi Bey artık saylav bile değildi. Gâzi Hazretleri'nin arzu ve emirleriyle bir siyasî rüzgâr estirilmiş, halkın sevgi ve saygısının yoğunlaştığı görülünce rüzgâr bu defa tersten estirilmeye başlanmıştı. İsmet Paşa, pabucun pahalı olduğunu görünce Gâzi Hazretleri'ni sık sık ziyaret ederek Serbest Fırka'nın kapatılması gerektiğini telkine başlamıştı.

Gâzi Hazretleri, üçüncü kurultaya çok önem vermişti. Memleketin bütün ekonomik ve sosyal meselelerinin bu kurultayda tartışılmasını bilhassa istemiş ve partililerin hazırlıklı olması için uyarıda bulunmuştu.

Sivas Kongresi, partinin birinci kurultayı olarak kabul ediliyordu. Bu Gâzi Hazretleri'nin tercih ve ilanıydı. İkinci kurultay ise,

Gâzi Hazretleri'nin *Büyük Nutuk*'u okuduğu 1927 kongresiydi. Bu kurultay için önemli meselelerin tartışma zemini olması istenmesine rağmen, sadece Altıok'un ilan edilmesiyle yetinilmesi önemli bir hayal kırıklığı yaratmıştı. En fazla hayali kırılanlardan biri de Aydın Saylavı Adnan Bey'di. Tevfik Rüştü Bey'in sıkıntılı durumunu tahlil etmeye gerek görmeden fikrini söyledi:

– Nihayet memleketin tek partisi devlete el koydu. Serbest Fırka'nın korkusu İsmet Paşa'yı belli ki çok sarsmış...

Tevfik Bey birkaç saat sonra yeniden Dışişleri bakanlığına atanacağı Başbakan İsmet Paşa hakkında böyle bir hükmün verilmesini duymazlıktan geldi. Konuyu başa döndürdü. Kapıya yaklaşmışlardı. Veda eder bir davette bulundu:

– Güvenoyundan sonra evde bir yemek veriyorum. Mutlaka gelmelisiniz. Bu seçimde Gâzi Hazretleri onlarca şairi, edibi, bestekârı Meclis'e getirdi. Bunlarla tanışmanı istiyorum.

Elini sıktı. Göz göze geldiler. Aralarındaki konuşmanın sır kalması için ikisinin de sessiz mutabakatı vardı. Otomobilin penceresini açtı, sesini Adnan Bey'e duyuracak kadar kısık tuttu:

– Nâzım'ın beraatine sevindim. Bir şairi vatana ihanetle suçlamak için hangi aklı kullanırlar bilmem ki...

On birinci bölüm

Beyazlanmış yelesi sürünürken rüzgârda,
Bağlanmış gözleriyle sonsuz karanlıklarda
İnleyip inleterek senelerce döneriz,
Aynı yerde başlarız, aynı yerde söneriz.
Deriz ki ilerledik, aynı yoldur geçilen,
Bu ebedî zulmette bir saraydır seçilen.

Nâzım Hikmet

Her zevki bir harâm olan efsunlu cennetin
Koynunda vardı lezzeti bin türlü nîmetin.
Bir gün vedâ edip o diyârın hayâtına,
Döndüm bütün bütün vatanın kâinâtına...

Yahya Kemal

Yahya Kemal Bey, Adnan Bey'e "bir insanın düşünce dünyasında çalkantıların yarattığı gürültüyle değil, asıl maksadının anlatılmasıyla önem taşıyacağını" söylüyordu. Vatan kâinatı dediği İstanbul'dan henüz gelmiş, ama Ankara'ya bir türlü ısınamamıştı:

– Vatana döndüğüme ne kadar memnun olduğumu bilemezsiniz.

Varşova'dan dönmüş ve yeniden hayata gelmiş gibi sevinçli bir dünyanın nimetlerine kavuştuğuna inanmıştı. Gâzi Hazretleri dördüncü dönem milletvekillerini seçerken Türk kültürünün ve edebiyatının güzide şahsiyetlerini Meclis'te görmek istediğini söylemiş ve listenin başına Yahya Kemal'in ismini yazmıştı. Recep Peker kendisine verilen talimatı üstada aktarırken küçük bir şaka yapmış sonra da isabetsiz teşhis rahatsızlığıyla nasıl özür dileyeceğini bilememişti:

– Rakofça Dağları'nın hür havasından sonra Varşova size pek boğucu gelmiş olmalı... Boş vaktinizde yolunuzu şöyle Yozgat'a bir düşürün... Vatan Boğaz'dan ibaret değil...

Yahya Kemal'in, Adnan Bey'e şikâyet ve sızlanma dolu konuşma yapmasının sebebi bu yakışıksız nükte merakıydı:

– Cumhuriyet'in şaire, edibe karşı bir tavrı yoktur. Bazı cumhuriyetçilerin olabilir... Beni de birkaç ay evvel azarlamaya meraklanmış cumhuriyet sergerdeleri gördüm. Güldüm geçtim...

İşin gerçeği Yahya Kemal Bey, Recep Peker'le olan şakalaşmaya gülüp geçmemiş, son derece ağır etkisi altında bir süre çırpınmıştı. Berrak bir düşünce değil deyip geçiştirmişti. Kendini verebileceği örneğin bir yerde tıkanabileceği endişesindeydi. Örnek değiştirmeyi tercih etti:

– Nâzım'ı örnek alın, altı ay evvel vatana ihanetten mahkemelerde süründürdüğümüz delikanlıyı, şimdi şiirleriyle, oyunlarıyla göklere çıkarıyoruz. İstanbul'a uğrarsanız Darülbedayi'e gidip *Kafatası* piyesini seyrediniz...

Adnan Bey böyle bir cevapla şaşırdı. Yahya Kemal Bey biraz daha ileri gitmek istedi:

– Bu piyes, Marksist felsefenin Türkiye için tahlilidir. Anlaşılan Recep Bey'in gücü İstanbul'un Şehir Tiyatroları'na işlemiyor. Yakında Halkevleri'nde izlerseniz şaşmayınız... Maarif vekilini tebrik edeceğim.

CHF'nin üçüncü kurultayındaki ilke kararları çerçevesinde Halkevleri'nin kurulması gerçekleştirilmişti. Recep Peker, CHF genel sekreteri olarak Halkevleri'ni, milleti bütünleştirmenin kubbesi gibi takdim etmiş, "Milletimizi imtiyazsız, sınıfsız katı bir kitle haline getireceğiz" demişti.

Türkiye'nin edebiyat ve şiir dünyasında çok önemli gelişmeler yaşanmaktaydı. Ortalığa dökülenlerin gerisinde sağlam bir edebî kültür zenginliği sergilemek yerine çığırtkanlığın hâkim olduğu kaba saba bir münakaşa hiddeti vardı. Yahya Kemal'in "Bir edebî cereyanın çalkantısı değil, maksadı önemlidir" derken işaret ettiği husus, bu münakaşalardan memleket kültürüne bir faydanın gelmeyeceğiydi.

Nâzım Hikmet, *835 Satır* isimli kitabıyla Türk şiir dünyasını sarsmış ve çok sayıda eski edibi, şairi hedef alan bir mücadele başlatmıştı. "Putları kırıyoruz" adıyla harekete geçirdiği arkadaşlarında fazla cesaret görmeyince mücadelenin tamamını yüklenmiş ve sonuna kadar Türk edebiyatında bir yenilik cereyanını savunmuştu.

Gâzi Hazretleri'nin son seçimlerde milletvekili olarak Meclis'e getirdiği çok sayıda edip ve şair Nâzım Hikmet'in mücadelesinde hedef aldığı yazar ve şairlerdi. Abdülhak Hamit, Yakup Kadri, Mehmet Emin Yurdakul artık Nâzım'ın edebî değerleri tartışılan putlarıydı ve bunları kırıp yerine genç Cumhuriyet'e yakışan yeni bir edebiyat anlayışı ve ahlâkı getirmek istiyordu.

Adnan Bey bu şairleri ve edipleri Tevfik Rüştü Bey'in sofrasında tanımıştı. Meclis'e yeni geldiği günlerdeydi. Berin Hanım'ın "büyük enişte" dediği Tevfik Rüştü Bey, böyle bir gecenin tertibini biraz bu sevimli kız için yapmış ve Adnan Bey'in bu muhitlere aşina olmasını sağlamak istemişti.

Tevfik Rüştü Bey'in hafif dudak bükerek "şuara meclisi" olarak adlandırdığı bu sofra, daha ilk toplantısında kendini tekrar edecek gücü olmadığını göstermişti. Herkes kendi dünyasının içindeydi ve bu dünyanın etrafına yıkılması imkânsız bir savunma seddi kurulmuştu. Adnan Bey konuşmaları sonuna kadar dikkatle dinlemişti. Abdülhak Hamit seksenindeydi. Mehmet Emin, Ahmet Rasim, Fazıl Ahmet, Necip Asım, yetmişini aşmışlardı. Çoğu altmışına gelmişti. Ellisine varmamış iki kişi vardı. Yahya Kemal ve Yakup Kadri...

Sofranın tadında bir edebî lezzet değil, nasılsa birikmiş bir şöhret ve kıdem saltanatı vardı. Nâzım'ın *Resimli Ay* dergisinde başlattığı polemik Meşrutiyet edebiyatçılarını çok ağır itham altında tutmuştu. Yakup Kadri'nin genç şairleri saçma söz ve şiirde soysuzlaşmanın sahipleri olarak suçlaması yanında, harp yıllarında saman ekmeği yemiş beyinsizler gibi takdim etmesi ortalığı karıştırmıştı. Halbuki Yakup Kadri, Nâzım'ın ilk şiir kitabı yayımlandığında kendisini, Türk şiirinde çığır açmış bir edebiyat inkılapçısı gibi görmüştü. "Nâzım'ın *835 Satır*'ı Türk şiirindeki, hatta Türk dilindeki inkılabın ilk satırıdır. O, yalnız Türk şiirinde çığır açmış bir edebiyat inkılapçısı değil, hiç görmeye alışık olmadığımız yepyeni bir şair tipidir" diye övmüştü. Şimdi Nâzım ve arkadaşlarını "tereddi ve hezeyan" içinde, seviyesiz sözlerin sahipleri olarak suçluyordu. Nâzım, Ahmed Hâşim'i, Yakup Kadri'yi ve Hamdullah Suphi'yi topa tutuyor ve okuyucularından itibar görüyordu.

Adnan Bey sofradaki sohbetin tatsızlığı içinde bu polemiği hatırladı. Genç ve eski edipler, şairler arasındaki polemiği bütün ayrıntılarında izlemiş ve kıdemli şairlerin genç şairler karşısında tutunamadıklarını hayretle görmüştü. Bir zamanlar mısraları, beyitleri dillerden düşmeyen şairler şimdi Cumhuriyet'in milletvekilleri olarak ortak bir konuda görüş birleştiremiyorlardı. Herkes kendi mezhebinin en iyi çözüm olduğu iddiasındaydı. Mehmet Emin Bey altı ay evvel kurucusu olduğu Serbest Fırka'nın kapatılmasından sonra yeniden milletvekili seçilmek için Cumhuriyet Halk Fırkası'na dönmüştü. O günlerde sıradan mısralarla savunduğu liberalizmi, şimdi en şiddetli bir lisanla yerin dibine batırıyor ve âdeta devletçi bir ekonominin kalemşörlüğünü yapıyordu.

Nâzım, yaşları seksene gelmiş iki şairi, hiçbir şiir özelliği olmamakla suçluyordu. Abdülhak Hamit için "dâhii âzam denilen bu şahıs bırakın âzamlığı dâhiliğin genel hususiyetlerine bile sahip değildir" diyordu. Mehmet Emin için, daha da ağır ifade kullanmış ve "Mehmet Emin'in millî şairliği cehaletten başka bir şey değildir" demişti. Put olarak yıkılmasını istediklerinin hepsi hatırlı milletvekilleri olmalarına rağmen cesaretinden hiçbir şey kaybetmemişti. Adnan Bey, sofrada bu polemiğin taraftarlarında umduğunu bulamamış, Yahya Kemal'in dostluğuna güvenmişti. Onun yorumunu merak ediyordu.

Yahya Kemal Bey, çok eski günlerine döndü. Celile Hanım'ın, oğlu Nâzım'ı takdim ettiği günler gözünün önündeydi. Bu genç şairi annesini tanımadan daha önce tanımış ve yeteneğine hayret etmişti. Bahriye Mektebi'nde edebiyat dersleri verdiği yıllardaki delikanlı Nâzım, sınıfta hemen dikkat çeken öğrencisiydi. Heybeliada baharlarında bağrı açık bir sevdâlı gibi, denizin derinliğine dalar, sonra sâkin bakışlarını birden alevlendirir ve şiirlerini okurdu. Yahya Kemal bu şiirleri dinlediğinde başkaları hakkında kolayca veremeyeceği bir hükümle tespitini yapmış, erken bir yargıdan çekinerek kendine saklamıştı. Yıllar sonra bu tespitini annesi Celile Hanım'a aktarırken genç şairi ilk keşfeden adam olmanın huzurunu da duyuyordu:

– Nâzım, kadim şiirin kapısından yeni ufuklara açılıyor.

Şimdi bu yolculuk iftihar edilen bir şöhretli şair hüviyetiyle karşısındaydı. Eski şair ve ediplere yönelen eleştirilerinin büyük kısmını haklı buluyordu. Hele Ahmed Hâşim'in, ağır dille Nâzım'ı suçlayıp "Türkçesi bile yok" aşağılamasını gülünç buluyordu.

– Hâşim evvelâ kendi şiirlerine baksın.

Üsküp şivesiyle Hâşim'in ünlü şiirindeki dil yanlışlığını teşhir ediyordu:

Zannetme ki güldür, ne de lâle...

Sonra gülerek ekledi. Sesindeki alaycılık artmıştı:

– Bu hatayı tashih için Gâzi Hazretleri bir dil cemiyeti kuracakmış...

Adnan Bey, henüz kırklı yaşlarını yaşayan şairi dikkatle dinlemiş ve geniş tarih şuurunun ne kadar önemli bir tahlil değeri yarattığına hayran olmuştu. Bu hayranlığını ifade etmek istedi:

– Sizden önemli bir şey öğrendim. Teşhislerinizde ciddi bir tasnif var. Dikkat ettim, bazı insanlarınız sonu, bazı insanlarınız başlangıcı iyi görüyorlar.

Yahya Kemal güldü:

– Hiç aklımdan böyle bir tasnif geçirmedim doğrusu; galiba haklısın. İnsanları sonu ve başlangıcı görme kabiliyetlerine göre tasnif edersek birçok ihtilafı peşinen önlemiş oluruz...

Adnan Bey'le yaptığı sohbetlerin tadından hoşlanıyordu. Önce gençliğini, sonra atılganlığını, sonra bilgiye susamış halindeki sabır ve cesaretini sevmişti. Böyle bir gencin hayata hâkim olacak çok fırsatı ve imkânı olabilirdi. Memleketin kültür ve sanat hayatına bigâne kalacak bir siyasetçinin başarılı olabileceğine ihtimal vermiyordu. Son bir nasihatle konuyu kapatmak istedi:

– Bu teşhisinizi kendisine saklayınız ve çok sık dillendirmeyiniz. Gençsiniz ve siyaset sizden çok şey bekliyor. Etrafınızı dikkatle gözleyiniz. Bir şeyin sonunu ve başlangıcını iyi gören insanlar tasnifini sakın elinizden bırakmayınız. Her ikisini birden görenlerden olmaya gayret ediniz...

Ankara Palas'tan çıktılar. Dışarıda kar yağıyordu. Adnan Bey izin istedi. Gecenin bu vaktinde evine dönen milletvekillerinin soğukta kalmaması için yolun köşesinde taksiler bekletiliyordu. Maltepe'de yeni kiraladığı evine gidecek ve keyifli bir uyku çekecekti. Yarın Kadir gecesiydi ve Ayasofya'da ilk kez Türkçe Kuran okunacaktı. Gâzi Hazretleri bu törenin radyolardan yayınlanmasını istemiş, radyosu bulunmayan yurttaşların izlemesi için kendi heykelinin kaidesine konacak hoparlörden yararlanmalarını emretmişti. Meclis koridorlarında dolaştırılan bir fısıltıda, milletvekillerinin bu töreni izlemelerinin Gâzi Hazretleri'ni çok mutlu edeceği anlatılıyordu.

* * *

Nâzım'ın piyesi, Emniyet Müdürlüğü'nün sansür heyetinde günlerce didik didik edilmiş, sahnelenmesine izin verilmişti. Halkın gösterdiği ilginin yoğunluğu oyunun yeniden gözden geçirilmesi gerektiği düşüncesini yaratmıştı. Bu meraklı seyirci kitlesinin ilgisini Ankara'ya aktardılar: "Oyunun ilk gecesi tiyatro salonu tıklım tıklımdı. Bu görülmüş şey değildir. Türk halkının tiyatroya itibarı yoktur. Bu kalabalık olsa olsa o tarafa yatkınların tertibidir."

Nâzım'ın sıkıntılı günleriydi. Parasızlık canına tak etmişti. "Yoldaşlarım" dediği arkadaşları polis müdürlüğünde ağır işkenceye tâbi tutulmuş ve yargılanmak üzere İzmir'e gönderilmişlerdi. Nâzım onların başına gelen sıkıntıların, yakında kendi başına da gelebileceği endişesine kapılmış, üç beş kuruşluk nafaka temininin peşine düşmüştü.

Nâzım'ın içini aydınlatan bir hızır anlayışı vardı. En sıkışık zamanlarda hızırın gelip omuzuna konduğunu hisseder ve sıkıntılarının geçici olsa bile hafiflediğini görürdü. Kendiyle şakalaşıyordu:

– Haydi hızırım gel artık!

Beklenmedik bir andı. Ertuğrul Muhsin kapıyı açmış ve doğrudan konuya girmişti:

– Elinde piyes var mı Nâzım?

Nâzım hızırını tanıdı. Gözleri güldü. Sesinde sevinç vardı:

– Evet yeni yazdığım bir oyunum var.

Ertuğrul Muhsin mutlu olmuştu. Kaytarmasın diye süre koydu:

– Haftaya getirirsen sahnelerim.

Nâzım'ın dediği doğru değildi. Elinde hazır oyunu yoktu. Sadece paraya, bir haftaya ihtiyacı vardı. Çalışma masasının başına oturdu ve ilk sayfaya aşağıdan yukarıya uzanan şekilde iri harflerle piyesin adını yazdı: *Kafatası...*

Oyun yalnız maddî değil, manevî değerleri mal yapıp satan kapitalizmi eleştiriyordu. İlk gece üniversite öğrencileri ve işçiler salonu doldurmuş ve bittikten sonra tiyatroyu terk etmemişlerdi. Defalarca oyuncuları sahneye çağırmışlar ve kapitalizmin insan değerlerini mengenede ezdiği sahneleri tekrar tekrar oynatmışlardı. Sonra Nâzım'ı sahneye çağırmışlar, hep birlikte İstiklâl Caddesi'ne çıkarak büyük bir nümayişe dönen yürüyüşleriyle İstanbul'un dikkatini oyuna çekmişlerdi.

Oyunun beşinci gecesinde tiyatroya gelenler kapıları kapalı buldu. Ankara affetmemişti. Yahya Kemal oyunu seyretmek için gitmiş, kapıların kapalı olduğunu görünce gülüp geçmişti. Sonra Semih Lütfü Kütüphanesi'nin yayımladığı metni alıp okumuştu. "Marksist felsefenin Türkiye tahlili" dediği oyunda, herkesin kendine bir pay çıkaracağına inanıyordu. Bu payın ne kadar çok insan arasında bölüşüldüğünü görürse o kadar mutlu olacağını düşünüyordu. Kendi haline baktı ve güldü. Dünyanın sabırsızlığında, insanın sabretmeye zorlanmasının mânâsını anlamaya çalışıyordu. Çocukluğunda öğrendiği bir Arap atasözü, nasılsa hafıza dehlizlerinden kopup dilinden dökülmüştü:

– Usbur feinned dehre yesbir!

* * *

Ramazan kışa rastlamıştı ve çok şiddetli bir kış yaşanıyordu. Kadir Gecesi Ayasofya Camii ağzına kadar dolmuştu. Camide yer bulamayanlar Sultanahmet Meydanı'nı doldurmuşlardı. İğne atılsa yere düşmeyecek bir kalabalık vardı. Teravihten sonra bir ses yükseldi:

– Tanrı uludur! Tanrı uludur!..

Meydanı dolduranlar bir ağızdan tekrar ettiler: "Tanrı uludur! Tanrı uludur!.." Yıllardır aynı mahallenin yakın yerlerinde ezan dinleyen Rum, Ermeni, Musevî vatandaşlar da töreni izlemek için Evkaf İdaresi'nden izin alarak Sultanahmet Meydanı'na gelmiş ve meydanın Ayasofya'ya yakın yerinde kümelenmişlerdi.

Çoğunun dillerinde bir tevhidin idrâki ve sesi vardı: "Tanrı uludur! Tanrı uludur!.."

Kar şiddetini artırmış artık şapkalı ve kasketli halkın üzerinde neredeyse bir beyaz dağ oluşturmuştu. Herkes yatsıdan sonra okunacak Türkçe Kuran'ı bekliyordu. Otuz hafız seçilmiş ve Ayasofya Camii'ne getirilmişti.

Adnan Bey erken vakitte evinden çıkmış, köşede bekleyen bir otomobile binerek heykelin bulunduğu meydana gelmiş ve kimsenin dikkatini çekmeyen bir kuytulukta yer almıştı. Buna rağmen şapkası ve paltosu yağan kardan bembeyaz olmuştu. Eldivenleri soğuğa karşı ellerini koruyamadığı için paltosunun cebine sokmuştu. Gâzinin heykeline bağlanmış hoparlörlerden Türkçe ezan ve Kuran'ı dinliyordu.

Aklına dün gecenin sohbeti takıldı. Ayrılırken Yahya Kemal Bey'in işaret ettiği hususu tekrar düşündü. Üstat, Adnan Bey'e veda sırasında "Gençsin ve siyaset sizden çok şey bekliyor. Etrafınızı dikkatle gözleyiniz. Bir şeyin sonunu ve başlangıcını iyi gören insanlar tasnifini sakın elinizden bırakmayın" demişti...

Her ikisini birden gören insanlardan olmak kolay değildi. Gâzi Hazretleri'nin Aydın'da kendisine yaptığı nasihati de hatırladı. Gâzi Paşa, her ihtilâlin mutlaka bir fikrî kaynağı olmasını söylemiş, ama bunun mutabık kalınmış bir tarifi olmadığı için güçlük çıkaracağına işaret etmişti. Şimdi on dört asırlık gelenek değişiyordu. Bu değişikliğin başını ve sonunu iyi görmek gerekirdi. Adnan Bey, bu değişikliğin halkın kolayca hazmedeceği bir ihtilâl gibi değerlendirilmesinin erken olduğu düşüncesindeydi. Her şeyi zaman gösterecekti. Bir işin başında iyi görünmesi önemliydi ama, asıl sonunun iyi görünmesi gerekirdi. Bu işin sonunun iyi olması, bir inanç değeri olmaktan çıkarılıp bir siyaset tercihine dönebilirdi. O halde alınacak tedbirin de şimdiden sağlam olması gerekir diye düşündü. Gâzi Hazretleri Aydın'da kendisine öğüt vermiş ve "İdeolojik sebeplerin siyasî neticelere ulaştırılması sadece malûmat ve cesaretle olmaz. Siyaset bir kadro işidir" demişti. Kendi kendine düşünüyordu: "Acaba Gâzi Hazretleri'nin hakikaten bu on dört asırlık geleneği değiştiren kararlılığını sonuna kadar sürdürecek cesarette kadrosu var mıydı?"

Birden bir "Merhaba" sesiyle irkildi. Yanındaki adam, belki kendi kendine konuşuyordu, ama sesini Adnan Bey'in duyacağı şekilde yükseltmişti:

– Bu büyük bir devrimdir; lakin Gâzi Paşa'nın bunu sonuna kadar sürdürecek kadrosu var mı?

Adnan Bey'in hemen yanında şapkasını kulakları hizasına kadar indirmiş, paltosunun yakasını, yüzünün neredeyse her yanını örtecek şekilde kaldırmış genç bir adam vardı. Sadece gözleri görünüyordu. Bu haliyle çehresinin hatırlanamayacağı endişesine kapılarak kendini takdim etti:

– Ben Enver Adakan, Balıkesir saylavı...

Sonra sözünü tekrarladı:

– Acaba bunları sonuna kadar savunacak bir kadromuz var mı ? Şimdi Gâzi'nin korkusuyla alkış tutuyoruz, ama ileride ne olacağını kestirmek isteyene rastlamadım.

Adnan Bey tanındığına hükmettiği için kendisini takdim etmek gereği duymadı. Ama Enver Adakan'ın söylediklerinden etkilenmişti. Sonuçta bütün mesele bir şeyin başlangıcını ve sonunu iyi gören insanlar tasnifine geliyordu. Enver Adakan mekanik konuşan bir adamdı. Sözünü bitirince görevini yerine getirmiş bir ateşleme bobini gibi eski haline dönüyordu. Adnan Bey'den gelecek cevaba göre belki de konuşmasına devam edecekti. Adnan Bey, bunu tartışmanın zamanı olmadığını düşündü. Susmayı tercih etti.

Enver Adakan son sözünü söyledi ve uzaklaştı:

– Mühendislikte bir kaide vardır: "Hiçbir sonuç, sebebin önüne geçemez..." Yarın Meclis'te insanları bir de bu gözle inceleyiniz...

* * *

Maltepe'deki ev, genişleyen aileye küçük gelmiş, Kavaklıdere'deki yeni eve henüz taşınmışlardı. Adnan Bey eve gidince hemen sofraya oturuyor sonra yerleşme işlerinde Berin Hanım'a yardım ediyordu. Sofra hazırdı. Hemen oturdular. Berin Hanım yemeği tabağına koyarken Adnan Bey'in yüzündeki asabiyetin etkisinde kaldı. Belki aylar var ki Adnan Bey'in yüzü hiç gerginleşmemişti. Mutlaka önemli bir olay yaşanmış ve Adnan Bey gerilmişti. Eşref saatini yakalayıp sormak istiyordu. Sonra fikrini değiştirdi:

– Sizi üzen bir şey mi oldu?

– Hayır! Sadece vazifemin hududunu bir kere daha düşünmem gerekiyor...

Konuyu değiştirmek için Berin Hanım'ın hoşlandığı bir başlık seçti:

– Yüksel nasıl?

– Çok iyi! Bugün biraz gezinecektik. Perdeciler gelince yapamadık.

Adnan Bey evinin meselelerini tartışmanın lezzetine yeni yeni varıyordu. Perdelere, koltuklara, halılara bakıyor Berin Hanım'ın yerleştirdiği eşyanın yerlerine uygun düştüğünü görmekten mutlu oluyordu. Bu eşyayı yıllardır tanıyordu. Ama sanki yeni alınmış gibi bakarak seviniyordu. Adnan Bey her eşyanın yerli yerinde olduğunu görmüş, ama eksiklik olduğunu fark etmişti:

– Ne o artık bana şarkılar söylemeyecek misin?

Berin Hanım şaşırdı:

– Ne demek bu?

– Piyano?

Berin Hanım yeni eve taşınırken, Çakırbeyli'deki piyanonun getirilmesini rica etmişti. Genç kızlık hatıralarının en önemli şahidiydi. Berin Hanım hemen açıkladı:

– Aydın Halkevi müzik kolu için bir piyanoya ihtiyaç varmış. Piyanoyu oraya hediye ettim.

– İsabet etmişsin... Çok mutlu oldum...

Sonra sevincini paylaşmak istedi:

– Seninle gerçekten bahtiyarım. Yemekten sonra bana bir şarkı söylersin...

Berin Hanım artık o bahsi kapatmış gibiydi. Adnan Bey'in ilgi çekeceği bir konuya döndü:

– Enver Bey bugün bir kitap göndermişti. Sizi beklerken önemli bölümünü okudum. Hâlâ tesiri altındayım.

Kitabı konsolun üzerinden alıp Adnan Bey'in önüne koydu ve sözlerini tamamladı:

– Zannederim gerçekten yaşadığımız hayat bu. Ve bundan ıstırap duyuyorum. Lütfen fırsat yaratıp okuyunuz.

Berin Hanım'ın getirdiği kitabı önüne çekti. Yakup Kadri'nin yeni yazdığı *Yaban* romanı, Akba Kitabevi tarafından yayımlanmıştı. Enver Adakan, kitabı gönderirken küçük bir not ilave etmişti. Adnan Bey zarfı açtı.

Yüce Tanrı'nın insanları yaratırken kendilerini yönetecek kabiliyetten mahrum bırakması düşünülemez. Ama bazıları var ki, başvekilden korktukları kadar Allah'tan korkmuyorlar...

Gözlerinizi öperim.

Enver

* * *

İstirakiyuncu Müyesser Ahilya'nın gönderdiği arabayla çiftliğe gidiyordu. İncir işçisi Bilâl ile Safinaz'ın oğulları haftaya okula başlayacaktı. Emrullah Naci sünnetten sonra koca bir erkek olmuş ve Müyesser annenin gözetiminde harfleri ve sayıları adamakıllı öğrenmişti. Ahilya yeni harfleri öğrenmede zorlanmış, bu yaşta gidip millet mekteplerinde öğrenmek yerine, bir fırsat aramıştı. Fırsat ayağına kendiliğinden gelmişti. Müyesser Hanım torunu Emrullah Naci'ye yeni harfleri öğretirken yanında duruyor ve bir ilkokul öğrencisi gibi dikkatle izliyordu. Ahilya uyanık adamdı, yeni harfleri hızla sökmüş ve yarısı Latin, yarısı Arap harfleriyle yazılmış gazetelerin sadece Latin harfleriyle yazılanlarını okuyarak okumasını epey ilerletmişti. Yazmada biraz zorlanıyor ama, bir türlü eski harflere dönüp işin kolayına kaçmıyordu. Yeni bir hesap defteri almış ve incir işletmesinin muhasebe kayıtlarını yeni rakamlarla tutmaya başlamıştı.

Müyesser Hanım çiftliğin kapısından içeri girdi. Etraf işlenmiş incirin nefis kokusuna bürünmüştü. Evin verandasından Madam Despina'nın sesi geliyordu:

– Koş Ahilya koş geldi...

Sonra Müyesser Hanım'a döndü:

– Hoş geldin Müyesser Hanım, hoş geldin...

Şenlikli bir karşılama merasimi yapılmıştı. Müyesser önce Ahilya'ya sarıldı. Sonra Despina'yı kucakladı. Sonra Bilal'i, Safinaz'ı kucakladı. En sonunda Emrullah Naci'yi elinden tuttu ve bahçenin sonuna doğru yürüdü. Bahçenin ucundan ilkokul görünüyordu. Bu okulda üvey babası öğretmenlik yapmış, Müyesser bu okulun sıralarında, bahçesinde, merdivenlerinde Emrullah'ın merak ettiği heyecanları yaşamıştı:

– Hayatın burada değişecek. Yeni bir dünyan olacak. Anneden, babandan, Ahilya babadan, Despina anneden daha güçlü biri olacaksın. Ailenin en çok okuyanı sen olacaksın. Hukuk okumanı isterim. Bu Cumhuriyet'in korunmaya ihtiyacı var. Sen bunun savcısı olacaksın...

Büyük bir adamla konuşuyormuş gibiydi. Karşısındakine duyduğu saygıyı belli etmek istiyordu:

– Emrullah Naci Bey! Bunu sakın unutmayınız.

Ahilya'nın yanına yaklaştığını gördü. Emrullah'ı annesine gönderdi. Ahilya'nın yüzünde sıkıntı vardı. Müyesser halden anlayan kadındı:

– Nedir sıkıntın?

Ziraat Bankası incir işletmelerine verdiği krediyi kesmiş, işletmeciler, işçi ücretini ödemek için tefecilerin eline düşmek durumunda kalmıştı. Ahilya durumun farkındaydı. Ama diğer işletmeciler başlarına geleceği bilmiyorlardı. İzmirli, Aydınlı tüccar fırsatı ganimet bilip işletmecileri borçlandırmaya başlamışlardı.

Müyesser duyduklarından rahatsız oldu. Elinden gelebilecekler sınırlıydı, ama ne gerekiyorsa yapmaya kararlıydı. Haftaya toplanacak Rençperler Şûrası'nda konuyu açacak ve ücret tahsilinde müsamahakâr davranılmasını isteyecekti. Bunu Ahilya'ya söylemekte sakınca görmüyordu:

– Haftaya şûra toplanacak, orada söylerim birkaç gün gecikmeli olarak tahsil ederler. Bu da size fırsat tanır.

Ahilya tecrübeli adamdı. Neyin çâre olacağını iyi biliyordu:

– Sağol! Söylediklerin sadece kibarlık, ama bu söylediklerin çâre olmaz. Meseleyi Adnan Bey'e aktarmak lazım...

Müyesser Hanım durumu kavradı. Madam Despina'nın yemek davetine kalacak vakti yoktu. Bütün ısrarlara rağmen Çine'ye dönecekti. Kapıya yaklaştığında sebebi açıkladı:

– Berin Hanım Çine'ye gelmiş. Onunla konuşmalıyım. Adnan Bey'e en kolay ulaşmanın yolu budur.

Veda ederken Ahilya'ya sarıldı:

– Çocuklarıma sahip çıktın. Allah senden razı olsun.

Ahilya bir daha Müyesser'e sarıldı:

– Allah asıl senden razı olsun...

* * *

Haber geldiğinde Nâzım, yeni bir oyunun çatısını kuruyordu. Ekmek parası, hayatının en büyük endişesiydi. Bu endişe içinde zaman zaman kendisiyle konuşuyordu. "Duygularımın ve düşüncelerimin berrak bir akışı olmalı, kendimi bulmalıyım önce" diyordu. Yeni oyunda ilk bakışta kimseleri ürkütmeyen, ama inandığının gerçeğinden de uzaklaşmayan bir üslubu kullanmaya özen gösteriyordu.

Haber ağır geldi. Başını ellerinin arasına aldı ve bir süre kendinden geçercesine boşluğa bıraktı. Birkaç dakikada bütün hayatını yeniden yaşamış ve tabiatın sert hükmüne uymaktan başka çâresi olmadığını görmüş ve sabırlı bir katlanışla irkilmişti. Gözlerinde kor gibi yaşlar vardı. O anda çılgına döndü... Babası Hikmet Bey hekimlerin yanlış müdahalesiyle hayata veda etmek üzereydi.

Hikmet Bey'in hayatında saadet duygusu yoktu. Ömrünün hiçbir safhasında mesut olmadığını söyler, tâlihin kendisine bahşettiği bütün nimetleri hoyrat ve sorumsuz şekilde ziyan ettiğini ifade etmekten çekinmezdi. Celile'yi bu yüzden kaybetmişti. Mevkiler, makamlar ayağının altına serilmiş, ama o bunların hiçbirinin hakkını veren ciddiyet ve ısrar içinde işine sarılmamıştı. Süreyyâ Sineması'nın muhasebesinde, küçük bir memuriyette evinin nafakasını çıkarmaya çalışıyordu. Süreyyâ Paşa paraya düşkündü ve her gün sinemaya gelip hâsılatın hesabını yapıp parayı tahsil ediyordu. Telaşlı bir adamdı ve etrafındakileri de telaşa vererek yok yere kırıcı oluyordu.

Nâzım koşarak eve gitti. Gördüğü manzaradan ürktü Süreyyâ Paşa, Hikmet Bey'in başına dikilmiş elinde kâğıt kalem, sinemanın hâsılatını hesaplıyor ve parmak uçlarını ıslatarak banknotları sayıyordu.

Hikmet Bey ateşler içindeydi. Talihsizlik yakasına hayret verecek bir basitlik ve ihmal içinde yapışmış ve hayatın bütün canlı ve samimi değerlerine asılmıştı. Evlerindeki küçük finonun ısırdığı elinin ileride başına iş açmaması için Hikmet Bey işe giderken hastaneye uğramış, bir hekime danışmıştı. Hekim, ev köpeği olmasına rağmen kuduz aşısı yapılmasında ısrarlı olmuştu. İğneden sonra işine giderken, karşıdan gelen arabanın kendisine çarpacağı korkusuna kapılmış geriye doğru kaçmak isterken başını duvara çarparak hastanelik olmuştu. Alnı kanıyordu. Doktorlar telaşla tetanos iğnesi yapılmasını istemişler ve tecrübesiz bir hastabakıcı iğneyi Hikmet'in tenine saplamıştı.

Hikmet Bey, iki iğnenin aynı gün yapılamayacağını bilmiyordu. Hastanede soran da olmamıştı. Her ikisinde hastayı kayırmayı amaçlayan hekim ciddiyeti, sonunda Hikmet Bey'in hayata veda etmesine neden olmuştu.

Nâzım, gördüğü manzarayı unutmadı ve Hikmet Bey, Nâzım'ın kollarında çırpınarak can verirken Süreyyâ Paşa hâlâ sinema hâsılatının hesaplanması için Hikmet Bey'in başucunda kendisine gelmesini bekliyordu.

Ertuğrul Muhsin'in kendinden istediği yeni oyunun konusu ve çatısı artık kafasındaydı. Birkaç gün içinde repliklerini yazarak oyunu verebileceğini düşündü. Eve dönerken adını da koydu: *Bir Ölü Evi...*

* * *

Meclis kapısında bir telaş görüldü. Adnan Bey, bu hengâmeli karşılama merasiminin ne olduğunu merak ediyordu. Kapıdan gireni görünce duruldu. Doktor Reşit Galip Bey kavasların iki yana açıldığı geniş kapıdan içeri giriyordu. Maarif Vekili [illegible] Bey ayrılmış, yerine Aydın Milletvekili Doktor Reşit Galip Bey Maarif vekili olarak atanmıştı.

Adnan Bey ayağa kalkmış ve samimi kalple tebriklerini sunmuştu:

– Tebrikler ederim!

Doktor Reşit Galip güldü. Adnan Bey'e yaklaştı:

– Birkaç güne kadar Aydın'a gideceğim, bana refakat ediniz. Bu itibar ikimize de yeter!

Reşit Galip Bey'in böyle yukarıdan bakan bir lisanla konuşmasının gerisinde Mustafa Kemal'in kendisine gösterdiği güven ve yakınlık vardı. Birinci Dil Kurultayı'nda Türkçeleşme hareketinin hükûmetçe benimsenmeyişi ve İsmet Paşa'nın konuyu askıya alması Gâzi Hazretleri'ni kızdırmıştı. Geceyarısına yakın saatlerde evinin kapısı çalınmış ve Gâzi Hazretleri'nin Dolmabahçe Sarayı'ndan gönderdiği telgraf eline tutuşturulmuştu. Gâzi Hazretleri Maarif Vekili Esat Bey'in görevden alındığını ve yerine Reşit Galip Bey'in tayin edildiğini bildiriyordu. İsmet Paşa şaşkınlık içinde kalmış ve masanın başına geçmişti. Mevhibe Hanım yanına yaklaşmış, gönül almak istemişti:

– Paşam bir sıkıntımız yok, değil mi?

İsmet Paşa başını salladı. Karar verdi mi sonuçlarının ne olduğunun önemi olmazdı ve hangi sonuçla karşılanırsa karşılansın neticenin sıkıntılarını önemsemezdi. Aynı duygular içindeydi. Kararını vermişti. Böyle bir emrivakii kabul etmesi söz konusu olamazdı. Hemen cevabını hazırladı:

> Dolmabahçe Sarayı'nda mukim
> Gâzi Hazretleri'ne
> İstanbul,
> Geceyarısı, gaflet uykusundan uyandırılarak kabinesinde değişiklik yapılmak istendiği haberini alan bir başvekilin, bu hususta ileri süreceği herhangi bir mütalaadan nasıl bir fikir selâmeti bekleyebilirsiniz?

İsmet Paşa bu telgrafı geceyarısında Gâzi Hazretleri'ne çekti. Müdahaleden bir sonuç beklemiyordu; nitekim, Gâzi Hazretleri fikrinden vazgeçmeyerek Reşit Galip'i Maarif vekili olarak yanında alıkoymuştu.

Meclis kapısından cakalı tavırla girişin gerisinde böyle büyük bir muhabbet ve güvene lâyık görülmüş siyasetçinin iftiharı sergilenmişti.

Adnan Bey manzaranın mânâsını beş gün sonra öğrenmiş ve Meclis dedikodularının, insanları nasıl can çekiştiren eziyetin içine soktuğunu yakından görmüştü.

Adnan Bey, Bütçe Komisyonu'ndaki konuşmaların gereksiz yere uzatıldığını, asıl meselelere temas etmek yerine milletvekillerinin gündelik ihtiyaçları dillendirip bakanlardan taleplerde bulunmalarını doğru bulmuyordu. Özellikle tarım meselelerinin tartışıldığı oturumlarda memleketin efendisinin hiç de kale alınmadığı kanaatindeydi. Ankara'nın sözleriyle eylemleri arasında gerçekten ciddi farklar vardı. Ülke ekonomisinde önemli gelişmeler olduğunu görüyor, bunların hepsinin birer fırsat kapısı olarak açıldığına inanıyordu. Bütçe Komisyonu'ndaki görüşmelerde bunları hem dile getiriyor, hem de bu konudaki eleştirilerin artması için arkadaşlarını yüreklendiriyordu. Başbakan dış politika konularına önem veriyor, ancak memleketin iç meselelerini tartışmak mümkün olamıyordu. Türkiye Balkan Paktı'nı imzalamıştı. Milletler Cemiyeti Konseyi'ne seçilmişti. Kalkınma planları hazırlanmış ve sanayileşmenin ilk hedefleri tespit edilmişti.

Komisyon çalışmalarında böyle bir iftihar yılı idrâk etmenin heyecanı vardı. Anlatılması için bir imkân araştırması yapılmak istenmişti. Adnan Bey, böyle bir teşebbüsün kimseye fayda sağlamayacağını, hatta komisyon için bir nâkısa teşkil edeceğini söylemiş ve komisyon üyelerinin dikkatini çiftçinin, köylünün meselelerine çekmeyi istemişti:

– Taşrada insanlar Meclis'in ve hükûmetin ne yaptığından haberdar değillerdir. Biz burada keyifli günlerin hazzındayken, köylü, esnaf, memur hâlâ geçimlerinin sıkıntısıyla kıvranmaktadır.

Komisyon üyeleri garip bir sessizlik içinde kendisini dinliyor, ancak hiçbiri bu konuşmanın işaret ettiği hususlar üzerinde görüş belirtmeye yanaşmıyordu. Adnan Bey ilk defa Ankara'da bir hükûmet baskısı olduğunu hissetti. Başbakan eğer Meclis'e gelip, köylü meseleleri etrafında bir açıklama yapmazsa bu konuların gündeme gelmesine imkân olmadığını gördü.

Son sözlerinde sadece komisyonu değil, belki de bütün Meclis'i sarsabilecek asabiyet vardı. Partinin temel umdelerini temsil eden Altıok komisyon duvarına asılmıştı. Adnan Bey okları gösterip cümlesini tamamladı:

– Ya millete hizmet verecek kadar mesuliyeti yüksek adamlar olacağız ya da hayallerini bu oklarda hedef diye gösterenlerin emrinde çürüyeceğiz. Bu ne garip manzaradır ki, mesul bakan arkadaşımız komisyonumuzu teşrif etmek lüzûmunu bile duymamıştır.

Adnan Bey'in asabiyetle hücum ettiği ilgili bakan Mahmut Celal Bey'di. Serbest Fırka'nın ekonomi politikasının liberal karakteri nedeniyle ileriye sürülen önlemlerin önemi kısa sürede anlaşılmış, Başvekil İsmet Paşa istemese dahi Celal Bayar'ı, Ekonomi bakanı olarak kabineye almıştı. Kabinede Tarım, Ticaret ve Sanayi bakanlıkları yoktu. Memleketin tarım, ticaret ve sanayi politikaları tek elde toplanmış ve Celal Bey'in yönetimine verilmişti. Adnan Bey, Meclis koridorlarında nâzik baş eğmeleriyle selamlaştığı Ekonomi Bakanı Celal Bey'i, başkasının kolayca cesaret edemeyeceği lisanla tenkit etmişti. Komisyon üyeleri şaşkınlık içindeydiler. Birkaç gün içinde parti genel sekreterinin kendisini çağırıp kulağını çekeceği söylenmeye başlamıştı. Bazıları daha ileri gidiyor ve siyaset hayatını kendi eliyle bitirdi diyorlardı.

Komisyon başkanı bu ağır ifadeler sonrasında yapılacak müzakerenin istenmeyen sonuçlar doğurabileceği endişesine kapıldı, oturumu kapattı.

Adnan Bey evine gitmeyi düşünüyordu. Koridorda Balıkesir Milletvekili Enver Adakan'la karşılaştı. Enver Bey bir matematik problemini çözer gibi bakıyordu. Seyrettiği yüzün hatlarındaki gerginliği görünce üzerine gitmek ihtiyacını duydu:

– Sinirli görünüyorsun efem!

Adnan Bey, Enver Adakan'ın bu hitabına alışmıştı. Neşeli zamanlarında Adnan Bey'e "ağam", sinirli zamanlarında "efem" diyerek ruh halini yakından takip ettiği izlenimini vermişti.

Adnan Bey güldü. Enver Bey'i de güldürdü:

– Hiçbir gücün yıkamayacağı adam kimdir?

Enver Bey, soruyu bir matematik problemi gibi düşündü. Teoride mümkün olmayan şeyin pratikte de mümkün olmadığını biliyordu. Kendisine yakışan üslup içinde cevapladı:

– Ne olursa olsun, yapmaya zorlandığımız görevlerde bilgisizliğimizi ve güçsüzlüğümüzü anlamamız gerekir. Siyasette buna felsefe diyorlar...

On ikinci bölüm

Memleketimi seviyorum:
Çınarlarında kolan vurdum,
Hapisanelerinde yattım.
Hiçbir şey gideremez içimin sıkıntısını,
Memleketimin şarkıları ve tütünü gibi...

Nâzım Hikmet

Andım birer birer, acıdım kendi hâlime.
Aksetti bir dakika uzaktan hayâlime.
Tenhâ Emirgân'ın Çınaraltı'nda kahvesi,
Poyrazla söyleşir gibi yaprakların sesi...

Yahya Kemal

Donanma Komutanlığı'nın yargıçları yerlerini aldılar. Askerî yargıç başını kaldırdı ve mahkûmları seyretti. Bomboş bir bakış vardı ve her şey bundan ibaretti:

– Sanıklar ayağa kalksınlar! Hüküm okunacak...

Pencereler kapatıldı, sanıklar hep birlikte ayağa kalktılar. Yargıç hükmü okudu. Nâzım 28 yıla mahkûm olmuştu. Kemal Tâhir ile Hikmet Kıvılcımlı 15 yıl hüküm giymişlerdi. Diğerlerine çeşitli hapis cezaları verilmişti. Hüküm yüzlerine okundu. Ertesi gün 30 Ağustos'tu. Askerin bayram günüydü. Daha ertesi gün mahkûmlar Sultanahmet Cezaevi'ne aktarılacaklardı. Yargıç kestiği parmağın acımadığından emindi. Yine de bir teselli hissi vermek istedi:

– Temyiz yolu açıktır...

Son birkaç ayda inanılmaz bir hızla gerçekleştirilen uygulamalar sanki önceden alınmış bir kararın hiçbir gecikmeye meydan vermeden hemen uygulanmasını istiyordu. Beş senedir cezaevinden cezaevine gezdiriliyor, mahkemeden mahkemeye dolaştırılıyordu.

Her şey Nâzım'ın tertip dediği düzen içinde yürümüştü. İhbarlar hemen ciddiye alınmış, böyle bir ihbarın cezalandırılması için kanunun boşlukları aranmış, hiçbir şey bulunmayınca yorum yoluyla hüküm vermenin fırsatları değerlendirilmişti.

Celile Hanım'ın Ankara'ya gidip Ali Fuat Paşa'yla görüşmeleri de istenen sonucu vermemişti. Celile Hanım, oğlunun başına getirilenlerin önlenmesi için eski aşkını bile devreye sokmak istemiş, derin ıstırapların yaraladığı sevdâlı yüreğinin kanamasını da dikkate alarak Yahya Kemal Bey'in şefaatini talep etmişti. Yahya Kemal Bey, Celile'yi görmek istememiş, ancak kendisini hatıralara dalmaktan da alıkoyamamıştı. Her hatıra, kendi haline acıyan bir eziyete dönüyordu. Celile'nin aksini, hayalinde bir ihtişam gibi seyretti.

Hiç kimsenin gücü Şükrü Kaya'yı aşmaya yetmiyordu. Ali Fuat Cebesoy, Gâzi Hazretleri'yle olan yakınlığı nedeniyle bir şefaat talebi için teşebbüs etmiş, ama Şükrü Kaya küçük tertiplerle bu fırsatı kimseye tanımamıştı.

Nâzım, işin böyle gelişeceğinden şüpheliydi ve ihtimal dediği her şey şimdi gerçek olarak önüne çıkıyordu. Ankara Cezaevi'nden, Sultanahmet Cezaevi'ne getirilmişti. Gelişinin üzerinde henüz birkaç gün geçmişti. Donanma Komutanlığı'ndan gelen askerî görevliler, Nâzım'ı hemen kelepçelemişler ve hiçbir açıklama gereği duymadan bir motora bindirerek ada açıklarında demirli bulunan Erkin gemisine götürmüşlerdi. Yol boyunca sorularının hiçbirisine cevap verilmemiş, hatta sert bir lisanla "kısa kesmesi" istenmişti.

Nâzım'ı önce küçük helaya kapattılar. Uzunca bir süre sonra yeni görevliler gelerek Nâzım'ı çıkarıp sintine ambarına koydular. Ambar gündüzleri cehennem gibi sıcak, geceleriyse buz gibiydi. Bir süre geçtikten sonra mutlaka birinin huzuruna çıkarılıp sıygaya çekileceğinden emindi. Geçmişindeki bütün ilişkilerini gözden geçiriyor, ama Donanma Mahkemesi'nde yargılanmasını gerektirecek hiçbir şey hatırlamıyordu.

Belli ki, Nâzım bir tertibin içindeydi...

Nitekim askerî mahkemenin başkanı Amiral Hüsnü Gökdenizer duruşmada yargıç ve savcının takındıkları tavırdan rahatsız olmuş ve birdenbire elini masaya vurarak ikaz ihtiyacını duymuştu.

– Ortada inandırıcı hiçbir şey yok; hepsi safsata. Bu çocuklara yazık ediyorsunuz. Öküz altında buzağı arıyorsunuz...

Celseyi tatil etmiş ve doğru odasına çekilip böyle adaletsiz bir yargılamanın cereyan ettiği mahkemenin emirle tayin edilmiş yargıcı olmaktan utandığını belirtmiş ve "Ben vicdan sahibi, haysiyetli bir adamım" diyerek istifa etmişti.

Erkin, denizaltı ana gemisi olduğu için devamlı hareket halindeydi ve her duruşma veya sorgulama günü, gemi demir alarak engine açılıyor sonra geri dönerek bir başka yerde demirliyordu.

Nâzım'ın tek ümidi vardı: Gâzi Hazretleri...

Nâzım'ın tek heyecanı vardı: Pirâye'yi görmek...

Nâzım'ın tek tesellisi vardı: Celile'ye sarılmak...

* * *

Yahya Kemal Bey de Celile'ye sarılmak istiyordu...

Cesareti yoktu, korku her duygunun üzerine çıkıp, isteklerini söndürüyordu.

İşin gerçeği Yahya Kemal Bey, yıllar sonra, Celile'yi yeniden görmenin mutluluğuyla âdeta uçmuştu. Özentili kalbinin bütün çizgileriyle Celile'yi seyretti.

Celile, İstanbul ufuklarına benziyordu. Simâsını göstermeden varlığını duygularında gizleyen sonsuzluk îmâsıydı. Uzaktan görüşün izleri derinleşmiş ve tenin acıdığı her hücreyi ezerek zihnin vazgeçilmez tahtına oturmuştu. Erenköy'de leylaklı bahçede birlikte sohbet edip içki içtikleri serin eylül ikindilerini hatırladı. Kelimeleri yavaş yavaş seslendiren bir sabırlı telaffuzla duygularını anlatmaya başladı:

– Biliyor musun Celile, ruh ufuksuz yaşamaz. Dağların ufkunda mehâbet, ovaların ufkunda huzur, denizlerin ufkunda teselli vardır. Yıllarca uzaklarda yaşarken hicranla tahayyül edilen İstanbul hasretiyle yorgundum. Bir saltanat iklîmine benzeyen bu şehirde, yıldızlara karşı hülya gibi bir engin geceyi cânanla geçirmek huzurunu duyuyordum.

Yahya Kemal Bey, sevinçli bir titreyişle sırrını fısıldadı:

– Bu cânan sendin Celile...

Celile'nin hayâli, ruhunda bir gerçeğe dönüşmüştü. Bu hayâli hasretle kucakladı. İstinye Körfezi'nde bir akşam garipliği yaşanıyordu. Bu vuslat, bunca mihnetin sonunda bir teselli kadar iyiydi. Durgunlaşıp bir ayna kadar parlayan suda, cânan, binlerce lâle serpili bahçelerden süzülüp resimleşmiş gibiydi. O resmin gözlerindeki pınara dudaklarını değdirdi. Yaşlarla birlikte Yahya Kemal de boşandı:

– Bağışla beni Celile! Benden hayır gelmez, biliyorsun gücüm yok...

Yahya Kemal Bey'in "gücüm yok" itirafı, işin gerçeği değildi. Tam aksine siyaset erbabı üzerinde tesiri vardı ve herhangi bir ricası kolayca reddedilemezdi. En can alıcı noktada kararları veren Şükrü Kaya'nın bile hayranlık duyduğu şairdi. Bir ricada bulunması belki başkalarının günlerce yalvarmasından daha etkili olabilirdi. Yahya Kemal Bey sadece ürkmüştü...

Nâzım'ın gerçek bir şair olduğunu ilk keşfedenin kendisi olduğunu biliyordu. Bunu annesine anlattığı gece nasıl bir mutluluk içinde ödüllendirildiğini hatırladı. "Kadim şiirin kapılarından yepyeni bir ufka koşuyor" dediği delikanlı şimdi can derdine düşmüştü. Söylenenlerin ne kadar boş olduğunu en iyi bilenlerden birinin kendisi olduğuna inanıyordu.

Paris'teki gençlik yıllarında sokakları boydan boya arşınlayıp peşine düştüğü sosyalistlerin söyledikleri yanında bu genç delikanlının yazdıkları heyecan veren maniler gibiydi. Bu sözlerle bir insanın hayatını söndürecek kadar gözü dönenlerin hepsini ayıplıyor, ama cesaret edip tek bir hareketin içine girmiyor, tek bir söz etmiyordu. İçindeki gerçeği en yalın haliyle söylemişti:

– Benden bir şey bekleme Celile!..

Onun da inancına göre bu işi kökten çözecek tek güç vardı: Gâzi Hazretleri...

* * *

Genç teğmen, Nâzım'a yaklaştı. Sesindeki samimiyet hemen hissediliyordu:

– İstanbul'a ineceğim; istediğiniz bir şey var mı Nâzım Bey?

Nâzım derlenip toparlandı. Güvenini kazanmış bir subayın yanında bahriyeli günleri aklına geldi. Yine böyle bir geminin güvertesinde İstanbul ışıklarının cömertçe düştüğü yakın sahillerde suları seyretmiş, mor denizin derinliğinde Celile'nin sûretini görmüştü. Bu sûreti, bir kuğunun yorgun sulardaki kuşkulu ve teselli arayan hayali gibi kucaklamıştı.

Genç teğmen savcı yardımcısıydı. İlk sorgulamayı yapmış ve alınan ifadeler ile dinlenen şahitler sonrasında suç unsuru bulunmadığını savcı binbaşıya sunmuştu:

– Hukuk malumatımız ve meslek ahlâkımız takipsizlik kararı gerektiriyor...

Belli ki her şey bir yana bırakılmış, Nâzım'ın hakkından gelinmesi için gerekli tedbirler alınmıştı. Geride kalanların hiçbirinden şikâyetçi değildi. Yaşanan acıların bir gün mutlaka unutulacağına kendisini inandırmıştı. O günün, işte bugün olduğunu görüyordu. Hiçbir acının ruhunda ve bedeninde iz bırakmayacağına karar vermiş ve rahatlamıştı. İçinde şükran duygusu vardı:

– Bana olan iyilikleriniz için sağolun, kumandan!

Gerçekten genç teğmen, getirildiği gün geminin helasına kapatılan Nâzım'ı bulunduğu yerden çıkarmış, güvertede temiz hava almasını sağlamıştı. Aralarında bir dostluk köprüsü vardı. Genç teğmen kendini takdim ederken, daha kıdemli bir bahriyeliye tekmil verir gibi esas duruş ciddiyeti takınmıştı:

– Ben Hâkim Teğmen Halûk!..

Sonra sır veriyormuş gibi ekledi:

– Altunizâde'den Pirâye Hanım'ın komşusuyum.

Genç teğmen, istediği kitaplar varsa alıp getirebileceğini ya da ailesine göndermek istediği haberleri ulaştıracağını söylüyordu.

Nâzım doğrudan konuya girdi:

– Gâzi Hazretleri'ne bir arzım var. Postaya verirseniz kaderim değişir diye düşünüyorum.

Zarfı uzattı. Ağustosun en sıcak öğlesindeydiler. Lombozda enginlere hasret kalmış bir İstanbul vardı... Gurbetten dönmüş gibiydi ve ufuktaydı... İstanbul sıkıntılıydı ve terliyordu.

Nâzım artık rahattı. Mektubunun muhatabına mutlaka gönderileceğinden emindi. Hayalinde kızıl saçlı Pirâye vardı. Oturdukları köşkün adını bir semte verecek kadar hatırlı bir ailenin kızı olarak gözlerinde büyüleniyordu.

Pirâye Altun Köşk'ün kızıydı. İçinde dizginlenemeyen hisler köpürmüş, kelimelere dökülmüştü. Birine bunları söylemesi gerektiğini düşündü. Sonra "Tek kişiye söylenecek şeyler değil" diye gerindi. Yeni bir sevdâ piyesinin repliklerini yazıyormuş gibi sesini yükseltti:

Zevcem,
  ruhu revânım,
    Hatice Pirâyende...
ölümü düşünüyorum,
geçen ömrümüzü düşünüyorum...

Nâzım, mısraların gerisini getirmedi. Onları olduğu gibi saklamak, günü geldiğinde Pirâye'nin kulaklarına fısıldamak istiyordu. Bunlar kederli, rahat ve hodbin bir âşığın sözleriydi. Emin olduğu duyguları da vardı. Nerede ölürlerse ölsünler, Pirâye'yle insanların en büyük davasında birbirlerini sevdiklerine inanıyor, bu uğurda dövüşerek yaşadıklarını söylemek istiyordu.

Hâluk Teğmen, Nâzım'ın duygularını kavramıştı ve bunları Hatice Pirâye Hanım'a belki tam aktaramayacaktı ama, özündeki değeri hissettireceğinden emindi. Şehsûvar bir ailenin terbiyesinden geliyordu. Babasından duyduğu bir mısraı hatırladı:

Dâmeni hurşid gibi düştüm hâke...

Nâzım'la konuşmaktan etkilenmişti. Bu sohbeti, güneş ışıklarının toprağı öpüşüne benzetiyordu. Dünya aydınlanmıştı. Mısraı tekrarladı. Bir daha tekrarladı. "Dâmeni hurşid" benzetmesini Nâzım'a yakıştırmıştı. Sonra Nâzım'ın Pirâye'ye yazdığı mısralara döndü:

Bende yalnız bir fotoğrafın var:
Bir başka bahçede
çok rahat
çok bahtiyar
yem verip tavuklara gülüyorsun...

* * *

Sinop Milletvekili Cevdet Kerim İncedayı önemli bir konuşma yapmak için görevlendirilmişti. Yüzellilikler'in bağışlanması için hazırlanan af kanununu savunacaktı. Kürsüye çıktı; net bir tarifle af talebinde bulundu. "Yüzellilikler soyadı altında hain diye bir Türk ferdi bulundurmak istemiyoruz."

Parti grubunun yaptığı plana göre, Celal Bayar kürsüye çıkacak ve Yüzelliliklerin bağışlanması için milletvekillerini ikna edecekti. Bayar kürsüye çıktı ve söyleyeceklerine her dinleyenin saygı duymasını istediği bir tiyatro havası verdi:

– Bu affın ifade ettiği bir mânâ daha var. O da memleketimizde Türk vahdetinin ve rejiminin çelikleşmiş olmasıdır. Şunu cihana göstermek istiyoruz ki, affımızın gâyesi budur.

Nâzım bu konuşmayı okuduğunda, bir sandalyeye oturmuş ve haykırmıştı:

– Yüzelliklikler bile affediliyor ha!..

* * *

Teğmen Halûk, Nâzım'ın verdiği mektubu zarfa koymak üzereydi. Mektubu okumuş, çok etkilenmişti. Bir kere daha okumak ihtiyacı duydu. Bir daha okudu ve zarfın içine yerleştirdi. Sonra çıkardı ve bir kopyasını almak için hemen kaleme sarıldı. Nâzım'ın dili gerçeği ne kadar yalın söylüyor diye hayret içindeydi.

Kelimeler sıraya dizilmişler, beyaz kâğıdın üzerine koyu bir kader çizgisi gibi yansıyacak sırayı bekliyorlardı. Her söz, Gâzi Hazretleri'ne tekmil veren bir bahriye subayının heyecan ve kararlılığının aksiydi:

Türk inkılâbına ve senin adına ant içerim ki suçsuzum.
Askeri isyana teşvik etmedim.
Yurdumun ve inkılâpçı senin karşında alnım açıktır.
Kemalizm'den ve senden adâlet istiyorum...

Teğmen Halûk mektubu zarfa koydu. Kader sırasını bekliyordu.

* * *

Gâzi Hazretleri, hükûmetin değiştirilmesinin uygun olacağını düşünmüş ve kararını Başvekil İsmet Paşa'yla görüşmüştü. Kabineyi kurmak üzere Celal Bayar'ı görevlendireceğini söylüyordu. İsmet Paşa hiç renk vermedi. İstifasını sundu.

Celal Bayar başvekil olarak tayin edeceği yeni bakanların isimlerini İsmet Paşa'yla görüşmüş, onayını almıştı.

Celal Bayar da kurttu...

İttihatçı terbiyesinde siyasetin kıvrak seyrini görmüş ve mücadeleye girmeden nasıl bir tavır takınılması gerektiğinin tecrübesini edinmişti. İsmet Paşa'yla ters düşmenin hiçbir faydası olmazdı. Gâzi Hazretleri'nin sağlığı iyi değildi ve takdiri ilâhî kapıdaydı.

Yeni hükûmet ilan edildiğinde İsmet Paşa'nın istifa eden kabinesindeki bütün bakanların yerlerini koruduğu görüldü. Siyasette değişen ne vardı ki, Gâzi Hazretleri İsmet Paşa'yı böyle bir noktada terbiye etmek istiyordu.

Celal Bey bunların hepsini görmezlikten geldi. Sadece bir fikrini İsmet Paşa'ya danışmak istedi. Paşanın tavrında müsait zemin yoktu. Söyleyeceklerini hafızasının sabırlı derinliklerine itti. Bir gün mutlaka bu düşüncesine hayat kazandıracaktı. Ekonomide devletin iktisadî hâkimiyeti vardı. Çok şeylerin yapıldığı doğruydu ama, devletçi ekonominin ruhundaki temel değer hiç dikkate alınmıyordu. Fikrinin olgunlaşmasında genç bir milletvekilinin komisyonda yaptığı konuşmanın payı büyüktü.

Adnan Bey, bütçe komisyonunda yeni iktisadî programı değerlendirirken, devletçi bir ekonomide işçi sınıfının görmesi gereken itibarın sahiplerine gösterilmediğini eleştirmiş ve sesini biraz da sert kullanmıştı:

– Eğer devlet işletmeciliğinin tesellisiyle yetinirsek, hiçbir ekonomik başarı kaydetmemiz mümkün olmaz. Sermayeye emniyet, emeğe haysiyet kazandırmalıyız.

Toplantı bitince Celal Bey, genç milletvekilini yanına çağırmış ve iltifat etmişti:

– Meseleyi omurgasından yakalamışsınız, ama eksik bir taraf gördüm. Bunu da dikkate alın.

Adnan Bey, Celal Bayar'ın temas ettiği konuyu anlamıştı. Söylediği doğruydu. İşçi sınıfının sadece iktisadî yönünü değil, siyasî yönünü de değerlendirmesi gerekiyordu.

Bayar'ın hüküm cümlesi güzeldi:

– Çarkları boşa döndürme!..

* * *

İsmet Paşa mevcut 348 milletvekilinin oyunu alarak Türkiye Cumhuriyeti'nin ikinci cumhurbaşkanlığına seçilmişti. Seçimlerin sonucunu evinde bekliyordu.

Sonuçlar açıklanmış ve kendilerinden yemin etmek üzere Meclis'i teşrif etmeleri istenmişti.

Meclis Başkanı Abdülhalık Renda gelmişti. İsmet Paşa frakını giymiş bekliyordu. Bahçeye çıktı.

Kızı Özden, derslerine yardımcı olan öğretmenini yolcu ediyordu. Koşarak babasının yanına gitti. Paşa babasının kıyafetini meraklı gözlerle seyrediyordu. Tam sormaya hazırlandığı sırada, İsmet Paşa kendiliğinden açıkladı:

– Meclis'te cumhurbaşkanı seçildim, yemin etmeye gidiyorum.

Mevhibe Hanım paşasını kapıdan yolcularken eğilip elini öptü:

– Paşam! Bu evde cumhuriyet aşkından başka bir hava estirmedim.

İsmet Paşa'nın yeni bir sıfatı vardı ve bu sıfatı kendine uygun bulmuştu. Artık İsmet Paşa değil, Millî Şef ve değişmez genel başkan olarak anılacaktı.

Gâzi Hazretleri'nin naaşı İstanbul'dan alınıp Ankara'ya getirilecekti. Celal Bayar'ı yeniden başvekilliğe tayin etmiş, ancak Gâzi'nin yakını olan Tevfik Rüştü, Şükrü Kaya ve Ali Çetinkaya'ya kabinede yer vermemesini kesin dille hatırlatmıştı.

Millî Şef, Çankaya Köşkü'nün kapısında karşılandı. Mevhibe Hanım ailesini etrafında toplamış ve babalarının ellerini öpmeleri için çocuklarını sıraya dizmişti. Millî Şef doğru çalışma odasına çıktı. Bu odayı yakından tanıyordu. Acı, tatlı birçok hatıranın yaşandığı oda sıcak ve samimi dostluk havasından hiçbir şey kaybolmamış gibi kucaklayıcıydı. Duvardaki resme baktı. Gözleri doldu. Çevresine bakındı. Kimselerin olmadığının emniyetini duydu. Gözkapaklarını örttü. Kirpiklerinin ucu ıslanmıştı.

Gâzi Hazretleri'nin çalışma masasına oturdu. Kristal hokkanın yanına konulmuş, akik işlemeli kalemi aldı. Altın ucu mürekkebe batırdı. Naaşının toprağa verileceği gün yapacağı konuşmasını yazmaya başladı:

Devletimizin bânisi ve milletimizin fedakâr, sâdık hâdimi,
İnsanlık idealinin âşık ve mümtaz simâsı,
Eşsiz kahraman Atatürk;
Vatan sana minnettardır...

* * *

İstanbul hengâmeli bir geceye hazırlanıyordu. Cumhuriyet'in on beşinci kuruluş yıldönümü Gâzi Hazretleri'nin ağır hastalığı nedeniyle gösterişli şekilde kutlanamamıştı. Yeni yılın karşılanışı, Cumhuriyet kutlamaları için iyi bir fırsat ve heyecan yaratmıştı. Şehrin anacaddeleri süslenmişti. Yahya Kemal Bey, Beyazıt Meydanı'ndan Çemberlitaş'a doğru yürüyordu. Sinekli Medrese Sokağı'na gelince durdu. Alacakaranlıkta evin cephesine baktı. Apartmanın ismi, hemen okunabilir bir netlik içindeydi: "Pekit Evi..."

Yahya Kemal Bey, Pekit Evi'nin merdivenlerini tırmanmadan önce, alttaki Beyaz Köşe Şekercisi'nin vitrinini seyretti. Dükkân yeni yıl münasebetiyle ışıklandırılmıştı. Mermer tezgâhın üzerine kalıplar halinde çeşitli tahin helvaları dizilmişti. Kürek helvası daireler halinde yan yana sıralanmış, arkasındaki boşluğa göz alıcı güzellikte akide şekerleri konulmuştu. Kavanozlar içinde birer mücevher sandığı gibi parlak ve dâvetkârdı.

Yahya Kemal Bey, felsefeci İhsan Bey'in misafiriydi. Günler öncesinden hazırlıklar yapılmış, Mes'ude Hanım, şairin sevdiği yemekleri hazırlamıştı. Yahya Kemal Bey, manzarası hayret uyandıran bir iştahla bu sofraya oturuyor ve karnını tıka basa doyuruyordu. Hangi yemeklerin pişirileceği önceden söylenmişti. Önce diriliğini koruyan bir şehriye çorbası içilecek, sonra iyi kızartılmış tavuk ile pilav sofraya konacaktı. Mes'ude Hanım, zeytinyağlı yaprak sarması için pirinci önceden suya koymuş, istenilen yumuşaklığı sağlamıştı. Sofranın en gözde yemeği tepsi böreğiydi. Kuşüzümlü, fıstıklı, bol soğanlı, kıymalı tepsi böreği misafirlerin iştahla yedikleri demirbaş yemekti. Yanında envaı çeşit peynirler ve mezeler vardı.

Davetliler sınırlı tutulmuşlardı. Küçücük eve ancak sığabilecek durumdaydılar. Salon salamanje birleştirilmiş, ortadaki kare ceviz masanın iki kanadı açılarak misafirlere rahat edebilecekleri genişlik açılmıştı. Mes'ude Hanım diğerlerinden farklıydı. Herkesin üstat dediği Yahya Kemal'e "şair" diyor, başkalarının cesaret edemediği bir iltifat ve saygı gösteriyordu. Yemekleri hazırlarken sanki her dolmayı sarışında bir gazel, bir kaside, bir şarkı beyti okur gibi mutluluk duymuştu. Birden durdu. Umulmadık bir hırçınlıkla masadan kalktı. İhsan Bey'i rakıya alıştırdığı için, Yahya Kemal Bey'e kızgınlık duyuyordu. Bu kızgınlığını dillendirmek için "Bu akşam sofraya tatlı koymayacağım" demiş, kendince bir teselli aramıştı.

Felsefeci İhsan Bey'in, Yahya Kemal takdirkârlığı ilk bakışta fark edilirdi. Yahya Kemal'i büyük ve hatırı sayılan bir hemşerisi olarak görüyordu. Aralarındaki ilişkide, terbiyenin ve şefkatin sınırlarını belirleyen keskin bir Makedon disiplini ve müşfik bir Üsküp terbiyesi vardı. İhsan Bey'in tariflerinde Yahya Kemal, Türk tarihini ve Osmanlı şeceresini en iyi bilen adamdı. Tahlillerini hayranlıkla dinler, bir şair hafızasının bu kadar derin ve sağlıklı bir tarih hazinesi haline nasıl geldiğini hayret ve gıptayla izlerdi. Sofra tamamlanıp sohbet başlayınca, değişik bir Yahya Kemal seyredilirdi. Edebiyat, şiir, felsefe, tarih, din ve siyaset, Yahya Kemal'in kelimelerinde bir mesnevî tertibine benzerdi.

Üstadın çehresinde bu gece farklı bir mutluluk görülüyordu. Sevinçlerini dillendirirken biraz da yukardan bakışlıydı:

– Millî Şef isabetli bir karar vermiş ve eski dostlarını etrafına almıştır.

Yahya Kemal Bey'in, isabetli dediği karar, Atatürk'ün eski arkadaşlarının ara seçimde yeniden milletvekili seçilerek Meclis'e girmelerinin sağlanmasıydı. Millî Şef, yılın son günü yapılacak ara seçimde, Kâzım Karabekir, Ali Fethi Okyar ve Hüseyin Cahit Yalçın'ın milletvekili seçilmesini istemişti. Ali Fuat Paşa ile Refet Bele Paşa'nın da CHP saflarına katılmasını istiyor ve Gâzi Hazretleri'nin vefalı dostlarıyla barışıyordu. Yahya Kemal Bey'in "Yeni senenin saadetini hissediyorum" dediği sevinçli ifadesinin sebebi buydu.

Felsefeci İhsan Bey, gecenin asıl tahlil edilecek noktasının ihmâl edildiğine ve işin biraz sudan bir bakışla ve edebî ifadelerle geçiştirildiğine inanmıştı. Bir iki şairâne cümleyle Türkiye'nin siyaset gerçeği özetlenemezdi. Böyle önemli bir seçim gününün sonrasında, asıl varılmak istenen meselelerin tartışılmasından yanaydı. Sofranın etrafında siyaset ve fikir hayatının değerli insanları oturmuştu. Bu insanlar, uzun yıllar siyasetin içinde yer almışlar ve mazide kaldığı sanılan önemli siyasî teşebbüslerin mâcerasını yakından izlemişlerdi. Mesele sadece Yahya Kemal Bey'in, saadet hissinin ifadesiyle geçiştirilemezdi. Görüşlerin aydınlığa kavuşması ve olgunlaşması gereken çok ince tarafları olduğuna inanıyordu:

– Bu barışma eğer samimi ise, geçen zamana esef ederim.

Felsefeci İhsan Bey'in müdahalesi şaşırtıcıydı. İhsan Bey'in esef ettiği husus neydi? Neden böyle bir gecede bu bahsin tartışılmasını istiyor ve hangi ayrıntıda, hangi konuya işaret ediyordu. Yüzler İhsan Bey'e dönmüştü. Hoca kendinden emin konuştu:

– Bugün milletvekili seçilen iki kişiye bakın. Kâzım Karabekir ve Ali Fethi... Her ikisi de memleketin demokrasi hareketini başlatan iki siyaset lideri. Yıllardır ihmal edilip bir köşeye bırakılmış iki tecrübeli devlet ve siyaset adamı...

Artık garipsenen tesir kaybolmuş, İhsan Bey'in söyledikleri tartışılmaya değer bir düşünce derinliği kazanmıştı. Sofradakiler olayın geçmişini biliyor ama, hocanın varacağı noktayı merak ediyorlardı. Yahya Kemal Bey, vakit kazanmak ihtiyacıyla ev sahibesinden bir kahve daha istedi. Böylece konuşmanın heyecan ve merak uyandıran seyrine ara verdirmişti. İhsan Bey, misafirlerinde istediği ilginin doğduğunu fark etti ve sözlerini tamamladı:

– Karabekir Paşa Terakkiperver Fırka'nın lideriydi. Ali Fethi Bey de Serbest Fırka'nın... İki liderin ikisi de siyasette İsmet Paşa'nın husumet ve mukavemetini çekmişlerdi... İkisi de Gâzi'nin talimatıyla bir davayı başlattıklarını sanıyorlardı. İkisinin de İsmet Paşa'nın gözünü korkuttuklarına şüphe yoktu. İsmet Paşa ikisinin de yolunu kesmeyi başardı. Bu tavrıyla demokrasi hareketine mâcera yaftası yapıştırmaya muvaffak oldu.

İhsan Bey'in söylediklerinde gerçek payı yüksekti. Söyleniş biçimi açık ve saygılıydı. Hiçbir husumet ve alay hissedilmiyordu. Sadece, konunun önemini tartışmak istemiş ve ihmal edilmeyecek bir gecikmenin demokrasi hareketimizi ertelediğini belirtmek istemişti. Yahya Kemal Bey, görüşmelere müdahale etmek ihtiyacı duydu:

– Tarih dehlizine girmeden siyaset tahlili yapılamaz.

Felsefeci İhsan Bey, üstadın bu tarz müdahalelerine aşinaydı. Hangi sofrada oturursa otursun mutlaka son sözü söyleyen insan olmak merakını çeşitli vesilelerle görmüş ve âdeta alışkanlık kazanmıştı. Evinin onurlu misafirinin bu gece de sohbeti kapatan adam hazzını duymasını istiyordu. Yahya Kemal Bey uzatılan köprüden yürüdü:

– Her iki hareketin de bir doktrini yoktu. Bu kadar kısa ömürlü olmaları bir tesadüf değildir. Hangi ülkenin siyasetinde muhtevasız bir hareket başarıya ulaşmıştır ki, bizim gibi genç bir Cumhuriyet'te başarılı olabilsin. Bunlara demokrasi teşebbüsü değil, olsa olsa Gâzi Hazretleri'nin hevesleri denilebilir.

Ev sahibesinin getirdiği kahvesinden bir yudum aldı. Çevresini süzerek sözlerinin etkisini ölçmek istedi. İstediği kıvama ulaştığını gördü. Artık söyleyeceklerinin gerisini getirebilirdi:

– Hiç şüpheniz olmasın ki, küskün arkadaşların millî hizmetlerden mahrum bırakılması çok haysiyet kırıcı ve hicranlı olmuştur. Hiç umulmayan kimselerin nasıl tertipçi lisanlarla, küçük tuzaklar kurduğunu hatırlayınız.

İsmet Paşa, Terakkiperver ve Serbest Fırka teşebbüslerinden kalan huzursuzlukları gidermek istediğinde, Mareşal, biraz da müstehzi bir lisanla dikkatini çekmişti:

– Beyhûde çalışıyorsun İsmet!

Yahya Kemal Bey bu hatırlatmanın ilerisine gidip hüküm verme zamanının geldiğini düşündü:

– Bütün mesele Atatürk'ün dostluğunu devam ettirmek değil, onun inkılaplarını ikmal etmektir. Milletin kaderi ve Cumhuriyet'in âkıbeti bu noktadadır.

Felsefeci İhsan Bey, Yahya Kemal Bey'in söylediklerine tek bir cümle ilave etmek ihtiyacı duydu:

– Bu barışma, belki kırgınlıkları unutturabilir, ama Türkiye'nin siyasetinde bir demokrasi hareketini fitillemez. Şimdi size düşen vazife, bu ciddiyetin idrâkini sağlamaktır.

Yahya Kemal Bey, kendisine görev hatırlatılmasından hoşlanmadı. Kendi idrâkinin dışında kalabileceği ihtimalinin arkadaşlarınca düşünülmesinden rahatsız oldu. Hadiseyi bir lüleci hamuru gibi avucunda yoğurduğunu hissettirmek istedi:

– Hissettiklerim beni doğru yolda olduğumuza inandırmıştır. Yakında hükûmet değişir. Kısa süre sonra da seçime gideriz... Artık İsmet Paşa dönemine kendinizi alıştırınız.

Kahvesinin son yudumunu içti ve sözlerini tamamladı:

– Bu bir tarihî mesuliyettir ve sadece paşaya değil, hepimize aittir.

Çevresindekilerin bu son müdahale hakkında açıklama istediklerini fark etti. Bu kadar uzun bir konuşmanın ardından son cümlelerini de söylemeye kararlıydı:

– Unutmayınız İsmet Paşa, Atatürk'ten fikrî esasları derlenmiş, doktrini sağlam bir inkılap disiplini devralmadı. Cumhuriyet'in doktrin adamlığını ve savunuculuğunu sadece ondan bekleyemeyiz. Her şeyi ona teslim ederseniz diktatörünüzü yaratırsınız...

İstanbul şehrinin süslenmiş sokaklarında sevinç çığlıkları yükseldi. Türkiye Cumhuriyeti on beşinci yılını tamamlamıştı. Yeni bir yıla girilmiş ve yeni ümitlerin temennisinde mutluluk ve refah beklentisi küçük konfeti parçaları gibi gökyüzünden toprağa düşmüştü.

İhsan Bey mutfağa gitti. Dağ gibi dizilmiş tabakların arasında Mes'ude Hanım'ın gururlu yüzünü seyretti:

– Varlığın, her nimetin üstündedir Mes'ude... Her şey mükemmeldi...

Müşfik ve huzurlu bir sevgiyle Mes'ude Hanım'ın gözlerine baktı ve ekledi:

– Senin şairinde İsmet Paşa fobisi giderek derinleşiyor...

* * *

Cezaların onaylandığı kararı, yılbaşı gecesi mahkûmlara bildirildi. İki gün önce askerî yargıtay dosyayı incelemiş verilen kararın isabetini tasdik etmişti.

Nâzım yirmi sekiz yıl sürecek bir mahkûmiyetin ilk gününü hücresinde sükûnet ve tevekkülle karşılayamıyordu. Haksızlık yüreğine öylesine ağır gelmişti ki, kelimeleri bile istediği gibi yan yana getiremiyor, istediği tahlilleri yapamıyordu. Şiir bile dökülmüyordu dudaklarından...

Gâzi Hazretleri'ne gönderdiği mektuptan da ses çıkmamıştı. Teğmen Halûk'un gönderdiğinden emindi. Tâlihini bir yerde tıkayan kör bir dönemeç olduğunu hissediyor, kimin, nerede, nasıl bir mengeneyle bu kör kıvrımı yarattığını kestiremiyordu. Ali Fuat Paşa'nın temaslarının da fayda getirmediği hissine kapıldı. Kapıldığı his doğruydu. Ali Fuat Paşa Gâzi Hazretleri'ne ulaşmakta güçlük çekmekteydi. Hastalığı ağırdı ve kimseyle görüşecek durumda değildi.

Nâzım'ın gönderdiği mektup Dolmabahçe Sarayı'na ulaşmış, kayda geçirilmiş ve Gâzi Hazretleri'ne takdim edilmek üzere Şükrü Kaya'ya verilmişti. Nâzım bilmiyordu ama, kaderinin tıkandığı dönemeç buydu.

Şükrü Kaya da, Mareşal gibi Nâzım'ın ortalıkta dolaşmasından hoşlanmıyordu. Ali Fuat Paşa'nın Gâzi'ye ulaşabileceği ihtimalini düşünmüş, böyle bir temasın gerçekleşmemesi için işi savsatmaya başlamış ve başarmıştı...

Nâzım'ın, Kemalizm'den ve Gâzi'den istediği adâlet kendisine verilmemişti.

Hücrenin ışıkları ölgündü. Yazarken yüreğinin titrediği cümleler mektubundan kopup gelmiş hücrenin duvarlarına asılmışlardı. Başını duvara dayadı. Tam karşısındaki sâkin ışığın huzmesinde "namus sözüm" dediği inancı vardı. Gâzi'yle konuşuyormuş gibi yazdıklarını hatırlıyordu. "Kör değilim ve senin yaptığın her ileri dev hamleyi anlayabilen bir kafam, yurdumu seven bir yüreğim var" diyordu.

Bu yürek avucundaydı. Hiçbir şeyi dağınık bırakıp gitmek istemiyordu. Bütün inancı, halkçı bir hükûmetin ahlâkını görmekti. Böylece, bir sınıf hâkimiyetine, bir oligarşi sömürüsüne karşı koyabilirdi. Gâzi'nin halkçılık dediği buydu. Eşrafın el koyduğu bir sosyal düzende ekonominin âdil olması mümkün değildi ve bu sömürü Cumhuriyet'in terbiyesine yakışmazdı.

Söylediği buydu, başına bütün bu işleri getiren de bu mâsum cümleydi...

Gözlerini kapattı. Kirpiklerinin gölgesinde Pirâye vardı.

Gözünü açtı, yine Pirâye vardı.

Kelimeler zahmetli bir hatıranın önünde eğildiler. Nâzım şiirin hasındaydı:

Senin adını
kol saatimin kayışına tırnağımla kazıdım.

Gerisini getiremedi. Bir süre bekledi. Artık sonuçlanması gerektiğine inandığı bir hüküm vardı içinde. O hükmü fısıldadı:

"Gökyüzünü başımın üstünde görmek bana yasak..."

On ikinci bölüm

Bir aydır ki hapisane geceleri böyledir;
Kızgın dişi kediler
– apışları ıslak
    tüyleri diken diken
    enselerinde diş yerleri –
        bazen kuş,
        bazen insan sesi çıkarıp dolaşıyorlar
        gebe kalana kadar...

Nâzım Hikmet

Bir uzak yıldızdı
Koyu mâvilikte
Bu semâvîlikte
Nice milyon senedir yalnızdı...

Yahya Kemal

Pirâye mutluydu. "Bursa'dan haber var" dediklerinde nefes nefese koşarak eve gelmiş, orta masasının üzerine bırakılan mektubu almıştı. Heyecanlı adımlarla odasına koştu. Nâzım'ın mektuplarını koyduğu küçük ceviz sandığı sevinçle açtı. Bu küçük kutuyu Nâzım, Çankırı Hapishanesi'nde yapmış ve "Mektuplarımı saklarsın" diye Pirâye'ye göndermişti. "Bu cevizin buhranlı desenlerinde koyulaşan renk sana sevdâmdır" demişti. Her mektup geldiğinde önce bu hasret kokan cevizin buhranlı desenlerle koyulaşan rengini öper, bir dua huzuru duymuş gibi gözlerini kapatır ve tek kelimeyle şükran bildirirdi:

– Nâzım'ım benim!

Pirâye, kimselere bir şey hissettirmemek için çok şeyi görmezden, duymazdan geliyordu. Nâzım'ın cinsel tutkularını sergileyen şiirler yazmasından ve göndermesinden utanıyordu. Cezaevi mektuplarının okunduğunu biliyordu. Gözündeki büyük devin, böyle küçük bir bacak arası ağrısıyla uğraşmasını yakışıksız buluyordu. Bunları karalar, bazen de yırtar atardı. Hiçbir sıkıntısını yazmıyordu. Savcıların, cezaevi yetkililerinin okuduğu bu mektuplarda Nâzım'ın ailesinin mahrum noktada olduğunun bilinmesini istemiyor, her sıkıntısını bir namus savunması kadar hırçın tavırla koruyordu.

Nâzım, Bursa Cezaevi'nde küçük imtiyazların zevkli kıldığı bir hayatın içindeydi. Belli zamanlarda jandarma eşliğinde kaplıca otellerine gönderilip orada banyo yapmak imkânına kavuşmuştu. Nâzım işini biliyordu. Bu banyo izinlerini Pirâye'yle geçirmeyi kafasına koydu. Biraz müsamaha, Nâzım'ın vuslat hayallerini gerçekleştirebilirdi. Düşüncelerini çekinmeden yazdı:

– Pirâye, eğer dayı paşa, valiye mektup yazarsa banyoya rahat gidip gelmem mümkün olacak. Seni doyasıya görmek ne büyük saadet...

Pirâye bu mektup üzerine utançla başını öne eğmiş ve ceviz sandığın buhranlı teninde koyulaşan rengi tekrar öperek gözlerini kapamıştı. Sandığı kapattı ve unuttu...

Celile Hanım unutmamıştı. Pirâye'nin Nâzım'ın isteklerine karşı bu tutumunu haklı bulmuyordu. Durumu ilk fırsatta Ali Fuat Paşa'ya anlatmış ve Bursa kaplıcalarında her hafta banyo yapma izni almasını sağlamıştı.

Nâzım'a gün doğmuştu. Çekirge'de bütün gün banyo izni almıştı. Bu izin hafta sonu tekrarlanacaktı. Operacı Hasan Ferit, *Tosca* librettosunun tercümesi için yüklü bir para göndermişti. Nâzım, şimdi kendini varlıklı bir adam gibi hissediyordu. Hemen Pirâye için bir oda tuttu. Pirâye'ye haber gönderdi:

– Gel! Hemen gel! Sen benim karımsın, odana da girerim, koynuna da...

* * *

Adnan Bey, Tarım Komisyonu'nda konuşuyordu. Mahsulün iyi olmadığını, iaşe ve ikmal sıkıntılarının çok arttığını, harbin Türkiye'de ekonomik ve sosyal sorunları patlatacağını anlatıyordu. Dünkü grup toplantısında Hariciye vekilinin yaptığı konuşma yüreklere biraz su serpmişti; ama, meseleyi bu kadar basit görerek gerekli tedbirleri almamak ileride giderilmesi imkânsız zorluklar yaratabilirdi. Saraçoğlu harbe girmemek gerektiğini anlatmış ve Türkiye'nin kendisini bu harpten uzak tuttuğu müddetçe, ekonomik kalkınması için gerekli kaynağı bulabileceğini söylemişti. Adnan Bey, tereddütsüzce hüküm verdi:

– Hariciye vekili ekonominin durumundan bihaber.

Celal Bey de aynı görüşteydi. Bir iki yıl önce Adnan Bey'le tartıştığı emek-sermaye ilişkilerinin giderek bozulduğunu görüyor ve Adnan Bey'i bu konularda daha fazla kafa yormaya yönlendiriyordu:

– Adnan Bey, çevrenizdeki insanları ve fikirleri mutlaka dinleyiniz. Her görüşten istifade etmek imkânı vardır. Bakın biraz evvel konuşan arkadaşımızın heyecanları ne kadar etkili oldu. Ne kadar alkış aldı. Ama hiç kimse söylediklerinin ne kadar tehlikeli bir mâcera olduğunu fark etmedi.

Gerçekten de CHP grubunda, "Geç kalıyoruz, hemen Almanlarla işbirliği içinde harpte yer alalım" diyenler vardı. Hükûmetin politikasına karşı, bir direniş halinde görüşlerini sinsice etrafa yayıyorlardı. Adnan Bey de bu tür propagandaya muhatap olmuş ve hayret verici bu kadroyu ibretle izleyip gülmüştü. Bu görüşlerini Celal Bey'e anlattı:

– Umarım bu saçmalığa itibar edilmez...

Celal Bey ayağa kalkarken Adnan Bey'in yüreğine su serpmek istedi:

– Siyasette her şey, mümkündür; önemli olan, onu ihtimalken fark etmek ve tedbir almaktır... Endişelenmeyiniz! Pazar günü reisicumhur hazretleri bir konuşma yapacaklar ve bu konudaki kesin tavrını belirteceklerdir. Siz Saraçoğlu'nun söylediklerine dikkat edin. Öyle görünüyor ki yakında başvekil olacak. İşte o zaman Saraçoğlu'nu tutmak imkânsızlaşır.

Adnan Bey, böyle bir hükmün bu kadar çabuk verilmesine hem şaştı, hem de üzüldü. Celal Bey, genç arkadaşının sabırsız bekleyişinden hoşlanmıştı. "İşte beklediğim maya bu delikanlının yüreğinde kabarıyor" diye düşündü ve beklediği açıklamayı yaptı:

– Siyasette her şey mümkündür dedim. Ben size yakın gördüğüm ihtimalin varlığını söylüyorum...

* * *

Pazar geldi...

Bir bahar serinliğiydi Bursa...

Nisanın yapraklarıyla ova yemyeşildi. Nâzım, sabahın erken saatinde kalkmış ve banyo yapmak için otele gelmişti. Jandarma kelepçelerini sökmüş ve hatırlı bir misafir gibi otele girmesine imkân hazırlamıştı. Doğru odasına çıktı. Balkonun kapısını açtı. Sandalyesini alıp yolu görecek bir yere kuruldu. Sigarasını tüttürdü.

Pirâye gelecekti. Kendisi için bitişikteki odayı tutmuş. Bitişik odaların balkona açılan kapıları yan yanaydı, aralarında yarım metre yüksekliğinde dökme demir vardı. Nâzım elini koydu ve ölçtü. Güldü:

– Desene bacağımı kaldırdığımda Pirâye'nin odasındayım...

Pirâye'nin konvoyu gözüktü. Zeytinyağlı dolmalar, börekler, helvalar, kuru köftelerle pikniğe gider gibi Pirâye geliyordu. Nâzım koşarak aşağı indi ve jandarmasının anlayışlı bakışları altında karısına sarıldı.

Oda kutu gibiydi. Perdelerinde Bursa şeftalilerinin çiçekleri vardı. Desenler patiskanın tenine öyle yerleştirilmişti ki, bakanların kendinden geçip, koparmak için elini uzatmaları işten değildi.

Nâzım, Pirâye'nin gözlerinde bu şeftaliyi seyretti. Dudaklarına yaklaştı:

– İçimde nasıl bir hasrettin bilemezsin...

Karısına sarıldı. Dakikalarca hiçbir şey söylemeden öylece kaldı. Aklından geçenlerin çoğunu mısralara dökmüş ve Pirâye'nin kulağına fısıldayacağı güne bırakmıştı. Bugün o gündü... Yıllardır dilinden düşmeyen güzelim mısralar, şimdi dudaklarının ucuna gelmemek için anlaşılmaz bir inatla direniyordu. Nihayet içlerinden birisi zindan duvarlarından kurtulup dudaklarından dökülüverdi.

çürük ve cam gibi berrak bir kış günü
sımsıkı etini dişlemek sıhhatli, beyaz bir elmanın,
Ey benim sevgilim, karlı bir çam ormanında nefes almanın
bahtiyarlığına benzer seni sevmek...

Olan olmuştu. Nâzım'ın yıllardır birer mücevher kutusu gibi yazıp biriktirdiği "Pirâyem'e Rubaîler"in hepsi tek tek dilinden dökülüyordu. Pirâye'nin çenesini tuttu. Gözlerinin içine baktı; bir şükran duygusu gibi eğildi ve öptü...

Artık her hafta Pirâye, İstanbul'dan geliyor ve kendisi için ayrılmış odaya giderek, Nâzım'ın banyo iznini kullanmasını bekliyordu. Her defasında temiz çamaşır getirir, banyoda sırtını keseledikten sonra, bol havlı Bursa havlularıyla tenindeki küçük damlaları kurulardı. Erenköy'de gözyaşlarını kuruttuğu hicranlı gecelerin hüznü gelir, ela gözlerinin en derin köşesinde, yine o kabadayı tavrıyla bağdaş kurardı. Bir keresinde Nâzım, duygularını coşturmuş ve bir şiir okur gibi Pirâye'ye arzularını dillendirmişti:

– Canım karıcığım, ağzımda nefis ve benden başka kimsenin yemediği ve yiyemeyeceği bir yemişin tadı var. Karımın bu kadar güzel dudakları olduğunu anlamam için kırk yaşıma gelmekliğim ve fasılasız beş yıl hapiste yatmam gerekmiş. Bu tadı aldım ya, artık ne kırk yaşıma geldiğime ne de bunca yıl yattığıma yanarım...

Her şey aslında Nâzım'ın anlattığı kadar kolay ve sevimli değildi. Pirâye'ye hasreti artıyordu ama parası tükenmişti... Karısına açıkça "Gel, seni banyo izninde bekliyorum" diyemiyordu. Istırap, bedeninde ve ruhunda kalkansız kılıçlarla cenk halindeydi.

Durumu kavrayan gardiyan, yürekli adamdı. Hiç kıvırmadan konuya girmiş ve Nâzım'a çâre ürettiğini söylemişti:

– Söyle Pirâye Hanım'a gelsin... Otele gerek yok. Bizim evde kalırsınız... Ben jandarmayı ayarlarım...

* * *

Adnan Bey'in hatlarından anlam çıkarmak imkânsızdı. Sevinç ve endişe gözbebeklerinde karıştırılmaya hazır bir şerbet tortusuydu. Meclis'teki müzakereleri ihmal etmesi mümkün değildi. Uzun süredir hazırlığını yaptığı çalışmanın komisyonda görüşülmesi gerekiyordu. Tarım politikasının isabetsizliğini örnekleriyle anlatacak ve muhtemelen hazırlanması düşünülen yeni kanunun sözcülüğüne getirilecekti.

Reşit Galip Bey'i hatırladı. Ölümüne yakın günlerde kendisiyle sohbet ederken bu konuda partinin ihmal içinde olduğunu ve bunun ancak Gâzi Hazretleri tarafından çözülebileceğini söylemişti. Reşit Galip tecrübeliydi. Son derece sâkin bir lisanla arkadaşının dikkatini çekti:

– Olgun bir erkek iki konuda asla telaş göstermemeli... Birincisi siyasette fikir beyanı, ikincisi eşinin hamilelik hâli...

Birkaç ay sonra Reşit Galip Bey'in cenazesinde fâtiha okurken hakkını teslim etmiş ve öğüdünden istifade etmişti. Tarım reformu için hazırlamış olduğu tasarıyı büyük bir sükûnet içinde sunmuş ve dinleyenlerin hayranlığını dâvet eden gururlu kapanış merasimiyle evine doğru yollanmıştı.

Kendi kendine yine "Telaşsız olacağım" diyordu. Eve geldi ve kapıda Berin Hanım'ın gözlerini gördü. Asıl sükûnet bu gözlerdeydi. Asıl gururu bu gözlerde seyretti. Berin Hanım eğilip Adnan Bey'in elini öptü:

– Zannederim bir oğlumuz daha olacak, efendim...

* * *

İnce uzun delikanlı, gözlüklerini düzelttikten sonra kendisine verilecek diplomayı almak üzere kürsüye yaklaşırken kulakları sağır edecek kadar büyük bir alkış salonu doldurmuştu. İnce uzun delikanlı, yürekli, içtenlikli ve mütevazı adımlarla kürsüye yaklaşıyordu. Bu alkışa şaştı. Ne olmuştu ki bütün devlet ricali ayağa kalkmış kendisini alkışlıyordu. Mevhibe Hanım oturduğu yerde bu çılgınlaşan alkış merakından rahatsız olmuş, haksız yere kendisini utandırılmış noktaya iten insanlara karşı başını öne eğmişti.

Erdal İnönü, Türk Hava Kurumu'nun açtığı uçuş kurslarına katılmış ve başarılı olmuştu. Kendisine uçuş brövesi verilecekti. Daha önceki kurslar sonunda, sıradan merasimlerle dağıtılan bröveler, bu kez bir ulusal şenlik havasına büründürülmüştü. Millî Şef'in ailesinin bu büyük başarısının kutlanması için, Meclis başkanı, başbakan, bakanlar ve Genelkurmay başkanı Türk Hava Kurumu'nun toplantı salonunda yerlerini almışlardı. Sıra brövenin verilmesine gelince hepsi ayağa kalkmış ve kıdem sırasına uygun şekilde söz alıp genç Erdal'ın başarısını öven konuşmalar yapmışlardı.

Merasim bitmiş, Erdal küçük bir kırmızı kurdeleyle bağlanmış rulo halindeki brövesini alıp kimseye görünmeden salondan çıkmıştı. Ruhunda bir sevincin paylaşılmasına izin vermeyen sıkıntılar belirmişti. Böyle şakşakçı bir anlayışın kendisini nasıl sıkıntıya soktuğunu görüyor ve bu boğucu alkış ve iltifat cehenneminden kurtulmak istiyordu. Sokağa çıktı; Ulus'a doğru yürüyordu. Geçeceği yolun iki ucunu sivil polisler tutmuşlardı. Gördüğü manzaradan rahatsız oldu ve geri döndü.

İsmet Paşa Meclis'e gelmişti. Bir süre önce Türk Hava Kurumu binasında Erdal'ın bröve alışını ayakta alkışlayan CHP ricali, kapıya dizilmiş Millî Şef'in elini öpüyorlardı. Eski Dahiliye vekili Şükrü Kaya, Emin Sazak'ın koluna girip birkaç adım attı. Sesinde uzun süredir birikmiş bir husumetin asabiyeti vardı. Bunu muhatabına söyleyecek cesaretin sahibiydi, ama fırsatı olmuyordu. Bu asabiyeti ince uzun delikanlının sevinçli gününden çıkarmak istedi:

– Baksana Eminciğim! Genç veliaht, üçüncü İnönü zaferini kazanmış gibi böbürlü...

Şükrü Kaya haklı çıkmıştı ve tahmin ettiği gibi haber büyütülmüştü. Ertesi gün gazetelerin manşeti Erdal'ın büyük başarısını büyük puntolarla duyuruyordu:

– Millî Şef'in iftihar günü...

* * *

Toplantının nerede yapılacağı henüz kararlaştırılmamıştı. Bayar'ın evinde toplanıp izlenecek politikanın ayrıntılarının tartışılması uygun bulunmuştu. Birden sevinçli bir haber geldi. İkinci Dünya Savaşı sona ermişti. Ülkede sevinçli ve bahtiyar günlerin başlangıç noktası denilen günde, Türkiye nüfusunun yarısından fazlası henüz dünyada ne olup bittiğini bilecek, okuyup anlayacak konumda değildi. Bayar bu durumun getirdiği sevinçli ortamda hemen teşebbüse geçilmesini ve huzursuzluk çıkaran insanlar gibi görülmelerini istemiyor, birkaç gün beklenmesi gerektiğini düşünüyordu.

Koraltan, Bursa kaplıcalarında gördüğü tedaviden sıhhatli dönmüş ve bölgede halkın nabzını tutmuştu. Eski bir Bursa valisiydi ve halkın içinde gezinip sohbet alışkanlığını kazandığı güzel hatıraları vardı. Bursalılar vefalı davranmış eski valilerinin hatırını sayarak her gördükleri yerde eğilip elini öpmüşlerdi. Oturduğu her kahvede, davetli olduğu her sofrada ciddi bir huzursuzluk olduğunu görmüştü. Halk, CHP'nin artık gemi azıya almış sert yönetiminin şikâyetini açıkça dillendirmeye başlamıştı. Koraltan uzun uzun halkın sıkıntısını anlattı. İstediğinde abartılı benzetmelerle dinleyeni etkisi altına alan güzel konuşmalar yapardı. Bugün böyle tâlihli bir günündeydi ve dinleyenlerini yeni bir millî mücadeleye çağıran üslûp ve ısrar içinde konuşmuştu:

– Vatan yeni bir kurtarıcı hareket bekliyor...

Bu duygu yüklü cümleden sonra asıl can alıcı ve gerçek değeri yüksek hükme gelmişti. Koraltan onu da bir çırpıda ve yalın ifadeyle dillendirdi:

– En uygun mekân bizim ev. Akşam bizde toplanalım...

Adnan Bey, akşam toplantısına Fuat Köprülü'nün mutlaka katılmasını istemiş ve toplantının biraz geç başlamasında ısrarlı olmuştu. Köprülü, en küçük konuları bile büyüterek hırçınlaşıyor ve çocuk gibi her konuda daima kendi isteklerinin yapılmasını istiyordu. Adnan Bey, bir ara Köprülü'yü hareketin içine kattığına pişman bile olmuştu. İşin başlangıcında görülen bu uzlaşmaz tavrın ileride daha büyük ihtilaflara yol açacağını fark etmiş, ancak sabır göstermesi gereken noktada kimsenin hatırını kırmamaya çalışmıştı.

Toplantı istenen rahatlığı getirmedi. Çiftçinin topraklandırılması için Adnan Bey'in yıllardır üzerinde çalıştığı ve çözüm için önerdiği çârelerin hepsi bir kenara bırakılmış ve sudan bir düzenlemeyle ağızlara bir parmak bal çalınmıştı. Meselenin bir önergeyle CHP grubunda da tartışılması artık kaçınılmaz hale gelmişti.

Önergenin metnini Adnan Bey hazırlamış ve altına ilk imzayı atmıştı. Sonra Köprülü'ye uzattı. Fuat Bey yeni bir sigara yaktı. Dudaklarının arasına yerleştirdi. Gözlüklerini burnunun ucuna getirip okudu. Sonra imzasını koydu. Kendisiyle övünüyordu. Yazılı metni elinde bir süre tuttu ve sözlerini tamamlayıp Koraltan'a uzattı:

– Sanırım tarih değerimizi anlayacaktır.

Koraltan'ın Adnan Bey'e karşı her zaman samimi ilgisi olmuştu. Meclis'in ilk gününden beri bütün milletvekillerini kendine göre kantara vuruyor, yakın bulduğu kimselere karşı sevgisini yanlışlığa meydan vermeyecek ısrar ve samimiyet içinde sürdürüyordu:

– Ben Meclis'e geldiğimde senden bir yaş daha küçüktüm Adnan... Başımda fesim, ve uçları yukarı kalkık bıyıklarım vardı. En genç milletvekili olduğum gözlerimden hemen okunurdu.

Koraltan önergeyi okumadan imzalamış ve yakın bulduğu genç dostuna arka çıkmıştı:

– Eline sağlık Adnan! Mükemmel olmuş...

Son imzayı Bayar koydu.

"Dörtlü Takrir" artık hazırdı.

Yarın CHP Meclis Gurubu Başkanlığı'na sunulacaktı.

* * *

Nilüfer Hanım bütün hazırlıklarını tamamlamış ve İstanbul'a dönüş için kendisine verilecek bilgiyi bekliyordu. Çeşme'nin serin günleri başlamış etraf zaman zaman sert esen rüzgârın hışmıyla dağılmıştı. Bahçenin tarhları yerinden oynuyor, özenle dikilmiş çiçekler boyunlarını büküp kederli tahammülün başını eğiyordu. Beklenen haber geldi:

– Yarın İstanbul'a dönüyoruz!

Celal Bey kısa bir telefon konuşması yapmış ve üzgün bir çehreyle verandadaki masaya oturup bir süre dalgalı denizi seyrederek efkârlanmıştı. Önüne konulan kahveyi içti ve kızını yanına çağırdı:

– Milletvekilliğinden ayrılıyorum Nilüfer. Bunu şimdilik sana söylüyorum ve ben açıklayıncaya kadar kimsenin duymasını istemiyorum.

Sonra sesini sertleştirip söylediklerinin mutlak bir itaatle yerine getirilmesini istedi:

– Buna Adnan Bey de dahildir...

Dörtlü Takrir'in görüşülmesinden sonra durum açıklığa kavuşmuştu. CHP Meclis Grubu sadece Millî Şef'in emrindeydi ve onun dediğinin dışında nefes alma serbestîsine bile sahip değildi. Dörtlü Takrir telaşla hazırlanmış senaryoya uygun olarak reddedildi. Parti sekreteri Nâfi Atuf Bey, belli ki Millî Şef'in sofrasındaki konuşmaların ilhamıyla meseleyi açıkça ortaya koymuştu:

– Bu takrir çok şey istiyor, ama yanlış yerden istiyor. Kanun değişiklikleri Meclis'te görüşülür. Parti tüzüğünün müzakere yeri de kurultaydır...

Millî Şef, Dörtlü Takrir'le istenenleri gördükten sonra sinirlenmiş ve herkese meydan okuyan bir tavır takınmıştı:

– Söyleyin onlara, bunu parti içinde yapmasınlar. Çıksınlar karşımıza, kursunlar teşkilatlarını ve ayrı bir parti olarak mücadele etsinler...

Artık çok şeyin sonu gelmişti. Millî Şef'in talimatı açıktı. Menderes ve Köprülü partiden ihraç edilmeliydi. Bu isteğin iması bile bir büyük emir gibi yerine getirilmiş ve savunmalarının alınmasına gerek görülmeden CHP'nin önüne bırakılmışlardı.

Bayar'ın tepkisi buydu ve bu tepkiyi küçük bir tatil kasabasında göstermek yerine debdebeli İstanbul matbuatının önünde açıklamak istiyordu. Çeşme'den apar topar yola çıkışlarının nedeni buydu. Bayar milletvekilliğinden istifa ediyordu. Bir siyasî mücadele için böyle dokunulmaz bir sıfata ve zırha ihtiyacı olmadığını gösteriyor ve kendisiyle birlikte yola çıkan arkadaşlarından zahmetli hatta tehlikeli olabilecek harekete karış hazırlıklı olmalarını istiyordu.

Koraltan haberi duyunca biraz yiğit tavırla kendinden söz ettirmek istedi:

– Celal Bey eli öpülecek adamdır.

Koraltan'ın da suyu ısınmış ve birkaç gün sonra da ihraç edilmişti. Nâfi Atuf Bey artık rahattı. Onun da dilinde "Mülkiye Marşı"nın nakaratı vardı:

Ey vatan gözyaşların dinsin yetiştik çünkü biz...

* * *

Millî Şef'in, Meclis'i açış konuşmasında önemli şeylerin söyleneceği fısıldanıyordu. Kimine göre artık Dörtlü Takrir'e imza koyanlar ile onlara itibar edenlerin siyaset hayatından çekilme zamanı gelmişti. Umulan gerçekleşmedi. Millî Şef, memleketin yüksek menfaatlerinin gerektirdiği tedbirleri almakta tereddüt göstermeyeceğinin üzerinde ısrarla duruyor, ama, makul sayılacak bir muhalefet hareketine ihtiyaç olduğunu da belirtiyordu. Bu muhalefetin tıpkı bir zamanlar Gâzi Hazretleri'nin yarattığı Terakkiperver Fırka ve Serbest Fırka gibi olmasını istediği de ortadaydı. Millî Şef, geçmişte Gâzi'nin getirdiği siyasî mücadele disiplinine karşı çıkmış, hem Terakkiperver Fırka'nın, hem Serbest

Fırka'nın siyaset sahnesinden çekilmesinin sebebi olmuştu. Gâzi'ye kafa tutacak kadar ileri gitmiş ve bu partiler kapatılmazsa siyaseti bırakacağı tehdidini bile savunmuştu. On beş yıl sonra Millî Şef, tam tersine şimdi bir siyasî muhalefet yaratma peşindeydi. Tıpkı Gâzi Hazretleri'nin, muhalefeti kendi elinde tutmak arzusu gibi, Millî Şef de, siyasî muhalefeti kendi tercihlerine göre biçimlendirecekti.

Gece Koraltan'ın evinde toplanmışlar ve parti programının yazılması için temel esasları tespite başlamışlardı. Koraltan'ın kızı Ayhan Hanım bütün görüşmelerin zaptını tutuyor, sonra içeri odaya geçerek bu başlıkları daktiloda birkaç kopya çıkarıp önlerine koyuyordu.

Celal Bey, babacan tavırla sordu:

– Ayhan! Partinin adının ne olduğunu biliyor musun?

Ayhan Hanım duraksadı. İki gün önce bu mevzu Celal Bey'in evinde söz konusu edilmişti. Bayar, partinin adının "Doğan Güneş" olarak konulmasının teklif edildiğini söylemiş ve arkasından da eklemişti. Bir de "Demokrat Parti" teklifi var demişti. Gerçekte Demokrat Parti ismini Ahmet Emin Yalman teklif etmişti. Celal Bey'e bu teklifi yaparken açık bir gerekçe ileri sürmüştü:

– Demokrat adı beynelmileldir. Bakın Amerika'da hem Cumhuriyetçi Parti var, hem de Demokrat Parti...

Bayar Demokrat Parti ismini ilk duyduğu anda benimsemiş ve arkadaşlarıyla meseleyi bir sohbet havasında değerlendirmek için Koraltan'ın kızının duyarlılığını kullanmak istemişti.

Partinin adı artık belliydi: Demokrat Parti...

Celal Bayar parti programının resmî yoldan işlemlere başlamasından önce durumu Millî Şef'le görüşmesi gerektiğine inanmıştı. Bunun için bir kabul istirhamını en sıcak hürmetleriyle birlikte iletmişti. Doğrusu Millî Şef de meraklıydı. Dörtlü Takrir önüne konulduğunda bu dört kafadarın istediklerini hayretle görmüş ve hiçbirine itiraz edecek gerekçe bulamamıştı. Çevresindekilerin baskısı o kadar ağır ve ısrarlıydı ki bu takrire karşı çıkması kaçınılmaz oluyordu. Recep Peker partinin en etkili adamı haline gelmişti. Onun müsamaha göstermeyeceği hiçbir siyasî talebin hükûmetçe gerçekleştirilmesi âdeta imkânsızdı. İsmet Paşa bu durumun farkındaydı. Celal Bey'in görüşme talebini kabul ederken, durumu el altından Peker'e de duyurmuştu. Bütün mesele Peker ile başvekil Saraçoğlu arasında bir ihtilafın doğmasına fırsat vermemekti. Peker giderek gerginleşiyor ve ilk fırsatta kurulacak yeni bir hükûmetin başkanı olmak istiyordu.

Bu durum, parti içinde de dikkat çeken bir hareket olarak benimsenmişti. İnönü de Saraçoğlu'nun uygun bir fırsatta değiştirilmesinden yanaydı.

Program yazılmış, resmî makamlara sunulacak duruma getirilmiş ve bir de rozet yaptırılmıştı. CHP'nin Altıok'una karşılık, Demokrat Parti'nin avuç açmış beş parmağı vardı.

Celal Bey, kendisine verilen saatte Çankaya'daydı. Temize çekilmiş parti programını bir zarfa koymuş ve yeni rozetin altından yapılmış olanını alıp Millî Şef'in huzuruna çıkmıştı. Millî Şef, eski günlerin hatırını sayan babacanlık içindeydi. Kendisine verilen zarfı aldı. Yanındaki sehpanın üzerine koydu. Bayar ayağa kalkmış elindeki Demokrat Parti rozetini Millî Şef'in göğsüne takmak için izin istiyordu. Bayar, majestelerinin muhalefet lideri gibi ayaktaydı. Millî Şef yerinden kıpırdamadı. Kendisine sunulmayı bekleyen rozeti almak için elini uzattı. Aldı. Bakmaya bile gerek görmeden, sehpa üzerinde duran zarfın yanına koydu. Birkaç dakika evvelki hatır sayan babacanlık kaybolmuş, bir şef ciddiyeti ve dikkati gelmişti. Elini program zarfının üzerine koyup parmaklarıyla bir iki kez sehpaya vurdu:

– Terakkiperverlerde olduğu gibi dine bağlı siyaset yapmaya niyetiniz var mı?

Bayar bu soruyu bekliyordu ve cevabı çok net olarak önceden hazırlanmıştı. Bu hazırlanış bir siyasî tertip içinde ikna edici olmaktan çok samimi bir inancın ifadesiydi:

– Hayır paşam! Sadece laikliğin dinsizlik olmadığı var...

Millî Şef memnundu:

– Bunun ziyanı olmaz! Köy Enstitüleri'yle, Halkevleri'yle, ilkokul seferberliğiyle uğraşacak mısınız?

– Hayır paşam!

İnönü ayağa kalktı:

– Tamam öyleyse...

Bayar, Köşk'ten çıktı. Önünde hemen avuçlayacakmış gibi kendine dost ve sıcak bulduğu bir Ankara vardı. Geri döndü ve Çankaya Köşkü'nü bir daha seyretti. Aklında sadece, birkaç dakika evvel terk ettiği odanın duvarındaki renklerden, ışıklardan ve gölgelerden bir tutam kalmıştı. O tutamı birleştirdi. Şimdi net bir zihinle ayrılıyordu. Evet, arkasında sadece, Çallı'nın fırçasından çıkmış, jaketataylı bir Millî Şef sûreti vardı. Bu sûret, kolları altın işlemeli bir koltuğa oturmuştu ve fırsat buldukça Ankara'yı tepeden seyrediyordu.

Bayar tekrar Ankara'ya baktı. Yüzündeki tebessümü serin rüzgâra bırakıp yokuş aşağı inmeye başladı:

- Millî Şef, artık geride kaldı. Ben yeni bir çağa yürüyorum...

* * *

Berin Hanım, Aydın'a dönmeye niyetliydi. Bütün valizler hazırlanmıştı. Adnan Bey, parti teşkilatlanması ve yeni bütçe çalışmaları için uzun süre vaktini Meclis'te geçireceği için Berin Hanım'ın İzmir'e gitme teklifini kabul etmişti. Doğuma kadar vaktini Çakırbeyli'de geçirmeyi düşünmüş, arkasında Adnan Bey'in Meclis çalışmalarında rahat hareket edebileceği bir Ankara bırakmak istemişti.

Adnan Bey'in, yüzünde garip bir durgunluk vardı. Berin Hanım'ın, İstanbul üzerinden Aydın'a yapacağı seyahatinin ertelenmesini istiyordu. İstanbul'dan gelen haberler iç açıcı değildi. Günlerdir için için kaynayan gençlik öfkesini sindirememiş ve endişe edilen patlama nihayet gerçekleşmişti. Üniversiteliler Bâbıâli'ye yürüyordu. Komisyon çalışmaları sırasında İçişleri bakanı acele izin isteyip Meclis'i terk etmişti. Koridorlarda fısıldananlara göre, üniversite gençliği solculara hadlerini bildirmek üzere *Tan* Matbaası'nı basacak ve haklarından geleceklerdi... Hüseyin Cahit'in göle çaldığı maya tutmuş ve günlerdir sürdürdüğü tahrikleri artık hedefine ulaşma noktasına gelmişti.

Berin Hanım yüzündeki telaşı görünce ürktü. Demokrat Parti'nin kuruluş çalışmaları hızlanmıştı. Bir an evvel partinin kurulması için gayret gösteriyorlardı, ama işler istenen rahatlık ve hızda gelişmiyordu. Gecikmenin asıl önemli tarafı, Köprülü'nün her vesileyle kavga çıkarması ve partiyi âdeta kendi malı gibi görmek istemesiydi. Bu huzursuzluk büyük ölçüde diğer arkadaşlarının alttan almasıyla geçiştiriliyordu. Köprülü her dediğinin kabul edildiği yorumuyla bu durumun sık sık tekrarına neden olmaktaydı. Yine son hazırlık çalışmaları sırasında kendi istediğinin dışında hiçbir şeye evet demeyeceğini yüksek sesle dillendirince, herkes birbirine baktı. Celal Bey'in yüz hatları gerilmişti. Eğer aynı üslûpla bir cevap verirse, Köprülü'nün bu hareket içinde bir yerinin olması mümkün değildi. Adnan Bey, Bayar'ın hatlarından durumu kavrayıp ön almak ihtiyacını duydu. Kendi müdahalesinin Köprülü'yü kırmadan sâkinleştirebileceğini düşündü. Bu şansını kullandı:

– Hoca! Her vesileyle engel çıkarmayı şahsiyet sanıyorsan, bil ki bu üslûp sana olan itibar ile sana duyulan ihtiyaç farkını hemen ortaya koyabilir.

Adnan Bey'in müdahalesi istemeden çok ağır olmuştu. Belki Bayar'ın Köprülü'yü ikazı daha yumuşak bir lisanla olabilirdi. Ama ok yaydan çıkmıştı. Menderes'in müdahalesi âdeta azarlamaya dönüşmüştü. Menderes açıkça, yaşına başına, malumatına hürmet ediyoruz, ama bu sana muhtaç olduğumuz anlamına gelmez diyordu.

Köprülü sigarasını yakıp bir köşeye çekildi. Sinmişti.

Koraltan, Adnan Bey'in yanına yaklaştı. Sırtını Bayar ve Köprülüye dönüp yavaş lisanla dostunu uyardı:

– Tetiği çabuk düşürüyorsun; ama, unutma kurşun geri dönüp namluya bir daha girmez...

Bayar da araya giren soğukluğu fark etmişti. Biraz da memnundu. Hiçbir şey olmamış gibi davranıyordu. Hazırlıkların tam bu sırasında haber gelmişti. İstanbul kaynıyordu...

Adnan Bey sadece Bayar'dan izin isteyip eve gideceğini söylemişti. Berin'in hamileliği ilerlemişti ve sâkin bir dinlenmeye ihtiyacı vardı. Bayar, Menderes'i kapıya kadar yolculadı. Kimsenin duymayacağı bir tonda gülerek hatırlattı:

– Siyasette her şey mümkündür. Önemli olan onu ihtimalken önlemektir, demiştim. Bugün bunun çok güzel bir örneğini verdiniz.

Koluna girip birkaç adım daha birlikte yürüdü:

– Bugün sizinle gurur duydum. Yıllardan sonra bana bir iftihar hazzı verdiniz...

Bayar kendisi kötü kişi olmaktansa başkasının yüklendiği sorumlulukla sorunun çözüldüğüne sevinmiş ve bir iltifat cümlesiyle gönül almıştı. İttihatçı terbiyesinin insana çok şey kazandırdığını Galip Hoca günlerinden hatırlıyordu.

Adnan Bey'in yüzündeki telaş, Berin Hanım'ın İstanbul'da bir zorlukla karşılaşıp karşılaşmama ihtimaliydi. Seyahatini birkaç gün ertelemek istiyordu.

– Birkaç gün daha bekle, sonra seni ben elimle götürür bırakırım. Şimdi aklımın sende kalmasını istemiyorum...

* * *

Bâbıâli yokuşundan hızla aşağı koşan delikanlı, Remzi Kitabevi'nin önüne gelince biraz durakladı. Derin bir nefes almak ihtiyacını duydu. Gördüğü manzaradan çok etkilenmişti. Bu gözü dönmüşlük eğer devam edecek olursa, bütün Bâbıâli'nin altüst edilmesine kadar gidebilirdi. Koşup etrafı haberdar etmeyi böylece bir sürü insanın malını ve canını kurtarmasını istiyordu. Remzi Kitabevi'nin önünde bir yaşlı adam yokuşun yükünü hafifletmek için dinlenmek üzere durmuştu. Delikanlıyı görünce seslendi:

– Hayrola Sait Bey! Bu ne telaş? Sanki yangın...

Sait Faik karşısındaki yaşlı adamı hayal meyal hatırlıyordu. Kim olduğunu önemsemekten çok, yaşanan olayların vahametini aktarıp ikaz etmek ihtiyacını önemsiyordu. Karşısındaki kim olursa olsun böyle bir soru karşısında verebileceği cevap tekti ve kesin bir ikaz ciddiyeti taşıyordu:

– *Tan* Matbaası'nı bastılar. Yakıp yıkıyorlar... Tedbirinizi alın. Size zarar gelmesin...

Yaşlı adam böyle ikazlarla gözü korkacak cinsten değildi. Sait Faik'i okumuş, öykülerinden etkilenmiş ve böyle bir yazarın bu telaş içinde kıvranmasına anlam verememişti. Yine temkinli bir lisanla hatırlatmasını sürdürmek istedi:

– Yine de böyle telaşlara gerek yok... Biraz dinlenin. Baksanıza soluk soluğa kalmışsınız.

Sait Faik, yaşlı adamın tavsiyesindeki sükûneti hemen kavramış ve böyle dirençli insanları telaşa sevk edecek ikazların para etmeyeceğini anlamıştı. Tekrar aynı hızla gideceği yere doğru koşmaya başladı.

Tan Matbaası'nı basanlar, bütün makineleri kırmış, kurşun harfleri, güvercinlere darı atan şımarık çocuklar gibi sokağa fırlatmışlardı. Boyalar binanın cephesinden başlayarak bütün yola yayılmış, gelen geçenlerin üzerlerine sıçramıştı. Gazetenin arka odalardaki arşiv ateşe verilmiş ve katlarda boğucu bir duman yayılmaya başlamıştı. Bir delikanlı binanın en üst tepesindeydi. Kocaman bir bayrağı aşağı sallandırıyordu. Büyük bobinler açılmış, hepsi bu büyük tahribin suç ortaklığına dâvetiye çıkarır gibi yolun ortasına serilmisti. Gazete bobinleri bir beyaz halı gibi uzanıyordu. Binanın çatısında bayrağı asan genç olanca gücüyle bağırdı:

– Kalkın ey ehli vatan...

Her şey bu sözle başlamıştı. *Vatan* gazetesinde Hüseyin Cahit gençleri hedef alan bir tahrik makalesi yayımlamış ve "Kalkın ey ehli vatan" diyerek *Tan* gazetesini hedef göstermişti. Böylece milliyetçi gençlik harekete geçirilecek ve komünist yayınlar yaparak halkın ahlâkî ve millî değerlerini ayaklar altına aldığı söylenen *Tan* gazetesine gözdağı verilecekti.

Zekeriya Sertel, olayın nasıl gelişeceğini önceden görmüş ve Sabiha Sertel'e bu tahriklerin yakında ağır bir baskına dönüşeceği endişesini açıkça belirtmişti:

– Bir zamanlar Tanin'de Hüseyin Cahit'in başına gelenler, şimdi Hüseyin Cahit'in tertibiyle *Tan*'da bizim başımıza gelebilir. Tedbirli olmak zorundayız.

Daha sonra mücadelenin ahlâkına gölge düşürecek hiçbir zaafın içinde olamayacaklarını anlatan kesin bir talimat hükmü vermişti:

– Tedbir almak, mücadelenin ahlâkına gölge düşürmek değildir. Sonuna kadar inandıklarımızın mücadelesinde olacağımızı herkese bir daha göstermek zorundayız.

Vatan gazetesinde Hüseyin Cahit'in yayımladığı makale üzerine Beyazıt Meydanı'nda toplanan genç üniversiteliler hemen harekete geçmişlerdi. *Tan* gazetesinde Sertellere lâyık oldukları dersi vermenin zamanı geldiğini haykırıyorlardı. Bu kadar hızlı biçimde on binlerce insanın Beyazıt Meydanı'nda toplanması akıl alacak iş değildi. İstanbul'un dört yönünden insanlar kısa sürede meydanı doldurmuş ve hedef gösterilen yere doğru yola çıkmıştı. Türkiye'nin milliyetçi üniversite gençliği, vatan savunmasında kendisine verilen görevi yerine getirmek için Cağaloğlu'na doğru yürüyüşe geçmişti. Sel gibi akıyorlardı. Yol boyunca genişleyen kitle halinde *Tan* Matbaası'nın önüne geldiler. İçlerinde biri öne çıktı ve gür sesle haykırdı:

– Artık kaybedilecek vakit yoktur.

Hüseyin Cahit'in "Kalkın ey ehli vatan" dediği gençlik kitlesi *Tan* Matbaası'nı yıkmaya başlamıştı.

Bir şeyin önceden bilinen sonucuna ulaşmak için fazla gayrete gerek yoktu. Polis olaylar karşısında âciz kalmış tavrına bürünerek kenara çekilmiş ve koskoca bina ve matbaa kısa sürede kullanılmaz hale getirilmişti.

İlk hamleyi yapan delikanlı yeniden göründü. Matbaanın istenilen şekilde tahrip edildiğine kanaat getirmişti ki, yeni hedefi belirledi:

– Haydi arkadaşlar! Şimdi *Görüş*'çülere hadlerini bildirme sırası gelmiştir.

Sait Faik bu sözü daha önce tahribatı yakından izleyen iki kişinin fısıldanmalarından duymuş ve canlarını kurtarmaları için *Görüş* dergisinin bulunduğu binaya doğru hızla koşmaya başlamıştı. Amacı, içerdekilerin canlarını kurtarmaları için tedbir almalarını sağlamaktı.

Görüş dergisi Türk demokrasi hareketinin ilk günlerinde en önemli mücadele imkânını oluşturuyordu. Demokrat Parti'nin kurucuları Celal Bayar, Adnan Menderes ve Fuat Köprülü bu derginin yazar kadrosundaydı ve mücadelenin asıl çekirdeğini oluşturan kadroyla yan yana mücadele vermek üzere bir yazı kadrosu oluşturmuşlardı. Demokrasi mücadelesinin bu üç önemli ismi, Aziz Nesin'in, Behice Boran'ın, Sabahattin Ali'nin oluşturduğu yazı kadrosunun siyaset yapan milletvekilleriydiler...

Görüş dergisinin birinci sayısının kapağında bu iddialı demokratların portre fotoğrafları konulmuş ve derginin yazı kadrosunda oldukları ifade edilmişti. *Görüş* dergisi çıktığı gün tükenmişti. Bir ince el bir perdeyi kaldırıyor ve arkasında her türlü suiistimalin işlendiği ve faşist bir yönetimin buna göz yumduğu gösteriliyordu.

CHP'nin kalemşörleri bunu fırsat bilmişler ve demokratların üzerlerine yürümüşlerdi. Serteller ile demokratların ilişkisini, komünistler ile demokratların ilişkisi haline getirmeye çalışıyorlardı. Milliyetçi gençliğin bu ittifaka geçit vermeyeceği söyleniyordu.

Milliyetçi gençler bu geçidi vermediler...

On üçüncü bölüm

Çok alâmetler belirdi, vakit tamamdır.
Yedi kat yerin altından uğultular geliyor.
Haram sevap oldu, sevaplar haramdır.
Ak kurt, kara tahtayı daha bir yıl kemir,
Çekin ki körükleri,
Ateşe girdi demir...

Nâzım Hikmet

Denizden ve dağdan gelen hüzne kandık.
Bulutlar dağılsın, bahar olsun artık...

Yahya Kemal

Koraltan, Sümer Sokak'taki binanın kapısından uçarak girdi. Kimi görse sevinçle sarılıyor, gür sesiyle mutluluğunu herkesle paylaşıyordu:

– Tamamdır! İzni aldık...

Ankara'nın sayılı ocak soğuklarından biri yaşanıyordu. Sümer Sokak'taki genel merkezin ısıtılması için herkes cebinden birkaç kuruşu bir araya getirmiş ve toplanan parayla iki çeki odun alınmıştı. Ortaya kurulu sobanın üstten açılan kapağı bir maşayla hafifçe kaldırılıyor sonra küllenmeye yüz tutmuş takatsiz korların üzerine yeni kütükler atılarak alevlendiriliyordu. Herkes soğuğu, üşümeyi unutmuştu. Gelen haberin yarattığı sevinç dünyalara bedeldi.

Hükûmet, Demokrat Parti'nin kurulmasına izin vermişti. Önemli olan resmî işlemlerin tamamlanmasıydı. Hilmi Uran birkaç gün önceden Köşk'e çağrılmış ve Millî Şef, Celal Bayar'ın imzası bulunan bir siyasî parti kuruluşu için gecikmeksizin izin verilmesini söylemişti. Artık iş sıradan işlemlerin yürütülmesinden ibaret olacaktı. Refik Koraltan, Hilmi Bey'in odasında dilekçesini verir vermez, daha kahveleri gelmeden müsaade yazısı gelmişti.

Koraltan hemen büyük odaya geçti. Celal Bey, masanın başına oturmuş iki yanına Adnan Bey'le, Köprülü'yü almıştı. Koraltan'ın haberini sanki iznin verilmesini yeni duymuş gibi memnuniyetle karşıladı. Ayağa kalkıp arkadaşını kucakladı. Sonra Adnan Bey ile Köprülü'nün kollarına girerek Refik Bey'in önüne kadar getirdi ve birbirlerini öperek barışmalarını istediğini hissettirdi. Köprülü kendini naza çekiyordu. Bu kez Koraltan parlamaya hazırdı:

– Haydi hoca uzatma!

Köprülü, Adnan Bey'e sarıldı. Derin bir nefes aldı. Hafif bir lisanla kendi kendine bir muhasebeye girişiyormuş gibi konuştu:

– Usbur feinned dehre yesbir...

Adnan Bey, bunu daha önce Yahya Kemal Bey'den duymuş ve çok özel bir anlamda kullanıldığını öğrenmişti. "Siz sabretseniz bile, dünya sabretmez" sözü, bugünün şartlarına pek denk düşen bir isabeti yansıtmıyordu...

Celal Bey, vaktin geç olduğunu belirterek ayrılmak istemiş, kapıdan çıkarken Adnan Bey'e hazırlıklı olmasını söylemişti:

– Yarın partimize lider seçeceğiz. Sonra bir basın toplantısı yapıp hedeflerimizi açıklayacağız.

Adnan Bey her hazırlığın tamam olduğunu biliyordu. Hole çıktı. Sobaya atılmış son birkaç kütüğün de gücü tükenmiş ve bina soğumaya başlamıştı. Orada çalışanlara baktı. Hepsinin kursağından o gün sıcak bir çorba geçmemişti. Hepsinin elleri mosmordu. Başını öne eğdi, derin bir hırsla geride bıraktığı günleri düşündü. Memişoğlu Mehmed'in ilk kâhyalık dersini verdiği günlere kadar indi. Sonra Abdi Ağa'nın kapıda saatlerce bekleyip Serbest Fırka'nın kapatıldığı gece Çakırbeyli'ye nasıl kol kanat gerdiğini hatırladı. Sesi yumuşacıktı:

– Haydi hepiniz evlerinize gidin... Bu gecenin nimetine dua ediniz.

* * *

Sabahın erken saatinde hamallar, bir çalışma masasını Sümer Sokak'taki binanın içine sokmaya çalışıyorlardı. Bugün yapılacak basın toplantısı için geniş bir masaya ihtiyaç duyulmuş, ancak partinin böyle bir masa alabilecek parası olmadığı için Celal Bey evindeki çalışma masasının parti genel merkezine getirilmesini istemişti. Masanın etrafındaki koltuklar da aynı şekilde evden getiriliyordu. Evin gardıropları, evrak dolabı olarak koridorlara dizilmişlerdi.

Dört kurucu, Celal Bey'in söylediği saatte genel merkeze gelmişlerdi. Celal Bey, dışarıdaki soğuktan üşümüş, ellerini ovuşturarak yerleştirilen çalışma masasının bir ucuna yerleşmişti. Diğer kurucular da masanın diğer boş taraflarına oturdular. Başköşe boş bırakılmıştı. Birazdan yapılan seçimle dört kişi kendi aralarında partinin genel başkanını seçeceklerdi. İsmet Paşa, seçimden haberdar olmuş ve kulağını Sümer Sokak'tan gelecek habere çevirmişti.

Celal Bey'in kendinden emin sesi vardır. Ne yapılacağını açıkça söylüyordu:

– Burada dört kâğıt ve dört kalem var. Hepimiz parti reisi olmasını istediğimiz ismi yazacağız. En çok oyu alan reisimiz olacak ve hepimiz ona itaat edeceğiz.

Sözlerinin tereddüt yaratmadığı açıktı. Bir konuyu daha açıklığa kavuşturmak istedi. Eşitlik halinde, tekrar edeceğiz. Masanın dört ucuna oturmuş kurucular kâğıtları yazıp Adnan Bey'e uzattılar. Koraltan yine babacan tavır içindeydi:

– Adnan Bey en küçüğümüz sensin...

Adnan Bey, bir çırpıda tasnif etmiş ve sonucu söylemişti:

– Reisimiz Celal Bayar Beyefendi'dir.

Köprülü hemen müdahale etti:

– Sonuçlar nasıl?

Üç oy Celal Bey'e çıkmıştı. Adnan Bey, hepsinin el yazısını yakından tanıyordu. Dördüncü oy için hiçbir açıklama yapmak gereğini duymadı. Kısa bir cevapla geçiştirdi:

– İşin kuralını başında koymuştuk...

Adnan Bey, masanın başköşesine doğru yürüdü; koltuğu geri çekerek sahibinin oturmasına hazır hale getirdi. Gözleri Celal Bey'in üzerindeydi. Bu bakışlarda ciddi ve samimi bir teşekkür sıcaklığı vardı:

– Buyurunuz efendim!

Gazeteciler odaya alınmışlardı. Hepsinde tertipli ve meraklı hava hissediliyordu. Bekleyişlerinin heyecanlarını iyi terbiye etmiş ciddi meslek erbabıydılar. Celal Bey, parti reisi sıfatıyla program açıklamasını yapacağını belirtince bütün gazeteciler oy tasnifini öğrenmek istediler. Adnan Bey'in sesi kesindi:

– İttifakla!..

Celal Bey, uzun uzun parti programını açıklamış ve temel gayeyi iki noktada toplamıştı:

– İki hedefimiz var: birincisi tam bir demokrat siyaset ve ikincisi tam liberal bir iktisat...

Adnan Bey, bu sözleri on beş yıl önce Aydın'da Ali Fethi Bey'den duymuş ve Serbest Fırka'nın siyaset ahlâkını hemen benimsemişti. Şimdi aradan geçen on beş sene içinde kendi inancının bütün değerlerini, memleketin en seçkin siyasetçilerden birinin ağzından halkına söyletiyordu. Sevinçli ve heyecanlı bakışlarla etrafını seyretmekteydi. Gazetecilerden birinin sorusu hemen yükseldi:

– Partinizin CHP'ye göre farklı tarafı nedir?

Sorunun muhatabı Adnan Bey'di. Çünkü programı büyük ölçüde o belirlemişti. Ancak Celal Bey cevapladı:

– Biz demokratız!

Adnan Bey hissedilen boşluğu hemen doldurdu:

– İki parmak daha soldayız!..

Toplantı bitmiş, gazeteciler dağılıyorlardı. Celal Bey'e biraz evvel soruyu yönelten genç gazeteci önlerinden geçmekteydi. Yirmili yaşlara henüz girmiş, sesi genizden gelen ve uzun bir cümleyi tamamlamak için sık sık nefes alan sevimli bir hali vardı. Celal Bey işaret etti:

– Bu genci tanıyor muyum?

Adnan Bey hemen açıkladı:

– Bendeniz de dün tanıdım efendim, adı Metin Toker...

Demokrat Parti'nin kurulmasına izin verildiği haberi Ankara'yı hemen karıştırdı. Hemen o gece bir araya gelenler, Dahiliye vekilinin böyle cesur bir karar almaya gücünün yetmeyeceğini, mutlaka Millî Şef'in bu işin arkasında olduğu görüşünü dillendiriyorlardı. Hepsi heyecanlı, gürültülü ve meraklıydı; ama hiçbirinin kimseden hesap soracak cesareti yoktu. İçlerinden en tecrübelisi fikrini söyledi:

– Hepsi boylarının ölçüsünü ilk seçimde alacak...

Boy ölçüsünün alınacağı söylenen seçimler, önceden kararlaştırılmış mahallî seçimlerdi.

Celal Bey, hepsinden daha tecrübeliydi. Millî Şef'in inceden inceye bir baskın erken seçim planladığını sezmişti. Bahar başında bütün il ve ilçe temsilcilerini Ankara'da toplamış, hükûmetin getireceği erken seçim baskınına karşı nasıl bir tavır takınacaklarını görüşmelere açmıştı. Görüşmeleri istediği biçimde yürütmüş, bütün delegelerin oybirliğiyle mahallî seçimlere katılmama kararını çıkarmıştı. Bu karar, CHP'nin bütün eski tüfeklerini köpürtmüştü. Hepsi Celal Bayar'ın üzerine yürüyor ve memleketin felakete doğru gittiği çığlıklarıyla Çankaya'da bir ihtar kampanası çalmak istiyorlardı. Seçimleri boykot etmek Türkiye'yi dünyaya rezil etmekle eşit görülmüştü.

CHP'nin cevabı pek de yumuşak olmayan bir tehditle ortaya konuldu. Nihat Erim, "Gerekirse hürriyet ilâhının üzerine bir şal örtülür ve tepeden tırnağa bir otorite kurulur" diyordu.

İşin gerçeğini en iyi kavrayan Celal Bey'di. Türkiye'deki siyaset üslûbunu biliyordu. Türk siyasetçisini biliyordu. Her emre itaat etmeyi vatanperverlik sayan devletin bürokratının zaafını biliyordu. Polisini biliyordu, jandarmasını biliyordu. Ve asıl önemlisi kimsenin bilmediği İsmet Paşa'yı iyi biliyordu.

Nihat Erim'in tehdit kokan yazısının üzerine nümayiş yaparak protesto gösterilerine başlamayı önerenlere karşı hiçbir şey söylememiş, ancak içeri girip Adnan Bey'e âdeta dert yanar gibi bu durumun önlenmesini istemişti:

– Arkadaşlarımız nerede durulacağını kestiremiyorlar. Siyasetimiz hâlâ İsmet Paşa'nın iki dudağı arasında. Yarın iki jandarma gönderir, partinin kapısına kilit asarsa, bil ki bu çığırtkanlardan hiçbirinin sesi bile çıkmaz.

Sonra biraz sükûnet bulup bir ikinci ricayı da dillendirmişti:

– Uygun bir lisanla şu "şalcı profesöre" cevap verip geçiştirelim.

* * *

Nâzım, Pirâye'nin ıslak dudaklarını özlemişti. Jandarmanın rüşvetli gözetiminde, gardiyan evinde buluşma teklifi Pirâye'de şaşkınlık yarattı, gözleri ıslandı. Sesi yorgun, hatta biraz pişmandı:

– Yazık! Nâzım cinsel zevkleri için beni gururumdan sıyrılmış beden gibi istiyor. Anlaşılıyor ki haysiyetimin önemi kalmamış...

Bunu yüzüne söyleyecek kadar cesur davranmış ve beden arzularının doruğundaki Nâzım'da hayal kırıklığı yaratmıştı. Saatler süren görüşme sonunda Pirâye ayrılmış ve Nâzım'ı şaşkınlığın eli boş kahrında bırakmıştı.

Bu kez şaşkınlık Pirâye'deydi. Ertesi gün İstanbul'a dönmeden önce veda etmek için hapishaneye uğramıştı. Nâzım Pirâye'yi görmek istemiyordu. Bunu açık ve yüksek dille söylemişti. Sonunun nereye varacağını da kestirmişti. Pirâye'nin ziyaretlerinin artık seyrekleşeceğini biliyordu. Günler sonra bu hırçın halini hatırlayınca pişman olmuş gibiydi. Ama yine de dudaklarında şakacı bir taraf vardı. "Celile, Pirâye'ye kırıldığımı öğrense kim bilir nasıl sevinir" diyordu...

Celile, aşkın gerçeğini yaşamış kadındı.

Celile, bir dev şairin aşkındaki kadındı.

Celile, şiiri biliyordu, aşkı biliyordu.

Celile, şair adamın hâlini, hatırını, döşeğini biliyordu.

Celile, Pirâye'nin Nâzım'a olan aşkında böyle derin sevgiler yaşanmadığının farkındaydı. Hapisteki bir şairin aşkında eksik olanı ilk bakışta anlardı ve ilk bakışta anlamıştı. Bunu Nâzım'a söylerken hazları ve acıları tadan kadın mâcerasının avucunu açıyordu. Sanki çizgilerinden bir fal okunur gibi heyecanlı ve sabırlıydı. Merakının yerine umutlu, fakat hasetli bir bekleyiş yerleştirmişti. Bunu en güzel anlatmanın yolunu hiç düşünmeden kendi iftiharının bir parçası gibi sundu:

– Resimlerimin en sıcak yanı, içe kapanık renkleri cesaretle dışa vurmamdır...

Nâzım, Celile'nin dışa vurduklarını kendi sevgisinde yerli yerine oturtmuş ve kaleme sarılmıştı:

Ben ve Pirâye yıllardır birbirimizi severiz. Bu sevgide annelik, ağabeylik, babalık, arkadaşlık, dostluk, insanlık vardır; ama romans yoktur...

Son kelimeyi yeniden düşünmüş ve düzeltmişti:

Daha doğrusu melodram yoktur.

* * *

Adnan Bey, Aydın ilçe teşkilatlarının kurulması için Mükerrem Sarol'u görevlendirmişti. Bozdoğan ilçesinde partiyi kurmaya cesaret edecek kimse görünmüyordu. Adnan Bey, yol ortasında Müyesser'e rastladı. Sevinçli gözlerle kendisine bakıyor ve gururlu seyredişin zevkini çıkarıyordu. İkisi de birbirlerine doğru yürüdü. Adnan Bey'in sesinde hasretli sevgiler vardı:

– Nasılsınız Müyesser Hanım?

İştirakiyuncu Müyesser'de hiçbir şey değişmemişti. Hâlâ Topçu Fuad'ın hatırası vardı ve sıcaktı. Hâlâ, Ethem Nejad'ın söyledikleri kulağındaydı ve hâlâ İştirakiyun felsefesine inanmış insanların inat ve terbiyesi vardı.

– Nasıl sevindim bilemezsiniz Adnan Bey!

Sonra kendini tutamayıp gülmeye başladı. Düşünceleri gülüyordu. Duyguları gülüyordu. İçinin sıcaklığı gülüyordu. Niye güldüğünü açıklamak ihtiyacı duydu:

– Bir liberal parti liderinin başarısına sevindiğimi bir duysalar beni tefe koyarlar.

Müyesser'in endişe ettiği hususun geçerli yanı yoktu. Müyesser'in Adnan Bey'in başarısına sevindiğini bilen herkes Müyesser kadar sevinçliydi. Noter kâtibi Münip Bey, sünnetçi Refik, Edirneli Klarnetçi, Ahilya Moshos, Madam Despina, incir işçisi Bilâl, Safinaz hep aynı sevincin yüreklileriydiler.

Müyesser, Adnan Bey'i, on beş yıl evvel oturdukları çardağın altına götürdü. Değişen çok şey olmuştu, ama hatıralar hâlâ aynı sıcaklığını koruyordu. Ağustos sıcağında halkın içmesi için üstü tülbentsiz küpün yerinde şimdi büyük bir havuz vardı ve fıskıyesinden gür suların serinliği etrafa yayılıyordu. Asmaların altındaki ahşap sandalyeli kahve kalkmış, onun yerine satranç ve dama tahtalarının konulduğu büyük masalar yerleştirilmiş ve üzerlerine yeşil çuhadan örtüler konulmuştu.

Adnan Bey'in, hatıralarındaki en sıcak iz, Müyesser'in söylediği sözlerdi. Serbest Fırka'nın kurulduğu gün, bu işin sonu olmadığını Adnan Bey'e aktarmış ve kesin bir hüküm vermişti. Müyesser kendinden emin bir lisanla konuşurdu. "Memlekete yön verecek siyasetin ahlâkı, hukuk ve mülkiye mekteplerinin tedrisatından değil, ancak halkın arasından alınabilir" demişti. Adnan Bey denilenin doğru olduğunu görmüştü.

Uzaktan Mükerrem Bey göründü. Eli boş dönmüş adamların huzursuz hali hemen belli oluyordu. Masaya yanaştı ve oturması için müsaade bekledi. Kendisine yer gösterilmesine rağmen ayakta duruyordu. Vali herkesin gözünü korkutmuştu. "Demokrat Parti'yi kim kurmaya kalkarsa, tepelerim" demiş ve tehdidinin silahı olarak jandarmayı en hücra köylere kadar göndermişti. Mükerrem Bey'in sesi buruktu:

– Bozdoğan'da partiyi kuracak adam bulamadım. Hepsi de validen korkuyor.

Müyesser tecrübeli kadındı. İşin can alıcı noktasını biliyordu. Tuttuğu nabzı bıraktı:

– Hastalarına git doktor! Orada çok hayat kurtardın. Bozdoğan kadınları seni baba gibi severler...

Sonra Adnan Bey'e döndü. Sesinde aynı kararlılık vardı:

– Yolun açık olsun Çakırbeylim! Bu kez iradesini halktan alan bir siyasetin içindesin. Seni devlet kuşunun ikbâl kanatları taşıyor...

* * *

Adnan Bey, Çakırbeyli'de bir gece kalıp Ankara'ya dönecekti. Berin Hanım hamileliğinin son günlerine yaklaşmıştı. Abdi Ağa'yla çiftliğin durumunu tartışıyordu. Kapı çalındı. Beklenmeyen bir misafir hissi doğmuş, her ikisi de tedirgin olmuştu. Abdi Ağa belindeki silahının kılıfını açtı. Adnan Bey'in sesi sertleşti:

– Koy onu yerine.

Gelen Ethem Bey'di ve Aydın'da geç vakit aldığı bir haberi Adnan Bey'e getirmişti. Demokrat Parti'nin gidişatından rahatsız olan milletvekillerinin baskısı İsmet Paşa'yı da tedirgin etmiş ve Paşa sert lisanla nasıl kızgın olduğunu duyurmak istemişti. Sözlerin gerçek muhatabı Demokrat Parti yöneticileriydi:

– Ben, ihtilâlci ve Kuvayı Milliyeci İsmet'im. Bu devleti yoktan bu hâle getirdik. Üç beş çapulcuya maskara ettirmem. Yaptığımız bir tecrübedir. Başarırsak ne âlâ; başaramazsak eski usullere döneriz...

* * *

Celal Bey ayaktaydı. Adnan Bey'i güler yüzle karşıladı ve kucakladı:

– Tebrik ederim! Adını koydunuz mu?

Adnan Bey sevinçliydi:

– Evet efendim! Aydın!..

Berin Hanım, üçüncü oğlunu dünyaya getirmişti. Adını Aydın koydular. Adnan Bey, partinin teşkilatlanması için İstanbul'dan yayılan büyük bir kampanyanın faydalı olacağını söylüyordu. "Bütün mesele memleketin her köşesine uzanan bir sesi, bir soluğu göstermektir" diyordu. Türkiye sadece İstanbul basınının tesirindeydi. Ve yeni bir demokrat hareketi övmeye hazır kadrolar olduğunu görüyordu. Bütün mesele, ilişkilerin sıcak ve yakın tutulduğu bir propaganda dönemini başlatmaktı. İstanbul basınının desteği Demokrat Parti'yi ihya edebilirdi. Görüşlerini Celal Bey'e açmış ve izin istemişti. Ahmet Emin'in "*Vatan* emrinizde" diyen sesini samimi bulmuş ve Celal Beyin takdirine sunmuştu:

– Tensip ederseniz bu işe İstanbul'dan başlayalım efendim.

Celal Bey, teklifi onayladığın gösterip, bir ikaz cümlesiyle konuyu kapattı:

– Ahmet Emin Bey'e karşı uyanık olun!

Ankara Ekspresi'nde yer ayırtmıştı, İstanbul'a gidiyordu. Yemekli vagona girince gözlerinin içi güldü. Yahya Kemal Bey tek başına oturmuş, önüne kurulmuş mükellef sofrada içkisini yudumluyordu. Adnan Bey'i görünce, o da sevindi. Karşısındaki boş yere oturmasını rica eder gibi eliyle yön gösterdi.

Yahya Kemal Bey, demokrat hareketin felsefesinde tam netlik olmadığını biliyor ve CHP'nin bunu fark etmemesinin siyasî felaketi olacağını söylüyordu. Üstat şair, İsmet Paşa dahil, CHP yöneticilerini demokrasiyi tanımamakla suçluyordu. Felsefeci İhsan'ın dediği gibi, Yahya Kemal'in İsmet Paşa fobisi son günlerde ciddi mayalanma içindeydi. Yahya Kemal Bey bunu Adnan Bey'e de anlatmak istiyordu:

– Farkındayım, vakit henüz çok erken, ama siyasette prensipler ilk gün belli olur. Hereketinizde henüz bu prensiplerin benimsendiğini görmüyorum.

Adnan Bey'in tavrını izlemek, konuşmanın ölçüsünü buna göre ayarlamak istiyordu. Karşısındakini hazır ve niyetli görünce devam etti:

– Kuruluşunuzu heyecan yönlendiriyor. Halkın bıkkınlığı yönlendiriyor. Heyecan ve bıkkınlıkta salim irade tezahür etmez. Siyaset derme çatma kuruluş istemez.

Adnan Bey, Aydın'da Mükerrem Bey'in karşılaştığı durumu hatırladı. Müyesser'in "Eski günlerin hatırını kullan doktor" sözünü hiç unutmamıştı. Üstadın dediği doğruydu. Böyle derme çatma oluşturulmuş siyaset kadrolarının ne kadar acı verici olduğunu görmüştü. Üstat şair bu manzarayı sanki yaşamış gibi anlatıyordu:

– Demokrat Parti ideolojisini temsil edecek bir siyasî kadro bulmalısınız. Bu kadroları yaratmak kolay değildir. Ama ülkede bu kadrolarda yer alacak vasıfta çok insan vardır. Bütün mesele onları bulup çıkarmaktır.

Adnan Bey, böyle bir teşhisin tartışılabilir çok yönü olduğuna inanıyordu. Yahya Kemal'in dilinden dinlemek kendisini etkileyebilirdi; ama çok önemli bir siyaset rehberi gibi takdim edilen bu görüşler gerçekte ne kadar muteberdi. Kim bu fikirlere itibar ederdi? Bütün yurdu sarmış bir heyecan vardı. Önce bu heyecanın kaymağını toplayıp partiyi yaygın teşkilata kavuşturmak, sonra istenen iradeyi gösterecek kadrolarla siyasete devam etmek gerektiğini düşünüyordu. Düşündüklerini açıkça söyledi:

– Siyasetçi tek bir oyu bile görmezlikten gelemez.

Yahya Kemal, rakısını yudumladı. Kopardığı ekmek dilimini eliyle önündeki yoğurt kâsesine batırıp ağzına götürdü. Diliyle damağı arasında şaplatarak ezdi. Hafif sarımsak kokusu etrafı sardı:

– Eğer Meclis'e bu nitelikte bir kadro getiremezseniz, parti başkanının seçtiği insanlarla sadece diktatör yaratırsınız. Emsal aramaya gerek yok, CHP'nin geçmişine bakınız yeter...

Yoğurdu sevmiş olacak ki bu defa daha büyük bir lokma koparıp yoğurda iyice bulayıp ağzına götürdü. Masada artık kesif bir sarımsak kokusu vardı:

– Siyaset, kehanetle değil, teşhis isabetiyle şahsiyet kazanır.

* * *

Çiftesaraylar Bahçesi'ndeki binanın alt katı süsleniyordu. Ilıman bir mayıs ikindisiydi. Demokrat Parti Eminönü İlçe Başkanlığı'nın teşebbüsüyle fakir halkın çocukları öğle üzeri topluca sünnet ettirilmiş ve biraz uykuya yatırılmışlardı. Giriş katının geniş salonuna bir hayal perdesi germişler, arkasına lüks lambasından bir büyük "şema" yerleştirmişlerdi. Hayal perdesinin ışık ve gölgelerinde, sünnet çocukları için karagöz oynatılıyordu. Hacivat'ın bacakları arasına sıkıştırılmış Arap Kâhya'nın meraklı ve heyecanlı bekleyişi etrafı kahkahaya boğmuştu.

Artık İstanbul'da yeni bir moda başlatılmıştı. Ağustosla birlikte İstanbul ilçelerinin başkanlıkları sırayla muhitlerinin fakirlerini sevindiren sünnet düğünleri düzenliyorlardı. Çakır'ın Gazinosu, Çiftesaraylar Bahçesi, Letafet Apartmanı, Tepebaşı Gazinosu toplu sünnet düğünlerinin değişmez mekânlarıydılar. Bazen de hatırlı İstanbul tüccarlarının pahalı salonlarda yapılan düğün törenlerine Demokrat Parti'nin iktidara talip şöhretli kadrosu gelip yeni demokrasi hareketinin ruhunu ve heyecanını aşılamaya çalışıyorlardı. Önceki gece Kervansaray'da varlıklı İstanbul ailelerinin katıldığı bir toplantıya Adnan Bey'in gelişi heyecan yaratmış, herkes halkın sevgilisi dediği genç siyasetçiyi karşılamak için kapı önüne dizilmişti.

Çiftesaraylar Bahçesi'nde birden sessizlik oldu. Perdenin gerisinde Karagöz ile Hacivat'ın sevimli çekişmesi durmuş, herkeste şaşkınlık yaratan bir sükûnet belirmişti. Çocuklardan biri "Şeytan geçti" dedi. Sessizliğin sebebi yeni bir haberin gelmesiydi. Adnan Bey ilçe kongresinden sonra Çiftesaraylar'a gelecek ve sünnet çocuklarının ailelerini tebrik edecekti. Eminönü ilçe başkanı Kolonyacı Şevki, Menderes'in sadece varlıklı ailelerin düğününe katılmasını sert dille eleştirmiş ve "Onlar ikbâlini sizde arıyorlar. Siz de buna müsaitsiniz. Halbuki bizim ikbâlimiz şu fakir semtlerin tâlihsiz çocuklarındadır; ama maalesef siz de buna müsait değilsiniz..."

Bu söz Adnan Bey'i çok sarsmış, kürsüde cevap vermek isterken zorlanmış, hatta kelimeler istediği mânâyı aktaracak heyecan ve cesareti kazanamamıştı. Sadece cılız bir sesle ortalığı sâkinleştirecek bir vaatte bulunmuştu. Sözleri o günlerin havasına uygun bir heyecan yaratmakla kaldı:

– Bizim yüreğimiz, halkın bağrının tam ortasında atmaktadır...

Demokrat Parti umulmadık hız ve derinlik içinde halkın sevgisini kazanıyor ve yeni bir siyaset anlayışıyla halkla kucaklaşıyordu. Adnan Bey her gittiği yerde bu heyecanlı gelişmenin âdeta tutku haline geldiğini görüyor ve parti içinde başka hiçbir kimseyle kıyaslanamayacak sevgi ve saygı görüyordu. Demokrat Parti'nin fikirleri ve hedeflerinden çok, Adnan Bey'in sürekli gülen yüzündeki sıcak ve kucaklayıcı sevgi etkili oluyordu.

Adnan Bey kongreden ayrılırken il başkanı Kenan Öner'e fısıldadı:

– Hocam, bu akşam herhangi bir halk gecemiz var mı?

Aristokrat Kenan Bey, Adnan Bey'in halk gecelerine gitmesini doğru bulmamış, bir an evvel İstanbul'dan ayrılmasını temin için, Ankara'daki hadiseleri abartmayı uygun görmüştü:

– Ankara'ya dönmeniz daha isabetlidir. Baksanıza paşa hazretleri meydanı boş bulmuş, fırtınalar estiriyor...

Fırtına denilen şey, Çubuk Barajı çevresinde atla geziye çıkan İnönü ve Mevhibe Hanım'a, polislerin koruma kordonundan nasılsa kurtulmuş iki küçük çocuğun açlıklarını dile getirmeleriydi. Polis bu iki afacanı fena halde hırpalamış ve ailelerini karakolda meydan dayağıyla tehdit etmişti. Olayı haber alan İnönü, bu densizliği, bir beceriksiz, dalkavukluk gibi görmek yerine, demokrasiye âşık milletimizin onurunu kıran devlet zaafı gibi değerlendirmişti. İnönü'nün bu haberi Anadolu Ajansı'nın ilk haberi olarak gazetelere geçilmiş ve Matbuat Umum Müdürlüğü bu haberin gazetelerin ilk sayfadan geniş ve iri puntolarla verilmesi konusunda yazı işleri müdürlerini uyarmıştı. Kenan Öner, Menderes'in Ankara'ya dönüp bunu sert dille eleştirmesini istiyordu. Gerekçesi basitti: halkın sevgisi el değiştirirse, Demokrat Parti'nin iktidar olma hevesi suya düşer ve o suyu içen inek dağa kaçardı.

Adnan Bey, olayı önemsemedi. Delikanlılık yıllarında da benzer olayların yaşandığı sünnet düğünlerinde halkın kendisine nasıl sevgiler gösterdiğini hatırladı. İştirakiyuncu Müyesser'in önderliğinde yapılan toplu sünnet törenlerinde, Aydın'ın civar kasaba ve köylerinden gelen çocuklar meydanda şenlikli bir gecede sünnet ettirilir ve köylerine gönderilirdi. Çakırbeyli Çiftliği'nde o gece için büyük kazanlarda pilav ve zerde pişirilip gelenlere dağıtılır ve Adnan Bey bu gecelerde zeybek oynayacak kadar heyecanlanıp ortaya fırlardı. Hareketleri nârindi. Dağ gibi bir zeybeğin toprağa diz vuruşunu hayranlık içinde izlediği çocukluk günlerinin hararetini, böyle gecelerde sâkinleştirirdi. Her çocuğun ailesinde bir hüzün vardı. Hepsinin mâcerasını köşe yastıklı sert döşeklerden seyretmiş ve yadırganmayacak bir ıstırap duymuştu.

Kenan Öner'in Ankara'ya dönme teklifinde kendisine heyecan ve itibar kazandıracak bir taraf görmüyordu. Kolonyacı Şevki'nin önerdiği Çiftesaraylar düğününe gitmeye karar verdi. Kolonyacı Şevki tam halkın adamıydı. Adnan Bey'i ikna için güzel bir gerekçe bulmuştu. "Size orada Şehime Hanım'ın ikindi güllaçlarından ikram ederiz" diyordu.

Kenan Öner'in kaşları çatıldı. Nasıl olur da sıradan bir ilçe başkanı kendi yanında partinin en önemli büyüğünü sünnet düğününe gitmeye zorlayabilirdi. Bunun hazmedilecek yanı yoktu. Bu densiz siyasetçiyi azarlamak yerine, bu iştahlı merakın sahibinin dikkatini çekmek daha uygun olacaktı. Sözlerini esirgemedi:

– İlkokul çocukları arasında karagöz seyrederek mutluluk arayan bir siyasetçinin korkulacak birisi olmadığını düşünün. Daha işin başında yanlış izlenimler vermeyiniz.

Adnan Bey'in hatlarında hiçbir gerginlik yoktu. Aslında bu geceye Kolonyacı Şevki'nin "halkla bütünleş" uyarısındaki heyecan verici ikbâl için değil, çocukluk günlerinin lezzetli hatıralarını tazelemek için gidecekti. Ama, il başkanını da böyle bir hevesi kırmak isteyişinden ötürü cevaplayacaktı. Adnan Bey de sözünü esirgemezdi:

– Bir insanı, kendi zihninde çökmüş görmek, o insanı kendinde kahreden korkuya dönüşmüş görmekten çok daha haysiyet kırıcı bir rahatsızlık sayarım.

Hızla yanından uzaklaştı. Kendisini bekleyen otomobile yürüdü. Kolonyacı Şevki arabanın kapısını açmış, giderken şükranlarını bildirmek istemişti. Adnan Bey arabadan içeri girerken Kolonyacı Şevki'nin elini tuttu:

– Bin arabaya!

Çiftesaraylar Bahçesi tıklım tıklımdı. Sünnet olacak çocukların aileleri iri çınarların gölgesindeki en iyi yeri kapmak için sabahın erken saatlerinden itibaren bahçeyi doldurmuşlardı. Küçükpazar, Yeşildirek, Vefa, Ahırkapı, Akbıyık'ın fakir mahallelerindeki aileler, kendi sokaklarından sünnet olan çocuğun yatağını süslemek için evlerinin en nadide eşyasını cömertçe bahçeye getirmişti. İkindi vakti yapılan biraz acılı, biraz şenlikli bir törenle çocuklar sünnet edilmiş, düğünün eğlenceli kısmı geceye bırakılmıştı.

Adnan Bey'in gelişiyle birlikte sevinçli çığlıklar yükseliyordu. Neredeyse herkes Cağaloğlu kapısına koşmuş ve kendisini kucaklamak için sıraya girmişti. Adnan Bey otomobilden zor inebildi. Güçlükle yol alabiliyordu. Önceden ayrılmış masaya gelinceye kadar herkese bu sevinçli gösteri için teşekkür ediyor, hatır soruyordu. Güçlükle masaya oturabildi. Sahnede "Osman Ağa Düeti"nin son dansları yapılıyordu. Düetin elli yıllık şarkıları, günün siyasetine uygun olarak değiştirilmiş ve Demokrat Parti'nin propagandasını yapan cümlelerle süslenmişti. Adnan Bey duyduklarından şaşkına dönmüştü. Genel idare kurulunda yapılan yüksek düzeyli siyaset planlamasının hedefleri günlük dilin basit anlatımlarıyla bu şarkılarda etkili bir propagandaya dönmüştü. Kolonyacı Şevki'ye döndü:

– Haklısın! Yapmamız gerekeni şimdi daha iyi anlıyorum.

Adnan Bey'in masasına meyve şekerinden yapılmış bir bardak şerbet ve birkaç kuru pasta koydular. Sonra yaşını başını almış birisi yaklaşıp kendisini tanıttı:

– Ben Kemal Paşa Mahallesi ihtiyar heyetinden fotoğrafçı Talat'ım.

Eğilip Adnan Bey'in elini öpmek istedi. Adnan Bey sert şekilde elini geri çekti. Yaşını başını almış bir ihtiyarın böyle herkesin önünde elini öpmek için eğilmesinden rahatsız olmuş, açıkçası utanmıştı. Fotoğrafçı Talat yanındaki çocuğu ileri sürdü.

Tecrübeli bir el masadakileri toplayıp yerine tertemiz bir tabak ve bir kaşık bıraktı. Sonra tülbentle üstü örtülmüş bir tepsiyi yanına koydu. Elindeki büyük kaşıkla bir iri porsiyon güllacı tabağa yerleştirdi. Yumuşak sesle takdim etti:

– Bırakınız öpsün elinizi efendim.

Çocuk sadece Adnan Bey'in elini öpmüş, usulca geri çekilip güllaç dağıtan kadının yanına gelmiş ve kaşıkları dağıtmaya başlamıştı. Güllaç dağıtan kadın kendini takdim etti:

– Adım Şehime efendim. Bunlar benim ikindi güllaçlarım...

Yanındaki çocuğun omuzlarına ellerini koyup bir daha öne çıkardı:

– Fedaiyan taburundan şehit yüzbaşı Mehmed Fahri'nin torunu, Âsaf Fahri.

Sonra fotoğrafçı Talat'ın yanına geldi. Yaşlı adamın elini öpüp Adnan Bey'in huzuruna bir daha çıkardı:

– Müdafaai Hukuk kâtibi sânisi Talat Fahri... Lütfen bırakınız efendim, öpsün elinizi... Millet sizi yücelttiği yerde görmek istiyor...

Şehime Hanım, evliliğinin ikinci ayında eşini Sakarya'da şehit vermiş ve doğruca ağabeyi Talat Fahri'nin yanına yerleşmişti. O günden beri, kocasından kalan küçük dükkânda her ikindi vakti güllaç satarak geçimlerine katkıda bulunuyordu. İkindi ezanından hemen sonra Küçükpazar esnafının çırakları doğruca Şehime Hanım'ın dükkânına koşar ve sıraya girerlerdi. Şehime Hanım, önce çırakların güllacını yedirir, sonra sefertaslarına yerleştirdiği güllaçları ustalarına götürmeleri için hızla dükkânlarına yollardı.

Şehime demokrat kadındı. Cesurdu. Saygılıydı.

Şehime duygulu kadındı. Sahnede Mustafa Çağlar, heyecanlı ve çığırtkan sesiyle yeni bestelediği nihavendini okuyordu:

Anlatılmaz bu aşkın hikâyesi derindir...

Gözleri nemlendi. Kimsenin görmesini istemiyordu. Yavaşça ayrılırken Adnan Bey'in dikkatini çekti. Ayağa kalkıp Şehime Hanım'ı selamladı:

– Yıllar var ki bu kadar lezzetli bir şey yememiştim.

Gözlerinde heyecan vardı. Adnan Bey, bağrına basacağı yeni evladın sevinciyle yüklüydü.

* * *

Celal Bey, baskın bir erken seçim kararı alınacağından endişeliydi ve kuşkulandığı husus gerçekleşmişti. CHP'nin erken seçim kararı almasından çekindiği yoktu. Kısa sürede yurt sathında büyük itibar gördüklerini biliyordu. Gittiği, gezdiği her yerde nasıl karşılandıklarını görüyor ve sevdâlı iradenin mutlaka kendilerine Meclis yolunu açacağına inanıyordu. Bu duygularında hiç yanılmamıştı ve bu defa da yanılmayacaktı. Aynı izlenim bütün arkadaşlarında da vardı.

Seçim listeleri hazırlanmış ve onay için kurucular heyetine sunulmuştu. Listelere, halkın itibar edeceği isimlerin yerleştirilmesi için özen gösteriliyordu. Köprülü listeyi tek tek incelemiş ve milliyetçi kadro adını verdiği geniş bir vatanperver listesini milletvekili aday adayı olarak seçmişti. İstanbul il başkanı Kenan Öner de bu listenin arkasında durduğunu söyleyerek Köprülü'ye güç kazandırmak istemişti. Adnan Bey konuşmaları sonuna kadar dinlemiş, genel idare kurulu üyelerinin nasıl bir tercih içinde olacaklarını merak etmişti. Yanında oturan Samet Ağaoğlu'na fısıldadı:

– Hepsi bu mu?

– Zannederim bazı isimler daha var ama, bunların solcu oldukları gerekçesiyle listelerde yer alması istenmiyor. Sizin istediklerinize de yer verilmemiş.

Sonra daha yumuşak sesle fısıldadı:

– Kenan Öner deniyor ama, işin gerisinde Köprülü'nün ısrarı var...

Toplantı bitmiş milletvekili aday listelerinin gözden geçirilmesi neredeyse tamamlanmıştı. Bir iki ince dokunuşla listelerin daha cazip hale gelmesi sağlanabilirdi. Adnan Bey, Celal Bayar'ın odasına doğru yürüdü. Samet Ağaoğlu kendisini izliyordu. Kapıya yaklaşırken geri döndü:

– Samet! Sen gelme. Hadiseyi senin tahrik ettiğine hükmederler. Durup dururken başına bela açmayalım.

Adnan Bey içeri girdi. Celal Bey ayaktaydı. Önündeki listelere şöyle bir göz gezdiriyordu. Mücadele yıllarından tanıdığı birkaç ismin listelerde yer alması için uygun yerler aramaktaydı. Köprülü, Bayar'ın tercihlerine listelerde uygun düşecek yerlerin açılabileceğini söyleyerek bir rahatlatma getirmiş, ancak onun dışında müdahalelerin listelerdeki dengeyi bozacağı endişesinde olduğunu söylemişti. Böylece, listede tek söz sahibi görünmek istiyordu.

Refik Bey odanın en uzak köşesinde oturuyordu. Yerinden kalktı, hafif hareketlerle listenin yayıldığı masaya yaklaştı ve sesini yükseltti:

– Söz verdiğimiz insanlar var. Bu memleketin aydın ve cesur insanları... Bunların listelerde yer almasına neden mâni olunuyor ?

Refik Bey sorusunu kesin bir muhatap belirtmeden bitirmiş, ama asıl hedefinin Köprülü olduğunu hissettirmişti. Köprülü sözü üstüne aldı:

– Bu listeler teşkilatın tercihlerine göre hazırlandı.

Refik Koraltan, istifini bozmadı. Sesini biraz sertleştirdi:

– Mehmet Ali Aybar'ı bizzat ziyaret ederek listemizde yer alması için ikna ettim. Şimdi siz malum olmayan bazı sebeplerle bunları yok saymak istiyorsunuz. Neymiş sebep? Biri Nâzım'ın avukatıymış!.. Öbürü solcuymuş... Öteki işçiymiş... Bu mu bulabildiğiniz mazeret?

Kendini destekleyecek bir gerekçesi daha vardı, onu da ekledi:

– Adnan Bey'in de, Celal Beyefendi'nin de teklifleri vardı.

Odaya sessizlik hâkim olmuştu. Köprülü böyle bir müdahale karşısında şaşırdı. Hiç beklemiyordu. Kurucuların teklif ettiği isimlerin şöhretli solcular olduğunu söylemek istedi. Kendini çabuk toparladı. Bu açıklama münakaşayı çığırından çıkarabilir, sevimsiz sonuçlar doğurabilirdi. Köprülü bir ara yol önerdi:

– Bir dahaki seçimlerde bu arkadaşları değerlendirme imkânı sağlarız.

Refik Koraltan'ın sinirleri gerilmişti. Sesini daha da yükseltti:

– Ben sözümün arkasında dururum. Hemen şimdi Kayseri listesinin başına Mehmet Ali Aybar'ı yazınız... Derhal! Şimdi!..

Geri döndü Celal ve Adnan beylerin kendisini hayretle izlediklerini görünce güldü. Sesini yumuşattı:

– Sizler de teklif ettiğiniz isimlerin listede yer almasını sağlayınız. Lütfen sağlayınız! Hemen sağlayınız. Benim itimadım ciddi şekilde sarsılmıştır.

Celal Bey müdahale etti. Adnan Bey'in vereceği ismin yaratacağı ihtilafın büyüyüp birden alevlenmesini önlemek istedi:

– Fuat Bey! Liste konusunda gösterdiğiniz zahmete teşekkür

ederim. İki isim için daha müdahale hakkını bizim adımıza sizin kullanmanızı rica ediyorum. Sabit Şevki'yi, ve Mehmet Ali'yi listelerimizin mutena yerlerinden değerlendiriniz ve sonuçlarını bize bildiriniz...

Toplantıyı bitirmek istedi. Sesini biraz hafifletti:

– Gayretiniz için teşekkür ederim.

Sonra aradığı isimlerden bazılarını daha bulamamış gibi rahatsızdı. Ve giderek sertleşebilirdi. Yine kendini kontrol etti ve sordu:

– Matematik hocasını ne yaptınız?

Celal Bey'in matematik hocası dediği Osman Bölükbaşı'ydı ve bu konunun ihmalini rahatsız edici bulmuştu. Adnan Bey'e döndü:

– Adnan Bey! Bu meseleyi çözmeden ayrılmayınız.

Adnan Bey dışarı çıktığında Samet Ağaoğlu kapıda bekliyordu. Meraklı gözlerle kendisini seyretmekteydi:

– Mehmet Ali listede yer aldı. Meseleyi Bayar halletti. Senin matematikçiyi de listeye koyduk. Haydi yemeğe gidelim. Konyalı'ya ne dersin?

İstanbul'un sıcak bir günüydü. Öğle yemeğine geç kalmışlardı. Telaşlıydılar. Samet Ağaoğlu içerde olanları öğrenmek istiyordu:

– Umarım sizi zorlamadılar.

– Hayır hiçbir zahmet söz konusu olmadı. Bayar, tereyağından kıl çeker gibi halletti.

Bayar, Sosyalist İşçi Partisi'ni kuran Sabit Şevki Şeren'i seçimlerde şanslı görmüyordu. Partisi yeni kurulmuş ve teşkilatlanmamıştı. Ancak işçi meselelerine olan vukûfuyla dikkatini çekmişti. Partisinde bu bahisleri böylesine derin bilgi ve tecrübeyle tartışacak kimse olmadığı için yararlanmayı düşünmüş ve Demokrat Parti listesinde yer alması için ikna etmişti. Kenan Öner ve Köprülü'nün küçük tuzağıyla feda edilmek istenin ilk isim buydu.

Adnan Bey de, hukuk bilgisinin derinliği ve savunma cesaretiyle dikkat çeken avukat Mehmet Ali Sebük'ün listede yer almasını istiyordu. Mehmet Ali Sebük sol düşünceli vatansever olarak İstanbul hukuk camiasında çok önemli ve şöhretli bir yer edinmişti. Nâzım Hikmet'in avukatlığını yüklenmiş, başarılı savunmasıyla sol düşünce modelinin temel değerlerinin Türkiye'de tartışılmasına katkısı olmuştu. Dedikodulara göre, il başkanı Kenan Öner "bu solculardan memlekete hayır gelmez" hiddetiyle listelerde yer almalarını engellemek istemişti.

Adnan Bey, böylesine şahsî tercihlerin ileride önemli sorunlar yaratacağını görmüş ve Samet Bey'i bu bahislerde kulağı delik olması için uyarmıştı:

– Önümüzde kongre var! Bir davanın peşini kovalamak elbette ki malumat ve cesaret ister. Ama asıl önemli olan, siyasetin bir kadro işi olduğudur... Şimdi kafanı bu işe yormaya başla...

Arkasından Samet Ağaoğlu'na cesaret kazandıracak ilk ismi hatırlattı:

– Biliyor musun, Koraltan'ı bir kere daha sevdim. Ummadığın anda umulmadık cesaret ve ısrar içinde bir davanın yürekli sözcüsü olabiliyor.

* * *

Nâzım'ı koğuştan çağırdıklarında şaşkınlık içinde kaldı. İstanbul'dan ziyaretçileri olduğu söylenmişti. Böyle soğuk kış ortasında kendisini kimin ziyaret edeceğini düşündü. Akla gelen ihtimalleri mümkün görmüyordu. Pirâye artık ziyaretlerini seyreltmişti. Aylardır geldiği yoktu. Mektuplarındaki bekleyiş hasretinin sesi de kısıktı. Zaman zaman kızıl saçlı rüzgârını özlediği oluyordu. Bazen kendini ayıplayan çığlıklar yükselttiği de olmuştu. Pirâye'ye yaptıklarının haksızlık olduğunun farkındaydı. Üzülüyordu. Sonra kendini haklı buluyor ve bir şairin dünyasının derinliğini anlayacak kadın olmadığını söyleyerek teselli arıyordu.

Pirâye'nin sevgisinde de, Nâzım'ın aradığı şeyler henüz fark edilmemiş, olduğu yerde duruyordu. Nâzım'ın içinde sağlam bir Pirâye tahlili vardı. Günü gelince bu tahlili dillendirecek ve kendisinin haklı olduğunun kabulünü isteyecekti.

Düşüncelerini kendiyle konuşur gibi olgunlaştırıyor, sanki mektup satırlarına döker gibi renklendiriyordu:

> Pirâyem beni vakarla, vefayla, sadakatle, temkinle, itidalle, alışkanlıkla, haşmetle, akılla, yürekle sevdi. Bunlar şefkatli bir annenin, sadık bir zevcenin, vefalı bir nişanlının sevgileridir. Beni delicesine canı çekmedi. Pirâye bana, bir kere olsun, gözlerimin içine bakarak seni seviyorum demedi...

Zihninde bu tiradı her gün tekrarlıyor ve acılı bir hasretin artık serin ve samimi vuslatının olamayacağını düşünüyordu.

Nâzım, başka ilişkilere hazır bir dünyanın ortasında fırsat kollayan adama dönmüş gibiydi. Her hadisede kendini haklı çıkaracak mazeretin üretilmesinden rahatsız değildi.

Bu vakitsiz ziyaretin gerisinde heyecanlı bir davetin olabileceği ihtimalini düşündü ve rahatsız oldu. Ürkerek gitti.

Nâzım titredi. Yıllardır vefanın en güzelini birlikte yaşadıkları dostları karşısındaydı: Vâ-Nû ve Müzehher...

Bir hafta her gün hapishanede bir araya gelip eski günlerin nesi varsa paylaştılar. "Tam on yıldır görmediğim insanlarım" diyordu. Oturup önce ağlaştılar. Nâzım, boynundaki kravatı çözdü. Ceketini çıkardı. Savcı cesur adamdı. "Hiçbir infaz adalet ahlâkına aykırı olamaz" diyordu. Hapishane müdürü yürekli çıkmış, Nâzım'ın ranzasının yanına oturmalarına müsaade etmişti. Nâzım, yüksek sesle şiirlerini okuyordu. Mısralarda Pirâye'ye sitem vardı, naz vardı...

Nâzım'ın yüreği boştu. Müzehher o yüreğin içine baktı. Hapishane kapısında Gazalî'den rubaîler okuyup demir parmaklıkların açıldığı lacivert bahçeye uzanan tek sevgi kalmamış gibi boş ve siyahtı. Yukarı koğuşta bağlama çalan Şeker Ali'nin sesi de yoktu... Avuçlarında camdan bir şey gibi kalbini sıkıp, parmaklarını kanatarak, kırasıya sevdiği, çıldırasıya sevdiğinden iz bile yoktu...

Müzehher aşkı tatmış kadındı. Dostuna sahip çıkmanın zamanı geldiğini düşündü. Vâlâ'nın gözlerine şöyle bir dönüp baktı. Seferberliğe gider gibiydi:

– Ben arkamda yüreği boş bir Nâzım bırakmam!..

On dördüncü bölüm

Soframda yeşil biber, tuz, ekmek,
Testimde sana sakladığım şarabı
İçtim yarıya kadar bir başıma
seni bekleyerek...

Nâzım Hikmet

Ey sevgili anladım bu uzaktan sadâ ile,
Ömrün yegâne lezzetidir hâtıran bile.

Yahya Kemal

Meclis'e bir bomba düştü: psikopat!..

Demokrat grubu ayağa kalkmış, kürsüyü protesto ediyordu. CHP'nin kalabalık kadrosu, eski sözcüleri Menderes'i hedef alan bu ağır hakareti, sanki hak ettiği isabetli bir teşhis gibi görmüş, hatibi alkışlıyordu. Fuat Köprülü ayağa kalkıp Meclis başkanını protesto etti:

– Böyle bir ayıp giderayak tam size yakışan iftihar olmuştur...

Sonra hitabet kürsüsüne döndü ve daha dikkat çekecek bir lisanla haykırdı:

– Bu ayıp sana yeter Recep Bey!..

Celal Bayar ayağa kalkmış, Demokrat Parti grubunu Meclis'i terk etmeye davet etmişti:

– Kalkınız arkadaşlar! Müzakereyi terk ediyoruz... Sultan Hamid'in meclislerinde bile bu kadar hantal bir diktatörlük ayıbı olmamıştı.

Demokrat milletvekilleri salonu terk ederken geride kalanlar müstehzi bir lisanla uğurluyorlardı:

– Uğurlar olsun!..

CHP grubu hiçbir şey olmamış gibi görüşmeleri sürdürdü. Başvekil kürsüdeydi. Rastlanılmamış bir asabiyet içinde ve Demokrat Parti'yi Meclis terbiyesinde görülmemiş dille eleştiriyordu. Kendi çöplüğünde öten horoz gibi mutluydu.

İşin aslı şuydu. Bütçe görüşmeleri sırasında Demokrat Parti grubu adına konuşan Adnan Bey, iktidarın yakasına yapışmıştı. Sesi uysaldı. Jestleri, mimikleri konuşmasının dikkat ve itina içinde izlenmesini sağlıyordu. Önce kürsüye Maliye Bakanı Halit Nazmi Bey çıkmış, sıradan bir takdim konuşmasıyla yetinmişti. Bütçenin gerekçesi ve tahminleri kuşku yaratacak kadar zayıf kalmıştı. Halit Nazmi Bey gibi tecrübeli bir Maliye bakanının böyle hafif bir takdim konuşmasıyla yetinmesi aslında bir siyasî tercih olarak önceden belirlenmişti. Bütçenin teknik yönlerinin tartışılmasından önce, kürsüye gelen başbakan bütçe politikalarını bir iftihar lisanıyla aktarmış ve işin basit gördüğü teknik takdimini Maliye bakanına bırakmıştı. CHP grubu adına konuşanlar da bütçenin teknik yönünü değil, parti politikalarını öne çıkaran üslubu seçmişlerdi. Böylece önceden planlanmış usta hatiplerin lisanıyla Demokrat grubun gözü korkutulmak istenmişti.

Recep Peker, CHP'de İnönü dahil hemen herkesin çekindiği siyasetçiydi. Atatürk'ün ilk karargâhındaki en önemli kurmaylar arasında yer almış ve Millî Mücadele'yi her safhada Gâzi Hazretleri'nin dünya görüşünde savunmuş ve savaşmıştı. Kolay pes ettiği görülmemişti. Gâzi Hazretleri'nin bile zaman zaman Recep Bey'in eğilimini öğrenmeden harekete geçmediği söylenirdi. Devlet denildiğinde, Recep Bey'in bütün akarsuları durduran bir bileği vardı. Bu bilek şimdiye kadar bükülmemişti. Herkese tepeden bakan tavrı vardı, ama içinde hayatı alttan alan bir köylü masûmiyetinin diklendiği de görülürdü. Her şeyin üzerinde bir cumhuriyet âşığıydı ve bu gururun manzaralarını sergilemekten zevk duyardı. Kelimelerle arası çok iyiydi. Hangi sözü söylerse, kimi avucuna alacağını biliyor ve bunu her seferinde muhatabına göre değiştiren belagatle kürsüyü dinletiyordu.

Recep Bey'in takdim konuşmasıyla bütçe görüşmelerinin sona ereceği beklenirken Adnan Bey'in kürsüde görünmesi şaşkınlık yarattı. Kütahya Milletvekili Başbakan Recep Peker kürsüden inmiş, bu kez kürsüye yine Kütahya Milletvekili Adnan Bey çıkmıştı. Kendinden emindi. Muhatabını önemseyen tavırları hemen dikkat çekmişti. Milletvekillerinin çoğu uzun süreden beri yakından tanıdıkları Menderes'i ilk defa önemli bir görüşmenin sözcüsü olarak dinleyeceklerdi. Bu merak aynı zamanda Recep Peker'e duyulan sinsi asabiyetin tatmini fırsatı olarak değerlendiriliyordu. Adnan Bey, kürsüde Recep Peker'i yerden yere vursa bile, içlerinden geldiği gibi davranamayacak ve alkışlayamayacaklardı. CHP milletvekillerinin hepsi Recep Bey korkusuyla suskun kalacaklardı. Bu daha işin başında belli oluyordu.

Adnan Bey, beklenmeyen bir ekonomik tespitle müzakereyi avucuna almıştı. Memleketin iç emniyetini bozacak ve dışarıya karşı haysiyet ve itibarını kıracak herhangi bir hükûmet dikkatsizliğinin karşısında olacaklarını söylüyordu. Seçtiği kelime son derece yumuşaktı. Ağır bir itham havası içinde "hükûmet hataları" demek yerine "hükûmet dikkatsizliği" yumuşatmasını kullanmış ve ilk bütçe müzakeresinde Demokrat Parti'nin ne kadar yapıcı bir siyaset içinde olduğunu göstermek istemişti.

Bu sözler doğrudan Recep Peker'i muhatap almıştı. Yumuşatmanın gerekçesi belli ki biraz da muhatabının sertliğiydi ve ürkmenin ilk adımda belli olmasını istememişti. Sonra bütçeyi eleştirmeye başladı:

– Milletin parasının murakabesi gerekir. Görevimiz budur ve bunun ihmalini kim işlerse işlesin yakasına yapışacak cesaretteyiz. Hiç kimsenin geçmişten getirdiği şöhret buna engel olamaz.

CHP milletvekilleri sinsi sevinç içindeydiler. Adnan Bey, şaşkınlık veren bir cesaretle konuşuyordu. Asıl önemlisi, bütçe eleştirisi şimdiye kadar görülmemiş üsluptaydı. Bütün teknik detayları ele alıyor ve işlenmiş hataları belirtip nasıl düzeltilebileceğini gösteriyordu. Uzun yıllar bütçe komisyonunda görev yapmasının Adnan Bey'e güçlü bir siyasî teşhis yeteneği kazandırdığı ortadaydı. Bu yeteneğini yine bütçe komisyonlarında kazandığı maharetle malî meselelere tatbik ediyor, dinleyenlerin hemen kabul edeceği tespit ve eleştirileri ortaya koyuyordu. Demokrat Parti grubu da şaşkınlık içindeydi. Meclis birdenbire Adnan Bey'in yeteneklerini keşfetmiş ve hayran kalmıştı. Kelimeleri özündeki mânâdan ayırmayan dikkatle seçiyor ve muhatabının içinde bulunduğu durumu teşhir eden maharetle kullanıyordu.

Kürsüden indiği zaman Demokrat grubu ayakta alkışlıyordu. Halit Nazmi Bey'in kürsüye çıkıp Adnan Bey'i nasıl cevaplandıracağını bekliyordu.

Umulmadık bir şey oldu. Cevap için kürsüye Maliye vekilinin çıkması beklenirken, Recep Peker'in hükûmet adına cevap vermek için kürsüye yürüdüğü görüldü. Kendinden emindi. Sesi yumuşaktı. Çehresinin bütün hatları gülüyordu. Hiçbir söze fazlaca alınmış izlenimi vermiyordu. Milletvekilleri alışılmışın dışında bir Recep Peker seyrediyorlardı. Böyle bir eleştiri konuşmasının arkasından Recep Bey'in vereceği cevap önem kazanmış, ancak böyle yumuşak bir çehreyle verilecek cevap önceden önemini biraz kaybetmişti.

Beklenen olmadı. Recep Peker bir fırtınaya döndü:

– Demokrat Parti adına dinlediğiniz Adnan Menderes'in sesinde, kötümser ve psikopat bir ruhun, hasta karanlıklar içinde, sebatlı bir milletin ve arkada bıraktığı karanlıklarda, azametli, şan ve şerefli bir istikbâle gitmek azminde bulunan kudretli bir devletin hayatını, bir boşluk halinde ifade eden bir ruh halinin akislerini dinledik...

Bu uzun cümlede verilmek istenen mânâ ilk işitildiğinde hemen anlaşılacak açıklık taşımıyordu. Hatta özünde tutarsız, ifadesinde çapraşık bir hitaptı. Cümlenin doğru dürüst düzeni bile yoktu. Tek önemli yanı, Menderes'i doğrudan muhatap alan ve rakibini "psikopat" olarak tanımlayan ağır hakaretti. Recep Peker sözlerini pekiştirmeyi severdi. Şimdi daha açık bir ifadeyle ne demek istediğini ortaya koydu. Bu kez kullandığı cümlede hem mânâ, hem ifade hemen anlaşılıyordu:

– Demek ki her şeyi geriye çeken anlaşılmaz hareketler bu psikopat ruhtan doğuyor... Bu nedenle Menderes'in sözlerini ihtiyat ve tereddütle karşılıyorum.

Recep Peker'in sesindeki heyecan kayboldu. Son birkaç cümleyle toplantıyı kavgasız kapatmayı düşünüyordu. Söyleyeceklerinin tereddüdü içindeydi. Biraz da ihtiyatlı tavırlar takınıp Meclis'i etkilemeyi düşündü. Adnan Bey kurnazlığı fark etmiş ve hemen hükmünü vermişti. Kürsüye doğru sesini yükseltti:

– İhtiyat ile tereddüdü karıştıran bir zihinden sıhhatli hüküm çıkmaz. Bu nedenle hem fikrinize, hem terbiyenize itibarımız yoktur...

Peker'in konuşmayı Meclis terbiyesi dışında yönlendirmeye çalışması ümitsiz durumda olduğunu gösteriyordu. Çok tecrübeli denilen Peker, ne zaman havlu atılacağını bilmemenin ağırlığı altındaydı. Bu tecrübesizliği, her zaman sığınıp herkesi ikna ettiği gerekçeye bürüyüp gidermek istiyordu:

– Kendini ne sandı ki bu delikanlı! On beş senedir bu Meclis'te, ama devletin ayağa düşürülmesine müsaade etmeyeceğimi hâlâ öğrenememiş.

* * *

Müzehher artık belli aralıklarla Nâzım'a mektuplar gönderiyor, memleketin meselelerini tartışan konuların yanında, hapishane yalnızlığının ıstıraplarını anlatan tesirli şeyler yazıyordu. Bir keresinde meseleye doğrudan girmiş ve "Geçenlerde Münevver ziyaretime geldi, uzun uzun senden konuştuk" demiş ve hançeri kınından çıkarmıştı.

Münevver Nâzım'ın dayısının kızıydı. Otuzunu henüz tamamlamıştı. Müzehher o yeşil gözlü güzelin tarifini yaparken "Yüzüne şöyle bir bak; kumral bir baharın ılıklığını duyacaksın" demişti.

Münevver, Celile Hanım'ın küçük kardeşi Mustafa'nın Fransız eşi Gabrielle'den dünyaya gelmiş ve annesinin bütün güzelliklerini ihmal göstermeyen bir iştahla almıştı. Babasının erken ölümü üzerine Gâzi Hazretleri'nin himayesini görmüş ve tahsilini Marsilya'da tamamlayıp İstanbul'a dönmüştü. Hukuk Mektebi'ne gidiyordu. Peşinde koşanı çoktu. Ressam Nurullah Berk'le evlenmiş ve hemen bir kızı olmuştu.

Müzehher "uzun uzun konuştuk" açıklamasıyla yetinmemiş, mektubunun sonunu "Münevver sana hayran, dilinden bir türlü düşmüyorsun" eklemesiyle Nâzım'ın "boş bırakmam" dediği yüreğine kurt düşürmüştü.

Nâzım "Münevver'i on üç senedir görmedim. Kocası da akıllı, kültürlü, yakışıklı adammış" geçiştirmesiyle anlatılanlara bigâne kalmış izlenimi vermek istiyordu. İşin gerçeği Münevver'in hatıralarında gizliydi. Münevver henüz on sekiz yaşında Nâzım'a âşık olmuş ve üç yıl çalkantılı bir beraberliğin tadını çıkarmıştı. "Nâzım evli olduğu için işimiz zordu; ama, duygularımız ve arzularımız sağlamdı" diyor, zor denilen günleri, zahmetli bir geçmişin sevinçleriyle yâd ediyordu.

Müzehher sözü tam yerinde kullanıyor ve istediği etkiyi yaratıyordu. Yeniden Nâzım'la yazışmak arzusu uyanmıştı. Bu kere de kendisi evliydi ve işleri gene zordu. Münevver arzularını dizginleyecek kadın değildi. Sadece saygılı bir fırsatın doğmasını bekliyordu.

O fırsat Celile'ydi...

* * *

Adnan Bey, Meclis'ten ayrılıp doğru evine gitti. Başarılı bir görüşmenin galibiydi. Yüzünde ilk bakışta sezilen gurur vardı. Berin Hanım endişeli bekleyişini birden üzerinden attı. Adnan Bey'in sevinçli çehresine bir yeni küçük tebessüm daha ilave etmek istedi. Küçük Aydın kucağındaydı. Kundağı kuruydu. Adnan Bey'e uzattı:

– Bugün hiç ağlamadı, hiç uyumadı. Sizi bekleyişinde bir sevinç vardı.

Holün ortasında bütün aile bekliyordu. Berin Hanım çocuklarını bayram sabahı gibi giydirmiş, babalarının siyasî hayatındaki en önemli gününün akşamında birlikte bir gurur paylaşmasına hazırlamıştı. Yüksel, delikanlılık günlerinin heyecanlarını bir yana bırakmış, bu iftiharı ilk elden tatmak için kardeşlerinin başına geçmişti. Mutlu, henüz çocukluğunu koruyordu ve söyleneni yapmıştı. Aile bir araya geldiler. Adnan Bey'in çehresindeki o beşûş manzara görülmeye değerdi. Berin Hanım sofrayı hazırlamıştı ve bu akşam huzur verici bir aile yemeği yenecekti. Berin Hanım Adnan Bey'in Meclis'teki başarısıyla övünüyor, bu iftiharı çocuklarıyla paylaşmak istiyordu:

– Herkes bugün Meclis'te başvekile kân kusturduğunuzu söylüyor.

Adnan Bey bu iftiharı paylaşmak istemedi; ama kendisine hakaret edilmesini de hazmedemiyordu. Sözleri sertti:

– Ölüler kanamaz...

Sofraya oturmadan odasına çıkıp üstünü değiştirmek istedi. Konsolun üzerinde delikanlılık günlerinin resmi vardı. Sınıfın en ön sırasına oturmuş, okul kıyafetinin içinde başarıya hasret duyan sevinçlerini bakışlarında gizlemişti. İttihat Terakki İdadîsi'ne geldiği ilk günleri hatırladı. Okulun giriş kapısında Enver Paşa'nın yaldızlı çerçeve içine yerleştirilmiş fotoğrafı asılıydı. Büyük kapıdan girenler mermer alınlığa asılı bu güleç çehreli kumandanın portresinde geleceğin sevinçli umudunu anlatan borazancı tebessümü görüyorlardı. Kimileri boş hayallerle avutulan halka acıdığını hissettiren hüzünlü tavır takınır, kimileri de ülkenin büyük kurtarıcısını bir Hızır Aleyhisselam gibi saygıyla selamlayıp, hayırla yâd ederdi.

Adnan Bey her sabah Enver Paşa'nın gür bıyıklı resmine bakıyor ve bir gün ülkenin böyle yürekli bir vatanperverin himayesinde büyüyeceğine inanıyordu. Recep Peker'i ilk kez bu okulda görmüştü. Değer verdiği öğretmeni Vâsıf Çınar'ı ziyarete gelmişti. Peker'in etkileyici tavırları ve sertleşmeye meraklı çocuk bakışları vardı. İlk bakışta ikisinin de birbirine ısınmış halleri yoktu. Ama, bir gün bu adamın kendi karakterinde hâkim bir noktaya parmak basacağı hissine kapılmıştı. O gün gelmiş ve Peker, Adnan Bey'i babacan şefkatlerle süzdüğü bir zamanda en can alıcı noktasından vurmuştu:

– İhtirasın yetmez delikanlı, evsafın da olmalı... Önce tahsilini tamamla...

Recep Bey'i, yaşamının en önemli yönlendiricisi olarak hem şükranla anıyor, hem de her tavır ve düşüncesini temkinle karşılıyordu. Sevmekle güvenememek arasındaki o büyük çelişki Adnan Bey'in duygularında öylesine yer etmişti ki, "velinimetim" diyeceği kadar derin şükranlarla gözünde büyüttüğü kimseyi, şimdi devirmeyi planlayacak kadar sevgisizlik çukuruna gömmüştü. Peker'i yok etmek, siyaset yaşamının tam ve tartışmasız hedefiydi. Bu hedef, yıllar önce, Ankara'da Hukuk Mektebi'ne yazılıp diploma almasını âdeta emir tebliğ eder gibi isteyen adamdı. Zaman geçtikçe duygular nitelik değiştirmiş, şükranların, hayranlıkların yerini nefretler ve kinler almıştı. Hayatın gururlu beyazlıkları kadar, hicranlı kızılları ve hüsranlı karaları da vardı. Adnan Bey bu renk cümbüşü içinde kendisini yormayan, üzmeyen yolu mutlaka bulacaktı. Thales'in yürüdüğü o saadet vaat eden sütunlu yolun sırrını mutlaka çözecekti. O felsefeyi avuçlamak istiyordu.

Recep Bey'in hafızasında yıllarca önce İttihat Terakki İdadîsi'nde karşılaştığı bu kabiliyetli genci anımsatacak tek iz yoktu. Ama Adnan Bey, o günü bütün ayrıntılarıyla hafızasında saklamıştı. Recep Bey, bu munis bakışlı delikanlıya nereli olduğunu sormuş ve Aydınlı olduğunu öğrenince, hayıflanılmış bir geçmişin arzularını aktarır gibi duygularını açıklamıştı.

– Bereketli topraklar insanlar gibidir; bazen âsi, bazen merhametli olurlar... Ama toprağından asla elini çekme delikanlı... Siyasette sığınacağın bir yuvan mutlaka olmalıdır...

Adnan Bey bu nasihati ikinci kez duyuyor ve birincisiyle olan bağlantısının hatıralarında gerçek bir toprak adamı olmak arzusu taşıyordu. Bu duyguyu keskin bir bıçak gibi yeniden kalın bir palaskanın sırtında biledi. Recep Bey'in "Toprağına bağlı kal" öğüdüyle Fıtnat Hanım'ın peygamber mesleği dediği çiftçilik arasında kıl payı fark yoktu.

Adnan Bey Çakırbeyli Çiftliği'ni ve bu çiftlikte yaşayan insanların dostluğunu kazanmak için bütün duygularını sanki gözü görmeyen bir ninenin gergefte nakış işlemesi gibi işlemişti. Toprağın isyankâr tabiatını ilk gün görmüş ve onunla boğuşmaya karar vermişti. Zaman içinde her maharetin kazanılacağını biliyordu. Nitekim, toprak kendisiyle boğuşanın gücünü fark ettiğinde bereketiyle hemen teslimiyet gösteriyordu. Toprağın ilk sürüldüğü gün gurur duymuş, yıllardır beklediği vuslatın lezzetini almış ve toprağı gebe bırakmış gibi mutlu olmuştu. Elbette toprağını sevecek ve ona bağlılığını hiçbir sebeple bırakmayacaktı.

Bugün bir partinin sözcüsü olarak kendindeki cevheri göstermiş olmanın gururunu tadıyordu, ama bu lezzeti paylaşacağı insanların azlığına bakıp biraz da şımarma istidadı gösteriyordu. On beş yıl boyunca pasif denilebilecek mebusluk hayatında kendini daima işlenmesi gerekli bir cevher gibi görmüştü. Varlığını yeraltı hazinelerinde akan, toprak üstüne, güneş ışığına çıkamayan su seli gibi değerlendiriyordu.

O sel şimdi dağlardan iniyordu; o cevher artık güneşin altındaydı...

Aklında küçük bir hayıflanma vardı. Onunla sofraya oturmak istemedi. Hırslı bir silkinmeyle zihnindeki hayıflanmayı attı. Hayıflanmanın açıklamasını yapmış ve kendini ikna etmişti. Eğer Bayar, Demokrat Parti milletvekillerini Meclis'ten dışarıya çıkarmasaydı, Adnan Bey, kendisine "psikopat" diyen başvekili, Meclis kürsüsünde lâyık olduğu sıfatların listesinde rezil edebilecekti. Sırf Bayar'ın asabi kararı yüzünden, Meclis kürsüsünde gelişigüzel söylenmiş bir sözü cevapsız bırakmış ve Adnan Bey'i güçlü bir parlamento imtihanından mahrum etmişti.

Berin Hanım aile sofrasını kurmuş, çorbayı sıcak tutmuştu. Adnan Bey bu sofraya oturacak ve zihnindeki her şeyi boşaltıp sadece ailesiyle mutlu olacaktı. Gecikmesiyle birlikte Berin Hanım telaşa kapıldı. Usul adımlarla Adnan Bey'in odasına girdi. Evin en hâkim noktasından Ankara'yı seyrediyordu. Kendinden memnun bir insanın seyredilmeye değer keyfi vardı. Berin Hanım yanaştı. Efendisiyle övünen gurur içindeydi. Adnan Bey'e sarıldı. Zihninden geçenleri okumuştu. Adnan Bey'in bulmakta zorlandığı izah tarzı Berin Hanım'ın yumuşak dilindeydi:

– Büyük siyasetçiler benlik ve bilgelik mücadelesi verirler. Biri mağrur, öteki mütevazı olmanın ahlâkıdır. Ailemizi bu tevazudan mahrum etmediğiniz için size şükran borçluyuz.

Adnan Bey'i hayranlık içinde bırakan kesin hüküm Berin Hanım'ın genç kızlık yıllarında aile sofrasında aldığı terbiyeydi. Herkesin âdeta nefes almadan dinlediği Nâzım Enişte'nin ruhundan şefaat talep etmiş gibiydi. Doktor Nâzım, Evliyazâde ailesinin damadı olarak siyaset konuşulduğu zamanlarda evin genç kızlarını ve delikanlılarını mutlaka sofraya davet eder ve konuşmaları dikkatle dinlemelerini isterdi. "Bu ailenin terbiyesindeki maya siyasettir" derdi.

Berin Hanım, Adnan Bey'in koluna girdi. Önünde artık uykusuz gecelerin, soğumuş sofraların mâcerası uzanıyordu. Uzun soluklu bir sorumluluğun omuzlarına yüklendiğinin farkındaydı. Bu zahmeti hissettirmeyen bir tevazuu da o gösterdi. Birlikte sofraya oturdular. Berin Hanım her zamanki şükran duasından sonra ilk sıcak çorba kepçesini Adnan Bey'in tabağına boşalttı:

– Yarabbi! Huzurunu ülkemizden, ailemizden esirgeme...

Adnan Bey'le göz göze geldiler. Berin Hanım gözlerini güldürdü:

– Afiyet olsun!

Adnan Bey ilk yudumun sıcaklığı boğazından inerken Berin Hanım'ın elini tuttu. Asıl şükran duygusu buydu. Yukarıda Berin Hanım'ın Doktor Nâzım'dan aktardığı hüküm cümlesini tekrarladı. Kaderinin değiştiği günün farkındaydı:

– Hiçbir sonuç, sebebin önüne geçemez...

Adnan Bey sözü daha önce de duymuştu. Genç bir mühendis soğuk bir Ankara kışında yanına yaklaşmış ve kendisini kısa bir muhasebeden geçirdikten sonra hendesenin hükmünü vermişti.

Bu hüküm şimdi kendisinin kader çizgisiydi.

* * *

İsmet Paşa, akşamüzeri Nihat Erim'e haber göndermiş, yarın erken saatte Gâzi Çiftliği'nde yapacağı yürüyüşe katılmasını rica etmişti. Gâzi Çiftliği Nihat Erim için uzak bir yürüyüş alanıydı. Akşamüzerleri evine geliyor, biraz dinlendikten sonra, Ziraat Bankası lojmanının geniş bahçesinde birkaç tur atarak temiz hava alıyordu. Her defasında büyük çardağın altında birkaç dakika dinlenip ikram edilen mevsim meyvelerini yiyordu.

O gün alışmışın üzerinde yürümüş ve kendi kendine siyaset muhasebesi yapmıştı. Başvekilin sertliği bir yandan hoşuna gidiyor, diğer yandan kendisi için bir fırsat kapısı açacağına inanıyordu.

Sıcak bir temmuz ikindisiydi. En serin çardağın altında masayı kurup üzerine tertemiz bir beyaz örtü sermişlerdi. Masanın üzerinde mevsim meyveleri vardı. Malatya'dan kayısı, Bursa'dan şeftali, Kızılcahamam'dan armut ve Amasya'dan elma geniş bir kayık tabağın içine yerleştirilmiş, kenarlarına yeni koparılmış üzüm salkımları konulmuştu. Bu bereketli memleket manzarası Cézanne natürmortu gibi davetkârdı. Normal zamanda bu sofrada biraz sohbet etmeyi severdi; ama, İsmet Paşa'nın talimatı biraz tedirgin etmiş, eve gidip hazırlık yapmanın daha uygun olacağını düşünmüştü. Ziraat Bankası lojmanından çıkıp evine doğru yürürken birden durdu. Mahallenin en güzel kadını evine dönüyordu. Nihat Bey kendisinin geçmesine yol verecekmiş gibi Sağlık Sokak'ın köşesinde beklemiş ve tam önünden geçerken hatır sormuştu:

– Nasılsınız Ayhan Hanım?

Ayhan Hanım operadaki provadan dönüyordu. Sevinçli bir gün yaşadığı gözlerinden belliydi. Kirpikleri kıvrılmış ve gökyüzüne doğru atılmaya hazır oklar gibi gözkapaklarının yayında gerilmişti. Saygılı şekilde başını önüne eğip Nihat Bey'in geçmesi için yolu boşalttı:

– Teşekkür ederim efendim.

Nihat Bey hiç heyecan olmayan bir sükûnet içinde konuşuyordu:

– Hasan Ferit Bey'e selamlarımı söyleyiniz. Bize bir sözü vardı, kanun konçertosunu dinletecekti.

Ayhan Hanım, birkaç ev ileride oturuyordu. Kendi kapısına gelinceye kadar Nihat Bey'in heyecansız gözlerinin kendisini izleyeceğinden emindi. Bitişik komşunun evine kadar gelmiş, âni bir dönüşle arkasına bakmıştı. Nihat bir sfenks gibiydi. Birden komşu evin penceresi açıldı. Ekrem Bey udunu duvardan indirmiş, en güzel eserim dediği şarkıyı okumaya başlamıştı:

Hançeri aşkınla ey yâr, gönlüm üzre vurma hiç...

* * *

Recep Peker'in yarattığı gerginlik tırmanıyordu. Başlangıçta Demokrat Parti'nin canına okuyacak babayiğit gibi görülen başbakan, ölçüyü kaçırmış, her vesileyle hadise çıkaran kavgacı adam durumuna düşmüştü. Psikopat bombasının ardından araya İsmet Paşa girmiş, Bayar'la ilişkisinin kazandırdığı rahatlığı kullanarak bu yakışıksız durumun büyümesini önlemişti. Şimdi de "sinei millet" krizi yaşanıyordu.

Bu kriz ötekilerine benzemiyordu. Türkiye'nin siyasî hayatı gerçek bir sarsıntı geçirmekteydi. Siyasette muhalefete yer vermeye niyetli görünmeyen başbakan, Demokrat Parti üzerinde ağır baskı kurmuştu. Kenan Öner fırsatı ganimet bilmiş ve Meclis'ten çekilmeyi önermişti. Sürtüşmekten hoşlanan tabiatı vardı. Bunu her vesileyle kullanıyordu. Kongreye de yansıtmış ve gereksiz münakaşaların yapılmasına sebep olmuştu. Osman Bölükbaşı kürsüye çıkmış ve İsmet Paşa'yı kızıl sultan olmakla suçlamıştı. Kongre giderek köpürüyor ve hiddetli tavır takınıyordu. Bayar müdahale etmiş ve istenen sükûneti sağlamıştı. "Feyz içinde bir kongre idrâk ettik. Bundan hem DP, hem CHP yararlanacaktır" diyordu.

Sonunda uzlaşmaya varılmıştı. Demokrat Parti anayasal özgürlüklerin sağlanması için bir "Hürriyet Misakı" ilan ediyordu. Demokratik ülkelerin hiçbirinde görülmeyen bir örnekle Demokrat Parti bir "özgürlükler yemini" hazırlamış ve bunu herkese ilan etmişti. Bu andın esasları yerine getirilmezse Demokrat Parti Meclis'ten çekilecek, sinei millete dönecekti.

Burhan Belge öne çıktı. Hızlı adımlarla kürsüye yaklaştı. Mikrofonun önünde durdu ve olanca sesiyle bağırdı:

– "Hürriyet Misakı"nı kâimen alkışlamalıyız...

Kongrenin gürültüsü içinde Burhan Bey'in "kâimen" sözü "kâmilen" gibi duyulmuş ve herkes birden alkış tutmaya başlamıştı. Burhan Belge "Kâimen, kâimen" diye ısrarla bağırıyordu. Genç bir Balıkesir delegesi, Esat Budakoğlu'na sordu:

– "Kâimen" ne demektir başkanım?

Esat Bey, genç adamın koluna girip ayağa kaldırdı:

– "Ayakta" demektir, "ayakta"... Haydi bakalım bütün kongreyi ayağa kaldır ve "Hürriyet Misakı"nın ayakta alkışlanma onuru sen kazan...

Bütün kongre ayaktaydı. Avuçlarını patlatırcasına alkışlıyorlardı. Celal Bey yeniden genel başkanlığa seçilmiş ve Türk siyasî hayatına yeni bir muhalefet lisanı kazandırılmıştı: sinei millet...

Kâimen alkışlanan buydu...

Nihat Erim kendisinin bu kongrenin yarattığı olumsuz durumun giderilmesi için çağrıldığına inanıyordu. Eve gidip hazırlıklı olmak, böylece İsmet Paşa'nın gözüne girmek istiyordu. Parti içinde genç milletvekilleri, demokratik hayatın gereklerinin yerine getirilmesi konusunda içten içe alevlenmişlerdi; ama, Nihat Erim bu kadronun içinde görünmek yerine, İsmet Paşa'nın himayesinde siyaset yapan "yârân" arasında olmayı tercih etmişti.

* * *

Herkes şaşkınlık içindeydi: Dahiliye vekili kendinden emin bir tavır ve sâkin bir sesle itham ediyordu. Şükrü Sökmensüer, Mareşal'i komünistlikle suçluyordu. 1919'da Şefik Hüsnü'nün Komünist Parti'den bu yana bütün komünist teşebbüsün arkasında destekçi olarak Fevzi Çakmak'ın olduğunu ifade edecek kadar şaşkınlık yaratan bir ithamın sahibiydi. Bursa savcısı, Nâzım'ın sırtını okşamış ve yüreklendirmişti:

– Dert etme artık! Baksana sana hayat hakkı tanımayan Mareşal bile komünistmiş.

Nâzım bir deli tâlih içinde kıvranıyordu. Suçsuzluğunu bildiği halde hiçbir hukuk hakkı tanımayan Mareşal'in şimdi komünistlikle itham edilmesi belki bir kader cilvesiydi, ama hiçbir işe yaramazdı. Gülüp geçti:

– "Komünist" deyip de adama itibar kazandırmayınız...

* * *

Berin Hanım, Tarabya Konak Oteli'nin balkonundan Boğaz'ı seyrediyordu. Hüzünlüydü. İçinin sıcaklığı kaybolmuştu. Hatıralara dalıp heyecanlı bir mâcera gibi seyrettiği manzaranın tadına varmak istiyordu.

Tarabya sahilinde ahenkli bir kıpırdanış vardı. Akşamın serinliği çökmek üzereydi. Bütün gün temmuz güneşinde terleyen koylar, bu serinlik için bağırlarını açmışlardı. Bu gece koyu bir mehtapla Kandilli, Göksu, Kanlıca, İstinye birbiri ardınca açılacaktı.

Uzun bir gecenin ilk sıkıntıları kendini göstermişti. Ne söyleyeceğini bilmiyordu. Gördüğü manzaradan rahatsız olmuştu. Dudaklarından bir gazelin beyitleri dökülmeye başladı.

Genç kızlığında Naciye Hanım'ın Karşıyaka kordonundan denize bakıp söylediği gazeli hatırladı. Sanki heyecanlı bir esef cümlesiydi:

Şebi yeldâda uzar fecre kadar kıssai aşk;
Tâ ki Mecnun bitirir nutkunu Leylâ söyler...

Adnan Bey, beklenenden erken gelmiş ve doğru odasına çıkmıştı. Aydın, genç bir mürebbiyenin şefkatli kucağındaydı. Berin Hanım'ı alıp serin ikindilerin tadına doyulmaz bir yürüyüşle Yeniköy'e götürmek, Udî Marko'yu dinletmek ve akşam dönüşü o esrarlı bağından geçmek istiyordu. Berin Hanım üzgündü.

– Neyin var?

Berin Hanım doğrudan konuya girdi:

– Yahya Kemal Bey'e tesadüf ettim. Mahzundu...

Adnan Bey de durgunlaşmıştı. Yahya Kemal Bey'in maruz bırakıldığı muameleyi doğrusu içine sindirememişti. Gâzi'nin hemen her vesileyle iltifat edip Meclis'te bulunmasına özen gösterdiği şairi İsmet Paşa son seçimlerde listeye almamış ve Meclis'i dev bir tarih tahlilcisinden ve usta bir şairden mahrum bırakmıştı. İsteseydi belki Demokrat Parti listelerinden aday gösterilebilirdi. Ama, Demokrat Parti hareketinin heyecanlarını, halkın pejmürde kılığını bir siyaset kadrosu olarak bir türlü göremiyordu. Debdebeli yaşam alışkanlığı şairin en sağlam düşüncelerinde bile mutlaka yönlendirici bir yer edinmiş ve onu istediği kalıbın içine sokmuştu.

Berin Hanım için siyaset tahlili değil, şairin kendisi önemliydi.

– Eğilip elini öptüm. Size selam söyledi.

Adnan Bey selam sözünün tesirindeydi. Meclis'te ilk tanıştığı günlerde şair, yorgun sevinçlerini paylaştığı bir dosta kavuşmuş ve geçmişin lezzetlerini bir gazelde özetlemişti:

Tekrar mülâki oluruz bezmi ezelde,
Evvel giden ahbaba selâm olsun erenler...

* * *

İsmet Paşa söylenen saatte Gâzi Çiftliğine geldi. Nihat Bey gecikebileceği endişesiyle erkenden yola çıkmıştı ve sabahın alacasında bekliyordu. Paşa hemen yürüyüşe başladı. Lafın etrafında dolaşmak hoşuna gitmiyordu:

– Başvekil hâlâ meseleyi kavrayamadı. Bu işin içinden nasıl çıkacağız.

Recep Peker, muhalefete hiçbir hak tanımıyor, partilerin sürtüşmesini her gün tırmandıran tavırlarla ciddi huzursuzluklar yaratıyordu. Valiler Demokrat Parti'ye hayatı zindan eden bir eziyet zinciri kurmuşlardı. İsmet Paşa kendisine gelen haberleri dinliyor ve anlatılanlardan huzursuz oluyordu.

– Erim! Nasıl çıkacağız bu işin içinden?

Nihat Erim bütün gece düşünmüş ve meseleyi ancak paşanın müdahalesinin çözebileceğini görmüştü:

– Sizin müdahaleniz gerek efendim.

İsmet Paşa yürüyüşü kısa kesti:

– Akşam yemeğe gel...

* * *

Nâzım'ın olmadığını söylediği melodram artık karşısındaydı. Münevver Celile'nin gösterdiği yolu beğenmiş ve "Bu fırsatı kaçırma kızım" diye aşık kemiğini tekmelemişti.

Önce Celile'nin selamlarını söyleyen bir telefon konuşması, arkasından giderek derinleşen sevgilerin anlatıldığı uzun mektuplar ve nihayet şeftali mevsiminin rengârenk lezzetinde bir ziyaret yaşanıyordu. Münevver, Bursa Cezaevi'nde Nâzım'ı kucaklıyordu. On üç yıldır birbirini görmemiş iki insan dakikalarca sarılı olarak kalmış ve tek kelime söylemeden bütün duygular yüreklerinden birbirlerine akmıştı.

Pirâye hâlâ Nâzım'ın karısıydı, ama artık unutulmuştu.

Müzehher, Nâzım'ın kırk yıllık dostu Vâ-Nû'yla arasının bozulmasındaki sebep olarak Pirâye'yi görüyordu. "Bu haris kadın kırk yıllık dostumu aldı elimden" diyordu. Celile de Pirâye'yi sevmiyordu. Onu bir kadın olarak soğuk buluyor, oğlunu eski dostlarından, hatta komünizmden bile uzaklaştırdığına inanıyordu.

Münevver artık Nâzım'ındı. Nâzım da Münevver'in...

Pirâye'ye bir mektup yazmaya karar verdi. "Bir iş sürüncemede kalmaz" diyordu. Söyleyecekleri açıktı. Kıvırmadan anlattı:

Pirâye,

Sana daha fazla yalan söylemek istemiyorum. Karıkocalık münasebetimizi, kadın erkek münasebetimizi kesmemiz gerekiyor... "Beni affet" demiyorum, ama beni herkesten ziyade sen anlayacaksın. Ellerini öperim...

Pirâye durumu anlamış, kim olduğunun merakını gizlememişti. Durumu Vâ-Nû'ya sormuş ve hiçbir şeyden haberi olmadığı cevabını alınca Nâzım'ın bir kadına âşık olduğunu anlamıştı. Birkaç gün sonra mahkemeden boşanma celbi gelmişti. Oğlu Memet Fuat'ı çağırdı:

– Babanı zor durumda bırakmayalım! Avukat tutacak paramız yok. Beni adliyeye yarın sen götür...

* * *

Nihat Erim, paşasının direktifleriyle istenen beyannameyi yazmıştı. Bir kere daha okudu. İsmet Paşa, Erim'in temkinli tabiatında her ihtimalin mutlaka gözden geçirilmek istendiğini iyi biliyordu. Bu genç hukukçuyu yakından tanımış, karakterinin siyasete yatkın olduğunu görmüştü. Şimdi bu beyannamenin ihtiyatlı bir tavırla başvekilin de onayından geçmesini isteyebilirdi. Paşa yanılmamıştı. Erim, beyannameyi sürekli olarak taslak biçiminde takdim ediyor ve Recep Peker'in de görmesinde fayda olacağını ifade ediyordu. Aslında böyle bir teklife paşanın itibarı olmadığına emindi; ama, ileride doğması muhtemel bir ihtilaf halinde böyle bir teklifte bulunduğunun müdafaasıyla sağlam tahtaya basabilirdi. İsmet Paşa böyle imâlara itibar etmedi. Daha önceden tertibatını almıştı. Köşk'ün kapısında bir otomobil bekliyordu. Önünde sıkışık durumlarda yolu açması için otomobilin iki yanına iki motosikletli polis yerleştirilmişti. Beyannamenin hemen Ankara Radyosu'na götürülüp gece haberlerinde okunmasını emretti.

"12 Temmuz Beyannamesi'yle İsmet Paşa, Demokrat Parti'nin "Hürriyet Misakı"nda istediklerinin büyük bölümünü yerine getiren siyaset sözü vermişti.

İsmet Paşa, artık siyasî partiler arasında yansızdı...

Sümer Sokak'ta Demokrat kadro, nefes almadan haberleri dinledi. Önce bir sevinç sonra bir durgunluk belirdi. Genel idare kurulunun bazı üyeleri bunun İsmet Paşa'nın bir oyunu gibi görüyor, verilen teminatı tereddütle karşılıyorlardı. Bayar durumu anladı ve yüreklere su serpti:

– Paşa hazretlerini iyi tanırım. Kafasında kırk tilkiyi dolaştırır, ama, halka verdiği sözden caydığını gören olmamıştır.

Bu açıklama, istenen rahatlığı getirmişti. Gece geç vakit olmuştu ve toplantıyı dağıtmıştı. Üyeler birer birer veda edip ayrılıyorlardı. Adnan Bey izin isterken Celal Bey koluna girip herkesi yolculadıktan sonra yanına oturttu. Durgunluğunun sebebini öğrenmek istedi:

– Sizin tahlilinizi öğrenmek isterim, benim için önemlidir...

Adnan Bey, hatıralarının sıcaklığında mutlu bir tabiatın terbiyesinde büyümüştü. Geçmişin bütün güzelliklerini en tâze değerleriyle hatırlıyordu. Biraz hüzünlüydü:

– On beş sene önce eğer Gâzi Hazretleri'ne CHP'nin tarafını tutmazsan istifa ederim tehdidinde bulunmasaydı, Serbest Fırka bugün iktidardı...

Celal Bey ayağa kalktı. Adnan Bey'deki durgunluğun bir endişeden değil, bir eseften kaynaklandığı gördü ve güldü. Genç arkadaşına bir siyaset tecrübesi aktarmak istedi:

– "Geçmişi unut" demiyorum, ama asla saplanıp kalma...

Bayar, Adnan Beyin yüzünü avuçladı. Gözlerinin içine baktı ve fısıldadı:

– Görmüyor musun, devlet kuşunun kanatlarındasın...

Adnan Bey irkildi. Birkaç yıl önce Aydın meydanında iştirakiyuncu Müyesser'den işittiklerini şimdi Celal Bey'den duyuyordu.

* * *

Yargıç, Pirâye'nin gözlerinin içine baktı. Sevdâlı bir kadının mâcerası bütün sıcaklığıyla bu elâ gözlerin harelerinde okunuyordu. Sesinde kendine güvenen bir hukuk adamının şefkati vardı:

– Hatice Pirâye! Ne diyorsun?

Pirâye sükûnetini koruyamadı. Gözleri nemliydi. Koyu kırmızı başörtüsü ve koyu kırmızı mantosuyla mahkeme salonunda bir ateş topuydu. Sâkin sesle konuşuyordu:

– Şair ne diyorsa öyle olsun efendim.

Yargıç cevabı önemsemedi. Pirâye'nin tek bir imâlı bakışı karar için yeterliydi. Nâzım'ı bu seviyeli kadına takındığı tavırdan ötürü affetmediği hissediliyordu:

– O bir mahkûm. Onun ne istediği önemli değil, sen ne istiyorsun?

Pirâye, kendini o ağır kırgınlık duygusundan sıyırmış erkeğinin hayatına getireceği kolaylığın mutluluğunu duymaya başlamıştı:

– O nasıl istiyorsa öyle olsun efendim...

Boşanma haberini Münevver getirmişti Bursa'ya... Nâzım yeni sevgilisine aşkının tarifini veriyordu:

– Münevver! Hayatımın hakkını verecek kadar cesur değilsen sevmeyi deneme...

Sonra ıstıraplı bir başka tahlilin içinde çırpındı:

– Annemden sevgi gördüm, ama şefkat görmedim. Benim en fazla muhtaç olduğum şey bir müşfik sevgiydi. Nice kadınlar sevdim, nice... Ama annemden başka kimsenin bana şefkat dolu bir sevgi göstermesini istemedim, beklemedim. Üstelik mümkün de değildi. Muhtaç olduğum her şeye başkası el koymuştu. Annem benim sevgiye muhtaç olduğum günlerde Yahya Kemal'in âşığı olma imtiyazını kaçırmamak için o hantal Üsküplü'nün şımarıklıklarına boyun eğiyordu.

Münevver işittiklerinden etkilenmedi. "Soframda yeşil biber, tuz, ekmek, testimde sakladığım şarap" diye alışılmamış bir lisanla aşkını ilan eden şairin müşfik sevgi ihtiyacı gözünü korkutmuyordu. Ben bu yorgun aygırı dizginlerim, diye huzurlu bir güven duydu.

Nâzım'ın şiirlerinde üslup bile değişmişti. "Yine âşık olmadım, ilk defa âşık oluyorum" diyordu. Hiç böyle bir bahçeye girmediğini söylüyor, ışığın böylesini görmediğini anlatıyordu.

Münevver tedirgindi. Durumu nasıl anlatacağını bilmiyor, evliliğine nasıl son vereceğini kestiremiyordu. Nâzım rahatlattı:

– Hafta içinde kocan geldi. Aşkımı sordu. Olanı biteni anlattım. Gururlu adam. "Madem kararınız var, beni oyalamayın" deyip gitti.

Nurullah Berk sözünde durmuş ve Münevver'den boşanmak için gerekli adımı atmıştı.

* * *

İsmet Paşa "12 Temmuz Beyannamesi"yle yetinmemiş, kabinenin de değişmesini istemişti. Beyannameden sonra yeni bir hükûmet anlayışının gerektiği ılımlı milletvekillerinin de dilindeydi. Paşa, Recep Peker'in istifasını bekliyordu. Bunu uygun üslupla kendisine ulaştırmıştı. Parti içindeki ılımlı milletvekillerinin baskısı kendini gösteriyordu. Bu hareketin birden hız kazanması İsmet Paşa'yı zor duruma sokabilirdi. Nihat Erim'le haber yollamış, bir süre sabırlı ve temkinli olmalarını istemişti. Kurultaydan sonra yeni parti yönetimi söz konusu olacaktı.

Kurultay toplandığında heyecan son noktadaydı. Partinin sert tabiatlı milletvekilleri ve teşkilat yöneticileri, Recep Peker'e yapılan muameleyi büyük haksızlık olarak yorumlamış ve İsmet Paşa'nın silkelenmesi gerektiğine karar vermişlerdi. Sürpriz karar açıklandı. Peker, CHP genel başkanlığı için kurultayda aday olacaktı.

Recep Peker aday olmuş ve İsmet Paşa karşısında hezimete uğramıştı. Artık CHP'de de yumuşak bir siyaset merakı uyanmıştı. Yeni bir seçim kanunu ve âdil seçim Demokrat Parti'nin tek umudu ve cesaretinin kaynağıydı.

Demokrat Parti bu inancın içinde kongresini yapmış ve seçimlerin âdil olmaması halinde meşru müdafaa hakkını kullanarak "Millî Husûmet" andını ilan etmişti.

Artık her şey burnunun ucunu gösteren seçimlere kalmıştı.

* * *

Nâzım'ın sinirleri bozulmuştu. Münevver'e tutkundu; ama, istediği gibi yüz bulamıyordu. Münevver disiplinli kadındı. Nâzım'ın her vesileyle kendini kayıran isteklerinin bir disiplin altına alınması gerektiğine inanmıştı:

– Anlaşılan Pirâye kendisini fazla şımartmış.

Münevver'in yüz bulamadı dediği şey, Pirâye'nin Nâzım'a saygısıydı. Oğlu Memet Fuat babasına yazdığı mektupta, onu can evinden vurmuştu. "Seni anneme karşı kimse müdafaa edemez; seni müdafaa edecek insan annemin içindedir" diyordu.

Dediği gerçekti. Pirâye, Nâzım'ın içindeydi.

Nâzım, Pirâye'yi kırka bölmüştü. Bazen koca, bazen baba, bazen ağabeyi, bazen arkadaş, bazen sevgili parçasını alıp kendinle yeni bir Pirâye bütünleşmesi yaratıyordu. İlle de aradığı karısıydı... En çok "karıcığım" demekten haz duyuyordu. Bu sıradan bir mutluluk değil, seviyesi yüksek bir gurur çığlıydı:

Pirâye!
Karıcığım...
Gel; sana muhtacım.
Eteklerinden öperim...

Nâzım'ın da gözü yaşlıydı. "En ümitsiz mâcera yedi yerden yara almak değil, ipin ucunu elinden kaçırmaktır" diyordu.

Münevver kocasına dönmüştü. Pirâye'nin peşinde kırk tâlibi vardı.

Ranzanın ucuna oturmuş, Pirâye'den bahis açmıştı. Birden irkildi:

– Nâzım Bey! Ziyaretçileriniz var. Önemli adamlarmış...

Pirâye yoksa hiçbirinin önemi yoktu. Başını öne eğip yürüdü.

Sonra başını kaldırdı.

Sonra gördüklerine şaşırdı. Behçet Kemal Çağlar, Ahmet Emin Yalman ve Sinan Korle karşısındaydı.

* * *

Celile Hanım, elinde pankartıyla Galata Köprüsü'nün bir ucundan öbürüne yürüyordu. Başına siyah krep bağlamıştı. Yılların yıprattığı bedeninde inanılmaz bir direniş ve cesaret vardı. Oğlu Nâzım'ın serbest bırakılması için imza kampanyası başlatmıştı.

Halkın desteğini istiyordu. Ne istediğini pankarta yazmış, gelip geçenlerin okuması için sürekli iki yana dönerek daha çok insanın imzasını almaya çalışıyordu. Söylediklerinde bir annenin yalvarması değil, haksız verilmiş bir hükmün adalet ahlâkında aklanması isteği vardı:

> Haksız yere mahkûm edilen oğlum Nâzım Hikmet açlık grevindedir. Ben de ölmek istiyorum. Gece gündüz oruçluyum. Bizi kurtarmak isteyenler bu deftere adreslerini yazarak imzalasınlar.

Ahmet Emin Yalman'ın başlattığı kampanya itibar görmüş, Cumhuriyet aydınları Nâzım'a arka çıkmanın cesaretiyle yollara dökülmüşlerdi. Nâzım açlık grevindeydi. Cezaevleri müfettişi İzzet Akçal, Nâzım'ı ziyaret etmiş ve açlık grevine son vermesini istemişti.

– Fikriyatınızı da, edebiyatınızı da yakından bilir ve beğenirim. İtibarım olan insanların mağduriyeti daima üzerimde ağır bir yük olmuştur. Af hazırlıkları son safhaya geldi. Bunca yıl tahammül ettiniz. Biraz daha sabrediniz, lütfen...

Dünyaya sığmayacak bir çocuk yüreğini okşamış gibi sevinçliydi. Sonra Nâzım'ın en sevdiği mısralarını dillendirdi. Bunu bir hayat düstûru gibi görmüştü. Bunu bir kader târifi sayıyordu. Bir kader tarifi sanki toplanıp "Pirâyem'e Rubaîler"in sığınağında dinlenmeye çekilmişti.

İnsan,
Ya hayrandır sana, ya düşman,
Ya hiç yokmuşsun gibi unutulursun
Ya bir dakika bile çıkmazsın akıldan...

* * *

Adnan Bey, heyecanlarını kontrol edemedi ve gürledi:

– Bu kadarı da fazla!

Aydın'da parti teşkilatı huzursuzluk içindeydi. Durumu Adnan Bey'e intikal ettirmek için Ankara'ya gelmişler ve evin önünde beklemeye başlamışlardı. Berin Hanım gelenleri tanıyordu. Hepsini eve almış ve Adnan Bey'i haberdar etmek istemişti. Ulaşmakta zorluk çekiyordu. Mükerrem Bey'i bulmuş ve bu durumun Adnan Bey'e bildirilmesini rica etmişti.

Adnan Bey ziyaretçilerin niye geldikleri hakkında bilgi sahibiydi ve "Bu kadarı da fazla" derken Ethem Bey'in Aydın'da partinin tamamen kendi istekleri doğrultusunda hareket eden bir yapıya dönüşmesi için yaptıklarından rahatsızdı.

Mükerrem Bey, ziyaretçilerin hepsini tanıyordu. Gençliğinin ve hekimliğinin büyük bölümünü geçirdiği Aydın'da hepsiyle yakın ve sıcak ilişkiler kurmuştu. Buna rağmen, Adnan Bey'le görüşmelerinde rahat olmaları için izin isteyip evin küçük çalışma odasına geçmişti. Berin Hanım kahvesini oturduğu koltuğun geniş kolluğuna koydu. Endişeliydi:

– Hiçbir şey Adnan Bey'i, Aydın meseleleri kadar ilgilendirmez. Hiçbir sevinci ve hüznü bu kadar büyük olamaz.

Adnan Bey'in görüşmeleri uzamıştı. Berin Hanım kendisini yalnız bırakmış ve sofranın hazırlığı için mutfağa geçmişti. Çalışma odasının bir köşesinde Adnan ve Ethem beylerin yedek subaylık günlerinde çektirdikleri fotoğraf duruyordu. Mükerrem Bey yaklaştı ve uzun uzun seyretti. Bu resmi defalarca görmüş, her seferinde yakından bakmak ihtiyacını duymuştu. Samimi bir dostluğun sevinçlerini yansıtan gülüşler vardı. Mükerrem Bey her bakışında şaşırır ve "Bir çelişkinin bu kadar güzel bir suretini bulmak mümkün değildir" deyip gülerdi... Gözlediklerinin özetini daha ilk gençlik yıllarında Aydın'da hekimlik yaptığı günlerde tespit etmişti. Değişen bir şey olmadığını fark etti.

Adnan heyecanlı ve kaprisliydi, Ethem sâkin ve dengeli...

Adnan zeki ve akıllı, Ethem kurnaz ve tertipçi...

Adnan müşfik ve bağışlayıcıydı, Ethem sert ve acımasız...

Mükerrem Bey karşılıklı tahlillerine devam etmek istiyordu. Berin Hanım'ın sesiyle irkildi. Sofranın hazır olduğunu söylüyordu. Geri döndü ve Berim Hanım'la göz göze geldi. Berin Hanım Mükerrem Bey'in gözlerinde karakter tahlilinin izlerini gördü. Bu uzun listeyi küçük bir cümleyle özetledi:

– Adnan beyaz bayrağa ateş etmez...

Sofrada yeni seçimlerin heyecanları vardı. Adnan Bey, Yahya Kemal Bey'le yaptığı görüşmeyi hatırladı. Milletvekili listelerinde istenilen kadroya gerçekten yer verilmiş miydi? Demokrat doktrini benimseyecek insanların seçiminde yeteri kadar özen gösterilip gösterilmediğinden emin değildi. Listeleri bu kere Celal Bey tek tek elden geçirmiş, uzun süreceğine inandığı bir iktidar dönemi için sadakatinden emin olduğu bir kadro oluşturmuştu. Herhangi bir ihtilaf çıkmaması için Adnan Bey'in istediği isimlere yer vermiş ve gönül almıştı.

Ethem Bey, Mükerrem Bey'i Aydın listesinde görmek istemediğini açıkça söylemiş ve "Eğer listeye bir doktor koymak istiyorsan, Namık'ı uygun bulduğumuzu biliyorsun" demişti.

Ethem Bey, Mükerrem Bey'i Aydın'dan uzak tutmayı başarmış, Namık Gedik'in listedeki yerine dokunmaya cesaret edememişti.

Berin Hanım gerginliğin devamından rahatsız olmuştu. Listelerin kesinleşmeye başladığı yerde bir küçük imâyla fırsat yaratmaya çalıştı. Acaba Yahya Kemal Bey için bir imkân köprüsü kurulabilir miydi ? Dudaklarından üstadın mısralar döküldü:

Ölmek kaderde var, yaşayıp köhnemek hazin,
Bir çâre yok mudur buna Yâ Rabb-ül-âlemin...

On beşinci bölüm

Bir jandarma vardı demir kapının önünde,
Ne dost, ne düşman; nöbet uzun, hava sıcak.
Bir köpek vardı demir kapının önünde,
Burnu kara, tüyü sarı...
Kamış sepetlerde yeşil biber vardı,
Torbalarda kömür, heybelerde soğan, sarmısak...

Nâzım Hikmet

Ummâna çıkar burda bugün beklediğin yol,
At kalbini girdâba, açıl engine, rûh ol!..

Yahya Kemal

Meclis yemin için hazırlıklarını tamamlamıştı. İllerinden Ankara'ya gelen yeni milletvekilleri akraba evlerinde veya orta halli Ulus otellerinde bir süre dinlenmiş ve sonra Meclis'i doldurmuştu. Artık Demokrat Parti iktidardaydı. İsmet Paşa "12 Temmuz Beyannamesi"yle halkına taahhüt ettiği her şeyin sadakatinde olmuş ve dürüst bir seçimle Demokrat Parti iktidara gelmişti.

İsmet Paşa sadece Malatya milletvekiliydi ve Çankaya'yı yeni seçilecek cumhurbaşkanına devredecekti.

* * *

Ulus gazetesi İstanbul bürosunun nöbetçi muhabiri Orhan Birgit telefonu kaldırdı. Karşısındaki ses, yâver nezaketiyle 1. Ordu kumandanını bağlayacağını söylüyordu. Noyan Paşa çok acele parti müfettişi Sadi Irmak'la görüşmek istiyordu. Sesi telaşlı ve üzgündü. Ordu kumandanının Sadi Irmak'a söylediği çok açıktı. Noyan Paşa acele yetki istiyordu. Demokrat Parti İstanbul'u silip süpürmüştü. Ama İsmet Paşa eğer isterse, hadiseye müdahale edip meseleyi tersine çevirebilirdi. Mazereti de hazırdı. "Komünistler yine sandıklara hile karıştırdı" deyip sonuçları istediği şekle sokabilirdi. Belli ki kumandan esas duruşa geçmiş, Millî Şef'ten emir bekliyordu.

Sadi Irmak da esas duruşa geçip Noyan Paşa'nın teklifini Çankaya'ya iletti. Millî Şef'in cevabı açıktı:

– Millî irade nasıl tecelli ettiyse her şey öyle olacaktır...

Ankara huzursuzdu. Seçim sonuçlarının Demokratlar lehine geliştiği haberleri gelince kumandanlar toplanmışlar ve konuya çâre aramaya başlamışlardı. Genelkurmay başkanı toplantıya özel bir anlam verilmemesi için "Askerî Şûra'yı toplayalım" demişti. Kumandanlar sözbirliği içindeydiler. Seçim gecesi ve pazar günü âni bir kararla Askerî Şûra'nın toplanması rastlanılmış şey değildi. Kumandanlar her hazırlığın tamamlanmış olduğunu bildirmek için Çankaya'ya çıkmışlardı. İsmet Paşa eğer "evet" derse, hemen bir müdahalede bulunarak yönetime el konacak ve Demokrat mebuslar tevkif edilecekti.

Seyfi Kurtbek telaşla odaya girdi. Doğru Adnan Bey'in kulağına eğildi:

– Kumandanlar Çankaya'da...

Seyfi Kurtbek Demokrat Parti Ankara listesinden milletvekili seçilmişti. Geçen dört yıl içinde ordudaki gelişmeleri en yakından takip edenlerden birisiydi.

Yüksek rütbelilerin İsmet Paşa'ya bağlılığı vardı ve Millî Mücadele'den gelen saygılı tavırlarından vazgeçmemişlerdi. Orduda genç subaylar da vardı ve ülkenin hür ve müreffeh geleceğini Demokrat Parti'de görüyorlardı. Onlar, küçük Anadolu kasabalarından gelmiş, sıkıntılı hayatın terbiyesinde derin bir vatan sevgisi kazanmış genç subaylardı. Demokrat Parti'ye gönülden bağlıydılar. Genç subayların da haberleri sızıyordu. Eğer İsmet Paşa, iktidarı halkın iradesine teslim etmezse, genç subayların ihtilâl yapacakları söyleniyordu.

Seyfi Bey'in getirdiği haber Celal Bayar'ı tedirgin etti. Bütün genel idare kurulu üyeleri etrafını sarmışlardı. Genç partililer ve milletvekilleri de çevresinde merakla Celal Bayar'ı izliyordu. O sâkin tabiatlı Celal Bayar gitmiş, yerine ne olup bittiğini temkinli gözlerle izleyen Galip Hoca gelmişti. O da Millî Mücadele günlerinin ruh halini takınmıştı. Çizmelerini giymiş, kalpağını başına geçirmişti. Seyfi Kurtbek'e emir verir gibi isteğini söyledi.

– Bana Genelkurmay başkanını bağla... Derhal!

Celal Bey aldığı cevaptan mutlu olmuş, kalpağını ve çizmelerini çıkarıp ve çok nâzik bir ruh ve beden değişikliğiyle Galip Hoca'ya teşekkür edip tekrar demokrasinin İstanbul milletvekili Celal Bayar hüviyetine dönmüştü:

– Endişe edecek hiçbir şey yoktur arkadaşlar. Asker kışlasına, kumandanlar evlerine dönmüşlerdir.

Seyfi Bey bir açıklama yapmak istedi:

– Oysa genç subaylar hâlâ kışlalarında alaylarının, taburlarının, bölüklerinin başındaydılar...

Celal Bey, Seyfi Kurtbek'in getirdiği bu haberden de rahatsız olmuştu. Demokratik hayatta sızıltıya meydan verebilecek hiçbir olayın çıkmamasına özen gösteriyor, genç milletvekillerinin heyecanlı tavırlarının yanlış yorumlarla istenmeyen müdahalelere neden olabileceği endişesini duyuyordu. Seyfi Bey'e meseleye müdahale etmesi için münasip bir lisan kullandı:

– Kumandan! Arkadaşları salona al ve kendilerine genel durum açıklaması yap...

Birçok eski milletvekili ve emekli asker, geleneğin bozulmamasını ve cumhurbaşkanlığına Atatürk'ün yakın arkadaşı Ali Fuat Paşa'nın seçilmesini istiyorlardı. Böylece Türkiye Cumhuriyeti'nin başına yine bir asker, cumhurbaşkanı olarak seçilmiş olacaktı. Bu konuda İsmet Paşa'nın tavsiye ve desteklerini de aldığı dedikodusu etrafa yayılmıştı. Özellikle ilk defa Ankara'ya gelen genç milletvekillerinin bu konuda anlayışlı olmaları gerektiğini telkin eden konuşmalar vardı.

Bu teklifi önüne getirdiklerinde Adnan Bey kestirip attı:

– Abesle uğraşmayın!..

Mükerrem Bey'le birlikte Meclis kulisine girdiler:

– Yirmi yıl önce buraya girerken duyduğum heyecan hiçbir şeye benzemez. İki şeye bağlılığım hiç değişmedi. Birincisi Berin Hanım'a olan sevgi ve saygım, diğeri Aydın mebusu olmanın şeref ve mesuliyeti... İkisini de daima tebcil ettim, yücelttim.

Mükerrem Bey kafasındaki konunun mutlaka Adnan Bey'le paylaşılmasını ve gereken önlemin alınmasını istiyordu. Hemen konuya girdi:

– Çok dedikodu var! Ne olursa olsun, cumhurbaşkanımız Celal Bayar olmalıdır!

Adnan Bey durdu. Mükerrem Bey'in gözlerine baktı. Güldü:

– Şüphen mi var doktor!

Sonra yol boyunca Meclis koridorlarında kulisin nasıl yapıldığını anlatmaya başladı:

– Şu gördüğün merdiven altı, şu gördüğün koridor köşesi, şu gördüğün kütüphane... Siyaset dediğin şey buralarda neşvünemâ bulur.

Grup toplantısının yapıldığı salona doğru yürürken durdu. Mükerrem Bey'e fısıldadı:

– Güvenilir dört arkadaş bul! Bir önerge hazırla ve Celal Beyefendi'yi cumhurbaşkanlığına aday göster...

Grup salonuna girdiler. Adnan Bey en ön sıradaki yerini aldı ve Mükerrem Bey'i hazırlıklar için arka sıralara yolladı:

– Unutma doktor! Koraltan'ın dediği gibi tam bir beyaz ihtilâl gerçekleştirdik... Şimdi onu taçlandırmanın sorumluluğundayız...

* * *

Ferit Bey Opera'dan çıkmış doğru evine gelmişti. Sevinçli bir bekleyişin hazzını paylaşmak istiyordu. Merdivenleri ağır ağır çıktı. Kapıyı anahtarıyla açmadan önce zili üst üste iki kere çaldı. Bunu yıllardır sektirmeden yapıyordu. Eve geldiğinin âdeta işareti gibiydi. İçeri girdiğinde Ayhan Hanım'ı hazırlanmış buldu. Merakla sordu:

– Unuttuğum bir şey var mı?

Unuttuğu bir şey yoktu. Ayhan Hanım içinin aydınlığını dışa vurmak istemiş, süslenmişti. Uzun süredir yalnız bırakılmış bir kadının ruh halini yaşıyordu. Başarılı bir soprano olarak gördüğü samimi itibar ve takdiri duygularının derinliğine itmişti. Elinde bir telgraf örneği vardı. Kendisi imzalamış, Ferit Bey'in de imzalaması için evrakı alıp eve gelmişti. Ferit Bey'in önüne koydu:

– İmzalayın lütfen! Yarın bu telgraf Nâzım'a çekilecek...

Ankara'nın hatırı sayılır önemli insanları, açlık grevini sürdüren Nâzım'a bir telgraf çekerek ertelemesini rica ediyorlardı. Yeni iktidarın af kanunu çıkaracağına inançlarının tam olduğunu belirtip güven veriyorlardı. Ferit Bey imzaladıktan sonra Ayhan Hanım'ın gözlerinin içine baktı:

– Biliyor musun CHP Nâzım'a ne kadar eziyet etmişse, bir o kadar da onu korumuştur. Sıradan bir mahkûm olsaydı, bu hayata dayanamazdı.

Ferit Bey ve Nâzım ilişkisi tâ Çankırı Cezaevi'ndeki günlere uzanıyordu. *Tosca* operasının librettosunu tercüme ettirmek için Ferit Bey Nâzım'ı seçmiş, böylece eline birkaç kuruş geçmesi için çırpınmıştı. Hatta büyük sorumluluk yüklenerek sanki kendi yapmış gibi takdim etmek istemişti.

Ayhan Hanım'da aşırı bir Nâzım tutkunluğu yoktu; ama itibarlı bir insana yakın olmak arzusunun dayanılmaz heyecanı vardı. Bu heyecanı dile getirdi:

– Kaderimin bir günü gelecek ve beni onunla buluşturacak bir tesadüfüm olacak...

* * *

Beyaz ihtilâlin taçlandırılmasında hiçbir engel çıkmamış ve Celal Bayar seçilmişti. Şimdi gözler başbakandaydı...

Meclis kendi başkanını seçerken zorlanmış, milletvekillerinin önemli bölümü Fevzi Lütfü için kulis yapmışlardı. Adnan Bey dışarı çıkmış ve tek bir müdahalede bulunmuştu:

– Memleketin idaresi, Meclis'in idaresindeki tecrübe ve sadakatle kendini gösterecektir.

* * *

CHP hükûmetinin son toplantısıydı. İsmet Paşa başkanlık ediyordu. Kabinenin bütün bakanları seçimi kaybetmişti. Geriye dönüp bakıldığında, hepsinin hayatı devlet disiplini içinde geçmişti. Şimdi sivil hayata nasıl uyum sağlayacaklarını bilmiyorlardı. Paşanın sözlerinde sadece siyasî bir insanın hatıra defteri için önem taşıyan cümleler vardı:

– Hepinizle iftihar ediyorum.

Arabasına binip evine gitti. Pembe Köşk'ün kapısında karşıladılar. Artık Cumhurbaşkanlığı arabasına yol gösteren refakat polislerinden hiçbiri yoktu.

Mevhibe Hanım kahveyi hazırlamıştı ve önündeki küçük sehpaya koydu:

– Her şey hayırlı olsun paşam!

İsmet Paşa, kahvesini içti. Çalışma masasının başına geçti. Kendi adı yazılı kâğıtlardan birini çekip yazdı:

> Sevgili Erdalım,
>
> Evimize taşındık. Bu mektubu eski kütüphanemizden yazıyorum.
>
> Seçimi fena nispette kaybettik.
>
> Bu seçim, memlekette yeni bir hayat tarzı kurmak için giriştiğimiz teşebbüste ne kadar ciddi ve samimi olduğumuzu göstermiştir. Memleket için, hepimiz için şeref olmuştur.
>
> Gözlerinden öperiz...

* * *

Adnan Bey, Köprülü'nün başbakan olacağına kendisini öyle inandırmıştı ki, söylenebilecek her sözü, ölçüsü kaçırılmış bir şaka, hatta, sinsice söylenmiş bir istihza cümlesi gibi görüyordu. Celal Bey'in cumhurbaşkanlığı için hiçbir pürüzün kalmadığını görmüştü. Bayar'ın cumhurbaşkanı seçilmesi için Mükerrem Sarol'un müdahalesini isterken aynı şeyi yine doktor aracılığıyla yapmayı tasarlamıştı. Fikrini açtı:

– Doktor, şimdi sıra Köprülü'nün başbakanlığını sağlamakta...

Bu anlayış içinde Adnan Bey Çankaya'ya çıkıp cumhurbaşkanıyla görüşme talebinde bulunmuştu. Giderken sevinçliydi. Köprülü'nün başbakanlığı için ricada bulunacak, ama Köprülü kabinesinin bakanlarını kendisi seçecekti.

Cumhurbaşkanının yanına girdiğinde uzun bir giriş cümlesiyle Köprülü'nün partiye hizmetlerini anlatacak ve sonra başbakan tayini için istirhamlarını ifade edecekti. Söze girer girmez cumhurbaşkanı hemen kesti:

– Ne söyleyeceğini biliyorum, yorma kendini. Başbakan sensin...

Adnan Bey kıpkırmızı oldu. Ayağa kalktı. Teşekkür etmeden bir kere daha Köprülü'nün şansı olup olmadığını denemek istedi. Bayar, kesin kararlı adamların rahat sesiyle devam etti:

– Demokrat Parti başkanı da sen olacaksın...

Daha sonra babacan tavrıyla söyleyeceklerinin tamamını sıraladı:

– Kabineyi kurarken emeği geçenler ile tecrübeli olanların dengesini iyi kur. Bu arada Köprülü Dışişleri bakanı olabilir...

Bu görüşmenin sürdürülmesinin hiçbir faydası olmayacağını ikisi de anlamıştı. Adnan Bey ayağa kalkıp izin istedi. Celal Bey kapıya kadar yolculadı. Tam veda edeceği sırada Adnan Bey'i bir daha seyretti:

– Size "Siyasette her şey mümkündür" demiştim. Tehlikeyi ihtimalken sezip tedbir almakla, imkânları siz ele geçirmiş olursunuz.

* * *

Kabine ilan edildiğinde çok kişi şaşkınlık içinde kaldı. Demokrat Parti'nin kuruluş zahmetini çeken ve Adnan Bey'e yakınlığı nedeniyle her fırsatta örselenenlerden hiç kimse yoktu. Ağaoğlu yoktu, Karaosmanoğlu, Sıtkı Yırcalı yoktu, Hüsnü Yaman yoktu. Mükerrem Sarol yoktu. En şaşırtıcısı Ethem Menderes yoktu... Bu demokrasi cengâverlerinin yerini, CHP bürokrasisinde yaşlanmış emekli memurlar almışlardı. Sokakta, meydanda, kahvede siyasetçi tanımamış bakanlar, yeni mebusları, sanki emirlerindeki küçük memurlar gibi görmeye başlamışlardı.

* * *

Cumhurbaşkanı işittiklerinden rahatsız olmuş, meselenin abartıldığı endişesine kapılmıştı. Sözünü esirgemedi:

– Şevket Bey mübalağa ediyorsunuz.

Şevket Bey mübalağa ediyordu. Dikkat çekmek için, "bunlar mahşerin dört atlısı" benzetmesi yapmış, böylece muhatabının kafasında hiddetli bir siyaset kampanası çalmak istemişti. Ancak Bayar'ın, daha ilk cümlelerden sonra böyle sert müdahalede bulunmasından irkildi. Bayar'ın, sözlerinin doğruluğu konusunda kuşku duyduğunu fark etti. İşe ciddiyet kazandırmak istedi:

– Yemin ederim.

Şevket Mocan zaman zaman katıldığı Ankara Palas'ta, Fevzi Lütfü'nün sohbetlerinde işittiklerini hemen Celal Bayar'a duyurmak istemişti. Bugünkü bu sevimsiz birlikteliğin sebebi buydu.

Bayar işi uzatmadan sonuçlandırdı:

– Siyasette işi ayağa düşüren hiç kimseye itibarım olmaz.

Bayar'ın itibar etmediğine Adnan Bey itibar etmiş, Şevket Mocan'ı dikkatle dinlemiş, hatta ziyaretinin devamı için özendirici şeyler söylemişti:

– Bu hükûmet hepimizin Şevket Beyefendi. Herkesin desteğine ihtiyacımız var. Bu müdahaleniz bizim için fevkalade yol gösterici olmuştur.

Fevzi Lütfü'nün emriyle Ankara Palas'ın en rahat koltukları üst kattaki geniş salona yerleştirilmiş ve ortalarına iri çaplı bodur bir ceviz sehpa konulmuştu. Meclis'in çalışmadığı saatlerde burada toplanıp siyaset üzerine sohbet ediyorlardı. Bu sohbetin amacı, Ankara'da ne olup bittiğini merak eden Demokrat kadroları yeni hükûmet hakkında uyarmaktı. Yeni bakanların Demokrat Parti'nin değil, İsmet Paşa kadrolarının siyasetini uyguladıklarını üflüyorlardı. Fevzi Lütfü'nün yanı sıra Samet Ağaoğlu, Mükerrem Sarol, Hüsnü Yaman dörtlüsü kısa sürede isimleri Ankara'da duyulan milletvekilleri olmuşlardı. Genç milletvekilleri de bu kadronun siyaset tecrübesinden istifade ederek pişiyorlardı. Yavaş yavaş bir hükûmet aleyhtarlığı başlamıştı. Zaman içinde bu tempo giderek hızlanıp, bir Menderes muhalefetine dönüşebilirdi. Samet ve Mükerrem bu konuda belki çabucak frenlenebilirdi, ama Fevzi Lütfü ile Hüsnü Yaman'ın üslûbu giderek sertleşiyordu.

* * *

Hükûmet kurulalı henüz bir ay olmuştu. Bu kadar dağınık ve ısrarlı bir muhalefet başlatmak için hiçbir sebep yoktu. Bakanlar şaşkınlık içinde kalmışlardı. Hangi işe sarılsalar ertesi günü o konuda inanılmaz bir iftira kampanyası başlatılıyordu. Bunları Adnan Bey'e söyleyecek cesareti henüz kazanamamışlardı.

Akşam sofrasında Adnan Bey'in sevdiği yemekler hazırlanmıştı. Gelir gelmez oturdu:

– Sabahtan beri bir şey yemedim, açlıktan ölüyorum...

Yanı başındaki telefona uzanıp numaraları çevirmek istedi:

– Mükerrem'in numarası kaçtı?

Berin Hanım numarayı ezberinden söyledi ve bekledi. Adnan Bey'den bir açıklama istiyormuş gibiydi. Adnan Bey tedirgindi:

– Yarın kendisine söyleyeceklerim var.

Berin Hanım rahat bir hava yaratmak istedi:

– Neden şimdi çağırmıyorsunuz. Mükerrem Bey de sever bu yemekleri...

Adnan Bey sesini sertleştirdi:

– Şımarmasını istemiyorum...

* * *

Fevzi Lütfü seçimlerin kazanıldığı gece Manisa'dan hemen telefona sarılmış ve Menderes'le görüşmek istemişti. Adnan Bey, talebinin ne olacağını kestirmiş araya süre koyarak kendisi için sağlam bir manevra alanı yaratmak istemişti. Fevzi Lütfü ısrarcıydı, Meclis başkanlığını istiyordu. Bunun dışında hiçbir makamda gözü olmadığını açıkça söylemişti. Sesinde sert ve kesin talep ciddiyeti vardı.

Bu soruna çözüm bulmak mümkün olmadığı gibi, gündemde kalması da tehlikeliydi. Bu takdirde herkes kendisi için bir makam peyleyip geçmişteki hizmetlerini ileri sürerek bu makamların talebinde bulunabilirdi.

Adnan Bey, Fevzi Lütfü'nün kendisinden böyle ısrarla makam talep etmesine mânâ verememişti. Henüz Meclis başkanı, cumhurbaşkanı, başbakan isimleri bile belirlenmiş değilken, parti grubu henüz bir tercih belirlememişken böyle bir emrivaki karşılanamazdı. Böyle bir talebin anlamı olmadığını Fevzi Lütfü'ye anlatmak mümkün değildi.

Adnan Bey bunların muhasebesinde olmayı kendisi için sebepsiz zahmet olarak görüyordu; ama, Fevzi Lütfü'nün başlattığı muhalefet giderek derinleşiyor ve grubu etkisi altına alıyordu. Mükerrem Bey'i bunun için çağırmıştı. İçeri girince hemen konuya geçti:

– Sevgili doktor. Nasıl bir ateşin içinde olduğumuzu biliyorsun. Hükûmet işini ehil ellerle yürütmek zorundayız. Seçimle gelen arkadaşların neredeyse hepsi ilk kez Ankara'ya gelen insanlar. Devlet idare etmek kolay iş değil ki...

Adnan Bey alttan alıyordu. Mükerrem Bey üzerine yürüdü:

– Listemizde çok yetenekli arkadaşlarımız var. Hepsi de devletin hizmetinde tecrübe edinmiş insanlar...

Adnan Bey aynı hızla Mükerrem Bey'in üzerine yürüdü:

– Evet var! Ama işin bir de sırası var.

Birden sinirlendi:

– Kimin gözünü korkutmaya çalışıyorsunuz? Kendi eserini batıran aptallar gibi mi hareket edeceğiz?

Adnan Bey her şeyi en yakından bildiğini belirtip güç kazanmak istedi:

– Her şeyinizi biliyorum. Ankara Palas'ın kuytu köşelerinde gelişigüzel konuşmanızın hepimiz için felaket getireceğini görmüyor musunuz?

Herkesin hassas olacağına inandığı bir soruyla konuyu kapatmak istedi. Ankara Palas'ın bütün masraflarını Fevzi Lütfü karşılıyordu. Bunun bir muhabbet meclisi için ödenmediğini hissettirmek istedi.

– Her gün Ankara Palas'ta yüzlerce lira masraf yapıyorsunuz. İnsanlar bu değirmenin suyunu bir gün soracaklardır.

Kapıya kadar yolculadı. Eski dostluklarının hatıralarını tazeleyecek imkânları vardı, ama hiçbirini kullanmak istemedi. Sadece samimiyetini fark etmesi için bir iki hatırlatmada bulunmak istedi:

– Hatırlıyor musun doktor! Seninle Çakırbeyli'ye giderdik... Çine Çayı'nın kenarında otururduk... Homeros bu toprakların çobanıydı. Şiirlerinin en güzelini bizim ovalarda söylemişti. Herodotos, Çakırbeyli'ye, "Bereketli Asya çayırı" derdi. Koskoca bir kıtaya adını veren çayırlarda büyüdük. Bunların hatırası daima sıcak ve samim kaldı. Bu samimiyetle söylüyorum, sırtımda ateşten bir gömlek va

Kapıya gelmişlerdi. Ayrılırken elini, eski dostunun omzu koydu:

– Bak doktor! Düşmanım bile olsanız, sizinle savaşırken muslu insanların hizmetine tâlip olurum. Beni kör Şevket'in d ne mahkûm etmeyin...

Ertesi gün mahşerin dört atlısından ikisi kabinenin süvarileri olarak göreve getiriliyorlardı. Samet Ağaoğlu ile Fevzi Lütfü hükûmette devlet bakanı olarak yer almışlardı. Menderes eski günlerin hatırını saymış, Samet Bey'i başbakan yardımcılığıyla taltif etmişti.

Cumhurbaşkanı Adnan Bey'in teklifini onaylarken hiçbir şey sormamış, sadece Mükerrem Bey'le görüşmesinden haberi olduğunu çıtlatmıştı:

– Mükerrem Bey'in hükûmette yer almasını henüz erken buluyorum.

* * *

Nâzım'ın sesi koridorlarda çınladı:

– Ben kobay değilim! Hakkımın verilmesi için grev yapıyorum. Grevime cezaevinde devam edeceğim.

Gücü kalmamış, Cerrahpaşa Hastanesi'ne kaldırılmıştı. Celile Hanım yorgun adımlarla her gün ziyaretine geliyor ve birlikte aynı ıstıraplı bekleyişin acısını paylaşıyorlardı. Celile Hanım gelirken köşe manavından iki avuç taze kiraz almış ve uzatmıştı:

– Tartınız lütfen!

Manav kalın kesekâğıdının içine iki iri avuç da kendiliğinden eklemiş ve uzatmıştı:

– Nâzım Bey'e selam söyleyin. Mahalle esnafından bir isteği olursa, hiç çekinmesin söylesin bize...

Celile Hanım ilk işittiğinde silkelenmiş, bir anlam verememişti. Manav gün görmüş adamdı:

– Babam İştirakiyun rençperiydi. Halden anlamayı ondan öğrendik.

Odada tâze kiraz kokusu vardı. Hastane penceresinden Marmara'yı seyrediyordu. Haziranın sonunda denize bakışın tadına doyulmazdı. Celile Hanım elini uzatıp oğlunu pencerenin kenarına çağırdı. Nâzım pencereye yaklaştı. Elini annesinin beline doladı. Kendisiyle ilgili hiçbir hevesinin kalmadığını fark etti. Geleceğinin endişesinde de değildi. Yüzünü denize çevirdi:

– Biliyor musun valide, doğduğum şehir, artık memleketimin değil. Olması da imkânsız...

Bu kez Celile oğlunun beline dolandı:

– Çocukluğunda her gün seni sahile indirir, Selânik'in hoşnut havasını koklatırdım. Bu hava saçlarımıza sinmiştir.

Nâzım annesine sarılıp saçlarını derin bir nefes gibi içine çekti.

– Selânik vatan hasretiyle yanıyor be anne!..

Sonra derin bir esef içinde hayatının hüküm cümlesini verdi:

– Korkarım ki öldüğüm şehir de memleketimin dışında olacak.

* * *

Ankara Ekspresi gara girdiğinde geniş bir kitle tarafından karşılandı. İstanbul'dan uçurulan haberle, Ankara'daki milliyetçi gençlik kısa zamanda etkili bir örgütlenmeye dönüşmüştü. Millî Türk Talebe Birliği Başkanı Suphi Baykam beş bin imzalı bir dilekçeyi hükûmete sunacak, Nâzım'ın affının bir millî suç olacağını ifade edecekti. Bunu vatanperver Türk gençliği adına yaptıklarını söylüyor ve bu millî isyana kimsenin kulak tıkayamayacağını belirtiyordu.

Karşılayıcılarla birlikte Başbakanlık'a gidilip dilekçe teslim edildi. Suphi Baykam'ın İstanbul'a dönüşünde söyledikleri arkadaşları arasında heyecan uyandırmıştı. Nâzım'a destek veren gazetecileri, sanatçıları, edebiyatçıları ve şairleri kastederek ilginç bir benzetme yapmıştı:

– Kimse kendinde bir Dreyfus ahlâkı vehmetmesin! Bu dava bir hukuk hatası değil, bir siyaset ihtilafında hakikati savunma cesaretidir. Milliyetçiler! Bu savunmanın safında yüceliyorsunuz...

Bu görüşmeler etkisini göstermiş Meclis'te af kanununun görüşülmesinde Nâzım'ı kapsam dışında bırakan düzenlemeler filiz vermeye başlamıştı.

En sert direniş Ulaştırma bakanından geliyordu. Tevfik İleri kürsüye çıkmış, ensesinin üzerinden geniş omuzlarına yayılan dalgalı saçlarını, erken kükremiş bir aslanın dağınık yeleleri gibi iki yana çevirerek haykırıyordu:

– Nâzım Hikmet kupkuru bir Nâzım Hikmet değildir. Avrupa'da, Asya'da, Amerika'da, dünyanın neresinde bir komünist teşekkül varsa, hepsi Nâzım için bayrak açmıştır. Türk hükûmetinden "Nâzım'ı alacağız" demektedirler. Biz saf ve temiz kalbimizle acıyarak bu adamı çıkarttığımız gün, bütün komünist cihan, "Nâzım'ı ellerinden aldık" diyeceklerdir.

Bu konuşma etkili olmuş, Anadolu'nun genç eşraf çocukları ciddi tereddüt geçirmişlerdi. Hepsi de babalarının, dedelerinin Millî Mücadele hatıralarıyla büyümüştü. Hepsinin çocukluk hayatında bir Moskof masalı vardı. Bu sözlerin etkisinde kalmamaları düşünülemezdi ve Nâzım'ın affı kapsam dışı bırakıldı.

Birden Meclis'te nereden geldiği kolayca fark edilmeyen bir otorite hissedildi. Af kanununun bağışlamadığı mahkûmların geri kalan cezalarının indirilmesi maddesinden Nâzım'ın da yararlanması için milletvekillerinin dikkatli olması isteniyordu. Nereden geldiği bilinmeyen otoritenin ricası Meclis'te tartışılmamış ve Nâzım'ın geri kalan cezalarını çekmemesi ve salıverilmesi kararı kanunlaşmıştı.

Nâzım artık serbestti...

Tokat Milletvekili Ahmet Gürkan, koridorda geçerken kendisini hayretli gözlerle süzen Şevket Mocan'a bağırdı:

– Millet onu affetmedi, sadece acıyıp serbest bıraktı...

* * *

Yahya Kemal Bey, Park Otel'in balkonundan Boğaz'ı seyrediyordu. Mor denizin engini ayaklarının altında bir körkuyu kadar sığdı. Yazdığı gazellerin hepsi bir sevdâ divânından çıkıp gelmiş gibi tâzeydiler. Bebek, eski şiirin rüzgârıyla salıncakta genç bir kız gibiydi. Şâd olmayan bir gönül mâcerasından süzülmüşçesine mağrur ve bahtiyar... Çubuklu, Çamlıca, Hisar, Göztepe gazelleri boy verdiler. Lâleler, güller, leylaklar bir ortak kokunun büyüsüyle çevresinde dolanıyordu. Celile gözlerinin önündeydi. Ne kadar inatla sırtını denize dönse, mil çekilmiş gibi gözlerini kapatsa bile, o mavi bakışlı kumral baharın izleri silinmiyordu.

Nâzım'ın affedilmesi için Cumhuriyet aydınlarının başlattığı imza kampanyası geniş bir itibar görmüş ve çok kişi imzalamıştı. Yahya Kemal'in de imzasının önemli bir destek sağlayacağını düşünen Celile, tereddüt etmeden böyle bir istirhamın içinde olmuş ve eski göz ağrısına küçük bir istirham mektubu göndermişti:

Aziz Şairim!

Siz Nâzım'ın şiir hocasısınız. Ona kanat geriniz.

Tesirli konuşursunuz; ne olur onu himaye ederek, kanayan bir anne yüreğini kurtarınız...

Yahya Kemal Bey, bu mektubu aldığında uzun ve heyecanlı bir hatıra zevkiyle kendinden geçmiş ve cânânı gözlerinin önüne getirmişti. Celile bütün ihtişamıyla karşısındaydı. Onu uzun uzun seyretmiş ve sonra mektubu bir kenara bırakıp, "Hayalimi bozacak hiçbir şeyin seyrine tahammülüm yoktur" deyip gerçek hayatın sıkıntılı kıskacına dönmüştü. Bu sıkıntılı hayat, Yahya Kemal'i, bu zarif kadının mektubuna cevap vermeyen bir hoyrat ihmalin girdabına itmişti.

Yahya Kemal Bey, sabah gazetelerinde Nâzım'ın serbest bırakıldığını okuyunca sevindi. Bu sevinci paylaşacak kimsesi yoktu. Celile'yi aramak istedi ve durdu. Kendi hükmünü kendi verdi:

– Ne yüzle arayacaksın ki?

* * *

Kasımla birlikte Ankara'da yağışlar hızlanmıştı. Demokrat iktidarın heyecanları, havaların soğumasıyla birlikte etkisini kaybetmiş, insanların gündelik yaşam telaşları yeni hükûmetin programı konusundaki ümitli bekleyişleri bahara ertelemişti. Seçimlerin üzerinden altı ay geçmiş olmasına rağmen İsmet Paşa'nın hâlâ durumu hazmedemediği ve asabiyetini bir türlü sâkinleştiremediği söyleniyordu. Anadolu'dan seçilmiş yeni milletvekilleri, doğup büyüdükleri kentin eşraf dünyasındaki temkinli ve kurnaz seyirlerle Ankara'ya yerleşmeye çalışıyordu. Hepsinde hemen farkına varılan ağırbaşlı bir merak görülmekteydi. Bu merak ilk günlerin müsamahasıyla biçim değiştirmiş bir siyasî kabul gibi değerlendiriliyor ve hepsi saygılı ve onurlu davranış sahibi olarak itibar görüyordu.

Adnan Bey uzun yıllara varan parlamenterlik yaşamına rağmen sanki ilk kez Meclis'e gelmiş milletvekili gibi heyecanlıydı. Ankara'nın şimdiye kadar farkına varılmamış güzellikleri olduğunu keşfetmiş gibi seviniyordu. Hayatın geçmişteki zahmetli yıllarını unutmuş, yeniden doğmuş gibi arzulu, iddialı fakat sabırsız bir delikanlı heveskârlığıyla iktidarın nimetlerini tanımaya çalışıyordu.

Başbakanlığa atandığı gün Bayar, Pembe Köşk'ün küçük çalışma odasında Adnan Bey'in elini avcuna almış ve fısıldar gibi yeni görevini tebliğ etmişti:

– Biliyor musunuz Adnan Bey, Cumhuriyet meclislerinde vekillik yapmadan başvekilliğe atanan ilk örnek sizsiniz...

Adnan Bey uzun parlamenterlik yıllarına rağmen, bakanlık konusunda düşünülen isimler içinde hiç yer almamıştı. Toprak reformu çalışmaları sırasında çiftlik hayatında kazandığı tecrübelerin ışıklarını Meclis koridorlarında yaymış ve dikkat çekmişti; ama, siyasetin kıdemlileri henüz bu bahiste olgunlaştığına ihtimal vermiyorlardı. Adnan Bey son dört yıllık dönemde, parti sözcüsü olarak hem Meclis kürsülerine, hem siyaset meydanlarına örneği az rastlanır güzellikte ve etkinlikte bir hitabet sanatı sergilemişti. Konuşmalarındaki ifade ve mânâ bir vuslat döşeği gibi serilir ve dinleyenleri hayran bırakan mükemmeliyetle sergilenirdi. Celal Bayar'ın bu mahareti yakından takip ettiği, hattâ, hayran kaldığı izlenimleri vardı. Bu izlenimler bugün istenen noktaya varmış ve Adnan Bey başvekil olarak seçilmişti. Bayar'ın vekil olmadan başvekil olan hatırlatmasında sadece bir iltifat değil, aynı zamanda tecrübeli bir siyaset adamının dikkat çeken uysal tabiatlı ikazı vardı.

Adnan Bey akşamın alacakaranlığında pencereden dışarıyı seyrediyordu. İzmir Amerikan Koleji'ndeki günleri birden gözlerinin önünde canlanıverdi. Akşam etütleri bittiğinde, sınıftan ayrılmıyor, dinlenme için verilen vakti kitap okuyarak geçiriyordu. Edebiyat hocasının verdiği *İlahî Komedi*'yi okurken büyülendiği saatler oluyor ve çok kere, artık yatağa gitmesi gerektiği ikazlarına kadar okumaya devam ediyordu. "Cehennem"i okurken çok etkilenmişti.

Dante, cehennemi anlatırken sanki yaşamın asıl gerçeğini anlatıyordu. Cehennem, amaçsız yol alan birinin yanlış yöne saptığı esrarlı ormana benziyordu. Bu yanlış yol, cehennem yaratıklarının yaşadığı yüksek tepelere çıkan gizli basamakların başladığı yerdi. Merdivenlerden yukarıya doğru çıktığında simsiyah bir dehlizde cılız bir sesin acıyla haykırdığını işitiyordu. Bir köşede hainin biri, ihanetini ortaya çıkaranın kafasını kemirirken, öteki köşede, şehvet düşkünlüğünü doruklaştıran Paola ve Francesca dar bir hortumun içine hapsedilmiş olarak dönüyorlardı.

Adnan Bey, *İlahî Komedi*'yi okurken her seferinde gerçek yaşamın değerlerini böylesine usta gözlemler ve anlatımlarla ortaya koyan bir yazarın dünya görüşündeki sabır ve arzu çatışmasını içine sindirmişti. Şimdi kendisi bu sabır ve arzu çatışmasının içindeydi ve iki gündür kafasını işgal eden bu konuya, bu gece mutlaka bir çözüm bulması gerektiğini düşünüyordu.

Pencereden ayrıldı ve masasına doğru yürüdü. Geride kasvetli ve ümitli bir yoksulluk bırakmıştı. Ankara, bazen en hoyrat duygularıyla yüzünü ekşitiyor, bazen de karşısındaki kim olursa olsun, suratındaki buruşuk maskeyi gizleyerek gülüyordu.

Adnan Bey, masasına oturdu ve kafasındaki numaraları telefon kadranından çevirdi:

– Merhaba!

Sesi âşinaydı. Karşısındaki hemen fark etmiş ve emre hazır olmuştu. Adnan Bey işi uzatmadan istediği konuya girdi:

– Telefon numarasını ver...

Verilen numarayı önündeki küçük deftere yazdı. Tek kelime etmeden telefonu kapattı. Sonra numarayı bir iki kere yüksek sesle tekrarlayıp ezberledi. Yazdığı kâğıdı fırlatıp attı.

Tekrar Dante'nin cehennemine döndü. Önce ihanetini ortaya çıkaran sâdık kulun kafatasını yiyen Ugolino'nun cezasını ağır buldu. Daha sonra şehvetin lezzetini ahretin bütün tehditlerine yeğ tutan Paola ve Francesca'nın derin bir vuslat içinde döndükleri lezzet hortumunu hatırladı.

Kararını verdi ve numarayı çevirdi. Kendinden emindi. Hemen hatırlanacağını ve isteğinin mutlaka yerine getirileceğini düşünüyordu.

Başbakanlık odası loştu. Alacakaranlık içinde ölçüler, renkler, ışıklar, gölgeler farklı bir manzaraya bürünüyor, her eşya, sahibinin istediği hüviyeti kazanmış gibi değerleniyordu. Adnan Bey, bu manzaraya bayılırdı. "İnsan kendinin dışında başka şahsiyetler olduğuna inanmalı ve bunun hürmetini içinde hissetmeli" derdi. Şimdi yeni bir şahsiyet ve hürriyet tarifi içindeydi.

Telefondaki sese bir ikinci fırsat vermeden hemen konuya girdi:

– Merhaba! Ben Adnan... Başvekil!

Karşısındaki seste hiçbir heyecan, umulmadık olayların kaçınılmaz telaşı yahut beklenmeyen bir hadisenin ürkütücü tavırlarından hiçbiri sezilmiyordu. Kendinden emindi:

– Nasılsınız efendim!

Sesinde dramatik bir sopranonun lirik güveni vardı. Adnan Bey şaşırmıştı. Böyle doğrudan arayışın, karşısındaki kadında bir heyecan yaratacağını ve telaşlı çırpınışlarla bir başvekili karşılamanın hayalini kurduracağını, biraz da güldüreceğini bekliyordu. Beklediklerinden hiçbiri olmadı. Kendinden emin bir kadının bir erkeğe göstermesi gerekli nezaketin dışında Adnan Bey için özel sayılacak bir ses ve ifade özelliği yaratmamıştı.

– Bu akşam sizi görmek istiyorum. Bıraktığınız tesiri daha fazla hafızamda taşıyamam...

Bu sözler, beğenilmiş ve tesiri bir türlü kaybolmamış genç bir kadına duyguların aktarılmasından çok, arzuların tebliğindeki sertliği ifade ediyordu. Genç kadın saygısını koruyan hatırlatmayla durumu netleştirdi:

– Operadan misafirlerimiz var... Aradığınız için teşekkür ederiz... Ferit Bey de hürmetlerini yeniliyor...

Adnan Bey reddedilmeye alışmamıştı. Bu cevap nezaketi, beklediklerinin hiçbirini karşılamamış aksine şaşırtıcı bir inatla baştan savan bir ev sahibeliği örneği vermişti. Adnan Bey kesin hükmünü verdi ve telefonu kapattı:

– O halde yarın geceki misafiriniz ben oluyorum. Ve orada sadece sizi görmek istiyorum...

Adnan Bey'in mutlaka görmek istediği ve tesirini hafızasında daha fazla taşıyamayacağını söylediği kadın, yirmi beşini henüz tamamlamış genç bir opera sanatçısıydı. Teninde buğdayın ılık esmerliği vardı. Gözleri, kendini sınırlamak isteyen bütün baskılardan kurtulmuş gibi hür, iri ve siyah bir lezzetle bakıyordu. Kaşları, alnının tam ortasından iki küçük kavis gibi yanlara açılıyor ve iri gözlerin üzerinde şefkatle sığınılacak bir gölgeli zemin yaratıyordu. Kirpiklerinin etrafını belirleyen siyah hatlar gözpınarlarını bir bademi biçimlendirir gibi ovalleştirmişti. Elmacıkkemikleri hafif çıkıktı. Avurtlarındaki küçük çukurlar derinlikli gölgeler bırakarak üçgen çenenin hatlarını koyulaştırıyordu. Yüzündeki bütün duygular taşkındı. Gözlerinin içinde, hangi mânânın güldüğünü gizleyen soylu ve mert duyguların heyecanı vardı. Sırtı açık, omuzları meydandaydı. Belinin inceliğini ortaya koyan dar elbisenin omuzlara uzanan kavisleri göğüslerini tutan kalın bir bantla tamamlanmıştı. Gece mavisi bir kadına ancak bu kadar yakışırdı.

Adnan Bey, bu genç kadını kalabalığın içinde hemen fark etmiş ve bir süre gözlerini kırpmadan seyretmişti. Sonra yanındakine yavaşça sordu:

– Rıfat! Kim bu genç kadın?

Kadızâde hemen cevapladı:

– Mithat Bey'in yeğeni... İsterseniz çağırayım; yakınımdır...

Rıfat Kadızâde'nin yakınım dediği genç kadın, olduğu yerde duruyordu. Bir cazibenin kendisine mutlaka yaklaşacağından emindi ve telaş göstermeyen tavrını sürdürmesi gerektiğini biliyordu.

Adnan Bey genç kadına doğru yürüdü. Arkasından âdeta bir ordu geliyordu. Rıfat Kadızâde'ye yavaşça fısıldadı:

– Dağıt bunları...

Genç sopranoya yaklaştı; teklifsiz bir emniyet içinde elini tuttu. Geniş salona ve bahçeye bakan büyük limonluğa yayılmış olanlar kıpırdamadan olanları seyrediyordu. Adnan Bey genç kadının istediği kıvama gelmeye müsait olduğunu görmüş, ilk günden ileri giderek rahatsız etmek istememişti. Gerçek tesirini başka zamana bırakacak kadar sabırlıydı. Bu sabır hayatının bu bahisteki deney eksikliğini kolayca telâfi ediyordu.

– Demek Mithat Bey'in yeğenisiniz?

Genç kadın gözlerini Adnan Beyin gözbebeklerindeki derin yoldan tâ iliklerine işleyen bir güvenle güldürdü:

– Ben Ayhan Alnar'ım efendim! Hasan Ferit Bey'in eşiyim...

Sonra hiç telaşa kapılmadan ekledi:

– Müsaade ederseniz, eşimi takdim etmek isterim...

Adnan Bey teklifi umursamadı. Doğrudan ilgilendiği kişinin taşıdığı önemi karşısındakine hissettirmek yerine açıkça aktarmayı uygun buldu:

– Bir gün kendisiyle mutlaka ve etraflı bir görüşme yapacağım. Benim için önemli olan sizsiniz.

Genç kadının koluna girdi. Dışarıdaki soğuğa aldırmadan limonluğun küçük kapısından sessizce bahçeye doğru süzüldüler.

Adnan Bey, sesindeki yumuşak üslubun etkisine güveniyordu:

– Bende bıraktığınız tesirin değerini anlatmak isterdim. Zannederim heyecanınız biraz sizi yoruyor.

Ayhan Hanım, bıraktığı izlenimin, aslında taşıdığı gerçek duygular ve düşünceler olmadığını biliyordu. Böyle bir izlenim bırakmak için hiçbir hata işlememiş, aksine dimdik duygular ve cesur tavırlarla karşısındakini etkileyen derinliğin fark edilmesini istemişti. Tavırlarının böyle tereddütlü yorumlarla ortaya konması ileride yanlış hükümlere yol açabilirdi. Aynı cesareti tekrar sergiledi:

– Sanırım asıl heyecan sizde efendim... Üzüldüm! Ben de sizin bıraktığınız tesiri fark etmenizi çok isterdim. Lütfen ilk günden beni yanıltmayınız...

Bu konuşmaya yapılacak her ilave cümlenin ilk anda yaratılmış tesirleri bozabileceğini düşündü ve görüşmeyi sonuçlandırdı:

– Hava soğuk, ikimiz de sesimize itina etmeliyiz...

Adnan Bey, başını sallayarak hak verdi ve limonluğun küçük kapısına kadar götürüp orada vedâlaştı. Daha da yaklaştı:

– Haydi ellerinizi uzatarak hayalinizi şekillendirin...

Limonluğun kapısında Mithat Dülge'nin sesi duyuldu:

– Lütfen içeri giriniz, üşüyeceksiniz...

Ayhan Hanım, basamakları çıkabilmek için elini uzattı. Geride olanları sabırlı bir hayretle izleyen olgun adama seslendi:

– Ferit Bey! Lütfen elimi tutunuz...

Adnan Bey, hatıralarından sıyrılıp hayatın gerçeğine döndü. Kapıyı açıp dışarı çıktı. Başbakanlık'ın bütün yetkilileri arkasından merdivenlere yöneldiler. Adnan Bey hiçbirine selam bile vermeden yürüdü. Özel kalem müdürü Muzaffer Bey'in kulağına fısıldadı:

– Adresi temin et ve anahtarı Saim Efendi'ye ver... Bu sabah söylediğim husus yarına kadar mutlaka temin edilsin...

Ertesi günün ikindisiydi. Siyah otomobil Sağlık Sokak'a hızla girdi. Adnan Bey, Hasan Ferit Alnar'ın evinin kapısını çalıyordu. Beklenen bir misafir gibi karşılanmış, günün bu saatinde bu sebepsiz ve âni ziyaret yadırganmamıştı. Sokağın tenhalığında top oynayan çocukların meraklı bakışları arasında bu önemli ziyaretin sebebini ilk bakışta kavramak mümkün değildi. Adnan Bey, dün gece telefonda söylediği gibi sürpriz bir ziyaretle Ayhan Hanımı görmeye geliyordu.

Ayhan Hanım kısa süren telefon konuşmasının ardından başbakanın kendisini bu kadar hızlı ziyaret edeceğine ihtimal vermemiş, ama yine de konuyu anneannesine açmıştı. Mithat Bey'in evindeki toplantıdan dönünce hemen büyükhanımın yanına gitmiş ve başvekilin koluna girip kendisini bahçede dolaştırdığını, gözlerinin içine düşecekmiş gibi yakınında bulunup güzel sözlerle gönül okşadığını anlatmıştı. Daha sonra şaşırtıcı bir telefonla ziyarete geleceğini söylemiş ve tecrübeli kadının nasıl bir davranış içinde değerlendireceğinin hem ihtiyacında, hem merakında olmuştu:

– Başvekil aradı. Anlıyorum ki benden hoşlanıyor. Ziyaretime gelecekmiş... Umarım yanlış bir şey yapmıyoruz.

Ayhan Hanım sözlerini özenle seçmişti. "Umarım bir yanlış yapmıyoruz" genellemesinin içine, ailesini bu ziyarete karşılıklı hazırlıklı hâle getirme kurnazlığını gizlemişti. Büyükhanım görmüş geçirmiş kadındı. Sıkıntılı hatıralarını zihninin ve gönlünün derinliklerinde hapsetmiş, hayatın yaşanacak değer ve fırsatlarının kaçmaması için ruhunu âdetâ şen kahkahalı bir sığınak yapmıştı.

Ayhan Hanım'ın duraksayan duygularında hangi fırtınaların kopacağını önceden kestirmiş ve bu ziyaretin gecikmemesi için dua etmişti. Şimdi duanın açtığı tâlih kapısının önündeydi. Önce torununun gönlüne sevdâ ateşi düşüren bir heyecan kıvılcımı yaratacak, sonra tedbirli oluşun gereğine işaret eden bir küçük kulak çekmesiyle nasihatini tamamlayacaktı:

– Herkes seni kıskanacak; temkinli ol. Büyük sevdâlar için küçük yüreğini güçlendir.

Asıl vurucu noktayı gözden kaçırmasına fırsat vermemek için Ayhan Hanım'a yaklaştı. Omuzlarından tutup kendine çekti. Bir tâlih meleğini kucaklar gibi mağrur ve sâkin sevinci fısıldadı:

– Bundan sonra ihtiyacın olan şey cesaret değil, ihtirastır...

Ayhan Hanım balkondan uzanmış üst kattaki ev sahibesiyle sıradan bir konuyu görüşüyordu. Arabanın geldiğini fark edince çok şaşırdı. Heyecanlandığı hemen belli oluyordu. Bu ziyaretin mutlaka gerçekleşeceği hissi içini daima ısıtmış ve kışkırtmıştı. Bu hissi sezdirmemeye çalışıyordu.

Adnan Bey, kırk yıllık ahbap evine gelirmiş gibi umursamadan merdivenleri çıktı, kapıyı çaldı. Karşısında önceki gecenin telaşlı, fakat davetkâr bakışları duruyordu. Temkinli davranma kararlılığının heyecanını hissetti. Sadece "Merhaba" deyip içeri girdi. Hiçbir davet ya da müsamaha beklemeden hareket ediyordu. Böylece etkili olduğu izlenimi vermeye niyetliydi. Ayhan Hanım bütün gece bu ziyaretin nasıl gerçekleşeceği hayallerini kurmuştu. Yürekli erkeklerin cesaretlerini özendiren kadın davranışlarının, ne denli mutluluk verdiğini hayatının diğer değerlerinde görmuş ve bir erkeği özendirmenin en önemli sevgi kaynağı olduğunu fark etmişti. Adnan Bey'in çiftlik ağası gibi hiçbir gerekçe göstermeden eve gelişini anlayışla karşılayan, hatta özendiren bir tavır bile takınmıştı.

Salonun ortasında annesi ve anneannesi yan yana durmuş hatırlı misafire hoş geldin demek istiyorlardı. Adnan Bey büyükannenin gözbebeklerinde o sabırlı tahriki fark etti. Evin her konuda nihaî hükmünü veren bu tecrübeli kadının hoşlanacağı bir hitap seçmişti. Bu kalenin içten fethiydi:

– Nasılsınız büyükhanım!

Bir süre sonra evde huzursuzluk başlamıştı. Ferit'in eve dönüş saatleriydi. Adnan Bey bu huzursuzluğu görüyor, ama önemsemiyordu. Kendinden çok emindi. Ayhan Hanım'ın telaşlı davranışlarında çocukça saflıklar başlamıştı. Büyükhanım işin kıvamını kaybetmesine razı değildi. Ayhan Hanım'ı ikaz etti:

– Herhalde beyefendi tertibat almıştır; Ferit Bey'in erken gelmesine müsaade etmeyecektir. Böyle çocukça telaşlarla ziyaretin lezzetini bozma...

Gerçekten Adnan Bey, ziyaret öncesinde küçük bir kurnazlıkla Ferit Bey'in eve gelmesine imkân vermeyecek bir toplantı emrivakisi yaratmış ve durumu önceden ayarlamıştı.

Ayhan Hanım, ailesinin bu ziyaretlerden rahatsız olmadığını biliyordu. Ferit Bey'le evliliğinin istenen huzuru getirmediği, zaman zaman aile sofrasında tartışılan hüzünlü konuydu. Başvekilin gösterdiği ilginin sonuçta bir evliliğe dönüşmeyeceğini herkes hemen kestirmişti; ama mevcut evlilikten daha seviyeli bir ilişki olarak değerlendirildiği de ortaya konmuştu.

Adnan Bey o gece ileri gitmenin yakışıksız düşebileceğini düşündü. Ziyareti kısa kesmek, arkasında bir merak ve hayal dünyası bırakmak, böylece kendisini sürekli özlenen noktada tutmak istedi. Önce büyükhanıma veda etti:

– Misafirperverliğinize teşekkür ederim.

Sonra annesinin elini sıktı ve salondan ayrıldı. Ayhan Hanım kapının eşiğindeydi. Misafirini alacakaranlığın içinde kendi dünyasını inşaya gelmiş büyük âlemlerin kudretli melekleri gibi görüyordu.

Adnan Bey, yanına yaklaştı. Çenesini tutup yüzünü biraz yukarı kaldırdı. Gözlerinin derinliğinde istediği bütün arzuların gizlendiğini gördü. Bu arzuların ilk fırsatta bu sabırlı yuvadan heyecanla fırlayıp Meandros'un kısrakları gibi koşacağını biliyordu. Çeneyi biraz daha arzulu biçimde avuçladı ve alnına küçük bir buseyi emanet bıraktı:

– Seni çok özlemiştim. Yarın gece mutlaka uğrayacağım.

* * *

İstanbul martının soğuğu sertti. Eve gelen bir polis memuru, Nâzım'ın Kadıköy Askerlik Şubesi'nce arandığını, "mevcutlu" olarak götürülmesi için elinde emir bulunduğunu söylüyordu. Kaçmasına meydan vermemek için, Nâzım'ın polis refakatinde şubeye getirilmesi istenmekteydi.

Nâzım cebindeki bütün parayı orta masasının üzerine bıraktı. Yeni doğan oğlunun gözlerinin içine baktı. Hiçbir şeyin farkında olmayan bir mâsumiyeti seyretti. Sonra ne olur ne olmaz endişesiyle hep hazır tuttuğu iç çamaşırları ile pijamasının bulunduğu paketi koltuğunun altına alıp merdivenlerden indi. Polis memurunun gözlerinde derin bir emniyet hissi bırakmıştı. Polis memuru halden anlayan tecrübedeydi:

– Çabuk geldin! İstersen biraz daha kal! Çamaşır değiştir; ben beklerim...

Şube reisi babacan görünüşlüydü; öyle haksızlığa âlet olacak adam izleri yoktu. Gerekirse haksız bir sertliğe ve tertibe direnecek izlenimi veriyordu:

– İçerde doktorlar var; seni muayene edecekler. Sağlam çıkarsan askere gideceksin.

Nâzım şaşırdı. Aklına her ihtimal gelmişti, ama, askere sevk edilmesi olacak iş değildi. Biraz da sesini yükselterek hakkını korudu:

– Bahriye Mektebi'ni bitirdiğimde kalbim ve karaciğerimden hastayım diye çürüğe çıkarıldım. Elimde iki büyük hastaneden rapor var. Şimdi ihtisası olmayan iki hekim hükmüyle işlediğiniz haksızlığa boyun eğmem.

* * *

Adnan Bey ziyaretlerini her gece sürdürmeye karar vermiş ve hiç istinasız uygulamaya başlamıştı. Bazı günler henüz karanlık çökmeden geliyor ve sokağın gençleriyle şakalaşıyordu. Futbol oynayan çocukların hatırını soruyor ve onlarla kırk yıllık ahbaplığın sıcaklığında sohbet ediyordu.

Ankara aralık sonlarında görülmemiş bir güneşli gün güzelliğiyle apaydınlıktı. Adnan Bey beklenmeyen bir ziyaret gerçekleştirmiş ve Ayhan Hanım'ı Opera'ya gidiş saatinden önce ziyaret etmek istemişti. Ruhundaki hasretin kanatları hırçındı.

Adnan Bey yukarı çıktı. Kapı açıldığında elinde anahtarı sallıyordu. Ayhan Hanım'a vereceği sırada sert ve hızlı bir hareketle geri çekti:

– Asla araba sürmeyeceksin. Seni yasaklıyorum. Şoförün adı Saim Efendi! Cesur, sâdık ve hürmetkârdır...

Tanışmalarının hemen birkaç gün sonrasında kapıda son model gri renkli, bir Oldsmobile otomobil bekliyordu.

Ayhan Hanım henüz sevincinin tadına varmadan, büyükhanımın gözlerine baktı. Yaşlı kadının gözlerinde ikbâlin netleşen itibarı ve mutluluğu vardı. Henüz yirmi beş yaşında bir opera sanatçısının rüyada bile görmeyeceği kadar muhteşem bir hediye, hiçbir abartıya meydan vermeyen tevazu içinde verilmişti. Ayhan Hanım kendisini sınırlayan hislerini bir noktada topladı ve arzuyla Adnan Bey'i kucakladı. Derin bir şükran duygusunun rahatlığı içini dolduruyordu. Belki öyle dakikalarca kalabilirdi. Adnan Bey'in nefesini ensesinde hissediyordu. Kulağına fısıldanan hasreti unutmuştu:

– Henüz yüzünü bile görmedim.

Ayhan Hanım, biraz çekilip ayrılmak istedi. Adnan Bey arzuyla kolunu beline sardı ve kendine çekti. Gözler karşı karşıyaydı. Ayhan Hanım heyecandan yüreğinin çatlayacağını sanıyordu. Adnan Bey avuçlarıyla yüzünü kavradı. Kendine doğru çekti. Tekrar kulağına fısıldadı:

– Seni çok özledim, Tatarım!..

"Tatarım" kelimesi salonun boşluğunda âdeta dakikalarca yankılanmış gibi Ayhan Hanım'ın ruhuna sindi. İlk kez bir erkek, kendisini kucaklamadan önce onun kulağına kendi zevklerini ve tercihlerini yansıtan bir sıfatla hitap ediyordu: Tatarım!.. Tatarım!.. Tatarım!..

Bu sözün özünde "kadınım" demenin lezzeti vardı ve bu lezzetin hasreti günlerden beri vasıl olunacak bir vuslat tesellisiyle Adnan Bey'i sanki esir almıştı. Cevap vermesine fırsat vermeden, "Tatarım" dediği kadını bir daha kendine çekti...

– Hiçbir kadının varlığında beni mesut edecek saadet hissi yoktur sanıyordum. Beni hem şaşırttın, hem iliklerime kadar doyurdun.

Ayhan Hanım'ın yüzüne baktı. Aradığı sevinçli kabulü görmüştü. Aynı sevinçle kendini doyuran duyguları seslendirdi

– Tatarım! Seninle bahtiyarım...

Dünya Ayhan'ındı artık... Teninin sıcaklığı tenindeydi... Vücudunun derinliklerinde hiç tatmadığı hisli bir heyecan ve gurur lezzeti yaşıyordu. Ufkunda görülmemiş renkler ve ışıklar vardı. İçinde kutsal bir musikinin nağmeleri ve çığırtkan bir dansın kıvrak âhengi vardı. Adnan Bey'in elleri tenindeydi. Vücudu koynundaydı.

Ayhan Hanım ilk gece asıl gerçeğinin farkına vardı. Artık Yahya'nın başını isteyen Salome kadar güçlüydü. Kaderin çizgisini değiştiren o altın tepsi emrine verilmişti ve o dansın kıvraklığında istediği hayatı yönlendirebilirdi.

Adnan Bey birden saçlarını avuçladı ve tekrar kendisine çekti. Kulağındaki musiki değişmişti. Sesi kararlı bir mesuliyet hissini tebliğ ediyordu:

– Bu iş böyle devam edemez. Yarın Ferit Bey'le konuşacağım.

Bu söz Ayhan Hanım'ın hiç beklemediği şeydi. Tüyleri ürperdi. Bunun kendi sorumluluğu olduğunu söylemek istedi. Salome'nin dansı durmuştu. Yahya'nın başını da istemiyordu. Altın tepsiye tekmeyi vurmuş ve devirmişti. Uzun süre adını taşıdığı ve hâlâ nikâhında olduğu adama bu ilişkiyi anlatmak, Adnan Bey'in değil kendi görevi olmalıydı. Bunu görev saymak bile saygısızlıktı. Sevdiği adamın yanında olmak tercihini Ferit Bey'e aktarmak kendi haysiyetini savunmak gibi çok şahsî bir değer olmalıydı. Bu duygusunu Adnan Bey'i sinirlendirmeyecek bir lisanla aktardı:

– Ben sorumlusu olduğum vazifeyi her zaman başardım. Ferit Bey'i sizden daha iyi tanırım.

Adnan Bey güldü. Sesinde kendine güven vardı:

– Ferit Bey, insan başlı bir aslandır. Sessizliğinden ürkmek gerekir... Ben onu Nâzım'a arka çıktığı günlerin cesaretinde tanıdım.

Ayhan Hanım direnecek oldu. Adnan Bey gülen yüzünün hatlarını değiştirdi. Sesindeki tebessüm kayboldu. Somurtkan bir baba asabiyetiyle nasihat etti:

– Sakın böyle bir teşebbüste bulunma.

Arkasından ekledi:

– Güneş önce göğe doğar, sonra toprağa, havaya, suya ısısını verir. Bir şeyin sırası değiştiğinde tesiri kalmaz...

Giyinmek için ayağa kalktı. Gözlerinde şefkat vardı. Ayhan Hanım'ın bu şefkate muhtaç olduğunu fark etmiş ve onu âdeta bir himaye kanadında esir almıştı. Bu esarette Ayhan Hanımın hiç görmediği, tanımadığı ışıkları bir sihirbaz maharetiyle çıkarıyor ve dipsiz denizlerin karanlık dehlizlerinden kurtarıyordu...

Adnan Bey artık Ayhan Hanım'ın karşısındaki sahil çizgisiydi. Güzel mehtabın seyredildiği bu sahile doğru yürüdü. Sert bir uyarıyla durakladı:

– Dön arkanı, giyineceğim...

Ayhan Hanım sırtını döndü. Adnan Bey'in nasıl giyindiğini hayal etmeye çalıştı. Beceremeyeceğinin farkındaydı. Nasıl soyunduğunu bir tek gün dahi görmüş değildi ki, nasıl giyindiğinin hayalini kurabilseydi. Pişmanlık duydu.

Adnan Bey önce kucaklar, dakikalarca bağrına basar, mutlu ve sevinçli duygulara boğardı. Sonra birden kaybolur ve banyoya girerdi. Ayhan Hanım yatağa girdiğinde Adnan Bey mutlaka banyosunu almış ve soyunmuş olarak yatağı ısıtmış olurdu.

Adnan Bey giyindiği zaman, gideceğinin hüznü etrafı sarardı. Hiç söz edilmese bile vedaın yarattığı kasvetli bir manzara oluşurdu. Ve Adnan Bey her seferinde içindeki eseri belirtmeden ayrılmazdı:

– Böyle her gece telaşla soyunup yatmak, sonra sabahın ışıklarında yeniden telaşla giyinip eve dönmekten usandım artık...

Gün ışımıştı... Ayrılmanın vakti gelmişti. Ayhan Hanım bu uçurumun karanlığını içinde hissediyordu. Uçurum bu gece zifirî siyahtı. Tek bir ışık, tek bir gölge yoktu. Ferit Bey'le yapacağı konuşmanın nasıl bir sonuca varacağını kestirmesi mümkün değildi. Yeniden denemek istedi:

– Ferit Bey'le senin konuşman ona karşı da ciddi bir haksızlık!

Adnan Bey giyinmiş ve ayrılmaya hazırlanıyordu. Son cümleyle irkildi. Ayhan Hanım'ı saçlarından tutup gözlerinin içine derinden baktı. Doğadaki uçsuz bucaksız huzurun bir damlası dahi bu güzel kadını mutlu edebilirdi. Bunların hiçbirisini aklından bile geçirmedi. Sadece zihnini meşgul eden meseleyi çözmek ciddiyeti ve mesuliyeti içindeydi. Sevgilisini rahatlatmayı düşündüğü anda bile araya mesafeyi koymayı denedi.

– Bana karşı dürüst olduğun müddetçe sıkıntılı olduğun her durumu çözmek benim mesuliyetimdir...

Oda artık bomboştu. Saatlerce bir efsâne lezzetiyle birlikte olduğu adam yok olmuştu. Ayhan Hanım yatak odasının penceresinde gecenin karanlığını seyrediyordu. Adnan Bey bu gece kendisini öpmeden ayrılmış ve evin bahçesinden bir esrarengiz karaltı gibi arabasına doğru yürümüştü. Şoför Hayri Efendi otomobilin kapısını açtı. Arabadan sızan ışığın altında Adnan Bey gülüşüyle, mağrur bir sevinç taşıyordu. Bu sevinci görmekle mutlu oldu. Bu sevinci "ona ben veriyorum" diyordu. Sevinci verdiğinden emindi; ama, gururu kendisi yaratmıştı. Her seferinde kendisi için yeni tariflerle gurur vesileleri yaratır ve sevincin önüne çıkmasına çalışırdı.

Adnan Bey koruma polisinin elindeki feneri alıp Ayhan Hanım'a yöneltti. Perdelerin arasından ışık gözlerini kamaştırdı. Söndürünce fark etti; Adnan Bey'in gözlerinde masum bir tebessüm renklenmiş, hummalı bir sevdâyla penceredeki kadına bakıyordu.

Ayhan Hanım geriye döndü. Kapının loşluğunda anneanne kendisini seyrediyordu. Onun da gözlerinde aynı mağrur sevinci gördü:

– Ferit Bey'le bizzat başvekilin konuşması daha isabetlidir... Böylece sana karşı sorumluluğunun târifini kendisi vermiş olur...

Soğuk ve kuru bir âkıbet endişesiyle titredi. Bu ilişkinin tebliği Ferit Bey'i yıkabilirdi. Oğlu bu ilişkiden rahatsız olabilir ve babasına karşı işlenmiş bir haksızlık yargısıyla kendisini affetmeyebilirdi. Duygularının coştuğu yerdeki mutluluk ve sevinç, başkaları için saygılı bir tercih nedeni sayılmayabilirdi. İşte asıl haksızlık buydu. Anneanne yeniden bir hüküm cümlesiyle geceyi kapatmayı istedi:

– Bırak senin için teselliler o yaratsın! Mesuliyet duymanın ahlâkı bunu gerektirir.

Adnan Bey, Ayhan Hanım'ın penceredeki hâlini bir daha seyretmek istedi. Bir küçük rüzgâr esti. Saçlarına, omuzlarına birkaç yaprak düştü. Belli ki, geçmişin yâdı, hicranlı bir hasret gibi sert ve uhrevîydi...

Büyükhanım, pencereye yanaştı. Perdelerin aralığından Adnan Bey'i seyretti. Saygılı ve uysal bir dokunuşla perdeleri kapattı. Dudaklarında sâkin bir tebessüm ve gün görmüş bir tecrübe hükmü vardı:

– Cumhuriyet'in haremi hiç bu kadar güzel bir haseki görmedi...

On altıncı bölüm

Bu halka vakfedecek mülk ü mâlimiz yoktur;
Beş on gazelle, şu kalbi harâbdan başka...

Yahya Kemal

Bugün pazar.
Bugün beni ilk defa güneşe çıkardılar
Saygıyla toprağa oturdum.
Dayadım sırtımı duvara
Bu anda ne kavga, ne hürriyet, ne karım.
Toprak, güneş ve ben...
Bahtiyarım...

Nâzım Hikmet

Nâzım, Haydarpaşa Askerî Hastanesi'nden içeri girerken irkildi. Sırtında bir akrep dolaşmış gibi rahatsızdı. Heyecanlarını kontrol etmeye çalışıyor ama, buradan da âdil bir kararın çıkmayacağı korkusunu yaşıyordu.

Kafasında öldürüleceği korkusunun ağır baskısı vardı. Celile Hanım, Nâzım'ın böyle duyguların tesiride perişan olduğunu görmüş ve çâre bulması için Vâ-Nû'dan yardımcı olmasını istemişti:

– Nâzım da nevrasteni var, Vâlâ...

Sabahattin Ali'nin öldürülmesinden sonra Nâzım, bir gün kendi başına da böyle bir tertip gelebileceğinin kuşkusuna kapılmış, rahatsız bedeni böyle ağır bir vehmin yükünü çekememişti.

Askerlikte bu ihtimalin kolayca gerçekleşebileceği korkusu şiddetini artırmıştı. Kimisi de böyle tertiplere gerek yok, seni öyle bir yere gönderirler ki on beş günde bu hayata pes edersin diyorlardı.

Hekimler heyeti Nâzım'ı soymaya gerek görmedi. Doktorlar birisi uzaktan seyrederek, boyu bosu yerinde şairin sağlam olduğunu dair imzayı basmıştı.

Kurutuluş imkânı olmadığı belliydi. Birileri kafasına koymuştu. Nâzım'ın kanunla affedilmiş yeni hayatını, idarî kararlarla yeniden bir eziyet çukuruna iteceklerdi. Genç hekimlerden biri yavaşça Nâzım'ın kulağına fısıldamıştı:

– Askerî hastanelerden çürük raporu alman imkânsız.

Karar verilmişti; elli yaşındaki Nâzım iki yıl askerlik yapmak üzere Sivas'ın Zara ilçesine gönderilecekti.

Nâzım son bir deneme daha yapmak istedi. Bursa'dan belgeler getirmek için müddet talep etti.

Verilen cevap açıktı:

– Haftaya pazartesiye kadar bitir bu işi...

* * *

Sabah erken saatte yola çıkacaktı. Ev halkı çok erken uyanmış ve giderken istediği bir şey olup olmadığını soracaktı. Büyükhanım kapıda bekliyordu. Adnan Bey'in günübirlik seyahatleri sonunda geç vakit de olsa eve geleceğine biliyordu. Hoşlanacağı şeyleri yapmak, onu sürekli memnun görmek en başta kendisi olmak üzere bütün aileye mutluluk veriyordu.

Büyükhanım sordu:

– Akşam sofrası için istediğiniz bir yemek var mı?

Adnan Bey sadece güldü. Cevap bile vermedi. Hiç umursamadan duvardaki Saatli Maarif Takvimi'nin yaprağını kopardı, tarihe baktı: 17 haziran 1951 pazar. Arkasını çevirip büyükhanıma uzattı. Yaprağın arkasında kocaman siyah harflerle "Günün Mönüsü" yazılıydı: yaprak sarması, enginar ve irmik helvası...

* * *

Ayhan Hanım Opera'dan dönüyordu. Saim Efendi otomobilin kapısını açarken saygıyla eğildi.

– Aynı yoldan mı efendim?

Ayhan Hanım başını salladı ve küçük bir tebessümle şoförünü ödüllendirdi.

Ayhan Hanım yolu uzattı. Otomobil Başbakanlık'ın önünden geçerken pencereyi açtı ve üst katın pencerelerinde bir aşina bakışın hasretini aradı. Günlerdir Adnan Bey'i göremiyordu. Ne olduğunu kavrayamamıştı. Yanlış bir hareketi olmadığına emindi. Adnan Bey ne akşamları uğruyor, ne de telefonla arıyordu. Kırgınlık yaratacak hatası yoktu; kabahati olmayışın verdiği asabiyetle gerilmekteydi. "Eğer her vesileyle her hadisede kendini haklı görüyor ve ilişkiyi canının çektiği kalıplarda sürdürmek istiyorsa yanlış kadın seçti" diyordu. Giderek daha da gerildi:

– Durunuz Saim Efendi.

Oldsmobile durdu ve Ayhan Hanım hızla inip şiddetli bir hareketle kapıyı çarptı. Saim Efendi şaşkınlık içindeydi. Ne yapacağını bilemiyor, kontrolsüz telaşlarla peşinden koşuyordu. Otomobil yolun ortasındaydı ve herkes böyle bir manzaranın Ankara'da ilk defa yaşandığını görüyordu. Trafik polisi Saim Efendi'nin üzerine doğru yürümüş ve arabayı hemen çekmesini sert dille hatırlatmıştı: Saim Efendi çâreyi, güçlü bir ismin gölgesine sığınmakta buldu:

– Hanımefendi başvekilimizin yakınlarıdırlar...

Belli ki Ayhan Hanım, Adnan Bey'e kızmış ve maruz kaldığı haksızlığın bedelini ödetmek istemişti. Göğsünü rüzgâra verdi. Derin bir serinlik teneffüs etti. Evine doğru yürüdü. Saim Efendi telaş içindeydi:

– Hanımefendi bana emanetsiniz...

Arkasına dönmedi, çevredeki herkesin duyacağı kadar yüksek ve emin sesle haykırdı:

– Ben Çakırbeyli'nin yorgun kısrağı değilim... Yüreği olanlar peşimden gelir...

Tekrar derin bir nefes aldı; soluyan rüzgârın nefesini kesti...

* * *

Nâzım işi haftaya pazartesiye kadar uzatmadı. En emin ve seri bulduğu yoldan başındaki belayı çözmüştü.

Bükreş Radyosu Nâzım'ın Romanya'ya vardığını, sağlık durumunun çok iyi olduğunu ve birkaç gün istirahatten sonra Moskova'ya gönderileceğini söylüyordu. Münevver küçük Memet'i beşiğinden aldı. Bağrına bastı, gözlerinin üzerine dudaklarını bıraktı.

– Baban hep böyle öperdi!

Olayı Celile'ye haber verdiklerinde hiç telaş göstermedi. Ana ruhunun derinliklerinde gizlenen o seçkin hissedişle mutluydu. Dilinde, Yahya Kemal'in bir zamanlar kulağına fısıldadığı bitmemiş şiirlerin son müsveddesi vardı:

Bu halk o gün kavuşur annemiz güzel vatana,
Çocuklarıyla nasıl sarmaşırsa yaslı ana...

Celile, Nâzım'ı bağrına sarmış gibi mutluydu. Elli yıl önce Selânik'te dünyaya getirdiğinde duyduğu gururlu sevinç, yeniden can bulmuş, Ege'den Marmara'ya, oradan Karadeniz'e geçerek küçücük bir tekneyle başlayan heyecanlı serüvene hız ve cesaret vermişti.

Gözleri yaş içindeydi. Sevincinin selini durduramıyordu. Pencereyi açtı. Adalardan veda eden bir esinti, Cevizli'de sevdiğine kavuşmuş gibi şefkatliydi. Olanca gücüyle bağırdı:

– Kurutun bu pınarları artık, memleketimin dost rüzgârları...

Evde alışılmamış bir sükûnet vardı. Herkes tereddüt içindeydi. Bugün yapılacağı söylenen konuşmadan tek kelime bile duyulmamıştı. Ne Adnan Bey gelmiş, ne de ne zaman gelebileceği konusunda bir haber alınmıştı. Muzaffer Bey'e ulaşmak ve olup bitenleri ondan öğrenmek istemiş, fakat ulaşamamıştı. Yüreğindeki heyecanlar huzursuzluk haline dönüşmüştü. Geçmiş günlerin muhasebesini yapıyor, Adnan Bey'i üzecek herhangi bir hatası olduğuna ihtimal vermiyordu. Ortaya çıkan bu âni durum taşınacak ağırlıkta yük değildi.

Bir yandan Adnan Bey'in kararlı ısrarı, öte yandan Opera'da Ferit Bey'in umulmayan tevekkülü genç kadının dimağında heyecanlar kadar, tereddütler de yaratmıştı. Ferit Bey'in kendisini çağırıp etraflı bir görüşme yapacağına ihtimal vermiyordu. Ama umduğu çıkmamış, provalar öncesinde Ferit Bey odasına çağırarak Ayhan Hanım'la uzun bir konuşma yapmıştı. Bu konuşma Ferit Bey'in bilinmeyen nice önemli niteliklerini bir vedâ sohbeti gibi ortaya koymuştu. Sâkin bir tavır içinde kısık sesle konuşuyor, asıl konuya temas eden bir kelimenin ağzından kaçmasına fırsat vermemeye özen gösteriyordu. Sadece bir cümleyle Adnan Bey'in bugünkü davetini aktarmakla yetindi:

– Başvekil hazretleri bu akşamüzeri beni davet buyurdular. Önemli bir meseleyi görüşeceklermiş. Sonucunu sana ben de aktaracağım...

Ferit Bey "ben de" sözcüğünün mânasında çok şeyler gizlendiği izlenimi yaratmaya özen göstermiş değildi. Cümleyi gelişigüzel kurmuş, sadece bu davetin mahiyeti hakkında eğer Ayhan Hanım'ın yapması gereken bir açıklama varsa onu öğrenmek istemevi denemişti.

Ferit Bey insan başlı aslandı ve bu sfenks sessizliğinin asıl ürküten karakteri Ayhan Hanım'daydı. Tek kelime bile cevap vermedi.

Ferit Bey, Ayhan Hanım'la tanıştığı günleri hatırladı. Opera'nın en genç, en güzel kızını uzaktan seyreden lezzetli hatıraları o ilk günlerin hazzından hiçbir şey kaybetmemişti. *Manon Lescaut* operasını sahnelemeyi düşünüyor başrolü bu güzel genç kızın oynaması için gerekli tedbirleri alıyordu. Bu operanın sanki bir hayat hikâyesi gibi yaşanacağı hissine kapılmış ve içinden gelen şekliyle duygularını aktarmayı istemişti. Sözlerinde karşısındakini tesir altına alan bir sükûnet vardı. Bu sükûnet birden heyecanlara kapılıp duygularını yükseltiyor, sonra tekrar istenen ölçülere dönerek yeniden etkili bir sessizlik yaratıyordu. Sesini daha da hafifletti. Bir dua fısıldar gibi konuşuyordu:

– *Manon Lescaut* operasının son perdesinde dekorları kör eden bir ışık oyunu sergilenir. Bu öylesine bir maharetle yapılır ki, insanoğlu, gerçek anlamda ışık ve gölge oyunlarında kendini mutlu hissetmeye başlar. Çünkü eğer ışık yoksa, gölge de yoktur.

Ferit Bey gördüğümüz gerçek gölgenin, göremediğimiz büyük gerçek ışık olduğunu genç kıza uzun uzun anlatmıştı. Anlattıkları arasında sadece karşısındaki genç kadına duyduğu derin sevgi hisleri yoktu. Onu çocukluğunun bütün değerli hatıralarına yönelten bir sıcak meltem vardı. Yaşamına ve karakterine yön veren annesinin küçük masallarında dinlediği peri kızı işte buydu. Bu güçlü peri kızı *Manon Lescaut*'da izleyenleri fethedecekti.

Ferit Bey yeni bestelemeye başladığı kanun konçertosuna Ayhan'ın bazen apaşlaşan o iddialı kadın arzularını, bazen siyah gözlerin dehlizinde heyecan yaratan hayallerini, bazen bir sopranonun tiz tiratlarında gezinen hayranlık duygularını koymuştu. Konçertonun sesleri, hicazların, rastların, nihaventlerin ahengini kavrayan ve evrensel değerleri kucaklayan bir beste terkibi yaratmıştı. Mızrap tellere dokundukça, mandallar arzulu bir teslimiyetle inip kalkıyor ve insanı mutluluğun doruklarına götüren seslere dönüşüyordu. Evet bir virtüöz, Manon Lescaut'yu çığlık çığla hayranlığa ulaştıran kadının sevgilerini kanun tellerinde, yeni duyguların heyecanlarıyla süslüyordu.

Yeniden ilk günlerin heyecanına döndü. Hocası Hüseyin Sadettin Arel Bey'in derslerini anlatırken bir ince müzik felsefesi yaratan konuşmasını hatırladı. Hocası yaşamın değerini bir ney gibi üflüyordu:

– Ney sesinin titreyişinde, insanın ruhunda koca bir orkestrayı harekete geçiren akort "lâ"sı bulunur. Bu "lâ" basit ses değildir. Yedi notadan birisi gibi görülmesi ne büyük haksızlıktır. Bu "lâ"yı kimi sever, kimi hoşlanmaz. Önemli olan sesin bizatihi kendisi değil, harekete geçirdiği orkestradır. Bu orkestra insanın duyguları, düşünceleri, umutları, hüsranları, heyecanları, sükûnetleri, arzuları, teslimleri, şehvetleri, beceriksizlikleri, aşkları, nefretleri, sevinçleri, öfkeleri ve daha yüzlerce farklı duyguların bir arada bulunması halidir. Buna biz duyguların ihtişamı diyoruz. Bu ihtişam, ulaşmak istediğimiz hedefin özlemine yön veren hayatın öteki yüzüdür.

Hüseyin Saadettin Bey, henüz delikanlılığa yeni adım atmış Hasan Ferit'e musiki dersleri verirken onun gelecekte değerlerini ortaya koyacak niteliklerinin de beslenmesine özen gösteriyordu. Bir keresinde vakit gecenin yarısını geçmesine rağmen Hasan Ferit Bey'i evde alıkoymuş ve geleceğin büyük müzisyeni olacağını hissettiği delikanlıya bir hayat dersi verir gibi musiki disiplini anlatmıştı:

– İnsanlığın duyguları ve yarattığı değerler, çok sesli musikideki ses değişimlerinin rengini belirleyen notalar gibidir. Farklı enstrümanlar tarafından icra edilirler. Bu yüzden bir orkestranın uyumlu ses ihtiyacıyla, çok sesi birleştiren mükemmeliyetini yönetecek şefe ihtiyacı vardır. Batı'nın muhteşem musikisini yaratan duygu değeri, bu uyumlu musiki mükemmeliyetini hedefler; ve başarır da...

Hasan Ferit, hocasını dinlerken öğrendiklerinin bir gün önüne bir ölüm kalım meselesi olarak çıkabileceğine hiç ihtimal vermemişti. Hüseyin Saadettin Bey'in dersleri şimdi bir ibret imtihanı gibi önündeydi. Sesini biraz kısmış ve öğrencisine çok ciddi bir farkın işaretini vermişti:

– Bizim musikimizde tek ses egemenliği olduğu için orkestra yerine bir fasıl disiplini ve ahlâkı kendini gösterir. Batı'nın orkestrasını yöneten şefin elinde baget, bizim fasıllarımızı yönlendirenin elinde zilli tef vardır. İşte insanı tek vuruşlu tef temposundan alıp hengâmeli bir dünya ihtişamına götüren şef çubuğu arasındaki fark, bu çok sesli âlemi idrâkle mümkündür.

Ferit Bey hatıralarının tesirinden sıyrılıp Ayhan Hanım'la vedâlaşmak ihtiyacını duydu. Bunu basit bir sevdâ ilişkisinin gölgesinde alınmış karar gibi değerlendirmesini istemiyor, onu ilk gördüğü günlerin heyecanında yeniden kantara vuruyordu. Bu belki de hayatının en ciddi karar arifesiydi. Böyle bir günün telaşında söylenmiş üç beş asabi cümle yerine, genç kadına yeni dünyasının eşiğinde bir baba şefkatiyle nasihat etmek istedi:

– Uçan bir balondan âlemi seyretmek istiyorsan, kılıçlarını yerde bırakmalısın.

Ayhan Hanım'ın bu sözlerin çoğuna verilecek cevapları vardı; ama. Adnan Bey'le yapılacak görüşme öncesinde böyle birkaç cümleyle her şeyin berbat olmasına meydan vermek istemiyordu. Sustu, söyleyeceklerini içine attı, ama, bir gün uygun bir fırsatta tekrar karşılaşırlarsa eski günlerin hatırını Ferit Bey'den soracaktı. "Söyle bakalım, üstat, balona binmek isteyen biri eline ne almalıdır ?" diyecekti...

Ferit Bey'in bakışları saf ve serindi... Balıkçıların kanlı tablalarını yıkadıkları sahil çeşmeleri gibi gür ve suçsuzdu...

* * *

Nâzım'ın kaçtığı haberi başvekile verildiğinde bir süre durdu. Olmayacak bir işin gerçekleşmesindeki ihmali kabule hazır değildi:

– Nasıl olabilir?

Olan olmuştu. Adnan Bey, ayrıntıya girmeden sorumlu aramak ihtiyacını duydu?

– Derhal Dahiliye vekili gelsin ve izahat versin!..

Hiç kimsede kaçışla ilgili ikna edici bilgi yoktu. İhtimaller üzerinde görüş belirten emniyet mensupları ikna edecek hiçbir şey söyleyemediler. Dahiliye vekili elinde doyurucu bilgi bulunmadan Adnan Bey'in yanına girdi ve ilk bakışta maruz kaldığı muameleden rahatsız oldu. Adnan Bey, "Dahiliye vekili gelsin izahat versin" dedikten sonra Millî Emniyet şefini bizzat aramış ve kimsede bilgi olmadığını öğrenmişti. Artık Dahiliye vekilinin vereceği izahata ihtiyacı yoktu. Vekile de itibara gerek görmedi:

– Elinizde hiçbir şey olmadığını biliyorum.

Dahiliye vekili belki memnun olur gerekçesiyle ileri atıldı:

– Halkevlerine el koymak için etraflı bir mal araştırması yaptım; onun listesini getirdim.

Adnan Bey, birkaç gündür devam eden huzursuzluğunun bedelini kimseye ödetmek istemiyordu. Hiçbir şey olmamış gibi evine gitti. Berin Hanım karşıladı. Ceketini çıkardı. Birlikte kuru bir Ankara havası teneffüs ettiler. Berin Hanım serin limonata ikram etti. Adnan Bey küçük bir yudum alıp bardağı pencerenin pervazına koydu:

– Bir hayat düşün ki yaşadığın badireleri, inancının ahlâkı çizmiş. Sağlam bir fikrî terbiyede hiçbir şey gözünü korkutmamış. Memleketinin hür havası için ölümü göze almışsın. Aylarca aç kalmışsın, susuz yaşamışsın... Ve bir sabah demir bir perdenin gerisinden hürriyet diye haberini veriyorlar...

Adnan Bey esefli bir sesle duyduğu haberlerin yorumunu yapıyor, aslında hislerindeki hırçın ve hüzünlü telleri titretiyordu.

– Hangi ülkenin ikbâli, memleketinin tecridinden daha makbul ki?

Berin Hanım şaşkındı. Ne olduğunu merak ediyordu:

– Ne kadar üzgünsünüz efendim; nedir sıkıntınız böyle?

Adnan Bey'in sesi yumuşacıktı:

– Nâzım kaçmış!..

Sonra kendi tahlilini tamamlamak istedi:

– Hani cezaevi tecridinin, pazar sabahında duyduklarının samimiyeti? Hani memleketinin mavi dediği gökyüzü?

Adnan Bey'in söylediklerinin değiştireceği hiçbir şey yoktu. Nâzım, üvey kız kardeşi Melda'nın genç kocası Refik'in yardımıyla bir hız motoruna binmiş, çevresindeki onca sivil polisi gündüz gözüyle atlatıp kaçmıştı. Bu kaçışı öyle ustalıkla planlamıştı ki, Münevver'in bile haberi olmamıştı.

Adnan Bey, esefinin giderek yoğunlaştırmak istemiş, sonra bir çâre olmadığını görüp vazgeçmişti. Sadece Berin'in duygularındaki yerini belirten bir açıklama ihtiyacı duymuştu:

– Biliyor musun ki hayatımızın çok safhasında, çok cesur kararlarımızın ruhunda kadınlarımızın yeri vardır.

Berin Hanım şaşkın bakıyordu. Bu şaşkınlık hiç bilmediği bir mâceranın sırlarındaki hasretli anışı andırıyordu. Adnan Bey'in herhangi bir bahiste Nâzım'dan ilham alabileceğini düşünmüyordu. Aklında böyle bir esinleme ihtimali olup olmadığını geçirdi. Üstelemedi. "Her insanın ruhunda sırlarını koruyan cesur ve sebatkâr bir köşe vardır" diye düşündü. Sadece bir ince çizgi gibi gözlerine baktı.

Adnan Bey ince adamdı. Bu inceliği gösterdi:

– Unutmayalım ki şiirimizde Nâzım'ın derin bir ilhâmı ve çok seviyeli örnekleri vardır.

* * *

Ayhan Hanım, halıların sarılışına nezaret ediyordu. İki iri hamalın özenle paketlediği halılar, birazdan bir arabaya yerleştirilip maldan anlayan bir kelepircinin mağazasına götürülecekti. Oğlu Aydan'ın okul taksitleri için gereken paranın denkleştirilmesi, bu nadide halıların satılmasını gerektiriyordu.

Telefon çaldı. Anneanne açtı; sesi tanımış olmalı ki, hiçbir şey söylemeden ahizeyi Ayhan Hanım'a uzattı.

– Ferit Bey!

Ayhan Hanım telefonu aldığında Ferit Bey'in sesinde alışılmışın dışında bir farklılık yoktu. Hattâ zoraki bir hüzün kazandırılmış olduğunu hissetti.

– Seni hep mesut görmek isterim. Başvekil hazretleri her şeyi cesurca anlattılar.

Ayhan Hanım böyle bir tebliği beklemiyordu. Şaşkınlık içinde bir hüzün yaşıyordu. Gıyabında anlatılanların haysiyetini zedelediği zehabına kapılmış ve asıl gerçeğin herkes tarafından bilinmesini istemişti. Sesini yükseltti:

– "Dürüstçe" demek istiyorsun herhalde...

Sözünün gerisini getirmedi. Söyleyeceği son cümleyi araya sıkıştırıp telefonu kapattı:

– Halıları gönderdim. Ödemeyi sana yapacaklar. Okul taksitini mutlaka denkleştirin ve bir an evvel ödeyin...

Ferit Bey'in görüşmesi sanılanın aksine uzun sürmüştü. Adnan Bey, kendisini önemli bir görüşme ihtiyacıyla Başvekâlet'e çağırmış, kapıda karşılamış ve oturuncaya kadar ayakta beklemişti. Ferit Bey'in koltuğa gömüldüğünü görünce ayakta kalmayı yeğlemiş, biraz da yukardan bakışın lezzetini tatmak istemişti. Ferit Bey bu lezzeti başvekil hazretlerine tattırmamıştı. Hatır soran birkaç nezaket cümlesinin tamamlandığı anda, sessizliğini bozmuş ve başvekili rahatlatacak bir iki sözle görüşmenin kısa tutulmasını sağlamaya çalışmıştı:

– Bahsedeceğiniz meseleye birkaç gün önce vâkıf oldum. Bir tesadüf bende bu sarsıntıyı yarattı. Doğrusu bu ilişkiyi daha duygu safhasındayken bilmek isterdim...

Adnan Bey'in ikram ettiği sigarayı aldı ama yakmadı. Kül tablasının yanına koydu. Sehpanın üzerindeki sürahiden bardağına biraz su koyup yudum yudum içine sindirerek içti. Bu sürede istediği cesareti kazanmış ve bir başvekili makamında rahatsız etmeyecek kelimeleri seçmişti.

– Bu ilişkiyi sadece sizin cesaretinizin sağlamış olmasını mümkün görmüyorum. Ayhan'ın kolayca farkına varılmayan bir apaş yanı vardır. Münasebetlerinizin çok ilerlediğini ve hatta ev halkının desteğini bile aldığınızı öğrendim.

Adnan Bey uzun açıklama gerekçeleri düşünmüş ve hatta önem derecelerine göre sıralamış olmasına rağmen, bunların hiçbirini kullanmasına gerek kalmayan bir hava oluşmuştu. Ferit Bey öyle sanıldığı gibi insan başlı bir aslan ürkütücülüğü içinde olmamış, ama kendisine gösterilmesi gerektiğine inandığı saygılı davranışın mutlaka yerine getirilmesini istemişti:

– Evliliğin nihayete erdirilmesi için avukatıma talimat verdim. En kısa sürede bu karar alınacaktır. Bu arada sizin de ziyaretlerinizi seyrekleştirmeniz hepimizin haysiyeti açısından takdire şayan davranış olur.

Adnan Bey ne diyeceğini şaşırmıştı. İnisiyatifi Ferit Bey ele almış ve görüşmeyi istediği gibi sonuçlandırmıştı. Artık karar mesuliyeti Adnan Bey'indi. Gerçekten boşanma kararı çıkıncaya kadar, Ayhan Hanım'ı hâlâ Ferit Bey'in evinde ziyaret etmekten uzak durabilecek miydi?

Adnan Bey kendine güvenemiyordu. Misafirini saygılı sözlerle dış kapıya kadar uğurlayıp gönderdi. Odasına dönerken durdu ve geri dönüp bekleyenler odasına girdi. Bakanlar, milletvekilleri, elçiler günlerden beri kısa bir görüşme için gelip saatlerce bekliyor ve sonra vaktin kalmadığı gerekçesiyle tekrar gelmeleri ricasıyla uğurlanıyorlardı. Odanın kapısında durdu. Herkes ayağa kalkmıştı. Gözünün takıldığı yere doğru yürüdü. Özel kalem müdürü Muzaffer Bey'in masasına doğru yaklaştı:

– Ethem Bey siz lütfen buyurunuz!

Ethem Bey'in koluna girip odasına birlikte girdiler. Kapıyı kapatınca sesini yükseltti:

– Beni hiç yormadı. Hiçbir ricama hâcet kalmadan istediklerimin hepsini verdi. Ama beni görüşmekten men etti.

Ethem tecrübeliydi. Ferit Bey hakkında kısa bir tahkikat yaptırmış ve herhangi bir ihtilaf çıkmadan ve sızıltıya meydan vermeden bu olayın sonuçlanmasını sağlayacağı izlenimi edinmişti. Beklediğinin çıkmış olması Ethem Bey'i mutlu etmişti. Doğrusu istenirse, böyle tereyağından kıl çeker gibi bu ayıplı durumdan kurtulduğuna memnundu. Birkaç gün sürecek boşanma kararına kadar Adnan Bey'in de sabırlı olması uygun olacaktı. Ferit Bey'in bu talebini reddetmenin isabetsiz olduğu kadar, saygısız olduğu da ortadaydı. Bunu Adnan Bey'e mutlaka belirtmeliydi.

– Ferit Bey'in talebi haklıdır.

Adnan Bey sinirlendi:

– Ne demek haklıdır? Beni aylarca onu görmekten mahrum bırakmak istiyor. Ne kadar ağır bir intikam aldığının farkında değil misin?

Ethem Bey, tıpkı eski günlerde olduğu gibi Adnan Bey'i dostça seyrediyordu. Sanki Başbakanlık makamından çıkıp, Çakırbeyli Çiftliği'nin aile konağına girmişlerdi. Adnan'ın tıpkı Ayşe'yi özlediğini söylediği günlerdeki heyecanlar içinde olduğunu fark etmişti. Adnan Bey'in böyle duygularla yüklü olduğu zamanlarda asla yalnız bırakılamayacağını biliyordu. Bu deneyi o günlerde çok acı bir hatırayla yaşamıştı. Sesinde bir ağabey şefkati hâkimdi:

– Bu akşam yemeğe bize gidiyoruz. İmar toplantısı için siz yarın İstanbul'a gidiyorsunuz. Sabah uçağında Ayhan Hanım'a yer ayırttım. Florya'daki Başbakanlık Köşkü'nü hazırlattım. Birkaç gün orada dinlenirsiniz...

Sonra ihtiyatlı bir adamın takip etmesi gereken yolun tarifini verdi:

– Bu akşam lütfen ve sakın ha ziyaret etmeyiniz. Mümkünse telefonla bile konuşmayınız. Olaylar ummadığınız anda çok küçük zaaflarla birden hüviyet değiştirebilir...

Adnan Bey mutluluk ile şaşkınlık arasında tereddüt geçirdi. Ethem Bey, işi berbat edebileceği endişesine kapılmış ve Adnan Bey'i kontrol altında tutmayı düşünmüştü. Bu nedenle akşam yemeğine eve götürüyordu. Adnan Bey bu tereddüdü fark ett,; ama üstelemedi. Abartıya kaçmayan bir mutluluk tercihiyle yetindi:

– Bu kadar kısa sürede, bu kadar çok işi böylesine mükemmel nasıl gorebiliyorsun, şaşıyorum... Sana hayranım, Ethem...

Adnan Bey telefona doğru uzandı. Ethem Bey engelledi:

– Şimdi sırası değil. Hadiseleri soğutmayı hiç ciddiye almıyorsun...

* * *

Kesinleşmiş tek karar vardı. Adnan Bey, karısıyla olan gönül ilişkisini Ferit Bey'e aktarmış ve başkalarından duyacağı yerde kendisinden duymasını isteyerek âdeta boşanma talep etmişti. Bu öyle sıradan bir boşanma talebi değildi. Adnan Bey, Ayhan Hanım'ı, sanki annesinden ister gibi kocasından istemiş ve kendisine vermesini biraz da emredici bir lisanla hatırlatmıştı. Boşanma talebinin gelecekle bir ilgisi yoktu. Ne Adnan Bey'in, Ayhan'a karşı evlenme duyguları ve düşünceleri vardı; ne de Ayhan Hanım, Adnan'a karşı evlenme hayalleri kuruyordu. Her ikisi de duygularının derinliğindeki mutluluktan memnundular ve buna gölge düşmediği sürece her şeyi kendileri için en iyi çizilmiş kader olarak değerlendiriyorlardı.

Ayhan Hanım bir ümitle Adnan Bey'in gelişini pencerede bekliyordu. Sokakta top oynayan çocukların seslerinden başka hiçbir şey duyulmuyordu. Gece ilerlemişti. Birden kapıda bir otomobil durdu. Bu beklenen araba değildi. Telaşlı bir genç, hızlı adımlarla merdivenleri çıkıp kapıyı çaldı.

Kapıyı büyükhanım açtı. Delikanlının tuttuğu zarfı almak için elini uzattı:

– Özür dilerim hanımefendi, bu zarfı bizzat Ayhan Hanım'a teslim etmem emredildi. Aksine bir şeyi lütfen benden istemeyiniz.

Ayhan Hanım zarfı alırken getirene ayrılmamasını söyledi. Odasına çekildi ve açtı. Yarın sabah bineceği İstanbul uçağının bileti ve küçük bir not vardı. El yazısını hemen tanıdı: "Endişe edecek hiçbir şey yok. Sen, vuslat bir gece gecikti diye karalar bağlayacak kadın değilsin..."

Ayhan Hanım duygularını ve özlemini birkaç cümleyle özetledi. Yazdıklarını katlayıp bir zarfa koyarak gelen delikanlıya verdi.

– Bunu Muzaffer Bey'e veriniz. Bu akşam sonunda ölüm bile olsa beyefendiye verilmesi gerektiğini de tembih ettiğimi söyleyiniz.

Bir koca günün mâcerasında neler yaşandığını umursamadan duygularını özetlemişti:

Efendim!

Sizinle öyle bölünüyorum ki, bir bedenden bir bedene göç eden sevgililer gibiyim... Yüreğimin her hücresinde ilhâmını sizden almış heyecan ve teselliler var. Her biri tâlihli bir cenin gibi büyüyor içimde. Sizden binlerce sevgili yarattığım bir cennetteyim... Endişeler, cehennem gibi bedenimi sarıyor. Buz taşlarından yapılmış madalyon gibi eriyorum.

Birden hayaliniz geliyor gözlerimin önüne... Vaat ettiğiniz vuslatın ihtişamıyla dolduruyorum boşlukları.

Ne çâre ki yoksunuz...

Sevgiyle...

Efendim...

Sizin için Ayhan...

Ayhan Hanım mektubu verip yavaşça kapıyı kapadı. Yemek odasında hazır bekleyen sofraya yanaştı. Soğumuş yaprak sarması, kıvamını kaybetmiş enginarın yanında sadece irmik helvasında sabırlı bir canlılık vardı. İrmik helvasından bir tutam alıp ağzına attı. Büyükhanım endişeli bekleyişlerle kapıdaydı. Göz göze geldiler. Onu rahatlatmak ihtiyacını duydu.

– Zahmetlerin için sana teşekkür ediyor.

Emredici bir sesle evin hizmetçisini çağırdı:

– Rinda!

Delişmen Kürt kızı kapıdaydı ve küçük kaş işaretiyle talimatını verdi.

– Kaldır sofrayı. Misafirimizin işi çıkmış...

Rinda sofradaki her şeyi toplayıp çöp tenekesine döktü... Şimdiye kadar sofranın tartışılmaz düzenleyicisi büyükannenin nihaî karar verme hakkı küçük bir kaş hareketiyle Ayhan Hanım'a geçmişti. Artık evinin kadını olduğunu herkese ilan ediyordu. Hiçbir gücün bu üstün otoriteyi tartışabilecek yetkisi olamazdı.

Ayhan Hanım sofranın mumlarını üfledi. Işıklar, gölgeli bir gönül dergâhına vedâ eder gibi ayrıldılar...

Ferit Bey'in çalışma odasına girdi. Bir küçük tunç lambaderin şapkasından sızan ışığın altındaki kitabı aldı. Nâzım'ın gençlik yıllarında yazılmış şiirleri vardı. Sayfalardan birinde Yahya Kemal'e yazdığı şiir, öteki sayfada Hintli dilber kızının hayallerindeki beyaz atlı delikanlının şiiri vardı. Otuz sene önce, Peyki Şevket torpido kruvazöründe yazdığı şiirde Yahya Kemal'in şehre küsmüş meyûs asabiyetini özetlemişti. Nâzım, hayranlık ve kıskançlıkla izlediği Yahya Kemal'in hemen fark edilmeyen en ilginç manzarasını yakalamış ve iri gözlerinin nemli akında bir mersiyenin dolaştığını yazmıştı.

Ayhan Hanım, itibarlı bir Hint efsânesinin yaşatıldığı şiirde hayatının son safhasını görmüş gibi ürktü. Bunca yıldır aradığı emeline tam kavuşmak isterken bu tatlı rüyanın kesildiğini ve o sevgilinin küçük bir vedâ tebessümüyle atının sırtında hayal gibi kaybolup gittiğini okudu.

Vaktin nasıl geçtiğini fark etmedi. Sokakta yeniden bir otomobil sesi duyuldu. Evin bütün ışıkları birden yandı. Sanki beklenen sevgilinin mutlaka geleceğine iman etmiş sevdâlılar ordusu ayağa kalkmıştı. Rinda kapıyı açmaya yönelirken büyükhanım engelledi:

– Sen bırak, evin sahibesi açsın...

Ayhan Hanım kapıyı açtı. Karşısındaki bir süre önce bileti ve Adnan Bey'in mektubunu getiren delikanlıydı:

– Bu mektubu sadece size vermem emredildi.

Belli ki, Adnan Bey mektubu okuyup hemen kâğıda sarılmış ve üç cümlede duygularını özetlemişti:

Ayhan,

Mektubunda küçük fakat derinlikli bir sitem oku var...

Bu sitem, öyle kaşlardaki gergin bakışın mızraklarını değil, dudaklardaki tebessümün çizgilerini germiş...

Gözlerim hâlâ açık, uyumam imkânsız; çünkü seni özlemek, gözlerimle başlıyor.

Öfff! Çarşambayı beklemek ne kadar zor...

Sevgiyle
Adnan

Ayhan Hanım mektubu katladı. Yüzünde ne sevinç, ne hüzün izi vardı. Tekrar Ferit Bey'in çalışma odasına girdi; masasına oturdu ve çehresinin sabırsız hatlarını serbest bıraktı. Artık, hüzün ve sevincin terkibini yaratan o becerikli iki damla gözyaşı gözlerinden dökülebilirdi.

Ferit Bey'in duvarda asılı fesli resmine baktı. Kucağında kanunla mutlu olduğu bir ânı yakalamışlardı. Bu saadetli aksin çizgilerinde tahammülü zor bir edep dersi hissediliyordu. Masanın üzerinde *Manon Lescaut* operasının notaları dizilmişti. Birkaç ölçüyü seslendirdi. Sonra olanca gücüyle bağırdı:

– Rinda! Bugün günlerden ne?

* * *

Gecenin yarısında Mükerrem Bey'in telefonu çaldı. Bu çok özel numaraydı ve sadece Adnan Bey biliyordu. Mükerrem sabaha yakın bir saatte telefonun acı sesinden endişeye kapıldı. Dudaklarında bir dua dolaştı. Ahizedeki ses Adnan Bey'in değildi. Başvekil, Mükerrem Bey'in özel telefonunu kullanarak araya başkalarının girmesini istememiş ve bu mahrem durumun doğrudan aktarılmasına özen göstermişti. Ahizedeki ses Ethem Bey'indi. Acil bir işi çıktığı için yarın sabah başvekil hazretlerine kendisinin refakat etmesini istiyordu.

Mükerrem Bey durumdaki fevkaladeliği tartışmanın faydası olmadığını anlamış ve Ethem Bey'i zora sokacak bir soruya gerek görmemişti. Ethem Bey kendiliğinden durumu anlattı.

– Beyefendinin biraz istirahata ihtiyacı var.

Sonra asıl gerekçeyi fısıldadı:

– Yanında Ayhan Hanım da olacak. Mükerrem! Sana ihtiyacımız var. Şimdi göz kulak olunacak zamandır... Üç beş güne kadar mesele nihayet bulur...

Telefon kapandı ve birkaç saniye sonra yeniden çaldı. Bu kere ahizedeki ses beyefendinindi:

– Teşekkür ederim Mükerremciğim...

Mükerrem Bey ne söyleyeceğini şaşırdı. Adnan Bey, bir evliya tevekkülüyle teşekkür etmişti. Aklına hiçbir kötü şeyin gelmesine izin vermeyen direnişiyle bir kadeh rakı doldurdu ve içmeye başladı.

Mükerrem Bey, başvekilin çeşitli vesilelerle deneyerek sevip saydığı ve güvendiği birkaç yakınından biriydi. Aydın'daki doktorluk günlerinden beri, aynı heyecanlar ve mücadelelerde birlikte olduğu dostuydu. Şimdi partinin palazlanmak isteyen yeni siyasetçilerine karşı bir yandan kendi konumunu güçlendirmeye, öte yandan eski siyaset arkadaşlarıyla arasında bir anlaşmazlığın doğmamasına çalışıyordu. Bu dengeyi kurmak zordu. Herkes yeni bir dönemin nimetine, birbirinin fırsatına tâlipti. Birkaç günden beri kuruluş yıllarının vefalı siyasetçisi Samet Ağaoğlu'na karşı tavır takınılmış ve gözden düşürülmesi için bir fitne kazanı kaynatılmıştı.

Mükerrem Sarol, tecrübelerini iyi kullanırdı. İnsanların ruh hallerini isabetle tahlil ediyordu. Kadın hekimi olarak binlerce hastayla uğraşmış, her birinin derdine çâre ararken onların ruh derinliklerini tahlil fırsatı yakalamıştı. Kadınların ve kocalarının ruh dehlizi dediği çıkmaz sokaklarda bütün insanlığın geçerli olduğu hükümlere varmıştı. Ağaoğlu, Menderes'in, Bayar karşısında ürkek davrandığını söylemiş ve bu söz hemen başvekile yetiştirilip bir cadı kazanı kaynatılmıştı. Mükerrem Bey, ilk fırsatta bu konuyu Menderes'e aktarıp bir uzlaşma fırsatı arayacaktı. Eşi kapının önünde kendisini izliyordu. Yanına yaklaştı. Üzüleceği bir şeyin içinde olmamasına dua ettiğini söylüyordu. Mükerrem Bey eşine döndü ve aklındakini hemen açıkladı:

– Her zeki adam biraz ürkektir. Çünkü tehlikeyi sezen kabiliyetiyle davranışlarını yönlendirir. Unutmayınız ki, ürkmeden cesur olunması mümkün değildir...

* * *

Nihat Erim, *Ulus*'un başmakalesini yazı işleri müdürünün odasına bıraktığında içerdeki çehreyi tanımaya çalıştı. Bu aşina çehre *Hürriyet* gazetesi muhabiri Emin Karakuş'tu. Demokratların Kasım Gülek için yaydıkları "sünnetsiz" dedikodusu üzerine Halk Partisi'nde fevkalâde asabi bir muhalefet başlamış ve ele geçen her fırsat Menderes aleyhine kullanılır olmuştu. Nihat Bey, yazı işleri müdürü Cemal Sağlam'a işaret etti.

– Göster şu resmi arkadaşımıza.

Sarı zarfın içinde çıkarılan resim Emin Karakuş'u dehşete sevk etti. Garip bir ön sezişle Cemal'e döndü:

– Sor bakalım bu beyefendiye, bu resmi hakikaten basacak mı?

Cemal Bey'in muhatap olduğu soruya Nihat Erim sert bir cevap verdi:

– Elbette! Bu Demokratlar kendilerini ne sanıyorlar ki? Üç günlük iktidarın sarhoşluğunda gözümüzü korkutacaklarını nasıl hayal edebiliyorlar?..

Nihat Erim'in basarız tehdidiyle Demokratları yola getireceğini sandığı resim bir hanımın boy fotoğrafıydı. Genç hanım dirseğini konsola dayayıp objektife gülmüştü. Konsolun üzerinde Adnan Bey'in bu genç hanıma imzaladığı fotoğraf görünüyordu. Dikkatli bir göz fotoğrafın üzerindeki ithaf cümlesini kolayca okuyabiliyordu.

Adnan Bey, "Şefkatle sevdiğim kadına" ithafıyla imzaladığı fotoğrafını Ayhan Hanım'a verirken "içinin titrediğini" söylemiş ve "Sen benim dünyamda yeri kutsallaşan bir sevginin şefkatisin" demişti.

Adnan Bey bir fenomendi. İster "cevher" anlamında, ister "olay" anlamında olsun, benzerine rastlamak âdeta imkânsızdı. Nihat Erim'in Demokrat Parti ile Cumhuriyet Halk Partisi arasında yakınlık kurulması amacıyla görevlendirilmiş olduğunu biliyor ve ona göre davranıyordu. Muhalefetin taleplerinde makûl görünen hususların yerine getirilmesi için Fuat Köprülü devreye sokulmuş ve Nihat Erim bu konuda önemli bir mesafe almıştı. Durup dururken böyle bir fotoğraf tehdidiyle kurulması düşünülen yakın ilişkilerin bozulmasına bir anlam vermek mümkün değildi.

Adnan Bey, olayı duyunca sinirlenmiş ve bir insanın mahremiyetine meraklı bir siyasetçinin itibar kazanmasının mümkün olmayacağını söylemişti. Mükerrem Bey'i görüşmenin sonunda kendisini bilgilendirmesi için görevlendirmiş ve istediğine yakın bir cevap almıştı. Nihat Erim, Ayhan Hanım'a verilen imzalı fotoğrafı tek başına *Ulus* gazetesinde bastırmaya cesaret edememiş ve İsmet Paşa'nın bu konudaki direktifini almak ihtiyacını duymuştu. Erim, İsmet Paşa'yı ziyareti sırasında önce konuyu uygun bir üslûpla çıtlatmış, paşanın sâkin tavrından cesaret alarak fotoğrafı görmesi için önündeki sehpaya koymuştu.

İsmet Paşa ayağa kalkmış, anlatılanlardan rahatsız olduğunu hissettirmek için görüşmeyi kısa kesmeyi düşünmüştü. Önce önüne konulan resmi bakmadan parmak uçlarıyla Erim'e doğru itti; sonra kapıya doğru yanaşıp ardına kadar açtı:

– Nihat Bey! Mahremiyete saygının farkına varılmamış olmasına üzüldüm. Böyle seviyesiz oyunlara itibarım yoktur. Gömün bu bahsi ve bir daha açılmasına izin vermeyin. Aksi olursa sizi mesul tutarım.

Mükerrem Bey, bu bilgiyi Cemal Sağlam ve Emin Karakuş'tan öğrenmişti. İsmet Paşa, aile mahremiyetini teşhir tehdidi nedeniyle Nihat Erim'i bu işlerden uzak duracak bir mevkie getirmeyi düşünmüş ve istediğini yapmıştı. Fuat Köprülü ile Nihat Erim arasında yürütülmekte olan muhalefet ve iktidar yakınlaşması böylece yeni bir hüviyet kazanacaktı. Adnan Bey, Mükerrem Bey'i bu konuda da uyarmak gereğini duydu:

– Fuat Bey, kendisini ayaklı kütüphane gibi görür. Akıl vermekten de çok hoşlanır. Başıma iş çıkarma, ne zaman nasihat etse, dinle veya dinler gibi görün...

Adnan Bey evine gidecek, Berin Hanım'ın geleceğini söylediği hatırlı misafirlerini ağırlayacak ve sonra Yahya Kemal'in köhne dediği tevekkülü elinin tersiyle itip, delişmen arzuların heyecanıyla Ayhan'a koşacaktı. Muzaffer Bey'in uzattığı küçük not, bu arzuların kolunu kanadını kırmıştı. Ayhan Hanım, Muzaffer Bey'i arayıp bu küçük notun başvekil hazretlerine verilmesini rica etmişti:

Bu gece büyükhanım ve annemle birlikte bir yakınımızın taziyesine gitmek zorundayız. Eski ve sâdık bir aile dostumuzun acısını paylaşırken, seni nasıl hasretle kucakladığımı bilemezsin.

Sadece bu gece için biraz sabır, biraz tevekkül lütfen...

Şefkatle sevdiğin,
Ayhan

Adnan Bey merdivenleri inerken, kendi kendine fısıldadı:

– "Kadeh fânî, mey fânî; meclis artık tarûmar..."

On yedinci bölüm

Ağır ağır arkamdan geldi ayak sesleri,
Bir ak saçlı ihtiyar gördüm dönünce geri,
Kıyılarda yürüyen yapraklara eğildi,
Hepsini birer birer eliyle alıp sildi,
Hepsini kucaklayıp koynunda sıktı... Sonra,
Teker teker fırlattı sürüklenen sulara...

Nâzım Hikmet

Kederler insanı vaktinden önce yıpratıyor,
Bu doğru! Kış günü solgun güneş çabuk batıyor.

Yahya Kemal

Adnan Bey eve girdiğinde Rinda'dan başka kimse yoktu. Karnı acıkmıştı. Bir şeyler yemek ihtiyacıyla gelmiş, bu arada Ayhan'ı görmek ve gönül dinlendirmek istemişti. Ev bomboştu. Birkaç günlüğüne ziyarete gitmiş olan büyükhanımla birlikte belli ki ev halkı da bu seyahati fırsat bilip Ankara'dan kaçmışlardı. Ayhan Hanım Opera'da provalardaydı. İsterse Hayri Efendi gidip kendisini eve davet eder ve hatırlı misafirinin ağırlanması ricasında bulunabilirdi. Adnan Bey önemsemedi. Çocukluğundaki zevklerinin ayaklandığını fark etti. Doğru mutfağa gitti. Çocukluğunun mükellef dediği ziyafetlerinden birini kendine çekmeye hazırdı. Sucuklar ince kıyılmış, sahanda şöyle bir gezdirilmeden önce havalanması için bir süre bekletilmiş ve tereyağı kızdırılmıştı. Önce sucukları tek tek tavaya yerleştirdi, sonra iki yumurtayı üzerlerine özenle kırdı. Biraz tuz, biraz karabiber gezdirdikten sonra sahanı kapatıp, altını kıstı.

Rinda kendisini hayretle izliyordu. Herkesin gözünün korktuğu adam bu muydu? Şimdi hiç kimsenin olmadığı bir zamanda kendi işini görürken dudaklarında delikanlılık heyecanlarının şarkılarını mırıldanıyor ve sofrasını hazırlarken, kendini de hazırlıyordu. Evet Adnan Bey sucuklu yumurtayı çocukluk günlerindeki gibi zevkle yiyecek, üzerine varsa biraz tahinhelvası tadacak ve sonunda keyifli bir ikindi kahvesi içerek bu ziyafeti tamamlayacaktı.

Dediklerinin hepsini yaptı. Elinin yanmaması için duvarda asılı önlüğü kullandı. Ahşap nihaleyi masanın tam ortasına koydu. Üzerine sahanı yerleştirdi. Kapağını kaldırdı. Dumanlar içinde birbirine karışmış yumurta ve sucuk kokularının davetkârlığını derin bir nefesle içine çekti:

– Gel bakalım güzel kız, paylaşalım...

Rinda'nın gözleri fal taşı gibiydi. Adnan Bey'in bu evde ne fırtınalar estirdiğinin şahidiydi. Herkesin aman geliyor diye nefesini tuttuğu adam, şimdi sıradan biriymiş gibi davranıyor, kendi sofrasını hazırlayıp, evin beslemesini birlikte yemeğe davet ediyordu. Rinda, Tunceli dağlarında ninesinin kendisine öğrettiği hayat düsturunu hatırladı:

– Bir şey, aynı anda iki şey olamaz kızım!

Ninesi haklıydı. Gerçek olan hangisiydi. Bir kıskançlık vehmiyle Ayhan Hanım'ı yakasından tutup silkeleyen delikanlı âşık mı, yoksa sofrasında tuzunun biberinin kıvamını eczacı kefesinde tartan bu olgun adam mı?

Rinda böyle bir çelişkinin tercihine zorlanmayı istemedi. Mutfağa gitti. Buz gibi şıra getirdi; büyük ve geniş ağızlı bir bardağa koyup uzattı:

– Büyükhanım gitmeden önce sizin için yaptı...

Sonra ekledi:

– Üstünüze dökmeyin; lekesi çıkmaz...

Adnan Bey güldü:

– Dua et ki, ikimiz varız. Yoksa büyükhanım seni bu sözünden ötürü cezalandırırdı.

Birden irkildi. Sofradan kalktı konsola doğru yürüdü. Artık İsmet Paşa'nın resmi yoktu. Yerine Rinda'nın göz nuruyla işlediği nazarlık örtüsü duruyordu. Üzerine de Ayhan Hanım'ın *Çardaş Fürstin* operasındaki rolünden çekilmiş bir resmi konmuştu. Ayhan Hanım'ın gözlerinin içi gülüyordu. Saçları biraz kabartılmış ve alnının tam üzerinde bir kumral dağ yükseltilmişti. O kumral dağ eteklerinin bir kısmı alınmış, omuzlarından göğüslerine doğru yayılmış, diğeri ise sırtına yerleştirilmişti. Kulaklarında sedef boncukların sallandığı küpeler vardı. Göğüslerinin derin çizgisinin tam önünden omuzlarına uzanan elbisenin kenarlarına beyaz biyeler yapılmış ve omuzlarını açık bırakan yine beyaz biyeli süslerle bu güzellik tamamlanmıştı. Ayhan Hanım sanki evinin bahçesindeki salıncaktan henüz inmiş bir çocuk gibi heyecanlı ve mutlu görünüyordu. Resmi uzun uzun seyretti.

Rinda ödünün koptuğunu hissetti: acaba Adnan Bey kendisinin yaptığı bu değişikliği fark edip sinirlenir miydi? Böyle bir durumda kimden yardım dileyeceğini bilemiyordu. Adnan Bey'in sesi salonu doldurdu:

– Kim yaptı bu değişikliği?

Rinda artık rahattı. Bir iftiharı haykırır gibi sesini yükseltti.

– Evinizin hanımı, efendim...

Adnan Bey yumuşaklığını koruyordu:

– Söyle Hayri Efendi'ye çantamı getirsin...

Çantadaki resmini çıkardı. Bir süre seyretti. Adnan Bey bu resimde, gözlerinin içini bir sevdâlı delikanlı gibi güldürmüş ve duygularının rahatlığını hissettiren o güleç çehresine biraz da gamlı bir bekleyişin hüzünlü zahmetini serpiştirmişti. Onun da gözlerinde sanki bembeyaz kısrağına binmiş delikanlı heyecanı ve mutluluğu vardı. Altını imzalarken duyduğu haz, Çakırbeyli kısraklarının eve dönüşlerindeki vuslata benziyordu. İmzalarken bu vuslatı dillendirdi. Daha önce imzaladığı resmin ithafına bir kelime ekledi:

– "Şefkatle sevdiğim Ayhan'a hayranlıkla..."

* * *

Akşamın karanlığı henüz çökmüştü. Ayhan Hanım evde yalnızdı. Rinda odasına çekilmiş, hatırlı misafirin rahatsız edilmemesi için bütün tedbirler alınmıştı. Adnan Bey merdivenleri sessizce çıktı. Zili çaldı. Kapının hemen açılmasına alışmıştı. Gecikme olunca ürktü. Ne olduğunu kestiremediği gelişmeler karşısında önce küçük bir tereddüt geçirir sonra hemen düşüncelerinin disipline hâkim olup durumu tahlil ederdi. "Bu kapının bu kadar geç açılmasında mutlaka önemli bir sebep olmalıdır" diyordu. Kapıyı yumrukladı. Rinda bu sesi duyunca önemli bir şey olacağının endişesiyle odasından fırladı. Salonun loş köşesinde Ayhan Hanım koltuğa çökmüştü. Yüzünde huzursuz bir haberin izleri belli oluyordu. Kapının böyle hiddetli çalınışına rağmen, Ayhan Hanım'ın gidip açmamasını, anlaması mümkün değildi. Bu durum devam ederse, Adnan Bey'in kapıyı daha sert tekmelerle çalacağı endişesine kapıldı ve koşup açtı.

Adnan Bey'in beşûş çehresi gitmiş, yerine gerçekten abûs çizgiler gelmişti. Ayhan Hanım'ı koltuğa oturmuş bitkin haliyle görünce sordu:

– Nedir bu haliniz?

Telefon ahizesi Ayhan Hanım'ın elindeydi. Uzattı. Adnan Bey ahizeyi alıp bir süre dinledi. Hiç ses yoktu, telefonu kapattı. Ayhan Hanım son derece hafif bir sesle fısıldadı:

– İnan ki seni rahatsız etmek istemediğim için söz etmedim. Artık dayanamıyorum. Günde en az beş kere arayıp beni tahkir eden sesin yarattığı ıstıraba daha fazla dayanamıyorum.

Adnan Bey, hemen telefona sarıldı. Numarayı telaşla çevirdi:

– Ethemim acele gelmeni istiyorum. Sevimsiz bir müdahale var...

Telefonu kapattı. Ayhan Hanım'ın ellerini tuttu. Böyle bir durumla karşılaşmış olmasına bir mânâ veremiyordu. Bu sevimsiz müdahalenin kimden geldiğini kestirmek de kolay değildi. İhtimal olarak akla kim gelirse gelsin, fiilen bunu yapması için bir sebep bulmak mümkün değildi. Ayhan Hanım'ı rahatlatmak istedi:

– Ne zaman böyle bir durumla karşılaşırsan, tereddüt etmeden Ethem'i ara. O bütün güçlüklerini çözer. Bu konuyla meşgul olmasını isteyeceğim. Artık rahatla...

Sofra önceden kurulmuştu. Adnan Bey'in sevdiği buz gibi soğutulmuş rakı ortadaydı. Bir gümüş kabın içine taze kavrulmuş sakız leblebileri konmuştu. Ayhan Hanım bir kadeh doldurup uzattı.

– Lütfen dert etmeyiniz; böyle bir sevgiyi kıskanacak kadın çoktur. Hiçbir bağlantınızın merakında değilim. Sadece hakarete maruz kalmak rahatsız ediyor.

Ayhan duygularını aktarmıyordu. "Hiçbir bağlantınızın merakında değilim" cümlesini sıradan söylemiş ve gerçeğinde ise, kendisine bakan her gözün ışığını kıskanmıştı. Buna Berin Hanım'ı da dahil ettiği yalnız gecelerini hatırladı. Sonra Adnan Bey'i rahatlatacağına inandığı cümleyi fısıldadı:

– Büyükhanım doğruyu söylüyor. Sizi seven bir kadının kıskanç olmaya hakkı yoktur...

Adnan Bey rakı kadehini almadı. Ayhan Hanım'ın omzunu tutup kendine çekti:

– Gel biraz yürüyelim. Sanırım Mithatlarda kimse yok. Bahçede dolaşırız.

Sokağa çıktılar. Mahalle çocukları oynadıkları futbol maçının muhasebesini yapıyorlardı. Hafiyeler dağıtmak isteyince Adnan Bey müdahale etti:

– Kim kazandı?

Arabada kazanan takım için getireceğini vaat ettiği kupa vardı. Onu vermesi için Hayri Efendi'ye işaret etti. Kupanın büyüklüğü ve parlaklığı karşısında çocukların çığlığı bütün sokağı inletti.

Mithat Bey'in bahçe kapısında kilit olmazdı. Adnan Bey küçük bir müdahaleyle açtı ve Ayhan Hanım'a yol verdi. El ele bahçeyi boydan boya dolaşıyorlardı. Ayhan Hanım birden durdu. Adnan Bey'le göz gözeydi. Sesinin sıcaklığı belli oluyordu:

– Bu asabiyet içinde size müjdeli haberi vermeyi unuttum.

Biraz bekledi: Adnan Bey'in nasıl bir tepki vereceğini kestirmek istedi. İstediği kıvama gelinmiş olduğunu gördü ve rahatladı. Sesinde artık gerçek bir haseki edası vardı:

– Hamileyim...

Adnan Bey hiç tereddüt geçirmedi, sesinde başka ihtimale tahammül yoktu:

– Bu defa doğuracaksın... Yarın Fahri Bey ziyaretine gelecek. Acil bir durum olursa Mükerrem'i arayacaksın...

Ayhan Hanım'ın omuzlarını tuttu ve gözlerinin derinliğinde aradığı sadakatin izlerine baktı. Hâreli bakışların tenha dehlizlerinde bağdaş kurmuş tevekkülü gördü. Sırtını genişliği kestirilemeyen bir engine dayamıştı. Adnan Bey o mütevekkil bekleyişi omurgasından tutup çıkardı:

– Kimin bir ihmâlini görürsem, hayatına mâl ederim...

* * *

Adnan Bey odasına çekilmeden önce tek tek çocuklarının odalarına uğradı. Onların huzur içinde uyuyuşunu seyretti. Sonra kendi odasına çekilip bir vicdan muhasebesinden geçmenin yalnızlığına çekildi. Dar kadrolu müzakerede Fatin Rüştü ve Namık Gedik'in görüşleri karşısında Ethem Bey susmuş, böyle bir müzakereden rahatsız olduğunu hissettirmek istememesine rağmen hislerini gizleyememişti. Yavaş yavaş Adnan Bey'in karar ve tercihlerinde Fatin Rüştü ve Namık Gedik'in öne çıkmakta olduğunu anlamış, bunu engelleyecek her tedbirin mutlaka alınması gerektiğine karar vermişti.

Toplantının sonuna doğru, Fatin Bey'in demokraside kadro değiştirmenin en tabiî savunma olduğunu söylemesi üzerine, Namık Gedik bir tespit daha ileri sürmüştü:

– İsmet Paşa'yı değiştirmek bizim elimizde değil!.. Ama bir ihtilâfa son vermek için diğerine bakmak bizim elimizde...

Toplantı salonuna sanki bir bomba düşmüştü... Bir ihtilâfa son vermek için diğerine bakmak, demokrasi mücadelesinin belki de dönüm noktası olabilirdi.

Adnan Bey 1954 seçimlerinin çok başarılı sonuçlanması üzerine durumu gözden geçirmek için arkadaşlarını toplamış ve bir değerlendirme yapmalarını istemişti. Parti grubunun nasıl davranabileceği ihtimalleri önem taşıyordu. Toplantının varılmış bir sonucu olmasa bile bir çözüm imkânı bulunduğu tartışması yapılmıştı. Yeni milletvekilleri, Adnan Bey'in seçtiği kadroydu. Ne istiyorsa onu yapacaklarına şüphe yoktu.

Adnan Bey isterse Bayar'ın yerine bir başka cumhurbaşkanı bulabilir ve Meclis yönetimini de yine kendi kontrolündeki bir başkasına verebilirdi. Grubun palazlanmış önder milletvekilleri bu inançtaydı ve bunu Adnan Bey'e aktarıp, talimat beklemişlerdi. Özellikle yeni seçilen yaklaşık yüz elli kadar milletvekili Menderes hayranı gençlerdi. 1950'de Bayar'ın yaptığını, 1954'te Adnan Bey yapmıştı. Sadakatinden emin olduğu gençleri Meclis'e getirmişti. Parmağını şaklatması yeterliydi.

Sabahki görüşmeler içindeki güveni coşturuyordu. Ankara'yı uzaktan seyreden köşkün sütunlu verandasından ışıkları tek tük yanmaya başlayan bir başka Ankara'yı seyrediyordu. Berin Hanım yanındaydı ve hâlâ en derin heyecanları ve şükranları duyduğu kadının varlığından mutluydu:

– Biliyor musun Berin! Bir insanın yüreğinde birçok duygunun bir arada ortaya çıktığı bir hengâme vardır. Kimsenin bu hengâmede inandırıcı bir gerekçe aradığı görülmez. Bu duygular doğar, yaşanır ve sırası gelince çekip gider... Ne duyguların sahibi, ne de duygulandıran kişi, bu seyrin farkına varmaz...

Elini Berin Hanım'ın omzuna attı:

– Yirmi beş yıldır beraberiz. Senin var olduğu zeminde hiçbir duygu, hiç bir ikbâl, aşık kemiklerine kadar bile yükselemedi.

Berin Hanım, günlük gelişmenin özetini verdi:

– Siz gelmeden kısa süre sonra Celal Beyefendi aradılar. Acil görüşme talebiyle Çankaya'ya dâvet ettiler. Mümkün olan en kısa zamanda görüşmek ihtiyacındaymışlar.

Birkaç gün sonra Meclis yemin edecek ve Meclis başkanı ile cumhurbaşkanını seçecekti. Hem Bayar, hem Koraltan bütün iplerin artık Adnan Bey'in elinde olduğunu biliyorlardı.

Celal Bey, Adnan Bey'in tabiatını iyi kavramıştı. Onu telkin altında tutacak üslûbun sahibiydi. Sâkin bir kutlamayla Adnan Bey'i tebrik ettikten sonra babacan tavırla asıl konuya gelmişti:

– Adnan Bey! Her şeyi değiştiriyoruz. Onun için çok dikkatli olmalıyız. Bir atın üzengisine ayağımızı attık. Birlikte koşuyoruz. Bu kısrakla çok çayları geçeceğiz. Birbirimize güvenimizi sınamak gibi bir yanlış içinde kaybedeceklerimiz, bütün hayatımızın değerlerini altüst edebilir.

Şimdi en can alıcı noktaya gelmişti. Sözlerine hem pekiştirici mânâ yüklemek, hem de ürkütmemek istiyordu:

– Çok dikkatli olmalıyız ve birbirimize sarılmalıyız. Yeni kabinenizin hayırlı olmasını dilerim. Seçeceğiniz bakanlar bu anlayışı kavrayacak ve uygulayacak sadakatin ve cesaretin sahibi olmalıdırlar.

Celal Bayar tecrübeli partici olarak siyasetin karanlık dehlizlerinin nasıl aydınlatıldığını iyi biliyordu. Olacakları önceden kestirme tecrübesinin nimetini yaşamıştı. Bu tecrübeden mahrum olanların ne büyük tehlike içinde olduğunu en iyi bilenlerdendi. İttihat kadrolarında bu terbiyeyi almış ve iyi değerlendirmişti. Adnan Bey'in yeni tercihlerini fark etmiş ve bunların ileride birer tehlike olabileceğini hissettirmek istemişti:

– Kısrağın üzerinde durabilmek için dizginleri sıkı tutmak lazımdır...

Celal Bayar yeni kabinede iki önemli görevin iki tecrübeli ve güvenilir insana bırakılmasını açıkça istemişti. Dünkü toplantıdan nasılsa haberi olmuş bu arada Fatin ve Namık beylerin yeni kabinede en önemli bakanlıklara getirileceği önsezisiyle bu ihtimali bertaraf etmek istemişti:

– Fuat Bey'i Dışişleri'nde, Ethem Bey'i İçişleri'nde muhafaza etmeniz fevkalade isabetli olur.

Ethem Bey üzerindeki ısrarı, Adnan Beyin güvendiği ve eski bir dostunu hatırlatması hüviyetinde sunuluyordu. Ama Ethem Bey'i daima kendi güttüğü siyasetin suyunda yelken açan birisi olarak görmüştü. Ethem Bey, hiçbir konuda Adnan Bey'in siyasî tercihlerine karşı çıkmıyordu. Aksine onu destekleyen karar ve uygulamalarla temayüz ediyordu; ama, bu karar ve davranışlarının sonuçlarından Celal Bey'in rahatsız olabileceği durumların ortaya çıkmasına da izin vermiyordu. Fuat ve Ethem beylerin yeni kabinede eski görevlerini korumalarını istemesinde hiç şüphe yok ki Ethem Bey'in bu özel durumunun önemli payı vardı. Fuat Köprülü'ye gelince, dış politikanın gerektirdiği dirayetin gösterilmediğini kendisi de fark etmişti. Ama, Fuat Bey'in kabinede istediği mevkide bulunmasını sağlamak, hâlâ, kabine biçimlendirmesinin Bayar'ın elinde olduğu kanaatini pekiştirecekti. 1954 seçimlerinin gerçekten Adnan Bey'in şahsî zaferi olduğu gerçeğini görmüştü. Böyle başarılı bir siyasetçinin bile kabinesinin kuruluşunda hâlâ Bayar'ın etkili olduğu izleniminin yaratılması Bayar'ın siyaset manevraları için kaçınılmaz bir güç ve fırsat yaratacaktı.

Adnan Bey'in tercihleri konusunda çok ileriye giderse bu defa istenmeyen bazı siyaset çekişmelerinin ciddiyet kazanmasına, hattâ grupta ikilikler yaratılmasına yol açabileceğini görüyordu. Yumuşak bir üslûpla bir teklif getirdi. Bu teklife Adnan Bey'in itiraz etmesi halinde köprülerin tamamen atılmış olduğu anlaşılacaktı:

– Adnan Bey! Takdiri size bırakıyorum: bazı arkadaşlarınıza önemli görev ve imkânlar hazırlamanızı anlayışla karşılarım. Fakat başka fırsat kapılarında önce denenmelerinde fayda vardır. Biraz daha pişmeleri iyi olacaktır.

Adnan Bey son cümlenin bir insanın siyaset hayatını nasıl köreltti̇ğini bizzat yaşamıştı. Tarım bakanlığına getirilmesi ve toprak reformunun kendi ellerine verilmesi konusunda adının geçtiği sıralarda, İnönü'nün bazı telkinlere kapılarak "Henüz erken, biraz daha pişmelerinde fayda vardır" diye nasıl hoyrat bir tâlih köreltmesine gittiğini hatırladı. Bu konuda acılı hatıraları örnek vermek yerine daha sağlam bir gerekçeyle karşı çıkmaya hazırlanırken Bayar, asıl fikrini söyledi:

– Mesele Fatin Bey'i Devlet bakanlığında, Namık Bey'i Sağlık bakanlığında bir süre denememizin herkese faydalı olacağını ve gruba istenen sükûnet ve huzuru vereceğine eminim.

Gruba huzur ve sükûnet verme fikri, küçük bir müdahaleyle bir kudret gösterisine dönüşebilirdi. Bayar, Demokrat Parti grubunda önemli sayıda milletvekilini elinde bulundurduğu izlenimi yaratmak, sonra bu izlenimi giderek derinleşen bir tehdide dönüştürerek, Adnan Bey'i kendi politikaları doğrultusunda telkinlere açık hale getirmek istiyordu. Bu arada Adnan Bey için kolayca itiraz edilemeyecek bir çözüm alternatifi de getirdi:

– Ethem Bey sizin en güvendiğiniz arkadaşınızdır. Benim de kendisine güvenim tamdır. Onunun İçişleri'nde muhafazasında önemli faydalar görüyorum.

Adnan Bey işi kaytarmaya niyetli değildi. Dünkü toplantıda dikkatini çeken iki genç arkadaşına büyük güveni vardı. Ve yeni kabinenin en önemli iki bakanlığını bu gençlere verecekti. Görüşünü açıkladı:

– Dışişleri'ni Fatin Bey'in, İçişleri'ni Namık Bey'in sadakat ve basiretine teslim ediyorum. Kendilerine olan güvenim, aradığınız emniyeti temin edecektir.

Celal Bey duraklladı. Üzerine gitmedi. İlk teşhisi açıktı: Demokrat Parti kurucu kadrosunun ilk firesi verilmişti. Belli ki artık Fuat Köprülü, Demokrat Parti mücadelesinde gözden çıkarılmıştı. Geminin gövdesi ilk darbeyi almış ve bu geniş yarıktan içeri su girmişti. Tekrar bir deneme yapmasının faydası yoktu. Adnan Bey kararlılık içindeydi. Fatin Bey'in bakan yapılması için bir mazeret bulabilmişti. Seçimleri yeni kazanmış ve Meclis'e ilk defa girmişti. Ama Namık Bey dört yıldan beri Meclis'teydi ve Adnan Bey'in hiçbir kabine değişikliğinde bakan olarak görevlendirilmesi akla gelmemişti. Ethem Bey'in tesiri bu konuda başarılı olmuş ve Namık Bey'in gölgede kalmasını sağlamıştı. Namık Bey'in şimdi Ethem Bey yerine İçişleri bakanlığına getirilmesi, Adnan Bey'in kendi kadrosunda da önemli değişiklikler yaptığını ifade ediyordu.

Adnan Bey bir vesileyle bakanları arasında ayrım yaptığını söylemişti. Adnan Bey'in bakanları iki türdeydi. Birincisine "siyasî bakanlarım" diyor ve bu kadroyu her kabinesinde mutlaka görevlendiriyordu. Diğerleri "teknisyen bakanlarım" dedikleriydi ve bunları tamamen bakanlık özelliklerine göre seçip görevlendiriyordu. Siyasî bakan kadrosunda ilk defa yıpranma vardı. Fuat ve Ethem beyler bu kadrodan silkeleniyorlardı.

Bayar son bir hamlede bulunmak istedi:

– Fatin Bey çok genç. Cumhuriyet'in en geç Hariciye vekili olacak... Sadece İsmet Paşa Hariciye vekili olduğunda bu kadar gençti...

İsmet Paşa örneği önemliydi. Bayar'ın böyle bir örnekle karar üzerinde ısrarlı olması derinden gelen sıkıntıların asıl sebeplerine inmek fırsatı veriyordu. Adnan Bey, oyunu kazandığını fark etti. Bir hamle sonra küçük bir piyonu öne sürüp Bayar'ı mat edebilirdi. Şimdi vezir olarak kendisinin öne çıkmasına gerek yoktu. Hem yorulacak ve muhtemelen yıpranacaktı. Biraz dinlenip son darbeyi küçük bir piyon hareketiyle gerçekleştirmek istedi:

– Peki; hatırınız için Fatin Bey'i bir süre Devlet bakanlığında değerlendireceğim. Ama, Namık için ısrarlıyım.

Bu kez Bayar ileriye gitmenin ters sonuçlar getirebileceğini görmüş ve susmuştu. Belki Ethem'in etkinliği yeniden su üstüne çıkar ve İçişleri'nde muhafaza edilmesi sağlanabilirdi. Namık Gedik'i nasıl önemli bir göreve getirdiğini bir kere daha hatırlatmak istedi:

– İçişleri bakanlığı ikinci başbakanlıktır. Şükrü Kaya'nın, Recep Peker'in bakanlıklarında bunu çok yakından gördük.

Bu sert hatırlatmaya Adnan Bey'i cevabı aynı üslûpta oldu:

– Fatin Bey'e kabinede başbakan yardımcılığı görevini veriyorum. Siyasî ve malî meselelerimizin koordinasyonunu üstlenecek...

Aynı gece Demokrat Parti grubunun yeni kabineyle ilgili görüşlerini aktarmak için Ethem Bey'in eve geleceği söylendi. Berin Hanım'ın yüzü gerildi. Ethem Bey partideki eğilimleri iyi değerlendirmiş, milletvekillerinin seçimdeki başarının tamamen Adnan Bey'e ait olduğuna inandıklarını görmüştü.

Berin Hanım sanki hiçbir şey olmamış gibi Ethem Bey'i nezaketle karşılamıştı ve misafirine kahve ikram ediyordu. Ethem Bey'in sözlerini büyük dikkatle dinledi. Ethem Bey neredeyse Bayar'ın sözlerini aynen tekrarlamıştı.

– Kır atı emniyetle sürebilmemiz için sağlam bir üzengimiz ve kendi elimizde tuttuğumuz bir dizginimiz olmalıdır...

Berin Hanım bu konuşmadan hemen sonra ayrılan Ethem Bey'i kapıya kadar uğurlamış ve kapı kapanınca Adnan Bey'e dönmüştü:

– Ben sizi, Çakırbeyli kısraklarının sırtında gördüm. Sadece yelelerini tutarak üzengisiz ve dizginsiz aygırları nasıl şaha kaldırdığınızın şahidiyim... Üç karış meşin ve iki parça demirle gözünüzü korkutmaya nasıl yeltenebilirler...

* * *

Adnan Bey, odasına girdiğinde Mükerrem Bey'i kendisini bekler durumda gördü. Verdiği saatte gelemeyeceğini anlayınca, telefon edip, "Mükerrem Bey'i odama alın; biraz gecikeceğim" demişti. Herkes böyle bir iltifatla Mükerrem Bey'in bakan olduğu yorumunu yapmış ve kendisini kutlamak istemişti. Adnan Bey rahat bir yüzle içeri girdi. Cumhurbaşkanıyla yaptığı görüşme her iki tarafın istediği net sonuçları getirmemiş, ama böyle bir bilek güreşinin her iki taraf için de önemli yıpranmalar yaratabileceği gerçeğini ortaya koymuştu. Dönerken hadiseyi bir daha gözden geçirmiş ve hareketinin doğru olduğuna karar vermişti. Şimdi asıl tehlikeli noktaya geldiğini fark etti. Kendi kendine böyle bir durumun içinde bulunmaktan rahatsız olduğunu itiraf ediyordu. Bu bir esef duygusunu aşmış, âdeta ciddi bir siyaset tâlihsizliği olarak karşısına çıkmıştı:

– Benim kendilerine güvendiğim adamlarıma bakıyorum; hayret hiçbiri, birbirine güvenmiyor. Şimdi buna Menderes'in kadrosu var ve sağlamdır denebilir mi?

Gâzi Hazretleri'nin yirmi beş yıl önce Aydın'da kendisine verdiği nasihati hatırladı. Siyasette her şeyin bir kadro işi olduğunu anlatmış ve onca yârânı arasında sadece İsmet Paşa'yı kadrom diyebileceği seviyede yüksek bir iltifatın hissiyatıyla aktarmıştı. Gâzi beğendiği genç Adnan'a, giderken, "Dikkatli ol, seni her vesileyle iltifatın gayyasına itecekler olacaktır. Bunlar en yakınında bile olabilir. İltifat başkadır, itibar başka" demişti...

Mükerrem Bey'in yanaklarının tuttu; yüzünü küçük sevgilerle biraz silkeledi:

– Gözlerinin içi gülüyor kerata!

Yerine oturdu. Söyleyeceklerinin sırasını kafasında belirlemişti. Hepsini bir cümlede özetleyip çalışmalarına başlayacaktı:

– Ayhan hamile! Henüz ilk günleri; kimin bakması, tedbir alması gerekiyorsa ilgilenmeni istiyorum. Namık'la ihtilaf yaratma;

her ikinizi de ikaz ediyorum. O İçişleri, sen Devlet bakanı olarak görev yükleneceksin...

Mükerrem Bey sevinç içindeydi. Eğilip elini öpmek istedi. Merakını da gizleyemiyordu.

– Ethem Bey'i nasıl takdir ettiniz efendim...

Adnan Bey oturduğu masadan başını kaldırdı. Gözlerini Mükerrem Bey'in gözlerine dikti.

– Seni ilk kez Aydın'da Ramazanpaşa Camii'nin önünde görmüştüm. Başın önündeydi, ama gözlerin merakla ne olup bittiğini seyrediyordu. "Ne serüvenci adam..." demiştim; hiç değişmemişsin...

* * *

O gece Adnan Bey'in eve gelmesi beklenmiyordu. Ayhan Hanım provalarını yapacaktı. *Çardaş Fürstin*'deki rolünü çok önemsiyordu. Daha evvelce bu operanın sahnelenmesi söz konusu olduğunda Ferit Bey, Ayhan Hanım'a bu oyunun dikkat edilecek noktalarını ayrıntılı olarak anlatmış ve istersen bu oyunla doruklara çıkarsın demişti. Bu fırsat önündeydi. Ayhan Hanım doruklardan hoşlanırdı.

Rinda kapıda göründü. Yüzünde garipsenebilecek bir sevinç vardı:

– Söylediklerime inanmayacaksınız! Adnan Bey geldi. Hem de otomobili kendisi sürüyor...

Ayhan Hanım şaşırdı. Pencereden baktı, gerçekten kapının önündeki simsiyah Packard arabanın direksiyonunda Adnan Bey oturuyordu. Hayri Efendi kapıya gelmiş ve Ayhan Hanım'ın hemen hazırlanmasını, birkaç dakika sonra beyefendinin gelip kendisini yemeğe götüreceğini bildirmişti. Hayri Efendi de şaşkındı.

Ayhan Hanım üstünü değiştirdi. Gerçekten birkaç dakika içinde hazırlanmıştı. Aşağı indiğinde Packard'ın kapısını Adnan Bey açtı:

– Şöyle yanıma otur, baş başa bir yemek yiyelim.

Çankaya sırtlarına dayanan bir yerde küçük bir lokanta ölgün ışıklarıyla misafirlerini bekliyordu. Adnan Bey lokantaya başka müşteri alınmaması ricasını bir vesileyle iletmiş ve lokanta, tamamen bu iki hatırlı misafire ayrılmıştı.

Ankara gecelerinde nadir rastlanan meltemlerden biri vardı. İnsanı sıkıntıya sokmayan bir serinlik hissediliyordu. Adnan Bey, *Çardaş Fürstin*'den sonra Ayhan Hanım'ın artık Opera'dan istifa etmesini ve tamamen kendisiyle meşgul olmasını istiyordu:

– Bir saniyelik bir cesaret, bizi ömür boyu birlikteliğe götürebilir.

İlk işitildiğinde insanı şaşkına çevirip büyük hayallerin girdabına atabilecek böyle bir hatırlatma cümlesi Ayhan Hanım'da istenen etkiyi göstermedi. Çocukluğundan beri operada gelmek istediği bir yer vardı ve bu büyük zirvenin eteklerinden yukarıya yükselişinin zahmetlerini yüklenmeye ve hiçbir kuşkuya meydan vermeyecek bir başarıyla doruğa çıkmak istiyordu.

– Sana şükran borçluyum Adnan! Ama, hayatımın başarılarını senin gölgende değil, kendi gayretimin sonucunda sağlamak isterim. Ben opera için varım ve onunla varlığımı sürdüreceğim. Hayatımın bütün gururlarını bana verdin. Ne olur bunları benden alma. Sadece seninle paylaştığım sürece tut beni...

Adnan Bey böyle bir cümlenin hazırlıklı bir ifade olmasını düşünmüyordu. Ayhan Hanım'ın sözlerinde içten gelen bir meslek iddiası vardı. Ömrünün tamamını mesleğine adamış kadın ciddiyeti her kelimeyi dikkatle seçmiş ve bir cümlede özetlemişti.

Yemek tadını kaçırmamıştı; ama, Adnan Bey, Ayhan Hanım'ı operadan koparıp eve kapatmayı başaramayacağının kuşkusuna kapılmıştı. Şanslarını ve fırsatlarını sonuna kadar kullanacak ve bir gün mutlaka Ayhan Hanım'ın kendiliğinden gelip Opera'dan ayrıldığını söylemesini bekleyecekti. Buna inanıyordu. Şimdilik, bu konuşmayı burada kapatmak ve mümkün olan azamî ölçüde bu beraberliği mutlu bir gecenin paylaşımına dönüştürmek istiyordu. Kendini Ayhan Hanıma karşı bir yanlışlığın içinde görmüyordu. Ona geleceğiyle ilgili hiçbir yanlış ümit vermemişti. Aksine evine, eşine, ailesine olan bağlılığını her fırsatta gösteriyordu. Ayhan Hanım, her vesileyle Adnan Bey'in daim bir Berin Hanım hayranlığı ve sevgisi içinde olduğunu görüyordu. Bazen genç kızlığın heyecanlı duygularıyla bu bağlılık ve sevginin hürmetini kıskanıyor, bazen de böyle bir sevginin ortaklığındaki yerini ve değerini görerek onurlanıyordu. Ara sıra kulağına bazı ilişkileri olduğu şeklinde gelen bilgilerin amaçlı bir kışkırtma ve kıskandırma isteğinden başka bir şey olmadığı tesellisindeydi. Operayı bırakıp bütün vaktini kendine ayırması isteği bu dedikodulara hak verdirecek bir ihtimal bulunmadığının işaretiydi.

Ayhan Hanım bu geceyi isterse hayatının bir dönüm noktası yapabileceği tesellisinde değerlendirmedi. Gerçekleri görmek, sanki naturasının en belirgin niteliğiydi ve bunu kullanmada zaaf göstermeyecekti. Geceye biraz duygusal serinlik katmak istedi:

– Bahçe çok güzel. Uzun süredir seninle el ele yürümedik. Ne dersin, dolaşalım mı?

Adnan Bey elini Ayhan Hanım'ın omzuna koydu, kendine çekti. Başı artık kendi omzundaydı. Geniş alnın üzerindeki o kumral dağ, bir mutlulukla boyun eğmiş ve eteklerini Adnan Bey'in omzuna sermişti. Ölgün ışıkların altında bahçenin bembeyaz çakıllı yolunda dolaşıyorlardı. Bahçenin ortasındaki havuzun yanına geldiler. Fıskıyenin damlalarında lacivert gecenin tenine işlenmiş ışıklı serinlik vardı. Bu küçük damlalar Ayhan Hanım'ın tenine düşüyor ve onu nemli bir sevinçle mutlu ediyordu. Birden eli boynuna gitti ve küçük bir çığlıkla irkildi:

– Kolyem!..

Ayhan Hanım iliklerine kadar titredi. Adnan Bey'in kendisine hediye ettiği kolye kaybolmuştu. Böyle güzelliklerle dolu olduğuna sevindiği bir gecede kolyenin kaybolmasını kötü bir haber almış gibi üzüntüyle karşıladı.

– Sofradayken boynumdaydı. Gezerken düşürdük galiba...

Sesi mahzunlaşmış, neredeyse ağlayacak kadar duygularını acıtmıştı. Gecenin yarısında çakıllı yolda kolyenin bulunması âdeta imkânsızdı. Ayhan Hanım ısrarla aranıp bulunmasını istiyordu. Adnan Bey de aramaya katılmış, bütün dikkatini küçük taşlar arasında kaybolan kolyeye yoğunlaştırmıştı. Güvercin göğsü rengindeki bu gökyakut, çok itinalı bir kuyumcunun elinde işlenmişti. Adnan Bey bu güvercin göğsünün, Ayhan Hanım'ın resminde boş duran göğsüne çok yakışacağını düşünmüş ve Franguli'nin mahir ellerinde işlenmiş mücevheri bu gerdana kendi eliyle takmıştı. Gökyakutun en değerli türü denilen dede külahını tecrübeli mücevherciler işlemişti. Adnan Bey bu kolyeyi takarken, Ayhan Hanım'ın gözlerinin içine bakmış ve bir gün sana, "Osmanlı mücevherciliğinde gökyakutun hikâyesini anlatırım" demiş, sonra kısaca üç büyük taşın öyküsünü aktarmıştı. Şarap renkli yakut ile güvercin göğüslü gökyakutun yanında lekesiz yeşil zümrüdün bir sevdâ şahitliği olduğunu anlatmıştı.

Şimdi bu sevdâ şahitliği artık Ayhan Hanım'ın boynunda değildi. Dakikalarca Adnan Bey'le yan yana kolyesini aramışlardı. Garsonlar lokantanın fenerlerini çakılların üzerine tutuyor ve bulunmasına dua ediyorlardı. Ayhan Hanım, "Bulunmadan gitmem" diye ısrar ediyor, kolye bulununcaya kadar mutlaka arayacağını söylüyordu.

Belli ki Ayhan Hanım'ın tâlihi bu gece yorgundu. Birden yağmur boşandı. Çakıllı yolun etrafındaki kırmızı topraklı çiçeklikler birdenbire çamur haline gelmiş, her ikisinin de ayakları bileklerine kadar balçığa gömülmüştü. Çamurdan yürüyemez haldeydiler. Ayhan Hanım, güzelliklerin birleştiği bir gecenin böyle sevimsiz bir kayıpla bitmesinden yorgundu. Eve dönmeye karar verdiler. Yol boyunca konuşmadılar. Adnan Bey evin önünde Ayhan Hanım'ı yolcularken hüzünlüydü. Başını Ayhan Hanım'ın göğsüne yasladı. Ayhan Hanım insiyakî olarak elini boynuna götürdü ve yavaş yavaş göğsüne doğru indirdi:

– Ne kadar üzgün ve perişan olduğumu bilemezsin.

Gözlerinden damlalar boşandı. Hıçkırıklar boğazındaki bütün düğümleri çözmüş Sağlık Sokak'ın neredeyse bütün pencerelerinde yankılanmaya başlamıştı.

Ayhan Hanım kasıklarını tuttu. Bir ağır sancıyla kıvranmış gibiydi. Adnan Bey, işin büyümesini önlemek için ıslak gözlerini öptü. Sesi telaşlıydı:

– Neyin var?

Ayhan Hanım boynu büküktü. İstifini bozmadan acısını fısıldadı:

– Nasıl utandığımı bilemezsin... Bir hediyeye sahip çıkamayan küçük ve beceriksiz bir kız gibi mahcubum.

Adnan Bey iki eliyle Ayhan'ın yüzünü avuçladı. İki kulağının memelerini küçük okşamalarla sıktı ve bıraktı.

– Bu gece ikimizin de kulağına küpe olsun...

* * *

Adnan Bey'in merak ettiği konu Ayhan Hanım'ın hamileliğiydi. Mükerrem Bey güvendiği bir doktor arkadaşının tıbbî kontrolü altında, hamileliğin gidişini izliyor ve aldığı bilgileri makul aralıklarla Adnan Bey'e intikal ettiriyordu. Ayhan Hanım'ın bir iki ay içinde Adnan Bey'e bir veliaht daha vereceğinden emindi. Mükerrem Bey'in sevinçli haber tebliğinde bile işinin ciddiyetini koruyan bir hekim sertliği vardı:

– Yaz başında bekliyoruz. Kontroller yapılıyor. Zaman zaman Fahri Bey de nezaret ediyor. Endişe etmeyiniz; Alaaddin Bey çok hâzık bir hekimdir...

Adnan Bey bir hayal dünyasından dönüyormuş gibi yine delikanlılığının heyecanlı ve samimi günlerine döndü. O günlerin heyecanında ruhunun terbiye edildiği bir manevî lezzet tadar ve o manevî lezzeti başkalarıyla paylaşacak kadar olgunlaştığının gururunu duyardı. Şimdi yeniden bir manevî haz tadıyor ve bu hazzın saltanat süreceği ruh olgunluğunun vardığı iftihar noktasında kendisini sabra alıştırıyordu.

– "Çocuklar kadar sevinçliyim" desem gülüp geçeceksin doktorum!

Mükerrem Bey nice baba adayının böylesine duygularla heyecan ve gurur duyduğunun örneklerini görmüş ve hepsinin aynı tevazu içinde beklediklerini seyretmişti. Adnan Bey'in heyecanını daha ilk günden fark etmiş ve sevincin sürmesi için gereken bütün önlemleri almış ve Ankara'nın en iyi hekimlerini bu doğum için görevlendirmişti.

Adnan Bey, bazen, kendi yaşamından dert yanan insanların cesur duygularını yaşar, bazen hoyrat bir yalnızlık pençesinde kıvranmış gibi içine kapanıp günlerce sessizliğe gömülürdü. "Bir kızım olsun..." diye hayıflanmıştı. Babaannesi Fıtnat Hanım'ı, annesi Tevhide Hanım'ı, ablası Türkân'ı hayal ettirecek hatıra güzelliği istiyordu.

– Biliyor musun doktor, mebusluğumun ilk yıllarında Yahya Kemal Bey'le iyi dostluklar kurmuştum. Mevlânâ'yı bir de ondan dinlemiştim. Neylerle tutuşmuş gibiydi. Üsküp lehçesinin kıvraklığında meyhaneyi cennete açmış sâki gibi mutluydu. Berin Hanım'ın kucağında Yüksel'i görünce biraz da gıptayla seyretmiş ve ailemi onurlandıran bir iltifatla gönlümüzü almıştı.

– İşte engindeki sessizliğe seda verecek varlık.

Adnan Bey son birkaç cümleyle asıl noktaya gelip doktoru hassas olduğu konuda bir kere daha uyarmayı düşündü:

– O gece bir gerçeği yakaladım ve bir daha asla peşini bırakmadım. Anladım ki hayatın hiçbir hedefine bir köhne tevekkülle varılamaz.

Mükerrem Bey, birdenbire bu duygulanmanın sebebini anlamamıştı. Açıkça sorup öğrenmenin de çok meraklı insan izlenimi yaratmasından çekindi. Kendince küçük yorumlar yapıp bir büyük yanlışlığa meydan vermemek için beklemeyi uygun buldu. Adnan Bey doktoru iyi tanıyordu. Onun sabır diye geleceğin dehlizlerinde meraklarını dinlendirmesini biliyordu ve daha fazla o serin koridorlarda dolaşmasını istemedi:

– Ayhan yüzünden çok kişiyi kırdığımın farkındayım. Ama onsuz kendimin kırıldığının da farkındayım. Yahya Kemal Bey bana hayattan kâm almayı öğütlemişti.

Mükerrem Bey hâlâ Adnan Bey'in böylesine hüzünlü ve sabırlı bir arzuyla doğumu beklemesini kavrayamamıştı. Adnan Bey, hayattan tat alınmasını anlatıyor, asırlar boyu yaşansa bile ömrün bir nihayete ereceğini bilmenin rahatlığıyla kendini biraz da kapıp koyuveriyordu. Birden Mükerrem Bey'e döndü:

– Haydi evlerimize gidelim doktor.

Birlikte merdivenlerden aşağı indiler. Özel kalem müdürü Adnan Bey'e küçük bir not uzattı. Adnan Bey yazıyı okudu. Yüzünde bir mahzun manzara belirdi. Küçük mektubu Muzaffer Bey'e iade etti:

– Bir hadise çıkmasını istemiyorum. Gelişmelerden beni mutlaka haberdar edin.

* * *

Oldsmobile Opera binasının önünde durdu. Şoför Saim Efendi hızlı adımlarla içeri girip elindeki mektubu Ferit Bey'in sekreterine uzattı.

– Ayhan Hanım gönderdi, çok acilmiş...

Ferit Bey küçük notu okudu ve koltuğunda gerindi. Ayhan Hanım, mazeretini birkaç cümlede özetlemiş, mürekkebin üzerine birkaç damla hüzün düşürmüştü. Bu mektup, sadece içinde bulunduğu fevkalade durumun bildirilmesi değil, biraz da son bulan evliliğin son günleriyle ilgili özür cümleleriydi:

> Ferit Bey,
>
> Hayatımda hiç bu kadar üzülmemiştim.
>
> Bu hâlimi kimselerin anlaması mümkün değil.
>
> Şimdi sizin bağışlayıcı hatıralarınızdayım.
>
> Adnan Bey'i deliler gibi seviyorum...
>
> Deliler gibi...
>
> Sevmenin aklı başında olanını sizden öğrenmiştim.
>
> Yorgunum, üzgünüm, hatta perişanım...
>
> Beni lütfen Çardaş Fürstin'den affediniz...
>
> Bu nimete tâlip yüzlerce soprano bulursunuz...
>
> Hayranlık ve şükranla,
>
> Ayhan

Ferit Bey telefona sarılıp Ayhan Hanım'ı teselli etmek istedi. İçinde biraz da nelerin olup bittiğini öğrenmek isteyen küçük kıskançlıklar ve sabırlı meraklar vardı. Sonra vazgeçti mektupla birkaç küçük teselli cümlesi yazmayı uygun buldu.

> Ayhan,
>
> Deliler gibi sevmenin ne olduğunu iyi bilirim.
>
> Sıkıntıların için bir hizmetim gerekirse, hazırım...

Ancak hiçbir delilik seni hedef ve kararlılığından alıkoymamalıdır.
Çardaş Prensesliği'nın tahtına senden başka kimse oturamaz...
Şimdi derhal hazırlan ve hemen provaya gel.
Fevkalade mazeretin için provaları iki saat erteledim...
Gözlerini öperim.

Hasan Ferit

Saim Efendi, Ferit Bey'in küçük mektubunu Rinda'ya verdi:

– Mutlaka hanımefendiye verilecekmiş.

Rinda mektubu vermek için Ayhan Hanım'ın odasına yöneldi. Önceki gecenin yağmurlu mâcerasından sonra Ayhan Hanım içeriye yalınayak gelmiş, o telaş içinde ayakkabılarının tekini lokantanın çamurlu çiçekliklerinde unutmuştu.

Adnan Bey öğleye doğru bir büyük paket göndermişti. Ayhan Hanım telaşla paketi açtı. Büyük kutunun içine bir düzine kahverengi küçük pazen torbalar konulmuştu. Her torbanın ağzı limon sarısı kordonlarla sıkılıp birbirini izleyen iki küçük fiyonkla kapatılmıştı. Pazen torbaların üzerinde tahin renkli gotik harflerle "Tanca Ayakkabıları" yazılıydı.

Büyük kutunun üzerinde ince bir altın zincirle bağlanmış küçük kutu duruyordu. Kutu, Adnan Bey'in özel zarflarından birine tutturulmuştu. Ayhan Hanım kutuyu açtı. İçinde bir çift küpe duruyordu. Önceki gece kaybettiği gökyakutundan yapılmış iri iki taş, kenarları pırlantayla süslenmiş ve platin bir zemine yerleştirilmişti. Ayhan Hanım küpeleri kulaklarına taktıktan sonra konsolun aynasında kendini seyretmek istedi. Adnan Bey'in resmindeki gülüşünde o hüzünlü manzara gitmiş yerine haşarı bir çocuğun sevimli kurnazlığı yerleşmişti.

Adnan Bey'in mektubu kısaydı:

Tatarım !..
Kalender'de deniz mâvi ve sâkin.
Çimenlerin zümrüdüne, yakut gibi güller yerleştirdim.
Kolyeni buldurdum. Avucumun içinde...
Kavuşmak için önce bana kavuşmalısın.
Bekliyorum.
Haydi, güzel boynunu uzat...

Seni şefkatle seven
Adnan

Ayhan Hanım elini boynuna götürdü. Çenesinin altından göğüs

çizgisine kadar elinin içiyle bir sedef düzlüğü okşar gibi gezdirdi. Küpeler kulağındaydı. Gözlerindeki hüzün kaybolmuş, yerini uçarı bir genç kızın sevinci almıştı. Bu sevinç, hatlarının bütün güzelliklerini ortaya çıkarmıştı. Bu hatları gururla seyretti. Adnan Beyin gece sabaha kadar lokanta bahçesinin altını üstüne getirip kolyeyi buldurmak istemesi iliklerine işlemiş bir şükran duygusu yaratmıştı.

Adnan Bey kendisini bekliyordu. Zarfın içine uçak bileti konmuştu.

Rinda Ferit Bey'in gönderdiği küçük mektubu uzattı:

– Saim Efendi getirdi, önemliymiş...

Ayhan Hanım mektubu telaşla açtı. Okudu, bir süre durdu. Gözlerini kapattı. Huşû içindeydi. İki ayrı dâvet karşısındaydı. İkisi de hayatının en güzel günlerinde en etkili hatıralarını yaşatan insanlardı. İkisinin de dâvetinde Ayhan'ı kayıran samimi duygular ve hürmetkârlık vardı. Böyle bir muhasebede bırakılmasını kendine haksızlık gibi değerlendiriyordu. Vereceği kararın kendi hayatını yönlendiren sorumluluk tarifi olduğunu anlamıştı. Bu kararın tercih dirhemleri önündeydi. Kefelerden birine bir iki küçük dirhem atarak ağır gelmesini sağlamak sanıldığı gibi diğerini gözden çıkarmak anlamına gelmemeliydi. Ama hayatın lezzetleri kadar sorumlulukları da vardı ve Ayhan Hanım bu sorumluluk imtihanının kapısındaydı. Ya ne yapacağını beceremeyen bir tembel gibi girip utançla çıkacak ya da bütün imkânlarını kullanıp bu imtihandan yüz akıyla geçecekti. Nimetler kapısının önündeydi. Elini uzattığında hepsine sahip olabilirdi. Fırsatlar sanki geçtiği yollara dizilmiş ve içinden istediğini seçmesi kendisinden istenmişti. Bütün imkân ve fırsatların yanında sorumlulukları da vardı ve bunların da yerine getirilmesinin görevlisi kendisiydi. Nasıl bir karar süzgecinden geçmekte olduğunu anlamış ve isabetli kararın cesaretini göstermişti:

– Rinda elbisemi hazırla!.. Saim Efendi hazır olsun. Provaya gidiyoruz; geç kaldık.

Hızlı adımlarla odasına girdi ve geri döndü. Telefona sarıldı:

– Muzaffer Bey! Beyefendiye şükranlarımı arz ediniz; ama provaya geciktim. Ankara'yı teşriflerinde emirlerinde olacağım...

Sonra yumuşak bir sesle ekledi:

– Tarifsiz hasretler içindeyim...

On sekizinci bölüm

Artık bu haftadan itibaren yetmiş yaşındayım,
Güçlükle çıktığım tepenin tâ başındayım.

Yahya Kemal

Ben bir şâir âşıkım, elimde bir kırık saz,
Yapyalnız yaşıyorum, derdim çok, sevincim az.

Nâzım Hikmet

Kalender'deki inşaat tamamlanmış ve eşya yerleştirilmeye başlanmıştı. Adnan Bey, son hazırlıklarını gözden geçiriyordu. Boğaz'a bakan geniş salonun büyük duvarının ortasına şömine yapılmasını istemiş, Çakırbeyli Çiftliği'ndeki büyük şöminenin sökülüp bu binaya yerleştirilmesini sağlamıştı. Şöminenin üzerine Ayhan Hanım'ın bir resmi konulmuştu. Foto Osman tarafından çekilen resim, ışığı arkadan alıyordu. Ustaca yerleştirilmiş ampuller sanki saçların kumrallığına nadir görünür güzellikte bir mehtap düşürmüştü. Saçlar sağ omuz üzerinden alınmış ve göğüs kısmına dağıtılmıştı. Boynunda kaybolan kolye vardı. Omuzlarının üzerinden geniş iki klapa ile göğüslerine doğru inen brokar elbisenin gümüşî zemininde mis kokulu iğde dallarının desenleri vardı. Renkler arasındaki koyuluk farkı her ışık değişiminde saçlardaki mehtaba bir başka manzara katıyordu. Bu intizam cennetinden nasılsa kurtulmuş birkaç tel ışıklar altında birer isyankâr kadar mağrur ve sabırlıydı.

Bu evi Ayhan Hanım için yaptırıyordu. Florya'daki başbakanlık konutunda buluşmalarının artık istenen rahatlığı vermediği endişesine kapılmıştı. Zaman zaman Bayar Florya Cumhurbaşkanlığı Köşkü'ne geliyor, sabahları denize girdikten sonra bornozuna sarınıp başvekiliyle görüşmek için Adnan Bey'e tahsis edilmiş küçük köşke uğruyordu. Böyle durumlarda Ayhan Hanım'ın içeride âdeta hapis hayatı yaşar gibi bu sohbetin bitmesini beklemesi azap halini almıştı. Ayhan Hanım, kendini haklı görüyor ve "Genç bir kadını sabahın keyifli saatlerinde sevgilisinden mahrum bırakmaya kimsenin hakkı olmaması gerekir" diyordu.

Adnan Bey bu azabı fark etmiş ve bir çâre bulmak zorunda olduğunu anlamıştı. Kalender'deki ev, bir kartal yuvasıydı. Üst katın balkonundan bütün Boğaz ayaklar altındaydı. Evin anahtarını bir pandantif kutusuna yerleştirmişti, Ayhan Hanım'ı kapıda karşılayacak, önce anahtarı kendisine verip, evinin kapısını açmasını isteyecek, sonra salonun ortasında durup, Macar ustaların işlediği şöminenin üzerindeki aynaya yaklaştırıp güzel kadını seyredecekti. Sonra saçlarını biraz kenara çekip, kolyeyi yeniden boynuna takıp, gerdanının sıcaklığına bir küçük vuslat öpücüğü bırakacaktı.

Evet! Ayhan Hanım bugün, rüya gibi bir akşamı seyretmeye gelecekti. Birbiri ardınca kapanan perdelerin arasından yan yana Kandilli'yi, Göksu'yu, Kanlıca'yı, İstinye'yi arayacaklardı.

Adnan Bey, Yeniköy sahillerine doğru yürüdü. Delikanlılık günlerinde arada bir demlenmeye geldiği lokantanın önündeydi. Udî Aleko, lokantanın denize uzatılan yeni verandasındaydı. Kendisini ziyarete gelen dostlarına akşamın henüz başlayan alaca serinliğinde son günlerin dillerden düşmeyen hüzzam şarkısını söylüyordu:

Akşam dönüşü geçtim o hülyâlı bağından...

Sonra misafirlerine küçük bir sır verir gibi sesini hafifletti:

– Bu gece Niko'nun laternaları Yeniköy sahillerinde bu şarkıyı çalacaklarmış.

Aleko hatırlı misafirini görünce hemen koşup telaşlı hareketlerle karşıladı. Delikanlılık günlerinde gelip oturduğu köşedeki küçük masaya buyur etti. Eski dostluklarının hafızalarda daima taze tuttukları hatıralar vardı. Aleko, Adnan Bey'in böyle akşamlarda hangi mezelerle, ne içeceğini biliyordu. Sormak gereğini duymadı. Dışardan hafifçe bir laterna sesi duyuldu. Ses giderek yaklaşıyordu. Aleko, hatırlı misafirinin kulağına fısıldadı. Bu mezeleri Vangel göndermiş; sizi dükkânın önünden geçerken görüp heyecanlanmış ve buraya kadar takip etmiş. Adnan Bey, Vangel'in mezelerine bayılıyordu. Bazı geceler Tarabya Oteli'nin terasında Ayhan Hanım'la bir iki kadeh içmek arzusu duyar ve mezelerini Vangel'den getirtirdi.

Niko'nun laternaları yavaş yavaş Yeniköy sahillerinde sesini yükseltmeye başladı. Adnan Bey, birden ayağa kalktı. Sofra henüz kurulmuş olmasına rağmen bu hızlı kalkışın telaşında ne olduğu anlaşılmıyordu.

Muzaffer Bey'in telefonu geldi. Birkaç saniyelik konuşmanın ardından Adnan Bey'in sinirli sesi duyuldu:

– Ankara'ya dönüyoruz.

Adnan Bey çok rahatsız olmuştu. Otomobil, Ortaköy sahillerine yanaşırken Lido Gazinosu'nun kırmızılı mavili neonları yolları aydınlatmıştı. Işıklar hızlı renk değişikleriyle otomobil içine yansıyor ve aynada Adnan Bey'in yüzünü renkler cümbüşü içinde bırakıyordu. Sebebi kim ve ne olursa olsun böyle bir mahzun dönüşü Adnan Bey'in bağışlaması mümkün değildi. Şoförüne seslendi. Sesinde bir inatlaşma hissediliyordu:

– Maçka'ya dön...

Adnan Bey'in otomobili Belveder Palas'ın önünde durdu. Karanlık çökmüştü. Sanera'nın perdeleri kapalı ve odası loştu. Kırmız ışık, perdelerin gergin engelini aşmış, varlığını kanıtlamak isteyen cesaretiyle dışarıya sızmıştı. Gerisinde lacivert bir gece bekliyordu. Sanera, Adnan Bey'in geldiği geceleri, kırmızı ve lacivert bütünleşmesinin ihtişamı diye tarif ediyordu.

Adnan Bey kapıdaydı ve bu beklenmeyen bir ziyaretti. Suzan Hanım şaşırmamış göründü. Böylece aranan kadın olmanın lezzetini hem hissettiriyor, hem de bunun bir gurur gibi yaşanmasına fırsat veriyordu.

– Hoş geldiniz...

Sonra ekledi:

– Lütfen birkaç saniye şu odada istirahat ediniz. Gelişinizi bildirmem gerekenler var.

Suzan Hanım kütüphaneye doğru yürüdü.

Sanera'nın kapısı daima yavaşça kapanır ve evin derin sessizliği içinde bir hengâmeli vuslatın coşmasına imkân hazırlardı.

Suzan Hanım'ın kapısı sessizce kapandı. Adnan Bey artık evdeki tek erkekti. Suzan Hanım'ın gözlerinde bu beklenmeyen ziyaretin şafağı vardı. Elini uzattı, Adnan Bey'in elini avuçladı. Bütün parmaklarını kendi parmaklarının mengenesine alıp içeriye doğru yürüdü.

Yüzü gülüyordu. İçi daha çok gülüyordu. İçini açtı ve kendi içine döktü:

– Gökyüzü inişli çıkışlı bir yoldur...

* * *

Adnan Bey Ankara'ya dönmüş ve alışılmışın dışında Ayhan Hanım'a uğramadığı gibi, gelişinden kendisinin haberdar edilmesini de istememişti. Önce Başvekâlet'e uğramış, bekleyen bazı önemli evrakı imzalamış ve eve gideceğini söylemişti. Mevsimin patlıcanları şimdi o özlediği karnıyarık, pilav saltanatı için kim bilir ne güzel sofralar hazırlayacaktı. Berin Hanım'a eve geleceğinin söylenmesini ve çocukların sofrada mutlaka bulunmalarını istemişti.

Muzaffer Bey'i çağırdı. Cebinden çıkardığı kolyeyi nâzik bir şekilde uzattı:

– Bunu sahibine ulaştırınız.

* * *

CHP kurultayında delegelerin tavırları, muhalefetin giderek şiddetleneceğini gösteriyordu. CHP, tahakküm ve baskı zihniyetinin millî irade tarafından tasfiyesi için "büyük taarruz" başlatacaklarını karara bağlamıştı.

İlk taarruz başladı. Uşak'ta yaşananlar artık ülkede demokratik yaşamın iki kanadı arasında uzlaşılabilir hiçbir şeyin kalmadığını gösteriyordu. Bu gerginlik Topkapı'da tehlikenin doruğuna ulaştı. İsmet Paşa'nın aracının önünü kesenler neye saldırdıkları anlaşılmayan bir hiddetle önüne gelen her şeyi tahrip ediyorlardı. İsmet Paşa'nın hayatı tehlike altındaydı.

Genç bir binbaşı silahını çıkardı. Emrindeki askerlere emretti:

– Süngü tak!..

Askerlerin kararlı tavrı, İsmet Paşa'ya yönelen tehdidi balon gibi söndürmüş ve demokrasi ilk kez bir askerî müdahale örneği yaşamıştı. Kafile Şehremini'ne yaklaşıyordu. Doğması muhtemel ikinci bir saldırıyı önlemek için, yol boyunca askerlerin süngü taktığı görülüyordu. Hepsinin gözleri gülüyordu. Batı Cephesi kumandanının emniyetini sağlamak için ordu, şartların gerektiği idrâkle kendisini görevli saymıştı.

* * *

Büyükhanım telaşla Ayhan Hanım'ın odasını vurdu:

– Uyuyor musun?

Vakit henüz erkendi. Ayhan Hanım dünkü provalardan yorulmuş ve istirahata çekilmişti. Biraz dinlendikten sonra Adnan Bey'in gelişine hazırlanacaktı. Gecenin henüz çökmekte olduğu bu saatte büyükhanımın bu ani ziyareti bir fevkaladelik olduğunu gösteriyordu.

Gelmeden önce büyükhanım Rinda'yı aramış, evde ne olup bittiğini öğrenmek istemiş, evde kimse olmadığını ve Ayhan Hanım'ın istirahata çekildiğini öğrenince endişeye kapılmıştı. Acaba bir fevkaladelik mi yaşanmaktaydı. Çünkü akşam ajansında Adnan Bey'in Ankara'ya döndüğünü ve yarından itibaren başlayacak yeni temel atma törenleri için Anadolu'yu dolaşacağı haberi verilmişti.

Başvekil Ankara'daydı ve Ayhan Hanım'ı ziyarete gelmemişti. Bu ihmal, öyle görmezlikten gelinecek gibi değildi.

Büyükhanım ne olup bittiğini öğrenmek için Ayhan Hanım'ı uyandırmıştı. Eğer aksayan bir durum varsa hemen müdahale edilmeli ve ilişkinin çocukça bir kaprisle soğumasına meydan verilmemeliydi.

Ayhan Hanım, Adnan Bey'in Ankara'ya döndüğünü büyükhanımdan öğrenmiş ve şaşırmıştı. Adnan Bey, her Ankara dönüşünde, mutlaka kendisinin haberdar edilmesini temin eder ve istedikleri varsa bunların yapılması için nâzik bir lisanla bu ricalarının aktarılmasını sağlardı. Pekiyi durup dururken ne olmuştu?

Büyükhanımın meraklı sorularının hiçbirisinde Ayhan Hanım kendini suçlu bulacak ihmali olmadığını biliyordu. Yarım günlük bir seyahatin ertelenmesinin böyle bir büyük cezaya sebep olması düşünülemezdi.

Rinda telaşla içeri girdi:

– Geldiler efendim! Arabası göründü.

Büyükhanımın gözlerinde sevinç parıldadı. Ayhan Hanım üzerindekileri atıp hızla yeni elbisesini giydi. Kulağına küçük küpelerini taktı. Aynada kendine baktı. Tekrar elini o sedef düzlükte gezdirdi. İşte Adnan Bey'in "uzat boynunu" dediği ihtişam buydu. Şimdi buraya Adnan Bey eliyle kaybolan kolyeyi yerleştirecek, sonra yüzünü çevirip kendisini seyredecek ve tam dudaklarının bitim noktasına küçük bir öpücük kondurup, "Sana ne kadar yakıştığını bilemezsin" diyecekti.

Ayhan Hanım Tanca'dan gelen ayakkabısını giymiş odasından çıkmak üzereyken Rinda, şoförün getirdiği paketi hanımefendiye uzattı:

– Beyefendi göndermişler...

* * *

Adnan Bey, çocuklarını özlemişti. Mutlu ve Aydın babalarının geleceği saate kadar annelerinin öğütlerini dinlemiş ve bir sorun yaratılmaması için dikkatleri çekilmişti. Yemeklerini yemişler ve odalarına çekilmişlerdi. Adnan Bey hepsini kucaklamış, güleç yüzündeki gururlu tabloyla mutlu olmuş ve çocuklarını istirahat için odalarına göndermişti. Şimdi kendi dünyasının yalnızlığındaydı. Berin Hanım'la ailenin meselelerini konuşurken ne kadar güvenli bir hayat yaşadığının huzurunu duyuyor ve aileye sahip çıkan Berin Hanım'la övünüyordu.

Sevgiyle eşini kucakladı. Gözlerinin içini güldürdü: sadece Berin Hanım için kullandığı kelimenin ruhundaki mânâyla teselli buldu.

– Bahtiyarım! Seninle her zaman bahtiyarım...

Berin Hanım parti içinde bazı önemli meselelerin yaşandığını hissediyor ve hengâmeli siyaset tuzakları arasında Adnan Bey'in herhangi bir zarar görmemesi için dua ediyordu. Berin Hanım'ın içini kemiren bir sıkıntı vardı. Adnan Bey'in bazı çapkınlık hikâyelerini aktararak yaranmak isteyen, aslında evinin huzurunu bozan bütün dedikoducuları uzaklaştırmıştı. Böyle dedikoduların kadın yüreğinde bıraktığı ıstıraplara rağmen, sorumluğunu biliyor ve âdeta evin asıl reisinin kendisi olduğunu hissettiren tavır ciddiyetiyle dikkat çekiyordu.

– Uzun süredir sizi tedirgin görüyorum. Siyasette sıkıntıların arttığı söyleniyor. Özellikle Hariciye'de güçlükleriniz varmış.

Berin Hanım'ın işaret etmek istediği husus aradan geçen bu kadar zamana rağmen aile hayatının herhangi bir sarsıntı geçirmeyeceği teminatını vermekti. Adnan Bey'i kendi zihninde rahat bırakmak istiyordu.

Adnan Bey'in zihninde demokrasi mücadelesi, kendisinin mücadelesiydi. Demokrat Parti'nin nimetlerinden yararlananların çoğunda, iktidara geldikten sonra eski mücadeleyi sürdürmek niyeti kalmamıştı. Kurucular da bile böyle bir ihmal görüyordu. Köprülü'nün Dışişleri'nde istenen esnekliği gösterecek bilgi ve tecrübede olmadığını anlamıştı. Türk edebiyat tarihinin dev şahsiyeti Köprülü, Türk dış politikasını çekip çevirecek mahareti gösterememekteydi. Halbuki dünya üzerinde Türkiye'yi çeşitli sebeplerle sınavdan geçiren önemli dış olaylar yaşanmaktaydı. Kore'ye asker gönderilmesi ve Kunuri zaferinin kazandırdığı itibar yavaş yavaş dünya siyasetinde önemini kaybetmekte ve Türkiye başka dış siyaset meseleleriyle ele alınmaktaydı. Kıbrıs, önemli bir Hariciye sorunu olarak büyüyen ağırlığıyla hükûmeti sarsmıştı. Yeni düzen içinde Türkiye'nin dış politikasını çekip çevirecek bir yeni Dışişleri bakanına ihtiyaç vardı. Türkiye'nin dış politikası artık Fuat Köprülü'yle yürütülemezdi.

Koraltan Meclis başkanlığı görevinde Demokrat Parti siyasetine faydası olmayan bir hayatın içindeydi. Adnan Bey, Koraltan'ı severdi. 46'lı yılların mücadelesinde Koraltan hemen her hadisede Adnan Bey'den yana olmuş, hattâ, zaman zaman Celal Bayar'ın sıyaset yorumlarından Adnan Bey'in mağdur olmaması için uyarılarda bulunmuştu. Adnan Bey, Koraltan için "Evime sadece iki vesileyle gelir: ya Bayar gönderir ya da Berin Hanım kendisini davet eder. Bir ailenin mahremiyetine Refik Bey kadar saygılı insan bulmak mümkün değildir" diyordu.

Sorun Bayar'dı...

İttihatçı terbiyesinin belki de en dikkat edilecek şahsiyetlerinden biriydi. Siyasete İttihatçılıkla başlamış Meşrutiyet meclislerinde itibar kazanan çok milletvekilini bu siyaset terbiyesinden geçirmişti. Daha sonra Kuvayı Milliyeci olarak büyük vatan hizmeti görmuştu. Adnan Bey'le mahrem bir toplantıda Fuat Hulusi Bey, Bayar'ın niteliklerini övmüş ve bir örnekle söylediklerini mühürlemek istemişti:

– Türk demokrasisinde Bayar kadar mesuliyet idrâkini yüceltmiş örnek bulamazsınız. Celal Bey'in, Galip Hoca mücadelesi sadece vatan değil, aynı zamanda bir ahlâk mücadelesidir. Bu hissi aşan tek örnek Doktor Nâzım'ın Tütüncü Yakub mâcerasıdır.

Adnan Bey, Tütüncü Yakub mâcerasında Doktor'u tanımak fırsatını bulmuştu. Doktor Nâzım, Berin Hanım'ın eniştesi oluyordu. Mirasyedi Refik Bey'in büyük kızıyla evlendiği gün, Doktor Nâzım, henüz genç kızlık telaşı yaşayan Berin'le şakalaşmış ve "İşte ablanı aldım elinden" latifesiyle ilk arkadaşlığını kurmuştu. Berin Hanım, Refik Dayısı'nın kızını ablası gibi seviyor ve büyük saygı gösteriyordu. Bu güzel ve iddialı genç kız, İttihat Terakki'nin en önemli adamının eşiydi ve Evliyazâde ailesine onur veriyordu. Evliyazâde ailesinin en büyük damadı olarak asıldığı gün, Adnan Bey Aydın'da büyük bir cesaret göstermiş ve haksızlığa maruz kaldığına inandığı bu İttihatçı için büyük bir onur mücadelesi vermişti. Aydın Tüccar Kulübü'nün verandasından gözlerini Çakırbeyli'ye çevirmiş ve "Doktor Nâzım'ı vatan haini diye astılar; lakin hayatımda onun kadar vatanperver görmedim" diye haykırmış, böyle telaşlı günlerde kimsenin cesaret edemeyeceği bir hayranlık ve sadakat duygusunu dile getirmişti.

Adnan Bey Bayar'ın demokrasi mücadelesinde büyük tecrübe ve dirayet gösterisini günbegün izlemiş ve partinin başarısında bu dirayetli davranışın ne büyük faydalar sağladığını yakından gören belki de tek kişi olmuştu. Partinin daha ilk kurulduğu günlerde Bayar'ın, Koraltan ve Köprülü'ye karşı mesafeli kaldığını, bu kurucularla arasında doğan boşluğu doldurmak için Adnan Bey'in öne çıkmasına özen gösterdiğini görmüştü. Kurucuların en genci Adnan Bey'di. Diğerlerinin hepsinde, Adnan Bey henüz lise yıllarındayken siyasete başlamış olmanın tecrübesi vardı. Ancak, demokrasi mücadelesinin gerektirdiği uyanık davranış, açık yüreklilik, halkla samimiyet, Meclis müzakerelerini izleme ve değerlendirme kurucuların yaşlı kadrosunda yoktu. Bayar, bu farkı görmüş ve ileride kendisine en yakın çalışma arkadaşı olarak Adnan Bey'i seçmişti. Dışarıya en ufak bir tercihin sızmaması için özen gösteriyor ve bütün kuruculara karşı mesafeli davranışlarla bir ihtilafın çıkmasını önlüyordu. Bayar, bu politikada çok başarılı olmuş Adnan Bey'in başvekil olarak tayin edilmesine kadar hiçbir sızıltıya meydan vermeyen bir denge politikası uygulamıştı.

Şimdi durum değişikti. Halkın artık demokrasi mücahidi olarak gördüğü tek isim vardı: Adnan Menderes...

Meclis başkanlığı görevinin biraz içe kapanık karakteri Koraltan'ı, siyaseten bir gelecek görüntüsünden çekip çıkarmıştı. Dışişleri'nde tecrübeli sefirlerin yönlendirdiği politika büyük sorunların doğmasını önlemişti. Ama siyaset zemininde yeteri kadar başarı gösteremeyen Köprülü, artık halkın nazarında da demokrasi mücahitleri arasında yer alan konumda değildi.

Bayar, demokrasi mücadelesinde ön plana çıkmayan, ama her politika kararının nihaî hükmünü veren noktada ciddi bir demokrasi münakaşasına sebebiyet vermişti. Adnan Bey bu durumu yakından görmüş ve rahatsız olmuştu.

Berin Hanım, Adnan Bey'in sıkıntılarının farkındaydı; ancak siyaset tuzaklarının ailesini yıpratmaması için meselelerin dışında kalmaya itina ediyordu. Adnan Bey'in sıkıntılarının giderek büyümesi ve memleketin bu sıkıntılar içinde bazı tehlikeli mecrâlara yönelmesi ailesinin huzur ve saadetini yok edebilirdi. Bu evin reisi Berin Hanım'dı ve ailesini ve çocukların korumak için her şeyi yapmaya hazırdı. Adnan Bey'e açılmak için fırsat arıyordu.

Berin Hanım bu akşamın bu fırsatı getirdiğini hissetti:

– Doktor Nâzım'ı dinlediğim zamanlarda içime işleyen bir tespit ifadesi vardı.

Adnan Bey meraklandı:

– Nedir?

Berin Hanım belli ki hafızasının her zaman canlı tuttuğu bu tespiti sık sık zihninin tartışma zeminine getiriyor ve belli karşılaştırmalarla bu tespitin isabetini tartışıyordu. Hemen aktardı:

– Bir mücadele için en büyük tehlike, o mücadelenin dayandığı ilkelerin gerisinde kalmaktır.

Adnan Bey durakladı. Kendisiyle ilgili olarak Berin Hanım'ın eleştirilerinin hiç de hatırında olmayan zeminlere kaymış olmasını görmekten rahatsız oldu. Berin Hanım'ın bazı telkinlere açık olabileceği endişesine kapıldı.

– Umarım bu konularda sizi taciz edenler yoktur.

Berin Hanım bu sorunun gerisinde kendisiyle ilgili bir tereddüdün varlığını gördü. Bu tereddüdü giderecek yeminler, kasemler yerine asıl teşhisindeki gerçeği ve isabeti aktarmayı düşündü. Adnan Bey'in üzerine yürüdü:

– Kendinizi lütfen aldatmayınız. Gerçekten demokrat olabilmek için her Demokrat Partili kendi zihninde ve ruhunda bir demokrasi ihtilâli gerçekleştirmelidir.

Adnan Bey, Berin Hanım'a döndü. Biraz sıygaya çeker gibi görüntüsü vardı ama asıl amacı merakını gidermekti:

– Desenize Doktor Nâzım, Cumhuriyet'in genç kızlarını Fransız ihtilâlcilerinin fikirleriyle doldurmuş. Âdeta bir Robespierre gibi...

Berin Hanım eşini üzmek istememişti. Adnan Bey'in bu küçük hatırlatmasında bir büyük merak gizliydi. Alınganlık gösterip susmak yerine Adnan Bey'in duymayı beklediği sözleri tamamlamanın daha uygun olacağını düşündü.

– Doktor Nâzım'ın, İzmir Valisi Rahmi Bey'e söylediği bir sözü, annemden dinledim. Naciye Hanım, ne zaman bir tehlike hissetse, insanların meşrebini kantara vuran miyarı Doktor Nâzım'dan öğrendiğini söyler ve susardı.

Adnan Bey, meraklı gözlerle baktı. Asıl vurucu hükmü öğrenmek istiyordu. Berin Hanım hafızasındaki otuz yıllık nasihati fısıldadı:

– Bir siyasetçi, elleri ganimet ve ihanet dolu arkadaşlarının tuzağından kurtulmayı bilecek kadar cesur ve ehliyetli olmalıdır... Aksindeki felaket kendi eseridir.

Adnan Bey, bu sözün etkisinde kalmıştı. Hayatı bu pencereden de seyretmeye niyetlenmiş ve etrafındaki çok kişinin nasıl bir nimet ve ihanet zinciriyle birbirine bağlandığını görmüştü. Önce kendisiyle ilgili endişelerini bertaraf etmeliydi. Acaba çok vesveseli bir zihnin siyasî vehimleriyle mi hareket ediyordu? Böyle bir durum, birlikte mücadele ettiği demokrasi arkadaşlarına karşı büyük haksızlıklar yapmasına sebebiyet verebilirdi.

Berin Hanım asıl sözünün söyleneceği noktada olduğunu gördü ve zamanı kaybetmedi:

– Bir siyasetçi iktidar ve kendi canının söz konusu olduğu yerde, haklardan önce şartları düşünmek zorundadır. Bunu da Doktor Nâzım'dan dinledim...

Adnan Bey sorunu çözmüştü. Gâzi'nin, İzmir Suikastı'ndan sonra kurduğu İstiklâl Mahkemeleri tam Doktor Nâzım'ın dediği gerçeği aktarıyordu. Gâzi Hazretleri kendi canının söz konusu olduğu yerde meşru müdafaaya geçmiş ve İstiklal Mahkemelerini kurmuştu. Otuz yıl önce Doktor Nâzım'ın hayata veda edişi, işte böyle bir muhasebenin sonucuydu ve Gâzi Hazretleri haklı olarak önce şartları düşünmüştü.

Adnan Bey Türkiye'nin demokrasi mücadelesini bir tâlih ve tâlihsizlik ikileminde yorumluyordu. Gâzi'nin başlattığı iki deney vardı ve ikisi de başarısız olmuştu. Terakkiperver Fırka ile Serbest Fırka denemeleri Gâzi Hazretleri'nin demokratikleşme hevesleriydi. İkisi de çok kısa sürede yine Gâzi Hazretleri'nin emriyle kapatılmıştı. Açıkçası Cumhuriyet'in demokrasi tecrübesi, Cumhuriyet'i kuranların tercihi karşısında imkânsızlaşmıştı. Terakkiperver Fırka ile Serbest Fırka'nın demokrasi teşebbüslerini engelleyenlerin başında İnönü vardı. Aynı İnönü, şimdi Demokrat Parti teşebbüsüyle tam bir demokrat hüviyet kazanıyordu.

Adnan Bey, Demokrat Parti tecrübesinde İsmet Paşa'nın rolünü ve önemini yakından görüyor ve eğer onun müsamahakâr tavrı ve koruyuculuğu olmasaydı, 1950 seçimlerinde tek başlarına iktidara gelmelerinin mümkün olmadığını biliyordu. Bugün ise, demokrasi mücadelesi yeniden tâlihsiz bir manzarayla karşılaşmış, Bayar ile İnönü'nün geçmiş çekişmelerini yeniden gündeme getirmek istedikleri zemin olmuştu.

Adnan Bey bu çekişmenin Türkiye demokrasisini hırpaladığını görmüştü. Yine böyle bir sıkıntılı zamanda meseleyi ele alan dar kadrolu bir tartışmada samimi düşüncelerini açıklamış ve kendisiyle bu fikri paylaşacak cesarette pek az siyaset arkadaşı olduğunu anlamıştı. Kırk yıllık dostu Ethem Bey bile siyasette böyle kıyaslamaların kolayca tarafların kulağına gideceğini ve Adnan Bey'in gücünü sarsacağını söyleyerek orta yolun her zamanki kolaylığına sığınmıştı.

İki eski kurdun çekişmesinden demokrasi tecrübesi zarar görüyordu. Fatin Bey önemli bir tespit ileri sürdü. Fatin Bey'e göre, demokrasiye Bayar ve İnönü'nün başkanlık ettiği iki partinin mücadelesi olarak başlamak, Türkiye'de demokratikleşme bakımından ciddi zorluklar yaratmış, hatta önemli kayıplar verdirmişti. Sefirlik yaptığı ülkelerde Türk demokrasisini yakından izleyen gözlemcilerin düşüncelerini de dikkate alarak görüşlerini cesaretle ileri sürüyordu. Eğer demokrasiye, İnönü ve Bayar liderliğinde değil, onlardan sonraki siyaset kadrolarının mücadelesiyle başlansaydı, çok hızlı bir demokratikleşmenin gerçekleşeceğine inanıyordu. Asıl tesir yaratacak silahı sonunda kullanmaya karar verdi:

– Henüz vakit geçmiş sayılmaz...

Toplantının dar kadrolu olmasına rağmen Fatin Rüştü'nün tespiti soğuk hava esmesine neden oldu. Adnan Bey, bu genç sefirin böyle kesin bir hükümle Türk siyasetinde demokrasi mücadelesini tartışmaya açmasını çok cesur bir hareket gibi görmüş ve mutlu olmuştu. Fatin Bey dar kadronun en genciydi. Tıpkı Demokrat Parti kurucularının en gencinin kendisi olması gibi bu gençliği önemsiyordu. O gün ne denli heyecanlar duymuş ve kendisiyle öğünmenin gururunu tatmışsa, şimdi aynı duyguları Fatin Rüştü için hissediyordu. Kırkını henüz tamamlamış bu delikanlı sefir, Türk dış politikasını gerçekten çekip çevirecek ehliyetin sahibi izlenimi vermişti. Şimdiki müdahalesiyle sağlam bir siyaset arkadaşı olacağını kanıtlıyordu. Diğerleri gibi kurnaz davranmamış, aklından geçirdiği asıl gerçeği güvendiği kadroyla paylaşma dürüstlüğünü göstermişti.

Adnan Bey böyle bir mütalaanın öne sürülmesine şaşırmadı. Delikanlı Fatin, fikrini cesaretle söylemişti. Yanındakilerin nasıl tavırlar takınacağını merak ediyordu. Fatin Bey'in sözlerini hiç tartışmaya almadı. Diğerlerinin de uzun süre böyle bir görüş karşısında suskun kalmayacaklarını ve sessizliklerini bozarak bir şeyler söyleyeceğini biliyordu.

Birden Namık Gedik'in sesi yükseldi:

– Onlardan korunmanın tek çâresi, onlara benzememektir.

Adnan Bey ikinci bir şaşkınlık daha geçirmişti. Namık Bey'in söylediği gerçek, Fatin Bey'in tespitine bir uygulama önerisi getiriyordu. Adnan Bey gecenin böyle tartışma düzeyine yükselişini mutlulukla izlemiş ve evine dönmüştü.

Evinin huzurunda hatıraları tazeleniyor ve her hatıra geleceğinin adımları için örnek alınacak bir hayat dersi gibi mânâ ve değer kazanıyordu.

Yine böyle sevimli bir Ankara ikindisinde evine gelmiş, çocuklarıyla şakalaştığı akşam yemeğinden sonra, camlı köşkün bahçeye bakan limonluğunda Berin Hanım'la 1954 seçimlerinin zaferini kutlamıştı. Seçimler, Adnan Bey'in başarısıydı. Bunu kendisine gerçek bir sevgi sınırı içinde iltifat olarak ilk söyleyen Berin Hanım olmuştu:

– Bu seçimler tamamen sizin zaferiniz. Nasıl bir iftiharla mesut olduğumu tahmin edeceğinizden eminim.

Adnan Bey'in bu iltifatla mutlu olduğunu görünce hükmünü de eklemişti:

– Artık daha güveneceğiniz bir kadronuz olmalı ve siyaseti bu kadronun sadakatinde yürütmelisiniz.

Adnan Bey, yeni kabinede Fatin Rüştü'yu Dışişleri, Namık Gedik'i İçişleri bakanı yapmaya karar verdiğinde Berin Hanım'ın ne kadar mutlu olduğunu görmüştü. O geceki sevincini kendisine hatırlattı. Güldü:

– Ama sonuçta birini başardık, diğerini zamana bıraktık.

Adnan Bey'in bakan yapacağını söylediği iki isim de Berin Hanım'ın yakından sevdiği ve takdir ettiği siyasetçilerdi. Fatin Rüştü mensup olduğu Evliyazâde ailesinin damadıydı. Namık Gedik ise, en güvendiği kişiydi. Kendisini Aydın'daki doktorluk günlerinden tanıyordu.

Adnan Bey, şimdi sırası geldiğini bildiği noktadaydı:

– Beklemeye bıraktığımız şeyin zamanı geldi. Fatin'i Hariciye vekili yapıyorum. Hocayı da kızağa çekerim.

Berin Hanım'ın memnuniyeti yanında, bir de endişesi vardı. Onu da sorup konuyu kapatmak istedi:

– Ethem Bey için ne düşünüyorsunuz?

Adnan Bey, Berin Hanım'ın Ethem Bey'i sevmediğini, ona karşı tâ ilk evlilik günlerinden beri güvensizlik içinde mesafe koyduğunu biliyordu. Her iki tarafın da rahatsız olmayacağı dengeyi tutturmak için çok çalışmıştı. Berin Hanım'ın hiçbir sorusunu şimdiye kadar cevapsız bırakmamıştı. Bu saygının devamını sağladı:

– Ethem daima bana destek olmuştur. Ethem Bey göründüğünden on kat daha zekidir. Onun evsafını anlamak için sabrını değerlendirmelisiniz...

Adnan Bey kendini hatıralardan sıyırdı. Yaşadığı ânın gerçeğine döndü. Berin Hanım yine yanındaydı. Yine güven duyduğu bir kadının şefkat ve saygısına sahipti. Sadakat duygusunun yüceldiği bir insanın yanında olmanın güven ve huzurunu duyuyordu. Ayağa kalktı ve Berin Hanım'ın ellerini tuttu: kendini tekrar ederek mutluluğunu pekiştirmek istedi:

– Berin! Seninle her zaman bahtiyar oldum, bahtiyar kalacağım...

Berin Hanım, Adnan Bey'e sarıldı:

– Siz bizim onurumuzsunuz. Asıl bahtiyar olan biziz...

Sonra elindeki zarfı uzattı:

– Lütfen kırmayın beni; yardımcı olun. Tâ genç kızlığımdan beri biriktirdiğim harçlıklarım var. Çeşme'de yapılan villalardan bir tane de bana alınız... Duydum ki Râsim Palas Oteli'ne yakın bir yerdeymiş...

* * *

Ayhan Hanım gecenin ilerlemiş saati olmasına rağmen, Muzaffer Bey'i uyandırmıştı. Bir küçük mektubu olduğunu ve bunun mutlaka başvekil hazretlerine verilmesi gerektiğini söylüyordu. Sesinin alttan alan tarafı, endişeli bekleyişlerin kendisini üzdüğünü ve yorduğunu belli ediyordu:

– Muzaffer Bey! Bu mektup hayatî bir meseleyi anlatıyor. Lütfen Adnan Beyefendi'ye takdimini temin ediniz. Saim Efendi şoförünüze teslim edecek...

Muzaffer Bey gönderilen mektubu alınca Adnan Bey'in evini aramış, henüz uyumadığını ve yalnız olduğunu öğrenince, Ayhan Hanım'ın ısrarını, önemli bir rica gibi takdim etmişti:

– Ayhan Hanım size iletilmek üzere çok âcil bir mektup gönderdi. Hayatî bir meseleye temas ediyormuş. Göndermemi emir buyurur musunuz?

Adnan Bey çok rahattı:

– Mektup yanınızda mı?

– Evet efendim...

– Okuyunuz lütfen!

Muzaffer Bey zarfı açtı. Derin bir nefes aldı ve okumaya başladı:

Adnan,

Kabahatli olmadığımı biliyorum. Sen de biliyorsun.

Dâvetin ne büyük nimetti bilemezsin...

Ama bekleyen sorumluluklarım vardı ve Opera'da bulunmam şarttı.

Sana karşı hiçbir sorumluluğumda ihmal göstermedim.

Lâkin beni, başkalarından farklı tutan mesleğimin de zaruretleri var.

Seninle bahtiyarım...

Delicesine bahtiyarım...

Şefkatle sevdiğin Ayhan...

Adnan Bey, Muzaffer Bey'e teşekkür etti:

– Muhafaza ediniz; yarın verirsiniz...

Sonra kendi kendine mektubun muhasebesine zaman ayırmak istemediğini gördü. Hafif bir tebessümle geçiştirdi. Dürüst davrandı ve şaşkınlığını gizlemedi:

– Ne tesadüf! "Bahtiyar" kelimesinin benim için ne kadar önemli olduğunu, böyle bir günde insiyâkî olarak hissetmesi ne tesadüf... Ne şaşırtıcı bir tesadüf...

Adnan Bey, umulmadık bir saatte eve gelmiş ve karşısında sadece Rinda'yı görünce sinirlenmişti:

– Nerede gene?

Bu bir kıskanç soruydu. İçini kemiren endişelerini dışarıya kolayca vuran bu tutkunluğunun giderek kendisini zor durumda bırakacağını görüyor ancak ileriye gitmenin yakışıksız ihtimallerinden de çekiniyordu. Rinda'nın cevap vermesine fırsat yaratmadan konuyu kapattı:

– Geldiğimi bilmesini istiyorum.

Adnan Bey, Ayhan Hanım'ı sadece kendi isteklerinin karşılandığı bir özel konumda görmekten zevk alıyordu. Opera'ya gitmesine kızıyor ve böyle bir ilişkinin Opera sahnelerinde dile pelesenk olacağı endişesini dillendirmeden Ayhan Hanım'ı eve kapatmaya niyetleniyordu. Ayhan Hanım dünyadan âdeta elini ayağını çekecek gibi bir yaşama mahkûm edilmek istendiğinin farkındaydı. Bu ihtimale asla fırsat vermeyeceğini her vesileyle söylüyordu. Zaman zaman sert münakaşalara dönüşen bu tartışma mutlaka sonuçlandırılmalıydı.

O gece Adnan Bey beklenenden çok daha erken saatte gelmişti. Hatları gergindi. İstifa dilekçesini yazmıştı. Ayhan Hanım'ın önüne koydu. Dolmakalemini çıkardı, kapağını açtı ve imzalamak üzere Ayhan Hanım'a uzattı.

– Beraberliğimizin bir ispata ihtiyacı var.

Ayhan Hanım'ın başında duruyordu. Kalemi alıp hemen imza edeceğini ve böylece dünyayla bağlantısını kesip sadece kendisine ait olacağına öylesine inanmıştı ki bir saniyelik tereddüt bile çileden çıkmasına yetti.

Ayhan Hanım, dolmakalemi aldı, kapağını kapattı ve kendisine uzattı:

– Bana bu kadar zalim olamazsın. Yıllarımı verdim ve vereceğim daha nice yıllarım var... Seni siyasetten mahrum edecek bir teklif ne kadar zalim ve gülünç ise, bana böyle bir teklifle gelinmesi de o denli zalim ve...

Adnan Bey sözünün tamamlanmasına fırsat vermedi. "Gülünç" sözünden alınmıştı. Kendisine hangi sağlam gerekçeye dayanırsa dayansın gülünç bir ruh halinin yakıştırılmasına tahammül edemezdi. Son derece sert dille sahibini azarladı:

– Nezaketinizi unutturacak kadar ileriye gidişiniz, nasıl bir alâka içinde olduğunuzu gösteriyor. Bu teşhirin sizi utandıracağını sanıyordum. Yanıldım!.. Hayır, hayır! Siz beni yanılttınız.

Ayhan Hanım sırtında bir akrep ordusu dolaşıyormuş gibi titreyişler içindeydi. Bütün iyi niyetleriyle söylediği bir cümlenin böyle kırk yöne çekilen mânâlar içinde uzayıp gideceğini hiç düşünmemişti. Ne yapacağını şaşırdı. Titriyordu. Gözlerinden yaşlar boşandı. Hayatının bir dönüm noktasında olduğunu anlamış ve bir tamah içinde çırpınan küçük kız görüntüsü vermekten nefret eden noktaya gelmişti. Seviyordu... Sevdiğini biliyor ve hissettiriyordu. Ülkenin dev adamını sevmenin, onun âşığı olmanın doyulmaz tadı vardı, tuzu vardı. O tat ve tuz dudaklarındaydı, damağındaydı. Her şeyini sîneye çekiyordu. Bu uçarı âşığın başka bahçelerde gizlice gezindiğini biliyor, bildiklerini görmezlikten geliyor ve sevgisini içinde saklıyordu. Bütün hakları ona teslim etmişti. Bu hakların kendine güvenen bir erkeği şımartabileceği ihtimalini de düşünmüş ve bunun da risklerini üstlenmişti. Bütün bunlara rağmen, ansızın karşısına geçip, elini eteğini hayattan çekmesini istemesini anlayışla karşılamak mümkün değildi.

Ayhan Hanım operayı bırakmaya hiç niyetli değildi. Söyledikleri doğruydu. Opera onun hayatında, ihtirasın saygın bir itibar ölçüsü haline gelişinin ruh terbiyesi olmuştu. Hangi yönden bakarsa baksın, kendinde bir kabahat bulamıyor, Opera'daki görev ve sorumluluğunun öyle hemen elden çıkarılacak şey olmadığını biliyordu. Mesleğine sadakat gösterdiği için sevgilisi tarafından cezalandırılmak hazmedeceği şey değildi. Bir şeyin sürüncemede kalması duyguların yıpranmasına hatta şahsiyetini kaybetmesine sebebiyet verebilirdi. Eğer böyle bir tercih nedeniyle gözden düşmüş ve haremin bir kösesinde dinlenmeve terk edilmiş cariye gibi bırakılmışsa, bu itibarsız mevkide bulunmayacağını biliyordu. Hiçbir şey olmamış gibi bütün hatıralarını içine gömer ve ışıkların sönüp, perdelerin kapandığı hayat sahnesinden ayrılıp kendi dünyasına dönebilirdi. Sadece kendi hareminde ziyaret bekleyen bir sadrazam cariyesi olamazdı. Böyle saltanata itibar etmesi kendisinden beklenemezdi.

Ellerini tuttu. Gözlerini gözlerinin içine dikti. Sonra önünde diz çöker gibi eğildi. Avuçladığı elleri yüzüne sürdü. Gözyaşlarını tutamadan dudaklarını ellerine yapıştırdı. Bir tekke şeyhine sadakat sunan müridi gibi huzur ve saadet doluydu. Sarıldı ve ellerini doyasıya öptü:

– İnsana bir adım ötesini görmek imkânı vermiyorsunuz.

Tekrar ellerini dudaklarına götürdü. Tekrar öptü. Sonra beline doladı:

– Zincirin son halkasının her zaman sizin elinizde olması âdil değil...

Adnan Bey'in nefesini ensesinde hissediyordu. Derin nefes alışlar, saçlarının telleri arasından bir yol bulup, boynuna ulaşıyor ve hasretli bir öpüş çığlığı gibi kulak memelerinde gezinip omuz başlarına yayılıyordu. Bu titreyişin içine duygularını eklemek istedi:

– Duygularımın hürriyetini, beni hapsettiğiniz yüreğinizde buldum. İsterseniz köleniz olurum. Bu benim hayatımın sonu olur. Ama beni, hayatımın değerlerinden mahrum bırakmayın. Çünkü bu beni öldürmek değil, beni yok saymanız demektir, Buna asla dayanamam!..

Asıl gerçeği bir aşk lisanında anlatmanın ne kadar zor olduğunu biliyordu. Kollarındaki adamın yargısından korkmak, ona teslim olmaktı. Ayhan Hanım teslimi değil, beraberliği hissettiren bir duygu selinin içindeydi ve sözlerine gerekirse sert bir üslup kazandırabilirdi:

– Ne ben hareminizde cariyeyim, ne de siz Osmanlı tahtında şehvete meftun bir sadrazam...

Tek kelime söylenmesine fırsat vermeden dudaklarını uzatıp, sevgilisini öptü. Ayhan Hanım, Ankara'nın yorgun ve âsûde yaz akşamında derin bir kaptan su dolduran delikanlıları sarıyor gibi arzuluydu. Kulaklarında bir fısıltı dolaştı:

– Tatarım benim!..

Ayhan Hanım irkildi. Kendisine ilk defa böyle sıcak bir arzuyla hitap ediyordu. Kendisini ilk kez böylesine kucaklıyordu. Elinden tutup büyük konsolun önüne getirdi. Yüzünü aynaya çevirdi:

– Şu hatların ahengine bak. Gözler mânâyı derin bir çukurdan çıkarıp haykıracak kadar cesur ve sabırlı... Dudaklar, sabah rüzgârında rastlanılan bir tâze mandalina gibi sert... Kirpikler deniz suyunun kıskanç dalgalarında başkaldırmış Poseidon okları gibi hür ve itibarlı...

Sözlerini tamamlamadan sarıldı ve tarifini vermekten vazgeçtiği dudakları doyasıya öptü. İçinde istediği huzuru kendisine bahşedecek bir canlılığın kıpırdadığını hissetti. Ayhan'ın karnını okşadı:

– Tatarım! Bana bir oğlan doğur!..

Kirpikler kapandı. Sessizliğin içinde bir ilâhî vaadi yerine getiren kadın teslimiyetinin saygısı vardı.

– Sözleriniz bana gurur veriyor. İçimde bu akşam nurlu bir bahar taşıyacağım. Bütün dünyam olacak... Benim dünyam olacak.

* * *

Büyükhanım tecrübeliydi. Ayhan Hanım'ın içindeki duyguları kavramış ve biraz üzerine gidilmesi gerektiğine karar vermişti:

– Ankara romantik olmak için çok zor bir şehirdir. Başvekil bile olsan duygularına her zaman cesaret kazandıramayabilirsin.

Bu sözler, Ayhan Hanım'ın istediği cesareti kazandıracak şeyler değildi. Deliler gibi seven kendisiydi. Ama kendisinin deliler gibi değil, aklı başında duygularla sevilmesini istiyordu. Dengenin ancak böyle kurulabileceğini biliyor ve ısrar ediyordu. Büyükhanımın belki de anlamadığı nokta Ayhan Hanım'ın zihninde kurduğu bu büyük dengeydi. Bu aşkı ayakta tutabilecek tek sütun bu dengeydi.

Ayhan Hanım yanılıyordu. Büyükhanım bu bahsin tecrübesindeydi ve sözlerini her zaman olduğu gibi sakınmadan söyleyen cesaretin sahibiydi:

– Seni olduğu gibi kabul eden erkeklere dikkat et; kolayca bağlanıyorlar demektir. Böyle erkeklerin hayatında kadın bir tutku değeridir; ne vazgeçerler, ne de birleşirler.

Büyükhanım sözlerini kontrollü kullanıyordu. Ayhan Hanım'ın liseli kızlar gibi sebepsiz heyecanlar ve çöküşler içinde sevgilisini arayan telaşlara kapılmasını yanlış bulmuştu. Muzaffer Bey'i arayıp mektup göndermesini vakitsiz bir heyecan sayıyordu. Elbetti ki bu ihmalin gerisinde ciddi bir sebep vardı. Yalvaran bir kaç cılız hıçkırıkla, böyle büyük bir sevdâya talip olunamazdı. Bu aşkın tadına varması için önce hakkı verilmeliydi. Bir erkeği avucunda tutmak isteyen kadının, kendisinin nasıl özleneceğini bilmesi gerekirdi. Bu önce, kadının kendini kadın gibi hissetmesine bağlıydı. Erkeği kendine bağlayan en önemli sebep bu kadınlığını hissettirmesiydi:

– Bir kadın, kadın gibi düşünmüyorsa kadın olmanın tadını çıkaramıyorsa, koynundaki erkek de, erkek olmanın tadına varamaz.

Büyük hanım sözlerinin kâfi derecede etki yarattığına emindi. Şimdi artık atılacak adımların hesabını yapmaya gelmişti:

– Köşe divanında gözyaşlarıyla sevgilisini geri almış tek örnek yoktur. Kalk ve neyi talep ettiğini haykır...

Ayhan Hanım'a yaklaştı; çenesinden tutup yüzünü kaldırdı.

Gözlerinin içine olanca derinliğiyle baktı. Bu kez sesi yumuşak fakat cesaret kazandırıcıydı:

– Sen Salome'de Yahya'nın başını istemiş kadınsın.

Ayhan Hanım artık sırrın paylaşılacağı ânın geldiğini anladı. Adnan Bey'in kendisini büyük konsolun önüne getirip yüzünü boy aynasına çevirdiği geceyi hatırladı. Gözlerine verdiği tarifi, dudaklarının tanımını ve kirpiklerinin anlatımını bütün incelikleriyle hâlâ kulaklarında hissediyordu. Bir primadonnanın sahneye veda ederken takındığı gururlu baş eğişi gibiydi. Son söz hakkı onundu. Bu hakkını büyükhanıma gururla duyurmak istedi:

– Hamileyim!

Büyükhanım hiçbir tepki vermeden duyduklarının memnuniyetini tatmak istedi. Arzuladıkları, sanki bir ilâhî kudretin kendini sevindirmesi için sıra koyduğu düzen içinde gelişiyordu. Birden ürktü. Son günlerde Adnan Bey'de görülen ihmalkâr tavırların sebebi acaba bu haber olabilir mi diye endişeye kapıldı.

– Buna herhangi bir itirazı var mı?

Ayhan Hanım tüy gibi hafif bir dümenle okyanuslara açılmış gibi bahtiyardı. O geceyi hafızasından silebilecek bir güç olduğuna inanmıyordu. Adnan Bey kendisini büyük bir arzuyla kucaklamış ve kulağına fısıldamıştı:

– Kollarımda kıvranan bir kadını değil, bir azizeyi seviyorum.

Ayhan Hanım böyle telaşlı soruların arkasında tedirginlik duyan büyükhanımı sıkıntıdan kurtarmak değil, ama, bir gururun idrâkinde kendi değerini yeniden kavraması için sözlerini tanımladı:

– Artık aramızda ulvî bir anlaşma var.

On dokuzuncu bölüm

Hülyâsı kalmayınca hayatın ne zevki var?
Bitsin hayırlısıyla, bu beyhûde sonbahar,
Ölmek değildir ömrümüzün en fecî işi,
Müşkül budur ki ölmeden evvel ölür kişi...

Yahya Kemal

Fâni halk ettiyse beni de eğer
Zaman gelecek ki yorgun gözlerim
Derin çizgilerle çevrilecektir
Yarabbi o zaman kış olsun derim!..

Nâzım Hikmet

Yahya Kemal Bey, aralarında geçen olayların üzüntülü kısımlarını unutmuş, Adnan Bey'in bir konuda politikasını gözden geçirmesi gerektiğine inanmıştı. Bunu bir vesileyle kendisine aktarmak istiyordu. Asansörün kapısı açıldı. Hiç beklemediği bir manzara karşısındaydı. Asansörden Adnan Bey ve arkadaşları çıktılar. Koruma polisleri bekleyenleri iterek yol açmak istiyorlardı. Bekleyenlerin kim olduklarının önemi yoktu. Biraz hoyrat davranışla hemen ilk adımda etkili bir durum yaratmak ve böylece insanların ürktükleri bu durumdan yararlanarak yolları açmak istiyorlardı. Polisler hoyratlığın ölçüsünde tecrübeliydiler. Ancak böyle bir davranışı hiçbir koşulda müsamahayla karşılaması mümkün olmayan Yahya Kemal Bey'in bekleyenler arasında olması sadece sevimsiz bir tesadüftü. Yahya Kemal Bey kendine yaklaşan ve itmeye hazırlanan polis memurunu edepli bir itişle kendine yaklaştırmadı. Adnan Bey'in sesi sertleşti.

– Ne yaptığınızı sanıyorsunuz?

Adnan Bey koruma polislerinin yol açmak işgüzarlığında ileri gittiklerini görmüş ve ikaz etmek ihtiyacını duymuştu. Koruma polisleri asansörle odasına çıkmak isteyen Yahya Kemal Bey'i biraz itelemişlerdi. Adnan Bey hemen üstadın yanına koştu:

– Özür dilerim! Tedbirsiz davrandım...

Sonra gönül alıcı yumuşaklıkla teklif etti:

– Gelin bir kahve içelim. Hasret gideririz... Çok uzun süredir görmedik sizi.

Yukarıya çıktılar. Adnan Bey Yahya Kemal Bey'i odasına davet etti. Boğaz'ın görünen en güzel manzarasını seyrediyorlardı. Yahya Kemal Bey birden hiç beklenmeyen bir konuya giriş yaptı.

– Geçenlerde Yakup Kadri'ye rastladım. Ekonomi programınız için, *Kadro*'cuların görüşlerini dinlemenizin isabetli olacağını söylüyordu.

Arkasından ekledi. Bu sözler bir telkinin nâzik ifadesiydi:

– Sanırım Mükerrem Bey'e bu hususu bahsetmişler. Size arzında fayda vardır diye düşündüm.

Önce afallatıp sonra asıl saldırıyı gerçekleştirip rakibini yok etmeyi planlıyormuş gibiydi:

– Bazen küçük ihmallere ileride fevkalade esefler ederiz. Sizin için böyle olmasını istemiyorum.

Yahya Kemal Bey'in "arzında fayda vardır" dediği konu, Demokrat Parti'nin ekonomi politikasındaki bazı aksaklıkların giderilmesi için *Kadro*'cuların öngördüğü tedbirlerin tartışmaya açılmasıydı. Bu amaçla, Yakup Kadri Bey, Mükerrem Sarol'a Adnan Beyin bir vakit ayırıp Şevket Süreyyâ Bey'i dinlemesini tavsiye etmişti.

Adnan Bey, *Kadro* hareketinin ustaları olarak Yakup Kadri ve Vedat Nedim'le ilerlemiş bir arkadaşlık hukukuna sahipti. Yakup Kadri'yle birlikte milletvekilliği yapmış, memleketin çeşitli meselelerini yakından tartışmak imkânı bulmuştu. Şevket Süreyyâ'yla hukuku yoktu; hangi üslubun adamı olduğunu da bilmiyordu. Mükerrem Bey, Yakup Kadrin'in, Şevket Süreyyâ'yla görüşmesi teklifini kendisine getirdiğinde hemen kabul etmemiş, meseleyi ve amaçlarını biraz derinliğine tahkik etmesini istemişti. Yahya Kemal'in şimdi geciktiği yolundaki iması, bu teklifi reddetmesi anlamına gelmiyordu; ama, hâlâ istediği derinlikte bir istihbaratın kendisine gelmemiş olmasını da önemsiyordu. Böyle bir çelişkiden rahatsız oldu. Kendine olan güveninin giderek başkalarını ciddiye almamak iptilasına dönüştüğünü fark etti. Üzüldü. Meseleye hemen müdahale ederek Yahya Kemal'in gönlünü almak yerine, Üstadı bir başka bahiste mutlu etmeyi düşündü. Üsküdar'ın dost ışıklarını yansıttığı söylenen en sahih aynalar sanki karşısındaydı. Çok yumuşak bir sesle son beyti fısıldadı:

Gece birçok fıkara evlerinin lambaları...
En sahih aynadan aksettiriyor Üsküdar'ı...

Yahya Kemal Bey mutlu oldu. Ama, İstanbul manzarasının en güzelini tattığı hatıralarının zenginliğini hiçbir şeye değişmezdi. Adnan Bey fark etti ve ekledi:

– Biliyor musunuz üstat, bu mevsimde İstanbul'a hiç Cihangir'den bakmadım. Kendimi mahcup hissediyorum...

Yahya Kemal iltifattan mutlu görünmek istemedi. Asıl konuda ne kadar ısrarlı olduğunu göstermeyi tercih etti.

– İktisadî hayatın ehemmiyetini hiç ihmal etmedim. *Kadro*'cuları sevdiğimi söyleyemem, ama düşündüklerini bilmenizin faydalı olacağını mütalaa ediyorum.

Yahya Kemal Bey sanki yeniden fakir muhitlerin ruhunu avuçlamış gibi mahir mısraların tanzimine başlamıştı. Hayatın kendini sevindiren bütün güzelliklerini yeniden bulmuş ve hakikaten mutlu olmuştu. Hayat düstûrunu bu muhitlerin ruhunda nasıl biçimlendirdiğini belki aşikâr bir tarifin içinde veremiyordu ama, Üsküp'ün etkilerinin bütün hayatı boyunca kendisine bir ruh hâleti kazandırdığını fark etmişti. Kocamustâpaşa, Atikvalde, Üsküdar, bayram sabahındaki Süleymaniye hep bu ruhun mutluluk ve teselli aradığı muhitlerdi. Bazen yorgun bir şehrin tesirinden kurtulup serinlik veren Boğaz keyiflerine gittiği oluyordu ama, işin özünde daima köhne mahalle sâfiyeti vardı. Kanlıca'nın, Çubuklu'nun, İstinye'nin, Kandilli'nin, Erenköy'ün, gazellerde, kasidelerde mısralaşmış güzellikleri bu sâfiyetin vefakâr istisnalarıydı.

Kahvelerini içmişlerdi. Adnan Bey, Park Otel'in penceresinden Boğaz manzaralarını seyretmeyi severdi. Yeni bir fırsatı şairiyle paylaşmak istedi:

– Neden hayatınızda bir Şişli, bir Maçka, bir Teşvikiye yok? Buraları âşina olmadığınız muhitler değiller ki!..

* * *

Adnan Bey, sıkıntılı yaşamın meselelerini kimseyle paylaşmayan, her şeyi içine atıp büyüten huyundan rahatsızdı. O eski çocukluk günlerindeki çığırtkan tavırlı hayatını özlüyor, ah keşke bu günlerin cesaretini yeniden duyabilsem diyordu. Gönlündeki heyecanların doruklaştığı vuslat gecelerinde bile böyle bir serbest tavır cesareti kazanamadığının farkındaydı. Güzel kadınların etrafındaki iltifat hâlesi ilk bakışta zevk verecek bir fırsat zenginliği gibi görünüyordu ama, Adnan Bey'in iç dünyasında hangi fırtınaların estiğini bilmek mümkün değildi. Çevresine karşı tavırlarındaki kırıcı sertliği görüp üzülüyor, bunları nasıl yaptığına şaşarak, hayretler içinde kalıyordu. Ayhan Hanım'ı kırmıştı, Ethem'i kırmıştı, kabinede itibar edip saygı gösterdiği bakan arkadaşlarına karşı da aynı sertlik içindeydi. Kendi kendine soruyordu:

– Nedir Yarabbi bu çâresizlik, bu haksızlık...

Aslında hayatının hiçbir safhasında haksızlık ya da çâresizlik diyeceği olayı yoktu. Olanların üzerine gidip hemen çözüm aramakta tereddüt geçirmesi daha sonra bu olayları büyük boyutlarla yeniden önüne çıkarıyor ve katlanması zor bir yük haline getiriyordu.

Olayları, bazen siyasete hiç elini sürmemiş ve siyasî ikbâllere kapısını daima kapatmış yakınlarıyla görüşüyor, düşüncelerini alıyordu. Onlar da kendisinin çok sevilen birisi olmasından kaynaklanan özelliğini "Halkın bir tek sana güveni var" iltifatıyla yeniden kendi dünyasındaki darlığa dönmesine neden oluyorlardı.

Aydın'dan gelen heyetin çok beklediğini ve geri dönmekte olduklarını bildirdiler. Önce Namık ve Ethem'in gelenlerle görüşmesini düşünmüş, ancak heyetin "Biz isteseydik önce onlara giderdik" sitemiyle Adnan Bey'i kabule mecbur bırakmışlardı. Görüşme sudan konuşmalarla geçti. Kapıdan çıkarken ihtiyar bir köylü yaklaştı. Adnan Bey'in yanında durdu:

– Ben Serbest Fırka'da da arka vermiştim. O zaman genç ve cesurdun. Şimdi olgun, fakat ürkeksin...

Adnan Bey ihtiyarı hemen tanıdı. İştirakiyuncu Müyesser'in en iyi adamlarındandı; ama, Müyesser'e gidip, "Adnan Efendi hemşerimizdir desteklememiz gerekir" diye izin alıp, Serbest Fırka gezilerinin tamamında Adnan Bey'e refakat etmişti. Onun böyle "ürkeksin" sözünü önemsedi, hattâ alınganlık gösterdi. Türkiye'de kimsenin diklenemeyeceği tek insan kendisiydi. Gözden kaçırdığı acaba neydi ki, bu ihtiyarın dilinde böyle bir teşhis ifade ediliyordu. Sormak gereğini duydu:

– Kimden ürküyorum ki?

İhtiyar hiç yüksünmedi:

– Kimden değil, neden ürküyorsun...

Sonra açıklama getirdi:

– Etrafta sana doğruyu söyleyecek çok tecrübeli insan var. Onlara danışmaktan ürküyorsun. Gider sorarsan sanki bütün büyün yok olacakmış gibi titriyorsun. Bir kere bu cesareti göster, bak o zaman göreceksin ki sana elini uzatacak çok insan olacak.

Sonra yumuşak sesle sözünü tamamladı:

– Kendinden ürkme!.. Bayar'a git büyüğündür... İnönü'ye git büyüğündür...

Adnan Bey güldü. İhtiyarı yolcularken sordu:

– Müyesser nasıl?

– Dağ gibi maşallah! Bak o hiç ürkmüyor... Akıl kimdeyse gidip almasını biliyor...

* * *

Burhan Belge "Radyo Gazetesi" için hazırlamış olduğu metni Adnan Bey'e sundu. Hazırladığı tasarı eğer kabul görürse bu akşam radyoda okunacaktı. Adnan Bey, muhalefetin demokrasi sorumluluğu üzerine bir metin hazırlamasını istemişti. Yazı biraz yumuşaktı. Burhan Belge, çok kolay anlaşılır bir dille muhalefetin tavrını eleştiriyor ve hücra köşedeki köylünün bile anlayacağı örneklerle konuyu irdeliyordu. Adnan Bey yetersiz buldu. "Ver kalemini" diyerek bazı düzeltmeler yapmak istedi. Taslağın birkaç yerine kırmızı kalemle eklemeler çıkarmalar yaptı. Bir türlü tatmin olamıyordu. Sonunda kâğıtları iade etti:

– Yazman gerekenler şunlar olmalıydı.

Burhan Bey çantasında getirdiği kâğıtlardan bir bölümünü masanın üzerine yaydı. Adnan Bey'in talimatını bekliyordu:

– Anlatmak mı istersiniz, dikte etmek mi?

Adnan Bey yarı dikte, yarı müzakere anlayışı içinde görüşlerini aktarmaya başladı:

– Dikkatli dinle ve not al...

Sözündeki sertlikten rahatsız oldu. Cumhuriyet'in en iyi kalemlerinden birinin dikkatini böyle asabiyetle çekmenin haksızlık olduğunu düşündü. Önce kendini yumuşattı, sonra bu yumuşaklığı sözlerine yansıttı:

– Not al Burhancığım. Ben sana geniş bir spekturum vereceğim, sonra sen o güzel kaleminle özetlersin.

Adnan Bey anlatmaya başladı:

– Ben 1931'de Meclis'e geldim. Demek ki yirmi yılı aşmış. Siyaset o zaman seçkinlerin işiydi. İktidar ya bürokrasiden gelenlerin ya da itinayla seçilmiş burjuvanın elindeydi. Bunu halka verelim dedik. Bu fikri en zor kabul ettirdiğim kişi Köprülü'dür. Bayar hemen anlamıştı; çünkü kafasında bu mâceranın bütün dehlizlerini biliyordu. 1946 seçimlerinde iktidarı ikiye böldük. Çünkü Demokrat Parti'yi Meclis'e sokmaya muvaffak olmuştuk. Artık Meclis bir tartışma zeminiydi. Millete gitme kavramını yaratmış ve Meclis tartışmalarını hep bu temel ilkeye dayandırmıştık. Kavramın iki dayanağı vardı. Birincisi iktisadî serbestî, diğeri dinî özgürlük. Halk, bürokrat kontrolündeki devletin hiddeti karşısında bu iki özgürlük için her şeyi yapmaya hazırdı. Nitekim, dört sene sonra İsmet Paşa'yı paldır küldür devirdi...

Burhan Bey anlatılanlardan nasıl bir sonuca varılacağını kestiremiyordu. Olsa olsa Adnan Bey, bir vicdan tahlilini geniş tutmak ve buna Burhan Bey'i şahit etmek istemiş olabilirdi. Sesini çıkarmadan dinliyordu. Söylenenlerin hepsiyle aynı fikirde değildi. Serbest piyasa ekonomisinin Türkiye'nin koşullarında yabancı ekonomilerin işgali altına girmek olacağını tecrübeleriyle biliyordu. Ancak bunu söylemenin henüz zamanı değildi. Kimseden ürkecek yanı yoktu. Cesaretini toplayıp diklenebileceği zamanları seçmede doğuştan getirdiği bir mahareti vardı. Adnan Bey'i küçük bir hatırlatmayla acaba istediği yöne çevirebilir miyim diye düşündü ve düşündüğünü uyguladı. Sesindeki tedirginliğin farkına varılmasını istemiyordu:

– Böyle bir demokrasi anlayışıyla muhalefetin takındığı tavrı ayıplamak mümkün olmaz.

Adnan Bey, ne demek istediğini anlamış ve başladığı konuşmanın yönünü çevirmişti:

– Anlıyorum, demokrasi ve popülizm çelişkisinde devletin değerlerinin yıpranacağını söylüyorsun.

Burhan Bey sustu. Cevap beklendiğini biliyordu ama, not almanın ciddiyeti içinde cevap vermeden her söyleneni kaydeden görüntüsüne büründü. Adnan Bey kaldığı yerden devam etti:

– Hayır! Bu teşhise katılmıyorum. Demokrat Parti'yi kurduğumuzda on beş yıl önce Türkiye'yi yerinden oynatan Serbest Fırka siyaset kadrosunu aynen partimize aldık. Ama gördük ki, 1930'ların popülizmi, bir devletçi iktidarı devirecek kadar olgun değildi. İktisadî ihtiyaç tahlilleri, siyasî hüviyet kazanacak genişlikte olmamıştı, olması da mümkün değildi. O halde Serbest Fırka'dan farklı bir yolun yolcusu olunmak gerekirdi. 1950'de din özgürlüğü vaat ettik. 1930'larda liberalizmin başaramadığını, 1950'de din özgürlüğüyle elde ettik.

Adnan Bey, dikte ettirmek istedikleri ile anlattıkları arasında istediği bağlantının bulunmadığını fark etti. Daha ileri gitmek istemiyordu:

– Sanırım bir başka zeminde tartışacağımız zengin bir konu etrafındayız. Ama bu akşam "Radyo Gazetesi"ne yetiştireceğiniz konu da önemlidir. Lütfen hemen üzerine eğiliniz ve vaktinde yetiştiriniz.

Adnan Bey'in konuşması bitmişti. Burhan Bey gitmeye hazırlanıyordu. Adnan Bey şaşırtıcı bir şey sordu:

– Şevket Süreyyâ'ya ne kadar güvenebilirim?

Burhan Belge kaçın kurasıydı. Böyle bir tongaya basmayacak

kadar seri ve zeki cevapladı:

– Ne kadar tanıdığınıza bağlı.

– Fazla tanımam. Birkaç kere Maarif bütçesi sırasında görmüştüm. Kendisine pek sevimli geldiğimi söyleyemem.

– Maksadım, yazdıklarını nasıl bulduğunuzdu.

Adnan Bey işin özünü daima göz önünde tutmuş, bunu görmezlikten gelip bir yanlışa saplanmaktansa, gerçeğe gidilecek yolu seçmişti. Şimdi bir şaşkınlık yaratıp yanlış izlenimler doğmasını istemiyordu.

– İktisatta bizim bilmediğimiz çok konuda farklı şeyler söylüyor. *Kadro*'daki gibi sert değil. Galiba o da bazı gerçekleri anlamaya başladı.

Burhan Belge, bu konuşmanın bir gün mutlaka karşısına çıkacağından emindi. Haftalar önce Yakup Kadri'nin evindeki sohbette Burhan Bey, bir küçük çıtlatmada bulunmuş ve Şevket Süreyyâ ile Adnan Bey'in bir araya gelip memleketin iktisadî meselelerini görüşmelerinin faydalı olacağını söylemişti. Burhan Bey kendisinin böyle bir teklifte bulunmasının uygun düşmeyeceğini düşünmüştü. Adnan Bey sebebi henüz anlaşılamayan bir asabiyetle Yakup Kadri'ye tavır takınmıştı. Meclis'te birlikte oldukları yıllarda büyük saygı gösterdiği hatta zaman zaman dönemin edebî meselelerini tartıştıkları söyleniyordu. Birdenbire ortaya çıkan bu sevimsiz ihtilafın hem sebebi, hem derinliği henüz anlaşılmamıştı. Burhan Bey, Adnan Bey'in tavrını, Yakup Kadri'den gizli tutmasının da doğru olmadığı fikrindeydi. Yakup Kadri, *Kadro* hareketinin demirbaş yazarıydı ve Burhan Belge'nin eniştesi oluyordu. Şevket Süreyyâ ise uzun yıllar aynı meslek ahlâkı içinde siyaset yaptığı dostuydu. Adnan Bey'in yanlış anlama ihtimalini dikkate alarak bu köklü ve seviyeli ilişkileri tehlikeye atmaya niyetli değildi. Konunun Mükerrem Bey aracılığıyla intikal ettirilmesini tavsiye etmiş ve tereyağından kıl çeker gibi bu işten sıyrılmak istemişti:

– Enişte! Şevket'i iyi düşünmüşsün. Bunu Samet aracılığıyla yürütsen daha iyi olur.

Yakup Kadri hemen direndi:

– Olmaz! Serbest Fırka'nın fikir babası Ahmet Ağaoğlu'ydu... Küçük Karslı alınganlık gösterir. En iyisi Mükerrem'i deneyelim; babası dostumdu...

Burhan Belge, olayın bütün ayrıntısına sahip olmasına rağmen, hiç haberi yokmuş gibi davranıyordu. Ancak böyle bir görüşmenin yararlı olacağına da inanmıştı. Ayrılırken Adnan Bey'e bir küçük hatırlatma yapma gereğini duydu:

– Siz Nâzım'ın hırçınlığına bakmayınız. Şevket'in solculuğa ihaneti olmaz. Sadece Marksizm'i Türkiye'nin şartlarında yorumlamayı deniyor; mesele bu...

Adnan Bey sessizce dinlediği açıklamaların böyle yaşandığından emindi. Üstelik sadece tahmin yeteneğini kullanmamış, elde ettiği bazı ipucu bilgileri bir araya getirip olayın nasıl gerçekleştiğini kavramıştı. Bu özelliğin Burhan Belge tarafından da bilinmesini istiyordu:

– Öyleyse geçerken Mükerrem'e uğra; Şevket Bey'i yarın öğleden sonra Başvekâlet'te beklediğimi kendisine söyle.

Burhan Bey'in elini sıktı. Kapının kapanışına kadar bekledi ve telefona sarıldı:

– Doktorcuğum, birazdan Burhan sana uğrayıp Şevket Süreyyâ'yı yarın öğleden sonra buraya getirmeni istediğimi söyleyecek. Nezaketle dinle, fakat kimseye hissettirmeden akşam eve yemeğe getir. Burhan şimdi etrafı velveleye verir...

Sonra ekledi:

– Hakkında şöyle esaslı bir malûmat topla...

Gerçekten de Burhan Belge, Mükerrem Bey'i ziyareti sırasında bu görüşmenin önemine işaret etmiş, ancak bir endişesini de belirtmekten çekinmemişti:

– Dikkat et! İnsanoğlu yakından tanımadığı kimseleri fazla ciddiye almaz; dikkatli şekilde dinlemez. Bu fırsatı kaçırmayınız... Şevket istifade edilecek adamdır.

Mükerrem Bey güldü:

– Haklısın! Beyefendi Sultan Hamid gibidir; tam istihbarat almadan hiçbir görüşmeye razı olmaz...

* * *

Berin Hanım sofrayı zengin hazırlamıştı. Kuşsütü eksikti. Şevket Süreyyâ'nın iyi içtiğini söylemişlerdi. O da itibara geçecek bütün içkileri hazır bulundurmuştu. Sofrada dört kişiydiler. Mükerrem Bey ile Berin Hanım masanın ucuna ilişmişler, Adnan Bey ile misafirinin karşı karşıya keyiflerince sohbet edebilecekleri geniş bir yer bırakmışlardı.

Şevket Süreyyâ *Kadro* hareketini başlattıklarında Adnan Bey, Meclis'in bütçe komisyonu üyesiydi ve Eğitim bütçesi üzerindeki bilgi ve tecrübesiyle dikkat çeken en genç milletvekiliydi. Kendisini Gâzi Hazretleri'nin bulup çıkardığı fısıltıları bu genç milletvekilini sadece Meclis'te değil, fikrî hareketlerin içinde de merak konusu haline getirmişti. Adnan Bey'in eğitim meselelerine ilgisi yüksek olmasına rağmen, yapılacağı söylenen reformların hangi bahislerde dikkat çekeceği kestirilemiyordu. Reşit Galip etrafına aldığı dar bir kadroyla hazırlıklarını tamamlamış ve bunun bir sürpriz gibi ortaya çıkıp fazlaca hırpalamadan hemen uygulamaya konulmasını istiyordu. Adnan Bey, Reşit Galip ile Şevket Süreyyâ arasındaki ilişkiyi de merak etmiş, bu bahislerin tecrübeli kadrolarından geniş sayılabilecek istihbarat almıştı.

Reşit Galip, İstiklâl Mahkemesi yargıcı olarak, Şevket Süreyyâ'yı solcu eğilim ve hareketlerinden ötürü on yıl hapse mahkûm ederken gözünü kırpmamıştı. Bu asabiyetle gerçeği kavranmamış bir solculuk tarifi yüzünden birçok iyi yetişmiş memleket evladının canını yakmıştı. Şevket Süreyyâ bunlardan biriydi. Meseleyi sadece Marksist iktisat teorileri içinde ele almakla yetinmiyor, Türkiye'nin edebî meselelerinden, nüfus problemlerine, resim ve heykel sanatından, esnaf derneklerine kadar çok konuda çözüm üretmeye çalışıyordu.

Daha sonra Reşit Galip'in kendisini on yıl hapse mahkûm etmesini unutmuş ve onun emrinde Köy Enstitüleri'nin kurulması için çalışmıştı. Bir zaman mahkeme salonunda âdeta düşman gibi gördüğü Reşit Galip'i şimdi yürekli bir Cumhuriyet eğitimcisi olarak desteklemişti. Tonguç'un sözleri aklından hiç çıkmamıştı:

– Atatürk ihtilâli yaşıyoruz. Her insanımızı kullanacağız. Hangi tecrübenin, hangi hizmetin içindeyse, o tecrübeye, o hizmete göre değerlendireceğiz. Geçmişte hoşlanmadığımız şeylerin fâili gibi gördüklerimiz, bugün hoşlandığımız hizmetlerin âmiri gibi başımızda bulunabilir. Ve biz o hizmeti mükemmel yapmanın sorumluluğuyla harekete mecburuz.

Tonguç daha sonra elişi kâğıtlarından yaptığı bacalı bir küçük vapuru Şevket Süreyyâ'ya uzatmıştı:

– Bu ihtilâl bu vapurla başladı ve hâlâ sürüyor...

Adnan Bey bu hatıraları dinlerken Şevket Süreyyâ Bey'in söylendiği gibi içkiye ve yemeğe aşırı düşkün olduğunu görmüş, akşam sohbetinin tehlikeye gireceğini anlamıştı. İlk görüşmenin böyle tatlı bir sohbet havasında geçmesinin bir mahzuru yoktu. Birbirlerine ısınmaları için belki de böyle bir sohbetin faydası bile olabilirdi. Ama ikinci seferinde, artık hatıraların lezzeti değil, hazırlıklı gelinmiş bir müzakere disiplini hâkim olacaktı.

Şevket Süreyyâ anlattıkça Adnan Bey ilgiyle dinliyor ve hattâ bazı önemli bulduğu hususların ayrıntılarıyla ortaya konması için küçük tahrik sorusuyla muhatabını heyecanlandırıyordu. Şevket

Süreyyâ da ara sıra Adnan Bey'in meraklandığı konular etrafından hayatının özelliklerini anlatıyor ve o da küçük tahrik cümleleriyle Adnan Bey'in merakını avucunda tutmak istiyordu. Şevket Süreyyâ bir mâcera lezzeti gibi anlattığı hayatını bir roman gibi değerlendirdiğini söylemiş ve son rakı kadehini sonuna kadar içip çevreyi gözlemeye başlamıştı:

Adnan Bey, hemen konuya girdi:

– Adı ne olacak?

– *Suyu Arayan Adam*...

– Okumak isterim...

– Endişe etmeyiniz yakında müsveddelerini tamamlayacağım.

Şevket Süreyyâ yükünü almıştı. Bu ilk karşılaşmada, memleketin sanayi planları, tarım reformu, nüfus meseleleri gibi konulara ayrıntı kazandırılamamıştı ama, şiirden, edebiyattan, felsefeden, tarihten bahisler açılmış ve taraflar büyük lezzetlerle bu sevinçli akşam yemeğini tamamlamışlardı. Şevket Süreyyâ bol mezeli akşam sofrasında arada bir dokunduğu ekonomik ve politik meselelerde dinleyenler için çok yeni bir açıdan bakmış ve kendi deyimiyle farklı bakışlara açıklık getirmişti.

Şevket Süreyyâ Bey'i kapıya kadar yolculadılar. Adnan Bey Mükerrem Bey'in kalıp gece hakkındaki izlenimlerini almak istiyordu. Berin Hanım önceden davranıp misafirinin bir an önce sağlıklı şekilde evine gitmesini istiyordu. Adnan Bey'in söyleyeceklerini kestirmiş ve ön almıştı:

– Mükerrem Bey, lütfen misafirimizi evine siz bırakınız. Gecenin yarısında bu sarhoşlukla yanlış bir şey yaşanmasın.

Şevket Süreyyâ sarhoş değildi; ama yemekleri fazla kaçırmış, önüne ne konulmuşsa hepsini yemiş ve mide fesadına uğramıştı. Ayrılırken Adnan Bey'e takılmadan duramadı:

– Bir dahaki sefere sizin mâceralarınızı dinlemeye değil, aklımdaki çâreleri anlatmaya geleceğim.

Öğle üzeri çalışma odasının bitişiğindeki küçük odaya iki kişilik sofra kurulmuş ve misafirin sevdiği yemek hazırlatılmıştı. Özel kalem müdürü misafiri getirmiş ve başbakanla yalnız bırakmıştı. Adnan Bey misafirine sarıldı:

– Ne kadar oldu görüşmeyeli?

Misafiri geçmişe hesap sorar gibiydi. Sonra hesabı kendisi yaptı...

– Yirmi yılı geçmiş... En son Gâzi'nin cenazesinde görüşmüştük...

Sofranın zengin tutulmuş olması misafirini etkiledi. Sanki karşısındaki eski günlerin sıkıntılı hayatını paylaştığı Adnan değildi. Yemeklerden biraz küçük kaşık ucu kadar alıp durumunu idare ediyordu. Adnan Bey üsteledi:

– Eski iştahın kalmamış.

Adnan Bey'in misafiri yürekliydi. Söyleyeceğini esirgeyen türden değildi:

– Millet aç başvekilim... Ve çâreyi hep senden bekliyorlar...

Adnan Bey fırsatı kullanmak istedi:

– Kaç parçaya bölüneyim ki?

Misafiri istifini bozmadan sürdürüyordu:

– Kaç parça gerektiriyorsa o kadar bölün. Her bölündüğü parça da üstlendiği işi başarsın. Büyük adamların bölünmesi, elinin altında o işleri yapacak adamlarının bulunması demektir.

Adnan Bey'in yüzüne baktı. İstediği hazırlığı gördü ve ekledi:

– Dön bak etrafına kaç kişin var?

Sonra asıl noktaya geldi:

– Devlet bu kadar çok ihtilaflı adamla yönetilemez. Bayar'la barış, İnönü'yle barış....

Sevgi dolu bir geçmişin üç kelimelik özetini verdi:

– Adnan kendinle barış!..

Son söz Adnan Bey'i etkiledi. Bir süre önce Onassis'in yatıyla İstanbul'a gelen Churchill'le görüşmüş, dünya meselelerinin tartışıldığı bir zeminde kurt politikacı, Adnan Bey'e kendi tecrübelerini aktarırken bir siyaset dersi de vermişti:

– Hayatım iki kişiyle mücadele içinde geçti. Biri muhalefet lideri, diğeri iktidar lideriydi. Başvekilken muhalefet lideriyle, muhalefet lideriyken başvekille bitmez tükenmez bir mücadelenin içinde olurdum.

Purosundan derin bir nefes çekip, doyurucu bir yudum viski aldıktan sonra cümlesini tamamlamıştı:

– Fakat kendileriyle asla şahsî ihtilafım olmamıştır. Siyasî mücadeleyi şahsî ihtilafa dönüştürenlerin iflah olduğu görülmemiştir.

Adnan Bey, çocukluk arkadaşını yolcularken bu olayı da anlatmak istedi:

– Biliyor musun Veli Ağa, bu söylediklerini bana koskoca Churchill de söylemişti...

Veli Ağa istifini bozmadı. Bu istif, görmüş geçirmiş bir köy ağasının hemen dikkat çeken tevazuuydu:

– Ben örnek veresin diye değil, öğüt alasın diye söylemiştim.

Kasketini başına geçirdi. Yine özel kalem müdürünün refakatinde sessiz sedasız geldiği yoldan kimseye görünmeden ayrıldı.

Başvekâlet'in kapısında durdu geriye baktı. Ramazanpaşa Camii'nin imamından öğrendiği hükmü aynı sıcaklığıyla tekrarladı:

– Kemâlinin farkına varmayan, zevâlinin de farkına varmaz...

* * *

Bu defa sofrada iki misafir daha vardı. Adnan Bey, bu toplantıya Burhan Belge ile Namık Gedik'in de katılmasını istemiş ve başkalarının duymaması konusunda Mükerrem Bey'i uyarmıştı:

– Bu defa sofra eskisi gibi bereketli olmayacak. Berin Hanım'a rica ettim, bir iki küçük sahanla sofrayı kapatacağız.

Bu görüşmenin mümkün olan gizlilik içinde yaşanmasını istiyordu. Toplantıya katılacaklar arasında Burhan Bey'in başlangıçta ikaz edilmesi gereğini duymuştu. Bu görüşmelerin hiçbir vesileyle Yakup Kadri'ye ulaştırılmasını istemiyordu.

– Burhan'ı ikaz edin. Görüşmeler mahrem kalacak. Tek kelimesini Yakup Kadri'nin duymasını istemiyorum.

Mükerrem Bey ciddi bir tereddüt geçirdi. Partinin ideolojik görüşmelerini Burhan Belge her zaman en yakından izlemiş ve halka nasıl duyurulacağının ustalığını kazanmıştı. Böyle bir ikazla gönlünün kırılması kaçınılmazdı. Adnan Bey'in şahsî asabiyetini, kendi söyleyeceği yerde küçük kurnazlıklarla başkasına söyletmek istemesini doğru, hattâ ahlâkî bulmuyordu. İtiraz etti:

– Burhan'ı ikaz edeceğimize, neden Yakup Kadri'yi aramıza almıyoruz? Katılmak için can atıyor.

Adnan Bey böyle bir itiraz beklemiyordu. Burhan'ın korunmak istenmesini anlayışla karşılamış, hattâ cesaretinden ötürü Mükerrem Bey'i takdir etmişti. Ama konuyu Yakup Kadri'nin dışına taşırmak gerektiğini düşündü. Böylece, yıllar önce Meclis koridorlarında başlayan ihtilafı hâlâ sürdüren bir inatçı insan izlenimi vermek istememişti. Ürktüğünün fark edilmesini istemediği için kendi cesaretinin önemini vurgulamayı uygun buldu:

– Anlaşıldı! Dostlarınıza karşı aslan kesiliyorsunuz. Ben Burhan'ın kulağını çekerim...

Sonra ekledi:

– Her hiddet bir muhabbete dayanmaz...

* * *

Berin Hanım, sofranın düzenlenmesine nezaret etmiş ve odasına çekilmişti. Bu akşamki yemek artık önemli meselelerin derin bir sohbet anlayışında ele alınışının seviyeli bir örneği olacaktı. Adnan Bey, Şevket Süreyyâ'nın söyleyeceklerini merakla bekliyordu.

Şevket Süreyyâ kendi geçmişinden hareketle ekonomik yapının değerlendirilmesini uygun bulmuştu. Daha önce *Aydınlık* dergisinde iddialı solcu gruplarla birlikte ileri sürdüğü fikirlerin özünden vazgeçmiş değildi. Ekonomik kalkınmanın sadece Marksist model içinde mümkün olabileceği görüşlerini koruyor, ancak bazı noktalarda önemli bir törpülenmemin altını da çiziyordu. Adnan Bey dinlediklerini ilgi çeken bir tahlil değişikliği gibi yorumlamıştı. Şevket Süreyyâ meselenin tâ Millî Mücadele günlerinden bu yana değerlendirilmesinin kaçınılmaz olduğunu söylemiş ve Millî Mücadele tahlili tam yapılmaz ise meseleye çâre üretemeyiz demişti. Adnan Bey, asıl soruyu sormanın zamanı geldiğini biliyordu ve soruyu yönlendirdi:

– *Aydınlık*'taki fikirlerinizin değiştiğini görmekten memnunum. O zaman yanlıştınız, şimdi eksiksiniz.

Adnan Bey'in müdahalesi beklenmiyordu. Sofrada bir soğukluk esti. Eğer bu sohbet bu üslûpla sürdürülecek olursa Şevket Süreyyâ'nın davet edilişindeki asıl amaç elden kaçırılmış olabilecekti. Burhan Bey'in hatları gerilmişti. Yakup Kadri'nin böyle bir tavsiyede bulunmasının böyle bir münakaşa sonunda boşa çıkması hoş olmayacaktı. Mükerrem Bey de şaşırmıştı. Adnan Bey kaldığı yerden devam etti:

– Millî Mücadele'yi iyi teşhis ettiğinizden eminim; ama iyi tahlil ettiğinizden şüphelerim var. Gâzi Hazretleri, emperyalistlere olduğu kadar kapitalizme karşı çıkanlara da mücadele vermiştir. Öyle iddia ettiğiniz gibi Millî Mücadele sadece burjuvaya değil, asıl önemlisi müstevliye karşı savaş açmıştır.

Şevket Süreyyâ istifini bozmadı. Onun da aynı iddia ve cesaret içinde söyleyecekleri vardı. Sesindeki saygıyı koruyan ısrarla bütün dinleyenleri şaşırttı:

– Sizin de teşhisinizde isabet var ama, henüz bir tahlil olgunluğunu göremiyorum. Gâzi Hazretleri mütegallibenin ve tefecinin köylüyü ezmesine karşı büyük devlet çiftlikleri kurulmasını, Marksist düşüncenin ilhâmlarıyla teklif etmiştir.

Adnan Bey İzmir İktisat Kongresi'nde benimsenen politika kararlarını yakından takip etmişti. Ülkenin sanayileşme hedeflerini, stratejik tespitlerin dayanaklarını ve burjuva bir ulus yaratma hedefinin nasıl içtenlikle tartışılıp benimsendiğini hatırladı. Şevket Süreyyâ'nın burjuva ulus kavramına karşı tavırlı olabileceği endişesiyle konuyu masaya yatırdı:

– Unutmayınız ki, millî burjuva fikri Millî Mücadele'nin temel prensibidir. Bunun gerçekleşmesi için gayret ediyoruz. Siz başlangıçta buna karşı çıktığınız için önemli bir geri kalma dönemi yaşadık. Şimdi bu gecikmeyi telafi edeceğiz.

Şevket Süreyyâ, toplantıya gerçekten hazırlıklı gelmişti. Adnan Bey'in böyle bir üslûp içinde meseleyi tartışacağını düşünmüş, ancak böylesine derinlikli bir ısrarla konuların üzerine yürüyeceğine ihtimal vermemişti. Onu sanki hâlâ 1920'lerin başlarındaki fikirlerle bağlı sanıyordu. Gerçekten de bu görüşler Cumhuriyet'in ilk yıllarında kendini göstermiş ve *Kadro*'cular bu düşüncelerin peşini kovalayanlar olarak dikkat çekmişlerdi. Şimdi bu konulara tekrar dönmenin anlamı olmadığı görüşündeydi. Adnan Bey'in de bu noktada yoğunlaşmasını sağlamak, böylece, asıl konuda mutabakatlar aramak gerektiğini düşündü:

– Bunların tartışması artık geride kalmıştır. Yapılacak şey benimsediğiniz sanayi politikalarının uygulanmasındaki cesaretinizdir. Yaptığımız sanayi planları var. Bunların hepsinde devletin hâkim sermayesi esas alınmıştır. Ama, sizin iktisadî meseleleri yeni kuracağınız teşebbüslere bırakma fikriniz ileride ciddi bir malî kriz doğmasına sebebiyet verebilir. Fark edilmeyen husus budur...

Akşam yemeği Demokrat Parti'nin uyguladığı iktisat politikası üzerinde yoğunlaşmış ve önemli hatalar işlendiği görüşüne varılmıştı. Demokrat Parti'nin siyaset üslûbunda ileri sürdüğü görüşler artık başlangıç yıllarının iktisadî iddialarıyla en küçük bir bağlantı içinde değildi. Şevket Süreyyâ, iktisadî hayatın disiplini içinde kalarak ıslahatçı düzenlemeler yapmanın anlamsızlığı anlatıyordu:

– Kemalist iddia hâlâ geçerlidir ama, iddiasını ispat edecek iktisadî zemine oturmamıştır. Bunda kendisinin hatası olduğu kadar, takipçilerinin de kabahati vardır. Şimdi de siz bu kabahatin ortağı oluyorsunuz.

Şevket Süreyyâ önce aklına gelen bütün eleştirileri sıralamak, sonra çözüm olarak gördüğünü söylemek üzere hazırlanmıştı. Bu konuları Cumhuriyet'in ilan edildiği günlerde etraflı biçimde tartışmış ve dünya iktisadî krizini takip eden günlerde Türkiye'nin çârelerinin neler olabileceğini belirtmişti. Moskova'da, Ahmet Cevdet'in ışıklı toplantılarında bu konuların ne kadar samimi ve disiplinli biçimde tartışıldığını hatırladı. Hasan Ali'nin, Vâlâ Nurettin'in, Nâzım Hikmet'in katıldığı hengâmeli akşam sofralarındaki ihtilâlci mantığı düşündü. Bu mantık şimdi tam olgunlaşmış niteliğiyle ele alınabilirdi. Memleketin iktisadiyatını ıslaha meraklı bir kadro eğer umduğu cesareti gösterirse önemli bir devrim yaratılmış olabilirdi.

Adnan Bey tartışmalardan memnundu. Şevket Süreyyâ'yı kapıya kadar yolculadı. Berin Hanım misafirinin bu gece ayık kafayla meseleleri tartıştığını görmekten memnun olmuştu:

– Lütfen sık sık misafirimiz olunuz. Hepimiz birbirimize muhtacız...

Şevket Süreyyâ Bey çantasını açtı, içinden kalınca bir zarf çıkarıp kapının girişindeki etajerin üzerine koydu:

– Size söz vermiştim: ilk müsveddesini getirdim.

Adnan Bey zarfı aldı. Üzerinde Şevket Süreyyâ Bey'in hayatını anlattığı romanın ismi okunuyordu: *Suyu Arayan Adam...*

* * *

Adnan Bey Manisa il kongresinde partiye yönelen eleştirileri ağır dille cevaplamış ve İsmet Paşa'yla arasındaki bütün köprüleri atmıştı. CHP'yi artık bir kin ve husumet odağı olarak görüyor, böyle bir parti anlayışının vatanı bölmeye kadar gideceği endişesinde olduğunu dillendiriyordu. Kendisi de söylediklerinin esaretine girmişti.

"Vatan" sözünün yarattığı etkileyicilik, Adnan Bey'i heyecana sevk ediyordu. İçinden geçirdiklerini tek tek sıralayıp halkın vatan ve millet sevgisini bütünleştirmeyi amaçladı. Seçimlerde muhalefet partilerinin birleşerek bir "güç birliği" oluşturmalarına karşılık Adnan Bey, bir "vatan cephesi" kurarak Demokrat Parti'nin bütün teşkilatını bu cepheye katılmaya çağırmak niyetindeydi. Kürsüde fikrini açıkça belirtti:

– Partimizin 1946 ruhu ve gayretleriyle şükran duyacağımız büyük ve yararlı neticeler elde ettik. Vatan Cephesi'ne iltihak etmek bu memleketi ve milleti seven herkesin kendini sorumlu hissedeceği bir hizmet değeridir.

Adnan Bey, Vatan Cephesi'nin hukukî hiçbir dayanağı olmadığını biliyor ama halkın kafasında yarattığı bir cephede bütünleşme kavramıyla istenen birleşmeyi sağlayabileceğini düşünüyordu. Önünde iki sorun vardı: birincisi devlete hizmet verenlerin bu cepheye katılmalarının sağlanması, ikincisi ise katılanların halka duyurulmasıydı. Gece sabaha kadar çalışmış, geniş notlar almış ve bunların bir an evvel uygulamaya konulması için planlar yapmıştı. Hepsinin ortak noktası, Demokrat Parti'nin, birleşen muhalefet karşısında varlığını korumak, hattâ mümkünse gücünü artırmaktı. Artık halkın eskisi kadar partiye itibar etmediğini fark etmişti. Düne kadar partinin nimetlerine ortak olmak için bütün gayretlerini yoğunlaştıran kadrolardan da eser yoktu.

Bayar'la ihtilafı olduğu izlenimleri yaratarak grup üzerinde hâlâ güçlü olduğu izlenimi veriyor ve bunu sürdürerek partinin ayakta kalan kadrolarını yanına çekmek istiyordu. Koraltan, Meclis başkanlığı görevinin sâkin ve sorumsuz rahatlığında, istediği hayatı yaşayan bir eski siyasetçi hüviyetine bürünmüştü. Bu halinden memnun olduğu görülüyordu. Etliye sütlüye karışmayan tavrıyla ne kimseyi rahatsız ediyor, ne de kimsenin kendisini rahatsız etmesine izin veriyordu. Köprülü, partiden ayrılmış ve sadece kendisi için önemsediği söylenen bir münzevî hayata çekilmişti. Bir gün hayalini kurduğu hadiseler gerçekleşecek ve partinin gerçek mensupları kendisini inzivâdan alıp partinin başına getireceklerdi.

Adnan Bey, Köprülü'nün ayrılmasından hiç memnun olmamıştı. Hatta haberin geldiği akşam, evinde milletvekili arkadaşlarıyla yaptığı toplantıdaki huysuz ve hırçın çehreli birisi gibi görünmesinin nedeni, bu sebepsiz ve vakitsiz ayrılıktı. Toplantıda Ege bölgesinin meselelerini konuşmayı planlamış ve bölgenin hatırlı milletvekillerini çağırmıştı. Denizli Milletvekili Ahmet Hamdi Sancar, gidişiyle bu gecenin böyle sevimsizleşmesine sebep olduğu için Köprülü'yü eleştirmiş ve biraz da herkesin itibar edeceğini sandığı görüşünü özetlemişti:

– Sayın başvekilim, fazla dert etmeyiniz. Bırakınız giderse gitsin. Bu masa üç ayakla da durur...

Adnan Bey, sözün sahibini üzmemek için doğrudan onu muhatap almak yerine genel bir görüşle cevaplamak istedi:

– Haklısın ! Üç ayakla da durur; ama o masaya dayanamazsın, hemen yıkılır...

Adnan Bey, Vatan Cephesi'ni biraz da bu yıkılma ihtimalinin endişesi içinde değerlendiriyordu. Dün gece yaptığı çalışmaları tekrar gözden geçirmiş ve büyük toplantı masasının üzerine notlarını yaymıştı.

Mükerrem Sarol'un geldiğini haber verdiler. Adnan Bey, eski bakanlık tecrübeleri nedeniyle Mükerrem Bey'in görüşlerini almayı düşünmüştü. Bu görüşmeden sonra, uygulanabilir bir program çizecek, sonra bu işten sorumlu bakanını çağırıp planının uygulamaya konulmasını isteyecekti. Basın yayın işlerinden sorumlu Server Somuncuoğlu hem partiye yeni katılmış, hem de bakanlık görevinde henüz üç ayını doldurmuştu. Böyle bir hizmetin sorumluluğunda bir aksamaya meydan vermek büyük hedefi çöp sepetine atmak olurdu.

Adnan sevinçle karşıladı:

– Gel sevgili doktorum. Tam sana göre bir işimiz var.

Mükerrem Bey uzun süreden beri Adnan Bey'in kabinelerinde yer almıyordu, ama basın faaliyetlerinden sorumlu Devlet bakanlığı döneminde bu işleri çok yakından izlemiş ve önemli bir tecrübe biriktirmişti. Üstelik, Adnan Bey'in siyaseten güvendiği önemli arkadaşlarından biriydi. Manisa il kongresinde yaptığı konuşma Ankara'da duyulunca Mükerrem Bey böyle bir programla karşı karşıya kalacağını hissetmiş ve bu davet öncesinde o da hazırlıklarını tamamlamıştı.

Vakit epey ilerlemişti. Adnan Bey, Vatan Cephesi konusunda Mükerrem Bey'in hazırlıklarını ilgiyle izliyor ve uygulanması için biraz aceleci davranıyordu. Mükerrem Bey sâkin hava içinde görüşünü özetledi:

– Karşımızda bir güç birliği var diye hemen Vatan Cephesi'ni kurmak, telaşa kapıldığımız anlamında değerlendirilir. Önce böyle bir güç birliğinin zayıf noktasını bulmalıyız. Sonra Vatan Cephesi'nin asıl önem taşıyan noktasına gelir ve onu güçlendiririz.

Adnan Bey'e baktı. Sözlerinin ne kadar etki yarattığını görmek istedi. Adnan Bey sessizliğini koruyordu. Böyle derin bir sessizlik içinde kalıp sonra fikrini söylemesi asabileştiği zamanlarda olurdu. Mükerrem Bey bu ihtimali görmüş ve hazırlıklı gelmişti; eğer Adnan Bey ağır bir dil kullanırsa vereceği cevabın aynı ağırlıkta olmasında hiç tereddüt göstermeyecekti.

Adnan Bey sessizliğini sinirli bir lisanla bozdu:

– Ne yani şimdiye kadar saçma sapan şeyler mi söyledim. Yoksa bu saçmalık senden mi geliyor?

Mükerrem Bey sert müdahaleye aynı üslupla cevap verdi:

– Doğru bir fikri yanlış uygulamaktan zevk mi alıyorsunuz? Böyle bir üslûpla kimi, ne kadar ikna edebilirsiniz? Aksine halkın sevgisini kaybedeceğinizden endişe ederim. Partinin derlenip toparlanmaya ihtiyacı var. Sanırım ilk önce sizden başlamalıyız.

Mükerrem Bey'in bu kadar ileri gideceğine hiç ihtimal vermemişti. Mükerrem Bey de ölçüyü kaçırdığının farkındaydı. Ancak, hemen hemen üç beş ayda bir başkalarının tahriki ya da kendi asabiyetiyle Adnan Bey ile Mükerrem Bey arasında bir hadise çıkıyor ve sert tartışmalar yaşanıyordu. Mükerrem Bey bıkkınlık içindeydi. Aralarında yirmi beş yıllık bir dostluk vardı. Bunun bedeli ağırdı ve Mükerrem Bey, bunun birlikte çekilmesinden yanaydı. Sürekli alttan alan kimse olmanın acısını duymuş ve patlamıştı. Şimdi kendi samimiyetinin ölçüsünde Adnan Bey'in idrâkini arıyordu. Tıp talebesi olduğu yıllarda arkadaşlığını ilerlettiği bir güzel ve mahir kadın, sevdâlı sabahın serinliğinde dostluğun önemini anlatmıştı. Mükerrem Bey'le böyle bir serinlik içindeydi. Mısraın veznini âdetâ usul vurur gibi seslendirdi:

Sonu gelmişse de dehrin, sana ahbap bulunur...

Yirminci bölüm

Işıklar solgundu avizelerde,
Siyah tülleriyle üryan kadınlar
Loş gölgeler gibi kıvrandı yerde...
Bu akşam Hakan'ın son mâtemi var!

Avutmak istiyor sebepsiz derdi...
Şehvetle damarları şişip boynunda,
Bir billûr kadehi kırıp can verdi
En son bâkirenin beyaz koynunda.

Nâzım Hikmet

Her yerden o, hem aynı güzellikle göründü,
Sandım bu biten gün beni râm ettiği gündü.

Yahya Kemal

Uçak Yeşilköy'e indiğinde yağmur başlamıştı. Akşam karanlığı içinde damlacıklar uçağın camlarında küçük ıslak izler bırakıyordu. Adnan Bey bu küçük pencereden bir akşam serinliğinin nemli İstanbul'unu seyretti. İstanbul ikiye bölünmüş gibiydi. Birinde diri ve arzulu bir kadın gibi yükselen dimdik İstanbul ihtişamı vardı. Ufkunda, mavinin laciverde döndüğü yaşlı zemin yükseliyordu. Küçük yıldızlar, sevimli fakat cılız ışıklarla bu hatırşinas laciverdin gergefine serpilmişlerdi. İkincisinde, şaşkın ve yorgun bir İstanbul sûreti boy vermişti. Bu sûret rengârenk nişanlar, apoletler kuşanmış güleç yüzlü bir mütareke paşasına benziyordu. Adnan Bey, bu iki İstanbul'u sızıltısız bir saadet terkibiyle avuçlamıştı. Bazen kızgın görüntüsünün hırçınlığında parmaklarını sıkıp sabırlı vücudun canını yakıyor, bazen de gevşettiği parmaklarının arasından hoyrat bir sevginin şerbetini sızdırıyordu. İstanbul için en güzel târifi Fikret'in mısralarında bulmuştu. İstanbul, gerçekten bin kocadan arta kalmış bir bîvei bâkirdi... Bu bâkire dul, yüzyılların ardında, hiç umulmadık anlarda başkaldırıp nicelerine diz çöktürmüştü... Bir hafta evvel yaşanan utançlı tertibin acısını hatırladı. Gözkapaklarını örttü. Artık iki İstanbul'un ikisi de ortalıkta yoktu. Ne diri ve arzulu bir kadın gibi yükselen İstanbul'dan eser kalmıştı, ne de bin kocadan arta kaldığı söylenen o bâkire dulun seviyeli sabrı vardı... Sadece göz çukurlarında katlanılması imkânsız bir karanlığın sancısı koyulaşıyordu.

Adnan Bey, bütün gün telaşlı ve tartışmalı görüşmelerin yorgunluğundan sonra İstanbul'a dinlenmeye geliyordu. Ethem Bey'in tavsiyesini tutmuş, birkaç gün gözlerden uzak, sıkıntılarını anlayacak, duygularına ve düşüncelerine rahatlık kazandıracak bir sevgilinin sükûnetine sığınmaya karar vermişti. Çocukluk arkadaşı Rıfat Kadızâde, ünlü 53 Cadillac'ı uçağın kapısına kadar yanaştırmış ve başvekili kimseye görünmeden alıp götürmek istemişti. Bu tedbir kendisinin işgüzarlığından kaynaklanabileceği gibi, başvekilden böyle bir talimat almış olması da muhtemeldi. Çevredeki yetkililer hangi ihtimalin ağır bastığı konusunda kararsızdılar. Böyle aşırı tedbirli davranmak başvekilin tavrı değildi. Acaba gerçekten çok önemli bir konu mu vardı, yoksa Kadızâde esrarengiz bir hava içinde kendini önemsetmek mi istemişti ? Hangi ihtimal geçerli olursa olsun, önemli olan başvekilin İstanbul'a gelişi konusunda bir sızıltının çıkmamasıydı. Polis gerekli önlemleri almış, gideceği yere kadar hassas kavşaklarda gerekli kontrollerin yapılmasını sağlamıştı.

Kolay değil, başvekil, beraberliğinden hoşlandığı yeni arkadaşını ziyarete geliyordu.

Adnan Bey merdivenlerden inip doğruca arabasına bindi. Rıfat Bey'in gelişinden memnun olmuştu. Yanına oturunca hatırını sordu. Asıl merak ettiği konuya girmeden önce, böyle gönül alıcı birkaç cümle sarf etmeyi âdet edinmişti. Asıl konuya girdi:

– Münasebetsiz bir şey yok inşallah?

Rıfat Bey tecrübeli bir lisanla başvekili rahatlatmak istedi:

– Merak etmeyiniz!..

Adnan Bey kelimelerin asıl anlamlarına uygun şekilde kullanılmasına önem verirdi. Hassas olduğu bir konuda benzer anlamlar taşıyan kelimelerle konuşulmasını, ciddiyetten uzak acemilikler gibi değerlendiriyordu. Kadızâde'nin dilinde böyle bir ihmal görmüş ve rahatsız olmuştu. Sinirlendi:

– Merak değil, endişe ediyorum...

Sonra yüzüne bakmış, sözlerindeki imâyı kavrayıp kavramadığını görmek istemişti. Kadızâde'nin yüzü rahattı. Ya Adnan Bey'in ne demek istediğini kavrayamamış ya da ne olursa olsun önemli bir hizmetin görevlisi olduğunun farkına varamamıştı.

Cadillac hızla yola koyuldu...

Bu yolun sonunda sahibini arayan kadın bekliyordu...

* * *

Ankara o gece, hiç beklenmeyen bir yağmurla karşılaştı. Rinda sokağa çıkmış, taksi bulabilmek için telaşlı adamlarla yolun iki yanına koşup geri dönmeye başlamıştı. Gecenin yarısında bardaktan boşanırcasına şiddetlenen yağmurda göz gözü görmüyordu. Taksi bulma telaşıyla Ayhan Hanım'ı evde yalnız bıraktığı için huzursuzdu. Ayhan Hanım, bütün acısına rağmen çığlıklarını kontrol ediyor ve dişlerini sıkarak çocuğun doğmasına yardımcı olmaya çalışıyordu. Doğumun kolay olmasını temin için sıcak banyo yapması önerilmiş ve belli sürede bunun tekrarlanmasını isteyen doktorun tavsiyesini keyfine göre uygulamıştı. Bu tedbirsizliğin kaçınılmaz sıkıntısı kendini çok vakitsiz göstermişti. Çocuk erken geliyordu.

Rinda Doktor Alaaddin Bey'i aramış; ancak, ulaşamayınca paniklemişti. Aklına ilk gelen şey, Ayhan Hanım'ı bir an önce hastaneye yetiştirmekti. Ayhan Hanım çocuğu evde doğurmak için ısrarlıydı. Hastaneye gidip bir siyasî olaya sebebiyet vermemek için direniyordu. Adnan Bey, çocuğun mutlaka doğmasını istemiş ve bu konuda görev alması muhtemel bütün ilgilileri uyarmıştı. Mükerrem Bey, Adnan Bey'le birlikte İstanbul'daydı. Ayhan Hanım'ı, hamileliliğinin ilk gününden beri izleyen Doktor Alaaddin Bey, bir başka hastasının âcil doğumu için hastaneye gitmişti. Ayhan Hanım'ın sancıları giderek artıyor, erken doğumun getirdiği sıkıntılar yoğunlaşıyordu. Tehlikeli bir doğum yapacağının telaşına kapılan Ayhan Hanım son çâreyi Adnan Bey'i aramakta buldu. Numarayı Rinda'ya çevirtip, ahizeyi kulağına dayadı.

Tek bir fısıltı duysa, dişlerinin arasında hapsettiği çığlığı koparacaktı. Biliyordu ki fazlasına gerek yoktu; Adnan Bey, bu sevdâlı çığlığı duyunca hızır gibi yetişecek ve pirinç karyolanın topuzlarını tutup, şefkatli bir hayır duayla Allah'a yalvaracaktı. Beklediği ses kulağına ulaşmıyordu. Rinda'yla göz göze geldiler. Suskun iki kadın, çâresiz kalışın acısını paylaşmaya hazırdılar. Sevgisiz kalışın acısında filizlenen bu ortaklığın ilk firesini Rinda verdi. Gözlerindeki yaşlar boşandı. Ayhan Hanım hâlâ metanetini koruyor ve mutlaka bir ses duyacağının emniyetini sürdürüyordu. Yeniden numarayı çevirtti. Ses yoktu... Adnan Bey'in kendisine verdiği özel numara da cevap vermiyordu. Sevdiği adama ulaşamamanın sıkıntısıyla kıvranmaya başladı. Sancısı artıyor, ama hiçbir bedenî ıstırap, Adnan Bey'e ulaşamamaktan kaynaklanan endişeli yorumun acısını bastıramıyordu.

Ahize elinden düştü. Çığlığını bıraktı:

– Gene mi onunlasın?

Rinda bir köşeye sinmiş, gözlerini bir noktaya dikmişti. Kapı tokmağının dönüp, dışardan bir sevinçli haber gelmesini bekliyordu. Saatlerden beri çığlık çığlığa inleyen Ayhan Hanım'ın bir an önce kurtulması için bildiği bütün dualar dudaklarındaydı. Ayhan Hanım, erken doğumun ağrılarına tahammül etmek için elinden geleni yapıyor, ama bir türlü doğum gerçekleşmiyordu. Normal doğuma henüz bir aylık süre varken başlayan sancılar, Ayhan

Hanım'ı telaşa vermişti. Gerçi Adnan Bey, her zaman annenin ve çocuğun sıhhatinden emin olmak istemiş ve hamileliği hakkında sık sık bilgi almıştı, ama erken doğum, hiç de hatırda olmayan ihtimal olarak gerçekleşmişti.

Çocuğun doğumu gerçekten zordu. Ters gelmişti. Kasıklarına batan sancı, hızla vücudunu sarmış ve hiç beklemediği anda bütün gücünü elinden almıştı. Bir çığlık daha yükseltti:

– Rinda!..

Kürt kızı alesta bekliyordu; hemen koştu. Odanın karanlığında Ayhan Hanım'ın yataktan kalkmaya çalışan siluetini gördü. Işıkları yakınca siluet hemen şekil değiştirmiş, bütün ıstırapları göğüslemeğe hazır güçlü bir kadının heykeline dönmüştü.

Rinda korktu; Ayhan Hanım'ın gözlerinde endişe vardı ve sesi çâresiz kalmış gibi mahzundu:

– Erken geliyor!..

Maçka Caddesi'ne giden yollar kesilmişti. Ralli Apartmanı âdeta gözaltına alınmış, caddeye giren çıkanlar gizlice izlenmişti. Teşvikiye Camii yatsıya hazırlanıyordu. Sağanak yağmurun altında avluya gelenler caddenin böylesine kontrol altına alınmış olmasına şaşırmışlardı. İri çınarların yaprakları, yağmurun şiddetiyle avluya düşmüş, hemen her ağacın dibinde turuncu yapraklar birikmişti. Avluyu aydınlatan sokak lambası bu gece sönüktü. Fevziye Mektebi'nin çocukları akşam etüdünden çıkmış, şenlikli şarkılarla yatakhanelere doğru koşuyorlardı.

Ralli Apartmanı'nın ışıkları ölgündü. Perdeler kalın ve kapalıydı. Bir kızıl perde sessizce açıldı ve dâvetkâr bir ışık belirdi. Bu ışığın siluetinde, meraklı ve sabırsız gözlerle caddeyi seyreden güzellik göründü. Onun da bakışlarında heyecanlı ve ürkek sabırsızlık vardı. Usulca çekildi, yeniden perdelerin gölgesine sığındı.

Gölgelerdeki sır, sahibini arayan kadındı...

Uzun boyluydu. Hatlarında insanı hayran bırakan sıcak bir dâvet vardı. Yüzünde ahenkli süzülüşün çizgileri bütünleşmişti. Nazlı ve kararlı bir bekleyişle bu akşamın hatırını sayacak ama sahip olduğu bütün güzellikleri sergilemeyecekti.

Öğleye doğru telefonu çalmış ve beklediği müjde verilmişti. Sahibini arayan kadın, telefondaki âşina sesi tanıdı:

– Teşekkür ederim Rıfat Bey! Tam zamanında aradınız; ben de çıkmak üzereydim.

Sonra derin nefes alıp, romanlarındaki üslupla cevap verdi. Sesine mecalsiz bırakılmış kadın gururunun arzularını kattı:

– Beyefendiye hasretimi ve saadetimi lütfen arz ediniz!..

Rıfat Bey, başvekilin âni bir kararla İstanbul'a gelmekte olduğunu Suzan Hanım'a bildirmiş, hattâ vefalı bir arkadaş hukuku içinde, sinirli sevgilinin teskine ihtiyacı olduğunu da açıkça söylemişti.

Suzan Hanım mutluluk içinde telefonu kapattı. Çalışma odasına doğru yürüdü. Koridor aynasının karşısında durdu; kendini seyretti. Bu seyir, yazmakta olduğu son romanının kahramanı Sanera'ya ne kadar benziyordu. Suzan Hanım küçük bir kadın lezzeti daha tatmak istedi:

– Anlaşıldı! Başvekil Yahya Kemal'i yeniden okumuş. Bu kere Mehlika Sultan'a âşık bir genç gibi geliyor.

Suzan Hanım'ın ruh derinlikleri, aynaya akseden sûretin hatlarında gizlenmişti. Birbirlerine güldüler. Bu tebessümden bir ilhâm ışığı doğdu. Suzan Hanım, üstü yeşil meşinle örtülü maun masaya oturdu ve bu ilhâmın romana mânâ veren hatırşinas tasvirlerini yazmaya başladı. Kelimelerde hasret ve saadet terkibi vardı...

Geceyarısı...

Ay ışığı Razminar'ın evine çıkan geniş mermer basamakları donuk bir ılıklıkla kaplıyor. Büyük giriş kapısının kanadı açık... İçerde, tavana asılı mor ışıklı bir fener, duvarda kaplan postları... Karşımda kızıl bir perde... Kızıl perdeyi aralıyorum. Köşelerden birinde yanan kandille aydınlanmış geniş bir yatak odası. Odanın ortasında, muhteşem bir taht gibi yükselen, kızıl ipeklerle kaplı büyük bir yatak... Yaldızlı sütunlarla tavana bağlanmış yatakta atlas yastıklara dayanmış Razminar duruyor. Üstünde beyaz ipek bir pijama var. Yarısına kadar içtiği içkisini, yatağın yanındaki sedef masaya bırakarak kalkıyor. Gözünde aynı bakış, dudağında aynı tebessüm... Ölçülü vücuduyla tezat yapan kalın elini uzattı:

– Nihayet geldin Sanera, diyor...

İçimi ürperten bir ses!..

Kartal bakışlı gözleriyle ruhumu en derin hücresine kadar tanıyor. Birbirimize dalmış duruyoruz. Hangimizin daha evvel konuşacağını, ne konuşacağını düşünüyormuşuz gibi... Etrafımızda kızıl oda, kandilin dalgalandırdığı şehvet akisleri... Altın sütunların birine dayanarak beni yavaşça kendisine çekiyor. Mecalsizce bırakıyorum vücudumu...

Dudaklarım, sayısızca tene değmiş dudaklarım, çoktandır tadılmamış zevklerin en benzersizine dalıyor...

Suzan Hanım kalemini masaya bıraktı. Bir seviyeli vuslatın keyfini sürüyormuş gibi yatak odasına yürüdü. Yeniden boy aynasının karşısına geçti. Al ipekten sabahlığın kuşağını çözdü. Aynada bir sedef cennetin derinliği uzanmıştı. Bu cennet artık Razminar'ındı... Bu cennette imanla, ihtirasın; huzurla, isyanın; şefkatle, şehvetin cengine hazırlanan Sanera vardı...

Yağmur durdu. Yatsıyı kılanlar daha yavaş adımlarla camiyi terk ettiler. Anlaşılan beklenen misafir ziyaret edeceği yere varmış ve polisler tetikte bekleyen keskin bakışlarını gevşetmişti.

Razminar, Sanera'nın elinden tutup birlikte pencereye yaklaştı. Zemindeki kızıl ışık, simsiyah bir sırdaşlığa dönmüştü. Şimdi yeni bir İstanbul seyrediyordu. Artık karşısında, ne avuçlarında şerbetini sızdırdığı, ne de mengene gibi sıkıp canını yaktığı İstanbul'dan eser yoktu. Kâinat bir huzurlu karanlığa gömülmek üzereydi. Dışarıda sinsi rüzgâr çınarların dibinde biriken turuncu yaprakları savuruyordu. Bulutlar dağılmış, o hatırşinas laciverdin gergefine serpilmiş yıldızlar İstanbul'u aydınlatmıştı.

Dönüp Sanera'ya baktı. Gözlerine târifi olmayan bir aydınlık yerleşmişti. Kandilin dalgalandırdığı ışıkların ortasına oturttu. Işıklar yüzüne düşmüş ve yeni bir târif kazanmıştı. Sanera artık, Renoire'ın nü'lerini andıran güzelliğin ihtişamıydı. *Çıplak Göğüslü Gabriella* tablosu yeni baştan boyanıyormuş gibi etrafta sabırsız bir bekleyiş sancısı vardı.

Geride hafif kırmızıların karıştırıldığı bir kahverengi duvar, yeşillerin, sarıların karıştırıldığı bir başka kahverengi duvarla birleşmiş, köşenin koyuluğuna Sanera oturtulmuştu. Siyah saçlar toplanmış, boynunun ince ve uzun sedefini ortaya çıkaran şuhluk içinde geriye atılıp sırtında tel tel dağılmıştı. Küçük boncuklardan dizilmiş kalın bir kolye gerdanını sarıyordu. Ucundaki kalp, bir saltanat tahtına uzanmış gibi göğüslerinin arasındaki düzlüğe yerleştirilmişti. Sanera'nın teninde, seviyeli bir teslimin izleri vardı. Memelerinin ucuna henüz olgunlaşmış birer böğürtlen konulmuş, göğüsler bir hasretli mâceranın meydanları için sertleşmişti. Sanera, sabırsızlık ve arzu içindeydi. Parmağındaki evlilik yüzüğünde iri bir yakut göz alıyordu.

Suzan Hanım, Adnan Bey'i seyretti. Önce parmağındaki yüzüğü çıkarmayı düşündü, sonra vazgeçti. Sadece boynundaki kolyenin kilidini çözdü. Sesinde bir tecrübenin özeti vardı:

– Eğer erkek sessizse, utangaç biridir...

* * *

Rinda nihayet Doktor Alaaddin Bey'e ulaşmış ve durumu iki kelimede özetlemişti:

– Hanımefendi doğuruyor!

Doktor Alaaddin Bey böyle bir ihtimali hiç düşünmemişti. Doğumun beklenen günde gerçekleşeceğini bekliyordu. Bu telefon, ummadığı zamanda gelmiş ve telaşa kapılmasına neden olmuştu. Hastanede yer ayırttı. Sorumluluğu tek başına yüklenmek istemiyordu. Çağrıldığı hasta, Başvekil Adnan Bey'in çocuğunu karnında taşıyan önemli birisiydi ve doğması muhtemel bir hatanın faturası çok yüksek olabilirdi. Hemen telefona sarılıp İstanbul'u arattı:

– Ölüm kalım meselesidir. Hemen Zeynep Kâmil Hastanesi başhekimi Fahri Atabey'i bağlayın.

Alaaddin Bey bütün meslekî maharetini kullanıyor, ama ev şartlarında olmaması gereken böyle bir doğumun sorumluğunu yüklenmenin sıkıntısını çekiyordu. Bütün gücüyle Ayhan Hanım'a bağırdı:

– Biraz daha dayanın, geliyor...

İlk çığlık duyuldu. Bebek doğmuştu. Erken doğumun sıkıntı yaratacak bütün olumsuzlukları bebeğin yüzünde ve vücudunda hemen fark ediliyordu.

Doktor Alaaddin Bey, Fahri Bey'e ulaşmış ve hastanın zor bir doğum gerçekleştirdiği haberini vermişti:

– Doğum çok zor oldu. Sekiz aylık bir bebeğin yaşamasını çok zayıf ihtimal olarak görüyorum.

Fahri Bey, Zeynep Kâmil Hastanesin'in güvendiği bir hekimini de yanına alarak geceyarısı Ankara'ya doğru yola çıktığını Adnan Bey'e duyurmak istedi. Başvekilin nerede olduğunu tahmin etmiş ve doğrudan orayı aramıştı. İlk haberi Adnan Bey'e ulaştırdı:

– Gözünüz aydın! Bir oğlunuz daha oldu.

– Kulağına ezan okuyunuz.

Sonra ekledi:

– Adını Ayhan Hanım koyacaktı; anlaşmamız öyleydi.

Ayhan Hanım hâlâ acılar içindeydi. Bebek kucağına verilince sıkıntılarından kurtulmuş gibi rahatladı. Yavruyu bağrına bastı. Yüzüne uzun uzun baktı:

– Adnan Beye' ne kadar benziyor... Adını "Dünyam" koyuyorum...

Bebeğini yanına aldı. Ve dinlenmeye daldı. Bedeninin acıları dinmiş, ruhunun ıstırapları başlamıştı.

* * *

Razminar, olanca gücüyle sarıldı. Vücudunu saran güçlü kollarda, boynunu yakan dudaklarda, şehveti heceleyen seste sıcak bir nefes gibi Sanera dolaştı. Titredi.

Karanlık gecede tenlerin rengi belirsizdi.

Birbirlerine dalmışlardı. Kızıl odada kandilin dalgalandırdığı şehvet akisleri titriyordu. Sanera kendini Razminar'ın kollarına bıraktı. Ten mecalsizdi, ruh mecalsizdi...

Teşvikiye Camii'nin minaresinden yükselen ses tüyler ürpertecek kadar bir ilâhi davetle yankılandı:

– Allahuekber!

Sanera misafirinin uyandığını gördü. Her sabah erken saatte yollara dökülüp kendini yalnız bıraktığını biliyor ve bir türlü düzeltilmek imkânı olmayan bu kısa vedalı akşam ziyaretlerini hemen özlüyordu.

* * *

Alaaddin Bey endişeliydi. Çocuğun durumunu iyi görmemiş ve acele hastaneye kaldırılması gerektiğine karar vermişti. Ayhan Hanım kucağında acı içinde kıvranan çocuğun birdenbire susmasından endişeye kapıldı. Alaaddin Bey hastaneyi arayıp ambulans göndermelerini istedi.

Ayhan Hanım çocuğunu kucağına aldı. Uzun uzun seyretti. Yüzündeki çilleri öptü. Kızıl saçlarını okşadı:

– Şeftali gibi yanakların var senin. Baban öyle sevinecek ki!..

Doktora döndü. Bir şükranı dillendirecekti.

– Sağ ol doktor! Bütün değerlerimin yüceldiği en muhteşem varlığım bu... Dünyam benim...

Telefon çaldı. Adnan Bey doktora teşekkür etmiş, ancak bebeğin ciddi bir sağlık sorunu yaşadığını öğrenince rahatsız olmuştu. Erken doğum hiç hatırda olan şey değildi.

Sabahın ilk ışıklarıyla birlikte Ayhan Hanım sevinçli değerlerini kaybetmiş, giderek tahammül edemeyeceği acı sona yaklaştığını anlamaya başlamıştı. Caddelerin telaşlı gürültüleri başlamıştı. Herkes işine yetişmek için koşuşturuyorlardı.

Ayhan Hanım'ın çığlığı yükseldi:

– Hayır olamaz...

Çığlık sanki Sağlık Sokak'ın bütün pencerelerinden içeri girip komşuları uyandırmış gibiydi. Etraf, bir anlık bir ışık cennetine dönmüş, sonra, amansız cehennem karanlığı yeniden basmıştı. Bebek annesinin kucağında hayata gözlerini yummuştu. Kapı açıldı. Fahri Bey yanında bir iki doktorla beraber içeri girmiş, ancak yapacak bir şey olmadığını görünce Adnan Bey'i arayarak acı haberi tecrübeli bir hekim sükûnetiyle bildirmişti:

– Başınız sağ olsun efendim...

* * *

Sanera, yol için her şeyi hazırlamıştı. İki araba olarak gitmeyi kararlaştırmışlardı, Önce Sanera yola çıkacak, birkaç saat sonra Razminar yola koyulacaktı. Böyle olmasını Sanera istemiş, bir sevdâ iptilasında Razminar'ın dillere düşmesini önlemeye çalışmıştı. Sanera'nın iri lacivert bakışında hiçbir anlamı yansıtacak heyecan yoktu. Gözlerinin derinliğine indikçe kendi istediğinin bütün değerlerini, bu hâreli laciverdin tenha çizgilerine yerleştirip duygularını gizleyebiliyordu. Bu maharetinin farkına çok genç yaşlarda varmış ve bu lezzeti tattığı bütün mâceralarda insanları büyüleyen bir bakışın nelere mal olabileceğini görmüştü. Gözlerinin ucunda, tek bir insana kilitlenmiş arzu vardı. Ve bu hasret inanılmaz bir vuslat lezzetine kavuşmak için heyecan içinde çırpınıyordu.

Yola çıkmıştı. Razminar, sevdiği kadını çocukluğunda lezzetlerini sonuna kadar tattığı kentin küçük bir sahiline götürüyordu. İki tepe arasında, kayalık bir koyda, denizin hemen üstünde, dışı mermerle kaplı bir evin mahremiyetine gireceklerdi.

Sanera eve girdi. Yeni yazacağı roman için aklının köşesine bu renkleri sıralamayı düşüdü. Gözlerini kapadı ve derin bir nefesle bütün renkleri hafızasının derinliğine not etti. Hafızasında sadece tek renk vardı: mavi.... Mavinin her türlüsü... En açığından en koyusuna, en uçuğundan en canlısına kadar mavi cennetinin renklerine kendini bıraktı. Safirler, akuamarinler, turkuvaz bütün ahenkleriyle Sanera'nın tenindeydi ve bu ten Razminar'ın sıcak ve hırslı dokunuşlarına hazırlanıyordu.

Yatak odasına doğru yürüdü. İşte arzuladığı kızıl cennet buydu. O cennetin kızıl çarşaflarına kendini bıraktı... Kızgın tenlerin sesi dalgalara karıştı. Kendine sevinçli bir teselli buldu.

– Razminar! Hızlan artık... Bir deryâ içimiz...

* * *

Cenaze namazı Cebeci Mezarlığı'nın mescidinde cemaatsiz kılındı. İmam tevekkül adâbının hükmünü yerine getirdi:

– Beş saat zar zor yaşamış bir çocuğun ne günahı, ne hakkı olur...

Helalleşmeye gerek görmedi. Sadece, cenazeyi getirenlere sordu:

– Adı neydi garibin?

Rinda'nın çığlığı yükseldi:

– Dünyam!..

Çığlık bütün Ankara'yı dolaşmış ve Ayhan Hanım'ın bitkin vücudunu kucaklayıp yeni bir can üflemiş gibi güç vermişti. Ayhan Hanım'ın çığlığı yükseldi:

– Dünyam benim!..

* * *

İzzet Bey bütün hiddetiyle partiye verip veriştiriyordu. Bir gönül bahsi açmış gibi heyecanlı ve ümitliydi. Önce karşısındakinin tavrını ölçecek, eğer durumu uygun görürse aklındakileri sıralayacaktı. Son günlerde gelişen olaylar herkesi tedirgin etmiş ve parti grubunda içten içe patlamaya hazır volkana dönüşmüştü. Eğer olaylar, herkesin kabul edeceği sükûnete kavuşturulamazsa ilerisi için tehlikeli gelişmelerin kapısını açabilirdi.

Mükerrem Bey, soğukkanlılığını korumaya çalışıyor, İzzet Bey'in anlatacaklarını merak ediyordu. Olaylar çığırından çıkmıştı ama, partiyi tehlikeye düşürme noktasına gelmemişti. Bütün kuşkusu İzzet Bey'in bu dönüm noktasını hızlandıracak davranış içine girmesi ihtimaliydi. Kendisini sâkinleştirecek birkaç güzel söz, gönül alıcı bir iki güleç bakış, istediği sonucu sağlayabilirdi.

Gruptaki istifa olayı sonrasında beklenen sükûnet gelmemiş, aksine alttan alta bir kazanın kaynatılması için gerekil kıvılcım çakılmıştı. Şimdi küçük ve içten içe yanan bu alev birden parlayacak ve söndürülmesi imkânsız bir yangına dönecekti. Şemi Ergin'in ürkek tavrı, Ethem'in yorumlanması mümkün olmayan hissiz ve hareketsiz yüzü, Namık'ın küskün duruşun gerisinde içten içe haksızlığa uğradığı şikâyetleri, Samet'in kimseyi haklı görmeyen böbürlü tavırları gruptaki huzursuzluğu artırmış, kimsenin kimseye güvenemediği bir vehim girdabı yaratmıştı.

İzzet Bey, cumhurbaşkanı tarafından çağrılmış, misafir olduğu öğle yemeğinde uzun uzadıya tartışma fırsatı bulmuştu. Bayar, Menderes'in başvekillik üslubunu inceden inceye eleştiriyordu. Önce Tanzimat sadrazamlarını örnek gösteriyor, onların emek ve hizmetlerini şükranla anıyor; sonra bu kadroların şöhret olma emelleriyle memlekete nasıl zararlar verdiklerini anlatıyordu. Mesele bir başvekilin kısa sürede halkın sevgilisi haline gelmesi değildi. Halk kendisine yaltaklanan herkesi severdi. Halk kurnazdı, çıkarcıydı ve yüze gülücüydü. Böyle bir halkın desteğini arkasına almış olmayı demokrasi için bir fırsat değil, aksine aşılması imkânsız engel gibi görüyordu. Böyle bir desteğin varlığında, başvekili saptırmaya meraklı bir kadronun oluştuğu endişesindeydi.

Bayar yemek boyunca çok ince bir üslupla bu telkinlerde bulunmuş ve cesaret verici kapıyı aralamıştı;

– Biz Demokrat Parti hareketini başlattığımızda bugün Meclis'i dolduran milletvekillerinin yarıdan fazlası CHP'nin eşrafı, esnafı, memurlarıydı. Ama hiçbirinin halkı devlete hâkim kılacak teşebbüsleri yoktu. Bu üslubu biz getirdik. Kaybedilmesine asla müsaade etmem.

Bayar, sesine geçmişin gizli mâceralarında siyaset yapmış adam hüviyeti verdi:

– Ben Cumhuriyet'e başvekillik yaptım Akçal!.. Ben Gâzi'ye başvekillik yaptım... Meclis'in neredeyse tamamı askerdi. Emir komuta disiplininde siyasetin istenen kıvraklığı yaratamadığını gördüm. İttihatçı siyasetinde de emir komuta hâkimdi... Böyle bir zeminde halkın devlete hâkim olmasının mümkün olmadığını gördüm. Gördüğümü Gâzi'ye anlattım; İnönü'ye anlattım. Bütün emelim, demokrat bir siyaset idrâki yaratmak ve hukuku hâkim kılmaktı.

Mükerrem Bey, Akçal'ın aktardığı sözleri dikkatle dinlemiş; ancak hüküm cümlesinin eksikliğini görmüştü.

– Bunlar güzel sözler İzzetçiğim. Zaman zaman beni de çağırır ve benzer meseleleri tartışır. Samet'i de çağırdı. Ethem'i de çağırdı. Dikkat et; hepimiz beyefendinin yakınlarıyız... Bütün mesele bizimle tartıştıklarını beyefendiyle tartışmak istemeyişidir. Kurnazdır; arada bir mesafenin bulunmasını ister ve daima kendisine geniş bir manevra alanı bırakır. Bizler onun manevra alanlarıyız... Yorulmak istemediği yerde bizi koşturur. Bunu da bir iltifat gibi hissettirir.

İzzet Bey, meselenin böyle ele alınmasını hem beklemiyor, hem istemiyordu. Bayar yemek boyunca Cumhuriyet'in adâlet ahlâkından söz açmış ve hukukçuların siyasette büyük önem taşıdığını, ama Adnan Bey'in hukukçulara itibar etmediğini ifade etmişti. Bunların küçük bir özetiyle Mükerrem Bey'i etkileyeceğini düşündü:

– Bayar'ı önemli bir adâlet ahlâkçısı gibi dinledim ve doğrusu etkilendim.

Bayar yemek süresince, hukukçuların önemi üzerinde durmuştu. Demokrat Parti'yi kurarken hukukçuların öne çıkması için gereken tedbirleri aldığını ve Anadolu'nun her ilinde, ilçesindeki itibarlı hukukçuları partiyi kurmaya ve yönetmeye davet ettiğini anlatmıştı. Çünkü hukukçuların meseleleri etraflıca kavramak ve değerlendirmek kabiliyetini iyi kullandıklarına inanıyordu. Her medeniyetin kendi şartlarında yetiştirdiği hukukçular ancak o ülkenin istenen nizâmını kurabilirlerdi.

İzzet Bey bunları anlatırken Mükerrem Bey birden sözünü kesti:

– Cevdet Paşa'nın hukukta tefrik kabiliyetini de anlattı mı?

İzzet Bey müdahaleden rahatsız oldu ve sert tavır takındı:

– Nereden çıktı şimdi bu?

Mükerrem Bey yumuşak bir lisanla özetledi:

– Geçen hafta Osman Şevki'yi çağırmış. Sana anlattıklarını aynen ona aktarmış ve görüş istemiş... Hukukta hata işlenirse sadece nizâm elden gitmez, memleketin iktisadiyatı, edebiyatı, kültürü, ahlâkı, hülâsa kıymetli olan her şeyi kirlenir demiş... Osman Şevki başvekile aktarırken işittim...

Mükerrem Bey masanın çekmecesinden bir kâğıt çıkardı, İzzet Bey'e uzattı:

– Bunu bana Fuat Hulusi Bey vermişti.

İzzet Bey, eline tutuşturulan kâğıda baktı; gözlerinin önünde Hayyam'ı, Mevlânâ'yı andıran bir üslup zarafeti ve muhteva zenginliği vardı. Bu rubaînin her mısraında bir zaman idrâki hissediliyordu ama, hüküm cümlesi ilâhî takdirin ikazıydı.

– Biliyor musun İzzet, herkes tahtını, kendi bahtı sanmanın kalıbında yanılır. Üç beş senenin keyfine aldanış böyle başlar... Sonunda hepimiz bir yol yorgunuyuz; er geç menzile varırız; ama, baht dediğin takdiri ilâhî yazdığı fermanı değiştirmez...

İzzet Bey, Erzincan Savcılığı'nda tanıdığı yaşlı katilin sözlerini hatırladı. Gerekçesini kimsenin bilmediği bir asabiyetle yaşlı adam geliniyle köy berberini öldürmüştü. İzzet Bey'in sorularını cevapsız bırakıyor, sadece, "Benimkisine kader denir, ama onlar müstahaktı" diyordu. Sorgunun sona erdiği gece İzzet Bey son bir dokunuşla yaşlı adamı konuşturmak istemiş ve "Korktuğun neydi ihtiyar ?" demişti. Yaşlı adam kapının eşiğinde durmuş, uzun süre İzzet Bey'e baktıktan sonra, yavaşça yaklaşmış ve izin istemeden sandalyeye oturmuştu. Sesinde gururlu bir pişmanlık vardı. Hem yaptığının gerektiğine inanıyor, hem de sonucundan üzüntü duyuyordu. Sesinde rastlanılmayan bir incelikle titriyordu:

– Korktuğum bir şey yoktu savcı bey, sadece utanıyordum. Onurlu insanın utancı, başkasına korku gibi görünür...

Sonra İzzet Bey'in gözlerine baktı. Masada duran sigaradan bir tane içmek için izin ister gibiydi. İzzet Bey sigara tuttu ve çakmağıyla yaktı. İhtiyarın derin çekişinde yetmiş yıllık bir mâceranın son nefesi veriliyordu. Çile kadehini doldurur gibiydi. Bir nefes daha çekti, artık çözülmeye hazırdı:

– Savcı bey, ayna diye insanların yüzlerine bakıyoruz. Hangisi bizi daha hoş gösteriyorsa o, hep yaşantımızda olsun istiyoruz. Eskise de, foyası dökülse de onu başka hiçbir süslü yeni aynaya değişmeyiz.

Sonra bir derin nefes daha aldı ve ekledi:

– Birbirimize ayna gibi bakalım. Sen bana, ben sana ne gördüğümüzü söyleyelim. Önce ben başlayayım. Her şeyin anası cesarettir. Hattâ nâmusun bile... Sakın bu cesaretini kaybetme savcı bey...

Söyleyeceklerini bitirmiş, kendisi için ne hüküm verildiğini önemsemeden kalkmış ve başını eğerek şükran belirtmek istemişti. Sesinde sevdâlı günlerin delikanlılığı vardı:

– Herkeste kusur buluruz. Önemli olan kendinde kusur bulmaktır. Senin de kusurların var, ama cesaretini korursan, nâmusuna kimse bir şey diyemez.

İzzet Bey, yaşlı katilin saygılı hatırlatmasına verebilecek cevabı olmadığını düşündü. Kaderin hükmünü yazan kudrete sığınmış ve başını eğerek fısıldamıştı:

– Baht bir kere yazıldı mı bir daha değişmiyor...

İzzet Bey kâğıdı Mükerrem Bey'e iade etti. Fuat Hulusi Bey'in zaman zaman kendisine gönderdiği rubaîlerden birini hatırladı. Dilinde o rubaînin sıcak vezni vardı:

– Haklısın doktor! Her aynada bir sır yaşanır. Bazen bir lütuf, bazen bir kahır gibi gelir... Ama insanın ahlâkındaki değer sağlamsa, ömrün ha bir lahza olmuş, ha bir asır, fark etmez...

Mükerrem Bey de neredeyse aynı kelimelerle aynı hatırlatmayı yapmaktaydı.

– İzzet Bey, pek az insana gıpta etmişimdir, ama size hayranlığım bile var. Her insanın yüzüne ayna gibi bakar, kendimizde husûsiyet ararız. Cesaretinizi kıskanıyorum, lâkin bu sabırsızlığınızın sizi hataya düşüreceğinden endişeliyim.

Mükerrem Bey'in, İzzet Bey'de sabırsızlık diye gördüğü şey, 6/7 Eylül sanıklarının hâlâ sorguya alınmayıp, nezarette tutulmaları ve kimseyle görüştürülmemeleriydi. Aileleri can korkusuna kapılmış, birkaç dakikalık görüşme talepleri cevaplandırılmamıştı. İzzet Bey meseleyi bir siyasî ayıp, hattâ küstahlık gibi basit görmenin tehlikesine işaret ediyordu. Menderes'i çileden çıkaran sözleri bu kızgınlık içinde söylemiş ve kulağına gideceğine emin olduğu kadronun yanında sesini gereğinden fazla yükseltmişti:

– Bir insanın ihtirasını anlarım, ama üç beş zibidinin sözüyle memleket idaresini siyaset olarak göremem...

Mükerrem Bey bu sözün kapsamında kendisinin de yer aldığı üzüntüsüne kapıldı. Adnan Bey'in yakın çalışma arkadaşı olması, siyaset planlamasında içtenlikle görüşlerini belirtmesi ona yakınlık imtiyazı vermişti. Ama, hayatının hiçbir safhasında Adnan Bey'e yanlış yolu telkin eden zibidiliği söz konusu olmamıştı. Bunu uygun bir dille İzzet Bey'e hatırlatması gerekiyordu. Aksi halde konuşmaları hem lezzetten, hem hürmetten mahrum bir seviyesizliğe düşecekti.

– İzzet Bey, kimseye tuzak kurmadım; kimseyi inanmadığım şeyin peşine düşürmedim. Kimseyi kalıbının dışında olmaya yöneltmedim ve kimseye seviyesinin üstünde itibar etmedim. Buna siz de dahilsiniz...

İzzet Bey, seviyeli konuşmanın çığırından çıkabileceğini fark etti. Mükerrem Bey'i sıygaya çekiyormuş gibi izlenimler yaratmaya hiç niyeti yoktu ama, rubailer sanki bir ihtilafın mutlaka bu masada çözülmesi gerektiğini telkin eden üsluba dönüşmüştü. İzzet Bey'in sesinde yıllar önce Erzincan'da savcı olarak hesap sorduğu yaşlı katilin sâkin ve sabırlı tabiatı vardı; "Verdiğiniz kararın cesaretini göster savcı bey " demişti.

Mükerrem Bey ileride doğması muhtemel ihtilafları şimdiden bertaraf etmek için kendi konumunu tanımlamak istedi:

– Ben cesaretimi korudukça, sözlerimin muhasebesini iyi yaparım.

İzzet Bey, böyle bir hatırlatmanın gereği olmadığını düşünüyordu. Son hükmü verme hakkını sürekli kendinde gören Mükerrem Bey'in, bazen bir üslup disiplinine davet edilmesi gerektiğini düşünmüştü. Fırsat önündeydi ve bunu kaçırmaması gerektiğini fark etmişti:

– Doktor! Ben senden karar cesareti değil, aklıselim isabeti bekliyorum. Siyasette, farkı tefrik denilen kabiliyet, bu isabette kendini gösterir...

* * *

Adnan Bey, Mükerrem Bey'in telaşla otel kapısından içeri girdiğini gördü. Başkalarının hayret edeceği böyle bir telaşı sergilemekten çekinmemiş, doğruca başvekile yanaşmıştı:

– Ayhan Hanım Hamburg'a gitmiş...

Onlarca hafiyenin gözlediği ağır baskıdan nasıl fırsat bulup kimseye haber vermeden kaybolabilmişti. İçişleri bakanı uyuyor muydu? Emniyet genel müdürünün ülkede ne olup bittiğinden hiç mi haberi yoktu?

Merakla sordu:

- Sebep?

Mükerrem Bey hemen asıl konuya girip özetlemek istedi:

– Sanırım Teşvikiye ziyaretlerinizi kendisine ulaştırmışlar.

Adnan Bey bu ihtimali düşünmüş ama, Ayhan Hanım'ın böyle bir gerekçeyle her şeyi yüzüstü bırakıp ülkeden uzaklaşacağına ihtimal vermemişti.

– Sen nasıl öğrendin doktorum?

– Hamburg konsolosunun eşi tesadüfen görmüş. "Beyefendinin acaba bir talimatı olur mu?" diye beni aradı. Kendisini Almanya'da ihtisas yaptığım yıllardan tanırım. Çok vasıflı ve demokrat bir hanımefendidir.

– Kendisiyle görüşmemde bir mahzur var mı?

– Elbette ki yok; ama müdahalenizin gerektirdiği ehemmiyet, konsolos beyi aramayı gerektirir diye düşünüyorum.

Adnan Bey ne demek istendiğini anlamış ve Hamburg konsolosunun bağlanmasını istemişti. Mükerrem Bey tekrar müdahale ihtiyacı duydu:

– Olaydan Fatin Bey'in mutlaka haberi olacaktır. Bari ilk sizden duymuş olsun.

Adnan Bey hak verişini başını sallayarak gösterdi; telefona kendisi uzandı ve numarayı çevirdi:

– Fatinim! Sana ihtiyacım var; hem de âcil...

* * *

Yataklı vagonun sürmeli kapısı sert bir gıcırtıyla açıldı. Dar koridorun ucunda bekleyen kondüktör, geri çekilip yol verdi. Gövdeli şair büyük zevk aldığı İstanbul dönüşlerinden birinde birkaç kadeh içip yatağa uzanmayı düşünmüş ve yemekli vagona gelmişti. Masalarda oturanların çoğu Demokrat Parti'nin fırtına koparan silahşörleriydiler. Aralarından geçerken sadece burnunun dikine gidiyor, hiçbirine selam vermeyi düşünmüyordu. Birden gözleri Fuat Hulusi Bey'e takıldı. Dört kişilik bir masayı üç kişi doldurmuşlardı. Doktor Mükerrem Sarol, İzzet Akçal yan yana oturmuş, Fuat Hulusi Bey'le hararetli tartışmaya girmişlerdi. Sesleri kısıktı ama, yüzlerinden sıkıntılı konuları tartıştıkları belli oluyordu. Bir hafta evvel kontrolden çıkmış bir öğrenci hareketi İstanbul'un altını üstüne getirmişti. Bu hareketin önceden planlandığı her halinden belli oluyordu. Gözdağı verilmek istenen azınlık perişan edilmişti. Ölçü elden kaçınca başvekil ve cumhurbaşkanı bu sorumsuz müdahaleden kendilerini sıyırmak için, işi solcuların üzerine atarak kurtulmak yolunu seçmişlerdi.

Yahya Kemal Bey, 6/7 Eylül olaylarının Meclis'teki görüşmelerini yakından takip etmiş ve alınan kararla hiçbir sonuca varılamayacağını görmüştü. Birkaç ay evvel Park Otel terasında siyasetin hassas meselelerini tartıştığı ciddi başvekilin yerini, telaşlar içinde çırpınan acemi bir delikanlının aldığını görüp üzülmüştü. Meclis görüşmelerinin asıl gerçeği aramadığı hemen fark ediliyordu. Bir iki civcivli celse, bir iki istifayla bütün tertiplerin üstü örtülecek ve Cumhuriyet'in en büyük ayıbının üzerine sünger çekilecekti.

İstanbul yorgundu. O gün ne kadar itibarlı ve yetişmiş solcu varsa, alelacele toplanmış ve Sansaryan Han'ın hücrelerinde sıygaya çekilmişlerdi. Meselenin Meclis görüşmelerinde ele alınışı, istenildiği kadar kurnaz bir savunmayla geçiştirilmek istense de arzulanan sonuç sağlanamamış; aksine bu işin bir hükûmet tertibi olduğu kanaati pekişmişti. Hattâ hükûmet sözcüsü Köprülü, bu tertibin kendi düşünceleri olduğunu, ancak ölçünün kaçtığını Meclis kürsüsünden itiraf edecek noktaya gelmişti. Bu itiraf, kendine güvenen bir siyasetçinin dürüst tavır disiplini değil, kontrol edilemez heyecanlar içinde ağzından kaçmış bir siyasî teslimiyet ifadesiydi. Köprülü'nün de korktuğu görülüyordu. Başvekil ve cumhurbaşkanı kadar olayların üzerine gidecek cesareti, belki de tecrübesi yoktu.

Demokrat Parti'nin aklı başında milletvekilleri böylesine bir tertibin sadece partiye değil, ülkeye büyük zararlar verdiğini belirtiyor, ama hiçbiri görüşünü cesaretle başvekile söyleyemediği gibi, bir siyaset zemininde de tartışamıyordu. Bu tavır, artık sinik bir siyaset üslûbu haline gelmişti. Adnan Bey'in grup üzerindeki büyük etkisi birtakım şeylerin cesaretle ortaya konmasını her safhada engelleyebiliyordu. Her an, herkesi teşhire hazır bir ihraç tehdidi cesur sanılan milletvekillerini bile sindirmiş, hepsinde tartışmasız bir itaat terbiyesi yaratmıştı. Bu terbiyenin en sert biçimde yöneldiği kişilerden biri de Köprülü'ydü.

Adnan Bey, Dışişleri bakanının yaptığı konuşmadan memnun kalmamış, grup üzerindeki etkisini kullanarak ikna edici gerekçeler bulma telâşına kapılmıştı. Meclis, keskin bir bağ bıçağı gibiydi. Menderes bu bıçağın sırtında yürüyecek ve kimseyi ateşe düşürmeden sırattan geçirecekti. Bunu bir maharet değil, çok muhtaç olduğu bir tâlih yâverliği olarak düşünmüştü. Şimdi kaderinin en önemli sınav noktasında olduğunu hissediyor, biraz ürkek, biraz heyecanlı tavırlarla etrafında telaş yaratıyordu. Mükerrem Bey, Meclis kulisinde milletvekillerinin son derece gergin olduğunu görmüş, çoğuyla sohbet ederek nabız tutmuştu. Muhalefetin uzun süredir basında yer alan görüşlerinin ve özellikle dedikoduların Demokrat milletvekillerini etkilediği görülüyordu. Patlamaya hazır haldeydiler. Böyle bir kızgınlığı Menderes'in üslubu bile yumuşatamayabilirdi. Endişelerini başvekile ifade fırsatı bulamamıştı. Şimdi sırası geldiğini düşünerek yaklaştı:

- Efendim! Uygun görürseniz bu konuşmayı yapmayın. Milletvekilleri size destek verseler bile, bunu bir hesaplaşmaya dönüştürebilirler...

Menderes, gerginliğinin fark edilmesi endişesiyle söyleyeceklerine tutarlı bir bütünlük kazandıramıyordu. Mükerrem Bey'in endişeli hatırlatmasına kulak asmayan cesaretle daha etkili olabileceğini düşündü. Bu ikircikli doktora bir ders vererek ilk cesareti kazanmayı denedi:

- Bir iki cılız çığlığa teslim oluyorsun doktor!

Mükerrem Bey gerginleşti. Sadece başvekilinin duyabileceği bir tonla tavrını koydu. Bu tavır bir savunma ihtiyacından çıkmış, başvekilin zihninde telaşlı bir siyaset kampanası çalmayı amaçlamıştı:

- Ben nisaiyeciyim! Ömrüm, çığlık çığlığa doğuran kadınlar arasında geçti. Korkunun da, gururun da seslerini iyi tanırım. Bu seslerde intikam var, ihanet var... Sadakat vehmiyle yanılıyorsunuz...

Başvekil, kürsüde biraz telaşlı, biraz savruk bir konuşmayla bu baskını bildiklerini itiraf etmiş, ancak suçu komünistlerin üzerine yıkmıştı:

- İstanbul ve memleket bir komünist tertip ve tahrikiyle ağır bir darbeye maruz kalmıştır.

Meclis'te çıt çıkmıyordu. Başvekil, tutarsızlığı hemen fark edilen bir başka cümleyle milletvekillerini etkilemek istemişti:

- Uzaktan yakından hükûmete mensup herhangi bir şahsın zerre kadar ilgisi olduğu hükmünü verdirecek bir tek delil bile bulunursa sadece hükûmetten değil, insanlıktan bile istifa etmeye hazırız...

Başka şartlarda böyle cümlelerinin ayakta alkışlanmasına alıştırılmış başvekil Meclis'teki sessizlikten ürktü. Hükûmet üyelerine yakınlaşmak isteyen birkaç boynu bükük milletvekilinin cılız alkışlarıyla kürsüden indi. Hükûmet sıralarına oturmak yerine kulise çıkıp bir sigara içmek istedi. Mükerrem Bey, birkaç dakika önce yaşanan azarlama sanki hiç olmamış gibi, yeniden başvekiline kanat germek için önünü kesti:

– Geri dönün efendim! Kulis çok hırçın...

– Konuşmam nasıldı?

– Lüzumsuz risk aldınız.

Menderes sinirlendi. İçerdeki başarısızlığını Mükerrem Bey'e yıkmak için fırsat arıyordu:

– Ne demek lüzumsuz risk? Görmüyor musun Meclis bir mesul makam arıyor?..

Mükerrem Bey aynı ciddiyet içinde daha nâzik bir ifadeyle cevapladı:

– Mesuliyet almakla, risk almak çok farklı şeylerdir.

Daha dikkatli bir sesle sözlerini tamamladı:

– Bunun hesabını soracaklarından şüpheniz olmasın...

Mükerrem Bey böyle sert bir cevap sonrasında yürüyüp gitmek istedi. İçindeki vefalı duygular depreşmiş, başvekilini Meclis koridorlarında yalnız bırakmaya izin vermemişti. Menderes'in koluna girdi ve kendisini hükûmet sıralarına doğru yönlendirdi. Öte yandan bir baş işaretiyle Ethem Bey'i başvekile yer açması için uyardı. Menderes'i, Ethem Bey'in yanına oturtup uzaklaştı.

– Konuşmam nasıldı?

Ethem Bey sâkin tavır içindeydi. Önemli hiçbir şey yaşanmamış gibi rahat görünüyordu. Uzun süredir tavırlarından rahatsız olduğu hattâ kıskandığı İçişleri bakanı zor duruma düşmüştü. Artık Namık Gedik'in eski itibarını sürdürmesi mümkün görünmüyordu. İlk kabine değişikliğinde Namık Gedik dışarıda kalabilecek ve muhtemelen yerine kendisi İçişleri bakanı olabilecekti. Bu küçük hevesle sükûnetini koruyor ve itibar topluyordu. Başvekil sorusunun cevapsız bırakılmasına sinirlendi:

– Sana bir soru sordum, konuşmam nasıldı?

Ethem sükûneti bozmadı:

– Mükerrem'le ne konuştuğunuzu bilmiyorum. Ama yüzlerinizi seyrettim. O ne dediyse doğruyu söylemiştir. Bu kabinede aklıselimine güvendiğim tek kişi o...

Ethem Bey ayağa kalktı. Menderes'i de kolundan tutarak ayağa kaldırmayı denedi:

– Biraz dinlenin! Ya da güveneceğiniz bir yakınınızı çağırıp biraz gözlerden uzak kalınız...

– Böyle telaşlı günlerde nasıl dinlenirim; neler teklif ettiğinin farkında mısın?

Meclis bu fırtınayı da atlatmış görünse bile daha sert bir tufânın yolda olduğunu göstermişti.

Yahya Kemal Bey, Fuat Hulusi Bey ve arkadaşlarının biraz ürkek tavır ve sâkin lisanla bu konuyu tartıştıklarını düşündü. Her üçünün de seçkin hukukçu olmalarına rağmen ne Meclis görüşmelerinde, ne grup toplantısında ağızlarını açmayıp bu suça sessizce iştiraklerini anlamıyordu. Bu nedenle yanlarından selam vermeden geçmiş ve kendi başına oturup demlenmeyi tercih etmişti. Eğer içlerinden birisi bu konuyu tartışmak için yanına gelecek olursa masayı terk etmeyi kararlaştırmıştı. Birden korktuğunun başına geleceği telaşına kapıldı. Fuat Hulusi Bey elinde kadehiyle kendisine yaklaşıyordu. Ya masalarına dâvet edecek ya da dâvetsiz misafir gibi kendi masasına oturup belki de bu sevimsiz hadiseyi tartışmak isteyecekti. Her ikisine de vereceği cevap hazırdı: "Efendi! Benim eşkıyâ hikâyelerine itibarım yoktur."

Fuat Hulusi Bey güleç yüzle karşısına oturdu. Elindeki kadehi kaldırdı ve samimi bir dâvet cümlesiyle şairin gönlünü almak istedi:

– Ne zaman seninle bir kadeh içsem, sendeki ilhâmı çalmış gibi seviniyorum.

Yahya Kemal Bey güldü; sevimsiz konuyu tartışacağı beklentisi kayboldu. Sinirlerinin gevşediğini hissetti. Birinin ilhâmını çalmak... Bu sözü beğendi. Mânâsı kadar, sözün sahibi de önemliydi. Birkaç gün önce, Münir Nureddin Bey, bir ahbap sohbetinde gönül hoplatıcı bir hicazkâr şarkıyla faslı kapatmış, hemen arkasından Yahya Kemal Beyin sorusuna muhatap olmuştu:

– Bu şarkının güftesi kimin?

– Fuat Hulusi Bey'in...

Yahya Kemal Bey, beğenisini Fuat Hulusi Bey'e belirtmek istedi:

– Önceki gece Münir Bey'in sesinden dinledim. Sözleri sana ait bir hicazkâr şarkı. "Çözmek elimde değil, gönlümü senden kadın" diyorsun...

Fuat Hulusi Bey bu iltifattan mutlu oldu. Derin bir gönül yarasının tâzelendiği hatıra zevkiyle sevindi. Yahya Kemal Bey kıskançtı. Bu duyguyu kendinden daha fazla ve daha isabetli ölçüde bir başkasının duymasına tahammül edemezdi. Duygusunu gizledi ama, takdirini ifadeden geri kalmadı:

– Meyan mısraını bilhassa beğendim.

Hâlâ koruduğu Üsküp lehçesiyle beğendiği mısraı okudu:

– "Düşse düşse dilimden bağrıma düşer adın..."

Arkasından ekledi:

– Dediğin gibi, ilhâm çalmak mümkün olsaydı, seni bu mısradan ötürü soyardım...

Bu konuyu hızla kapattı. Ancak karşısındakinin yapabileceklerini kestirmeden asıl noktaya gelmek istedi:

– Hâlâ başvekil üzerinde tesirin olduğunu düşünüyorsan, söyle, hemen o çocukları serbest bıraksınlar. Birkaç mâsum solcuyu suçlayarak bu ayıbı temizleyemezsiniz. Üçünü beşini belki asmayı da düşünebilirsiniz; ama unutmayın Cumhuriyet evlatlarını asacak bir Kel Ali bulmaya, bir İstiklâl Mahkemesi kurmaya sizin gücünüz yetmez...

Fuat Hulusi Bey bu hatırlatmadan çok rahatsız oldu. Yıllarca Selânik'te vatan kurtarmanın gururunu paylaştığı dostlarını kaybetmişti. Kel Ali, gözünü kırpmadan dört yiğit vatan evladını sallandırmıştı. Mehmed Cavid, Doktor Nâzım, Mehmed Nail ve Hilmi beyler İttihat Terakki terbiyesinin yetiştirdiği sağlam karakterli siyaset erbabıydı. Yahya Kemal Bey bu kadar önemli bir örnek vererek, gözaltına alınmış masum solculara yönelebilecek bir tertibi önlemeye çalışmıştı. Karşısındakinin bu lisanı anlayacak olgunlukta olduğuna emindi.

Fuat Hulusi Bey kendi durumunun da taşıdığı önemi biliyordu. Son seçimlerde yaşlılığı nedeniyle milletvekili olmayı arzu etmemiş ve giderek kötüleşen sağlığı nedeniyle son günlerini sâkin bir hayat içinde geçirmeyi istemişti. Buna rağmen istediklerini yapamıyor, sırtında dolaşan siyaset akrebi her vesileyle önemli meselelerde müdahale etmesi için kendisini zorluyordu.

Fuat Hulusi Bey birkaç hafta önce Park Otel'deki toplantıya dönüp orada gösterdiği dikkat ve itina için kendisine teşekkür etti:

– Söylediklerinizin başvekili etkilediğine eminim. Artık din ve siyaset bahsini daha disiplinli değerlendirecektir.

Yahya Kemal Bey aynı kanaati taşımıyordu. Laik dünya görüşünün itibar gördüğü bir din anlayışındaki başvekilin davranışlarında tutarlılık olması gerektiğini ifade etti:

– Sanmam! Baksana, hilafeti bile getirmeyi düşünecek kadar çığırından çıkmış. Bu üsluptan kendine de, memlekete de hayır gelmez. Unutma! Felâket hadiselerle değil, insanlarla gelir...

Fuat Hulusi Bey bu kadar sert eleştirilmesini haksız buldu. Şöhretli şair olma iltifatı, önüne geleni azarlama hakkına dönüşmemeliydi. Eğer bu nâzik tavrını sürdürürse Yahya Kemal Bey'in bütün hırsını Fuat Hulusi Bey'den çıkarması kaçınılmazdı. Tehlikeyi sezmişti. Daha işin başında hadiseye hâkim olması gerekirdi. Eğer Yahya Kemal Bey'in ayağını bu eşikte bu akşam sürtmezse ileride bu konuda bir savunma getirmesi imkânsızlaşırdı:

– Mübalağa ediyorsun şairim, mübalağa!.. Şahit olduğun hadiselere yabancı değilsin. Bir felâketin gelişini ilk defa görmüş gibi asabileşmende samimiyet görmüyorum. Dikkat çekmek isteyebilirsin, bunu anlayışla karşılarım; ama, hüküm vermeye kalkarsan buna müsaade etmem.

Yahya Kemal Bey bu sert ikaz karşısında susarsa bir daha kendini toparlayamayacağı korkusuna kapıldı. Cevabı hemen ve aynı sertlikle vermek istedi:

– Ben iltifata itibar etmem ki, tahkir gözümü korkutsun! Sen de, şu karşıdakiler de, hattâ başvekilin de bu tasnifin içinde yer alırsınız... Adamları kendi gözümle gördüm, bozguna uğramış bir sâlip ordusu gibi yakıp yıkıyorlardı. Hüküm veremezsin derken bunları mı himâye ediyorsun?

Fuat Hulusi Bey, Yahya Kemal Bey'e yaklaştı; kulağına fısıldar gibiydi. Yüzünde istediğini yerden yere vurmuş gibi mutluydu:

– Elli yıl önce seni Quartier Latin'de gördüm. Alman ve Fransız anarşistlerinin arkasında avazın çıktığı kadar bağırıyordun. Bir yardakçı bile bu kadar çığırtkan olamazdı. Belli ki sâlip ordusu ilhâmını o günlerde kazanmışsın. Teşhisindeki mânâ, tecrübenden değil, iptilândan kaynaklanıyor.

Masasına dönmek için ayağa kalktı. Son cümlesine bir istihza yerleştirdi:

– Halbuki biz seni, bin atlı akınlardaki çocuklar gibi şen görmeye alışmıştık.

Yahya Kemal Bey, Fuat Hulusi'den böyle bir cevap alacağını hiç ummuyordu. Şaşırdı. İleriye giderse çok daha sevimsiz bir manzara doğabilirdi. Ve kınadığı üsluba kendisinin de düşebileceği ihtimaliyle rahatsız oldu. Gerçekten de ilk Paris yıllarında dinsizlik ve ihtilâlcilik hevesleri kabarmış, bu ihtilâlci şehrin sokaklarındaki miting ve nümayişlere katılarak, milliyetini ayırmaksızın bütün anarşistlerin emrinde bir âvâre çığırtkan gibi dolaşmıştı. Üstelik sert sosyalist rüzgârların önünde savrulup gitmişti. Malato, Faure, Vaillant, Jaurès, Grave gibi ünlü anarşistlerin müfrit bir çırağıydı. Yine böyle bir nümayişin en heyecanlı çığırtkanlığını yaptığı günlerde Abdullah Cevdet kolundan tutup kendisini kalabalıktan çekip çıkarmış ve çok yumuşak sesle uyarmıştı:

– Üsküplü! Sosyalizme en kolay kapıdan girmişsin...

Fuat Hulusi Bey'in hatırlatması boşuna değildi. Aradan tam elli yıl geçmişti ve benzer bir nümayişi seyrederken o günlerini hatırlamıştı. Fuat Hulusi Bey'in hatırlatmak istediği noktayı da biliyordu. Bu nokta, nümayişin niteliğiydi. Bir eylül akşamı İstanbul'u saran güz sancısı, hükûmetin emriyle devletin tertibi olarak gerçekleşmişti. Cehaletinin kurbanı olmuş gençlik nümayişleriyle kıyaslanamazdı. Meclis'te söylenen mazeretlerin itibar edilecek yanı yoktu.

Olayın üzerine daha fazla gidip gereksiz bir tartışmada kırıcı olmaya gerek görmedi. Bu kez kadehi Yahya Kemal Bey kaldırdı. Yıllar öncesinin sevdâlı hatıralarına gömülmüş gibi mutlu bir çehreyle Fuat Hulusi Bey'in gönlünü aldı:

– Şarkının nakarat mısraını da çok sevdim: "Benim sana bağlanan; sen beni bağlamadın..."

* * *

Otel telefonu arandığında Ayhan Hanım karşısına kimin çıkacağını kestirememiş, kendisini akşam yemeğine çıkaracak bir dostun telefonu sanmıştı. Adnan Bey'in sesini duyunca irkildi. Yapabilecek hiçbir yoktu. Adnan Bey gidişi için gerekçe sormuyor, sadece bir şeye ihtiyacı olup olmadığını öğrenmek istediğini söylüyordu. Böyle sâkin bir tabiatla yapılan telefon konuşmasının ardından ne kadar kalacağını sormuş ve her sabah saat onda kendisini telefonla aramasını söylemişti. Ayhan Hanım böyle sürpriz telefon karşısında hiçbir şey söyleyememiş, ancak içindeki hırsı ve kırgınlığı gidermek imkânı da bulamamıştı. Hâlâ, doğum sırasında Ankara'da olmayıp, başka lezzetlerin peşinde olmasını bağışlamıyordu.

Adnan Bey, kendini tekrar etmekten hoşlanmazdı, ama bir konuda emin olmak istiyordu:

– Her gün sabah saat onda beni arayacak ve ne durumda olduğunu bildireceksin.

Bu bir sevgilinin hasret kokan bekleyişi değil, hâlâ kendini haklı ve üstün gören bir adamın yukardan bakışı gibiydi. Ayhan Hanım kendini bir sevgili hüviyetinden çıkmış, bir kapatma tarifi gibi görmeye başlamış ve bunun tahammülsüzlüğü kimseye haber vermeden Hamburg'a kaçmıştı. Adnan Bey ısrarlıydı:

– Her gün saat onda...

* * *

İstanbul'da yaşanan güz sancısı, Ankara'yı derinden etkilemiş ve milletvekillerini neredeyse isyana sevk etmişti. Meclis önceleri heyecanlanmış, sonra bıçakla kesilmiş gibi sâkinleşmişti. Bu âni sessizliği hayra yormayanlar mutlaka bir şeyler yaşanacağını fark ediyorlardı. Haftalardır patlayacağı beklenen fırtına limana gelmiş, asıl tahribatı burada yapmak için bir sütrenin gerisinde gizlenmişti. Bu fırtına sadece Ankara'yı değil, bütün ülkeyi alabora edebilecek gibi görünüyordu. Grupta sert bir hesap sorma havası hissediliyordu. 6/7 Eylül olaylarındaki beceriksiz tutum, milletvekillerinde endişeli bekleyişlere yol açmıştı. Hükûmetin bu olaylarda sanki hiç sorumluluğu yokmuş gibi her şeyi komünistlere yükleyip işin içinden sıyrılmak istemesini kimse kabul etmiyordu. Böyle bir sorumluluk savuşturması hem âdil değildi, hem de hükûmeti sorumsuzluk yönünden âdetâ takdir anlamına gelebilirdi. "Bu işi komünistler yaptı" çıkışmasıyla her zaman geçerli bir mazereti yeniden ileri sürmenin tutarlı yanı yoktu. Akla gelen birkaç itibarlı edebiyatçıyı, ismi bilinmez birkaç sahipsiz işçiyi, İstanbul'u perişan eden büyük talanın sorumlusu gibi göstermek oyunu bu defa tutmamıştı. Kimse baskını Kemal Tahir'in, Aziz Nesin'in, Hasan İzzettin'in tertiplediğine ihtimal vermiyordu. Olmayacak duaya âmin diyen birkaç yardakçıyı emsal gösterip bütün Demokrat Parti grubunu ikna etmek imkânsızdı.

Bu baskının iknâ edici gerekçesinin yokluğu, artık bütün olaylara rahatça teşmil edilebilir ve her hadisede hükûmetin bir sinsi tertip içinde olduğu hükmüne varılabilirdi. Daha önce gazetecilere ispat hakkı tanınması yolundaki girişimlerde de aynı üslup kullanılmış, bunların birer komünist tahriki olduğu söylenmişti.

10 Kasım günü Atatürk'ün ölüm yıldönümü törenleri sonrasında palazlanmış Demokrat Parti milletvekilleri bir araya gelmiş ve hükûmetin gidişatından rahatsız olduklarını açıkça ve gür sesle dillendirmişlerdi. Aralarından kabadayı tabiatlı birkaçı yüksek tonla konuşuyor, "İlk fırsatta hesap soracağız" diyorlardı.

Olan biteni Adnan Bey'e uçurdular.

Adnan Bey, sabahın çok erken saatinde Teşvikiye'deki ziyaretini tamamlamış ve Sanera'nın hasretli kucaklayışıyla yolculanmıştı. Lâleli üzerinden sahil yolu inşaatlarını denetlemek üzere 72 plakalı Cadillac'la Unkapanı'ndan aşağı iniyordu. İspat hakkı isteyenler, uzun süreden beri Adnan Bey'in başını ağrıtıyordu. 6/7 Eylül gecesinden sonra gruptaki hırçınlık herhangi bir kararla dindirilemezdi. Bunu sineye çekmeye hazırdı. Ama "ispat hakkı" talebiyle gelenlere karşı eğer sindirici bir politika uygulamaz ise, bu hırçınlık ileride daha başka gerekçelerle Adnan Bey'in grup üzerindeki otoritesini sarsabilirdi. Otoritesi sarsılmış bir kimsenin artık efsâne adam tavrıyla dolaşması mümkün olamazdı. Halk, efsâne adamı heybetli isterdi. Yakası paçası parçalanmış, kendi adamlarının sıygasından yaralı çıkmış birisinin halk arasında eski itibarı görmesi düşünülemezdi. Adnan Bey bu zaafı Terakkiperver Cumhuriyet Fırkası'nın dağıtılmasının sonunda Kâzım Karabekir'in, Rauf Orbay'ın yaşamında görmüş, Serbest Fırka mâcerasında Ali Fethi Bey'in hayatında bizzat yaşamıştı. Gâzi Hazretleri'nin Serbest Fırka fiyaskosundan sonra Aydın'a gelişini ve bu seyahatte kendini adam yerine koymayışını hatırladı. Bu deneyi bir daha yaşayamazdı. Buna müsaade etmesi demek, Demokrat Parti'nin bitmesi demekti. Bütün risklerin hesabını gözden geçirmiş ve kararının vermişti. Bu karar kesindi; ispat hakkı isteyenlerin gözü korkutulacak ve böylece parti grubu tekrar Adnan Bey'in avucuna alınacaktı.

Cadillac sahil yoluna vardığında güneş henüz doğmuş, Marmara'nın durgun sularına yansıyan kızıllı, morlu şafak ışıkları, Adnan Bey'in ruhundaki fırtınanın akisleri gibi etrafa yayılmıştı. Yeni açılan yolları, Yenikapı sahillerinin doldurulan küçük koylarını bir fâtih edâsıyla geziyor ve yeni bir İstanbul yaratmak gururunu yaşıyordu.

İstanbul Emniyeti geceden beri ayaktaydı. Adnan Bey'in geçeceği bilinen ve umulan yerler sivil polisler tarafından kontrol altına alınmıştı. Nöbetçi polis müdürü, Doktor Namık Gedik'in çok âcil olarak kendisiyle görüşmek istediğini söyledi. Yenikapı tren istasyonunun şef muavini odayı açmış, heyecanla başvekili misafir etmişti. Acele telefonla Ankara arandı. Adnan Bey telefonun ucundaki heyecanlı sesi sükûnetle dinledi. Hiç renk vermemeye çalışıyordu. Demokrat Parti grubunun en soğukkanlı milletvekili olarak tanınan Namık Gedik'in bu kadar heyecanlı olmasını yadırgamıştı. Aynı heyecanı kendisi de gösterirse, bu tavrın Ankara'da gereksiz endişelere sebebiyet vereceğini düşündü. Hiçbir telaşı yokmuş gibi dinledi.

Bu haberi Ethem Bey'den alacağı yerde, Namık Gedik'ten almasına şaşırmıştı. Devletin İçişleri bakanı artık Ethem Bey'di. İstanbul'daki olayların akşamında Namık Gedik, hadisenin Menderes'in başına iş açmaması için kendi sorumluğu gibi görmüş ve bakanlıktan istifa etmişti. Adnan Bey bu görevi uzun süredir beklemekte olan Ethem Bey'e verirken her yönüyle meseleye hâkim olacak birini seçtiğinin emniyeti içindeydi. Acaba yanılmış mıydı ? Acaba sabahın bu kadar erken saatinde Namık Bey başbakanı arayıp özel olarak edindiği istihbaratı vererek, hâlâ İçişleri bakanlığı yönetiminin kendi elinde olduğunu mu söylemek istiyordu.

Adnan Bey istese birbirine rakip iki önemli siyasetçisini birbirine kırdırabilirdi. İkisi de Aydın milletvekiliydi. İkisinin de Aydın'da sayılan hatırları vardı. Namık Gedik, şimdi istihbaratta ne kadar önemli bir adam olduğunu başvekiline ispatlamıştı.

Işıklar daha da artmış, şafağın kızıllığı sâkin ve dinlendirici bir maviye dönmüştü. Adnan Bey sert sesle talimatını verdi:

– Dahiliye vekilini arayın...

* * *

Sanera'nın yatağı sıcaktı. Razminar'ın mongol pijamasını ve bordo ropdöşambrını özenle katlayıp bavuluna yerleştirdi. Meşin terlikleri torbasına koydu. Tıraş takımını yıkayıp, kuruması için radyatörlerin üzerindeki mermere dizdi. Sanera değerli misafirinin bir dahaki ziyaretine kadar bu eşyayı kutsal şeylermiş gibi saklıyordu.

Sabahın erken saatinde Teşvikiye simitçileri, başlarının üstlerinde taşıyacakları tablaya sabah simitlerini tek tek yerleştirirlerdi. Sanera misafirini erken yolculadığı sabahlarda bu manzarayı seyretmekten zevk alıyordu. Simitçiler sanki Bâbil Kulesi örer gibi simitleri yerleştiriyorlardı. Sanera, bu meslek maharetinin birkaç dakika sonra yüksek tondan seslerle bütün Maçka sokaklarına yayılacağını biliyordu.

Beklediği sesi duydu:

– Haydi ! Sıcak sıcak sabah simidi...

Simitçilerin sesleri Fevziye Mektebi'nin duvarında yankılandı.

Sanera pencereyi açıp iki simit istedi. Yarım kalmış kahvaltı sofrasına oturdu. Birini kendi tabağında ikiye böldü. Diğerini misafirinin dokunmadığı peynir tabağının yanına yerleştirdi. Bir yudum sıcak çayla simidin zevkini tattı:

– Tanrım bir sabah, n'olur sadece bir sabah simit keyfini birlikte sürmeyi bize nasip et...

Yatak odasına yürüdü. Komodinin üzerindeki kitap açıktı. Adnan Bey geceyarısı ansızın uyanmış ve kaldığı yerden kitabını okumaya devam etmişti. Okunduğu sayfanın bulunmasını sağlamak için ucunda DP işareti bulunan bir gümüş ayıraç koymuştu. Sanera kitabı saklamak üzere kapattı. Kapağında iri harflerle insanı hemen kendine çeken bir davet vardı. Yaşar Kemal'in *İnce Memed* romanı, Varlık Yayınları Roman Ödülü birinciliğini kazanmıştı.

Adnan Bey kitabı okurken, sayfaların boşluklarına küçük derkenarlar halinde izlenimlerini not etmişti. Abdi Ağa'nın Dikenlidüzü'ndeki köylüleri tuzağa düşüren sömürü düzeninin özünü biliyordu. Ege'nin de köylerinde benzer düzenin örneklerini görmüş ve köylü hayatının yepyeni bir disiplin içinde ele alınması gerektiğini fark etmişti. Gençlik yıllarında gözledikleri, şimdi bir başka vatan toprağında yaşanmış gerçekler halinde anlatılıyordu. Adnan Bey kendi gözlediklerinin önüne bir başka gözlem olarak konulması karşısında duraksadı. Gerçekten sorun çözmek, kavramak kadar kolay mıydı? Bunun acısını ve zorluğunu başbakanlık döneminde görmüş ve çâresiz kalışın örneklerinin giderek artmasından rahatsız olmuştu.

Romanı dikkatle okumuş, İnce Memed'in, Hatice'yi kaçırdığı sayfaya gelince araya gümüş ayıracı koymuştu.

Hatice'nin terli saçları, İnce Memed'in çıplak göğsündeydi...

* * *

Ayhan Hanım hazırlıklarını tamamlamış civar kasabalardan birinde verilecek olan öğle yemeği için kendisini almaya gelecek aile dostunu bekliyordu. Birden ziyaretçisi olduğu söylendi. Hamburg başkonsolosu Ayhan Hanım'ı ziyarete geliyordu. Birkaç dakika sonra odasında olacaktı. Ayhan Hanım tereddüt geçirdi. Böyle bir ziyaret beklemiyordu ve bir anlam vermesi de mümkün değildi.

Başkonsolos eşiyle gelmişti. Ellerinde özenle paketlenmiş şık bir kutu duruyordu. Başkonsolosun eşi paketi Ayhan Hanım'a uzattı:

– Başvekil hazretleri gönderdiler. Size takdim edilmesini emir buyurdular.

Ayhan Hanım paketin şıklığından etkilendi ama, içindekinin ne olduğunu kestiremiyordu. Getirenlere sormak ihtiyacını duymuş, ancak yanlış anlaşılacağı düşüncesiyle vazgeçmişti. Sonunda yüreklenip açtı. Çok şık bir altın kol saati ayarlanmış ve kurulmuştu. Rolex kutusunun yanına küçük bir mektup konmuş ve başvekilin cümlesi eklenmişti:

Artık mazeretin yok! Vakti geciktirme...

Ayhan Hanım söz vermiş olmasına rağmen sabahları Adnan Bey'i aramıyor ve mümkün olan ölçüde telefonuna çıkmamaya özen gösteriyordu. Sonunda bu arayıştan kaçamamış ve niçin aramadığı sorusuna mazeret üretmişti. Gelirken telaşla saatini almadığını söylemiş inandırıcı olmayan bu küçük yalanla aklınca kendini savunmuştu.

Aldığı hediyeden hoşnuttu. Bu mutluluğu sevgilisiyle paylaşmak istedi. Telefona sarıldı. Özel kalem kendisini hemen Adnan Bey'e bağladılar. Adnan Bey beşûş çehresinin hatlarını sesine de yansıttı.

- Evin seni bekliyor!

Ayhan Hanım'ın sesinde gerçek bir musiki vardı:

- Adnan! Beni ihya ettin; yarın dönüyorum...

Başkonsolosun eşine döndü:

- Gideceğimiz yeri biliyorsunuz; lütfen arayın ve mazeretimi bildirin. Evime dönüyorum.

* * *

Demokrat Parti grubundaki en ciddi sıkıntı, yolsuzluk iddialarıydı. Basın olayın üzerine gidemiyordu. Her haber bir iftira gibi değerlendirilip basının sesi kesiliyordu. Bazı Demokrat milletvekilleri basın kanununda gerekli değişiklik çalışmasını yapmışlar, basına ispat hakkı tanınmasını istemişlerdi. Grupta bu kararın alınması için temaslara geçmişler, hattâ bazıları bunu açıkça dillendirerek etkinlik kazanmışlardı. Adnan Bey bu hareketin sonuçlarının parti için çok tehlikeli olacağını söyleyerek dikkatlerini çekmek istemiş, ama iknâ edici olamamıştı. On dokuz milletvekili basına ispat hakkı tanınmasını istiyordu. Adnan Bey, cumhurbaşkanıyla görüşmüş, ispatçıları ihraç etmeyi ve bu korkutmayla grubu yeniden avuçlarına almayı planlamıştı. Karar verilmiş, plan uygulanmıştı, ama istenen sonuç sağlanamamıştı.

Nöbetçi müdür, İçişleri bakanının hazır olduğunu söylüyordu.

- Dahiliye vekili efendim.

Adnan Bey karşısında sitemkâr bir ses bekliyordu. Böyle bir siteme karşı daha yoğun bir sitemle ağır basmayı planlamış, hattâ olup bitene ilgisiz kaldığı gerekçesiyle İçişleri bakanını azarlamayı bile düşünmüştü. Anlaşılan Adnan Bey, kırk yıllık arkadaşının meziyetlerini unutmuş ya da önemsememişti. Ethem Bey görevinin başındaydı. Geceyi bakanlıkta geçirmiş ve olup bitenleri dikkatle izlemişti. Sesi gerçekten sitemkârdı:

- Biraz evvel sizi sebepsiz telaşlara sevk ettiklerini biliyorum. Önemsemeyeceğinizi düşünmüştüm. Ciddiye almanıza üzüldüm.

Adnan Bey şaşırdı; eğer ileri giderse bu yanlışlığı telâfi edemeyeceğini düşündü. İhmal gösterdiğini zannettiği Ethem, işi omurgasından yakalamış ve Namık Gedik'in sabahın erken saatlerinde kendisini aradığı istihbaratını bile ânında almıştı. Şimdi bu avantajını böyle yukardan bakarak kullanmasını pek içine sindiremedi. Sadece "Dikkatli ol" diyerek gönül alıcı birkaç cümleyle bu bahsi kapatmaya niyetliydi. Ethem daha güçlü bir istihbaratın erbabı olduğunu ispatlamanın fırsatını iyi kullandı.

– Önümüzdeki hafta bir gensoruyla sizi düşürmeyi planlıyorlar. Ankara'yı teşrifinizde her şeyi anlatırım.

– Kimler?

– İmza sahiplerinden ikisi yanımdalar; imzalarını geri aldılar ve size hürmetlerini sunuyorlar efendim.

Adnan Bey'in yüzü güldü. Sesindeki dostluğu mutlaka duyurmak istedi:

– Ethem! Seni çok özledim...

– Ben de...

Adnan Bey arabasına döndü, içeri girdi. Sesi mutluydu. Her şeyin kontrol altına alınmış olmasının sevincini paylaşmak istiyordu. Sabah uçağında yeri ayrılmıştı. Şoför arabayı Yeşilköy'e doğru sürmek için manevra yaparken Adnan Bey uyardı:

– Geri dön! Teşvikiye'ye gidiyoruz...

Sabah simidi, ince kesilmiş İsviçre gravyeri, ılık çay ve sine üryan Sanera, kahvaltı sofrasında sahibini bekliyordu.

* * *

Viscount uçağı Ankara'ya dönerken fırtınaya tutulmuş, Adnan Bey'in gözünü epey korkutmuştu. Zaman zaman boşluğa düşüyor, zaman zaman kanatlar sanki alabora oluyormuş gibi çırpınıp duruyordu. Kasımın bol fırtınalı, bol yağmurlu bir gecesiydi. Zifirî karanlık içinde Adnan Bey sanki bir sorgulama kapısında bekletiliyormuş gibi heyecanlıydı. Hayatın keder ve çile çekilen sıratından geçtiğini düşündü. Hiçbir mevki, hiçbir servet, hiçbir nimet insanın içindeki adalet duygusu ve dürüstlük saygısı kadar lezzetli olamazdı. Bu kahredici karanlık uçuş, bu küçük muhasebeyi kalbinde sıkıntılı soluklara dönüştürmüş ve Adnan Bey'i yormuştu.

Son uçağın bekletilmesi için valilikten telefon edilmiş ve havaalanı durup dururken telaşa verilmişti. Başvekil, âni bir kararla Ankara'ya dönüyordu. Öğleden sonra Namık Gedik yeniden aramış ve parti içi ihtilafların tehlikeli boyutlara ulaştığını fısıldamıştı. Bir an önce Ankara'ya gelmesinin ve hadiseye doğrudan müdahale ederek bu isyanı bastırmasının isabetli olacağını ısrarla aktarmıştı.

Adnan Bey, bir telaşın sürekli hatırlatılmasından rahatsız oldu. Ankara eğer kendisinin yokluğunda böyle basit bir başkaldırıyı bastıramıyorsa bundan sonra kimlere güvenip siyaset yapacaktı? Acaba bu kadar telâşlı ifadelerle bir gerçek olduğundan farklı bir mecraya saptırılıp istenmeyen sonuçlar mı planlanıyordu? Ethem'in hadiseye hâkim olduğunu söylemesiyle aynı saniyelerde Namık Gedik'in zihnini velveleye veren telaşlı ikazları ciddi bir idrâk hatâsı mı, yoksa bir siyasî tertip kurnazlığı mıydı?

Delikanlılığının heyecanlı günlerini hatırladı. Hiçbir şeyin göz korkutamadığı, her hizmetin cesaret içinde omuzlandığı huzur ve onur verici sorumlulukları zihnini doldurdu. Ay-Yıldız Çetesi'ni kurdukları günleri, İtalyan ve Yunan birlikleriyle çatışmaya girdikleri pusulu günleri, Serbest Fırka'nın kurulduğu günleri yeniden hafızasında tazeledi. O günlerin her biri bin hatıra zevkiyle bugünün başbakanına gerçekten onur veriyordu. Ethem'in sıkıntılı günlerinde candan davranışlarla bütün sıkıntılarına çâre ürettiği günleri yeniden yaşadı. Adnan Bey'in Çakırbeyli günleri bir başka gururun hatıralarıydı. Hepsinde kendini haklı çıkaracak bir gerekçe vardı ve bunların hiçbirini bugün geçmişinin ayıplı sayılacak noktasında görmüyordu. O günlerde yanında sadece Ethem vardı. Şimdi Ethem'in varlığını ikameye niyetlenmiş isimler kendisine büyük sadakat yeminleriyle kabullerini sağlamaya çalışıyorlardı.

Adnan Bey zihnindeki dürüstlüğün hakkını vermeye özen göstermiş, zaman zaman kendisini bile mahkûm ettiği vicdan muhasebelerinde kimsenin hakkını kimseye yedirmeyeceğine yemin etmişti. Şimdi böyle bir muhasebeyle vicdanını dinliyordu. O günlerde yanında sadece, evet, sadece Ethem vardı. Namık yoktu, Mükerrem yoktu, Samet yoktu... Biraz daha derin bir vicdan muhasebesine girmek istedi. O günlerde yanında Bayar yoktu, Köprülü yoktu, Koraltan yoktu...

Acaba partinin güvenilir iki insanı etrafında bir oyun mu tezgâhlanmaktaydı? Namık Gedik ile Ethem'in çok eskilere dayanan rekabetleri acaba şimdi tazelenmiş bir hüviyetle yeniden karşısına mı çıkarılıyordu? Berin Hanım, kadın içgüdüsüyle kendisini uyarmış ve "Ummadığın yerlerden sana karşı tavırlar konabilir!" diye eşini ikaz etmişti. Acaba, Bayar'ın kendisini gözden çıkardığı dedikodularının gerçek tarafı mı vardı? Gerçekten Bayar, ilk fırsatta yeni bir hükûmetle Adnan Bey'i zora sokup yıpratmak, hırpalamak mı istiyordu? Mükerrem'i, Samet'i, Osman Şevki'yi, Şemi Ergin'i, İzzet Akçal'ı sık sık Çankaya'ya davet edip ağız araması, acaba bir gerçek devirme planının istihbaratı mıydı? Berin Hanım'ın "endişelerim var" diye kırk yıllık dostu Ethem hakkında ihanet ihtimallerini dillendirmesinde ne kadar isabet vardı?

Kafasındaki soruların hiçbirine verilecek kesin cevap bulunamazdı. Meseleyi Ankara'da yerinde görmek ve çözümü Ankara'da bulmak istedi. Havaalanına doğru ayrılırken, Teşvikiye Camii'nde yatsı okunuyordu. Yağmur hızlanmış, rüzgâr şiddetini artırmıştı. Caddelerde sadece ıslak rüzgârın sürüklediği mevsim yaprakları vardı. Çınarlar boyun bükmüş, iri gövdelerinin sabrıyla ayakta kalmaya rıza göstermişlerdi.

Hiç akılda yokken İştirakiyuncu Müyesser'in canlılığını duydu. Sanki yanındaki koltuğa oturmuş Adnan Bey'i hesaba çekiyordu. Müyesser Serbest Fırka'nın kapatıldığı akşam Adnan Bey'le karşılaşmış ve üzüntülü bir sesle geçmişteki tartışmayı hatırlatmıştı. O üzüntülere dönmemek için alttan alan bir sükûnetle seslenmişti:

– Üzülmeyiniz Adnan Bey! İçinizdeki cevher mutlaka bir gün varlığını fark ettirecektir.

Müyesser'in gözlerinde Thales'in tohum ve toprak vuslatını anlatan bilgeli tebessüm vardı. Biraz daha sıcak bir dille, gerçek niteliğinin farkına vardığı bir Adnan Bey tarifi vermek istemişti:

– Karşınızdakilerin iyi veya kötü olup olmadıklarının önemi yoktur. Sizden kimseye kötülük gelmeyeceğini bilmeleri onları yanıltacaktır.

Müyesser bu sözleri söylerken Topçu Fuad'ın koynunda öğrendiği düşünce disiplinini aktarmış ve Fuad'ın ruhuna bir fâtiha okumuş gibi sevinçli gülücüklerle Adnan Bey'i cesaretlendirmişti:

– Siyasette yüceldiğiniz an, sizi sevdikleri değil, sizden korktukları andır. Tâlihinizi zorlamayınız...

Topçu Fuad, bütün gece, Lenin'in diyalektik anlayışını anlatmış, sonra birden keskin bir dönüşle Machiavelli'ye gelip hükümdarın varlığındaki kudret kaynağının tarifini vermişti. "Bir hükümdar için sevilmekten çok korkulmak daha önemlidir" demişti. Topçu Fuad siyasette yücelmenin başladığı ânın bu olduğunu söylüyordu. Müyesser asıl hükmünü verecek noktaya gelmişti. Siyasetin yücelme ânı için verdiği tarifin terbiyesini anlatmak istedi.

– Adnan Bey! Tarihe bak... Onlarca siyasetnâme yazılmıştır; ama, hepsi istibdâdın emrine verilmiştir. Demokrasinin siyasetnâmesi henüz yok; belki sana nasip olur...

Adnan Bey, bu tespitin önemini fark etmiş ve hiçbir müsamaha göstermemesi gerektiği noktasında rahatlamıştı. Aydın'a döndüğünde Müyesser'i arayacak ve ona Fuad'ın bilmediği bir sırrını söyleyip borcunu ödeyecekti.

Tekerlekler piste değdiğinde rahatladı. "Yarabbi bir daha böyle bir imtihandan geçirme beni" diye içinden dua etti. Ankara'nın ışıkları sarı, bedbaht ve kurnazdı. Döneceğini sadece Ethem Bey'e bildirmiş ve gelişinin gizli tutulmasını istemişti. Buna rağmen karşılayanlar arasında Namık Bey'in bulunmasını yadırgadı. Sabah yaşadığı mâcera acaba tekrar mı ediyordu ? Bu iki kişinin aralarındaki rekabet basit bir mevki merakı mı, yoksa bir tertibe iştirak zaafı mıydı? Adnan Bey henüz karar vermiş değildi.

Şehre dönerken Ethem ya da Namık Bey'i arabasına alması halinde diğerinin üzüleceğini ve bu tercihin kendisini ileride zora sokabileceğini düşünerek bütün ihtimalleri bertaraf etmek istedi:

– Sonra ararım; dinlenmek istiyorum...

Şoför, sert rüzgârın ve yoğun yağmurun altında önünü zor görüyor ve bir kazaya meydan vermemek için yavaş sürüyordu. Adnan Bey, bu rahvan gidişten memnundu. Hadiseleri daha sâkin tabiatla yeniden gözden geçiriyordu. Namık ve Ethem beylerin böyle birbirine tavır takınmış haliyle kendisine fazla yardımcı olacağına ihtimal vermemiş, ikisini de dışarıda tutmanın isabetli olduğunu düşünmüştü. Kararının doğruluğundan memnun oldu.

Adnan Bey eve girdiğinde Berin Hanım ile Mükerrem Sarol'u sohbet ederken görmüş, şaşırmıştı. Şimdi durup dururken Namık ile Ethem ihtilafına bir de Mükerrem mi katılıyordu? Bir an için kendi kontrolü dışında bir otoritenin hadiselere yön verip vermediği endişesine kapıldı. Daha ileri gidip kendisine karşı bir tertip olabileceği endişesini dahi hissetmişti. Bayar'la zaman zaman ihtilafa düştükleri oluyordu ama, çaydan geçerken at değiştirilmeyeceğinin isabetini, İttihatçı terbiyesinde yetişmiş Bayar'dan öğrenmişti. Bayar'ın böyle hassas bir noktada kendisini zaafa uğratacak yalnızlığa itmesine ihtimal vermiyordu. Mükerrem bir emrivakiyle davet dışında bir yerde bulunacak adam değildi. O halde Mükerrem'in gecenin yarısında kendi evinde bulunmasının bir mazereti olmalıydı.

Adnan Bey itibarla karşılandı; Berin Hanım, küçük oğlu Aydın'ın geceyarısı ağır öksürük krizleriyle uyuyamamış olmasından endişeye kapılmış, gece hastaneleri ayağa kaldırmak yerine Aydın Devlet Hastanesi başhekimiyken tanıdığı Mükerrem Bey'i nâzik bir lisanla hastalık hakkında bilgi almak için dâvet etmişti. Mükerrem Bey'in bu saatte evde olması, bir siyasî ihtiyaçtan ya da nezaket dışı bir emrivakiden değil, müşfik bir annenin bir eski dost aracılığıyla çâre aramasından kaynaklanmıştı.

Berin Hanım üç kısa cümleyle durumu anlatmış, hastalığın ciddi olmadığını belirterek izin isteyip çekilmişti. Bu zarafet, Menderes ailesinin yıllardır sürdürdüğü bir misafir nezaketiydi ve Berin Hanım bu konuda şimdiye kadar tek bir ihmalle aile geleneğini bozmamıştı.

Adnan Bey yalnız kaldıklarında hâl hatır bile sormadan Mükerrem Bey'e döndü:

– Şeyh Galib'in gazeli hafızanda mı?

Mükerrem Bey, gecenin bu saatinde böyle bir soruyla karşılaşmasına anlam veremedi. Gecenin yarısında bu eve, bir hastalık telaşıyla evin sahibesi tarafından çağrılmıştı. Bu çağrılış, ev sahibinin Ankara'da olmadığı zamanlarda kendisine gösterilen güvenin işaretiydi. Şimdi ev sahibi gecenin yarısında çıkıp geliyor, daha çocuğunun hatırını bile sormaya gerek duymadan bir hafıza sınavından geçirmeye meraklanıyordu. Cevap vermedi. Yüzünde bir asabi hayretin ifadesi okunuyordu.

Masanın üzerine özenle hazırlanmış bir meyve sepeti yerleştirilmişti. Mevsim meyvelerinin en iyileri seçilmiş ve özenli bir el tarafından ayaklı bir gümüş kâseye dizilmişti. Amasya elmaları, Ankara armutları, Geyve ayvaları, ince kabuklu Finike portakalları, iri dilimli Bodrum mandalinaları, bir Cézanne natürmortu gibi muhteşemdi. Bu zarif tablonun üzerine kızıla çalan çilli güzelliğiyle yapıncak üzümü konmuştu.

Adnan Bey bir mandalina aldı. Sorusu hâlâ kaldığı yerde duruyordu. Onu tekrarladı:

– Şeyh Galib'in gazeli hafızanda mı?

– Hangisi?

Adnan konuyu değiştiriyormuş izlenimi bırakmak istedi:

– Biliyor musun Namık ile Ethem beni karşılamaya birlikte gelmişlerdi.

Sorun çözülmüştü. Mükerrem Bey, Adnan Bey'in hangi gazeli dinlemek istediğini anladı. Hafızasına olan güvenini ispatlamak için matla beytini okudu:

Yine zevrâkı derûnum kırılıp kenâre düştü;
Dayanır mı, şîşedir bu, rehi seng sâre düştü...

Adnan Bey, mandalinasını soymuştu. Tam ortadan ikiye böldü; yarısını Mükerrem Bey'e uzattı. Mükerrem Bey'in teşekkürüyle beliren o bir anlık sükûnet içinde mahlas beytini okuyup gazeli tamamladı:

Rehi Mevlevî'de Galib, bu sıfatla kaldı hayran;
Kimi terki nâm ü şâne, kimi itibâre düştü...

Evin vefalı hizmetkârı, Ethem ve Namık beylerin kapıda beklediklerini söylerken ürkekti. Adnan Bey haberin sevimsizliğiyle gerildi. Sıkıntısını paylaşmak istedi:

– Biliyor musun doktor! İhtiras; müddeti ve şiddeti bakımından bütün duyguların üzerindedir.

* * *

Demokrat Parti grubu sıkıntılıydı. Milletvekilleri kuliste tedirgin dolaşıyorlar, yerlerini almadan küçük kaş göz hareketleriyle daha önce varılmış bir kararı doğrulamak üzere birbirlerini sınıyorlardı. Anlaşılan daha önceden bazı kararlar alınmış ve uygulamaya geçilmesi için fırsat beklenmişti. Grup toplantısına girildiği zaman bir mutabakat sessizliği vardı. Varılan karara göre, grup toplantısı başlayınca İktisat ve Ticaret Bakanı İbrahim Sıtkı Yırcalı hakkında Çorum Milletvekili Hüseyin Ortakçıoğlu'nun verdiği gensorunun görüşülmesine geçilecekti. Planın yürümesinde bir güçlükle karşılaşılmadı. İbrahim Sıtkı Bey, önergenin kabul edilmesiyle birlikte istifa ettiğini açıklamış ve hemen oturumdan ayrılmak istemişti. Kürsüden inerken Adnan Bey'e baktı. Adnan Bey'in yüzünde bu istifaya karşı bigâne kalışın bütün hisleri sergileniyordu. Zira Ethem Bey sabahın erken saatinde Adnan Bey'i evinde ziyaret etmiş ve aldığı özel istihbaratla grup toplantısının nasıl geçeceğini kendisine anlatmıştı. Yaşananlar Ethem Bey'i aynen doğruluyordu. Adnan Bey, Ticaret Bakanı İbrahim Sıtkı Yırcalı'yı gözden çıkarmıştı.

İbrahim Sıtkı Bey, Adnan Bey'in yüzündeki manzaradan rahatsız olmuş, ama olayların nasıl gelişeceği endişesini de bildirmek istemişti. Yüz bulamayacağını anlayınca Ethem Bey'e yanaştı:

– Adaşım! Söyle seninkine, sıra kendisine geliyor...

Adaşım sözü üzerine Bakanlar Kurulu'na ayrılan bölümde oturanlar, "Ne demek bu ?.." der gibi Ethem Bey'e baktılar. Ethem Bey'in özel istihbaratını kendileriyle paylaşmamış olmasının rahatsızlığı vardı. Böyle tehlikeli günlerde yalnız bırakılmış olmaları Bakanlar Kurulu'nu gerçekten rahatsız etmişti. Ethem Bey açıklama ihtiyacı duydu:

– Sıtkı Bey adaşımdır. Benim adım da İbrahim'dir; evet, İbrahim Ethem...

Sıtkı Bey Meclis'i terk ederken Meclis'teki uğultunun bu gidişi protesto olmadığı hemen anlaşıldı. Sıtkı Yırcalı'nın istifasıyla bu fırtına dinecek gibi değildi. Kastamonu Milletvekili Muzaffer Tanrıöver oturduğu yerden bağırdı:

– İş bu kadar ucuz değil... Ortakçıoğlu'nun önergesi bütün hükûmet için kabul edilmelidir.

Yırcalı'nın dediği çıkıyordu. Kürsüye çıkan her milletvekili, Adnan Bey'e yükleniyor, onun efsânevî şahsiyetine saygı gösteriyor gibi davranarak açıkça kendisini muhatap alıyordu. Tanrıöver'in sözü açıktı:

– Muhterem başvekilim, etrafını temizle...

Artık grubu denetim altında tutmak imkânsızlaşmıştı. Milletvekilleri ayağa kalkmış, hükûmetin istifa etmesini istiyorlardı. Bakanlar Kurulu bölümünden gelen en küçük itiraz sesi karşısında milletvekillerinin oraya yürüyeceği ve sesi tepeleyeceği açıktı. Bakanların yolsuzlukları tek tek sıralanıyor, böyle bir kadroyla Demokrat Parti'nin bir daha haysiyet iddiasında bulunamayacağı söyleniyordu.

İnce bir ses bu uğultulu oturum içinde nasılsa bir yol bulmuş ve herkesin duyabileceği bir seviyeye ulaşmıştı:

– Menderes kürsüye...

Adnan Bey kürsüye çıktı. Sesi biraz buruk, biraz kırgın, biraz sitemkâr, biraz da ürkekti. Konuşmasına hangi duygunun hâkim olacağını kestirmek mümkün değildi. Alttan alır gibi davranıyordu. Çok yumuşak üslûpla konuşursa, milletvekillerini şımartabileceği kuşkusuna kapıldı. Zor saatler geçirmekte olduğunun farkındaydı. Bugünü kurtarmak için takınılacak çok alçakgönüllü bir tavrın, ileride sürekli aynı tavrın talebine dönüşebileceği endişesindeydi. En zor ânın ilk cümleyi söylemek olduğunu biliyordu ve bütün cesaretini toplayıp en vurucu noktaya yöneldi. Ciddi bir siyaset ahlâkına sahip olduğunu ve âfakî iddialar karşısında İbrahim Sıtkı Yırcalı gibi sinip, istifa etmeyeceğini söyledi. Sesinde bir şahsiyet iddiası hissediliyordu. Kendine güveni gelmiş, hattâ artmıştı.

İlk cümleden sonra sustu. Tepeden bakışın avantajıyla bütün grubu süzdü. Beklediği ölçüde alkış almamıştı, ama dikkat çeken bir sessizlik vardı. Bu sessizlik bir sabırdı ve Adnan Bey bu sabrı zorlamaya niyetliydi. Böylece eski günlerdeki itibarının devam edip etmediğini görmek istedi. Hükûmetin büyük gayretler gösterdiğini söylemeye başladığı anda eski uğultulu hava geri geldi. Grup çığırından çıkmıştı. Böyle konuşmalarla sükûnet bulması mümkün değildi. "İstifa" sesleri yeniden yükselmeye başladı. Bir an için durakladı. Kavasın getirdiği küçük nota göz ucuyla baktı. Mükerrem Bey yolladığı notta bir küçük taktik önermekteydi. "Başvekilim, lütfen adı şaibeli işlere karışan bakanların istifasını isteyin... Böylece zaman kazanırız" diyordu.

Adnan Bey hemen taktiğini değiştirdi. Sesi daha gür çıkıyordu. Eğer dediği gibi ismi iddia edilen şaibeli işlere karışan bakanlar istifa ederse, eski efsânevî otoritesine yeniden kavuşabilirdi. Hiç tereddüt geçirmeden aklına gelen etkili cümleyle kürsüden bağırdı:

– Grubun öfkesi haklıdır!.. Kim olursa olsun; isimleri bu işlere karışan bakanları hemen şuracıkta istifaya dâvet ediyorum...

Hiç kimsenin ummadığı anda, bütün grubu şaşırtan bir manzara yaratılmıştı. Adnan Bey, fırsatı ganimet bilmiş, Mükerrem Bey'in önerisiyle grubu avucuna alabileceği fırsatı yakalamıştı. Fatin Rüştü sert hareketle ayağa kalktı. Mükerrem Bey'in önünden geçerken durdu. Mükerrem Bey başını öne eğmişti. Sert bir lisanla doktoru hedef aldı ve gururlu bir ikazda bulundu:

– Ben haysiyetli adamım doktor! Ucuz oyunlardan hoşlanmam...

Sonra daha sert sesle kararını açıkladı:

– İstifa ediyorum.

Ardından Polatkan'ın sesi duyuldu:

– Ben de istifa ediyorum...

Üç bakanın istifasıyla grubun sükûnet bulacağı sanılıyordu. Ama beklenenler olmadı ve grup hükûmetin üzerine yürümeye karar verdi. Mükerrem Bey yeniden uyardı. Kavasın getirdiği ikinci notta telaşsız bir el yazısı en uygun taktiği öneriyordu: "Başvekilim, toptan istifa işinin görüşülmesini teminen, on dakika kadar Bakanlar Kurulu toplantısı yapılmasını teklif ediniz. Salim karar için sükûnete ihtiyacımız var..."

Adnan Bey, tereddüt geçirmeden bu taktiği de uyguladı. Bakanların tek tek istifalarının temsil ettiği görev ciddiyetine uygun düşmediğini ileri sürerek kısa süreli bir ara istedi. Grup biraz sâkinleşmişti. Yavaş yavaş kulise çekildiler...

* * *

Bakanlar Kurulu toplantısı denen şey aslında kabinenin Menderes'e yakın üç beş isminin bir araya gelmesiydi. Mükerrem Bey, hiçbir telaşa meydan verilmemesini, bütün bakanların istifa etmesini ve Adnan Bey'in de kendini grubun takdirine sunmasını önerdi. Ethem Bey etkinliğini kullandı. Tartışmanın uzamasını istemiyordu.

– En mâkul teklif bu... Hemen aşağı inelim.

Namık Bey kulisten haber göndermiş ve havanın çok gergin olduğunu bildirmişti. Adnan Bey dinlenmek, biraz kendini toplamak istiyordu:

– Namık Bey kulisin gergin olduğunu bildiriyor; biraz dinlenelim; aşağısı sükûnet bulsun...

Ethem Bey Namık Gedik'in taktiğinin önünü almak istedi; Adnan Bey'in önündeki dosyayı hızla kapattı ve kendisine uzattı:

– Hemen aşağı inin! Sükûnet ararken hiddet yaratmayınız...

* * *

Grup toplantısı yeniden açılmış ve görüşmelere kaldığı yerden başlanması için başvekile söz verilmesi grubun oyuna sunulmuştu.

Bakanlar Kurulu'na ayrılan bölüm bomboştu. Sadece Adnan Bey oturmaktaydı. Bütün bakanlar milletvekillerinin arasına dağılmak yerine Meclis'in "yayla" denilen en arka sıralarına çekilmişlerdi.

İki hafta evveline kadar yaylada oturanlar Demokrat Parti mücadelesini birlikte yürüttükleri arkadaşlarıydılar. Büyük bâdirelerden geçmiş, bu uğurda hapislerde çürütülmek istenmişlerdi. Şimdi yolları ayrılmıştı. Acaba haklı olan kimdi? Basına ispat hakkı tanınması ve iddiaların ispatı halinde eli pisliğe bulaşmış siyasetçinin mahkûm edilmesi, Demokrat Parti'nin sonunu mu getirirdi? Başvekilin böyle endişeli sözler sarf etmesinin doğru yanı var mıydı? Yoksa tam aksine ispat hakkı verilmesi halinde siyasetin elinin pislikten çekilmesi daha iyi değil miydi? Bunların hiçbirinin tartışılmasına izin verilmemiş ve ispat hakkı peşinde olanlar, partiye ihanet ettikleri gerekçesiyle ihraç edilmişlerdi.

Fuat Köprülü yukarıda dar kapsamlı Bakanlar Kurulu toplantısına katılmamış, ihraç edilen arkadaşlarıyla birlikte olmayı tercih etmişti. Ekrem Hayri Bey, İzmir mücadelesinin doruk ismiydi. Oğlunu bile bu uğurda kaybetmiş, fakat asla bunu bir siyasî itibar vesilesi yapmamıştı. Fevzi Lütfi Manisa'da Demokrat Parti'nin ilâhlaştırdığı siyaset adamıydı. İbrahim Öktem, Raif Aybar Bursa'da. Turan Güneş Kocaeli'nde, Fethi Çelikbaş Burdur'da, Ekrem Alican Sakarya'da, Muzaffer Timur Urfa'da Demokrat Parti'nin haysiyet bayrakları gibi dalgalanmışlardı. Şimdi Demokrat

Parti'yi sardığı söylenen pis işlere müsamahayla bakmaları kendilerinden nasıl istenebilirdi. Köprülü bu arkadaşlarının ikazıyla sarsılmıştı. Turan Güneş sâkin bir sesle ikaz etmişti:

– Dikkat et hocam! Bugün hatır değil, vebal günüdür... Gir içeri ve bunu anlat...

Adnan Bey kürsüdeydi. Konuşmasını yapmak üzere notlarını düzenlerken önüne küçük bir not daha geldi. Telaşla okudu; Mükerrem Bey aracılığıyla gönderdiği notta Berin Hanım, mutluluğunu ifade ediyordu: "Aydın sıhhat buldu, endişeye mahal yok; üşütmekten ibaretmiş... Allah sizi ve ailemizi felâketten korusun. Amin!.."

Herkesin "beşûş" dediği çehrenin hatları birdenbire o gergin çizgilerin sertliğini aldı... Adnan Bey'in sesinde rahatlık vardı. Hiç kimsenin hiçbir endişe hissetmeden dinleyeceği bir sessizlik yakalamıştı ve sükûnet içinde konuşuyordu. Grup, konuşmanın sükûnetiyle yumuşamış ve arzulanan itaat havası yeniden hissedilmeye başlanmıştı. Adnan Bey, bütün kabine üyelerinin istifa ettiğini ve kendisi hakkında istifa kararının da grup tarafından verilmesinin istendiğini açıkladı.

Bütün bakanlar istifa etmişti. Demokrat Parti grubu rahatladı. Sert lisanla eğer şaibeli meselelerin üzerine gidilirse, kabineyi düşürmenin mümkün olduğunu görmüştü. Adnan Bey de rahatlamıştı. Şimdi konuşmasının can alıcı bölümünü seslendirebilirdi:

– Bakan arkadaşlarımın bu âlicenap hareketleri karşısında ve partimizin dayanışma ahlâkı içinde siyaset yapmasını sağlamak amacıyla bu karara uymanın benim için bir fedakârlık olduğunu biliyor ve kaderimi sizin oylarınıza terk ediyorum...

Demokrat Parti grubu hayatının en dramatik sahnelerini yaşıyordu. Bütün bakanlar bir kalemde gözden çıkarılmış, ama o bakanların sorumluluğunu üstlenen başbakan için bütün müsamaha fırsatları sonuna kadar kullanılmıştı. Grup, bakanlara güvenmiyordu ama, onu kuran ve yönetene büyük güven taşıdığını söylüyordu. Böyle bir çelişkinin itibar edilir tarafı yoktu. Ama karar verilmişti ve Menderes'in yeniden başbakan olması için gereken destek sağlanmıştı.

Artık önemli olan yeni kabinenin yine Menderes tarafından kurulması değil, Adnan Bey'in efsânevî varlığının kabul edilmesiydi. Fırtına dinmiş, liman sâkinleşmişti. Adnan Bey yeniden kürsüye çağrıldı.

Çehre bir kere daha "beşûş"tu. Şimdi karşı iltifatın zamanıydı. Demokrat Parti grubu, Menderes'in tarihe gömülmesini engellemiş ve isminin bir esâtir gibi dolaşmasına fırsat hazırlamıştı. Karşı iltifatın ölçüsü bunu karşılayacak kadar güçlü olmalıydı. Adnan Bey'in sesi bu iltifatı tebliğ ediyordu:

– Aslanlar gibi insanlarsınız... Siz isterseniz hilâfeti bile getirebilirsiniz... Size lâyık olmaya çalışacağım...

Grup ayağa kalkmış, önderini alkışlıyordu. Gâzi'nin Cumhuriyet'e haysiyet kazandırdığı salonda, şimdi hilafet dâvetiyle meydan okuyan bir başvekil vardı. Gâzi Hazretleri'nin Aydın'ın Çakırbeyli Çiftliği'nden bulup Ankara'ya getirdiği, bu salona mebus olarak soktuğu Adnan Bey, otuz sene sonra onun en önemli devrimini, Meclis kürsüsünde deviriyordu...

Ekrem Hayri Bey başını öne eğerek salonu terk etti. Fuat Hulusi Bey'le birlikte Yahya Kemal Bey'den dinlediklerini hatırladı. Adnan Bey'in, Yahya Kemal'le tartıştıkları İslamiyet ve demokrasi bahsinin bütün sözleri hafızasının derinliğinden çıkmış, sanki bir gayya kuyusunun siyahlığına dökülmüştü. Başvekilin o gün söyledikleriyle bugün tartıştıkları arasında hiçbir mantığın kabul edebileceği tek bir müsamaha noktası bulunamazdı.

Bazı milletvekilleri Ekrem Hayri Bey'in koridorda yolunu kesmek istediler. Yaşlı doktor İttihatçılık günlerinde yakından gördüğü bir manzaranın tekrarından rahatsızdı; hatta, utanıyordu. Bu rahatsızlığı pek az kişinin anlayabileceği bir lisanla söyledi:

– İhtiras, mantığı her zaman ölüme mahkûm eder. Ben bu âkıbeti siyasetten çok önce, tâ hekimliğimden bilirim...

Yirmi birinci bölüm

Gönlüm isterdi ki mâzîni dirilten san'at
Sana târihini bir lâhza hayâl ettirsin.

Yahya Kemal

Şimdi tâ uzaklarda şarka dönerken yüzüm,
Anladım ki zavallı yurdumun acısını
Duymayan bu beldede kimsesizim, öksüzüm.

Nâzım Hikmet

Adnan Bey, aylardan beri kafasını meşgul eden soruyu ortaya atmanın vakti geldiğini fark etti. Çevresindekiler Demokrat Parti hareketini Anadolu'nun en hücra köşesine kadar yayan siyaset ustalarıydılar. Bu ustaların başı kendisiydi. İstediği yönlendirmelerle Türkiye siyasetinin en hassas konusunu bu kadroyla tartışabilir ve gelecek kuşaklara bir siyasî ahlâk ve din felsefesi bırakabilirdi. Demokrat Parti'nin İslamiyet adına getirdiği müsamahakâr siyasetin ileride ölçüyü kaçırıp bir şeriat talebine dönüşeceği endişesini hissediyordu. Aydın, Samsun, Afyon, Tokat, Isparta, Kastamonu, Yozgat kongrelerinde delegelerin kürsüden aynı kelimelerle aynı taleplerde bulunmaları sadece tesadüf olamazdı. Bu talepleri bilerek ve isteyerek yönlendiren bir mihrakın varlığından endişe etmekteydi. Ezanın Arapça okunmasından hemen sonra hızlanan ve giderek sertleşen bu talepler, Cumhuriyet öncesi İslâmî yönetim heveslerine dönüşmeye başlamıştı. Ticanî tecavüzleriyle kırılan Atatürk heykelleri aslında Cumhuriyet'in kırılan gururunu yansıtıyordu. Ölçüsü kaçmış tehditlerle devrimler hedef alınıyordu. Gerekli tedbirler zamanında alınmazsa, gemi azıya almış bir irtica teşebbüsüyle Cumhuriyet kökünden sarsılabilirdi.

Adnan Bey bu sevimsiz gidişatı görmüş, doğrusu biraz da ürkmüştü. İnsanların siyasette söyleyecek sözlerinin olmadığı zeminlerde din gibi hassas ve önemli konuları gündeme getireceklerini biliyordu. Bu sinsi tertipçiliği delikanlılık günlerinden hatırlıyordu. Hattâ daha ileri teşebbüslere yelteneceklerini önceden görmüş ve rahatsız olmuştu. Bu konuda ilk dikkatini çekenlerden birisi Fuat Hulusi Bey'di. Selânik terbiyesinde büyümüş bu, gün görmüş hukukçu, Adnan Bey'in duyarlılığını tahrik ederek istedi-

desteğini almıştı. Şimdi mesele Demokrat Parti grubunu fazla örselemeden istenen prensip kararlarını çıkartmaktı. Bunun yolu, Adnan Bey'in ikna edilmesinden geçiyordu. Bu sağlanırsa grup üzerindeki etkisinin istenen sonucu sağlayacağı belliydi.

İstanbul dönüşlerinden bir gece Ankara Ekspresi'nin özel yemekli bölümünde konuyu açmış ve çevredekilerin garipseyeceği, hattâ ürküp korkacağı lisanla Adnan Bey'in dikkatine sunmuştu.

– Ezanın yeniden Arapça okunduğu cuma günü, Fatih Camii'ndeydim. Doktor Mükerrem Bey, Doktor Mehmet Kâmil Bey de oradaydılar. Seyrettiğimiz manzarada bir memnuniyet huzuru değil, fırsatı yakalanmış bir ganimet iştahı vardı. Üçümüzün de aynı anda, aynı endişeyi taşımamız tesadüf olamaz... Yılanın başını palazlanmadan ezmeliyiz...

Adnan Bey son cümleyi duymamış gibi davrandı. Yanındakiler de ağızlarını açıp kanaatlerini söyleyecek cesareti gösterememiş, hattâ bazıları Adnan Bey'e yaranma amacıyla Fuat Hulusi Bey'i biraz da örselemek istemişlerdi. Fuat Hulusi Bey kaçın kurasıydı. İttihat Terakki sekreterliği yaptığı yıllarda, Gâzi Hazretleri dâhil Cumhuriyet'in önemli isimlerinden çoğunu Selânik terbiyesinde bizzat kendisi eğitmişti. Şimdi birkaç kibirli Anadolu eşrafının sırf Adnan Bey'e yaranmak için böylesine saf bir diyanet merakıyla hüküm vermelerini ciddiye alamazdı. Gözünün ucuz tehditlerden korkacağı yoktu. Sessizliğini korumuş, başvekilin yanında, ona refakat edenleri azarlamayı siyasî ve medenî terbiyesine yakıştırmamıştı. Birden umulmadık bir ses yükseldi. Adnan Bey'in yanında oturan Ekrem Hayri Bey oturduğu koltuğu ilerii doğru çekerek suskun duran milletvekillerine daha da yaklaştırdı. Kendine olan emniyetini de aşan bir cesaret ve ciddiyet içinde Fuat Hulusi Bey'i destekledi:

– Fuat Hulusi Bey'in üslûbu şairânedir. Bazen anlaşılması zor şeyler söyler. Ben bir hekim kesinliğiyle diyorum ki, bu iştah böyle şımartılmaya devam ederse, sadece demokrasiyi değil Cumhuriyet'i de felakete sürükler.

Adnan Bey'in etrafını sarmış milletvekillerinin sinsi tahriklerini teşhir etmek gereğini duydu. Söyleyeceklerini milletvekillerinin yüzüne söylemek yerine asıl sorumlusu gördüğü kararın sahibi olarak Adnan Bey'e hitap etmeyi tercih etti. Sesini daha da yükseltti:

– Arkadaşlarınızda, tecrübe eksikliğinin getirdiği bir ham cesaret merakı görüyorum. Hepsinde, felaketi meziyet telakki eden tahlil zaafı var. Bu zaaf, felaket anında, sizi yalnız bırakacak siyaset ihmaline dönüşebilir.

Ekrem Hayri Bey, zor anların ihanete müsait tabiatlarını bir hekim maharetiyle aktarmaya hazırlıklıydı. Adnan bey durumu hemen kavramış ve parti içinde gereksiz bir mücadele başlatacak olan bir ihtilafın önlenmesi için hemen müdahale etmek gereğini duymuştu. Hem doktorun gönlünü almak, hem de genç milletvekillerine itibarını göstermek istedi:

– Doktorcuğum!.. Genç arkadaşlarım yakında tecrübelerinizden istifade fırsatını mutlaka bulacaklardır.

Adnan Bey, birkaç gün önce aynı konuya bir kere daha muhatap olmuş ve bir eski dostu tarafından dikkati çekilmişti. Uzun yıllar Meclis'te milletvekili olarak beraber çalıştığı Yahya Kemal Bey, Park Otel girişinde karşılaştığı dostuna, eski tecrübelerinin ustalığını aktarmak istemiş ve bir kaside beyti tanzim eder gibi görüşünü aktarmıştı:

– Siyasetinizin mükemmeliyetini izliyorum. Lâkin yüreğimde iki hançer var. Korkum bu hançerlerin yarın milletin bağrına saplanacağıdır.

Adnan Bey şâirin sözlerinde dikkatini çekmek istediği bir sitem varlığını fark etmiş ve hemen koluna girip ilk koltuğa oturtmuştu:

– Yirmi yıldır bana hep aynı sitemle söz edersiniz. Ne kadar büyük saygım olduğunu siz benden daha iyi biliyorsunuz. Yeni bir iktidarız ve bizi hâlâ hazmedemeyenler var.

Yahya Kemal Bey küçük sitemi yanlış yorumlamasına fırsat vermeden sözlerini özetlemişti:

– Siyasette mükemmeliyeti iki şey berbat eder.

Yüreğine saplandığını söylediği iki hançeri çıkarıyormuş gibi acılı bir lisanla sözlerini tamamladı:

– Din ve iktisat, siyasetin iki önemli unsurudur... Siyasetteki mükemmeliyeti din değil, yobazlık bozar. İktisada gelince; millet fakirdir ama dürüsttür. Siyaseti bozan fakr u zaruret değil, suiistimaldir... Farkına varmadığınızı sandığım endişelerim budur.

Yahya Kemal Bey bu iki unsurun tehlikelerini uzun uzadıya anlatabilirdi, ama başvekili ayaküstü telaşa sevk etmiş bir adamın istenen etkinliği sağlamasının mümkün olmadığını biliyordu. Uzaktan eski bir dostunun gelişini görmüş ve kısa yoldan kurtuluşu seçmişti:

– Muhterem başvekilim tâlihli adamsınız... Bakın Fuat Hulusi Bey geliyor. Bu meseleleri onun kadar omurgasından kavramış bir siyasetçi bulunmaz. Reisicumhur hazretleri bile siyaset terbiyesini onun dergâhında olgunlaştırmıştır.

Adnan Bey, İstanbul şairini saygıyla kapıya kadar yolculamış ve giderken eski dostunu onurlandırmak istemişti:

– İki kulağıma iki küpe taktınız...

Sonra Fuat Hulusi Bey'in koluna girip asansöre yöneldi. Koridoru sessizce birlikte yürüdüler. 173 numaralı dairenin önüne geldiğinde kapıyı açtı ve içeri girerken fısıldar gibi görüşmeyi özetledi:

– Dün gece anlattıklarınızı, bugün aynen şair söyledi. Sanki ağız birliği etmiş gibi bir haliniz vardı.

Adnan Bey odasına girince Fuat Hulusi Bey geri döndü; asansörün açılan kapısından çıkan Yahya Kemal Bey'le karşılaştı. Anlaşılan İstanbul şairi görüşmelerden etkilenmiş ve söylediklerinin bir kere daha gözden geçirilmesini uygun bulmuştu ki odasına giriyordu. 165 numaralı odanın önünde durdu. Kat görevlileri daha önce davranmış ve kapıyı açmışlardı. İçeri girerken şaşkınlık içinde kaldığı bir durumun muhasebesini yaptı:

– Biliyor musun yıllardır aynı katta kalıyormuşuz da birbirimizden haberimiz yokmuş. Şu tâlihsizliğimize bak...

Adnan Bey, o günden beri ilk fırsatta bu konuyu tartışmak istiyordu. Fuat Hulusi Bey'i tahrik etmiş, bu meseleyi Yahya Kemal Bey'le konuşmayı arzulamıştı. Bu amaçla Park Oteli'n Boğaz'a bakan geniş terasında özel bir bölme hazırlatmıştı. İstinye körfezinde bir akşam garipliği hissediliyordu. Çubuklu, gazeldeki ihtişamıyla karşıdaydı. Kandilli yamaçları, hülya tepelerde, hayal ağaçlarda dinleniyordu. Mevsim mütehayyil; vakit akşamdı Bebek'te...

Adnan Bey, konuyu en can alıcı noktasından yakaladığını biliyordu. Bu hassas noktayı arkadaşlarının da aynı duyarlılıkla tartışacağından emindi. Bu güven duygusunda biraz da kendini beğenen bir yukarıdan bakış vardı. Her emrini yerine getirmeye hazırlıklı bu kadroyu özenle seçmiş ve Meclis'te istenen her felsefî tartışmayı zenginleştirecek kadronun sadece kendi partisinde olduğunu göstermek istemişti. Bu kadro huzurundaydı ve istediği tartışma derinliğine girmek için hazır bekliyordu. Sesini herkesin duyabileceği kadar yükseltecek ve tam fırsatını bulduğu anda hassas soruyu soracaktı. Asıl amacı, Fuat Hulusi Bey'i tahrik etmek, onu İttihat Terakki günlerinin heyecanları ve kültürüyle yeniden yoğurmaktı. Bu yaşlı kurdun, İttihat kültüründen gelen direnişini hayranlıkla izlemiş, fakat asıl Cumhuriyet'e sahip çıkan mücadelesini neredeyse kafasında kutsallaştırmıştı. İlk cevabın Fuat Hulusi Bey'den gelmesini istiyordu. Sesinin en etkili kıvamını kullandı:

– Beyler!.. Acaba Demokrat Parti İslâmiyet'in yüceltildiği bir felsefî ve sosyolojik hareket derinliğine sahip midir? Yoksa Hüseyin Avni'cilerin tesiri altında kıvranan şeriatçı geleneğe doğru mu meyletmektedir?

Demokrat Parti mâcerasında bu soru bugüne kadar sorulmamış, böyle bir ihtiyaç duyulmamıştı. Bu ilgisizlik nedeniyle demokrasinin İslâm anlayışı sorgulanabilir ve sadece slogan olarak değer taşıdığı hükmüne varılabilir miydi? Demokrat Parti'nin sadece ibadete davet eden İslâmî çağrısıyla yetinen politikası gerçekten amaçlı bir tercih miydi; yoksa fırsatın ganimet sayıldığı kurtuluş dergâhı mıydı?

Adnan Bey, halkın İslâmiyet'le ilgili bilgi ve deney birikiminin de böyle bir ihtiyaç içinde olmadığını görmüştü. Halkın İslâm düşünce tarihi ve değerleri doğrultusunda eğitilmemiş olmasını üzüntüyle karşılıyordu. Bu durumun, Demokrat Parti'nin işini kolaylaştırdığı görüşlerinin doğruluğunu da kabul ediyordu. Demokrat Parti, İslâmiyet'in felsefî değerleri ve düşünce üstünlükleri konusunda fazla zahmet yüklenmeden büyük imkânlara sahip olabilmişti. Sadece İslâm'ın biçimsel ibadet davetinin ısrarıyla bütün İslâmiyet davasına sahip çıkan parti avantajına kavuşmuştu. Bir siyasî partiden, İslâmî felsefeyi tam anlamıyla sergilemesini beklemek çok iddialı istek olurdu. Böyle bir girişim üstelik Demokrat Parti için gerçekten büyük ve cüretli bir hedef anlamına da gelirdi. Ancak Demokrat Parti'nin İslâmiyet esaslı politikalarla siyasette yer alması, İslâmî değerlerin dışındaki unsurlara dayanan siyaset hedefini gerçekleştirmesi mümkün müydü? Ya da böyle bir tercihle siyasetçi kadrolar İslâmiyet'e sahip çıktığı iddiasında samimi olabilirler miydi?

Adnan Bey tartışmaya yön vermek için önce bir genel açıklama yapmak, sonra bu çerçeve içinde arkadaşlarının bilgi ve önerilerini almak istiyordu:

– İslamiyet, Ortadoğu siyasetinin vazgeçilmez başlığıdır. Bu nedenle durmuş oturmuş bir üslûpla tartışılmamıştır. İslamiyet'i değerlendiren laik üslup gerçekten bir gün ülkeye gelir ve hedefine ulaşırsa, Türkiye kendi değerlerinin üstünlüğünü koruyarak yücelen devlet olur. Korkum, aksine bir gelişme olmasıdır. O zaman bizi dar coğrafyaya kilitleyen bir kadronun baskısında kalırız. Böyle bir endişeyi sizinle paylaşmak istedim.

Fuat Hulusi Bey, konuşmanın yönünü Yahya Kemal Bey'e doğru çevirmek istedi. Bu bir kurnazlık değil, konuşmanın akışındaki doğal yöndü. Ancak iyi bir tarifle işe başlarsa, sözlerinin daha etkili olacağını düşündü. Adnan Bey'in kulağına fısıldar gibi konuşuyordu. Bunu, esrarengiz görünüm kazanmak ihtiyacıyla değil, Adnan Bey'in özel dikkatine sunmak zorunda olduğu hadiseyi aktarmak için yapıyordu.

– Geçenlerde yataklı vagonda size sunduğum hususu daha sonra Yahya Kemal Bey'le tartıştım. Doğrusu üstadın meseleye bakışındaki isabetten çok etkilendim.

Adnan Bey konuşmasının önemli başlıklarını görüşmenin başında ortaya koyup herkesin kendini tartışma için sınırlamasını istiyordu. Bu sınırlama ipin ucunu kaçırma ihtimalini yok etmek içindi. Böylece tartışma başlıkları içinde istenilen ölçüde derinleşilebilir ve ortak değerlerin oluşumuna yardımcı olunabilirdi. Tartışmanın gündemine istediği kıvamı getirdi:

– İslamiyet, Yakındoğu uygarlığının en önemli ve değerli parçasıdır. Bu medeniyet, Mısır, Asur, Keldan, İran, Anadolu, Yunan, Roma, Bizans tarihinin, coğrafyasının, iktisadının, teknolojisinin, estetiğinin ve kültürünün değerlerini bütünleştirir. Bu bütünleşme, İslâm, Hıristiyan ve Yahudi inançlarının birbirlerini etkileyen ve gerektiğinde tamamlayan sosyolojik ve mistik gelişmenin ortak değerleridir.

Park Otel'in Boğaz'a nâzır terası, Demokrat Parti kadrosundan Adnan Bey'in özenle seçtiği kimselerle doluydu. Şöhretli milletvekilleriydiler. Hepsi, İslamiyet ve dünya medeniyet değerlerinde bilgi ve tecrübesiyle dikkat çekmiş kimselerdi. Adnan Bey, güzel bir temmuz ikindisinde hepsini bir araya getirmiş, ancak kendi tartışma kadrosunu iki kişiyle sınırlamıştı. Birkaç gün önce asabi müdahalesiyle Adnan Bey'i zor durumda bırakan Ekrem Hayri Bey hemen başvekilin yanı başında oturuyordu. Konuşmayı Fuat Hulusi Bey'in yönlendirmesinin daha uygun olacağını düşünmüş ve bütün tahrik görevini ona yüklemişti. Yahya Kemal bu toplantı konusunda derinliğine bilgilendirilmemiş, sadece başvekilin böyle bir sohbet arzusunda olduğu ifade edilmişti. Serin Boğaz rüzgârları karşı sahilden bir hayranlık ve sevdâ derinliği getirmiş gibi gururluydu. Adnan Bey bu gururu fark etmişti ama bunları anlatmanın sırası olmadığını da biliyordu. Kaldığı yerden devam etti:

– İslam düşüncesi, sadece İslâm dininin fikrî cephesinden ibaret değildir. İslam uygarlığının yararlandığı, etkilendiği ve etkilediği bütün unsurların bünyesindeki değerlerdir. İslam medeniyeti, yaşandığı devirlerdeki düşünceler anlamına gelir. Akdeniz medeniyetinin en temel unsurlarından biri olan İslâmiyet Türk, Arap ve İran medeniyetlerinden çok etkilenmiştir. Türkler, İslâmiyet'in yaygınlaştırılmasında sadece cihat anlayışıyla hizmet vermekle yetinmemişler, fikrî ve edebî değerlerinin oluşmasında ve yayılmasında fevkalade önemli görevler üstlenmişlerdir.

Adnan Bey sözü artık Yahya Kemal Bey'e bırakmak zamanı geldiğini düşünerek sustu. Gözlerini şaire dikti. "Haydi sıra sizin" der gibi baktı.

Yahya Kemal Bey, garsonun getirdiği kahve için masada yer açmak istedi. Kül tablasını biraz ileri itti ve kibirli bir edayla sesini ancak masadakilerin duyacağı kadar yükseltti:

– Önce önemli bir tespitimi belirtmek istiyorum. Hıristiyan medeniyetinin fikir dili, Kitabı Mukaddes'in yazıldığı dil olan Latince'dir. Buna karşılık Hıristiyan felsefesinin ve edebiyatının dili Yunanca'dır. Paralel yaklaşımla değerlendirildiği zaman görülecektir ki, İslâm medeniyetinin fikir dili Arapça, buna karşılık edebiyat dili büyük ölçüde Farsça'dır. Türkçe, İslâm medeniyetinin ne fikir dilinde, ne de edebiyat ve felsefe dilinde kullanılmamıştır. İslam medeniyetinde Türklerin on asırdan beri üstlendikleri görev ve sorumluluklar bir medeniyet yarışı şeklinde gelişmiştir. İslamiyet'in üstünlüklerinin yaşandığı iki büyük imparatorluktan birisi Abbasîler, diğeri Osmanlılardır. Ancak Türk imparatorlukları başta Osmanlılar olmak üzere, Selçuklular, İlhanlılar, Karahanlılar, Gazneliler, İslâmiyet'e ilişkin bütün felsefî çalışmalarında Türkçe'yi değil, Farsça'yı ve Arapça'yı kullanmışlardır. İslamiyet'e ilişkin üstün, hattâ yüce değerler üreten Türklerde ümmetçi zihniyetin kökleştirilmiş olması bu durumu yaratmıştır. Böylece İslamiyet'in felsefî değerlerinin tartışıldığı eserlerin Türkçe yerine Arapça ve Farsça yazılması, Türk düşünürlerinin eserlerinin Arap ve Fars kültürüne mal edilmesine yol açmıştır. Türk mütefekkiri olarak Farabî ve İbni Sinâ eserlerini Selçuklu İmparatorluğu döneminde vermiş olmasına rağmen bütün eserleri Arap kültürüne mal edilmiştir. Eğer utanılacak bir örnek istiyorsanız veriyorum: büyük Türk ve İslam mütefekkiri İbni Sinâ'nın yüzlerce kitabından bir tanesi bile Türkçe'ye çevrilmemiştir. Yunan felsefesinin değerli eserleri Arapça'ya ve Arapça eserlerin Yunanca'ya çevrilmesi Süryanîce'yle mümkün olmuştur. Bu eserlerin önce Süryanîce'ye çevrilmeleri sağlanmıştır. Bugün bu eserleri Arap kültürüne mal edilmiş değerleriyle takdim edenlerin sadece dil bilgisinden kaynaklanan bir avantajla takdim ederek İslâmî felsefe değerlerinin sahipliğine soyunmuş olmalarını haksızlık sayıyorum.

Yahya Kemal Bey, konuşmasının bu kadar dikkatle dinleneceğine ihtimal verememişti. Halbuki, Adnan Bey koltuğunu çekerek Yahya Kemal Bey'e yanaşmış ve tek kelimesini kaçırmak istemeyen bir özenle kulağını şaire çevirmişti. Yahya Kemal sigarasından bir nefes aldı.

– İslam felsefesi başlıca eserlerini IX.-XII. yüzyıllar arasında vermiş ve felsefe tarihindeki seçkin yerini almıştır. Bu seçkinlikle Yunan felsefesi ile Avrupa felsefesi arasında bir köprü görevi üstlenmiştir. Kaynağını Yunan felsefesinden almış, ancak bu felsefeyi genişleterek ve geliştirerek Hint ve İran kültürlerini de kucaklayarak Batı felsefesini etkilemiştir. İslam filozofları kadar kelâmcılar, sûfîler ve fâkihler de ciddi hizmetlerin sahipleri olmuşlardır. Bunların eserlerinin Latince'ye çevrilmemiş olması nedeniyle Batı felsefesi bazı değerleri kavramakta asırlar kaybetmiştir.

Yahya Kemal Bey artık Adnan Bey'in asıl tartışmak istediği konuya girmek zamanı geldiğini düşündü:

– Osmanlı'nın medeniyet tarihi içinde çok hazin tesirlerini gördüğümüz irtica hareketinin gerisinde daima İslâmî felsefeyi dışlayan bir hoyratlık vardır. Sadece ibadet seyrini ve teşhirini esas alan zaaf içindedir. Nitekim, İslâm felsefesini ve inançlarını akıl disiplininde yüceltenler, daima hırpalanmış hattâ öldürülmüşlerdir.

Yahya Kemal sırasını savdığını düşündü. Meseleye bir de siyaset açısından bakılması gerektiğini düşündü. Fuat Hulusi Bey'le geçmişte bu konuyu derinliğine tartıştığı zamanları hatırladı. Bu noktada başvekilin zihninde bir kampana çalmak gerekiyorsa bunu bir aktif siyasetçinin yapmasını istedi:

– Bence meseleyi Fuat Beyefendi ya da Ekrem Hayri Beyefendi'yle siyaset ahlâkı açısından tartışmak gerekir. Doktorun bu bahislerdeki asabiyetini biliyorum. Fuat Hulusi Bey'in sükûneti sâyesinde belki ilk merhaleyi sızıltısız görüşebiliriz.

Ekrem Hayri Bey, işin özünden saptırılacağı ve sıradan bir görüşmeyle konunun geçiştirileceği endişesine kapıldı. Hemen müdahale ederek ön almak ve konuyu mutlaka çerçevesine oturtmak istiyordu:

– İslâmiyet'le siyaset yapmak üslubu yeni değildir. Geçmişte de görüldü ve yaşandı. Bedelleri ağır oldu ama ders alınmadı. Öyle anlaşılıyor ki, bu tecrübenin eksikliği, en aklı başında insanlarda bile hayret verici cesaretlere dönüşüyor.

Yahya Kemal Bey rahatsız oldu. Konunun siyaset özelliğini gündeme getirmek istemiş; ancak Ekrem Hayrı Bey'in asabiyetiyle karşılaşmıştı. Ekrem Hayri Bey'in o eski sâkin ve derviş tabiatı âdeta kaybolmuş, yerine hemen celallenen bir kabadayı tavrı gelmişti. Böyle bir tavır ve kararlılıkla meselenin tartışılabilirliğini tehlikede gördü. Hemen muhatap değiştirdi:

– Belki de önce meseleyi bir hukukçu dimağında yoğurmalıydık...

Son cümle herkesi silkeledi. Ekrem Hayri Bey aceleci davranmanın affedilmediğini fark edip kenara çekilmeyi tercih etti. Fuat Hulusi Bey kendisine uzatılan köprüden yürüdü. Sesinde tarih imbiğinden süzülen bir iman idrâkinin ahengi vardı:

– Meşrutiyet partilerinin hiçbiri İslâm'ın üstünlüklerine ait hareketin ve mesuliyetin içinde olmamışlardır. Meşrutiyet partileri İslâmiyet'in üstün vasıflarını bilen kadronun elindeydi. Lâkin dinle, siyaset sınırını baştan çizecek cesaretin içinde olamadılar. İbni Sinâ'nın başına gelenler, İbni Rüşd'ün başına gelenler hatırlanırsa, İslâm'ın gerçek değerlerinin tartışılmasının ne kadar zor olduğu anlaşılır. Bugünkü yobazlık, bin sene evvel İbni Sinâ'nın ve İbni Rüşd'ün başına iş getirenlerden daha mâsum değildir. İttihadı Muhammediye partisini hatırlayın. Derviş Vahdetî'yi hatırlayın...

Yahya Kemal Bey hiç yapmadığı bir şeyi yaptı ve Fuat Hulusi Bey sözünü tamamlamadan araya girip fikrini söyledi:

– İbret için emsalin binlercesine gerek yok; bir tanesi bazen bin yılın ibretini temsil eder. Menemen katillerini hatırlayın...

Adnan Bey tartışmanın yönetimini elinden kaçırdığının farkına vardı; güleç yüzüyle Yahya Kemal Bey'e döndü:

– Sevgili şairim! Sizi dinlerken sadece bir siyaset tahlili değil, aynı zamanda geniş bir edebiyat malumatı da edindim. Ancak, bizim siyaset terbiyemizde Hüseyin Avni'cilerden gelen bir İslâmî hareket tertipçiliği vardır. Serbest Fırkacılar da aynı hataya düştükleri için yakalarına hemen yapışıldı. Bunların kökü İtilafçılara dayanırdı. Eski İttihatçılar da işlerine geldiği için fazlaca üstelemediler.

Sonra eski İttihatçı olarak Fuat Hulusi Bey'e baktı. Sesindeki kışkırtıcı tona biraz da latife katarak konuşmaların yönünü yeniden ele almak istedi:

– Korkarım ki, İtilafçıların geleneğini bugün yeniden sürdürmeye meraklanan bir kadro ortaya çıkıp Cumhuriyet'in idealini susturmak isteyebilir. Yeni bir Terakkiperver hareketinden korkarım.

Biraz sustu; sözlerinin etkisini ve karşısındakilerin nasıl değerlendirdiklerini ölçmek istedi. Arzuladığı gözlemlerde bulunmuş olacak ki sözlerini tamamladı. Son cümlesini kurarken, artık bir tahlil ihtiyacından çıkmış kendi varlığını ve hedeflerini önemseyen ve beğenen bir tasdik ihtiyacı içine girmişti:

– İşte böyle bir tertibin yok edilmesi için mesuliyet yükleniyorum. Hattâ bunu vebal sayıyorum. Bugünün İttihatçılarının üzerime gelişlerinde bunun payı büyük. Öyle değil mi hocam?

Adnan Bey'in konuyu böyle bir yön saptırmasıyla ele alması beklenmiyordu. Fuat Hulusi ve Yahya Kemal Bey birbirlerine baktılar. İkisinden birinin mutlaka bu yanlış teşhise doğru yönde cevap vermesi gerekiyordu. Yahya Kemal Bey farklı bir tahlil getirmek ihtiyacı duydu:

– Serbest Fırkacılarda biraz İkinci Hareket havası hissedilebilir. Ama bu kadroda ihtilâf konusu Cumhuriyet ya da Gâzi değildi. Diklendikleri şahıs İsmet Paşa ve onun çevresindeki çok küçük kadrodur. Hüseyin Avni'ciler, İsmet Paşa'yı nedense hep münafık gördüler. Tabiatlarında af duygusu olmadığı için kararları ve tavırları sert olmuştur. Doğrusu hem teşhiste, hem hükümde yanıldılar. Ama Cumhuriyet'e bağlı olduklarından asla şüphem yoktur. Bu yanılgıyı sizde de görüyorum. Aynı şekilde sizin de Cumhuriyet'e bağlılığınızdan hiç şüphem yoktur.

Yahya Kemal Bey biraz sustu. Bu kez onun da son cümlelerinde bir tahlil disiplini değil, sözlerinin isabetini takdir edecek bir tecrübe beklentisi vardı. Son sözlerinin çok kişi ve hadiseyi sarsacak bir yorumla takdim edilmesi gerektiğini düşünüyordu. Başvekilin bu konuda herhangi bir tereddüt göstermesini anlayışla karşılayabilirdi; ama, hiddet göstermesi halinde zihninden geçirdiği asıl cümleyi bütün sertliğiyle haykıracaktı. Şimdi alttan alan kesin bir hüküm cümlesi söylemek istedi:

– Terakkiperver hareket, fikirleri ihtilaflı bir kadronun terkibiydi. Mandacılar, saltanatçılar, hilafetçiler bir siyaset panayırında bir araya gelmiş ve bu melez hareketi başlatmışlardı. Ali Fuat, İsmail Canpolat, Adnan Adıvar, Rauf Orbay, Kâzım Karabekir... Bunların hepsi farklı tellerin nağmeleriydiler. Bir siyaset idealinde birleşmelerine ihtimal verilebilir miydi? Hayır!.. Gâzi Hazretleri bunları yanından uzaklaştırmakla isabet etmiştir.

Yahya Kemal Bey'in hüküm cümlesi, Adnan Bey'in beklediği ölçünün üzerindeydi. Fikrini söyleyip görüşmeleri kapatabilirdi. Öyle yapmadı, tartışmanın askıda kalmasının daha uygun olacağını düşündü. Bu kez Adnan Bey'in daha yumuşak bir üslûp içinde meseleyi değerlendirmesi gerektiğini düşündü. Hüküm cümlesini hafifletti ve sesine biraz nükte kattı:

– İsmet Paşa Terekkipervercilerin hepsini tekrar yanına aldı. İrtica yumurtasının kabuğunu çatlatan hareket budur. Sizin de bugün sıkıntılar hissettiğiniz hareketin sinsiliğinde bu kadroya olan iltifatınızın payı vardır. Çoğu bugün hatırlı mebuslarınız olarak Meclis'teler... Yirmi beş yıllık tahlil hatasının sizde de devam ettiğini görüyorum. Hayretimi gizleyemediğimi belirtmeliyim...

Adnan Bey asabileşti; son cümlenin mânâsını hemen öğrenmek istedi:

– Nedir bu yirmi beş yıllık tahlil hatası? Bir örnek veriniz!

Yahya Kemal Bey hiç duraksamadı:

– Anlaşılan hayretimi merak ediyorsunuz. Evet hayret içindeyim ve hâlâ mâkul bir izah noktası bulmuş değilim. Neden Halkevleri'ni kapattınız? Neden Köy Enstitüleri'ni kapattınız? Bunlar Cumhuriyet'in aydınlanma politikalarıydı. Böyle geniş tesirli irfan yuvalarını kapatırsanız, bugün şikâyet ettiğiniz karanlığın gelmesi kaçınılmaz olurdu. "Tahlil hatası" derken maksadım, bu karanlığın bir baskın gibi geleceğinin kestirilememiş olmasına işaret etmekti.

Adnan Bey bu tahlilin önemli bölümüne itirazı olmasına rağmen, suskun kalmayı tercih etti. Ancak biraz dikkatli bakınca Adnan Bey'in yüz hatlarından farklı izlenimlerde olduğu görülüyordu. Yahya Kemal Bey'in tahliliyle aynı kanaatte değildi. Hele son cümlesinde, "Tahlil yanılgısını sizde de görüyorum" ifadesi bu seviyedeki bir toplantı için fazla ileri giden üslup olmuştu. Yahya Kemal Bey gibi bir lisan ustasının üslubunu tartışmanın yararı olmayacaktı. Olaya böyle yaklaşırsa, fazla alıngan bir siyasetçi izlenimi bırakabilirdi. Bu izlenimini vermekten kaçınması zorunluydu. Meseleyi kişisel tartışma düzeyinde değerlendirmek yerine, iki eski Makedonyalı'yı karşı karşıya getirmeyi düşündü. Biri Selânikli, diğeri Üsküplü iki Makedonyalı, İkinci Hareket'in tahlilinde İslâmiyet'in yerini belirleyeceklerdi. Adnan Bey bu tartışmadan çıkaracağı hükümle Demokrat Parti'nin İslamiyet anlayışını yeniden tarif etmeyi düşünüyordu. Yahya Kemal Bey'in tahlili bitince yüzünü en hızlı şekilde Fuat Hulusi Bey'e çevirdi. "Bu tahlili sen cevapla" der gibiydi.

Fuat Hulusi Bey bir yandan başvekilini, öte yanda "Üsküplü" dediği Yahya Kemal Bey'i karşı karşıya getiren sert tahlilden kaçınmak istedi. Daha yumuşak bir üslup kullanmayı denedi:

– Bence Serbest Fırkacıları değil, asıl ciddi ve önemli ölçüde İkinci Hareket'i tahlil etmek gerekir. İkinci Hareket'i küçük düşürmek için İtilafçı oldukları söylenirse de bu, işin hakikatini ifade etmez. Böyle bir iddia hem İttihatçıları, hem İtilafçıları iyi anlamadığımızı gösterir. Üstelik haysiyetli bir İttihatçı olarak ben, Hüseyin Avni'cilerin hakkını teslim ediyorum. Sizler de etmelisiniz... Onlar gerçek birer vatanperverdiler...

Bu da Fuat Hulusi Bey'in yön saptırma kurnazlığıydı. Adnan Bey kurnazlığı fark etti; bu tuzağa düşmeden hemen sözü Yahya Kemal Bey'e döndürdü:

– Aynı kanaati taşıdığınıza emin değilim.

Yahya Kemal Bey aynı kanaati taşımıyordu. Ama taşıdığı asıl kanaatin Adnan Bey'in hoşuna gitmesi de söz konusu değildi. Böyle bir tersliğin içine düşeceğini önceden hesaplamamıştı. Karşılaştığı durum artık bir tarih ve siyaset tefsirinden çıkmış, Yahya Kemal Bey'i doğrudan hedef alan şahsiyet tahliline dönmüştü. Böyle bir sıygaya çekilme karşısında Adnan Bey'in kişiliğinden ürküp alttan alabilirdi. Yahut, inandığı asıl gerçeğin ürkütücü sonuçlarını ve sorumluluklarını üstlenerek başvekilin üzerine gidebilirdi. Rakofça kırlarının hür havasını ciğerini doldurur gibi derin bir nefes aldı ve serin bir akşam vakti Kandilli sahillerine doğru boşalttı:

– Maalesef sizinle aynı kanaatte değilim. Küçük kurnazlıklarla bizi birbirimize düşürmek istiyorsunuz. Eğer bir tarih dehlizinde işin aslını öğrenmek isterseniz size faydalı olurum. Ama işin siyaset gayyasında nasıl şekillendirildiğini merak ediyorsanız benim bu çukurda yerim ve sözüm olmaz.

Sohbet ansızın gerginleşmiş ve sevimsiz hal almıştı. Yahya Kemal Bey sinirliydi. Fuat Hulusi Bey de gerilmiş, sevimsizleşen tartışmanın yarar getirmeyecek noktaya geldiğini görmüştü. Adnan Bey de gergindi. Birinin mutlaka bir sükûnet meltemi estirmesi gerekiyordu. Ekrem Hayri Bey, Cumhuriyet'in ilk yıllarındaki bütün siyaset tartışmalarını derinliğine bir tahlili yapmaksızın, daima Gâzi Hazretleri'nin tercihi doğrultusunda kabul etmiş ve aksini ileri süren hiçbir görüşe itibarı olmamıştı. Görüşmelerin birdenbire alevlenmesini şaşırtıcı bulmuştu. Yapabileceği bir şey olmadığını da fark etmiş ve bulunuşunu yadırgamaya başlamıştı. Mademki konuyu başbakan açmıştı, istenen seviyeli tartışma zeminini yine onun yükseltmesi beklenirdi. Bir küçük latifeyle Adnan Bey'in konuya girmesini düşündü. Adnan Bey, Ekrem Hayri Bey'in müdahalesine ihtiyaç duymayan kararlılıkla kendinden bekleneni yerine getirdi:

– İkinci Hareket aslında liberal ve demokrat bir kadroydu. İtilâfçı değillerdi. İttihatçılarla da irtibatları yoktu. Bence Cumhuriyet'in ilk kadro hareketi budur. Birinci Meclis'in kaldıramayacağı kadar liberal ve demokrat olmanın bahtsızlığına kurban gittiler. Daha yumuşak ve alttan almalarını beklemek yanlış olurdu. Çünkü o zaman kendileriyle tenakuza düşer ve fikren olduğu kadar ahlâken de ayıplanırlardı.

Adnan Bey derin nefes aldı ve karşısındakilerin böyle bir teşhise karşı takınacakları tavrı kestirmek istedi. Biraz önceki gergin hava dağılmaya başlamış, yeniden ciddi bir tartışma zemini oluşmuştu. Yükseltilmesi istenen seviyeye ulaşmanın rahatlığıyla konuşmasına devam etti:

– İtirazlarının temeli diktatörlüğe başkaldırıştır. En büyük yanlışlığı Gâzi'ye kafa tutmakla işlediler. Usturuplu muhalefet ile keyfî diklenme arasındaki farkın hamurunu bu hareketin teknesinde yoğurduk. Cumhuriyetimiz, bundan pay çıkaracağına hiddetle üstüne gidip zengin bir tecrübe hazinesini yok etti.

Adnan Bey, yeniden eski latifeci üslûbuna döndü:

– Ne dersiniz şairim; "erken öten horozun boynu" diyebilir miyiz ?

Yahya Kemal Bey bu latifeye itibar etmedi:

– Hayır, diyemeyiz!.. Onlar inandıklarını söylediler. Karşısındakiler de kendi inandıklarını doğru saydı. Oturup konuşmak yerine kavgaya başladılar. Siz bile demokrat ve liberaldiler diyorsunuz. Bir adam liberal ve demokrat ise, ne Meclis'in, ne de bir şahsın diktatörlüğünü kabul etmez. Meclis'in tek elde toplanmasına rıza göstermez. Kararı tek kişinin iradesine bırakmaz. İstiklâl Mahkemesi'ne boyun eğmez. Millî Mücadele'nin karargâhta değil, Meclis'te demokratça yürütülmesini ister. Bunlar liberalliğin ve demokratlığın tariflerinde olan şeylerdir. İşin kötüsü bu taleplerin sonucunu da bilir. Kellesinin gideceğini bilir ama, inancında ve cesaretinde diz çökmez.

Fuat Hulusi Bey, Üsküplü'nün sinirli hâlinden mutluydu. Tarih tahlili diye başladığı konuşması eğer kesilmezse, gerçek bir siyaset tahliline dönüşebilirdi. Yahya Kemal Bey'in konuşmasında sanki Süleymaniye'de bayram sabahının sabırlı fakat iddialı karar huzuru vardı. Senelerden beri rüyada görüp özlediği cedlerinin mağfiret iklîmine girmiş gibiydi. Fuat Hulusi Bey Makedonyalı dostuna destek olmak istedi:

– Yahya Kemal Bey'in tahlilini günümüze getirmeliyiz ki, Demokrat Parti'nin siyaseti ile İslâmiyet arasındaki bağlantıyı isabetle tespit edebilelim. Mücadelenin kazanılmasında din adamlarının rolü büyüktü. Kimse bunu inkâr edemez; ama şimdi görmezlikten gelmek, hattâ, ileri gidip biraz da ayağa düşürüp âdeta bir hataymış gibi göstermek insafsızlıktır. Maalesef bu yapıldı.

Fuat Hulusi Bey, kendisini dikkatle dinlemelerinin verdiği cesaretle asıl söylemek istediğini özetledi:

– Şimdi dini, yeniden siyaset için vasıta sayarsak, memleketin demokrasiye kavuşması çok uzun yıllar alır. Cumhuriyet'in geri kalmasında vebal sahibi oluruz.

Son cümle Adnan Bey'i muhatap almıştı. Başvekilin yeniden gerginleşmesini göze alarak Fuat Hulusi Bey'in böyle bir ifadede bulunması Yahya Kemal Bey'in hoşuna gitti. İçinde hafif bir mutluluk ve biraz da hayranlık bulunan suskunlukla işin sonunu beklemeye koyuldu.

Adnan Bey, artık karar noktasına gelmişti. Kimseyi kırmak istemiyordu. Tartıştığı kadronun İslâmiyet anlayışı ile halkın İslamiyet anlayışı farklıydı. Bu zıtlık eğer bir gün sokağa yansırsa, Demokrat Parti'nin o felsefî zenginliğinin kaybolacağından korkuyordu. O zaman, siyasete şeffaf bir İslam anlayışı değil, bir yobaz kadrosunun çıkarı yön verecekti. İslamiyet'i istediği kalıba sokmaya meraklı bir irtica ihtirası olduğunu fark etmişti. Son birkaç cümleyle tartışmayı kapatmaya niyetlendi. Belki ileride yine uygun bir ortam bulursa bu konuyu bir daha tartışmaya dönebilirdi. Şimdi insanların gurur duyabileceği bir hükme ihtiyaç vardı ve Adnan Bey kendini bu hükmün hâkimi gibi görüyordu.

– Her insanın içinde sızlamaya hazır bir vicdan ve her vicdanda da bir adâlet duygusu vardır. Sefaletin aleyhine zenginleşen varlık; sevgiyi örseleyen hoyrat hüküm, aslında akıl ve ilim ürünü olsa bile vicdan ürünü olamaz. İnsana ve âleme huzur vermez. Bizim İslamiyet anlayışımız, akıl ve ilim ürünü olanla, vicdan ürünü olanı aynı idrâkin potasında yüceltmektir. İbâdetin temelini bu ahlâka oturtmaktır.

Yahya Kemal Bey geriye yaslandı. Gurup vakti Cihangir'den bakıyormuş gibi Fuat Hulusi'yi seyretti. Tecrübeli İttihatçı olarak Selânikli'nin çehresinde tebessüm vardı. Gözleri mavi ve taze bir bahar gibiydi. O bahara imrendi. Hatta biraz da kıskandı. Hasetliğinin fark edileceği endişesiyle gözlerini hemen Adnan Bey'e çevirdi:

– Aziz başvekilim! Tarihten pay çıkarmanızı takdirle karşılıyorum. Dilerim ki âkıbet günü geldiğinde tâlihiniz size yâver olur...

Adnan Bey güldü. Yahya Kemal Bey'in gözlerinde bitmeyen susuzluğa benzeyen ağrı vardı. Eski bir âşina gibi yüzündeki heybetli hüznü seyretti. Geçmişin hazları, bu kibirli şairin hülyalarına âhiret endişesiyle nakşolmuştu. Bakışları, Üsküp şafaklarından, İstanbul gurubuna çevrilmiş şefkat ışıkları gibi parlıyordu. Gençliğinde Celile'ye olan tutkunluğunu hayranlık dolu bir sevdâ iptilâsıyla izlediği şair karşısındaydı ve kendisine bir âkıbet endişesini hatırlatan mubassır gibi sert bakıyordu. Adnan Bey bu duyguların içinden sıyrılıp şairin gönlünü almak istedi.

– Aziz şairim! Kanlıca şiirini okuduğumda sevdâ yüklü delikanlıydım. O gün anladım ki kaderimiz bellidir ve hepimiz tenha yolun ortasında rüzgârın oynadığı teşrin yapraklarına benziyoruz...

Yahya Kemal Bey, Adnan Bey'in ilk gençlik yıllarını hatırlıyordu. Meclis'teki çalışmalarında seyrettiği o atılgan ruh, canlı ve azimli genç milletvekilinin azim ve kararlılığı gitmiş, yerine bıkkın bir başvekil yorgunluğu gelmişti. Bundan hoşlanmadı ve sahibine hatırlatmak istedi:

– Bu kadar bedbin olmayınız...

Adnan Bey, kendisine verilen bilgiyi masaya getirmeden kendi hüküm cümlesini hırsla söyledi:

– Baksanıza! İsmet Paşa, "Ben dünyayı Demokratlara haram edecek her hareketin arkasında olurum" demiş.

Yahya Kemal Bey, İsmet Paşa'nın bu sözleri söyleyeceğine hiç ihtimal vermemişti. Belli ki, yaranma meraklısı bir iki siyasetçi İsmet Paşa'nın sözlerini saptırarak başvekile aktarmışlardı. Asıl kanaatini söyleyip izin istedi:

– İsmet Paşa'yı iyi tanırım. Zihninde bir siyaset imbiği vardır. Söyleyeceklerini orada damla damla damıtarak söyler. Serttir; ama, kem söze yer verdiğini hiç görmedim.

* * *

Büyükhanım otoritesinden hiçbir şey kaybetmemişti ve Ayhan Hanım'ın tavrını aynı ciddiyet içinde eleştiriyordu:

– Bıkkınlığın insanın karakterinde olduğu yalanına kanma. İnsanın içine bıkkınlığı karşısındaki yerleştirir. Her an, özlenen insan ruhunu, kendinde tazelemek zorundasın. Yoksa onca yılın hatırını saymadan çekip giderler. Yaşanan artık gerçek değil, hükmünü tamamlamış bir hatıradır.

Büyükhanımın birdenbire sert lisanla eleştirmesi, Adnan Bey'in gönlünü artık İstanbul'a kaptırdığıydı. Dedikoduları duymuş, Adnan Bey'in ziyaretindeki seyrekliği bu dedikodunun doğruluğu olarak yorumlamıştı.

– Her oyunun âlemde bir kaidesi vardır; vuslat vakti geçince mutlaka hasret gelmez...

* * *

Adnan Bey odasına çıktı. Üstünü değiştirecek ve önceki gece tanıdığı genç kadının cesur dâvetine gidecekti. Giyinirken Yahya

Kemal Bey'i düşünüyordu. Neden acaba üstat, İstanbul'un fakir semtlerinden mutluydu? Neden Boğaz'ın serin manzaralı koylarını anlatan güzel gazellere ve İstanbul'un sadece fukara semtlerine gönül kaptırmıştı. Bu mahallelerin rûhunda Yahya Kemal'i mutlu eden bir mânevî değerin varlığını görüyor ve böyle bir tutkunun köklerini Üsküp sokaklarını, Selânik mahallelerini arayan çocukluk günlerinin hasretini fark ediyordu. Neden Teşvikiye'nin, Maçka'nın, Şişli'nin sevecen insanlarından söz edecek tercihi olmamıştı. Dudaklarında saygılı bir esef tebessümü belirdi. Acaba üstat işin farkında mıydı; kendisini dillerden düşürmeyenler, Atikvalde'den inenler ya da bayram namazını Süleymaniye'de kılanlar veya Kocamustâpaşa'da hülyayı hakikat sananlar değil, bu varlıklı mahallelerin okumuş insanlarıydılar. Sabahın erken saatlerinde Teşvikiye Camii'nin avlusunda eylül rüzgârlarına kapılmış çınar yapraklarıyla, Kandilli sokaklarında rüzgârın oynaştığı teşrin yaprakları çok mu farklıydı? Üsküdar'ı aksettiren sahih ayna, neden bir Beyoğlu ihtişamında basit foya gibi dökülüyordu?

Boğaz'ı uzun uzun seyretti. Üsküdar'ın ölgün ışıklarının yansıttığı o menevişli pırıltılar, yavaş yavaş kaybolmuş, yerini dolunayın ışıklarında iddialı bir servi sîmine dönüştürmüştü. Şairlerin insan zevkini terbiye eden teşbihlerle, istiarelerle yücelttiği bu mehtap acaba romancıların cümlelerinde nasıl bir hüviyet kazanabilirdi? Böyle bir mehtabı birlikte seyretmek, sevdiği romancıya insanları kıskançlığa sevk edebilecek bir yeni teşbih ilhâmı verebilir miydi? Telefona uzandı, misafir olacağı genç romancıyı aradı:

– Aslında hazırım, hemen gelebilirim; ama sen bana gel... Karşımda Yahya Kemal'in iri güllerle süslediği mehtap var. Senin en güzel aksettiğin zemin budur...

Suzan Hanım kolay teslim olacak kadın değildi. Başvekilin ilgisini çekmekten mutluydu. Ama her canı çektiğinde telefona sarılıp çağıracağı bir sevgili gibi sıra savmaya niyeti yoktu. Bir mücadelesi olacağını biliyordu ve bir başka kadın güzelliği kendisini korkutmamıştı. Fakat başvekil, kendisini böyle küçük sohbetlerin ihtiyacında arayıp çağıracaksa bu üslup, itibar edeceği sevdâ dâveti sayılamazdı. Sesinde âni değişikliği hazma hazır olmayan bir ince sitem vardı:

– Bağışlayınız efendim! Size istediğim gibi dokunabilmek için mehtaba değil, saygıya ihtiyacım var...

Suzan Hanım bu asabiyetle hemen Kadızâde'yi aradı. Rıfat Bey, gecenin bu saatinde Suzan Hanım'ın aramasından korkmuş, aklına çok endişeli ihtimalleri getirmişti. Suzan Hanım sözlerini tek cümlede özetledi ve telefonu kapattı:

– Anlaşılıyor ki beyefendi, harem cariyesi ile haseki arasındaki farkı tefrik edecek tecrübeyi henüz kazanmamış...

* * *

Adnan Bey'in yurtdışına bir seyahate çıkması gerekiyordu. İçindeki duyguları nasıl anlatacağının telaşı başlamıştı. Dün gece yine Ziraat Bankası genel müdürlük lojmanının bahçesinde birlikte yürümüş ve geleceğin lezzetli hayalleriyle uzun vakit geçirmişlerdi. Aslında bu seyahat çok önceden planlanmış olmasına rağmen, hemen böyle seyahat arifesinde Ayhan Hanım'a bildirilmesi yakışıklı bir manzara yaratmayabilirdi. Adnan Bey'in sıkıntısını hissettiği husus buydu. Uygun bir lisanla anlatmaya çalışacaktı. Doğrudan telefona sarıldı. Ayhan Hanım'ın telaşsız bir vaktini yakaladığını anladı. Uzak kalacağı günlerini hasretini nasıl gidereceğinin azabını anlatmaya başladı:

– Bıktım bu seyahatlerden. Beni sana bağlayan ne varsa, hepsinin yollarını kesen eşkıyâlar gibi saadetimize engel çıkarıyorlar...

Adnan Bey yine bir sürpriz yapmış, çok erken saatte gelerek Ayhan Hanım'ı kaçırmak istemişti. Evin kapısı çalındığında alışılmamış bir vakitte gelen ziyaretçi gibi herkesi şaşırtmış, âdeta uzun ve hasretli bir gurbet dönüşünü andırır gibi bütün sıcaklığıyla Ayhan Hanım'a sarılıp onu Çubuk Baraj'na götürmüştü. Burası sıkıntılı zamanlarının bir yürüyüş sığınağı gibiydi. Koca bahçeyi bir uçtan diğerine yürüyorlardı. Adnan Bey, yine sevimli çocuklar gibi Ayhan Hanım'ın ellerini avuçlarının arasına almış okşuyordu:

– Hayatımdan hep bir çift kumruyu okşayan hayallerim vardı. Şimdi bu saadeti tatmanın ne kadar lezzetli bir hatıra hissi olduğunu kimseler takdir edemez.

Ayhan Hanım hiç beklenmeyen bir anda sordu:

– Kumrular, hayatının bütün heyecanlarında sanki beklediğin lezzetleri alıp götürmüş gibi...

Adnan Bey durakladı. Ummadığı bir soru karşısındaydı. Ayhan Hanım geçmişinin derinliklerine inebileceği ilk merdiveni kuyuya sarkıtmıştı; ama, Adnan Bey olanca hızıyla ve gücüyle o çıkrığı geri sardı.

– Kumru dediğim senin ellerindir. Hatıralarımda beni bir kadın uzvunun sıcaklığında teselli edecek fetişizmin varlığında sıkıntım olmadı.

Sesi sertti. İstemediği bir konuya temas edilmiş gibi rahatsız olmuştu. Ayhan Hanım durumu hemen fark etti. Bunu isteyerek yaptığı zehabına kapılırsa bir daha bu lezzeti bulamayacağını hissetti. Ürperdi. Başını Adnan Bey'in omzuna koydu. Adnan Bey heyecanlarını kontrol edebilen ciddiyetini kaybetmeden elini Ayhan Hanım'ın sırtından yukarıya doğru sürüyerek ensesini tuttu. Sonra saçlarını avuçladı. Sonra yüzünü kendine çevirdi. Sonra gözlerinin derinliğine bakmasını sağlayacak kadar yaklaştı ve güldü. Avucuna hapsettiği kumrular uçtular. Küçük bir rüzgâr takati tükenmiş çam dallarının sivri yapraklarını üzerine yağdırdı. Yeşilli kahve renkli serin kokulu bir orman konfetisi altında yıkanıyormuş gibiydiler. Adnan Bey güldü. Ayhan Hanım'ın gözlerinde o tebessüm yoktu. Bunu bir hırçınlığın işareti gibi değerlendirip durakladı. Sebebini sormak gereğini duymadı.

Ayhan Hanım da ileri gitmenin bir yarar sağlamayacağının farkındaydı. Adnan Bey önceki gece eve çok geç gelmiş ve yorgunum diye yatağa uzanmıştı. Birkaç dakika geçmemişti ki, Muzaffer Bey telefonla arıyordu. Ayhan Hanım odadan çıktı. Mahrem konuşmalarına şahit olmak istemediğini anlatmak istemişti. En yorgun halini gördüğü bu sıkıntılı gecede dinlenmesini istiyordu. Onu uzaktan şefkatlerin bütün değerleriyle seyretmek ve sevdiği adamın uykuya dalışındaki o çocuksu özlemin şahidi olmak istiyordu. Ama durup dururken Muzaffer Bey'in telefonu, içinde bir karamsarlık yarattı. Birkaç dakika geçmemişti ki Adnan Bey kapıdaydı. Her gece, özenle soyunur, telaşla giyinirdi. Bu gecenin bir fevkaladeliği olmalıydı. Özenle soyunmuş, telaşla giyinmişti. Kapının önünde sadece Ayhan Hanım'ın yanağını okşadı.

– Berin Hanım'a sözüm vardı; unutmuşum...

Sonra her şeyi feda edebileceğini hissettiren cümlesi bomba gibi düştü:

– Böyle bir ihmalden ötürü kendimi affetmiyorum.

Ayhan Hanım âni ve şiddetli bir zelzeleyle sallandı. İlk defa duygularında bir âlenî tercih farklılığı görmüş ve titremişti. Geçmişinin bütün değerleri, istenilen dürüstlük ve samimiyet içinde bir vicdan muhasebesine hazırdı. Adnan Bey'in mutsuz olduğunu söyleyebilecek tek kişi olamazdı. Kendisinin şikâyetçi olması da imkânsızdı. Çünkü istediği her şey elinin altındaydı. Arzularını mutlaka yerine getiren bir evin üç kadınıydılar. Annesi, anneannesi ve Ayhan Hanım bu emirleri yerine getirmenin itaatini bir terbiye gibi benimsemişti. Rinda sanki kölesi gibi bütün isteklerini yerine getirmenin huzurunu yaşıyordu. Dört kadını birden hiç yokmuş gibi bir küçük esef cümlesinin arkasında âdeta öksüz bırakarak gidişinin sebebi neydi? Ayhan Hanım'ın duyguları sertleşti:

– Hayır! Bu kadarına hakkı olamaz...

Umulmadık bir saatte geç gelmek, sonra birkaç dakikalık istirahata bile izin vermeyen bir taleple hemen giyinip geridekilerin hâlini düşünmeyen bir âni kararlılıkla çıkıp gidişin sebebi neydi? Eğer gerçekten önemli bir sebep varsa, bu sebebi açıklaması gerekmiyor muydu? Bir kadına sorumluluk duymak, aynı sorumluluğu bir başka kadına duymak mesuliyetinden böyle kolayca sıyrılıp, bencil keyiflerle hareket etmeyi haklı çıkarabilir miydi? Gururlu bir kadının sorması gereken tek bir soru vardı ve bu soru örümceği kafatasının bütün genişliğinde bir tereddüt ağı örmüştü.

Adnan Bey'den beklediği büyük talepleri ve onunla yeni bir yuvanın sahibi olmak gibi hayalleri yoktu; ama, fütursuz girip çıktığı bu evin sahibesine göstermesi gereken saygının sınırını önceden belirtmek durumundaydı. Bunu Adnan Bey'e bu gece hatırlatacak ve bir daha bu bahse dönmeyecekti.

Akşamın hafif rüzgârı, baraj gölünün maviliğini yalayıp serin bir akşam teneffüsüyle ciğerlerini dolduruyordu. Toplaması gereken bir cesarete ihtiyacı yoktu. Dün gece bu durumu düşünmüş ve kararını vermişti.

– Meşguliyetinizi anlarım. Evinize bağlılığınızı takdir ve hayranlıkla karşılıyorum. Hanımefendiye düşkünlüğünüz her kadının kıskanacağı kadar derin ve samimi...

Adnan Bey sözlerini tamamlamasına fırsat vermeden müdahale etti:

– Alınganlık sana yakışmıyor. Vakur kadınlar sevimsizleşemezler...

Ayhan Hanım kaldığı yerden sözünü tamamladı:

– Ben neyim? Neyinizim? Benim için seçtiğiniz bir sıfat var mı?

Bu sorunun Adnan Bey'i silkeleyeceğini ve kendisiyle ilgili hiç düşünmediği bir sorumluluğu olduğunu hatırlatacağını sanıyordu. Adnan Bey yine güldü:

– Bir yürek birden çok sevgiyi ve sevgiliyi aynı sıcaklıkla barındırabilir ve ayni lezzetle sevişerek, onların koynunda rahatlayabilir.

Ummadığı bir cevaptı. Ayhan Hanım'ı şartlarının getirdiği bütün konulara hazırlıklı olmaya mecbur eden bir emir tebliği gibiydi. Verecek cevabı hazırlamasına fırsat vermeden, Ayhan Hanım'ı kendine çekti. Dudaklarını, hemen Ayhan Hanım'ın dudaklarının bittiği o küçük kıvrımın üzerine koydu. Kulağına fısıldadı:

– Ben bir Bodrum mandalinasını ısırıyorum; çevrede bir karanfil tarlası renkleniyor... Beline sarılıyorum; dudakların yüzüme yaklaşıyor ve sen, o ürkek tavrının heyecanında bana hâlâ "sen" diyemiyorsun...

Haklıydı! "Sen" diyemiyordu. Annesinin ve anneannesinin "beyefendi" dediği yerde kendisinin uluorta "Adnan" deyişinin ne kadar utandırıcı olduğunu anlatması imkânsızdı. Söylediklerini dinlemediğini gördü. Adnan Bey önce kafasındaki sorunu çözmüştü. Evinin sorumluluklarına ilişkin hiçbir endişeye yer vermeyeceğini söylemiş ve rahatlamıştı. Ayhan Hanım'a sevgilerle dolu olduğunu hissettirmiş bunu çığlık çığlığa haykırmak yerine küçük sevdâ nidasıyla özetlemişti.

– Haydi ver bakalım şu ürkek kumruları yeniden avucuma...

Ellerini avuçladı ve tekrar kulağına fısıldadı:

– Şimdi bütün hasretinle "Adnan" de...

Ayhan Hanım gözlerini kapadı. Hayatının en büyük cesareti bir fırtına gibi içini dolaştı ve bir dua fısıltısı gibi dudaklarından döküldü:

– Adnan!..

* * *

Saim Efendi Ayhan Hanım'ı eve bırakırken küçük bir zarf uzattı.

– Muzaffer Bey size vermemi emrettiler.

Ayhan Hanım mektubu odasına çıkıp okumak istiyordu. Verilecek bir cevap varsa bunu hemen sıcağı sıcağına iletmek için beklemesini istedi.

– Ben "gidin" deyinceye kadar bekleyiniz!..

Yukarıya odasına çıktı. Kendisini yatağa attı. Bir süre gözlerini kapatıp mektubun içindekilerini hayal etmek istedi. Zevkleri, bu hayalleri süslemek isterken, merakı, zarfı hemen yırtıp yazılanları okumaya zorluyordu. Ayhan Hanım yürekli bir kadındı; önce zevklerini sürmeli, sonra meraklarını dindirmeliydi. Derin bir hayal içine girdi. *Kamelyalı Kadın*'ın melodileri içini dolduruyordu. Sabırlı bir sevdâ hasretinin vefalı kadını diz çökmüş, sevgilisini bekleyişindeki derin ıstırabı haykırıyordu. Çok değil birkaç hafta sonra *Kamelyalı Kadın*'da sahneyi doldurup, bu derin ıstırabı bir opera librettosu olarak değil, bizzat yaşayan bir insanın acıları olarak haykıracaktı. Bütün Ankara bu derin sevdâyı duydukça seslerin ne kadar insanî ıstırap olduğunu anlayacak ve seslerin bu acıyı vermekte beceriksiz kaldığını görecekti.

Tatarım,

Çeşme'de yapılan mahalleden bir ev aldım.

Ankara'nın boğucu ve kıskanç havasından kaçıp kafamızı dinleriz.

Çeşme'de denizin nasıl coştuğunu bilemezsin.

Ege'de imbat bazen bir sülün kanadı kadar sâkin, bazen bir zeybek nârası gibi hoyrat eser...

Eminim ikisini de seveceksin...

Adnan

Ayhan Hanım güldü. Ferit Bey'in eski çalışma odasına girdi. Adnan Bey'in kullanması için Muzaffer Bey'in gönderdiği isim kâğıtları maroken sümenin yanında duruyordu. En büyük boylusunu seçti ve iri harflerle yazdı:

Adnan!

Ben Egeli'yim...

Vücudumun her hücresinde eylül imbatlarının serinlik tohumları var. Yüreğimin yandığı zamanlarda bu tohumları filizlendirip güçleniyorum.

Eksik bıraktığın buseyi tamamlaman için dudaklarımı uzatıyorum.

Cömert ol!..

Sevgiyle,
Ayhan...

* * *

Teşvikiye Camii'nde vakit ikindiydi ve kahırlı bir müezzinin sesinden salâ veriliyordu. Fuat Hulusi Bey vefat etmişti. Osmanlı Meclisi Mebusânı'ndan Türkiye Büyük Millet Meclisi'ne intikal etmiş, vefalı milletvekili, kâinatın ulu mimarına yürümüştü...

Mesut Cemil Bey, bir eski hatıranın hürmetiyle mahzundu. Tanburî Cemil meclislerinden tanıdığı üstadın son yolculuğuna gelmişti. Akşam yapılacak yayın için Necmi Rıza Bey'i aramış ve merhumun dillere destan şarkıdaki güftesini okuyup, eklemişti:

– Bu gece seslendir bunu.

İzzettin Ökte'nin gamlı tanburu, şedarabana doğru yol göstermiş ve Necmi Rıza Bey, âdeta ruhuna bir fâtiha okur gibi şarkıya girmişti:

Gecemiz kapkara sâki, sun elin nûr olsun...

Yirmi ikinci bölüm

Yahya Kemal
(Üsküp 1884-İstanbul 1958)

Gönlümle baş başa düşündüm demin;
Artık bir sihirsiz nefes gibisin.
Şimdi tâ içinde bomboş kalbimin
Akisleri sönen bir ses gibisin...

Nâzım Hikmet

Berin Hanım kapıyı vurdu; başını uzattı:

– Namık Bey telefonda; çok önemli bir haberi varmış...

Adnan Bey Vatan Cephesi çalışmaları için tartışmaya çağırdığı Mükerrem Bey'den ilk itirazı dinleyince sinirlenmişti. Kimsenin kendisini anlamadığı fikrine saplanmış, söylediklerine itiraz eden herkesi kendisine cephe almış bir CHP müridi gibi görmeye başlamıştı. Mükerrem Bey'e sinirlenmesi de bu zaafın örneğiydi. Ama, Mükerrem Bey'in böyle sertleşmesini anlayışla karşıladı. Çünkü kendisine bu denli ağır lisanla karşı çıkması, hâlâ kendisinin safında olduğunu gösteriyordu..

Araya fasıla koymak istedi. Pencereden dışarısını seyrediyordu. Ankara'nın kasım ikindilerindeki o serin rüzgârlı yaprak dökümü başlamıştı. Camlı köşkün önündeki çınarların yaprakları sarı turuncu renklerin alacalığına bürünmüşlerdi. Küçük bir rüzgârla karşılaşınca dalından kopup, sallana sallana toprağa düşüyorlardı. Bazen bu düşüş içinde yapraklar rüzgârın tesiriyle savruluyor ve darmadağınık biçimde dağılıyorlardı. Bir yaprak rüzgârın yönlendirmesiyle gelip Adnan Bey'in dışarıyı seyrettiği pencereye yapışmış ve görüşüne istemediği bir karanlık düşürmüştü. Geriye döndü. Berin Hanım elinde bir küçük notla bekliyordu. Gözleri nemliydi. Ruhundaki derin izleri kanatan bir acı haberin içinde kıvrandığı belliydi. Küçük notu uzattı. Adnan Bey tekrar pencereye yanaştı. Rüzgârın cama yapıştırdığı hazan yaprağı, fazla dayanamamış kaymaya başlamıştı. Birden düşüverdi.

Adnan Bey, Namık Gedik'in gönderdiği notu okudu. Hatları değişti. O kızgın çizgiler kaybolmuş, yerine mahzun bakışın gölgeleri düşmüştü. Gözlerinin ışığı çekilmişti. Sesi titriyordu.

Adnan Bey geri döndü. Berin Hanım yoktu.

Mükerrem Bey gitmeye hazırlanmış, izin için ayakta bekliyordu. Haberin etkisiyle bir süre şaşkınlık yaşadı. Kalmaya niyetli değildi. Böyle bir durumda her sözün alınganlıkla yanlış anlaşılması kaçınılmazdı. Mahzun bir insanı bir süre kendi içiyle hesaplaşan noktada bırakmanın sükûnet sağlayacağını düşündü ve sessizce ayrılmak istedi.

Adnan Bey yumuşak sesle yaklaştı:

– Doktorum, böyle kırgın gidemezsin! Barışmalıyız... Biz seninle en sıkıntılı günlerin azabını paylaştık. 46 seçimlerinin akşamını hatırla... O gün bütün dünyamızın yıkılmasını isteyenlerin karşısında sadece ikimiz dimdik durduk. Sadece sen ve ben... Aydın'ın bütün sokaklarını baştan aşağı gezdik. O gece de bana kızmıştın. Ama el ele verip partililere hem heyecan, hem güç verdik Bunun hazzını ikimiz paylaştık.

Mükerrem Bey'e yaklaştı. Eski günlerinin heyecanı, onu da sarmıştı. Adnan Bey elini uzattı. Mükerrem Bey elini tuttu. Aydın'da tanıdığı Adnan Abi'si yine eski günlerinin sıcak manzarasıyla karşısındaydı. O manzaranın derinliğinden çıkıp gelen bir hatırayı kucaklar gibi sarıldı. Adnan Bey'in elini öptü ve başını göğsüne dayadı:

– Haklısın ağam!..

Dışarıya doğru yöneldi. Sonra geri döndü. Adnan Bey pencerede dışarısını seyrediyor, yere düşen çınar yaprağının ne olduğunun merakıyla etrafa bakıyordu. Mükerrem Bey âdeta fısıldar gibiydi:

– Vatan Cephesi'ne memurların üye olması için bir kanun tasarısı hazırlayacağım. Bakanlar Kurulu'nda görüşmeniz için Muzaffer Bey'e gönderirim.

Otomobiline bindi. Çankaya'dan aşağı inerken yağmur başlamıştı. Yolun iki kenarındaki ağaçların yaprakları küçük bir rüzgârda bile kopacak kadar güçsüzleşmişlerdi. Her savruluşta onlarca yaprak otomobilinin önünden uçup gidiyordu.

Adnan Bey'in böyle bir heyecan içinde meseleleri ele almasını anlamakta zorlanıyordu. Sözlerin zaman zaman sertleşmesinin, eski dostlar arasında tabiî karşılanması gerekirdi. Adnan Bey'in dediği doğruydu. 46 seçimlerindeki manzara gerçekten bir tâlih kapısının ağır ağır açılışıydı. Ve bu kapıyı omuzlayarak sonuna kadar açmak, Adnan Bey ile Mükerrem Bey'e nasip olmuştu.

Aydın listesinin başında Adnan Bey'in ismi vardı. Buna karşılık CHP'nin parti müfettişiyle vali el ele vererek seçimin sonuçlarını değiştirmiş ve Adnan Bey'in kendi ilinden milletvekili seçilmesini engellemişlerdi. Hele Çine'de yapılanlar aklın alacağı şeyler değildi. Mükerrem Bey seçim sonuçları gelip Adnan Bey'in kaybettiğini görünce büyük üzüntü içinde Adnan Bey'i dışarı çıkarıp yürümeye davet etti:

– Geliniz biraz dolaşalım. Çine'de kötü şeyler oldu...

Adnan Bey olayları öğrenmişti. Seçimlerde Çine kaymakamının, jandarma ve polisle sandıkları hükûmet konağına getirtip, kimsenin bulunmadığı bir zamanda açtırarak sayım yaptırması üzerine, İştirakiyuncu Müyesser kasaba meydanına gelmiş ve bu haksızlığı bağıra bağıra halka duyurmuştu. Kaymakam, jandarmayı Müyesser'in üzerine sürmek isteyince bütün meydan bir daire içine aldığı Müyesser'i jandarma hiddetinden kurtarmıştı. Kaymakam, hükûmet konağı balkonundan bağırıyordu:

– Bunun hesabını o Çakırbeyli'den sorarım.

Mükerem Bey bu olayı biliyordu, ama yine de bir şeyler yapılabileceğine inanmıştı. Adnan Beyin seçim öncesinde Aydın'a hiç gelmeyişi ve Ankara'dan selam göndererek vaziyeti idare edişini affetmiyordu. Adnan Bey'in seçim öncesi Aydın'da olmayışını ciddi bir eksiklik görmüş ve halkın Adnan Bey'i görmemesi nedeniyle Demokrat Parti'ye iltifat etmediğine inanmıştı. Bunu açıkça söylemişti. Adnan Bey, memleketin Aydın'dan değil, Ankara'dan yönetileceğini, dolayısıyla yanlış düşündüğünü, uzun uzun Mükerrem Bey'e anlatmıştı. Böylece kendi üzüntüsünü de hafifletmeye çalışıyordu.

Adnan Bey'in sesinde bir sevinç belirdi:

– Doktorum, hatırladığıma göre arkadaşlar beni Manisa'dan da aday göstermişlerdi. Postaneye gidip bir bakalım.

Manisa il başkanı da, seçimlerin CHP baskısıyla geçtiğini, vali ve emniyet müdürünün halka büyük baskı uyguladığını anlatarak "Halkın reylerini hırsızlar gibi çaldılar ve kaybettik" diye ağlamıştı.

Birlikte eve dönmüşlerdi. Adnan Bey'in yorgunluğu her halinden belli oluyordu. Tam uyumak üzereydi. Merkez postanesinde bir mektup dağıtıcısı eve gelmiş ve acele postaneye gelmelerini söylemişti. Ankara'dan Fuat Bey isminde birinin Adnan Bey'i telefona çağırdığını bildiriyordu. Adnan Bey yorgunluğunu ileri sürüp yarın görüşürüz diye uykuya çekilmek isterken Mükerrem Bey zorlamış ve Adnan Bey'i postaneye götürmüştü. Vakit sabaha yaklaşıyordu. Sokaklar bomboştu. Vali insanların evlerinden çıkmamaları için tedbir almıştı. Polisler Adnan Bey'i görünce valinin emrini uygulamamak için yollarını değiştirip, ara sokaklara sapıyorlardı. İçlerinden birisi koşup Adnan Bey'e yaklaştı:

– Üzülme ağam! Her şeyin sırası var...

Sonra utançlı bir manzara içinde kıvrandı:

– Müyesser Abla'ya karşı hiçbirimizin ayıplı bir hareketi yoktur, efendim

Postaneye geldiler. Nöbetçi telefon memuru oturduğu yerden kalkıp Adnan Bey'in elini öptü:

– Ben Çakırbeyli'denim. Babam çiftliğinizde rençper...

Sonra hemen Ankara'yı aradı. Fuat Köprülü parti genel merkezindeydi ve Adnan Bey'in sesini duyunca sevinçli bir hesap sorma lezzeti aldı:

– Neredesin be kardeşim!..

Adnan Bey seçimlerde üç yerden aday gösterilmişti. Aydın ve Manisa listelerinde seçimi kaybetmiş ama Kütahya listesinden milletvekili seçilmişti. Köprülü'nün sevinçli sesi bile öksürüklüydü. Dudağının ucuna iliştirilmiş izmaritinin düşmemesi için sesini kısarak kullanıyordu:

– Adnan! Hepimize geçmiş olsun. Kütahya'dan kazandın. Hemen Ankara'ya gel...

Sabahın ilk ışıkları sökmüştü. Birkaç saat sonra ilk tren kalkacaktı. Mükerrem Bey, evden birkaç parça eşya getirmiş ve Adnan Bey'i Ankara'ya yolculaşmıştı. Garın dışında on binlerce Aydınlı toplanmış Adnan Bey'i yolculuyorlardı. Hepsinin gözleri sevinç doluydu.

İştirakiyuncu Müyesser de yolculamaya gelenler arasındaydı. Jandarmanın bir densiz hareketini önlemek için halk etrafını sarmıştı. Sünnetçi Refik Usta, noter kâtibi Münip Bey, Çineli İmam, incir işçisi Bilâl, Müyesser'i ablukaya almışlardı. Birden Müyesser öne fırladı. Adnan Bey'in yolunu kesti:

– Allah muvaffak etsin Çakırbeylim! Bu Aydınlı'nın ayıbı değil, Ankara'nın yüz karasıdır. Yüz yıl geçse bu ayıbın siyahını temizleyemezler.

Kader Aydınlıları, bir devrin değişimine şahit ediyordu. Daha sonra vali, bu sevinç dolu yüzleri, polis gücüyle istasyon meydanına toplamış ve Bayındırlık Bakanı Cevdet Kerim İncedayı'yı dinlemeye zorlamıştı. Cevdet Kerim İncedayı'nın sesi kalındı:

– Eğer valiler tedbir almasaydı, bu halk, oylarını Hasso'lara, Memo'lara verecekti. Millet Meclisi'ne Hasso'ların, Memo'ların girmesinin ne demek olduğunu düşünebiliyor musunuz? Vatansever valilerin sayesinde çok şükür bu beladan kurtulduk.

Mükerrem Bey evine gelmişti. Kapıdan içeri girerken hatıraların sürükleyip götürdüğü mâceralı günlerden sıyrılmış. Ankara'nın asıl gerçeğine dönmüştü. Bu gerçek yarın grupta kendini gösterecekti. Milletvekillerinin Adnan Bey'e yükleneceği ve hesap soracağı söyleniyordu.

* * *

Berin Hanım sabah gazetelerini kahvaltı masasına koydu ve karşısındaki koltuğa oturdu. Gazeteler neredeyse aynı kelimelerle başlıklarını seçmişler ve Yahya Kemal'in ölümünü duyurmuşlardı: "Arûz öldü", "Arûz veznini gömdük", "Arûzun son temsilcisi öldü."

Adnan Bey, gazete başlıklarını okuyunca, Berin Hanım'la bir hatıra hissini paylaşmak istedi. Sesinde geçmişin derinliklerinden gelen samimi bir hürmet ifadesi vardı:

– Zaman zaman Tevfik Rüştü Bey, Meclis'teki edebiyatçıları sofrasına davet eder onlarla konuşurdu. Beni de davet eder ve kendileriyle yakınlık kurmamı isterdi. Bunu bir akraba himayesi gibi değil, bir dost muhabbeti gibi yapardı. Bu sohbetlerden çok istifade ettim.

Gerçekten Adnan Bey bu sohbetlerden çok yararlanmıştı. Hem geçmiş dönemin siyasî ve edebî tarihini, hem de geleceğe hâkim olacak yeni şiirin derinliklerini tanımak imkânı buluyordu. Böyle dâvetlerden birinde Türk şiiri tartışılırken, sofradakileri yakından izlemiş ve kendilerini yeni heveslere kaptırmış gibi görmüştü. Bu manzaranın Yahya Kemal Bey'i rahatsız ettiğini ilk bakışta anlamıştı. Yahya Kemal Bey, tartışılan konunun sığlığından rahatsızdı. Masadakilerin Türk şiirindeki delişmen gelişmeyi fark etmediklerini görmüştü. Türk şiiri, bir sanat değişiminin eşiğindeydi. Bu eşiğin özellikleri iyi kavranmadığı takdirde, doğru niteliklerde tartışılmasının mümkün olmayacağı açıktı. Masanın başına şâiri âzam Abdülhak Hamit Bey oturtulmuş, tam karşısına da Yahya Kemal Bey için bir koltuk yerleştirilmişti. Sofra kalabalıktı. Ortak bir konuyu tartışacak alışkanlık henüz kazanılmamıştı. Yahya Kemal Bey, Türk şiiri üzerindeki tartışmaları istediği kalıba dökememişti. Kadim kültürün yerine, Batı medeniyet ve sanat anlayışının ikame edilmek istenmesi, Türk tarihine, sanatına, musikisine edebiyatına, mimarîsine sahip çıkılmasını zorunlu kılıyordu. Bu anlayışı hâkim kılacak bir sorumluluk üstlenmişti. Bu sorumluluğu, uzayıp giden sofranın iki yanındaki iştahlı edebiyatçılara aktarmak yerine, yanındaki meraklı birkaç genç milletvekiline anlatmayı tercih etti.

Adnan Bey, Yahya Kemal Bey'in anlattıklarını dikkatle dinliyor, ancak Yahya Kemal Bey'de görülen arûz inadını anlamakta zorluk çekiyordu. Yahya Kemal'in isterse akranı olan şairler gibi hece vezninde de mükemmel şiirler yazabileceğine inanıyordu. Bu fikrini söyleyip söylememek konusunda vaktin erken olduğu fikrindeydi. Ancak münasip bir günde şairin eşref saatini yakalarsa konuyu kendisiyle tartışmak istiyordu.

Yahya Kemal Bey, şairlerimizin Tanzimat'la birlikte Batı edebiyatını tanımalarını çok önemli bir tâlih sayıyor ve şiirin muhtevadan kurtarılıp mükemmeliyete götürülmesinin fırsatı olarak değerlendiriyordu:

– Tanzimat'la beraber şairlerimiz Frenk edebiyatıyla tanıştılar. Önlerine yeni edebiyat kapıları açıldı. Osmanlı terbiyesine uygun olarak, şiir üzerinde ısrarla durdular. Onun muhtevasını beğendiler ve örnek aldılar. Halbuki şiir bir muhteva meselesi değildir. Şiir bir mükemmeliyet meselesidir. İşte bunu fark etmediler.

Adnan Bey'in meraklı dinleyişi Yahya Kemal Bey'i tahrik etmişti. Yanına yaklaşan birkaç şairin de aynı merak içinde olduğunu gördü. Sözlerine biraz daha mânâ derinliği kazandırmak istedi:

– Şiir bir söyleyiş tarzıdır. Falan veya filan fikri anlatmak değil, onu söylerken kullanılan lisana olgunluk kazandırmaktır. Bütün mesele sokaktaki Türkçe'yle bu olgunluğu sağlamaktır. İşte sana bir örnek:

> Bin atlı akınlarda çocuklar gibi şendik,
> Bin atlı o gün dev gibi bir orduyu yendik.

Mısralar gerçekten sokaktaki Türkçe'nin mükemmel örneğiydi ve bahsettiği olgunluğun kazandırıldığını gösteriyordu. Uzun süredir herkesin tartıştığı konuya hızlı bir dönüş yapıp konuyu kapatmak istedi:

– Söyleyin bakalım bu beyitte arûzun neresi sizi rahatsız etti.

Dinleyenlerin kısa şaşkınlığından yararlanıp asıl konuya döndü:

– "Türkçe ağzımda annemin sütüdür" derken maksadım buydu. Hakikaten ben yeni şiirin peşindeyim; sadece kullandığım malzememin bir kısmı eskilerdendir.

Adnan Bey bu hatıraları aktardıktan sonra Berin Hanım'ın gözlerindeki hüznü fark etti. Bu sâkin bakışlarda hatırlı bir aile büyüğünü kaybetmiş genç kızın sabırlı ıstırabı gizliydi. Tevfik Rüştü Bey'in İzmir'e geldiğinde baba evinde kurduğu sohbet sofralarına katıldığı ilk genç kızlık günlerini hatırladı. O sofraların birinde Doktor Nâzım, eski günlerin hatırını saymış ve Tevfik Rüştü Bey'in hafif alaycı üslûbu karşısında Yahya Kemal Bey'i fevkalâde sert bir lisanla savunmuştu.

– Yanılıyorsun doktor! Osmanlıcı olan benim. Yahya Kemal Paris'te kimsenin karşı koyamayacağı bir Türkçü'ydü. Sizler eline su dökemezsiniz...

Adnan Bey otuz yıl önce asılan Doktor Nâzım'ın hatırasını savunurken, Çineli İmam'a sert üslûpla söylediği sözleri hatırladı:

– Onun kadar sağlam bir ahlâk ve seciye âbidesi yoktur.

Şimdi de fikrini değiştirmemişti. Aynı sözleri Doktor Nâzım için yeniden söyledi:

– Doktor Nâzım kadar yüksek bir ahlâk ve seciye timsâli olmadığını Yahya Kemal Bey'den defalarca dinledim.

Adnan Bey, Cavid Bey'in asıldığı gece, Çineli İmam'ın söylediği sözleri hatırladı. Veznine kafiyesine özen gösteren bir üslûpla Sırrı Paşa'nın ünlü beytini okumuştu:

Zalimlere mehl olmasa matlûbı İlâhî
Bir demde yıkar âlemi mazlumların âhı...

Sonra Adnan Bey'in yanındaki gençlerin anlamayacağı endişesiyle izah etmek ihtiyacının duydu:

– Şâir diyor ki: Allah zalimlere tövbe için mühlet vermemiş olsaydı, mazlumların âhı önünde dünya bir an bile dayanamazdı.

Şimdi her şeyin önemine işaret eden bir hüviyet kazanmış gibi böbürlüydü. Adnan Bey, açıklamaya ilaveler yapmak istedi:

– Allah ihmâl etmez, sadece imhâl eder... Ama mühletin sonu ne zamandır kimse bilmez...

* * *

Rüzgâr durmuştu. Adnan Bey camlı köşkün limonluğundan çıkıp bahçenin derinliklerine daldı. Bir süre dolaştı. Dışarısını seyrettiği camın önüne geldi. Biraz evvel pencereye yapışan çınar yaprağı yeni bir rüzgârın şiddetiyle savrulmuş, yorgun bir gül dalının dikenlerine takılmıştı.

Arkasındaki sesi merak etti, geri döndü. Berin Hanım kalın bir hırkayla gelmişti. Adnan Bey'in sırtına koydu:

– Üşüyeceksiniz!..

Adnan Bey, Berin Hanım'ın elini tuttu. Birlikte yürüdüler. Her ikisi de üzgündü. Geçmişin sıcak hatıralarında insanların ortak değerleri böyle bir hüzünlü anda bile yeni bir sevgi sıcaklığı yaratıyordu. Berin Hanım kaldığı yerden devam etti:

– Evimin en onurlu misafirlerinden birini kaybettim. Doktor Nâzım'dan sonra tanıdığım en güçlü tarih tahlilcisiydi.

Sonra bir hatırlatma yapmak gereğini duydu:

– Genç kızlığımda piyano dersleri aldığım İtalyan hoca, zannederim Padova'da felsefe okumuştu. Bana bir siyasetçinin en büyük meziyetinin tarih tahlil etmek olduğunu söylemişti.

Adnan Bey, Berin Hanım'ın böyle bir noktada derinleşmek istediğini ilk kez görüyordu. Gözlerine sevinçli bir bakış kazandırıp, seyretmek istiyordu, ama içindeki hüzün elvermiyordu; Berin Hanım'ı biraz daha konuşturmak istedi:

– Çok doğru söylemiş. Yahya Kemal'i tanısaydı, görüşüne kim bilir nasıl büyük farklılıklar kazandırırdı.

Berin Hanım kaldığı yerden devam etti:

– Annem kendisini Doktor Nâzım'la tanıştırmıştı. Uzun bir ikindi sohbeti yapmışlardı. Ayrılırken söyledikleri hâlâ hafızamda.

Adnan Bey son sözlerin merakından çok, kendini Berin Hanım'ın Yahya Kemal derinliğinde hayrete kaptırmıştı:

– Mutlu'yu aşağı çağırıp şiir okuttuğumuz akşamlar, nasıl mutluluk içinde olduğunu hatırlıyor musun?

Berin Hanım boşlukta kalan sözünü tamamladı:

– "Önünüzde koskoca bir deryâ var; siz, sığ bir derenin kenarında serinlemek istiyorsunuz" demişti.

Sonra hemen ekledi:

– Hava gerçekten kötü; haydi içeri girelim...

Tekrar büyük masanın etrafına geldiler. Vatan Cephesi kurulması için yayılmış evrak derlenip toplanmış, bir dosyanın içine yerleştirilmişti. Berin Hanım zaman zaman ziyaretine gelen Yahya Kemal'in ilk günlerinde Adnan Bey'in oğlu Mutlu'yu çağırıp şiirler okuttuğunu hiç unutmuyordu. Mutlu'nun altı yedi yaşlarında okuduğu şiirlerin çoğu hâlâ hafızasındaydı. Geleneği sağlam bir aile bahtiyarlığıyla o günlerin heyecanını daima tâze tutuyordu. Bu bahtiyarlığın sınırını genişletmiş siyasî mezhebi ve mesleği ne olursa olsun Yahya Kemal'i tanıyan bir nesilden gelmiş olmanın lezzetini tatmıştı:

– Benim neslimin kızları Yahya Kemal'den en az bir beyti hafızalarına nakşetmişlerdi. Sonra kendi hafızasındaki yüzlerce beyitten en hazin olanını okudu:

Bir bitmeyecek şevk verirken beste,
Bir tel kopar âhenk ebediyyen kesilir...

Gerçekten bir tel kopmuş ve âhenk ebediyen kesilmişti. Berin Hanım duygulu dünyasının içindeki Yahya Kemal'i gözlerinin önüne getirdi: hatırlı bir aile büyüğünü ağırlıyor gibi heyecanlıydı. Sözlerini tartarak söylüyordu:

– Okuduğumuz her mısra, ruhuna gönderilmiş bir fâtiha gibidir...

Adnan Bey, Türkiye'nin medeniyet değiştirme serüvenini Yahya Kemal'den dinlemişti. Tanzimat, Meşrutiyet ve Cumhuriyet sürecini millî Türk kimliğiyle yorumlayan ve derinleştiren sohbetler bütün canlılığıyla hafızasındaydı. Hayal şehrin, hayal binasını kurmak için hayatı boyunca bir ev bile edinememiş, ömrünü ya dost misafirliğinde, ya otel odalarında geçirmişti.

Yahya Kemal yalnız adam değildi. "Kendimi vatanda hissettiğim sürece yalnızlığım olmadı" diyordu. Varşova'da elçiyken, Tanburî Cemil'in taş plaklarıyla bütün yalnızlığını unuttuğunu anlatıyor, "Günlerce devam eden kar yağışları arasında kendini İstinye Körfezi'nde hisseden bir vuslat yaşadığını" söylüyordu. "Musikimiz beni gurbetten alır, vatan, hattâ vatanımızın muhassalası olan İstanbul'a götürür" diyordu.

Vatan kavramı Yahya Kemal'de âdeta ilâhîleşmiş bir değerin üstünlüğüydü. Şiirde, musikide, sohbette, her vesileyle, vatanı yücelten sanat ihtişamı sergiliyordu. "Cihan vatandan ibarettir itikadımca" mısraında, bir hayali değil, kültürünü, tarihini bildiği vatanı tanımlıyordu. Vatan, Malazgirt zaferiyle kazanılmış, Cumhuriyet'le olgunlaşmış bir kutsal toprakta halk iradesinin üstünlüğüydü. Vatan bir millî peyzajdı. Vatan iklimi, manzarası ve halkıyla bir ahenk tablosuydu. "Ezanı Muhammedî'nin okunduğu her semt vatandır" diyordu.

Bu vatanda Yahya Kemal yalnız değildi.

Sonbaharda bir gurup vakti Cihangir'den nasıl baktığını dinlemişti. Kendini karşısındaki rüyaya bırakmıştı. Bu rüya hayal şehrin manzarasını tanımlıyordu. Bu manzara, hayal şehrin batısından doğusuna bakan; Cihangir'den, Üsküdar'ı seyreden huzur lezzetiydi.

Artık demir almak günü gelmişti. Dönülmez akşamın ufkundaydı. Geniş kanatları boşlukta simsiyah açılan ve arkasından güneş doğmayan o büyük kapıdan geçti. Kaderin çizgisi sonra ermiş, bir bitmeyen sükûnlu gecenin koynuna girmişti. Çepçevre bahar içinde bir yer gördü. O baharın bahçesinde, derin nefesler alıyor, "Göğsümüzde ya lâle açmalıdır yahut gül" diyordu. Hafız'ın kabri olan bahçedeki güller, yanı başındaydı. Güllerle sohbete başlamıştı. "Ölmek kaderde var, yaşayıp köhnemek hazin" diyordu.

Ölümün âsûde bahar ülkesi olduğunu biliyordu. Gönlünün buhurdan gibi her yerde tüteceğinden emindi. Serin serviler altındaki kabrinde, her gün bir gül açıp, her gece bir bülbül öteceğinin huzurunu duymuştu.

Hacıbayram'daki akşam ezanı, sanki Çankaya bahçelerinde okunuyor gibiydi. Adnan Bey'in neslinden de her delikanlı, Yahya Kemal'den en az bir beyti hafızasına nakşetmişti. Adnan Bey ayağa kalktı; Berin Hanım'ın elini tuttu ve üstadın en sevdiği beyitlerinden birini okudu:

Gök nûra gark olur nice yüz bin minareden,
Şehbâl açınca ruhi revânı Muhammedî...

* * *

Yahya Kemal Bey'in ölüm haberi Nâzım'a ulaştığında bir süre dimdik durdu. Hiçbir şey yapmıyormuş gibi öylece kaldı. Nefes bile almadığı sanılıyordu. Sonra derin bir nefes aldı ve hemen fikrini söyledi:

– Yahya Kemal'i, şair olarak değil, usta olarak, Türk şiirinin tekniğine büyük hizmetler etmiş bir insan olarak, kendi tarzında ve zihniyetinde kültürlü ve çok zevkli bir hoca olarak pek sever ve pek beğenirim. Ve bu taraflarını inkâr etmem ve edenlere karşı kavgaya hazırım. Fakat, sanatkârlığını atarsam, şairliği, mühim değildir. Politikada ve cemiyette tesiri ise, benim telâkkime göre geri ve mürtecidir...

Nâzım kendi şiir anlayışının önemine her zaman ciddi bir ısrar ve dikkatle sarılmış, kimsenin hatırını bu konuda inancının önüne geçirmemişti. Celile Hanım'ın böyle bir yoruma kızacağını düşünmüş, ama kendi ciddiyetini, annesinin eski âşığına sadakatinden önde görmüştü. Bu fikrini açıkça söylüyordu:

– Gerçek şair kendi aşkı, kendi mutluluğu ve acısıyla uğraşmaz. Onun şiirlerinde halkının nabzı atmalıdır... Yahya Kemal'de bu nabız yoktur.

Celile Hanım ölüm haberini aldığında ince ve dalgın çizgisinde bir süre dinlenip, fısıldar gibi üzüntüsüne teselli aramıştı:

– O şimdi cânân koynunda derin bir uykudadır...

* * *

Operanın son provaları yapılıyordu. *Kamelyalı Kadın* için bütün kıyafetler dikilmiş, özenli dekorlar tamamlanmış, müzik çalışmaları dikkatli şekilde yürütülmüştü. Gala gecesine cumhurbaşkanının da geleceği söylentisi etrafa yayılmıştı. Cumhurbaşkanının gelişine özel anlamlar vererek, işi gerçeğinden saptıranlar, bunu bir derin aşkın son kararı gibi takdim etmeye başlamışlardı. Bayar'ın gelip Ayhan Hanım'ı göreceği, eğer uygun bulursa susup gelişmeleri kendi haline bırakacağı dedikodusu ayyuka çıkmıştı. Kimileri de eğer beğenmezse, Adnan Bey'i çağırıp bir münasip lisanla bu ilişkiye son vermesini isteyeceğini fısıldıyorlardı.

Ayhan Hanım gecikeceği endişesiyle bir an evvel opera binasına yetişmek için gündelik kıyafetlerinden birini giymiş ve Saim Efendi'den arabayı biraz hızlı sürmesini istemişti. Oldsmobile'in Sağlık Sokak'tan çıkıp Opera binasına yönelmesi için dönmesi gereken köşeye Ankara polis müdürü bir trafik memuru yerleştirmiş ve arabanın beklemeden hemen caddeye çıkması için gerekli önlemi almıştı. Otomobil Opera binasına yanaştı ve Saim Efendi kapıyı açıp selamladı.

– Garajda emirlerinizi bekliyorum...

Birden Ayhan Hanım'ın önünde bir karaltı belirdi. Genç bir delikanlı sıkıntılı halini giderebilecek bütün imkânları kullanmış, ancak, çâresiz kalınca kimsenin aklına gelmeyecek bir çözüm yolunu denemek istemişti.

Ayhan Hanım önündeki karaltıdan ürkmedi. Telaşla geri çekilme ya da çevresinde kendine yardım edecek insanlardan talepte bulunma gibi bir endişeli davranışı da olmadı. Önüne çıkan genç kendisine yaklaştı; emin tavırla ilk sözlerini söyledi:

– Söylenenden çok daha güzel, çok daha cesursunuz...

Sonra hayranlığının arkasında gizlenen asıl noktaya geldi:

– Yardımınıza ihtiyacım var. Başka çârem kalmadı...

Ayhan Hanım ne olduğunu kavrayamadığı delikanlının sözlerinden, neyi kastettiğini çıkaramadı. Sözlerde netlik yoktu. Hatta neyi talep ettiğini bile henüz açıklamamıştı; ama, hayran bakışların sıcaklığını sürdürüyor, giderek kanı kaynayan bir âşık gibi bakışlarındaki hayranlığı derinleştiriyordu. Bu bakışlarda sıcak duygular fark edilmekteydi. Uzaktan kendisini koruyan bir iki hafiye yavaşça yaklaşıp Ayhan Hanım'ı korumaya almak istediler. Hareketleri hoyrat ve gereksizdi. Ayhan Hanım böyle yerli yersiz, nezaketten uzak, göz korkutan bir hiddetle korunmasından rahatsızdı. Olanca hırsıyla bağırdı:

– Hemen çekilin buradan ve beni misafirimle rahat bırakın...

Hafiyeler sünepe bir baş eğişiyle uzaklaştılar. Artık Opera binasının önünde iki genç insan vardı. Ayhan Hanım, delikanlının başına bir iş gelmesini önlemek için yavaşça seslendi:

– Benimle gelin...

Birlikte Opera binasından içeri girdiler ve kapılar kapandı.

Delikanlı Beden Terbiyesi'nde çalışan genç bir üniversiteliydi. Hem okulunun masraflarını çıkarıyor, hem de ailesinin geçimine katkıda bulunuyordu. Gece geç vakitlere kadar üniversite derslerini gözden geçiriyor, sabahın erken saatinde işinin başına gidip, hiçbir aksamaya meydan vermeyen memuriyet mesuliyetiyle görevini yerine getiriyordu. Ancak Hukuk Fakültesi'nde öğrenci olarak dışardan dersleri izlemesinden rahatsız olan bir işgüzar şef, meseleyi büyütmüş ve delikanlının can suyunu kesecek tertibin içine girmişti. Müdürleri ikna eden işgüzar şefin, tesirleri sonuç vermiş ve genç hukuk talebesi, Ankara'dan sürülmek üzere bir ücra kasabaya tayin edilmişti. Yaptığı bütün başvurular dinlenmemiş, hattâ, bu üslûbu devam ettirmesi halinde memuriyetten atılacağı tehdidi bile almıştı. Son çâre Ayhan Hanım'dı. Eğer hanımefendi bir münasip lisanla durumunu başvekile anlatır ve ilgisini rica ederse, hem hukuk tahsilini tamamlamak imkânını kullanacak, hem de zorluklar içinde kıvranan ailesinin geçimine katkıda bulunacaktı.

Anlatılanlar Ayhan Hanım'ı etkilemişti; ama, hemen üzerinde durulacak öncelikli bir mesele niteliği kazanmamıştı. Birkaç gün sonra yapılacak galanın telaşı bütün sorumluluklarını alıp götürmüş, Ayhan Hanım'ı sadece *Kamelyalı Kadın* operasının galasına kilitlemişti. Geçiştirici bir ifadeyle "Olur" deyip yürüdü.

Geride bir dağ vardı. Enginlere açılmak için gücü olmayanların, limanda bekleyen sabırlı hayranlığı hemen fark ediliyordu. Bu hayranlık âdeta bir tahammül halini almıştı. Genç hukukçu, bu hayranlığın ifade edileceği bir cesaret anının geleceğine inanıyordu. İçini bir korku sardı. Acaba bu büyük tesadüfün yarattığı manzara içinde kibirli bir insan bekleyişiyle günlerine yeni mânâlar katabilir miydi? Kibrin bir cürete dönüşeceği endişesiyle kendine geldi. Hayatına yön verecek müdahalenin kısık duasıyla gözlerini kapattı:

– Umarım başvekile söyleyecek kadar tesirim olmuştur...

* * *

Ayhan Hanım'ın eve girişiyle birlikte bir ölüm sessizliği fark edildi. Kimse ne olduğunu bilmiyor, ama çok önemli bir gecenin yaşanacağı endişesiyle susup bekliyordu. Sanki evin içinde heyûla dolaşmıştı. Rinda nereden bulup çıkardığı bir türlü anlaşılmayan bir hüküm cümlesiyle büyükhanımı uyardı.

– Bu evin akıl ışığı kaybolmuş...

Kafa, ruh, beden, ahlâk bütünüyle evin sâkin havasından uzaklaştırılmış ve himayesiz bırakılmış bir besleme evinin sıkıntılı havasına bürünmüştü. Adnan Bey yaklaşık iki saatten beri evdeydi. Kimseyle konuşmuyor, âni ziyaretini anlatmadığı gibi kimsenin konuşup izahat vermesine de müsaade etmiyordu. Evin huzursuzluğu sokağa yansımış, çocukların futbol oynarken çıkardığı heyecanlı sevinçlerin bile Adnan Bey'i rahatsız edeceği işgüzarlığıyla hafiyeler mahallenin çocuklarını vakitsiz evlerine yollamıştı. Sokaklar tenhâydı. Rinda bir fırsat bulmuş ve komşu telefonundan Ayhan Hanım'ı haberdar etmişti:

– Hanımefendi yetişin! Bir saattir beyefendi evde. Köpürmüş bir nehir gibi...

Ayhan Hanım, Adnan Bey'in bunalımdan nasıl kurtulacağı konusunda artık tecrübe edinmişti. Sinirlendiği zaman, önce kelimeleri yumuşatır; sonra, bu yumuşak sözcüklerin mânâsında kızdığı fikre alıştırır; hattâ, onu benimsetirdi. Yine böyle bir sıkıntılı akşam yaşayacağı için üzüldü. Bir an evvel eve gidip soruna çâre üretmesi gerektiğini düşündü. Sesinde bu endişe hissediliyordu.

– Saim Efendi, doğru eve gidelim. Beyefendi bekliyormuş; saygısızlık olmasın...

Ayhan Hanım eve girdiğinde, karşısında fırtına tanrısı oturuyordu. Belli ki bencilliğin tutsağı olmuştu. Bu kadar ağır ve kötü tutkuların yarattığı baskı altında kıvranmaktaydı. Hiçbir uzvunda, iyimserlik hissetmek mümkün değildi. Ayhan Hanım'ın içeri girişiyle birlikte gürledi:

– Neredeydin?

Nerede olduğunu Adnan Bey'in bilmemesi mümkün değildi. Etrafı hafiyelerle doluydu. Nefes alsa, anında her şeyden haberdar ediliyor ve genç bir kadının şöyle iki dakikacık kendi dünyasındaki zevk ve özgürlüğünü yaşamasına fırsat verilmiyordu. En ince ayrıntısına kadar her şeyi bilmesine rağmen böyle gürleyen sesle hesap sorması hem ayıp, hem haksızlıktı. Eğer bu ayıp karşısında sinerse, bu haksızlığı her fırsatta tekrar edeceğini ve hayatını dayanılmaz bir hâle sokacağını fark etti. Direnmeye karar verdi:

– Bana hesap mı soruyorsunuz?

Adnan Bey ummadığı bir cevap karşısındaydı. O mûnis güzellik, şimdi bir kaplan hırçınlığına dönmüştü. Daha sert bir lisanla, yeniden hesap sorarak bu direnişi kırabileceğini düşündü ve sesini yükseltti:

– Evet! Hesap soruyorum.

Ayhan Hanım sesin tonundan ürktü. Çabuk pes etmenin bütün değerleri yok edeceğini gördü ve direndi:

– Hangi mesuliyetimde, hangi ihmâlimi gördünüz ki hesap sormaya heveslendiniz?..

Adnan Bey son kelimeyi kendi hırsı içinde, kendi gücünü sıygaya çeken bir aşağılama gibi yorumladı. "Heveslendiniz" kelimesini sanki "yeltendiniz" gibi algılamış ve sinirlerinin bütün dizginlerini bırakmıştı. Hâkim bir ihtirasın gözü hiçbir şeyi görmüyordu. Ayhan Hanım'ın dantellerle süslenmiş elbisesini yakasından tuttuğu gibi hızla kendine çekti:

– Eğer mesuliyetiniz farklı bir idrâke ihtiyaç duyuyorsa serbestsiniz; ama...

Adnan Bey sözünü tamamlamadı. O kadar hızlı çekmişti ki, danteller elinde kalmış, Ayhan Hanım'ın göğüsleri dışarı fırlamıştı. Bu kadar hiddetli bir müdahale hiç beklenmiyordu. Adnan Bey'in çok sinirlendiği anlar olmuş, fakat her biri, kabul edilebilir bir hiddet çizgisine yükselip boyun bükerek sâkinleşmişti. İlk kez bu kadar şiddetli bir müdahaleye rastlanıyordu. Ayhan Hanım, hızlı çekilişin etkisiyle dengesini kaybetmiş ve kapaklanmak noktasına gelmişti. Sandalyelerden birine tutunmasına rağmen, yine de dengesini korumakta zorlanmıştı.

Adnan Bey belli ki, hudutsuz ve hazin bir yalnızlık içindeydi. Öksüz kaldığı günlerin çâresizlikleri, acaba yeniden mi geliyordu? Fıtnat Hanım'ın ölümüyle başlayan kimsesizlik duygusu, şimdi sevdiği kadının kanatlarıyla uçup kendisini dayanılmaz acılara mı itiyordu?

Ayhan Hanım'ın gözleri nemliydi...

Adnan Bey bu hiddetli müdahalenin yarattığı durumdan rahatsızdı; ama, hemen geri adım atıp sâkinleşirse kurmayı arzuladığı otoriteyi bir daha ele geçiremeyeceğini gördü. Olayın üzerine gitti:

– Artık hanımefendi gemi azıya almış bir ihtirasla sokak ortasında bile muhabbet meclisleri kurabiliyor.

Ayhan Hanım konuyu anlamıştı. Bugün Opera'nın önünde kendisinden ailesinin geçimi ve tahsili için yardım talep eden delikanlı, sanki bir gizli aşkın tuzağında yakalanmış gibi, abartılarak Adnan Bey'e aktarılmıştı. Kim bilir hangi marazî hafiye ruhu hadiseyi kendi şeytanî lezzetiyle saptırıp aktarmıştı. Bir başvekili sevdiği kadının evinde zıvanadan çıkaracak kadar hırçınlaştıran şey basit bir görüşme olamazdı. Adnan Bey dizginlenmesi imkânsız bir kıskançlık krizinde kıvranıyordu.

Ayhan Hanım boynundan kopup ortalığa dağılan kolyenin tanelerini ayağıyla itti. Kendine saygılı bir primadonna gibi avuçlarıyla göğüslerini örtüp odasına çekilmek istiyordu. Adnan Bey'in sert sesi asabiyetini tekrarladı:

– İzahat vermeden bir yere kıpırdayamazsın...

Ayhan Hanım'ın önü tıkalıydı. İlk iskemleye oturdu. Sesinde son derece yumuşak ve güvenli bir kadın hissi vardı:

– O sâkin ve saygılı bir delikanlıydı. Yardımına muhtaçtı. Hâlâ da bu ihtiyaçla çırpınıyor...

Sonra kalktı; artık hiç kimse onu, bu yırtık elbise içinde tutamazdı. Gidip kıyafetini değiştirmesi ve bu tiyatroyu yeni bir dekor içinde oynayıp, kendisini bu hâle koyan insana hak ettiği cevabı vermesi gerekiyordu. Bu sahnelerin yazılmamış olması, bu oyunun oynanmasına engel değildi. Her an sesini yükseltebileceğini biliyordu ve cesareti buna müsaitti:

– Şimdi önümü boşaltın ve ben çağırmadıkça odama gelmeyin...

Ayhan Hanım odasına girdi. Üstünü değiştirmek istiyordu. Aynadaki çehresinde bir yorgun çizgi, utançlı bir sabırla boyun eğdi. Aynadaki aksinden ürktü. Üstünü değiştirmek için gardıroptan çıkardığı elbiseleri attı. Haksız yere maruz kaldığı hareketin kabalığını teşhir etmeye kararlı bir asabiyetle tekrar dışarı çıktı. Yırtık elbise üzerindeydi. Hırsından hiçbir şey kaybetmemişti:

– O delikanlının bir kadına iştahla bakacak gözleri yoktu. Yoksulluğun koynunda uyanan çocuk bakışlarını tanımayan birine bunu anlatmam imkânsız...

Şimdi sıra Adnan Bey'i en hassas yerinden vurmaya gelmişti ve hiç tereddüt geçirmeden sözlerini tamamladı:

– Öksüzlüğünüzün sizdeki ıstıraplarını anlamam artık mümkün değil; üstelik bu bahsin merakını da kaybettim.

Adnan Bey dinmemişti. Belli ki Ayhan Hanım'a inanmıyordu.

Sözlerindeki ince ve duygulu benzetmeler gerçekleri yansıtsa bile kendisi için değeri yoktu. Bütün bunların güvensizlikten kaynaklanan bir ruh noksanlığı olduğunu biliyor ama, içini kemiren kıskançlığın pençesinden kurtulabileceği asıl gerçeği de bulmak istiyordu. Ayhan Hanım'ı zorlayacak son yöntemi denedi. Rinda'ya seslendi:

– Hayri Efendi buraya gelsin!..

Bu dâvet rastlanılmış şey değildi. Ayhan Hanım garip bir şekilde başını çevirdi:

– Uşaklarınız ile sırdaşlarınızı ayırmakta zorluğunuz olduğunu bilmiyordum.

Adnan Bey, Hayri Efendi'ye kesin olarak emir verdi:

– Gidiniz! Bugün hanımefendiyi rahatsız eden adamı bulup, buraya getiriniz...

Sözlerinde keskin hiddet hissediliyordu. Bu hiddetin sınırsızlığını ve kararlılığını herkese hissettirecek bir gürlemeyle cümlesini tamamladı:

– Gayyanın dibinde olsa bile yapışıp yakasına, sürükleyin buraya...

Ayhan Hanım bir şahin gibi önünü kesti. İlk defa beyefendinin emirlerini tartışmaya alıyordu:

– Kılına dokunan gözüme görünmesin...

Adnan Bey'e döndü ve müdahalesindeki mânâyı tamamladı:

– Kıskançlığınız şifâ bulacak diye mâsumları ezmenize âlet olmam...

Önüne kim çıkarsa çıksın elinin tersiyle itip, yolunu açacak kadar güçlenmişti. Yürüyüp geçti... Hiddetinin sınırsızlığını ve kararlılığını hissettirmek istedi. Bir gürleme cümlesiyle söyleyeceklerini noktaladı:

– İptilânızın haysiyetimi kırmasına izin vermem...

Evde çıt çıkmıyordu. Herkes oturduğu yerde; âdeta, hapsedilmiş gibiydi. Tek bir sese kilitlenmiş gibi suskundular. Duygular yorulmuş, bekleyişin ağır baskısıyla sevgiler ve düşünceler karmakarışık bir heyecan ve endişe girdabına dönüşmüştü. Beklenen tek bir şey vardı; kapı çalınacak ve Adnan Bey, emrettiği delikanlı ile Ayhan Hanım'ı ailesinin önünde yüzleştirecekti. Gerginlik son noktasına varmıştı. Ayhan Hanım, özgürlüğünün sınırlandığı bir sevdâ içinde, mutluluk duygularının yorulduğunu fark etti. Böyle bir disiplin sertliğinde, sevgisinin yıprandığını fark edemeyen sevgilinin de soğuyacağını hissediyordu. Bazen yüzlerce tedbir alıp bir şeyin önlenmesini sağlamak yerine, işi oluruna bırakmanın daha sağlıklı sonuçlar sağlayabileceğini düşündü. İçini samimi bir rahatlık duygusu sarmıştı.

Sabahın ilk ışıkları sökmüş, Sağlık Sokak'ın hafiyelerinin nöbet değiştirme saati gelmişti. Gece boyunca küçük damlacıklarla çiseleyen yağmur birden hiddetlenmiş, sokağı sırılsıklam etmişti. Üç otomobil arka arkaya sokağa girip evin önünde durdu. Sonra telâşlı adımlarla kapıyı çaldılar. Rinda kapıyı açmak için yönelirken Ayhan Hanım önünü kesti; kapıya doğru yürüdü. Adnan Bey sinirli şekilde bağırdı:

– Aklınca kafa mı tutuyorsun?

Ayhan Hanım daha sinirli bir havanın doğmasını istemiyordu. Uzun bekleme döneminde Adnan Bey'in biraz sükûnet bulduğunu gözlemişti. Belli ki bir vicdan muhasebesinden geçmişti. Şimdi yeniden sinirlendirirse, masûm bir gencin hayat hikâyesini zorlayabilirdi. Geri dönüp yerine oturdu. Söyleyecekleri boğazında düğümlenmişti.

Rinda kapıyı açtı. İki iri polis memurunun kollarında genç adam kapıdan içeri, âdeta itilir gibi sokulmuştu. Ayhan Hanım ayağa kalktı. Göstermek istediği bir saygı vardı ve bunu kimsenin engellemesine izin vermeyecekti. Yumuşak bir dille geleni ağırladı. Oturduğu koltuğu gösterdi:

– Hoş geldiniz. Şöyle oturunuz...

Delikanlının ilk görüntüsünden hırpalanmadığı anlaşılıyordu; ama, kim bilir gecenin yarısında birdenbire alıp götürülmesi karşısında ailesi nasıl endişelere kapılmıştı.

Yüzünde korku yoktu; ama, açık bir pişmanlık fark ediliyordu. Yol boyunca tecrübeli polislerin kurnaz sorularıyla sıygaya çekilmiş ve masûm bir yardım talebinden fazla bir şey olmadığı anlaşılmıştı.

Adnan Bey durumu görünce işin gerçeğini kavradı. Aşırı kıskançlığın getirdiği bu sevimsiz manzaranın yaratılmasından üzüntülüydü. Ayhan Hanım'a karşı hareketleri sert olmuştu. Bunu telafi edebileceğini düşünüyordu; ama, gecenin yarısında getirilmiş delikanlının ruhunda yaratılan derin yaraların sonuçları ne olacaktı? Delikanlı, sadece maruz kaldığı haksızlık için bütün yolları denediğini ve düşürüleceği tuzağın önlenmesi için böyle bir yardım istemekten başka yapacak şeyi olmadığını anlatmıştı. Efendice bir yardım istirhamının böyle bir hoyrat sorgulamaya dönüşmesini anlamıyordu. Bu hoyratlığı ince duygularına hazmettirmesi imkânsızdı. Hele Ayhan Hanım'ın, sanki içten pazarlıklı bir kadın gibi, gecenin yarısında örselenmesini hiç içine sindiremiyordu. Adnan Bey'in, bir müstantik gibi peş peşe sıraladığı sorulara cevap verirken birden durdu. İşin özetini yapıp hemen evine dönmek ve ailesine önemli bir şey olmadığını anlatmak istedi:

– Dışardan hukuk tahsil ediyorum.

Adnan Bey bu cevabı bir diklenme işareti saydı. İleriye gidilmesini önlemek istedi:

– Ne demek bu? Bir meziyet mi yani?

– Tıpkı bir zamanlar sizin yaptığınız gibi.

Adnan Bey, bu açıklamaya itibarı olmadığını göstermek istedi:

– Bu tahsil, herkesin önünü keserek yardım talep hakkı mı veriyor? İnsan şöyle dönüp arkasına bakar; kiminle konuştuğunu gözden geçirir.

Delikanlı kendinden emindi. Bundan sonra ne yapılırsa yapılsın hiçbir şey gönül doyuramazdı.

– Sizin arkanızda koskoca Çakırbeyli Çiftliği vardı. Benim arkamda dokuz kişilik ailem... Bakmakla mükellefim...

Adnan Bey ayağa kalkmak isterken delikanlı sesini daha da sertleştirdi:

– Bu muhteşem kadın dahil, hiçbir ikbâlinize tamahım olmamıştır, efendim...

Ayhan Hanım'a yöneldi:

– Anlaşılıyor ki benim yüzümden sizi örselediler... Ne kadar üzüldüğümü bilemezsiniz...

Kapıya doğru yürüdü., Delikanlı artık inisiyatifi ele almıştı. Kimsenin kendisine ne yapmasını söyleyecek durumu ve cesareti yoktu. Kapıdaki koruma polisine baktı. Gözlerinin içinde bağdaş kurmuş babacan bir adam tebessümü vardı. Delikanlı yürüdükçe kapının kenarına doğru çekildi. Ve tokmağa uzandı.

Ayhan Hanım hemen kapıya doğru yürüdü. Yırtık elbise hâlâ üzerindeydi. Hâlâ göğüslerinin bir bölümü ortadaydı. Adnan Bey'in sesi hayret içinde kalmış bir insanın titreyişine benziyordu:

– Nereye gidiyorsun?

Ayhan Hanım kapı tokmağını koruma polisinin elinden alıp kendisi açtı.

– Bu evin terbiyesinde her misafir, kapıdan yolculanır.

Geriye döndü:

– Rinda! İn aşağı ve misafirimize dış kapıyı aç. Bu kıyafetle inmem yakışık almaz...

Yirmi üçüncü bölüm

Matemle yayılan bu ihtişamın
Mutlaka önünde durup döneyim.
Alınca rengini sönen akşamın
O zaman sorarım ben kimim; neyim?

Nâzım Hikmet

Londra yakınlarında uçağın düştüğü haberi geldiğinde herkes şaşkınlık içinde kalmıştı.

Ayhan Hanım diz çöktü:

– Eyvah!..

Hayatının en acılı çığlıydı. Hiçbir opera kubbesi bu kadar içten yükseltilmiş bir ıstırap musikisiyle yankılanmamıştı.

Berin Hanım diz çöktü:

– Yarabbi! Takdiri ilâhînde bağışla...

Hayatının en ıstıraplı duasında ebedî takdirin nimetine sığınıyordu.

Adnan Bey'in uçağı Londra yakınlarında düşmüş ve refakatindekilerin bir bölümü hayatını kaybetmişti. Adnan Bey bir ağaca takılmış, âdeta ayağından asılmış gibi sallanmaya başlamıştı. Rıfat Kadızâde sürünerek yaklaşmış, Adnan Bey'i bulunduğu yerden aşağı indirmişti. Çevreden koşanlar yaralıyı evlerine götürüp, hastaneleri haberdar etmişlerdi.

Haber cumhurbaşkanına ulaştırıldı. Böyle zamanlarda sükûnetini koruyan bir tavrı vardı ve bu tavır hemen belli oluyordu. Başvekilin sağlık durumu henüz açıklığa kavuşmamıştı ve ülkede bir siyaset boşluğu doğması ihtimali vardı. Yâveri endişeliydi:

– Berin Hanım'ı aramamı emreder misiniz efendim?

– Ethem Bey'i çağırın önce, daha sonra Berin Hanım'la görüşürüm...

Cumhurbaşkanı nasıl hareket edeceğini kararlaştırmıştı. Adnan Bey'in sağlık durumunun uzun bir istirahatı gerektirecek noktada olduğunu öğrenirse, Berin Hanım'ı arayacak, Londra'ya yerleşmesini ve ailesine sahip çıkmasını isteyecekti. Bu durumu tam gerçeğinden öğrenmesi için özel doktoru Recai Ergüder'i İngiltere'ye göndermeye karar vermişti.

Berin Hanım cumhurbaşkanının yakın ilgisinden memnundu. Son cümlesinde, "Londra'ya yerleşiniz ve bir süre istirahat ediniz" sözüyle irkildi. Son günlerin siyaset gelişmelerinde Menderes'in giderek artan şöhretinin ve asabiyetinin cumhurbaşkanını rahatsız ettiği söyleniyordu. Cumhurbaşkanı, Ethem Bey aracılığıyla Adnan Bey'in yönetimine müdahalelerde bulunmuş ve önemli ölçüde başarılı olmuştu. Adnan Bey'in yavaş yavaş bu müdahale kapılarını kapattığının farkındaydı. Namık Gedik'in İçişleri bakanlığıyla birlikte kullanabileceği bütün bilgi kaynaklarının daraldığını fark ediyor ve Namık Bey'i değiştirmek için bu kazayı, günü gelmiş bir fırsat gibi görüyordu. Eğer başvekil uzun bir istirahata ihtiyacı olacak şekilde yaralanmış ise, hükûmette bir değişiklik yapmayı planlamış ve bu konuda kimsenin rahatsız olmayacağı bir isimle devam etmeyi düşünmüştü. Ethem Bey, Menderes'in en eski ve yakın arkadaşıydı. Basınla ve orduyla da arası iyiydi. Şimdi bu fırsat kendiliğinden ayağına gelmişti ve iyi kullanılmalıydı.

Berin Hanım, konuşmayı Mükerrem Bey'e aktardı:

– Doktorum! Hissiyatım iyi şeyler olmayacağını gösteriyor.

Mükerrem Bey, yüreğine su serpti:

– Endişe etmeyiniz! Fatin Bey sefaretten bilgi almış; başvekilimizin sıhhatinde tehlikeli bir şey yok... Ancak tedbirli olmalıyız. Namık'ı arayalım!

Berin Hanım, odasına çekildi ve Namık Gedik'i aradı:

– Doktor! Adnan dönünceye kadar sana emanetiz; kimseye güvenim yok...

* * *

İsmet Paşa fevkalade endişeliydi. Adnan Bey'in uçağının düştüğü haberi gelince, grup yönetiminden bazı işgüzarlar hemen toplanarak ağır bir muhalefet stratejisiyle hücuma geçmeyi önermişlerdi. Demokrat milletvekilleri kaza haberiyle sarsılmış, içten içe dumanlanan muhalefet birden alevlenmişti. Bayar'ın Menderes'i ikame edecek arayışlar içine girdiği ve Ethem Bey'le görüşmelere başladığı söyleniyordu. Daha önce de, Demokrat Parti grubunun itibarlı isimleriyle bazı özel görüşmeler yapmış, bir çeşit ağız aramıştı. Osman Şevki, İzzet Akçal, Esat Budakoğlu, Sıtkı Yırcalı aklından geçen isimler olarak konuşuluyordu.

Fırsatı ganimet bilenler İsmet Paşa'yı ikna ettikleri takdirde

Demokrat Parti içinde önemli bir hizip mücadelesi yaratacaklarına inanmışlardı. Paşaya sundular. İsmet Paşa hiç öfkelenmedi:

– Güldürmeyin beni...

Garip bir siyaset manzarası doğmuştu. İsmet Paşa kızmıyor, ama güldüğü sanılan çehresinde çok önemli bir öfke ve ciddi endişe gizliyordu. Adnan Bey'le çok ihtilaflı günler yaşamışlardı. Hattâ birbirlerini en ağır kelimelerle itham ettikleri de olmuştu. Ama, muhalifini zor gününde çakalların önüne itmeye niyetli değildi:

– Farkına varamadığınız bir değeri size teslim edeceğimi nasıl düşünebildiniz?

İsmet Paşa evine döndü. Mevhibe Hanım'ın endişelerini giderecek bilgiler edinmişti ve rahattı. Mevhibe Hanım kahvesini getirmiş, alışıldığı gibi önündeki sehpaya koymuştu. İsmet Paşa teşekkürünü gözlerinin içinde güzel güldürüyordu:

– Yanıma otur Mevhibe...

Eski günlerin nice heyecanlı mâceralarını yeniden paylaşır gibiydi:

– Biliyor musun Mevhibe! Kırk yıldır Meclis'teyim. Benden kıdemlisi yok. Çok vasıflı adamlarla mücadele ettim. Kimi beni yendi, kimini ben yendim... Ama, gündüzleri gırtlak gırtlağa dövüşüp, geceleri hayranlıkla takip ettiğim tek kişi vardı: Şükrü Kaya... Onu tâ Lozan günlerimden tanırım...

Mevhibe Hanım, paşasını, ilk kez hatıraların ışığında siyaset yaparken dinliyordu. Paşa, bugün Meclis'te Adnan Bey'in kazasını fırsat bilenlerin tavırlarına üzülmüştü. Siyasî mücadelenin hiddetini de, insafını da iyi biliyordu. Kafasında siyasî mücadelenin disiplini açıktı. Mücadele bir insanın bütün niteliklerini bilmek ve o niteliklerin hakkını vermekle mümkündü. Şimdi bu hakkın teslimi içindeydi:

– Ben Fransız İhtilâli'ni Şükrü Kaya'nın dilinden öğrendim.

Mevhibe Hanım güldü:

– Ben de *Robinson Crusoe*'yi... Ne kadar nefis bir tercümeydi. Kendi yazmış gibi lezzet veriyordu.

İsmet Paşa, Yunan tarihini de Şükrü Kaya'nın tercümesinden öğrenmişti. İktisat tarihini okuduğu akşamlar bunun basit bir tercüme olmadığını, Şükrü Kaya'nın derin bir kültür ve tecrübe bileşkesinde doruklaştığını görmüştü. Böyle bir iftiharı sıraladıktan sonra kendi ahlâkının disiplinini de açıkladı:

– Ama Şükrü Kaya kadar sert mücadele ettiğim hiçbir siyasetçim olmamıştır. Dahiliye vekili değil, âdeta başvekildi... Sonunda ben kazandım. Siyaset safından attım. Ama ona duyduğum saygı ve hayranlık her zaman arkadaşlık gururum olmuştur. Hâlâ nâdir duyulan tâze bir sevgiyle hatırlarım.

Kapı çalındı. Mevhibe Hanım misafirini karşılayıp salona getirdi:

– İsmail Rüştü Bey geldi efendim!

Paşa ayağa kalkıp yer gösterdi:

– Gel bakalım dostum. Bugün acımı en iyi sen anlarsın... Bu kazayı oğlum geçirmiş kadar üzgünüm...

* * *

Operanın provaları henüz başlamıştı. Ferit Bey'in kapıda görünmesi hayra yorulacak şey değildi. Gelişiyle birlikte bütün sanatçılar durmuş, ayağa kalkarak söyleyeceklerini dinlemeye hazırlanmışlardı. Küçük bir işaretle Ayhan Hanım'ı kulise dâvet etti. Birlikte yürürken ağzını açmıyordu. Kulise geldiklerinde durmadı ve odasına doğru yürüdü. Kapıyı açıp Ayhan Hanım'ın geçmesine yol verdi. Koltuğa kadar oturmasını bekledi. Büyük saygı içindeydi:

– Başvekil hazretleri uçak kazası geçirmişler. Hafif bir kaç sıyrıkla kurtulmuş, hastaneye kaldırmışlar.

Ayhan Hanım, Ferit Bey'e bakakaldı. Şaşırtıcı bir sükûnet içindeydi. Kendini kontrol edebilmek için gücünün tamamını kullanmıştı. O güç tükeniyordu. Sesinin titremesine meydan vermeden rica etti:

– Hayatım boyunca yanınızda gözlerim bir tek damla yaş dökmedi. İzin verin ağlayacağım...

Ferit Bey'den ses çıkmıyordu. Ayhan Hanım ricasının peşini bırakmaya niyetli değildi:

– Buna hakkım var...

* * *

Namık Bey'in gelişini haber verdiler. Berin Hanım dış kapıya kadar gidip karşıladı. Korku kaybolmuştu, ama küçük endişeler izlerini koruyordu. Namık Bey kısa konuştu:

– Hiçbir endişeye mahal yoktur hanımefendi. Kimin yanlışlığını görürsem tepelerim. Aydın Bey'i de haberdar ettim. Güzide Hanım korkacak bir şey olmadığının teminatını verdiler.

Aydın, her cuma akşamı gönderilen otomobille Robert Kolej'den alınıp Taksim'de Güzide Hanım'ın evine misafir oluyor ve bütün hafta sonunu burada geçiriyordu. Adnan Bey, Aydın'ın din dersleri alması için Celal Hoca'ya rica etmişti. Bunun kimse tarafından duyulmasını istemediği için Fatin Rüştü, bir çâre bulmuş ve başvekile sunmuştu:

– Annem yalnız yaşıyor. Hafta sonunu onunla geçirsin. Derslerine de yardımcı olur.

Güzide Hanım haberi duyunca otoritesini kullanmış, kararını bildirmişti:

– Başvekil hazretleri dönünceye kadar bir yere kıpırdayamazsın. Seni sadece Berin Hanım'a teslim ederim.

Berin Hanım, Aydın'ın haberini alınca rahatladı. Namık Bey'e teşekkür etti:

– Allah razı olsun.

Namık Bey eğilip Berin Hanım'ın elini öptü:

– Sizden de razı olsun!

* * *

Adnan Bey, kendisini karşılamaya gelenlerin coşkun gösterileri içinde neredeyse bir ilâh yerine konmuş, yücelebileceği en büyük yere yükseltilmişti. Yeri artık halkının omuzlarındaydı...

Bağırtılar içinde kimsenin ne söylediği anlaşılmıyordu; ama, işin özeti şu ki, karşılamaya gelenler başbakanlarını bağırlarına basmış, dosta düşmana bu büyük sevgiyi göstermek istemişlerdi. Etraf sevinç çığlıkları ve takdir naralarından geçilmiyordu. İstanbul il başkanlığı, kendisinden bekleneni aşmış, çevre illerden toparlayabildiği partilileri meydana yığmıştı. Bu büyük gösteriye böyle şenlik havası katan şey, siyasetin ağır basan menfaati değil, Menderes'in şahsında verilen ve halka kabul ettirilen yeni demokrasi tarifiydi.

Kış ortasında hayret verici bir bahar yaşanıyordu. Gökyüzü pırıl pırıldı. Bulutlar saygıyla iki yana çekilmiş, yemyeşil bir zemini masmavi bir kubbeyle kucaklamıştı. Güneş sıcak ve sarı benzindeki içtenliğiyle bu mahşerî kalabalığa gülüyordu. Okul çocukları, maarif müdürünün emriyle okullarından alınıp başvekili karşılamaya gönderilmişlerdi. Elişi kâğıdından yapılmış çiçekler taşıyorlardı. Gözlerinin içi gülüyordu. Ne olup bittiğinden belki haberleri yoktu, ama şenlikli bir merasim içinde bulunduklarından mutluydular. Başlarındaki öğretmenler Tevhidi Tedrisat Kanunu'nun çıktığı yıllarda doğmuş Cumhuriyet çocuklarıydılar. Hepsi maarif müdürünün emri doğrultusunda öğrencilerini sabahın erken saatlerinde sokaklara dizmiş, başbakanın geleceği saate kadar kıpırdamaksızın durmalarını istemişlerdi. Çocuklar yorgundu, açtı, susuzdu...

Laik Cumhuriyet'in genç öğretmenleri, hilâfeti getirme kudretini önüne gelene bağışlamaya hazır bir başbakanı karşılayacaklardı. Görevlerinin mecburiyeti ile sorumluluklarının ciddiyeti çok farklı bir idrâk zemini yaratmıştı. Bu yeni zeminde bir geleceğin dönüm noktasının yaşandığını belki göremiyor, ama genç heyecanların gerisinde olgun bir hissedişle fark ediyorlardı. Artık Menderes'in tâlihinde bir mor leke vardı. Hilâfetin getirilmesi kudretini vaat ederek iktidarda kalan bir siyasetçinin bundan sonraki her adımının bu iltifatla kantara vurulacağı kaçınılmazdı

Oruç Gâzi İlkokulu'nun öğrencileri Valide Camii önüne dizilmişlerdi. Yenikapı sapağı ile yeni açılmakta olan caddenin kesiştiği yerde, meydan çalışmaları sürdürülüyordu. İki gün aralıksız yağan yağmur inşaattaki kazı toprağını balçığa çevirmiş, meydanın her yayına yaymıştı. Öğrenciler bu meydanda başbakan geçerken alkış tutacak, iri yapılı bir kız ile gövdeli bir erkek öğrenci tabelacı Besim'e yazdırılan pankartı göstereceklerdi. Tabelacı Besim, torununu hırpalamasınlar diye öğretmeninin hatırını kırmamış, muallim hanımın gönderdiği iftihar cümlesini bir beyaz patiska üzerine kırmızı boyayla yazmıştı. Önceki gün okul çıkışında müdür, öğretmenleri toplayıp, iki gün sonra başbakanın karşılanması konusunda maarif müdürlüğünden gelen talimatı okumuştu. Maarif müdürü, bilhassa öğrencilerin başbakana tezahürat yapmasında ısrarlıydı.

Zehra Melek, güzel gülüşlüydü. Bazen hüzünlü bir mavi, bazen hırçın bir elâ, bazen kahırlı bir siyah, bazen bereketli bir yeşille gülerdi. Öğrencilerin böyle bir merasime katılmalarını doğru bulmadığını söylemiş ve vazgeçilmesini istemişti. Sesindeki kararlılık dinleyenleri ürkütse bile istenen etkinliği sağlaması mümkün görünmüyordu. Müdür bu talebi işitmemiş olacağını söyleyerek, biraz göz korkutmak istedi. Sonra çevresindeki diğer öğretmenlerden de destek görebileceğini fark edince, hiddetinin dozunu artırdı:

– Hocanım ! Şimdi kimsenin kimseye seviye hatırlatma zamanı değil; beğenmeyen çeker gider. Ama önce görevini yerine getirir. Yarın sizi öğrencilerinizin başında görmek isterim. Pankartı da sizin öğrencileriniz taşıyacak...

Müdür beyin hiddeti Zehra Melek'in gözünü korkutmamış, sadece öğrencilerinin başbakanı görme heveslerinin kursaklarında kalmasının sorumlusu olmak istememişti. Şimdi müdür beyin özenle yazdırdığı iltifat pankartı meydanda bekletiliyordu. Birkaç saat içinde geleceği söylenen başbakana gösterilecekti. Birden okul müdürünün yanına geldiğini gördü. Müdür beyin kaşları her zamankinden çok daha çatıktı;

– Pankart hazır mı hocanım ?..

– Çocuklar prova bile yaptılar...

Müdür bey mutlu bir yüzle güldü:

– Kalabalıklardaki coşkuya bakın; millet iftiharı denen şey bu olsa gerek...

Oruç Gâzi İlkokulu dördüncü sınıf öğretmeni Zehra Melek istifini bozmadı. Saatlerdir seyrettiği kalabalığın nasıl bir çıkar çığlığıyla siyaseti kendine meslek edindiğini görmüştü. Teşhisine mânâ veremediği müdürüne gerçek niteliğinde bir kalabalık tarifi vermek istedi:

– Say bakalım müdür bey; şu koskoca meydanda alnı açık kaç kişi bulacaksın...

* * *

Mevhibe Hanım sabah kahvesini getirdi. Uzun süredir paşasının canını sıkan bir şeyler olduğunu görüyor; fakat, siyasete bulaşmak istemediği için sormuyordu. Tevekkül içinde beklemek önemli değildi; asıl can sıkan şey, İsmet Paşa'nın yaşadığı gerginlikti. Bu sabah da paşanın yüzü gülmüyordu. Her zaman kahveyi koltuğun yanındaki sehpaya yerleştirir, güleç yüzlü bir teşekkür alırdı. Paşa sabah gazetelerini okurken, keyifli yudumlarla sabah kahvesini içerdi.

Mevhibe Hanım kahveyi sehpaya koymadı. Paşasının karşısında dimdik durdu. Yüzüne bakılmasına fırsat vermeden, sesinin en etkili tonunu takındı:

– Kahvenizi getirdim paşam!

İsmet Paşa teşekkür etti.

– Yorgunum!

Artık o güleç yüzlü teşekkür sesi bile paşanın ağzından çok zor çıkıyordu. Mevhibe Hanım, paşasının sâyesinde çok şey görmüş, çok zahmetli zamanlar geçirmişti. Paşasının yüzündeki gerginlik anlarını çok nâdir yaşamıştı. Böyle anlardan birisi de İstiklâl Mahkemesi'nin Kâzım Karabekir'i hapsettiği günün sabahıydı. O zaman da paşasını böyle gergin görmüş ve sıkıntılı olduğunu ifadeyle dertlerine ortak olmak istemişti. Paşa yine "Yorgunum" diye geçiştirmiş, bu sıkıntıya Mevhibe Hanım'ı ortak etmek istememişti. Paşanın dilinde "yorgunum" kelimesi "Bana bir şey sorma anlamına" geliyordu O sıkıntılı günlerin ardından nelerin geldiğini Mevhibe Hanım çok iyi hatırlıyordu. Bir sürü vatan evladı ipte sallanmıştı. Paşanın sanki böyle âkıbetleri önceden hisseden bir yeteneği vardı. Şimdi bu yeteneği yeni bir tahmin sınavından geçirir gibi görünmekten ürperdi. Ama söyleyeceklerini tekrarladı:

– Sâyenizde çok şey gördüm paşam; yorgunlukla sıkıntıyı fark edecek tecrübedeyim.

Paşa bir hafıza hatırlatmasıyla silkindi. Otuz yıl öncesine gitti. İttihatçıların asıldığı günlerdeydi. Mevhibe'yle bir Cumhuriyet tartışması yapmış ve başka hangi rejim gelirse gelsin bize hayat hakkı tanımaz diyerek çâresiz kalamayacağını söylemişti. O günün sözleri Mevhibe'nin yüreğine işlemiş ve sesinden, sözünden, tonundan, mânâsından hiçbir şey kaybetmeyen bir tazelikle bugüne gelmişti.

Paşa ayağa kalktı. Tekmil alan Garp Cephesi kumandanı gibi dimdik durdu. Mevhibe'nin elini tutup kendine çekti. Mevhibe'nin gözleri boşandı. Eğilip paşasının elini tuttu. Otuz yıl öncenin saygılı tavrından hiçbir şeyi eksiltmeyerek tuttuğu eli öptü;

– Paşam siz hep Cumhuriyet'ten yana oldunuz... Hiç gözünüzü kırpmadan...

Paşa Mevhibe'sinin alnını öptü. Mevhibe Hanım'ın terbiyeli üslubundaki korkulu sezişlerin üzerine gitti. Evet Mevhibe'nin dediği doğruydu; hep Cumhuriyet'ten yana olmuştu. Cumhuriyet'i gayya kuyusuna itmek isteyenlerin hiçbir teşebbüsü, paşanın cesaretini kıramazdı. Paşa kararını vermişti: ak maskelerle gizlenmiş kara yüzlülerin cehennem yaratmalarına müsaade etmeyecekti.

Nüvit Yetkin'in geldiğini haber verdiler. Mevhibe Hanım, yavaşça kapıya kadar gidip misafirini bekledi. Nüvit Bey'in elini sıkıp hoş geldiniz diyerek paşası ile misafirini yalnız bıraktı.

* * *

Menderes'in konvoyu Taşkasap'ta göründü. Şehremini'den, Çapa'dan, Haseki'den, Samatya'dan, Sarıgüzel'den, Yenibahçe'den katılanlarla daha da büyümüş Valide Camii'ne doğru yürüyordu. Öğrenciler çığlık çığlığa bağırıyorlardı: "Allah seni başımızdan eksik etmesin!.."

Zehra Melek öğrencilerinin kalabalıkta ezilmemeleri için başlarında duruyordu. Pankartı açacak çocuk, ileri fırlamak isterken ayağı takılmış ve kapaklanmıştı. Pankartı taşıyan iri yapılı kızı da beraberinde sürüklemiş, onun da yere kapaklanmasına neden olmuştu. Dizleri, dirsekleri kan içindeydi... Kalabalıkta, kalkabilecek takatları yoktu. Kimsenin, kimseye yardım edecek hâli kalmamıştı. İki çocuğun bir pankart yüzünden ezilmeleri işten değildi. Zehra Melek Hoca şaşkınlık içindeydi. O da dengesini kaybetmiş, düşmek üzereyken birisi bileğine yapışıp ayakta kalmasını sağlamıştı. Zehra Melek'in gözleri değişti. Sabahtan beri inatla gelip oturmuş o kahırlı siyahın yerini, şimdi mavi bir tebessüm almıştı.

Kılığı kıyafetiyle durmuş oturmuş bir genç adamdı. Başında şık bir şapka vardı. Havanın günlük güneşlik olmasına karşı zeytin siyahı bir lastikotin pardösü giymişti. Küçük kızın dizindeki kanı görünce ürktü. Cebinden mendilini çıkarıp dizlerine hafifçe bastırarak kanı temizlemeye çalıştı. Aynı anda yapılı erkek öğrencinin de dizlerindeki kanı görünce Zehra Melek'ten mendilini istedi. İki elinde iki mendil, iki öğrencinin dizlerindeki kanı durdurmaya çalışıyor, ama bir türlü muvaffak olamıyordu.

Birden kararını verdi. Zehra Melek'in sarmaya çalıştığı pankartı kaptı. En temiz tarafını uzunca yırtarak küçük kızın dizine sarmaya başladı. Zehra Melek şaşkınlık içindeydi. Bu hızır nereden gelmişti, kimdi? Birden sert sesle kendine geldi:

– Haydi durma sen de delikanlının dizlerini sar...

Başbakana çocukların sadakatini ifade edecek pankart, şimdi iki ilkokul öğrencisinin dizlerine bağlanıyordu. Kanın bembeyaz bezlerde bıraktığı iz, tabelacı Besim'in tablolarından daha muhteşem bir peyzajın renkleriydi. Zehra Melek bir Renoir seyreder gibi kendinden geçmişti. Sadece "Sağ ol" diyebildi.

Önlerindeki kalabalık daha da arttı. Menderes iri bir arabanın koyu renkli camları arasında bir siluet gibi gelmiş ve hızla önlerinden geçmişti. Ne tatlı bir tebessüm, ne sıcak bir bakış, ne bir teşekkür, ne bir tevazu vardı. Kurşun gibi gelmiş, kurşun gibi geçip gitmişti. Çocukları toplamak imkânsızdı. Zehra Melek Hoca kaybolmamaları için öğrencilerini önce Valide Camii'nin içine soktu. Sonra Pertevniyal Lisesi'nin bahçesine yerleştirdi. Kalabalık dağılınca sağ salim okula götürecekti.

Lastikotin pardösülü genç adamın işi bitmişti; ama, Zehra Melek'in karşısında duruyordu. Her harekette gözlerindeki sıcaklığı izlemekten zevk almıştı. Mavi tebessümler şimdi temkinli elâya dönmüştü. Kendi kendine söz verdi. İçinde sevinçli bir yemin dolaştırır gibi mutluydu:

– Bu gözlerde bereketli bir yeşil görününceye kadar bekleyeceğim...

Zehra Melek Hoca güven duyuyordu. Aklından geçenleri söylemek istedi:

– Neydi bu fırtına! Geldi, geçti ve yıktı... Geride ne vardı acaba? Bu kalabalık neden toplanmıştı?

Lastikotin pardösülü genç adam hiç ilgili değilmiş gibi cevapladı:

– Geçiyordum o kadar. Sizin yanınızda oluşum da bir tesadüf...

* * *

Mükerrem Bey kalabalığın giderek arttığını görünce mutlu oldu. Bu mutluluğu sevinçli bir takdir gibi başbakanına aktarmak istedi:

– Tarih sizi bir milletin kalbinde âbideleştirdi:

Adnan Bey, Gâzi Hazretleri'nin Aydın seyahati sırasında söylediği sözleri hatırladı. Sırtından bir soğuk ter boşandı, Aynı titreyiş içinde Mükerrem Bey'e cevap verdi:

– İltifata değil, âkıbete bak!

Bu söz Müyesser'indi. Gâzi'nin, Adnan Bey'e çok itibar ve iltifat ettiği söylentisi üzerine Çineli İmam'ın övünmesine karşılık vermek için, bir derviş edasıyla söylemişti:

– İltifata değil âkıbete bak Çakırbeyli!..

Gâzi Hazretleri, Aydın CHP binasını ziyaret için geldiğinde, çok geniş bir kitle tarafından karşılanmış, sokaklar yürünemeyecek kadar kalabalıklaşmıştı. Gâzi'yi karşılayıp alkış tutanların çoğu, birkaç ay önce İzmir meydanlarında Serbest Fırkacı Fethi Bey'e "Kurtar bizi bunlardan!" diye haykıran kalabalıktı. Şimdi aynı kalabalık, Aydın sokaklarında, Gâzi Hazretleri'ni yücelten çığlıklar atıyordu. Adnan Bey tecrübesiz siyasetçilik yıllarının heyecanıyla Gâzi'nin hoşuna gidecek şeyler söylemiş, "Halk sizi âbideleştiriyor efendim" demişti.

Gâzi Hazretleri, benzer bir manzarayı İstanbul'da yaşamıştı. 15 mayıs günü Samsun'a doğru yola çıktıktan yedi yıl sonra İstanbul'a dönerken yine İstanbul halkı sokağa dökülmüş ve çığlıklarla Gâzi'yi bağrına bastığında bunu bir büyük iftihar gibi takdim eden Hamdullah Suphi'nin kulağına fısıldamıştı:

– Bu gördüğün kalabalık, gün gelir, insanı linç etmek için de böyle toplanabilir; onun sevgisine de, nefretine de fazla güvenilmez...

Gâzi Hazretleri bu tecrübesini Adnan Bey'e anlatmış ve nâdide bir mücevher olarak kulağına küpe gibi bırakmıştı. Şimdi Adnan Bey gördüğü manzaranın gerisindeki saadet tarifini nasıl önemseyecekti. Bir teselli aradı.

Sabahları Sanera'nın koynu sıcaktı...

* * *

Lastikotinli adam, öğrencilerin okula kadar götürülmesine yardımcı oldu. Sonra, ayrılırken elini Zehra Melek'e uzattı:

– Başvekil hemşerimdir. Onu ilk kez görecektim. Galiba Müyesser anne haklı...

Elindeki pusulayı uzattı:

– Sizi tanımaktan memnun oldum. Belki bir kere daha görüşmek kısmet olur...

Durakta Topkapı - Bahçekapı tramvayı bekliyordu. Gözlerine Oruç Gâzi İlkokulu'nun bahçesine dikilmiş menekşelerin morluğu yansımıştı. Ağzında Şöhret Şekercisi'nin bol susamlı akide şekerini dolaştırıyordu.

Zehra Melek elindeki pusulaya baktı. Dudaklarında kurnaz bir tebessüm dolaştı. İtalik yazıyla, gözleri gülen adamın ismi yazılıydı: Fuat Naci. İstanbul Cumhuriyet savcı yardımcısı...

* * *

Adnan Bey, halkın her kesimi tarafından hasretle karşılanmış ve iltifat görmüştü. Birkaç hafta sonra her şey unutulmuş ve tekrar sıkıntılı günlere dönülmüştü. Tahkikat Komisyonu'nun kurulması ve kim olursa olsun sert üslupla sorgulaması, ciddi sorun haline gelmişti. Gazeteler kapatılıyor, istenen kişi, istenildiği gibi sorgulanıyordu.

Ankara Ekspresi'nin yemekli vagonu tamamen dolmuştu. Millî Mücadele'nin yaşlı bir kurdu evine dönüyordu. Gözleri nemliydi. Zorla getirilmiş, saatlerce bekletilmiş ve sonra içeri alınmıştı.

Tahkikat Komisyonu başkanının sert hatırlatmasıyla dışarı çıkarıldı. Bir isim hatası yüzünden yaka paça İstanbul'dan alınıp getirilmiş, hatanın farkına varılınca da sert bir ihtarla kapı dışarı edilmişti. Polisler koluna girmiş, neredeyse ayakları yerden kesilmişti. Kapıda kendisini karşılayanlar, yüzündeki soluk ve ürkek manzaradan korktular. Belli ki içeride ağır bir hiddet gösterisi yaşanmıştı. Anlaşılan her içeri giren mubassır falakasından geçirilmiş gibi hırpalanıyordu. Bekleyenlerin en ürkeği, titrek sesini yükseltti:

– Geçmiş olsun!

Dönüp bakmadı. Bu temenniyi gereksiz bulmuştu. Ama dostlarını bir hiddet fırtınasının şiddeti hakkında uyarmak istedi:

– Ben İstiklâl Mahkemeleri'nde de sıygaya çekildim. Kel Ali bile bu kadar saygısız değildi; hiç olmazsa "Efendi!" diye bağırırdı. İçeri girdiğinde Tahkikat Komisyonu başkanı, "Hey sen!.. Geç şuraya!" diyerek nasıl ince bir sırattan geçeceğinin tehdidini savurmuştu.

* * *

Zehra Melek köşeyi dönünce dilini yutacak kadar şaşırdı. Aylarca önce Aksaray Meydanı'nda öğrencilerinin dizlerini saran lastikotin pardösülü adam karşısındaydı. Başında yine o geniş siperlikli şapkası vardı. Tanıyıp tanımayacağı kuşkusuyla bir süre olduğu yerde kaldı. Lastikotin pardösülü adam yaklaştı. Gözlerinde tuzakçı bir gülüş vardı. Kendisiyle ilgili her konuda emin tavırlar sergiliyordu. Elindeki kesekâğıdını uzattı:

– Alın bir tane! Böyle havalarda güç verir.

Zehra Melek aklındaki bütün tereddütleri yırttı:

– Nasılsınız?

Yüzündeki tebessümü genişletti:

– Biliyorum; çok saçma bulacaksınız; ama, yüzünüz tam özlediğim hatlarınızı koruyor...

Şaşırma sırası lastikotin pardösülü adama gelmişti. Benzer bir hatırlama duygusuyla tereddüt yaratabileceği endişesine kapıldı. Eski havasını sürdürmeye kararlıydı:

– Haydi! Seçin bir tane... Şu susamlı, şu güllü, şu fındıklı, şu limonlu... Ben en çok tarçınlısını severim.

Şaşırtıcı bir eklemeyle dizginleri elinde tutmak istedi:

– Neden cevizli akide şekeri yapmazlar ki?

Aksaray tramvay durağı boştu. Karşı karşıya durmuş birbirlerine bakıyorlardı. Lastikotin pardösülü adam, uzattığı kesekâğıdını hâlâ elinde tutuyor ve karşısındakinin mutlaka bir tane alması için bekliyordu.

Zehra Melek kesekâğıdına bakmadı. Âdeta bir güç gösterisi sergilenir gibi karşılıklı tavırlar alınmıştı. Bir emrivakiyle şeker ikramını karşısındakinin güç gösterisi gibi görüyordu. Kendi gücünden emin olduğunu hissettirmek istedi:

– Şeker isimleri her zaman bana çekici gelmiştir: bademşekeri, leblebişekeri, loğusaşekeri, üzümşekeri, naneşekeri...

Lastikotin pardösülü adam fırsatı yakalamış gibi sevindi ve yüklendi:

– Ya cevizli şeker?

Zehra Melek böyle bir ısrarın içinde küçük çocukluk zevkleri olduğunu görmüş, bu duygunun fazla diklenmeden bastırılması gerektiğini görmüştü:

– Cevizli akide şekerini düşünmek çok hayalci bir zihnin şımarıklığı olabilir.

Lastikotin pardösülü adam hiç beklenmeyen bir lisanla konuştu:

– Sizin de yüzünüz, tam özlediğim hatlarını koruyor. Adımı unutmadınız her halde?

Zehra Melek tekrarladı:

– Fuat Naci...

Sonra ekledi:

– Fatümet-üt Zehra Melek; Oruç Gâzi İlkokulu öğretmeni...

Fuat Naci artık gözlerini güldürme zamanı geldiğini biliyordu.

Şu Fatümet-üt'ü kaldırsak nasıl olur...

Zehra Melek güldü.

– Kaldırdık bile...

Beyazıt'a doğru yürümeye başladılar. Laleli, Yeşiltulumba, Koska, kalabalıklaşıyordu. Gençler marşlarla meydanı doldurmaya başlamışlardı. Üniversitenin önündeki kalabalık giderek artıyordu.

* * *

Aynı saatlerde Ankara'da da benzer gösteriler başlamıştı. Polis sert şekilde öğrencilerin üzerine gidiyor, sıkıyönetim komutanlıkları üniversitenin çevresinde tertibat alıyordu. Bıçak kemiğe dayanmıştı. Beyazıt Meydanı birden savaş alanına döndü. Öğrencilerin üzerine kurşun yağmaya başladı. Kimin nereden nasıl bir emir aldığı ve nasıl başlattığı belli olmuyordu ama, olan olmuştu.

Beyazıt Meydanı'nda yaşananlar, Mülkiye bahçesinde tekrarlanıyordu. Ankara Sıkıyönetim komutanı çok yüksekten aldığı söylenen bir emirle öğrenci üzerine ateş açılmasının emrini vermişti.

Namık Gedik, olayların bütün gelişmelerini endişeyle izliyor ve her hadiseyi ânında Çankaya'ya ve Adnan Bey'e aktarıyordu. Beyazıt Meydanı'ndaki gelişmelerin giderek genişlediği ve polisin sert davranışının tepkilere yol açtığı haberi canını sıkmış, nasıl bir müdahalenin öğrencileri sâkinleştireceğini düşünemez olmuştu. Son gelen haber işgüzar bir polisin abartılı lisanıyla bir isyan olarak anlatılmıştı. Beyazıt Meydanı, neredeyse kanın gövdeyi götürdüğü bir manzara içindeydi. Öğrenciler kaçışıyorlardı. Genç bir kız atların altında kalmış ve dizkapağı merdiven köşesine çarpınca boydan boya yarılmıştı. Zehra Melek kızı kucaklayıp Marmara Sineması'nın merdivenlerine yatırdı. Fuat Naci, gömleğinin ucunu yırtıp kızın ayağını sardı. Gözleri Zehra Melek'in üzerindeydi:

– Zannederim birlikteliğimiz, hep böyle telaşlı günlere rastlayacak...

Kızın dizini sarıp bir taksiye yerleştirdiler. Fuat Naci tecrübesini kullandı:

– Nerelisin?

– Burdurlu!

– Bildiğin bir hekime git. Şimdi hastanelerde başınıza iş getirebilirler.

Polis ve asker meydana hâkim olmuştu. Akşam karanlığı çökmüştü. Fuat Naci önerdi:

– Gelin size evimde güzel bir yemek ikram edeyim. İyi kızartılmış tavuk ve nefis incir tatlısı var. Germencik inciri...

* * *

Park Otel'in önünde kalabalık artıyor ve öğle üzeri Beyazıt Meydanı'nda yaşanan olayların etkisi giderek genişliyordu. Park Otel'e geleceği söylenen başvekilin yolu kesilecek ve bugün üniversite öğrencilerine insafsızca şiddet uygulayan polis memurları için Adnan Bey yuhalanacaktı. Olayın nasıl tertip edildiğini bilen yoktu. Önceden edinilen bilgiler Rıfat Kadızade'ye duyurulmuş ve meselenin başvekil hazretlerine intikal ettirilmesi rica edilmişti. Kadızade üzücü olayların yaşandığı bir İstanbul'un başvekile keyifli bir hafta sonu vermeyeceğini anlamıştı. Önerisini münasip bir dille aktarmayı düşünüyordu. Adnan Bey Kadızade'yi iyi tanıyordu. Aklından geçirdiklerini gözlerinin içinden okuyan bir alışkanlık kazanmıştı:

– Aklından geçirdiğini düşünmüyorum.

Kadızade bu ihtimali de düşünmüş bir başka ihtimali ileri sürmüştü:

– Ayhan Hanım buradaymış...

Adnan Bey'in şaşkınlıkları belliydi. Bu kez garip bir şaşkınlık sergilemiş, el kol hareketleriyle Kadızade'yi ürkütmüştü.

– Nerden çıktı bu şimdi?

Son günlerde Ayhan Hanım'la ilişkisi beklenmeyen soğukluk içine girmiş ve yine beklenmeyen bir hızla bu soğukluk iki tarafı da, birbirini özleyen noktaya getirmişti. Adnan Bey kendisini kontrol ediyor ve haksızlığa maruz kaldığı hissiyle görüşmelerini sınırlı tutmaya özen gösteriyordu. Kadızade'nin bir tertip içinde olabileceği ihtimalini bile düşünmüştü. Böyle bir sürpriz Kadızade'nin işi olabilirdi. Biraz ileri gidip, bir kenara itilmiş akraba kızını yeniden peşinden koşulacak eski günlerin arzulu seviyesine yükseltebilirdi. Adnan Bey, gereksiz davranışlarıyla her istediği anda başvekili avucunda tutmak isteyen kadına küçük bir ihmalle ders vermek istemişti. Kadızade'ye döndü:

– Aklından geçeni bir daha düşün.

Kadızade'yle dikiz aynasında göz göze geldiler; başını hafifçe eğdi.

Adnan Bey sözünü tamamladı:

– Her tövbeye "akıllanma" denmez.

Otomobil birden hız alarak Teşvikiye'ye yöneldi.

* * *

Akşam ajansı, gençlerin Beyazıt Meydanı'ndaki toplantısını, üniversite hocalarının tahrik ettiğini söylüyordu. Fuat Naci, sert şekilde radyoya doğru döndü ve gürledi:

– Bu kadarı da olmaz be hemşerim; her şey gözümün önünde oldu...

Telefon çaldı. Fuat Naci uzandı. Sesin derinden geldiği belli oluyordu. Yüzünde sevinç belirdi.

– Nasılsın anne!

Fuat Naci annesinin sesini duyunca sevinmiş ve Safinaz'ın titreyen sesi genç savcıya huzur ve mutluluk vermişti. Safinaz kendisiyle konuşmak için sırada bekleyenler olduğunu söylüyordu. Belli ki ahize el değiştirdi. Fuat Naci'nin gözlerinde yeni ışıklar vardı. Sadece karşısındakini dinliyor, kısa cevaplarla geçiştiriyordu. Müyesser kaçın kurasıydı. Sesine kurnazlık kattı:

– Misafir var galiba?

Fuat Naci dürüst çocuktu.

– Evet!

Dışarıda telaşlı bir nisan yağmuru başlamıştı. Kurulu sofrada tavuğun soğuyacağı endişesine kapıldı. İncir tatlısını yeni yapmış, sütün içinde uzun süre kalıp gevşememesi için her şeyi kılı kırk yaran bir dikkatle planlamıştı. Bir vizon kahverengisine benzeyen incirlerin uçları dikkatle kesilmiş, içlerine özenle yerleştirilen cevizlerin dışarı çıkmaması için hepsi bir birine bitişik olarak beyaz kayık tabağa yerleştirilmişti. Konuşmanın uzamasıyla sofra lezzetinin her şeyi altüst olabilirdi. Önce İştirakiyuncu Müyesser'in sorusunu cevaplaması gerekiyordu:

– Evet! Söylesene bana büyükanne neden zümrütler mavi değil? Neden böyle güzel iki mavi kubbenin derin dehlizlerinde bir yağmur serinliği var? Neden saçlar dökülüp omzuna cennetle donanıyor? Neden bakışlarda şafak vaktinin ahengi birikmiş?

Müyesser eski tüfekti. Yavaşça telefonu kapatıp, Bilâl'e döndü:

– Oğlunla övün Bilâl! Zannederim evimize gelin geliyor...

Fuat Naci bir süre sonra telefonda kimsenin olmadığını fark etmiş ama kaldığı yerden sözlerini sürdürmeyi uygun bulmuştu. Zehra Melek'e yaklaştı:

– İstersen zümrütleri mavi yaparım. İstersen bu iki küçük kubbedeki dehlizlerin ışığından bir taç örerim. İstersen omzunda cennetle donanmış saçlarını tutar bileğimde dolarım ve istersen bakışlarında o şafak vaktinin ahengine gönlümün serinliğiyle dokunurum.

Dediğini yaptı ve Zehra Melek'in gözlerini öptü.

* * *

Sahibini bekleyen kadın, Razminar'ın geleceğini işittiğinde gururlanmış ve kızıl odanın buhurdanlarına karanfilyağı dökmüştü. Aynanın karşısına geçip kendini seyretti ve beğendiği bir mısraı tekrarladı:

Ben bir lacivert bahçeyim!

Birkaç dakika sonra lacivert bahçenin kapısı çalındı. Adnan Bey'in gözleri saadet ile hüznün vakitsiz terkibinde yorgundu...

Sanera güldü.

– Razminar'ın canlanması lazım...

Karanfil buhurdanları dumanı kestiler, artık tek kıpırtı Razminar'ın içindeki hasretti.

* * *

İstanbul Harp Akademisi koridorlarında bir canlanma oldu. 6/7 Eylül olaylarından sonra iktidarın Türkiye'de ciddi zorluklar yaratan hüviyete büründüğü gerekçesiyle bir müdahalenin söz konusu olabileceği düşünülmüş ve önlemler alınması fikri doğmuştu. O fikir artık en olgun noktasına yanaşıyordu.

* * *

Fuat Naci, Zehra Melek'in alnındaki teri sildi. Sevinçli gözlerin yorgun bakışını öptü. Kucaklayıp çarşafı üzerine doladı. Çarşaf da terliydi. Fuat Naci kendi alnındaki teri de sildi:

– Karımsın artık!

* * *

Kızılay Meydanı yavaş yavaş dolmaya başladı. Öğrenciler mahzun bir ahengi dillendiriyorlardı:

Tuna Nehri akmam diyor...

Kalabalık birden ve inanılmaz bir hızla meydanı doldurdu. Günlerdir dillerde dolaşan bir şifre vardı: "555 K..." "Beşinci ayın, beşinci günü, saat beşte Kızılay'da" anlamına gelmekteydi. Ulus'tan, Bahçelievler'den, Çankaya'dan, Cebeci'den gelen öğrencilere halk da katılmıştı. İşten çıkan memurlarla birlikte meydan iğne atılsa yere düşmeyecek bir kalabalık içindeydi. Yaşlı nineler torunlarını alıp gelmişti. Gençler arasında garip bir dayanışma vardı. Yaşlılara yol verip öne geçmelerini sağlıyorlardı. Memur, asker, sivil herkes bir aradaydı ve hedefe kilitlenmiş gibiydi. Hep bir ağızdan bağırıyorlardı:

– Menderes istifa!

Bayar ve Menderes, meydana yakın yerdeydiler. Etraf, polisler ve tanklarla çevrilmişti. Bayar "Gerekirse tenkil ediniz!" demiş ve ne kadar ileriye gidilebileceğinin hududunu belirtmemişti. Birden Adnan Bey kendini öğrencilerin arasına attı.

Öğrenciler Adnan Bey'in üzerine yürüdüler. Akıl alacak bir manzara değildi; ama, yaşanıyordu. Adnan Bey, kendisini hırpalamak isteyenlerin elinden zorla çekilip alınırken, Bayar durumu uzaktan seyretmiş ve Adnan Bey'i kaderiyle baş başa bırakmıştı. Sesinde bir kınamanın hiddeti hissediliyordu:

– Heyecanlarını kontrol edemeyenlerin böyle zeminlerde ne işi var...

Namık Gedik, başvekilin Kızılay Meydanı'na geldiğini öğrenmiş ve arkasına geniş bir sivil polis kadrosu yerleştirmişti. Bu kadro, öğrencilerin üzerine yürüdüğü anda hemen müdahale etmiş, tehlikenin büyümesini önlemişti.

Onun da dudaklarında bir hüküm cümlesi vardı:

– Demek ki linç edilseydi de, dönüp arkasını gidecekti...

Yirmi dördüncü bölüm

Kime baksam gözlerinde derin bir kin var.
Benliğinin tâ içinden yaralı herkes.
Bu vatanda pek ateşli esiyor rüzgâr,
Her ocaktan yükselmekte bir hummalı ses...

Nâzım Hikmet

Ethem Bey'in, birdenbire merdivenlerin başında görünmesi beklenen şey değildi. Ziyaretlerini daima önceden haber verir, karşılanışında kendisine gösterilmesi gerekli özenin hazırlanması için mutlaka fırsat yaratırdı. Gecenin yarısında böyle ansızın gelişi doğrusu endişeli bir hava yaratmasa bile, yakışıklı bulunmamıştı. Kimseye sormadan merdivenlere doğru yürüdü. Her zamanki uysal görünüşü içindeydi. Hesaplı birkaç tebessüm dağıtarak karşılayanlara selam verdi.

Ethem Bey kimseyi küçümsememiş, zor zamanlarda âciz denilen birinin, bir kartal kesilip başa bela olabileceği ihtimalini her zaman dikkate almıştı. Besleme kızların gözlerindeki o sığıntı hissi veren sâkin görünüş, aslında ne zaman patlayacağı belli olmayan bir sinik terbiyenin sabırlı tavrıydı. Ethem Bey bu sığıntı terbiyesini iyi biliyordu.

Zor koşullarda büyümüş, ancak bu terbiyenin kendisine hatırlatılmasına fırsat ve müsamaha göstermeyen kararlılığıyla çevresindekilerde takdir ve saygı yaratmıştı. Davranışlarında ve sözlerinde kırıcı tavır ve ses görülmemişti. Ethem Bey'in her hareketi, önceden kestirilebilir ciddiyet içinde değerlendirilmiş ve bu özelliğiyle tanınmıştı. Her hareketi hesaplı bir adamdı. Geleceğin bilinmezliği içinde bile gülen gözlerle bakar, gülümseyen bir yüzle güvenilebilir insan izlenimi yaratırdı.

Merdivenlerin son basamaklarına yaklaştığında emektar hizmetçi karşısındaydı. Kılık kıyafetinde bile misafire gecenin geç vaktinde böyle bir ziyaretin uygun olamayacağını anlatan rahatlık vardı:

– Beyefendi istirahata çekildiler, efendim...

– Mutlaka görüşmeliyim...

– Özür dilerim ! Yanında misafiri var...

Ethem Bey herhangi bir izahat verme ihtiyacı duymadan yürüdü. Kararlı tavırların sonucunu önceden kestiren tecrübelerle büyümüştü. Emektar hizmetçinin hafifçe kenara çekilerek yol vereceğinden emindi. Ethem Bey'in birden keskinleşen bakışlarındaki asabiyeti kolayca sindirebilecek gücün olmadığı biliniyordu. O nâzik ve gülümseyen çehre, birden haşin kasırgalara dönen bakışlarla çevresini sarsabilirdi. Emektar hizmetçi çekilip yol verdi; hatta yönelmesi gerekli odaya doğru yürüdü. Ethem Bey, bekleme salonunun kuytu köşesine oturdu. Beyefendiye haber verilmesini ve beklediğinin kendisine bildirilmesini rica etti. Yüz hatları gergin, bakışları endişeliydi.

Bir yandan sıkıntısını hissettiği gelişmelerin ağır yükü, öte yandan kırk yıllık dostunun pek nâdir fırsat bulabildiği vuslat gecesinin tadını kaçırabileceği endişesi içinde hırçındı. Hiç kimseye bir şey söylememişti. Haber önüne konduğu anda irkilmiş, imkânsız görünen her şeyin bir muhtemel felakete dönüşebileceğini hissetmişti. Böyle bir ihtimalin yaratabileceği riskleri önem derecesine göre sıralamış, en yakın zamanda en tehlikeli görüneninden başlamak üzere çâreler üretmeye çalışmıştı. En tehlikeli ihtimali en mümkün ve yakın hadise gibi görmüştü.

Emektar hizmetçi bir şeyler içip içmeyeceğini sordu.

– Bir bardak su; serin olsun lütfen...

Ethem Bey, hâlâ endişeli bekleyişler içindeydi. Adnan Bey'in bu tedirgin çehreyi görünce telaşa kapılıp, sağlıklı değerlendirme fırsatı bulmadan bazı yanlışlıkların heyecanına saplanabileceğini düşündü. Dudaklarının ucuna bir tebessüm yerleştirip, hasret gidermeye gelmiş bir eski dost muhabbeti göstermesi de imkânsızdı.

Gecenin yarısında gelen bir insanın böyle korkutucu bir ihtimali bir şenlik müjdesi gibi vermesi gülünç olabilirdi. Çocukluğundan beri Adnan Bey'in sevinçlerle, hüzünler karşısında olayları çığırından çıkaran abartılı tavırlar takındığını biliyordu. Adnan Bey, çevresinde binlerce yüzün, binlerce sesin, bazen bir hüzünlü tebessüm, bazen çığırtkan bir kahkahayla varlığını ispatlamaya çalıştığı yerlerde yalnızlığının doruğunda yaşardı.

Ethem Bey'in, gözlemlerindeki keskinlik zaman içinde hemen her olayda kendisini haklı çıkarmış ve Adnan Bey'in iç dünyası bütün sırlarıyla keşfedilmiş bir yeni kıta gibi Ethem Bey'in avuçlarına bırakılmıştı. Bir mahremiyet ve saygı ilişkisinin derinliklerinde henüz iç dünyası keşfedilmemiş insanın değerleri istiflenmişti. Ethem Bey, Adnan Bey'in hatıralarını daima değerleri ölçüsünde korumuş, hangi olayın ne zaman, ne ölçüde hatırlatılarak nasıl doğru karar verileceğini belirlemişti.

Bu belirleme Ethem Bey'in göreviydi ve bugüne kadar hiç aksamadan yerine getirmişti. Bunu bir görev ahlâkı gibi benimsemişti. Bu ahlâk, her koşulda gerçeğin değerini öne çıkaran bir cesaret gibi tezahür ediyor, her olayda en isabetli tahliller hep bu cesaretin öne çıkardığı hükümlere dönüşüyordu. Ethem Bey'i, Adnan Bey'in hayatında daima samimi bir dost, hatırlı bir arkadaş ve ketum bir sırdaş itibarına yükselten seviye, kaynağını bu cesur; fakat, tedbirli tahlil isabetinden almıştı.

Adnan Bey'in, delikanlılık günlerinde heyecandan çok, kuşkulu bekleyişler vardı. Bu kuşkunun bütün vücudunu sarıp kesikli titreyişlerle yaşamına yön verdiği yıllarda sığınabileceği tek kişinin yokluğunu hep teselliyle geçiren sabırlı ve kahırlı katlanışları vardı. Fıtnat Hanım'ın ölüm haberiyle nasıl sarsıldığını hiç kimse fark etmemişti. Ethem Bey, Fıtnat Hanım'ın ölümünü bir hicranlı yalnızlık mâcerasının başlangıcı gibi görmüş ve Adnan Bey'in bu ağır yükü kaldıramayacağı endişesine kapılmıştı. Fıtnat Hanım Adnan Bey'in her şeyiydi...

Emektar hizmetçi salonun kapısında göründü. Daha fazla cesaret gösterip Ethem Bey'in yanına yaklaşamadı. Endişeli bekleyişler içinde âdeta fısıldar gibi konuşuyordu:

– Arz ettim. Ancak, istirahatlarını bozmak istemediler. Yarın sizi arayacaklarmış...

Ethem Bey, şimdi bir kasırgaydı. Geçmişin getirdiği bütün saygıdeğer bağları birdenbire koparacak kadar hırslanmıştı. Sesinin bu kadar hızlı yükselmesine kendi bile hayret ediyordu:

– Bir hayat memat meselesindeyiz, zamansız bir hovardalık keyfi için bu ihmâle tahammül edemem...

Ethem Bey'in asabiyeti, evin sessizliği içinde çığlık gibi yükselmişti. Hiddetini sürdürdü:

– Derhal buraya gelmesi gerektiğini söyleyiniz...

Ethem Bey'in hatıraları daha keskindi. Geçmişte yaşadıklarını, tek bir saniyesini ve tek bir sözcüğünü atlamaksızın hatırlıyordu. Bu akşam, Adnan Bey'le ilgili olarak gösterdiği ikinci asabiyet ve sert hatırlatmaydı.

Adnan'ın henüz delikanlılık yıllarında kendi gerçeğini bile çevresine zor kabul ettirdiği hayalci yıllarını hatırladı. O zaman da beklenmeyen olaylar karşısında takınması gerekli ciddiyeti göstermediği vakit hiddetle müdahale eder ve hayat memat meselelerinin söz konusu olduğu yerde ihmal gösterilmesine müsaade etmezdi. Her defasında sert bir mânâyı yumuşak bir üslup içinde aktarır ve karşısındakilerin sözlerin etkisinde kapılıp mânâyı kaçırmalarına fırsat vermeyen bir itina gösterirdi.

Bu gece de aynı duyarlılık içinde hareket etmesi beklenirken birdenbire bir kasırgaya dönen bu asabi hiddet nedendi?

Ethem Bey, artık hatıralara dönüşün hızını kontrol edemez hâle gelmişti. Adnan Bey'in delikanlılık yıllarında hiç ummadığı anda sıkışan başı, Ethem'in âni ve keskin müdahalesiyle yeni bir hüviyet kazanmış ve hadise kimselerin canını yakmayan bir uysallık içinde küllenmeye bırakılmıştı.

Ayşe'nin öldürüldüğü gece de böyle bir ihmâlle karşılaşmış ve olanca hiddetiyle bağırmıştı:

– Söyleyin ona hemen aşağı insin. Yukarıya çıkarsam buna dayanacak gücü kalmayacaktır.

Adnan Bey kapandığı odasında bu hiddetin sesini duymuş ve aşağı inmişti. Üzerinde şarap rengi bir ropdöşambr vardı. Kemerini bile bağlamaya fırsat bulamamıştı. Yavaş yavaş kemeri beline bağlarken Ethem'i izlemiş ve yüz hatlarından mânâ çıkararak nasıl davranması gerektiğinin hesabını yapmıştı.

Yıllar sonra Adnan Bey, aynı küçük kurnazlıkla vakit kazanmak istiyordu. Adnan Bey nihayet kapının önündeydi ve yine şarap renkli bir ropdöşambır giymek için yavaş yavaş hareket ediyordu. Kemeri özenle bağladı. Ellerini yan ceplerine soktu ve Ethem Bey'e yanaştı:

– Seni hiç böyle telaşlı görmemiştim.

Ethem Bey izahat vermek gereğini duymadı. Gecenin bu saatinde rahatsız etmenin özrünü dilemek niyetinde de değildi. Cebinden çıkardığı kâğıdı uzattı.

Adnan Bey kâğıda baktı; önce küçümsemek ister gibi bir tavır takınarak, önemsiz bir gerekçeyle keyfini bozan Ethem Bey'e bir çeşit ders vermeyi denemek istedi. Gözlerini Ethem Bey'e çevirdi. O sert üslûp hâlâ hatlarını koruyordu. Adnan Bey'le göz göze geldiler. Ethem Bey'in bakışları şefkat ile hiddet arasında bir süre gidip gelmiş, ancak işin gerektirdiği ciddiyet bu hiddeti daha baskın bir ifadeyle göstermesi gerektiğine kendisini inandırmıştı. Ethem Bey'in gözlerinde her zaman görmeye alıştığı o şefkatli bakışlardan eser yoktu. Kirpikleri bir ciddiyet hissinin ağırlığıyla gölgeliydi.

Adnan Bey tekrar kâğıda baktı; bu kere tam ve dikkatli biçimde okuması gerektiğini anladı. Adnan Bey tâlihli adamdı; ne zaman bir talebi olsa bunu hemen yerine getirecek birisi mutlaka yanında belirirdi. Emektar hizmetçi çağrılmadığı halde kendiliğinden gelmiş ve kapının kenarında belirmişti. Adnan Bey'in sesinde vuslata elveda diyen bir tâlihsiz titreyiş vardı.

– Misafirimizin itinayla evine götürülmesini temin edin. Ethem Bey'le görüşmem gereken önemli meseleler olduğunu da söyleyin, lütfen...

Adnan Bey, mektubu dikkatle okudu. Ethem Bey gözünü kırpmadan Adnan Bey'in yüz hatlarını seyrediyordu. Beklediği davranışlarından hiçbirini göremeyişinin getirdiği hayret içindeydi. Bu kadar önemli bir meselede bu kadar sıradan bir şeymiş gibi tavır takınmasını hem yadırgamış, hem de kızmıştı. Adnan Bey okumasını tamamladı. Kâğıdı yine eskisi gibi dörde katlanmış haline getirdi ve sehpanın üzerine neredeyse atar gibi bıraktı:

– Fazla ciddiye almışsın!..

Ethem Bey, ciddiyetinin sorgulanmasından hoşlanmazdı. Her sıkıntılı zamanda Adnan'ın bütün meselelerine çâre üreten duyarlılığını kırk yıldır sürdürüyordu. Sanki her meselenin kolay ve mutlaka çözülebilir olduğuna Adnan Bey'in inanmış olması bile bu ciddiyet tartışmasını haklı gösteremezdi. Ethem Bey gayretlerinin ihmal edilebilir ölçekte algılanmasına tahammül edecek birisi değildi. Olayın vahameti karşısında asabiyet gösterip işin önemini elden kaçırmak da istemiyordu. Alttan almak istedi:

– Meseleyi ciddiye almayı deneseniz iyi olacak...

– Görüyorsun; okudum ve bilgi aldım. Ama gecenin bu saatinde telaşa kapılmayı gerektirecek bir husus görmedim.

Adnan Bey ropdöşambrın kemerini çözdü. Kendine göre görüşmenin bittiğini anlatmak isteyen hovarda tavır içindeydi. Konuşmalarına eski günlerin hatırını kırmayacağını sandığı küçük bir şaka katmak istemişti:

– Galiba çaptan düşüyorsun...

Ethem Bey, getirdiği mektubu bırakıldığı sehpadan aldı. Özenle cebine yerleştirdi, ayağa kalktı. Odayı terk etmek üzere kapıya doğru giderken, durdu. Adnan Bey'e o şefkat ve hiddet karışımı gözlerle yeniden baktı. Artık kirpiklerinde o ciddiyetin getirdiği gölge yoktu. Meseleye gereken ciddiyet içinde bakılmasını temin etmek için, biraz göz korkutucu olması gerektiğini düşündü. Adnan'ın huyunu biliyordu; fırsatı kaçırmak istemedi. Küçük bir istihza cümlesiyle Adnan'ı silkeleyebileceğini düşündü:

– Emir buyursanız da misafirinizin kalmasını sağlasanız. Bu kadar kısa sürede giyinmiş olamaz...

Adnan Bey, bu küçük sitemin yersiz ve haksız olduğunu hatırlatmak istedi:

– İşi ayağa düşürme; sana yakışmıyor...

Ethem aradığı fırsatı bulmuştu; söyleyecekleri ileride hesabı sorulacak bir yüzleşmenin riskini taşısa bile vazgeçilmeyecek kadar önemliydi.

– Ben de aynı endişeyi sizin için taşıyorum. Uzun süredir önemli ölçüde çaptan düştünüz... Devlet bu hafifliği kaldırmaz...

Adnan Bey'in fırtınalar estirdiği zamanları olmuştu. En yakın dostları bile bu âni değişiklikleri hayretle karşılar, fakat bu hızlı parlamanın nereye kadar uzanabileceğini kestirememenin endişesiyle titrerlerdi. Adnan Bey nâdir de olsa çok kırıcı tavır içinde gözü hiçbir şeyi görmeyen asabiyetlerle karşısındakileri kırabilirdi. Böyle zamanlarda sesi hem gür çıkar, hem de bütün şefkatini kaybederdi. Arada bir, tavırlarında abartılı kabadayılık taslayan yakışıksız hareketler görülürdü. Olanca gücüyle bağırdı:

– Sen kendini ne sanıyorsun efendi?

Ethem Bey, böyle bir müdahaleye hazırlıklı olmalıydı ki, hiçbir yumuşama göstermedi:

– Ya sen kendini ne sanıyorsun?

Kaldığı yerden yürümesine devam etti ve salondan çıktı. Adnan Bey arkasından yetişti:

– Korkup kaçma; gel kendini savun...

Ethem Bey, umursamadan yürüyüşüne devam etti. Adnan Bey, böyle adam yerine konmamış tavırlarla terk edilmesine alışık değildi. Sesi, ağır hakaret perdeleriyle giderek yükseliyordu:

– İki üç kumandan azarladı diye telaşa kapılacak kadar korkak mıydın? Böyle sinik bir adama meğer neler teslim etmişim. Hey Allahım! Cumhuriyet'in Savunma bakanına bakın... Emrindeki üç beş subayın göz korkutmasıyla gelip bana caka satıyor...

Ethem Bey, dış kapıya yaklaşmıştı. Gece görevlileri bu yakışıksız manzaranın iki dostu böylesine korkulu bir mücadeleye dönüştürmesine alışık değillerdi. Üstelik gönüllerinde bu dostluğun bozulmasına tahammül edecek tek arzu da yoktu. Ama bu evin kendine özgü kuralları vardı. Evin sahibine karşı yakışıksız tavır takınan herkese evin kapısı açılır ve dışarıya bir an önce çıkmasını sağlayan kolaylık gösterilirdi.

Gece görevlileri kapıyı açmışlardı. Dışarıda serin bir mayıs gecesinin yorgunluğu vardı.

Adnan Bey, son gücüyle bağırdı:

– Kapatın o kapıyı...

Kapılar kapandı. Yorgun mayısın kokusu kayboldu.

Adnan Bey'in o hoyrat tavrı yumuşamış, mutlaka yanında olmasını istediği bir dost ihtiyacıyla sözleri sâkin ve saygılı ifadesini yeniden kazanmıştı:

– Farkında değil misin, sana ihtiyacım var...

Bu söz Ethem Bey'i durdurmaya yetti. Olduğu yerde kaldı. Bu adamı iyi tanımanın avantajlarıyla rahattı. Adnan Bey'in merdivenlerden inip yanına geleceğinden emindi.

Adnan Bey, merdivenlerden indi. Ethem Bey'in koluna girdi. Gece görevlileri kapıyı ardına kadar açtılar. Dışarıda yorgun mayısın sabırlı ve kanaatkâr olgunluğu vardı. Gücünü gizleyen kurnaz bir ihtiyar gibiydi. Bahçenin dallarına, yapraklarına, çiçeklerine bağdaş kurmuş, uçsuz bucaksız ovaların, toprak damlı köylerin özlemini çeken besleme kızlar gibi boynunu bükmüştü.

Adnan Bey, konuyu kaldığı yerden başlatmanın istenen rahatlığı sağlamayacağını biliyordu. Ortak hatıraların sıcaklığını getirip aradaki soğukluğu gidermeyi düşündü. Mayıs akşamlarındaki yorgunluğu daha çocukluğunda fark etmiş ve kader çizgisinde sığınacağı sanki tek yer gibi sevmişti. Gölgesiz akşamüstlerinde sığındığı asma altlarına sinsice bir hayranlık bile duyduğu olmuştu. Yaprakların o ekşi kokusu hep hoşuna gitmişti. Bahçenin ucundaki çardağa yöneldi. Hâlâ Ethem Bey'in kolundaydı. Sımsıkı sarılmıştı. Bu sarılış, gerçekten ihtiyacı olduğunu anlatıyordu. Sesinde o eski içtenlik kendini göstermeye başlamıştı:

– Hatırlıyor musun, seninle en kolay asmaların altında anlaşırdık.

– Evet!.. Koruklar altında da böyleydik, salkımların şerbetlendiği zamanlarda da...

Çardağın altına geldiler. Demir salıncağın minderi nemliydi. Adnan Bey minderi ters yüz etti. Ethem Bey karşısında bekliyordu. Hiçbir zaman saygısını kaybetmemişti. Adnan Bey eliyle mindere birkaç kez vurdu:

– Gel şöyle, yanıma otur...

Ethem Bey, yeni sürgün vermiş açık yeşil yapraklardan birkaç tanesini koparıp parmakları arasında ezdi; asmaların ekşi tazeliğini Adnan Bey'e uzattı:

– Bu kokuyu her zaman özlemişimdir.

– Ben de...

Adnan Bey teklifini tekrarladı:

– Yanıma gel! Yine seninle aynı yöne bakmak, aynı hayalde buluşmak istiyorum.

Adnan Bey'in sesinde gençliğinin hayıflanmış hatıralarına dönmek isteyen arzulu özleyiş vardı. Bahar sabahlarında kısrakları ovaya salan kâhyanın cakalı yürüyüşünü hep hayranlıkla hissetmiş, bu kısrakların sırtında sınırsızlığın hazzını duymak istemişti. Beyaz kısrağın tâze bir kız gibi ovada salındığını gözlerinin önüne getirdi. Bu kısrağın gözlerinde mor bakışlı şafakların billur kâselerini gördüğünü söylerdi. Hicrânını derin bir hatıra saygısıyla doldurmuştu:

– Kısrakları hatırlıyor musun?

Ethem Bey bu hatıralarla vakit öldürmenin doğru olmadığını biliyordu. Ama Adnan Bey'i bu romantik akşamın hazlarından sıyırıp, tehlikeli bir ihtimâlin kalıplarında düşünmeye sevk etmenin imkânsızlığını da kavramıştı. Önce hatıralarıyla avutmayı, sonra hayatın gerçeğini olanca açıklığıyla önüne sermeyi düşündü:

– Seni her zaman o kısraklara binmiş Spartaküs gibi düşünürdüm. Hayatının en olgun çağında bu kısraklara binmiş ve özgürlüğün peşine düşmüş kahraman hayalim vardı. Hatırlıyor musun, sana hep böyle bir sorumluluğun yükünü anlatırdım. Gözünü korkutmak değil, cesaretini güçlendirmek için hayallerine ortak olurdum.

Adnan Bey'in sesi cömert bir sevgiyle titriyordu:

– Hiç unutur muyum sanıyorsun... Kısrakların zorla ahırlara konuluşunu hâlâ içime sindirebilmiş değilim... Hürriyete susamış yelelerin nasıl savrulduğu gözlerimin önünden hiç gitmedi. Hürriyet tutkunluğumun ilk heyecanını o ovalarda şahlanan yorgun mayısın kısraklarından almıştım.

Adnan Bey çardak altında Ethem Bey'le delikanlılık yıllarındaki tartışmalarını da hatırlıyordu. Bir akşamüstü, İzmir'in delikanlı bakışlı yaşlı noteri, bu iki vasıflı delikanlıyı Menderes Irmağı'nın kenarında, bölgenin tarihini, coğrafyasını öğrenmeye yönlendirmişti. Sonra tepeye birlikte çıkmış, çardağın gölgesine sığınarak uçsuz bucaksız ovayı göstermişti:

– Bu ova, geometrinin bütün teoremlerinin yaratıldığı zemindir. Her Aydınlı başı sıkıştığında asmanın altına gelmeli, bu bereketli ovayı seyredip Thales'i hatırlamalıdır.

İzmir noteri, Thales'in son teoremini tekrarladı:

– Birbirini kesen iki doğrunun oluşturduğu ters açılar birbirine eşittirler...

Sonra yaşamlarına yön verecek bir örnekle sözlerini tamamladı:

– Bu iki doğrudan birine hürriyet, diğerine esaret deyin. Kesiştikleri yerde iki eşit açı oluşur. Yani delikanlılar, esaret de, hürriyet de aynı gerekçelerle gelir...

Bu garip açıklamanın etkisiyle Adnan ve Ethem birbirlerini süzmüşler ve sonunda Adnan biraz sesini yükselterek müşfik bakışlı noteri cevaplamıştı:

– Haklısınız! Birilerine hürriyet getirirken, birilerine esaret getirmek kaçınılmaz oluyor.

İzmir noteri, daha yumuşak bir örneği tercih etti:

– Bazen hürriyet getiriyorum diye büyük bir esaret getirilebilir.

Ethem Bey bu örneği mantıklı bulmamıştı:

– Mantıklı bir örnek değil, efendim!

İzmir noterinin gözlerinde delikanlı cevaplara kanmış görünen bir terbiye vardı. Bu nezaket içinde düşüncelerini aktarmayı sürdürdü:

– Siyaset de insan gibidir, delikanlı... Onun da hiddeti ve şefkati vardır. Önemli olan, kızgınlığınızı saygılı tavırlarla yumuşatmaktır.

Asmaların arasında henüz olgunlaşmamış korukları yokladıktan sonra birkaç tane koparıp Adnan ve Ethem beylere vermişti.

– Yaşamın olgunlaşmasını en güzel sergileyen bitki üzümlerdir. Bu korukları parmaklarının arasında sık; suyu ekşi, kokusu mayhoştur. Ama sana mutlaka bir gün olgunlaşacağının müjdesini verir. Eğer şu mayhoş kokuyu duymuyorsan, bilesin ki, salkımların şerbetlenmesi imkânsızdır.

Sonra Adnan Bey'in meraklı bakışlarındaki duyarlılığı fark etmiş ve ona yaşamının değerlerini öğrenebileceği bir mihenk taşı vermişti. Bunu bir baba nasihati gibi değil, bir dost hatırlatması gibi sunuyordu:

– Tarihin mantığı sağlam ve dürüsttür, dostum! Ne zaman, nerede tekerrür edeceğinin işaretlerini vermeden kimseyi arkadan hançerlemez... Sırtını tarihin tecrübesine dayayanların kaybedeceği şey olmaz...

Ethem Bey, İzmir noterinin bu nasihatini hiç unutmamıştı. Şu anda Adnan Bey'in zihninde de bu hatıranın tazelendiğini hissediyordu. Bu serin mayıs gecesi tıpkı çocukluklarında kısrakların ovaya sürüldüğü sabahları andırıyordu. Adnan Bey'in yüzüne baktı; yavaş yavaş gerçekleri tartışmaya hazır hale geldiğini fark etti:

– İzmir noterinin nasihatleri hatırında mı?

– Nereden çıktı şimdi bu?

Ethem Bey önem verdiği kâğıdı cebinden çıkardı. Verirken sesini yumuşatmış ve mutlaka dikkate alınması gerektiğine inandığı için hiçbir şey söylemeden uzatmıştı. Adnan Bey nezaket göstermek için kâğıdı aldı ve ropdöşambrın cebine soktu. Uzun süre sessiz kaldı. Sanki bir vicdan muhasebesinden geçiyormuş gibi düşüncelerinin yalnızlığına çekilmişti. Yaşamının her safhasında iç çelişkilerini uzlaştıran bir tâlih desteği olduğunu fark etti. Hayatta haklı çıkışın kapısını bu tâlih açıyordu. Bu desteğin bütün hayatı boyunca devam edeceğine inanmıştı. Şimdi sıkıntılı günlerin eşiğinde olduğunu görüyordu. Yine böyle bir tâlih rüzgârının eseceğini ve başındaki kara bulutları ufkun uçsuz bucaksızlığına dağıtacağını düşünüyordu. Ethem Bey'in merakını daha fazla sürdürmek istemedi.

– Önemsemediğime hükmetme... Göz gezdirirken bile işin vahametini kavradım. Ama telaşa kapılırsak teslim oluruz. Gücün bizde olduğunu bilmeleri lazım. Onun için önemsememiş görüneceğiz... Buna mecburuz.

Adnan Bey, böyle bir açıklamayla Ethem Bey'i ikna edemeyeceğini biliyordu. Söylediklerine biraz güven ve iftihar katmak istedi. Birlikte oturdukları salıncaktan kalkıp arkaya geçmişti. Kendini güçlenmiş hissediyordu. Ethem Bey'i yavaş yavaş sallamaya başladı.

– Unutma, bizden yana olacak kumandanların çokluğu, beni bile hayrete düşürdü. Sadece kardeş kavgası çıksın istemiyorum.

Ethem Bey artık işin ayrıntısına girebileceği noktaya yaklaşıldığını hissediyordu:

– Cemal Paşa orduda saygı gören bir isim. Çevresine çok etkili kumandanları toplayabilir. Orduda kardeş kavgasına müsaade edecek zaaf yoktur.

Adnan Bey, bu açıklamayı bekliyormuş gibi birden sevinçli tavır takındı:

– İyi ya... Korktuğun kadar endişeli noktada değiliz. Madem kardeş kavgasına müsaade edecek zaaf yok, öyleyse ordunun böyle bir müdahalede bulunması imkânsız demektir.

Adnan Bey, daha fazla tartışmaya niyetli değildi. Ethem Bey'i en hassas noktasından vurup istirahata çekilmek istiyordu.

– Üşüdüm. Yarın devam ederiz...

Adnan Bey, tekrar Ethem Bey'in koluna girdi. Sanki büyük Meandros Irmağı'nın suladığı ovada toprak süren iki küçük çiftçi çocuğu gibi mutluydular. Önlerinde sınırsız bir bereket, içlerinde kimseye metelik vermeyen bir cesaretin hayalleri vardı. Büyük kapının nizamiyesinde askerlerin nöbet değiştirme zamanıydı. Anadolu'nun değişik yerlerinden gelmiş vatan evlatları, evlerinde her gece bir efsâne gibi tartışıp bağırlarına bastıkları başbakanlarını bir evliya gibi kutsuyorlardı. Hepsi esas duruşa geçti. Hepsinde görev ciddiyetinin içine sevgiyle damıtılmış takdir duygusunu belirtmek ihtiyacı vardı. Hepsi gecenin yarısında Adnan Bey'i selamlıyorlardı.

Adnan Bey, Ethem Bey'i nizamiyeye doğru yönlendirdi. Askerlerin yanına geldi. Nöbetçilere yaklaştı; askerler sevinç içindeydiler, gözlerinin içi gülüyordu. Hatırlarını sordu. Annelerini sordu. Sarı saçlı, kısa boylu olan en kıdemsizine yaklaştı:

– Nerelisin?

– Aydınlı'yım kumandanım...

– Hemşeriyiz...

– Babam Çakırbeyli Çiftliği'nde büyümüş...

Erin yanına yaklaştı. Gözlerinin içine bakarak yavuklusunu sordu. Delikanlıyı yüreklendirmek istedi:

– Çakırbeyli'yi öylesine özledim ki...

Nöbetçi fırsat bulmanın rahatlığıyla tekrarladı:

– Ben de kumandanım!

Aslında Adnan Bey'in geçmişinde şöyle hevesle dönüp hatırlamak isteyeceği çocukluk anıları yoktu. Yaşamını sadece Ethem Bey'le biçimlendirmiş ve öylece sürdürmekten mutlu da olmuştu. Bir kıdemsiz askerin, kendisini kumandanlık mevkiinde görmesi çok hoşuna gitti. Bu mutluluğu Ethem Bey'in de duymasını istedi.

– Görüyorsun! Mehmet bizim yanımızda: artık tasalanmam, bundan sonra ne olursa olsun. Başıma gelecek olanlar, halkımın nefreti değil, kaderimin haksız ve zamansız hiddetidir.

Sonra ölçüyü artırdı. Kaçırdığı ölçüyü birisiyle paylaşırsa mutluluğunun artacağını düşündü. Bu aynı zamanda endişeler içinde kıvranan Ethem Bey'e bir sükûnet telkini olacaktı.

– Görüyorsun işte... Asker beni köyünün yatırları gibi seviyor...

Ethem Bey, bu tesadüfî iltifatı büyütmemek gerektiğini biliyordu. Adnan Bey'in de bilmesini istedi.

– Biz Thales'in topraklarından, geometrinin topraklarından geliyoruz. Ölçü terbiyesiyle büyüdük. Ölçüyü kaçırırsak, izânı elden kaçırırız.

Adnan Bey de biraz coşmak arzusu duydu. O da biraz Thales'ten söz edip, geceyi geometrinin sınırlarına hapsedebilirdi. Farklılığını sergilemek, böylece, disiplin diye aklın katı kalıplarına sığınan Ethem'i silkelemek istedi.

– Bak arkadaşım! On yılda neler yaptığımı sen bile kavrayamamışsın. Beni hiçbir kudretin baskısında ezemezler.

Bu geceyi daha da çekilmez hâle getirmek istemiyordu; ama,

artık kalıplarından taşmış bir tehdit karşısında kendi varlığının ispat cümlesini ortaya koyması gerektiğini düşündü. Zifirî karanlığa doğru gözlerini dikip, gururunu dillendirdi:

– Thales gibi ben de geleceği karanlığın içinden görebiliyorum. Artık tarihin tutsağı değilim; hayal edebildiğim her şeyi başarabilirim. Kimse beni engelleyemez...

Adnan Bey kararını vermiş ve gecenin bittiğini karşısındakine anlatmıştı. Eve doğru yürüdüler. Kapıda Ethem Bey'in arabası bekliyordu. Adnan Bey arabanın kapısını açtı. Ethem Bey içeri girinceye kadar açık tuttu. Sonra içindeki endişenin irinini patlattı:

– Yukarıdakinin haberi var mı?

– Henüz değil...

– Güzel!.. Hiç olmasın; başıma bir de bu işi çıkarma...

Bu gecenin muhasebesinde yenilmiş gibi görünmek istemiyordu. Bu tür duyguları tatmaya tahammülü yoktu. Kendini sürekli başaran ve başardığıyla övünen bir üslûpta yetiştirmişti. Çevresindeki dar, fakat etkili kadronun sürekli öven cümlelerinde hiçbir samimiyet görmese bile söylenenlerde isabet olduğuna inanmıştı. Şimdi hiç kimse gelip bu lezzetli geçmişin hatıralarına gölge düşüremezdi. Hiç kimsenin bir kanlı hiddet çığlığıyla güzel gecenin rüyasını bozmaya hakkı olamazdı. Ethem Bey'in elini sıktı. Artık hüküm cümlesini vermenin zamanı geldiğine inandı:

– Hiçbir muamelede haksızlığa maruz kalmadığımı biliyorum. İkbâlimi de, idbârımı da hak ettim. Çünkü her safhada, her noktada sorumluluğumu idrâk ettim...

Otomobilin kapısını kapattı. Ethem Bey artık Adnan Bey'in hapsettiği karanlık veda hücresinin içinde sevimli, fakat çâresiz bir telaş gibi silikleşiyordu. Adnan Bey, hiç umursamadan arkasını dönüp eve girdi. Kendinden emindi ve doğru yatak odasına yürüdü. Her koşulda sevgi ve sadakat disiplinini sürdürmüş o lezzetli tâzelik içeride bekliyordu. Bu bekleyişin hoş kokusu evin hücrelerine sinmişti. Adnan Bey, asma yapraklarının parmaklarındaki ekşi kokusunu derin bir nefesle içine çekti:

– Hiçbir işimi, hiçbir korkuyla yarım bırakmadım...

Emektar hizmetli yanına yaklaştı. Onun da yüzünde huzuru kaçmış insanların korkulu çizgileri belirmişti:

– Sizi yukarıdan arıyorlar efendim! Reisicumhur hazretleri âcilen görüşmek istiyorlar...

Adnan Bey bu hatırlatmayı umursamadan yürüdü. Odadan içeri girdi. Büyük pencerenin yanındaki koltukta o zarif sarışınlık oturuyordu. Adnan Bey içeri girince ayağa kalktı:

– Üzüleceğiniz bir şey mi oldu, efendim?

Adnan Bey karşısındaki baharın çenesi tuttu. Derin arzuların köpürdüğü bir sahili arzular gibi baktı. Sonra işin gerçeğini en başta söylemenin getireceği hazzı hatırladı ve ekledi:

– Ne tuhaf! Elli yıl sonra Ethem gözümün korkabileceğini düşünmüş...

Mayıs sonuydu. Keyifli bir rüzgâr hafif hışırtılarla caddeleri okşuyordu. Birden Ankara sokaklarına tanklar yayıldılar. Kızılay'dan geçip, radyoevine doğru hızlandılar.

Gece ılık ve heyecanlıydı. Gerilerden hızla gelen bir cip yanaştı ve tank taburu komutanına sordu:

– Her şey tamam mı?

Yarbay selam verdi:

– Şiir gibi paşam!

Ankara, İstanbul, İzmir, Afyon, Eskişehir, Kütahya...

Ve bütün iller, bütün ilçeler, bütün beldeler, bütün köyler...

Türkiye'de bahar, en erken zamanda bitti...

Epilog I

Dar hücrenin duvarı bembeyazdı. Sabırlı ve arzulu bir bakışın gözbebekleri her sınırı hayalin ve düşüncenin imbiğinden geçirir, saydamlaşan bir kristal gibi geçmişin zemininden geleceğin ufkuna bakabilirdi. Kalın beton duvar bir içbükey ayna gibi çukurlaşmış, insanın içindeki sesleri ve şekilleri biçimlendiren sıcak ve vefalı bir kerâmet kâsesine dönmüştü. Her şey onun içinde görülebiliyordu.

Önce Sokrates'i getirdiler, sonra üç çocuğunu, sonra karısını, sonra zehir taşıyan iyi yürekli gün görmüş celladı... Hepsi birbirini saygıyla selamladı. Sokrates eşinin yanında çocuklarına öğütler verdi. Saygılı olmanın onurunu anlattı. Hepsini tek tek öptü. En küçüğünü bir kere daha bağrına bastı, kokladı ve kulağına fısıldadı:

– Sonunda hepsini sen korumak zorunda kalacaksın, küçük... Hazırlıklı olmaya bugünden başla...

Hepsini baba evinden yolcular gibi kapıya kadar geldi; her birine iyilikler dileyen şefkatli sözlerini söyledi. Sonra hücresine dönüp Kriton'u çağırdı:

– Haydi Kriton! Söyle getirsinler zehri...

– Şafağın sökmesine kadar vaktimiz var, Sokrates!.. Erkenciliğinin kimseye bir fazileti olmayacak ki...

Sokrat Kriton'u kucakladı. Bu vefalı ve olgun dostunu bağrına bastı. Bir babanın evladına asıl gerçeği anlatırken takındığı ciddi ve inandırıcı tavrına büründü:

– Beklemekle bir şey kazanacağımı sanmıyorum. Hayata böyle seviyesiz bir istekle yapışmanın ne kadar gülünç olduğunu görmüyor musun?

Kriton düşüncelerinden kolayca sapacak birisi değildi. Zehrin gelmesiyle her şeyin bittiğini sananlara verilecek bir dersin olması gerektiğini söylüyor ve ebedî hayatın başlangıcında, beşerî hayatın lezzetlerinin mutlaka tadılmasında ısrar ediyordu.

– Sen de biliyorsun ki Sokrates, mahkûm zehir geldikten çok sonra onu içer. Canının çektiği şeyleri yer. Sevdiği içkilerin tadına bakar ve isterse sevgilisini çağırıp onunla sevişir bile. Kimse bugüne kadar böyle bir isteğin mahrumiyetini yaşamadı.

Kriton asıl hükmün verileceği yerde telaşın getirdiği bir haksızlık olduğunu söylüyordu:

– Seni demokratlar ölüme mahkûm ettiler. Baksana ordu arkanda ve seni koruyacak kadar arzulu. Eğer biraz direnç göstersen ve biraz kışkırtsan istediğin desteği bulacaksın...

Kriton biraz daha ısrar ederse belki ikna edebileceği fırsatı yaratabileceğini düşündü:

– Sokrates bir gün sahiden öleceksin. Ama bunu bir oyun gibi yaşamanı istemiyorum. Liderleri olmayan bir demokrat kadro düşün Sokrates!.. Seni ölüme gönderecek asabiyeti sergilerlerken, sana yaşamın fırsatını vereceklerini dikkate almıyorsun. Yarın şafağa kadar bekleyelim. Belki bir fırsat kapımızı çalacak...

Sokrates kararlıydı. Kriton'un bir anlık bekleyişin belki bir fırsat yaratacağı tesellisini akıllı bulmuyor ve "Böyle yüksek yetenekli bir zihin nasıl olur da teselliyle kendini avutabilir" diyordu.

– Kimseyi yormaya hakkımız yok Kriton!

– Sorun yormak ya da yormamak değil Sokrates! Sorun haksız bir hükmün son anda bile bir vicdanda mâkes bulup adaletsizliğin kaldırılması...

Kriton, Sokrates'in böyle alelacele ölüme sürüklenmesini haksız bulmuş ve "Güneşin tam tepemizde olduğu bir saatte kim böyle bir hükmün infazını emretmiş olabilir ?" diye tahammülsüzlüğünü haykırmıştı.

Dışarıda serin bir sonbahar güneşi vardı. Ve infazın yapılması, Sokrates'in hiçbir şansının kalmaması için bütün tedbirler alınmıştı. Sokrates, Kriton'un kendi hakkında kendisinin uygun bulmayacağı hiçbir şeye teşebbüs etmemesi için sert dille uyardı:

– Çağır dostumuzu Kriton! Ne şafak, ne gurup... Güneşin tam tepemde olduğu zaman... Böyle bir tâlih kaç kişiye nasip olmuştur ki...

Kriton dar hücrenin kapısında bekleyen uşağa işaret etti. Kapı ardına kadar açıldı. Önde zehri taşıyan görevli vardı. Arkasında yarım manga asker sıraya dizilmişti. Hepsinin gözlerinde hayret ve pişmanlık vardı. Hepsi de görevin yerine getirilmesinde tek ihmal göstermeyecek kadar tecrübeli ve kararlıydılar. Hepsi de verilen hükmün adaletsiz ahlâkından ıstırap duymuş yiğitlerdi. İçlerinden birisi ilerleyip Sokrates'e saygılarını sundu.

– Kışkırttığınızı söyledikleri gençlerden biri benim oğlum. Onu nasıl olgun bir terbiyede yetiştirdiğinizi görüyor ve sizinle gurur duyuyorum.

Yaşlı asker mangadaki yerini aldı. Zehri verecek adam, bütün hazırlıklarını yapmıştı. Elindeki kâseyi uzattı. Sokrates gülüyordu. Adama dostça yaklaştı:

– Gel bakalım ahbap; bu işleri en iyi bilen sensin. Söyle bana ne yapacağımı...

Zehri verecek adamın kılı kıpırdamıyordu. Bunca yıl görevini hangi ciddiyet ve dikkat içinde yerine getirmiş ise aynı ciddiyet ve dikkatle zehir tasını doldurmuş, baldıranı tecrübeli elleriyle ezmiş ve içilmeye hazır hâle getirmişti. Sokrates'e doğru uzattı:

– Aziz Sokrates! Önce bunu içiniz ve sonra yavaş yavaş hücrenizde dolaşınız. Bacaklarınızda bir ağırlık hissedeceksiniz, o zaman biraz uzanın; artık elinden kurtuluş şansınız kalmaz...

Sokrates'in kılı bile kıpırdamadı. Tası aldı, ağzına doğru götürmeden önce son dileğini duyurmak istedi:

– Ben inançlı bir adamım. Her şeyimi Tanrım'la paylaştım. Birkaç damlasını Tanrım için dökebilir miyim?

Zehir tasını sunan görevli sorumluluğunun hakkını veren ciddiyet içinde cevapladı:

– Baldıranı tam size yetecek kadar ezdim, efendim...

– O halde Tanrı'ya dua etmem için iznim vardır herhalde.

Cevap beklemeden gözkapaklarını kapattı. Oda derin bir sessizliğe büründü. Acılı ve öfkeli bağrışmalarla etrafı birbirine katacağını sananlar utançlı bir sessizlikle başlarını eğdiler. Kendinden yüz elli yıl önce, hayatın sorumluluk idrâkini tohumun düşeceği toprakta anlatan Thales'in dediklerini hatırladı. "Her şey sadece tâlihin yâverliğinde insana yaklaşmaz; onu kendinize yakınlaştıracak gücü yaratın..." Bu güç avuçlarının içindeydi ve tası olanca hızıyla içip dolaşmaya başladı. Zehrin etkisi hemen görüldü. Önce karnında bir soğukluk belirdi. Sonra soğukluğun göğsüne doğru yayıldığını hissetti. Vücudu yavaş yavaş buz kesiyordu. Boğazında nefes kilitlenip kalıyor ve ciğerlerine ulaşması imkânsızlaşıyordu. Son kez derin nefes aldı ve bütün gücüyle haykırdı:

– Kriton! Komşuma bir horoz borcum var. Ödemeyi unutmayınız...

Sokrates'in bakışları donmuştu. Zehri hazırlayan adam, yavaşça yaklaştı, avucunun içiyle gözkapaklarını örttü:

– Güneş, gerçekten tam günün ortasında; ilk kez birini şafağın alacasında değil, günün tam ortasında ölüme götürüyoruz...

İmralı'da eğer taş atmazsanız martılar kendiliğinden göğe uçmazlar. Sabırlı ve isteksiz bir şahitliğin yüküyle taşların üzerinde hüzünlü sesleriyle ağlaşıp dururlar. Kanatları bembeyazdır.

Ege'nin hür ve serinlikli ovalarında yelelerinden tutulup batıya sürülen mayıs kısrakları da beyazdır. Sevmedikleri bir aygırdan uzaklaşır gibi özgürlüğün ve sonsuzluğun önünden telaşla geçip giderler...

Mayısın yorgun kısrakları, eylülle birlikte canlanır. Ovaların bereketli yeşilliklerine vakitsiz yağan kar tanelerinin düşüşünü andıran bir serinlik ve lezzet içinde yayılırlar.

Thales'in yalınayak yürüdüğü ovaya şimdi kısraklar salınmıştı. Neşesiz, karamsar bir hayat, ters huylu bir tâlih gibi durgun ve isteksizdiler. Hepsi gün ağarırken ovalara inmeye alışmışlardı. Gürbüz duygularını uzun ve mutlu bir ufkun çizgisinde görmeye alışmış bütün güzelliklerin kaybolduklarını fark edip hüzünleniyorlardı. Çine Çayı bu yıl da azacak gibiydi. Meandros'un eylül ortasında böylesine coşkulu aktığı görülmemişti.

Adnan Bey, bu sabah maruz kaldığı ağır sözlerin etkisindeydi. Mutlu bir geçmişin hatırlanabilir ne kadar iyi ve saygılı yanı varsa hepsi kaybolup gitmiş, haşin bir hiddet bütün ağırlıyla üzerine çökmüştü. Yüreğine bir ışığın inip, asıl gerçeğin vereceği sükûnette erimeyi özlüyordu. Gözleri nemliydi... Kendinden sonrakilere yön ve cesaret kazandıran günlerin hatıraları artık eski huzur ve güven veren sükûnetinden uzaklaşmış, yerini ağır ve hoyrat bir ayıplama hissine bırakmıştı.

Adnan Bey omzunda bir sıcak el hissetti. Thales'in yalınayak dolaştığı ovalardan, Atina'nın kemeraltı filozoflarının kahkahalı sohbetlerine kadar bütün düşüncelerin bileşkesinde bir hak teslimi vardı. Bütün bakışlar müşfik ve nemliydi. Bütün sesler titriyordu. Hepsi bütün güçleriyle bağırdı ve kireç badanalı dar hücrenin saydamlığından sızarak kayboldular.

Adnan Bey, Çineli Müyesser'in Serbest Fırka mâcerasından hemen sonraki nasihatini hatırladı. Sesi bir ahlâkî kubbede hoş bir seda gibi çınlıyordu:

– Gelenekte kilitli kalanlar, yenilikten ürkenlerdir...

Adnan Bey beyaz önlüğü getiren askere baktı. Çakır gözlü bir delikanlıydı. Gözbebeklerinde hüzünlü bir çocuk sabrı vardı. Kendini haksız bir isteğin hışmına uğramış hissediyordu. Duygularının yorulduğunu fark ediyor, başkalarına hissettirmemek için büyük gayret gösteriyordu. Dün hayata veda eden Fatin'i, Hasan'ı gözlerinin önüne getirdi. İki nemli hayal gibi gözbebeklerine bağdaş kurmuşlardı. Vefalı bir dost muhabbetinin ışıklarıydılar. Fatin'i seyretti. İlk tanıştığı gün verdiği hükmü hatırladı ve aynı mutlulukla tekrarladı: "Ne yiğit gülüşlü bir adamdır şu Fatin..." Geniş alnını tam ortasından ikiye bölen kaşlarının gürlüğüne hayran kalmıştı. Burnun hemen bittiği yerden başlayan ve dudaklarının bitimine doğru bir ikiz kenar üçgen çizen kahverengi bıyıklarının kırçıllığı insanı birdenbire sarıyor ve kendinden ayrılmamaya âdeta mecbur ediyordu. O nemli hayalin çağlayanları boşandı.

Hasan'ın çehresinde asık suratlı bir iddia merakı gibi duran elmacıkkemiklerini seyretti. Fatin'in 6/7 Eylül olayları sonrasında hırpalamak isteyenlere karşı, kendini savunan cesaretinin hayranlığıyla bir kere daha güçlendi. Fatin Rüştü, Adnan Bey'in hedef alındığı görüşmelerde beliren zaafı görmüş ve başvekiline yaklaşıp ne yapması gerektiğini hatırlatmıştı. "Devlete itibarı olan siyasetçinin başını ancak kendi saygısı eğer; şimdi lütfen kürsüye çıkın ve devlete saygının dersini verin" demişti.

Fatin ve Hasan beylerin asıldığı günün öğleninde haber verdiler. "Yarının tek infazı sensin" dediler. Adnan Bey, avucundaki bütün uyku ilaçlarını bir tasın içinde topladı, hepsini sabırla ezdi ve bir yudumda içti. Kendini yargılayacak cesaretinin farkındaydı ve kendini kendinde hükme bağlayan sonucu bir vicdan muhasebesinden geçirip haykırdı:

– Kınanacak bir duygum ve hareketim olmadı.

Genç askerin beyaz gömleği giydirmesine izin verdi. Ellerinin arkasından bağlanmasına direnmedi.

Hukuk Mektebi'nde okuduğu yıllarda *Sokrates'in Müdafaası*'nı arkadaşlarına anlatırken küçük bir benzetme yapmış ve Mevlânâ'yı yaratan ışığın kaynağı Tebrizli Şems'in öldürülüşüne işaret etmişti. Büyük amfinin kürsüsünden hitap ederken kendini mukadder muhasebenin masasındaymış gibi hissetmiş ve titremişti. Şimdi o titreyişin yerini onurlu bir mukavemet ısrarı almıştı. İkisinin karşılaştırmasını yapmak istedi. Bütün meseleyi bir takdir ve hüküm süzgecinden geçirerek yorumladı:

– Birinde haksız bir hüküm, diğerinde isabetsiz bir takdir vardı...

İpek kanatlı taylar, ışıklı kısraklar ovaya yayılmışlardı. Küçük kızlar, delikanlılar bir cennet kapısından bakar gibi seyrediyorlardı. Kendisini o ışıklı kısraklara binmiş gibi hissetti. Yüreğinin kırbacını şaklattı. Uçsuz bucaksız ovanın hürlüklerine doğru doludizgin koşturmaya başladı. Cengiz'in durduğu yeri geçti. İskender'in korktuğu suyu atladı. Anibal'in gemilerindeki dümeni tuttu... Buyruklarının kuşkusuz hükmündeki günlerine döndü. Binlerce düşün bittiğini görüyordu. İnançsız lezzetin çöktüğü yerde, bir haysiyetli arzu yaratmış gibi mutluydu. Kendini yenilemiş ve altın huylu doruklara doğru yol almıştı. Eli bulutları okşuyordu. Nefret ile sevginin kaynağını ayırmıştı. Ateş ile suyu ayrı ayrı tatmasını bilen maharetin sahibiydi. Taşıdığı aklı sevdi. Düş gücünün sürüklediği lezzeti tattı. Hayatın niçin yaşandığını kavramıştı. Kutlu bir hayal gibi taşıdığı bütün güzelliklerin ateşini üfledi ve kendi söndü...

Müyesser'in torunu Çine Çayı'na bir küçük taş attı.

İmralı'nın bütün martıları uçuştular. Bembeyaz kanatlar takatları tükeninceye kadar çırpıldı.

Yorgun bir gölge, sonunda sulara bîtâp düştü.

Müyesser, Meandros'u gösterdi. İşaretparmağının ucunda denizin ötesindeki yerlerin ve insanların umutlu ve bereketli hayalleri vardı. Binlerce yıllık dostlukları özlemiş gibi arzuluydu. Bütün dostlarını Çine Çayı'nın kenarına çağırıyordu. Önce Çineli İmam göründü. Ardından Taşyürek·Osman, Topçu Fuad, Ahilya Efendi, Madam Despina, incir rençperi Bekir, Edirneli klarnetçi, sünnetçi Refik Usta, noter kâtibi Münip Bey geldiler. Müyesser'in parmağı hâlâ denizlerin ötesini işaret ediyordu. Ardından, başlarında Topçu Üsteğmeni Selâmi ve Ay-Yıldız Çetesi'nin cengâverleri göründü. Budakların Mehmed, sedef tenli Ayşe, yorgun gönüllü Sâfinaz tek tek Meandros Ovası'ndaydılar. Thales bile kaltak cariyesini yanına almış yalınayak Meandros'a dönmüştü.

Müyesser'in gözleri nemliydi. Adnan Bey'in, başvekil olduktan sonra Çakırbeyli'ye ilk gelişinde kendisiyle sohbet ettiği günü hatırladı. Bu nasihatin özünde, düşüncelerin ihtilâf zemininde bile, dost kalınabileceği aktarılıyordu. Gülerek Müyesser'i kucaklamış ve herkesin duyabileceği bir lisanla gönlünün derinliklerini açmıştı:

– Bir insanın başkasıyla ilişkisinin birden çok nitelik taşıyan hâle gelmesi kötü bir şey değildir. Önemli olan, neyin önemli olduğunun başlangıçta açıkça ortaya konulması ve ona sadık kalınmasıdır. Biz dostuz ve dost kalmayı becerecek kadar istekli, tecrübeli ve iradeliyiz...

Müyesser'in torunu Çine Çayı'na bir taş daha attı.

Her insan, başkalarına sır gibi görünür. Oysa insan, kendini ne kadar tanırsa, o kadar güçlenir. Bir insanın kendini tanımasıyla, başkalarına sır gibi görünmesi imkânsızlaşır.

Berin Hanım, yorgun mayısın kısraklarını, altın huylu doruklara sürdü. Yelelerinde, adâlet ahlakını lime lime doğrayan keskin ustura geziniyordu.

Gece, soluk ve erguvandı...

Gündüzler çıplak bir güneş gibi tenimizde boy attılar.

Sonra hoyrat bir kasırgada hasret mayalandı.

Eylül, vakûr bir sabırla kışın kapılarına yürüdü.

Berin Hanım gözlerini yumdu.

Tende bir can; canda, cânân göründü.

Dudaklarında kahırlı sabrın acısı vardı.

O acıyı mor bir gecenin kulağına fısıldadı;

– Kim bilir kaç zemheriden sonra gelecek o bahar...

Epilog II

Menderes, bereket demektir... Geçtiği toprakların üzerinde, yüzlerce küçüklü büyüklü kıvrımlar çizerek alüvyon toplayan ve onları, çiftçinin emrine veren ırmak anlamına gelir.

Adnan Bey'in üç oğlu vardı: Yüksel, Mutlu, Aydın... Üçü de milletvekili seçilip Parlamento'ya girdiler. Yüksel ve Mutlu tâlihsiz ölümlerle babalarının yanındalar.

Fatin Rüştü ve Hasan Polatkan idam edildiler. Otuz yıl sonra naaşları özel olarak inşa edilen bir anıtmezara nakledildi.

Yirmi yıl sonra bir ihtilâl daha oldu. Demokrasinin kırık kanadı koptu.

Ayhan Hanım, yıllar sonra evlendi; aşkının hatırasına olan saygısıyla takdir topladı. Hoyrat bir mahkemenin sert savcısı karşısında dimdik durdu. Şimdi kışları İzmir'de, yazları Çeşme'de, Adnan Bey'in hediye ettiği evde yaşıyor. En yakın komşusu, Adnan Bey'in torunu Dr. Adnan Menderes; fakat görüşmüyorlar...

Sahibini bekleyen kadın, hatırlarının derinliğine çekildi ve romancılığı bıraktı.

Yahya Kemal Bey 1958 kışında hayata veda etti. Şiirleri, şarkılarda her gün bir sıcak hatıra hissiyle söylenir, canlanır...

Celile Hanım 1956'da öldü. Hayatın yalnızlığında öyle terbiye almıştı ki, gözlerini oğlunu bir daha görmek ümidiyle hep açık tutmuştu. Gözleri açık gitti...

Nâzım 1963 yılında öldü. Dediği doğru çıktı. Doğduğu şehir, memleketinin sınırları dışındaydı. Öldüğü şehir de memleketinin dışında oldu. Doğumunun yüzüncü yılı Nâzım Hikmet yılı ilan edildi. O yılın hükümeti, TBMM'de Nâzım'ın yılını kutlamaya yüreklenemedi...

Berin Hanım 1974'te öldü. Türk ulusu bu âbideyi, gönül kaidesine yerleştirdi; toprak, vefalı dostunu bağrına bastı...

Urla, 20 şubat 2004